"Pocos periodos de la historia del cristianismo han sido tan descuidados o tan frecuentemente tergiversados en los debates teológicos contemporáneos como el periodo de la ortodoxia protestante. Richard Muller ha dado un vuelco a la sabiduría convencional sobre la importancia de este periodo y ha redefinido el campo a través de su cuidadoso y exhaustivo análisis de las fuentes primarias. Todos los trabajos futuros sobre la historia de la teología protestante de 1550 a 1800 deberán tener en cuenta los estudios de Muller".

David C. Steinmetz
Duke University

"Aquí tenemos un análisis brillante de la ortodoxia reformada en su desarrollo y en sus contextos polémicos, filosóficos y exegéticos. La narrativa de Muller sobre la codificación o, desde la perspectiva de la historia social, la institucionalización de la teología reformada seguramente reforzará la posición del autor como líder indiscutible de un movimiento revisionista internacional que, en dos décadas, ha alterado dramáticamente nuestra comprensión de la historia histórica posterior a la Reforma. Uno de los verdaderos puntos fuertes de este trabajo es la integración que hace el autor de la historia de la filosofía en esta historia de la teología. También lo es el esfuerzo del autor por permanecer teológicamente neutral en su análisis. Sobre todo, la obra está finamente sintonizada históricamente. Se presta especial atención a las variaciones sincrónicas y diacrónicas en la teología de los reformadores y los ortodoxos reformados... Una fortaleza casi absoluta de la obra es su clara estructura y accesibilidad. El índice es detallado y útil. Con la publicación de estos volúmenes, la comunidad académica ha recibido un trabajo de gran importancia. La 'tesis de Muller' tiene un profundo significado tanto para historiadores como para teólogos, porque es mucho más que una crítica prolongada y devastadora de la historiografía neo-ortodoxa. La amplitud de su análisis y la fuerza de su argumento hacen de este estudio una de las obras verdaderamente esenciales sobre la historia y la teología posteriores a la Reforma. Ninguna investigación futura sobre la polémica y la teología posterior a la Reforma ya sea ortodoxa o heterodoxa, puede permitirse el lujo de ignorar estos volúmenes".

Chad B. Van Dixhoorn
Westminster Theological Seminary; Historical Journal

"Richard Muller se ha ganado una reputación internacional como comentarista brillante e incisivo sobre Juan Calvino y la tradición reformada. Pero estos volúmenes son algo más. Con inmensa erudición y energía, Muller muestra aquí la teología de los escolásticos reformados en relación con toda la historia de la doctrina cristiana, exponiéndola a una escala verdaderamente monumental. La comunidad académica está permanentemente en deuda con él. Muller demuestra que, cuando se utiliza con discernimiento, la riqueza de la dogmática reformada, descuidada durante mucho tiempo, puede dar lugar a la profundización de la reflexión teológica y la predicación en la Iglesia cristiana".

Paul Helm
Regent College, Vancouver

"Los dos primeros volúmenes de la *Dogmática reformada posterior a la Reforma* de Richard Muller ya se han establecido como punto de partida para el estudio serio del desarrollo de la teología de la ortodoxia reformada. Por ello, es un gran placer disponer por fin de los volúmenes finales sobre la doctrina de Dios junto con las segundas ediciones de los dos primeros volúmenes, que han sido revisados para tener en cuenta la erudición más reciente y reestructurados para dar mayor claridad a las tesis centrales. *Dogmática reformada posterior a la Reforma* está llamada a transformar la erudición tanto en Europa como en Norteamérica".

Willem J. van Asselt
University of Utrecht

"El trabajo de Muller, aquí como siempre, se caracteriza por un dominio incomparable de las fuentes, con una atención al detalle y una expresión precisa. Como historiador, es experto en discernir las continuidades y los contextos de las tradiciones teológicas a medida que crecen y se desarrollan. Su aproximación a los escolásticos protestantes, a menudo denostados, es comprensiva y libre de las caricaturas habituales, y si su obra es iconoclasta, es sólo para defender a escritores y comunidades del pasado contra sus tergiversaciones posteriores".

John Thompson
Fuller Theological Seminary

"El pasado sigue hablando con poderosa relevancia a la era moderna en el notable proyecto de Richard A. Muller en *Dogmática reformada posterior a la Reforma*. Esta obra en cuatro volúmenes es un tour de force de la teología histórica y será de interés para todos los evangélicos, independientemente de su herencia denominacional".

R. Albert Mohler Jr.
The Southern Baptist Theological Seminary

"*Dogmática reformada posterior a la Reforma* es una obra de importancia monumental y bien merece la pena comprarla. Cualquiera que trabaje en el ámbito de la teología histórica, la historia intelectual o la filosofía no puede permitirse el lujo de perderse estos volúmenes. Pero no deben quedar relegados al ámbito académico. Del mismo modo, quienes trabajan en las iglesias reformadas no pueden permitirse ignorar esta obra... Y debido a la riqueza de la teología reformada, aquellos que busquen perspectivas tanto históricas como teológicas se verán muy recompensados. ¿Mi recomendación? Cómprelo. ¡Léanlo! Pase la voz a otros".

Scott F. Sanborn
Kerux

"Un proyecto de varias décadas que promete dejar huella durante décadas. *Dogmática reformada posterior a la Reforma* es una referencia accesible para el anciano, pastor o estudiante de seminario reflexivo. Ya he utilizado la obra como referencia en la preparación de clases de escuela dominical para adultos, y he descubierto que veinte o treinta minutos de hojeo pueden fundamentar sólidamente una lección de orientación popular sobre aspectos clave del pensamiento reformado estableciendo las líneas generales de su desarrollo histórico. Por supuesto, el uso más serio de este recurso por parte de estudiantes profesionales de teología también promete dar frutos incalculables, a medida que las aguas claras de la fuente de la tradición reformada lleguen a un número cada vez mayor de lectores".

Brian J. Lee
Modern Reformation

"Toda la obra ha mejorado en varios aspectos. Las exasperantes notas finales se han convertido en notas a pie de página y cada volumen tiene una lista de contenidos considerablemente más detallada, así como un índice. La edición revisada refleja los años de estudio desde la primera. Estos enormes volúmenes constituyen un estudio impresionantemente exhaustivo del tema".

Anthony N. S. Lane
IRT Bulletin

DOGMÁTICA REFORMADA POSTERIOR A LA REFORMA

El surgimiento y desarrollo de la ortodoxia reformada, ca. 1520 a ca. 1725

VOLUMEN 2
Sagrada Escritura:
El fundamento cognitivo de la teología
Segunda edición

RICHARD A. MULLER

Dogmática reformada posterior a la Reforma:
El surgimiento y desarrollo de la ortodoxia reformada, ca. 1520 a ca. 1725. Vol. 2.:
Sagrada Escritura: El fundamento cognitivo de la teología, 2da ed.

© Monte Alto Editorial, 2024.

Traducido con permiso del libro *Post-Reformation Reformed Dogmatics: The rise and development of reformed orthodoxy, ca. 1520 to ca. 1725 v. 2: Holy Scripture: The Cognitive Foundation of Theology, 2nd ed.* © Richard A. Muller. 1993, 2003 publicado por Baker Academic una división de Baker Publishing Group PO Box 6287, Grand Rapids, MI 49516-6287

Reservados todos los derechos. Ninguna parte de esta publicación puede reproducirse, almacenarse en un sistema de recuperación o transmitirse de ninguna forma ni por ningún medio (por ejemplo, electrónico, fotocopiado, grabación) sin el permiso previo por escrito del editor. La única excepción son las citas breves en reseñas impresas.

Primera impresión en el 2024.

A menos que se indique lo contrario, las citas de las Escrituras son de la Nueva Biblia de las Américas (NBLA) © 2005 por The Lockman Foundation.

ISBN Tapa blanda: 978-628-01-4342-2
ISBN Tapa dura: 978-628-01-4343-9

Monte Alto Editorial

www.montealtoeditorial.com

Para

Karen y Kieth

en celebración de su matrimonio
27 de noviembre de 1992

CONTENIDO

Prefacio a la segunda edición 21
Prefacio a la primera edición 23

PARTE 1. INTRODUCCIÓN 27

Capítulo 1. La doctrina de las Escrituras en la teología escolástica medieval: desde el surgimiento de la escolástica hasta finales del siglo XV 29

1.1 Estudios y perspectivas sobre la historia de la doctrina de las Escrituras 29

    A. El problema de una historia de la doctrina de las Escrituras 29
    B. Historias de la Escritura: doctrinal y exegética 33

1.2 Canon, inspiración e interpretación de la Biblia en la teología escolástica medieval 37

    A. El Canon de las Escrituras y su interpretación 37

        1. La autoridad y la identidad del canon 37
        2. La *Glossa ordinaria* y la tradición interpretativa 39
        3. La *quadriga* y exégesis medieval 43

    B. La comprensión de las Escrituras en la teología de los doctores del siglo XIII 46

        1. De sacra pagina a sacra theologia 46
        2. La inspiración y autoridad de las Escrituras 47
        3. La autoridad de las Escrituras y la ciencia de la teología 52

1.3 Enfoques de la Escritura y la interpretación de la Baja Edad Media y el Renacimiento 55

    A. La doctrina de la inspiración y la autoridad en la Baja Edad Media 55

        1. Evolución del concepto de inspiración 55
        2. Duns Scotus sobre la autoridad, necesidad y suficiencia de las Escrituras 57

    B. Cuestiones relativas a las Escrituras, la Tradición y la Hermenéutica en la Baja Edad Media y el Renacimiento 62

        1. Escritura y tradición en el debate bajomedieval 62
        2. El sentido literal de la Escritura: nuevos acentos en la hermenéutica tardomedieval y renacentista 69

Capítulo 2. La doctrina de las Escrituras en su desarrollo protestante: desde la Reforma hasta finales del siglo XVII 77

2.1 Las Escrituras y la Reforma 77

    A. Trayectorias de Lutero a Calvino 77

        1. La Reforma temprana: Lutero, Zwingli y Bucer 77
        2. Una segunda generación: Bullinger, Vermigli, Calvino y Musculus 86
        3. La doctrina de los reformadores y su interpretación moderna 94

    B. El desarrollo de la doctrina en las confesiones reformadas 97

        1. El contexto confesional de la Reforma y la ortodoxia 97
        2. Confesiones de la Reforma temprana 99
        3. Las grandes confesiones nacionales, 1559 a 1566 100
        4. Confesiones de la era ortodoxa temprana 102
        5. Confesiones de la era alta ortodoxa 105

2.2 Desarrollos, problemas y documentos de la era ortodoxa temprana 114

    A. Reforma y ortodoxia: una cuestión de perspectiva 114

        1. El desarrollo de una doctrina protestante formal de las Escrituras 114
        2. Evaluaciones de la ortodoxia en el siglo XX: perspectivas problemáticas sobre la historia de la doctrina 118

    B. Los primeros ortodoxos y la trayectoria de la enseñanza reformada sobre las Escrituras 125

        1. Entre los reformadores y la formulación ortodoxa temprana completa: Ursinus, Zanchius y sus contemporáneos.. 125
        2. Canon, confesionalidad y polémica: el intercambio protestante y romano, así como la formulación de la doctrina ortodoxa 131
        3. El ortodoxo *locus de Scriptura sacra*: un equilibrio de cuestiones positivas y polémicas 136

2.3 Desarrollo y cuestiones en la doctrina ortodoxa reformada
de las Escrituras, ca. 1640 hasta ca. 1725 144

    A. La norma bíblica y los debates doctrinales internos de la
       ortodoxia 144

       1. Escritura, hermenéutica y teología federal 144
       2. La doctrina de la Escritura entre los teólogos de Saumur 149

    B. La Alta Doctrina Ortodoxa de las Escrituras 152

       1. El desarrollo dogmático 152
       2. Desarrollos exegéticos y críticos 156

    C. Problemas doctrinales y críticos de la alta ortodoxia 158

       1. De Cappel a Simon: la crítica textual y sus límites en la era
          de la ortodoxia 158
       2. La Peyrère, Meijer y Spinoza: el racionalismo filosófico entra
          en el debate sobre las Escrituras 164
       3. El cambio teológico y hermenéutico en la transición
          hacia la ortodoxia tardía y el siglo XVIII 169

PARTE 2 LA DOCTRINA ORTODOXA REFORMADA DE LAS ESCRITURAS 179

Capítulo 3. La Escritura como Palabra de Dios y *Principium Cognoscendi Theologiae* 181

3.1 Las Escrituras como *Principium* o Fundamento de Teología 181

    A. El fundamento bíblico en la teología de los reformadores:
       la perspectiva de las confesiones reformadas 181

    B. El fundamento bíblico identificado y definido por los
       ortodoxos reformados 186

3.2 La necesidad de la revelación por la Palabra y la necesidad
de las Escrituras 193

    A. La necesidad de la revelación: continuidades en la doctrina
       desde la Baja Edad Media hasta la era de la ortodoxia
       protestante 193

       1. Fundamentos de la era de la Reforma 193
       2. La necesidad de la revelación y los *principia* teológicos
          de la ortodoxia reformada 195
       3. Patrones de exposición: variedades de expresión del
          concepto de necesidad de la palabra en la era de la ortodoxia.... 199

B. La doctrina de la necesidad de la revelación por medio de la palabra en la teología reformada 201

    1. La enseñanza de los reformadores 201
    2. El desarrollo ortodoxo reformado: la revelación y la Palabra de las Escrituras como necesarias para la teología 204
    3. Codificación alta ortodoxa: Turretin sobre la necesidad de la revelación 212

3.3 La Palabra de Dios en la Reforma y la Ortodoxia: Cuestiones y conceptos básicos 219

A. Malentendidos sobre la doctrina ortodoxa reformada: la distinción entre Palabra y Escritura 219

    1. El problema historiográfico 219
    2. Heppe y el problema de la «Escritura» y la «Palabra»............... 226

B. Definiciones básicas de las Escrituras y la Palabra en las eras de la Reforma y la Ortodoxia 223

    1. La Escritura como Palabra en la era de la Reforma 223
    2. La palabra y la historia de la revelación en el pensamiento de los reformadores 226
    3. El enfoque ortodoxo reformado de la Palabra y las Escrituras.. 232

3.4 La palabra como esencial, no escrita y escrita, viva e inscrita, externa e interna, inmediata y mediata 235

A. La comprensión ortodoxa reformada de la «Palabra» en sus diversos sentidos 235

    1. La distinción básica entre la Palabra esencial de Dios y las formas de revelación 235
    2. Del discurso vivo no escrito a la Palabra escrita o inscrita: el patrón histórico de la revelación 237
    3. En polémica con Roma: el significado dogmático del camino histórico de la revelación 241
    4. La cuestión de la continuidad: una revisión del paradigma de Heppe 242

B. La palabra escrita y su obra: la presencia viva de la palabra a través de su forma escrita 243

    1. La Palabra de Dios interna y externa 244
    2. La presencia inmediata y mediata de la Palabra 245

    C. La cuádruple comprensión de la palabra en la ortodoxia
        reformada: algunas conclusiones 248

3.5 El fundamento y alcance de las Escrituras 249

    A. *Fundamentum* y *Scopus* en la teología reformada anterior 249

        1. La cuestión de un fundamentum o scopus scripturae 249
        2. *Fundamentum* y *scopus scripturae* en el pensamiento
           de los reformadores 251

    B. El fundamento y alcance de las Escrituras en la teología
       ortodoxa reformada 257

        1. Heppe y las implicaciones de un *fundamentum scripturae*
           para la dogmática reformada 257
        2. El desarrollo del concepto en la dogmática ortodoxa temprana. 258
        3. Desarrollo pleno del concepto de *scopus* o *fundamentum*
           scripturae en el pensamiento de Cocceius y los teólogos
           de la alta ortodoxia... 262

Capítulo 4. La Divinidad de las Escrituras 269

4.1 La Divinidad de las Escrituras: causas y fines 269

    A. Escritura y causalidad: exposición de cuestiones 269

        1. Significado e implicaciones de la aplicación del lenguaje
           causal a las Escrituras 261
        2. Las Escrituras y la cuádruple causalidad: el paradigma
           ortodoxo temprano 271

    B. Las Escrituras y el propósito divino: fines divinos y humanos
       del texto sagrado 274

4.2 La inspiración de las Escrituras 277

    A. La reforma y la ortodoxia sobre la inspiración 277

        1. Enfoques historiográficos 277
        2. Los reformadores basados en la inspiración de las Escrituras.. 281
        3. Heppe sobre la transición de la Reforma a la ortodoxia: una
           crítica 287

    B. La doctrina ortodoxa reformada de la inspiración 291

        1. Fórmulas básicas: el significado de «inspiración» 291
        2. La inspiración y los escritores humanos de las Escrituras 294
        3. Debate y respuesta: variedades de formulación de la alta
           ortodoxia 298

4. Problemas que enfrenta la doctrina ortodoxa tardía de la inspiración 305

4.3 La Divinidad de las Escrituras: Autoridad, Autenticidad y Evidencias 307

    A. Los reformadores y los primeros ortodoxos: el problema de la autoridad divina y sus evidencias 307

        1. Evidencias de la divinidad como problema teológico 307
        2. Calvino sobre las evidencias de la divinidad en las Escrituras. 309
        3. Zanchius y la visión ortodoxa temprana de la autoridad y las evidencias 313

    B. Definiciones ortodoxas reformadas de la autoridad de las Escrituras 314

        1. La definición, división y organización del tema. 314
        2. La autoridad de las Escrituras como principal: *authentia* y *autopistia* 318

    C. Evidencias de la divinidad y autoridad de las Escrituras en la teología ortodoxa reformada 319

        1. El Espíritu y las evidencias de la divinidad: la prioridad del *testimonium internum* 320
        2. El carácter de la revelación y las evidencias de la divinidad 322
        3. Las evidencias «intrínsecas» 325
        4. Las evidencias «extrínsecas» 333
        5. La limitación de los argumentos basados en evidencias 339
        6. La reformulación de los argumentos en la era de la ortodoxia tardía 342

4.4 La fe y el *Principium* Escritural 343

    A. Fundamentos del conocimiento: la relación entre la fe y las Escrituras 343

        1. La cuestión historiográfica: «principios» materiales y formales .. 343
        2. Comprensiones fundamentales de la fe entre los reformadores. 346

    B. La fe como *Principium Internum*: perspectivas ortodoxas reformadas 349

        1. El lugar de la fe en relación con las Escrituras 349
        2. Mastricht sobre la fe en el contexto de los *principia* teológicos.. 351

Capítulo 5. La Escritura según sus propiedades 355

5.1 Los atributos o propiedades de las Escrituras en la tradición protestante 355

    A. Los reformadores y los atributos de las Escrituras 355

    B. Opiniones de los protestantes ortodoxos 357

        1. Fundamentos exegéticos e intención fundamental de la doctrina 357
        2. Fórmulas doctrinales específicas entre los ortodoxos reformados 358

5.2 Verdad, Certeza e Infalibilidad 362

    A. Los reformadores sobre la verdad, la certeza y la infalibilidad de las Escrituras 362

        1. Calvino 362
        2. Bullinger y Musculus 363

    B. La doctrina ortodoxa reformada de la infalibilidad bíblica 365

        1. La doctrina positiva 365
        2. Defensa polémica 369
        3. Algunos textos específicos 371

5.3 Pureza, Santidad, Perfección y Suficiencia 374

    A. De los reformadores a sus sucesores inmediatos 374

    B. Los ortodoxos reformados sobre la pureza, la santidad, la perfección y la suficiencia de las Escrituras 377

        1. Pureza y Santidad 377
        2. Perfección en «materia» o «sustancia» 377
        3. Perfección formal y «relativa»: la Escritura en contraste con la tradición 379
        4. Perfección efectiva 384
        5. La suficiencia de las Escrituras 384

5.4 Claridad y eficacia 389

    A. La perspectiva de los reformadores 389

    B. El enfoque ortodoxo reformado sobre la claridad y eficacia de las Escrituras 391

        1. Las implicaciones exegéticas y teológicas de la «claridad» bíblica... 391

2. La doctrina ortodoxa reformada de la perspicuidad:
   declaración positiva y continuidad abierta con la Reforma 392
   3. Defensa de la claridad sustancial de las Escrituras en el
   debate con Roma 397
   4. La claridad de las palabras: la hermenéutica protestante
   de la «comparación de lugares»... 402
   5. En controversia con los socinianos, Remonstrantes y racionalistas:
   defendiendo la claridad y eficacia del *principium cognoscendi* .. 404
   6. Implicaciones doctrinales y prácticas de los diversos
   «atributos» de las Escrituras 408

5.5 La Escritura como regla de fe y juez de controversias: autoridad
canónica o reguladora versus autoridad tradicional 411

   A. La autoridad «canónica» o «reguladora» de las Escrituras en
   relación con la tradición 411

   1. La autoridad canónica de las Escrituras —desde la
   autoridad *in se* a la autoridad *quoad nos* 411
   2. Tradición y opinión: Calvino y Daillé sobre la autoridad
   de los padres 412

   B. Los reformadores y las confesiones reformadas sobre la
   autoridad de las Escrituras y la Tradición 416

   1. Escritura y tradición: problema medieval y respuesta de la
   Reforma temprana 416
   2. La perspectiva de las confesiones reformadas 420
   3. Musculus y Vermigli sobre las Escrituras y la tradición 421
   4. Bullinger y Virel sobre las Escrituras y la tradición 426

   C. La autoridad canónica de las Escrituras según la ortodoxia
   reformada 429

   1. La Escritura como canon o regla de fe: la doctrina positiva 429
   2. Correlaciones: autoridad conforme a los atributos del texto .. 435
   3. La canonicidad del Antiguo Testamento: debates del
   siglo XVII 438

   D. La autoridad del canon y de la iglesia según la ortodoxia
   reformada 441

   1. La autoridad de la iglesia en relación con las Escrituras 441
   2. La prioridad de las Escrituras sobre la iglesia 443

Capítulo 6. El Canon de las Escrituras y su integridad 449

6.1 El problema del canon en las épocas de la Reforma y la posreforma. 449

    A. El contexto interpretativo: continuidades y discontinuidades en el enfoque protestante del texto de las Escrituras 449

    B. El Canon en la Reforma: la solidificación de las perspectivas confesionales 451

        1. El canon de las Escrituras en las primeras confesiones de la Reforma 451
        2. Musculus y el debate sobre el canon: transición a la doctrina reformada posterior 453
        3. Los Decretos Tridentinos: un punto de inflexión en la definición del canon 455
        4. Calvino, Bullinger y la solidificación de la concepción reformada del canon 456
        5. Definiciones confesionales del canon bíblico después de Trento 459

    C. La doctrina ortodoxa reformada del canon 461

        1. La cuestión teológica con Roma sobre el canon 461
        2. La norma canónica, el *principium* y el pacto: relaciones doctrinales en la teología ortodoxa reformada 463
        3. El canon considerado en general: definiciones básicas de la ortodoxia reformada 466
        4. El Antiguo Testamento: fuentes, libros perdidos y resultado canónico 468
        5. Contra Roma: el problema de los apócrifos 472
        6. El canon del Nuevo Testamento: el problema de la integridad dados los *antilegomena* y la posibilidad de libros perdidos 475
        7. La ortodoxia y el canon de las Escrituras: continuidad y cambio en los siglos XVI y XVII 478

6.2 Las ediciones auténticas y el texto de las Escrituras 480

    A. La integridad de los textos hebreo y griego de las Escrituras 480

        1. Crítica textual en las épocas de la Reforma y la Ortodoxia 480
        2. La integridad y «autenticidad» del texto canónico en hebreo y griego 486
        3. El debate sobre los puntos vocálicos 492
        4. *Autographa* y *apographa*: identificar el texto «original y auténtico» de las Escrituras 500

B. El problema de la corrupción en el texto 504

1. Abordando las corrupciones en el texto: una cuestión polémica y exegética 504
2. Ejemplos específicos de corrupción de texto 506
3. Debates textuales con implicaciones doctrinales 509

6.3 Traducciones vernáculas y su importancia 514

A. Debate sobre las traducciones 514

1. La cuestión teológica postridentina 514
2. Las versiones antiguas en perspectiva hermenéutica: la mirada desde la era de la ortodoxia 515

B. La autoridad y el uso legítimo de las traducciones 518

1. El problema de la Vulgata 519
2. La Septuaginta 522
3. Uso protestante de las versiones antiguas 525

C. Problemas textuales, hermenéuticos y teológicos en la obra de traducción: algunos ejemplos 526

1. Traducción de «sheol»: Beza y Hch. 2:27 527
2. Adam en Os. 6:7: ¿genérico o específico? 528

Capítulo 7. La interpretación de las Escrituras 535

7.1 Interpretación bíblica protestante en los siglos XVI y XVII: el movimiento de la exégesis a la *Doctrina* 535

A. La exégesis en la era de la ortodoxia: una visión general 535

1. La doctrina ortodoxa protestante y el problema de la interpretación bíblica 535
2. El comentarista ortodoxo reformado 537

B. Cuestiones interpretativas y las eras de la ortodoxia 545

1. Ortodoxia temprana 545
2. Alta ortodoxia 546
3. Ortodoxia tardía 548

7.2 La interpretación de las Escrituras en la Reforma y la Ortodoxia: desarrollo y codificación 550

A. El carácter y las «divisiones» de la correcta interpretación 551

1. Opiniones de los reformadores 551
2. Los ortodoxos reformados 555

    B. La necesidad y autoridad para exponer: lectura y exposición
    de las Escrituras, públicas y privadas 560

        1. Opiniones de los reformadores 560
        2. Lectura y exposición: visiones de los ortodoxos reformados ... 563

7.3 Los «diversos sentidos» y la unidad de las Escrituras 567

    A. El «sentido literal» de las Escrituras y su amplitud de
    significado, desde la Reforma hasta la ortodoxia 567

        1. Los reformadores y el *sensus literalis* 567
        2. El problema de la «letra» en la era de la ortodoxia 571

    B. Contra Roma: La unidad del verdadero sentido de las
    Escrituras en sus figuras retóricas 576

        1. El sentido literal como, potencialmente, figura 576
        2. El sentido literal unitario, incluyendo figuras en el texto 578
        3. El sentido místico y la letra 580

7.4 La práctica de la exégesis: métodos y reglas de interpretación 582

    A. El contexto de la interpretación y del intérprete 582

        1. Respeto al texto sagrado: devoción y oración cristianas 582
        2. La conversación exegética: iglesia, tradición y trayectorias
           de comprensión 584

    B. Abordar el texto de manera estricta: lenguaje, gramática,
    alcance y circunstancias 585

        1. Dominio del lenguaje de las Escrituras 585
        2. El sentido gramatical y sintáctico de las palabras: distinguir
           los significados «propios» de los «figurativos» y «modificados» .. 587
        3. El «alcance» limitado del libro, capítulo o versículo 589
        4. Las «circunstancias» y contexto general del texto 590

    C. Interpretación a una escala más amplia del Canon 592

        1. La comparación de pasajes de las Escrituras con pasajes
           similares 592
        2. Comparación de pasajes «disimilares» 593
        3. El «alcance» más amplio del texto 594
        4. La analogía de la fe y la analogía de la Escritura 595
        5. Lógica e interpretación: la extracción de conclusiones
           buenas y necesarias 600
        6. Evaluación final 604

7.5 De la exposición a la declaración doctrinal 607

   A. Patrones de interpretación: la identificación y obtención de *Doctrina* 607

      1. Premisas básicas: instrucción en la fe, interpretación bíblica y catolicidad 607
      2. Reglas y métodos para la comprensión de textos 609
      3. Exégesis y exposición: del estudio textual al desarrollo homilético 611
      4. Ramismo y exégesis 613

   B. *Dicta probantia* y la tradición exegética protestante 615

      1. Textos de prueba en contexto: hacia un reexamen de los métodos precríticos 615
      2. *Collegia* y *Loci Communes*: el punto intermedio entre la exégesis y la teología 620
      3. Texto, doctrina y uso de *dicta probantia*: algunos ejemplos 623

7.6 Epílogo 629

PREFACIO A LA SEGUNDA EDICIÓN

La impresión de una segunda edición de este volumen no ha implicado tantas modificaciones y adiciones como la segunda edición del estudio de los prolegómenos teológicos. Aun así, hay una serie de cambios que deben destacarse más allá de la adición de un subtítulo, «El surgimiento y desarrollo de la ortodoxia reformada, ca. 1520 a ca. 1725», a todos los volúmenes del proyecto. En primer lugar, he afinado el argumento de este volumen en algunos lugares y he eliminado varios errores tipográficos que se encontraron en la primera impresión del libro. También reorganicé materiales en varios lugares y reformulé por completo algunas de las secciones, particularmente agregando referencias colaterales en el aparato —en parte para demostrar dos de los subtemas de todo el proyecto, a saber, la ubicación de la teología salmuriana *dentro* los límites de la ortodoxia confesional y la congruencia de la teología reformada inglesa y puritana en su diálogo con la reformada continental. También he reorganizado algunas de las secciones de los capítulos, al menos en parte como subproducto de agregar subtítulos de segundo y tercer nivel a lo largo del trabajo en un esfuerzo por mostrar la estructura del argumento y facilitar el camino del lector a través de un texto bastante elaborado. Además, he aumentado la bibliografía de la obra, como se puede ver en los estudios recientes de las Escrituras y de la historia de la exégesis que se encuentran tanto en las notas a pie de página del presente volumen como en la bibliografía acumulativa al final del volumen cuatro de la serie.

Debo agradecer aquí a mis colegas de la Universidad de Utrecht, en particular a Willem van Asselt y Eef Dekker, quienes me brindaron muchas horas de conversación sobre la ortodoxia reformada, me presionaron para que refinara algunos de mis argumentos y también anotaron varias erratas en la primera edición. Doy las gracias también a las diversas bibliotecas en las que se realizó la investigación principal: la Biblioteca Perkins de la Universidad de Duke y la biblioteca de la Duke Divinity School, la Biblioteca Huntington, la Biblioteca MacAlister en el Seminario Teológico Fuller, la biblioteca del Calvin College and Seminary —en particular, la colección del H. Henry Meeter Center for Calvin Studies— y la biblioteca de la Universidad de Utrecht.

Richard A. Muller
mayo de 2002

PREFACIO A LA PRIMERA EDICIÓN

Este estudio de la doctrina ortodoxa reformada de las Escrituras pretende ser una continuación de mi ensayo anterior sobre los prolegómenos teológicos de los sistemas reformados ortodoxos o escolásticos. Como en el caso del volumen anterior, el presente ensayo es un estudio histórico que intenta exponer con cierto detalle la teología de los siglos XVI y XVII. Aquí, el tema es la doctrina de las Escrituras tal como se desarrolló en la teología del protestantismo posterior a la Reforma, específicamente en las iglesias reformadas. Se ha prestado atención a las raíces de la doctrina en el pensamiento de los escolásticos medievales y en las enseñanzas de los reformadores y a la forma en que estas diversas raíces fueron aprovechadas en y para la creación de una dogmática claramente protestante. Al intentar argumentar las continuidades y discontinuidades entre la dogmática posterior a la Reforma y el pensamiento de épocas anteriores, he evitado sistemáticamente el lenguaje de alabanza y censura y también he evitado los comentarios teológicos contemporáneos.

Sigo convencido de que el único enfoque fructífero hacia el desarrollo teológico de la vieja dogmática protestante es aquel que no toma partido teológico, que se niega a enturbiar las aguas históricas con afirmaciones sobre la rectitud doctrinal o la utilidad de una visión u otra, y que se abstiene en la medida de lo humanamente posible de leer las preocupaciones de varias escuelas de teología del siglo XX en el pensamiento de los reformadores o de los ortodoxos con el fin de encontrar antecedentes o contrastes para una opinión contemporánea. Es ciertamente cierto que el estudio contemporáneo de la Reforma y el protestantismo posreforma debe mucho a los esfuerzos de teólogos e historiadores del siglo XIX como Alexander Schweizer, Matthias Schneckenburger, Heinrich Heppe y Albrecht Ritschl, solo por nombrar algunos; a eruditos de principios del siglo XX como Karl Holl, Adolf von Harnack, Hans Emil Weber y Otto Ritschl; y a la multitud de escritores neoortodoxos y conservadores, reformados y luteranos, que han examinado con profundo respeto y fuerte interés teológico los documentos del protestantismo de los siglos XVI y XVII. Sin embargo, también es cierto que muchos de estos escritores han incorporado en su erudición histórica grandes componentes de argumentación teológica, diseñados para manifestar la relación de sus propias teologías con la Reforma y con la ortodoxia protestante en una línea integral de desarrollo o, a modo de contraste, con el enfoque «dinámico» e incluso «existencial» de los reformadores, a diferencia de la teología «rígida», «seca» y «excesivamente formalizada» de los ortodoxos. Estos enfoques teológicos de los materiales históricos han sido más evidentes (y en mayor peligro de oscurecer la historia misma) en los casos de la doctrina de la predestinación y la doctrina de las Escrituras. Desafortunadamente, el resultado de tal mezcla de historia y teología ha sido típicamente un retrato de la Reforma y de la ortodoxia que se parece más al pintor que al sujeto original. Mi propia esperanza en el siguiente ensayo, como en el volumen anterior, es presentar las ideas de los siglos XVI y XVII sin ninguna consideración o referencia a mi propia posición teológica, si es que se puede decir que tengo una.

A pesar de la extensión del estudio, siempre he sido consciente de que apenas roza la superficie del tema. La variedad de formulaciones y patrones de argumentación en muchos de los tratados y sistemas ortodoxos reformados, junto con el gran número de comentarios y estudios exegéticos escritos durante el período, impiden un tratamiento exhaustivo en un solo volumen. Los teólogos individuales, particularmente aquellos que trabajaron en más de un género y que pasaron de la dogmática a la exégesis y a la predicación, requieren un estudio monográfico, aunque solo sea para demostrar los elementos de originalidad que pertenecen a su trabajo y que tienden a quedar sumergidos bajo el peso de materiales en una presentación más sintética de la doctrina reformada. El método exegético en el siglo XVII podría ser objeto de una gran monografía.

También debería hacerse algún comentario sobre mi enfoque de la traducción, tanto de los tratados y sistemas teológicos citados como del texto de las Escrituras. La mayoría de las citas han sido simplemente traducidas del latín original. Otros, como *Decades* de Bullinger, *Institutos* de Calvino, y *Loci communes* de Vermigli: se han extraído de traducciones existentes con referencia constante y enmienda sobre la base del original latino. Las traducciones del siglo XVI, en particular, suelen ser excelentes y no he notado modificaciones menores. Las citas de las Escrituras traducen citas latinas de documentos de los siglos XVI y XVII directamente al inglés desde el latín, frecuentemente después de consultar con la Biblia de Ginebra y la versión King James. Las citas de documentos ingleses de los siglos XVI y XVII conservan la versión original.

En respuesta a algunas preguntas sobre la disponibilidad de las fuentes utilizadas en el volumen uno, me complace observar la mayor accesibilidad de muchos de los documentos citados gracias a los esfuerzos de la Inter-Documentation Corporation de Ginebra, que ha producido una excelente colección de microfichas de fuentes reformadas y ha comenzado a poner a disposición materiales luteranos de manera similar. Muchas obras, tanto de teólogos de las Islas Británicas como de autores continentales en ediciones británicas y/o traducciones al inglés, están disponibles a través de las series

«Early English Books, 1475-1640» y «Early English Books, 1641-1700» de University Microfilms, basadas en los catálogos de títulos cortos de Pollard-Redgrave y Wing, respectivamente, y, más recientemente a través de EEBO, la versión en línea de la colección.

Por último, cabe dirigir unas palabras de agradecimiento a una serie de compañeros e instituciones. Primero, a la Fundación Mellon, que generosamente me proporcionó una subvención inicial de investigación de un año de duración que me permitió realizar la investigación básica para todo el proyecto de mi *Dogmática reformada posterior a la reforma*, ofrezco mi continuo agradecimiento. También estoy en deuda con el H. Henry Meeter Center for Calvin Studies del Calvin College and Seminary en Grand Rapids, Michigan, por una beca de verano crucial para las etapas finales del presente volumen. La investigación contenida en este volumen ha dependido de los recursos de una veintena de bibliotecas, en particular las bibliotecas de la Universidad de Duke y la Duke Divinity School, el Fuller Theological Seminary y el Calvin College and Seminary, y la Biblioteca Huntington en San Marino. Tengo una profunda deuda con estas bibliotecas y sus bibliotecarios. A la doctora Susan Schreiner, de la Divinity School de la Universidad de Chicago, le debo las gracias por una lectura cuidadosa y profunda del manuscrito y por la extensa discusión de su propia investigación sobre la historia de la hermenéutica y el problema de la certeza en el siglo XVI. El Dr. John Thompson del Seminario Teológico Fuller también prestó un gran servicio en la lectura de partes del manuscrito. También hay que agradecer a Diane Bradley, que transformó un manuscrito escrito a mano en un elegante formato electrónico con un procesador de textos, a Maria Den Boer, cuya corrección rectificó muchos problemas, y a David Sielaf, cuyas habilidades produjeron la copia lista para la cámara.

Finalmente, a mi esposa Gloria, le ofrezco mi agradecimiento por su apoyo y amor a lo largo de los muchos meses y años de enseñanza, investigación y escritura. Sin ella mi trabajo sería imposible.

Richard A. Muller
octubre de 1992

Parte I

Introducción

CAPÍTULO 1

LA DOCTRINA DE LAS ESCRITURAS EN LA TEOLOGÍA ESCOLÁSTICA MEDIEVAL: DESDE EL SURGIMIENTO DE LA ESCOLÁSTICA HASTA FINALES DEL SIGLO XV

1.1 Estudios y perspectivas sobre la historia de la doctrina de las Escrituras

A. El problema de una historia de la doctrina de las Escrituras

El movimiento teológico o intelectual desde la cuestión de los prolegómenos teológicos hasta la cuestión de la doctrina de las Escrit uras es muy leve, si es que se le puede llamar movimiento. Después de todo, la doctrina de las Escrituras no era un *locus* independiente o *quaestio* en el sistema teológico hasta la segunda mitad del siglo XVI y, aún entonces, permaneció estrechamente ligado a su lugar sistemático de origen, los prolegómenos. También hay una casi contradicción en la frase «doctrina de las Escrituras», al admitir que las Escrituras mismas son *doctrina*, enseñanza, y que una doctrina de las Escrituras es una doctrina concerniente a la doctrina, una enseñanza acerca de la enseñanza. Semejante doctrina es, por naturaleza, propedéutica y no precisamente coherente con el resto de las doctrinas pertenecientes a la teología. La formulación de una doctrina de las Escrituras presupone virtualmente la formulación de otras doctrinas en el sistema teológico y supone un análisis exegético, hermenéutico y metodológico de esas doctrinas desde la perspectiva de su relación y uso del texto de las Escrituras. Para decirlo de otra manera, la creación de una doctrina de las Escrituras supone una distinción entre las Escrituras como fuente y la doctrina como resultado, y tal distinción tardó siglos en surgir. El surgimiento y desarrollo de la discusión doctrinal de las Escrituras, entonces, es paralelo y en cierto sentido pertenece al desarrollo de los prolegómenos teológicos y, por lo tanto, no solo a la era de la Reforma sino, en cambio, al desarrollo de la teología como disciplina desde los siglos XII al XVII.

La doctrina protestante de las Escrituras y su relación con el movimiento de la Reforma a la ortodoxia ha recibido más atención que prácticamente cualquier otra cuestión teológica en la historia temprana del protestantismo. Las implicaciones de las opiniones de los reformadores sobre las Escrituras para la teología y la iglesia han sido sujetas a un intenso escrutinio, y numerosos autores han evaluado el carácter tanto de la Reforma como de la ortodoxia protestante a la luz de comparaciones y contrastes entre los enfoques de la Escritura de los siglos XVI y XVII. Sin embargo, a pesar de toda esta atención, los historiadores y teólogos no se han acercado más a una presentación y análisis convincentes de la formulación ortodoxa protestante de este punto doctrinal que a una discusión clara y equilibrada de otros elementos del sistema teológico del siglo XVII. Gran parte de la discusión sobre la Reforma y las doctrinas ortodoxas protestantes de las Escrituras ha abordado el tema desde perspectivas teológicamente sesgadas y con la intención específica de justificar una u otra visión de las Escrituras de los siglos XIX o XX. Este problema de una cuadrícula teológica para comprender la visión protestante más antigua de las Escrituras es fundamental para las distinciones hechas en la mayoría de las historias más antiguas del protestantismo entre los principios «formales» y «materiales» de la Reforma y para la noción relacionada de dogmas centrales.[1] Por supuesto, una discontinuidad entre los reformadores y los protestantes ortodoxos en la doctrina de las Escrituras no debería dar a los teólogos una excusa para rechazar un punto de vista y adoptar el otro como base

---

[1] Por ejemplo, como en Isaac A. Dorner, *History of Protestant Theology Particularly in Germany*, trad. George Robson y Sophia Taylor, 2 vols. (Edimburgo: T. & T. Clark, 1871), I, págs. 220-264; Heinrich Heppe, *Geschichte des deutschen Protestantismus*, 4 vols. (Marburg: Elwert, 1852-1859), I, págs. 25-32; ídem, "Der Charakter der deutsch-reformirten Kirche und das Verhältniss derselben zum Luthertum und zum Calvinismus," en *Theologische Studien und Kritiken*, 1850 (Heft 3), págs. 669-706; Otto Ritschl, *Dogmengeschichte des Protestantismus: Grundlagen und Grundzüge der theologischen Gedanken- und Lehrbildung in den protestaantischen Kirchen*, 4 vols. (Leipzig: JC Hinrichs, 1908-1912; Göttingen: Vandenhoeck & Ruprecht, 1926-1927), I, págs. 42-64; Philip Schaff, *History of the Christian Church*, tercera ed., 8 vols. (Nueva York: Scribners, 1907-1910; reimpresión, Grand Rapids: Eerdmans, 1976), VII, págs. 16-26; y Hans Emil Weber, *Reformation, Orthodoxie und Rationalismus*, 2 vols. (Gütersloh, 1937-51; repr. Darmstadt: Wissenschaftliche Buchgesellschaft, 1966).

para sus reflexiones teológicas actuales, como tampoco una continuidad entre los reformadores y los ortodoxos protestantes en la doctrina de las Escrituras. Las enseñanzas de los reformadores y las doctrinas de la ortodoxia protestante pueden convertirse en una razón legítima para aceptar las doctrinas del protestantismo más antiguo en y para el presente sin más preámbulos. *Las tareas históricas y teológicas deben permanecer separadas.*

Como sostuve en la introducción general a este estudio de prolegómenos y principios, el movimiento de la teología protestante desde la Reforma a la era de la ortodoxia no puede describirse ni como una alteración radical de la perspectiva y una distorsión de la teología ni como un desarrollo puramente continuo de doctrina. Ambos modelos son simplistas y erróneos. En cambio, el desarrollo de la ortodoxia protestante debe describirse en el contexto de la teología medieval tardía y de la Reforma y en términos de un espectro de continuidades y discontinuidades con estos antecedentes. Además, el desarrollo de la dogmática posterior a la Reforma debe situarse en el contexto de las amargas polémicas de la época, del surgimiento de un aristotelismo nuevo y renovado en el Renacimiento y de la recuperación, tanto por parte de protestantes como de católicos, de la teología de los grandes doctores medievales, particularmente los de la *via antiqua*.[2] La necesidad de esta descripción más compleja es en ningún lugar más apremiante que en la discusión de la doctrina ortodoxa reformada de las Escrituras.

Las Escrituras, entendidas de diversas formas, tal como se desarrolló y definió el canon, han sido el fundamento de la doctrina cristiana a lo largo de todas las épocas de la iglesia. Desde los escritos de los primeros padres hasta los vastos esfuerzos sistemáticos de dogmáticos como Barth y Brunner en el presente siglo, la característica identificativa de la enseñanza cristiana ha sido una dependencia directa de las Escrituras para las cuestiones y materiales básicos de la formulación teológica. Sin embargo, el examen explícito de las Escrituras como base adecuada para la teología —un ejercicio bastante distinto del uso de las Escrituras en teología y del trabajo básico de la exposición de las Escrituras— es un tema escasamente abordado antes del surgimiento de sistemas teológicos completamente desarrollados. Es muy cierto que los padres de la iglesia reconocían con frecuencia las Escrituras como el fundamento principal de su pensamiento y que identificaban la enseñanza cristiana ortodoxa como basada en los libros canónicos del Antiguo Testamento (con preguntas

---

[2] Cf. Richard A. Müller, *God, Creation, and Providence in the Thought of Jacob Arminius: Sources and Directions of Scholastic Protestantism in the Era of Early Orthodoxy* (Grand Rapids: Baker Book House, 1991), págs. 15-49, 269-285; y ver *Dogmática reformada posterior a la reforma*, I, 1.1 (B); 1.3; 8.1 (en adelante, citado como DRPR).

ocasionales, como en el caso de Jerónimo, sobre las diferencias entre las listas hebrea y Septuaginta) junto con el testimonio apostólico. Los padres también dedicaron, particularmente en los siglos IV y V, al final del período patrístico, un espacio considerable a discusiones sobre los principios de interpretación: los prefacios de Jerónimo a los diversos libros de la Biblia y *De doctrina christiana* de Agustín son ejemplos preeminentes de este tipo de meditación.

Sin embargo, los padres no nos brindan una doctrina formal de las Escrituras, solo una apelación constante a la inspiración y autoridad de las Escrituras a lo largo de sus escritos y una discusión ocasional de sus principios de interpretación. Por supuesto, los elementos de una «doctrina de las Escrituras» podrían obtenerse o cumplirse a partir de los escritos de los padres, pero sería algo más que una doctrina patrística, siempre que el impulso a tal formulación y los principios organizadores utilizados en la tarea no serían patrísticos.

Muy parecido a lo señalado respecto de los prolegómenos teológicos,[3] La doctrina de las Escrituras representa una reflexión teológica sobre las presuposiciones de un cuerpo doctrinal existente. Los padres de la iglesia dedicaron prácticamente todas sus energías teológicas a la exposición de las cuestiones centrales de ese cuerpo de doctrina: la Trinidad, la cristología y la soteriología. Mientras que en todos sus esfuerzos está implícita una elevada visión de las Escrituras, el desarrollo de una doctrina explícita de las Escrituras fue, como el problema de los prolegómenos teológicos, dejado para épocas posteriores, específicamente para la era de la alta escolástica de la Edad Media, la Reforma y las épocas posteriores a la Reforma.[4] A partir de finales del siglo XII, coincidiendo con el desarrollo de conceptos que pronto se fusionarían en prolegómenos teológicos, los teólogos comenzaron a investigar la forma en que la Escritura es la presuposición del cuerpo de la doctrina cristiana. A finales de la Edad Media, el debate sobre la relación de las Escrituras con la tradición provocó un mayor desarrollo del lenguaje doctrinal relacionado con las Escrituras. La Reforma, con su pronunciamiento de *sola Scriptura* como principio fundamental de la teología, llevó este desarrollo a un clímax y, además, aseguró la elaboración separada de prolegómenos formales y de una doctrina de las Escrituras en los sistemas protestantes ortodoxos de la era posterior a la Reforma.

Mientras que el análisis de los prolegómenos teológicos ortodoxos protestantes se complica por la ausencia de definición y discusión de temas preliminares de los escritos de los reformadores, el análisis de la

---

[3] Cf. *DRPR*, I, 2.1.

[4] Cf. la discusión en Herman Sasse, "The Rise of the Dogma of Holy Scripture in the Middle Ages," en *The Reformed Theological Review*, 18/2 (junio de 1959), págs. 45-54.

doctrina ortodoxa protestante de las Escrituras encuentra un problema muy diferente: había una gran cantidad de material escrito durante la Reforma en la que se discutió la Escritura. La presencia de estos escritos intensifica el problema de la continuidad y la discontinuidad, particularmente cuando se compara el estilo más bien kerigmático, discursivo e incluso «existencial» de los reformadores con el estilo dogmático, escolástico y objetivo de sus sucesores ortodoxos. Sin embargo, la cuestión básica sigue siendo la misma: la continuidad y discontinuidad de la doctrina y el método en el desarrollo del pensamiento cristiano desde finales de la Edad Media hasta la Reforma y hasta el siglo XVII. La cuestión, por el contrario, ya no es si la teología de los reformadores puede o no extenderse a un tema teológico que no se encuentra en los escritos de los reformadores, sino si un tema particular de discusión que se encuentra en los escritos de los Reformadores se modifica sustancialmente cuando se expone no solo en una nueva forma sino también en el contexto de cuestiones doctrinales que los Reformadores no abordaron plenamente o ni siquiera reconocieron.

B. Historias de la Escritura: doctrinal y exegética

La doctrina de las Escrituras, particularmente en su desarrollo medieval tardío, reformado y posreformado, no ha recibido gran atención en las historias más recientes del pensamiento cristiano, con las notables excepciones del magisterial *Handbuch der Dogmengeschichte*, editado por Grillmeier, Schmaus y Scheffczyk; y *The Christian Tradition* por Jaroslav Pelikan.[5] Las historias protestantes, desde la época de Harnack, se han alejado de los llamados *lokale-methode* o patrón de presentación general-especial y, como resultado, han enfatizado las doctrinas o discusiones doctrinales características de los debates dogmáticos más agudos de la iglesia en cada época en particular, en lugar de intentar obtener de los materiales de cada época un cuerpo completo de doctrina. Dado que la doctrina de la Escritura, concebida como un documento formal *locus* en el sistema teológico, es un desarrollo comparativamente reciente, las historias organizadas según el modelo moderno inaugurado por Harnack han tendido a omitir la discusión. Sin embargo, las historias más antiguas de la doctrina, como las obras de Neander y Hagenbach, brindan resúmenes de la doctrina de las Escrituras a lo largo de la historia como un elemento principal en la «historia especial» de cada período.[6] Las historias católicas romanas, además,

---

[5] Johannes Beumer, *Die Inspiration der Heiligen Schrift*, en *Handbuch der Dogmengeschichte*, ed. A. Grillmeier, M. Schmaus y L. Scheffczyk, parte I, fasc. 3b (Friburgo: Herder, 1968); Jaroslav Pelikan, *The Christian Tradition: A History of the Development of Doctrine*, 5 vols. (Chicago: University of Chicago Press, 1971-1989), vol. 4, págs. 336-350.

[6] Johann August Wolhelm Neander, *Lectures on the History of Christian Dogmas*, trad. Ryland, 2 vols.

continúan presentando la doctrina mediante *locus*, y, como atestigua el *Handbuch*, proporciona un recurso valioso en la presente investigación.

Por supuesto, hay una gran cantidad de estudios históricos de la doctrina y la interpretación de las Escrituras y monografías que enfatizan épocas importantes para el desarrollo y alteración de la doctrina. Muchos de estos tratados, de las obras más antiguas de Pesch, Holzhey, Rohnert y Farrar,[7] a esfuerzos más recientes como los ensayos de Preus, Gerstner o Rogers y McKim,[8] caen en la categoría de tratados teológicos que ofrecen una construcción particular de la historia como base para la formulación de la doctrina en el presente. Ninguna de estas obras debe pasarse por alto, pero todas deben examinarse teniendo en cuenta que con frecuencia pasan por alto las cuestiones y problemas del pasado en su búsqueda o defensa de posiciones doctrinales e interpretativas actuales.

Cubriendo toda la historia de estos temas pero desde una perspectiva completamente diferente, a saber, el texto y la interpretación de las Escrituras, se encuentran obras como los ensayos clásicos de Mangenot y Mandonnet,[9] *The Cambridge History of the Bible*,[10] la serie muy detallada,

---

(Londres: Bohn, 1858), II, págs. 492-494, 606-608, 620-642; Karl R. Hagenbach, *A History of Christian Doctrines*, trad. Plumptré, 3 vols. (Edimburgo: T. & T. Clark, 1880-1881), II, págs. 151-174; III, págs. 39-70, 306-321. Otras historias más antiguas también analizan la doctrina de los reformadores, pero tienden a no plantear la cuestión de una «doctrina» de las Escrituras en épocas anteriores: por ejemplo, Reinhold Seeberg, *Text-book of the History of Doctrines*, trad. Charles E. Hay, 2 vols. (Grand Rapids: Casa del libro Baker, 1977); J. L. Neve, *A History of Christian Thought*, 2 vols. (Filadelfia: United Lutheran Publication House, 1943).

[7] Chr. Pesch, *De inspiree sacrae Scripturae* (Friburgo de Brisgovia: Herder, 1906); Karl Holzhey, *Die Inspiration der heiligen Schrift in der Anschauung des Mittelalters: von Karl der Grosser bis zum Konzil von Trient* (Múnich: JJ Lentner, 1895); W. Rohnert, *Die Inspiration der heiligen Schrift und ihre Bestreiter. Eine biblisch-dogmengeschichtliche Studie* (Leipzig: Böhme/Ungleich, 1889); Frederic W. Farrar, *History of Interpretation* (Nueva York: Dutton, 1886; repr. Grand Rapids: Baker Book House, 1961).

[8] Cf. Robert Preus, "The View of the Bible Held by the Church: the Early Church through Luther," y John Gerstner, "The View of the Bible Held by the Church: Calvin and the Westminster Divines," en *Inerrancy*, ed. Norman L. Geisler (Grand Rapids: Zondervan, 1979), págs. 357-82, 385-410 con Jack B. Rogers y Donald K. McKim, *The Authority and Interpretation of the Bible: an Historical Approach* (San Francisco: Harper y Row, 1979); y tenga en cuenta a John D. Woodbridge, *Biblical Authority: a Critique of the Rogers/McKim Proposal* (Grand Rapids: Zondervan, 1982).

[9] Eugene Mangenot, "Allégories bibliques," en *Dictionnaire de Théologie Catholique*, ed. A. Vacant y col., 23 vols. (París: Letouzey et Ané, 1923-50), 1/1, cols. 833-836 (en adelante abreviado, *DTC*); "Inspiration de l'Écriture," en *DTC*, 7/2, cols. 2068-2266; "Concordancias," en *Dictionnaire de la Bible, contenant tous les noms de personnes, de lieux, de plantes, d'animaux mentionnés dans les Saintes Écritures, les questions théologiques, archéologiques*, ed. F. Vigouroux y col., 5 vols. (París: Letouzey et Ané, 1907-1912), 2/1, cols. 892-905 (en adelante, *DB*); "Correctoires de la Bible," en *DB*, 2/1, cols. 1022-1026; "Hugues de St Cher," en *DTC*, 7/1, columnas. 221-239; con j. Rivière, "Interprétation de l'Écriture," en *DTC*, 7/2, cols. 2290-2343; Pierre Mandonnet, "Chronologie des écrits scriptuaires de Saint Thomas d'Aquin," en *Revue Thomiste*, 33 (1928), págs. 25-45, 116-166, 211-245; 34 (1929), págs. 53-66, 132-145, 489-519; "Dominicains (travaux des) sur les Saintes Écritures," en *DB*, 2/2, cols. 1463-1482; y "L'Enseignement de la Bible selon l'usage de Paris," en *Revue Thomiste*, NS 12 (1929), págs. 489-519.

[10] *The Cambridge History of the Bible*, 3 vols., editado por PR Ackroyd y CF Evans [I], GWH Lampe

pero algo desigual *Bible de tous les temps*,[11] la colección más breve de ensayos editada por Nineham,[12] y las obras finamente investigadas y argumentadas de Kropatscheck, Spicq, De Vooght, De Lubac, Smalley, Preus y Reventlow.[13] Estos últimos ensayos se presentan como investigaciones históricas de la historia de la hermenéutica con poco o ningún deseo de argumentar cuestiones teológicas modernas y, por lo tanto, son más útiles para la comprensión de la lucha histórica de la doctrina de las Escrituras en los siglos XVI y XVII. Además, dado que la cuestión doctrinal de la naturaleza y autoridad de las Escrituras es inseparable de la cuestión hermenéutica de los métodos a emplear en la exégesis de las Escrituras, la historia de la exégesis es tan importante para la presente investigación como la historia de la doctrina de las Escrituras. Después de todo, una cosa es argumentar la infalibilidad del texto en todos los asuntos de fe y práctica y luego interpretar el texto siguiendo la cuádruple exégesis «alegórica» típica de los comentaristas medievales y hacerlo antes de que cualquier credo o confesión de la iglesia hubiera definido el canon de las Escrituras en los términos más estrictos, y otra cosa muy distinta es hacer la misma declaración de la infalibilidad del texto en el contexto de un método literal de exégesis y una definición estricta de los libros incluidos en el canon normativo de las Escrituras.

De hecho, las tensiones y presiones impuestas a la doctrina de las Escrituras a lo largo de su historia de la Reforma y de la posreforma se deben atribuir menos a cambios en la doctrina misma que a alteraciones del contexto interpretativo en el que se inserta la doctrina de las Escrituras —como doctrina concerniente a la doctrina— y en el que se había colocado el resto del sistema teológico, entendido hermenéuticamente. El problema de la doctrina de las Escrituras en la era de la Reforma y la era de la ortodoxia no era tanto un problema de una nueva visión de la inspiración

---

[II] y SL Greenslade [III] (Cambridge: Cambridge University Press, 1963-70), en adelante *CHB* I, II o III.

[11] *Bible de tous les temps*, 8 vols. Collection dirigée par Charles Kannengiesser (París: Beauchesne, 1984); en adelante, *BTT*.

[12] D. E. Nineham, ed., *The Church's Use of the Bible Past and Present* (Londres: SPCK, 1963).

[13] Friedrich Kropatscheck, *Das Schriftprinzip der lutherischen Kirche. Geschichte und dogmatische Untersuchungen. I. Die vorgeschichte. Das Erbe des Mittelalters* (Leipzig: Deichert, 1904); Ceslao Spicq, *Esquisse d'une histoire de l'exégèse latine au moyen âge* (París: J. Vrin, 1944), e ídem, "Saint Thomas d'Aquin: VI. Saint Thomas d'Aquin exegete," en *DTC*, 15/1, columnas. 694-738; Paul de Vooght, *Les Sources de la doctrine chrétienne d'après les théologiens du XIVe siècle et du début du XVe* (París: Desclée, 1954); Henri de Lubac, *Exégèse médiévale: les quatre sens de l'Ecriture*, 4 vols. (París: Aubier, 1959-1964); Beryl Smalley, *The Study of the Bible in the Middle Ages* (Notre Dame: Prensa de la Universidad de Notre Dame, 1964); James S. Preus, *From Shadow to Promise: Old Testament Interpretation from Augustine to the Young Luther* (Cambridge, Massachusetts: Harvard University Press, 1969); Henning Graf Reventlow, *The Authority of the Bible and the Rise of the Modern World*, trad. John Bowden (Filadelfia: Fortaleza, 1985).

y la autoridad como un problema de una visión muy tradicional de la inspiración y la autoridad en el contexto de un enfoque modificado de la exégesis y la hermenéutica. Y el problema fundamental, por lo tanto, no era tanto la doctrina de las Escrituras en sí como la manera en que la exégesis y la interpretación conducían de una Escritura autorizada a una declaración doctrinal autorizada, admitiendo que ni los supuestos doctrinales fundamentales sobre el punto de origen de las Escrituras, ni el dogmático y las conclusiones confesionales sobre el resultado teológico sistemático habían cambiado, pero solo el camino hermenéutico que se extendía entre ellas.

Admitiendo este problema hermenéutico fundamental y la enorme alteración de la perspectiva provocada en los siglos XVII y XVIII por el desarrollo de la metodología textual crítica e histórico-crítica, las diversas historias de la interpretación moderna de las Escrituras y su teología también son de cierta importancia para esta investigación, en particular los trabajos de Diestel,[14] Farrar,[15] Fullerton,[16] Kraus,[17] Kummel,[18] Hayes y Prussner,[19] y la encuesta reciente de Rogerson, Rowland y Lindars.[20] Mientras que los estudios de Diestel, Kraus y Kümmel son obras de erudición cuidadosamente diseñadas y exhaustivamente investigadas, los dos últimos ensayos no solo tienden a devaluar la exégesis «precrítica» y a evidenciar un fracaso para abordar las obras exegéticas y hermenéuticas verdaderamente importantes de los siglos XVI y XVII, aunque solo Hayes y Prussner descienden al estilo intensamente negativo y polémico de Farrar. Sin embargo, todas estas obras son útiles para rastrear los inicios del método crítico y para enmarcar el problema que enfrentó la teología al final de la era de la ortodoxia protestante e inmediatamente después. *Geschichte des Alten Testamentes* de Diestel sigue siendo el estudio magistral en su campo, lamentablemente sin paralelo en el ámbito del estudio del Nuevo Testamento.

---

[14] Ludwig Diestel, *Geschichte des Alten Testamentes in der christlichen Kirche* (Jena: Mauke, 1869).

[15] Frederick W. Farrar, *The History of Interpretation* (1886; repr. Grand Rapids: Baker Book House, 1961).

[16] Kemper Fullerton, *Prophecy and Authority: A Study in the History of the Doctrine and Interpretation of Scripture* (Nueva York: Macmillan, 1919).

[17] Hans Joachim Kraus, *Geschichte der historisch-kritischen Erforschung des Alten Testaments*, segunda edición (Neukirchen: Neukirchner Verlag, 1969); e ídem, *Die biblische Theologie: Ihre Geschichte und Problematik* (Neukirchen: Neukirchner Verlag, 1970).

[18] Werner Georg Kümmel, *The New Testament: The History of the Investigation of its Problems*, trad. S. McLean Gilmour y Howard C. Kee (Nashville: Abingdon, 1972).

[19] John H. Hayes y Frederick C. Prussner, *Old Testament Theology: Its History and Development* (Atlanta: John Knox, 1985).

[20] John Rogerson, Christopher Rowland y Barnabas Lindars, *The Study and Use of the Bible*, vol. II en *The History of Christian Theology*, ed. Paul Avis (Grand Rapids: Eerdmans, 1988).

1.2 Canon, inspiración e interpretación de la Biblia en la teología escolástica medieval

A. El Canon de las Escrituras y su interpretación

1. La autoridad y la identidad del canon.

Una gran parte de la dificultad moderna para aceptar el desarrollo posterior a la Reforma de una doctrina protestante de las Escrituras surge de una mala interpretación general de la visión medieval de las Escrituras y su relación positiva con la enseñanza protestante posterior, tanto en la Reforma como después. En particular, muchas de las discusiones sobre la historia de las Escrituras (su texto e interpretación, así como la doctrina formal sobre ellas) han suscitado la suposición errónea de que los escolásticos medievales devaluaron o ignoraron el fundamento bíblico de la teología o, al menos, se acercaron al texto de manera tan acrítica que las consideraciones teológicas y filosóficas constantemente prevalecieron sobre las preocupaciones textuales y exegéticas.[21] (¡Un concepto erróneo paralelo respecto de la ortodoxia protestante deja a la Reforma pareciendo una isla escritural en medio de un mar dogmático acríticamente!) Cuando el argumento se plantea de manera tan cruda, la Reforma aparece en una discontinuidad radical con su pasado, y el surgimiento de la posreforma de un protestantismo escolástico parece discontinuo con las cuestiones planteadas por los reformadores. Una mirada más cuidadosa y crítica a los materiales de la historia manifiesta un panorama bastante diferente. El problema del texto y el canon de las Escrituras debatido tanto por reformadores como por humanistas está firmemente arraigado en la discusión medieval. La importancia de los idiomas originales para la interpretación del texto de las Escrituras, incluida la necesidad de volver a traducir el Antiguo Testamento del hebreo a una versión latina literal, fue reconocida claramente por Robert Grosseteste, obispo de Lincoln (m. 1253), como fue por los eruditos de formación humanista del siglo XVI.[22] De manera similar, la crítica del texto de la Vulgata puede citarse tan fácilmente de Roger Bacon (ca. 1214-1294) como de los reformadores. Por supuesto, no se puede afirmar que los escritores medievales tuvieran ni la experiencia ni el incentivo característicos de los hebraístas y clasicistas del siglo XVI, pero también hay que reconocer que estamos ante una larga historia de aproximación al texto, más que con un biblicismo repentino e históricamente discontinuo. La historia del texto

---

[21] Por ejemplo, Farrar, *History of Interpretation*, págs. 245-6; Kümmel, *New Testament*, págs. 19-20.
[22] Cf. Ralph Loewe, "The Medieval Christian Hebraists of England," en *CHB*, II, págs. 211-214.

y el canon, como la historia de la hermenéutica, no obliga al deseo de crear cuadros ordenados llamados «Edad Media», «Reforma» y «Ortodoxia posreformada».[23]

Los teólogos medievales y, de hecho, las primeras Biblias medievales manifiestan una relativa fluidez del canon. Quizás los ejemplos más destacados de la apertura del canon medieval son las apariciones en las biblias medievales y en las obras de los comentaristas y teólogos medievales del texto y de las referencias al *Pastor de Hermas* y la *Epístola a los Laodicenses*. El *Códice Claromontano* del siglo VII ofrece, por ejemplo, un grupo final de libros que incluye (en orden) Santiago, 1, 2 y 3 Juan, Judas, Bernabé, el Apocalipsis de Juan, los Hechos de los Apóstoles, el *Pastor de Hermas*, el *Hechos de Pablo* y el *Apocalipsis de Pedro*.[24] Entre estos libros, la *Revelación* o *Apocalipsis de Pedro* ocupa un lugar importante en el ámbito más amplio de la teología medieval y la religión popular. Mientras que el Apocalipsis de Juan carece de detalles sobre cuestiones tales como la geografía del infierno, Pedro proporciona un depósito de información. La mente medieval, como atestigua el libro *Inferno* de Dante y sus diversos predecesores, estuvo profundamente influenciado por dicha literatura deuterocanónica.[25] De manera similar, la *Epístola a los Laodicenses* fue vista por un comentarista medieval como Haimo de Halberstadt como una obra útil o edificante, y bastantes de las Biblias de la Baja Edad Media, tanto en latín como en lengua vernácula (inglés y alemán), incluyen una breve *Epístola a los Laodicenses* generalmente después de Gálatas o Colosenses y, a veces, justo antes de las Pastorales.[26]

En cuanto a los libros apócrifos, tan acaloradamente discutidos por protestantes y católicos romanos en el siglo XVI, los maestros medievales los señalaron con bastante frecuencia como deuterocanónicos. Así, Hugo de San Víctor señaló que los apócrifos no pertenecen al canon pero que deberían leerse para edificación, mientras que John de Salisbury no solo distinguió entre los libros canónicos y apócrifos sino que también enumeró el *Pastor de*

---

[23] Véase Eduard Reuss, *History of the Canon of the Holy Scriptures in the Christian Church*, trad. David Hunter (Edimburgo: RW Hunter, 1891); ídem, *History of the Sacred Scriptures of the New Testament*, quinta edición, trad. E. L. Houghton (Edimburgo: T. y T. Clark, 1884); y Brooke Foss Westcott, *A General Survey of the History of the Canon of the New Testament*, sexta edición (1889; repr. Grand Rapids: Baker Book House, 1980).

[24] Reuss, *History of the Canon*, págs. 159-160.

[25] Cf. Marcus Dods, *Forerunners of Dante: An Account of Some of the More Important Visions of the Unseen World, from the Earliest Times* (Edimburgo: T. & T. Clark, 1903), págs. 126-127; cf. R. E. McNally, "Exegesis, Medieval," en *New Catholic Encyclopedia* (Nueva York: McGraw-Hill, 1967), vol. 5, pág. 710.

[26] Cf. Haimo de Halberstadt, *In divi Pauli epistolas expositio* (Col. 4), en *Patrologia Latina*, 117, col. 765 (en adelante, *PL*); con Reuss, *History of the Canon*, págs. 254, 264; y Westcott, *General Survey*, págs. 458-462, 465 (texto en las págs. 580-584).

Hermas entre los apócrifos del Antiguo Testamento.[27] Hugo también podía entender como Antiguo Testamento todos los libros sagrados escritos antes de Cristo y como Nuevo Testamento todos los libros eclesiásticos escritos después de Cristo, de modo que «Nuevo Testamento» se refería a todos los escritos posteriores de la iglesia, con los cuatro evangelios en primer lugar (*in primo ordine*), los Hechos, las epístolas paulinas y católicas, y el Apocalipsis en el segundo rango, y las Decretales en el tercero, seguidos por «los escritos de los santos Padres... que son innumerables» ocupando el lugar de un último eslabón de la cadena histórica de testigos. La armonía del conjunto era tan obvia para Hugo que pudo afirmar que «ninguno de [estos escritos] es superfluo».[28] La cuádruple exégesis, con su poderoso énfasis en la unidad y analogía de la fe, hizo posibles tales declaraciones e hizo innecesario un canon estrictamente definido.

2. La *Glossa ordinaria* y la tradición interpretativa.

La lectura y el estudio de las Escrituras fueron fundamentales para la empresa teológica de la Edad Media. De hecho, antes de finales del siglo XII, la Biblia era el único «texto fijo» en las escuelas medievales.[29] A finales del siglo XII, con la diferenciación entre el estudio de *sacra pagina* y la ciencia de la teología, el estudio de las Escrituras era, típicamente, seguido de un curso sobre la doctrina cristiana organizado por temas en grupos de declaraciones o *sententia*.[30] El examen del método y la forma de exposición teológica que llevaron a la práctica medieval de elaborar y aumentar el estándar *Sententiae en IV libris distintivoae* de Lombardo con más textos, más argumentos y una discusión preliminar de la naturaleza de la teología también condujo a una organización más cohesiva del estudio de las Escrituras. En el caso del estudio bíblico, los primeros escolásticos tenían una base más sólida sobre la cual construir su edificio exegético que los constructores de la *sententia*: tenían la tradición de la glosa o, como más tarde se llamó, la *Glossa ordinaria*.

Aunque ciertos elementos de la glosa se derivaron de comentarios escritos en los siglos IX y X, la producción real de un comentario continuo sobre todo el texto de las Escrituras Perteneció al siglo XII y fue obra de

---

[27] Hugo de San Víctor, *De scripturis et scriptoribus sacris, praenotatiunculae*, cap. 6-7, en *PL*, 175, cols. 15-17; John of Salisbury, Epístola 143, en *PL*, 199, col. 126.

[28] Hugo de San Víctor, *De scripturis... praenot.*, cap. 6 en *PL*, 175, col. 16-17.

[29] Cf. Beryl Smalley, "The Bible in the Medieval Schools," en *CHB*, II, págs. 197-198.

[30] Cf. Yves M.-J. Congar, *A History of Theology*. trad. Hunter Guthrie (Ciudad Jardín: Doubleday, 1968), págs. 79-80; Johannes Beumer, *Die theologische Methode*, en *Handbuch der Dogmengeschichte*, ed. A. Grillmeier, M. Schmaus y L. Scheffczyk, parte I, fasc. 6 (Friburgo de Brisgovia: Herder, 1972), págs. 72-73; J. Van der Ploeg, "The Place of Holy Scripture in the Theology of St. Thomas," en *The Thomist*, 10 (1947), págs. 404-407; y *DRPR*, I, 2.2 (A).

Anselm de Laon y sus ayudantes. Entre 1100 y 1130, los eruditos de Laon reunieron todos los prólogos de Jerónimo, los unieron a otro material preliminar y los copiaron en conjunto con el texto de las Escrituras y con un comentario compuesto y continuo que consistía en una discusión marginal e interlineal del texto. Tanto los comentarios marginales como los interlineales se basan en materiales medievales y patrísticos anteriores, para tomar prestadas las palabras de Smalley, en «diversos grados de espesor»[31]: importantes pasajes doctrinales o morales reciben comentarios más extensos. Más adelante, en el siglo XII, Gilbert de la Porrée y Pedro Lombardo ampliaron la glosa de Anselm. También se volvió práctica, al menos desde Anselm de Laon en adelante, no solo dar conferencias en la forma y sobre la base de la glosa, sino también introducir *quaestiones* sobre temas doctrinales importantes en las conferencias. Así, la ampliación que Lombardo hace de la glosa de las epístolas paulinas saca a la luz temas doctrinales en forma de *quaestiones* cuidadosamente argumentadas.[32]

El desarrollo de estos diversos niveles de glosa estuvo íntimamente relacionado con la suposición común de los escritores medievales de que la Escritura y la tradición hablaban con una sola voz y que el significado del texto había sido incorporado en las interpretaciones de los padres. El texto de las Escrituras, como en el caso de las grandes Biblias de París del segundo cuarto del siglo XIII, se copiaba con frecuencia, junto con la glosa, para utilizarlo como libro de texto para estudios teológicos. En muchos casos, el texto mismo se acomodó a la glosa bajo el supuesto de que la interpretación patrística era correcta.[33] Loewe señala que «es posible ilustrar la interdependencia orgánica del texto en su forma del siglo XII, y la *glosa*, y señalar la dependencia de las *sentencias* en ambos».[34] La glosa desarrollada en la primera mitad del siglo XII por Anselm de Laon y su escuela se convirtió, gracias a los esfuerzos del alumno de Anselm, Gilbert de la Porrée, y de Pedro Lombardo, en la glosa estándar u ordinaria (*Glossa ordinaria*) utilizada en la instrucción bíblica básica a partir del siglo XII en adelante. Lombardo también tomó la glosa ansélmica como base de su extensa exposición del Salterio y las epístolas paulinas, las *Magna glosatura*, que eventualmente se convirtió en la exposición estándar de estos libros bíblicos en particular. En su recopilación de las *Sentencias,* Lombardo se

---

[31] Smalley, *Study of the Bible*, pág. 56.

[32] Smalley, *Study of the Bible*, pág. 73.

[33] Cf. Smalley, *Study of the Bible*, págs. 334-335; H. Glunz, *The Vulgate in England from Alcuin to Roger Bacon* (Cambridge: Cambridge University Press, 1933), págs. 259-265; y Ralph Loewe, "The Medieval History of the Latin Vulgate," en *CHB*, II, pág. 147.

[34] Loewe, "Medieval History of the Latin Vulgate," en *CHB*, II, pág. 145.

basó tanto en la *Glossa ordinaria* y en su *magna glosatura*,[35] con el resultado de que la amalgama bíblico-tradicional de los distintos niveles de glosa se convirtió en la base autorizada para la exposición doctrinal en el curso básico de teología medieval.

Esta interdependencia mutua del texto y la tradición, como se evidencia en las Escrituras, la glosa y la nueva ciencia teológica, sirve para identificar y definir la cuestión de la relación y la autoridad relativa de las Escrituras y la tradición tal como se encuentran en la Edad Media y para distinguirlas tanto formal como materialmente de la cuestión de la autoridad relativa de las Escrituras y la tradición tal como se encontró en períodos posteriores. Quizás aún más importante es que esta íntima relación entre texto, glosa y *sententia* apunta hacia el contexto y el significado de las referencias medievales a la inspiración y autoridad de las Escrituras en teología: la línea entre texto y teología se trazó solo con dificultad, al igual que la identificación escolástica de *sacra pagina* y *sacra theologia* era una distinción, difícilmente una separación. Los términos *theologia* y *sacra scriptura* eran prácticamente sinónimos.[36] Tanto hermenéutica como lingüísticamente, el texto de la Vulgata y el trabajo de formulación teológica estaban tan profundamente entrelazados que el lenguaje de las Escrituras y el lenguaje de la teología fluyeron uno hacia el otro. De hecho, en la Edad Media no se puede distinguir firmemente entre el lenguaje bíblico y el teológico, sino solo entre los elementos fundamentales del lenguaje teológico aprendidos de las Escrituras y los otros aspectos y elementos del lenguaje teológico aprendidos de la tradición más amplia y utilizados para interpretar las Escrituras y formular doctrina.

La cuestión del texto y la interpretación se complicó aún más por las numerosas Biblias populares de la Edad Media, tanto latinas como vernáculas, en prosa y verso, y por la interrelación de las Escrituras, la tradición y la leyenda con la identificación medieval del significado literal del texto y la estancia temporal del pueblo de Dios como *historia*. Obras como el *Speculum historiale* de Vincent de Beauvais y el *Speculum humanae salvationis* de Ludolph de Sajonia funcionaron como paráfrasis bíblicas que mediaron en la historia sagrada de las Escrituras junto con adiciones y aumentos legendarios, algunos de los cuales, en el caso de esta última obra, provienen de la historia secular antigua, y prácticamente todos sirven al propósito hermenéutico subyacente de manifestar el movimiento a través de la historia

---

[35] Smalley, *Study of the Bible*, págs. 63-64.
[36] Cf. Buenaventura, *Opera omnia*, 10 vols. (Quaracchi: Collegium S. Bonaventurae, 1882-1902): *Breviloquium*, en vol. 5, prooem., 1; con Thomas of Strasburg, *Scripta super quattuor libros Sententiarum* (Estrasburgo, 1490), pról., q.4, a.2; y ver a De Vooght, *Les Sources*, págs. 40-42, 70, 80-81, 88-89, 103; Smalley, "Bible in the Medieval Schools," págs. 198-199; e ídem, *Study of the Bible*, págs. 271, 275-276.

desde la salvación oscuramente prometida en el Antiguo Testamento hasta la redención claramente ofrecida en el Nuevo. La interpretación tipológica de la totalidad de la historia a través del cumplimiento del Nuevo Testamento no solo es característica de estas obras y otras de su tipo, sino que también es la base, a través de estas Biblias populares, de gran parte del arte de la Edad Media.

Esta adaptación gradual del texto a su interpretación y la «corrupción» del texto a través de errores de los escribas no pasó desapercibida durante la era escolástica. Prácticamente en el mismo punto que el texto de París, la *Glossa ordinaria* y la *Sententia* de Lombardo se convirtieron en componentes estándar de un programa de estudio teológico altamente organizado e interrelacionado, el texto mismo de la Vulgata se convirtió en tema de debate. Ya en el siglo XII, algunos teólogos habían planteado cuestiones sobre la relación de la Vulgata con el Antiguo Testamento hebreo: a principios de siglo (1109), Stephen Harding, abad de Citeaux, había extirpado, con la ayuda de un converso del judaísmo, pasajes de la Vulgata que no se encuentran en el hebreo original.[37] Esfuerzos similares caracterizan la obra de otro cisterciense del siglo XII, Nicholas Manjacoria. Nicholas había estudiado hebreo y trabajado para eliminar las adiciones que se habían hecho al texto de la Vulgata. Destacó específicamente para criticar la idea de que la versión más elaborada de un texto era la mejor, y explicó detalladamente su enfoque del texto en un tratado, el *Libellus de corruptione et corruptione Psalmorum* (ca. 1145).[38] Hugo de San Víctor (muerto en 1141) también había notado corrupciones textuales en la Vulgata.[39]

En el siglo XIII, particularmente en las grandes órdenes docentes, hubo un esfuerzo concertado para desenredar el texto y la glosa e incluso corregir el texto sobre la base de los originales hebreo y griego. Así, Hugo de San Cher comparó el texto de la Vulgata con los comentarios de Jerónimo, varios códices precarolingios y el texto hebreo. Este esfuerzo fue tan extenso que Hugo y sus asociados produjeron un suplemento a la glosa; en efecto, «un nuevo aparato para toda la Biblia».[40] Por un lado, Hugo supervisó la producción de una concordancia masiva organizada alfabéticamente; por el otro, desarrolló un nuevo conjunto de apostillas o anotaciones sobre toda la Biblia en los que enfatizaba los paralelos entre textos y enfatizaba, al igual que sus contemporáneos Alberto el Grande y Tomás de Aquino,

---

[37] Loewe, "Medieval History of the Latin Vulgate," en *CHB* II, pág. 143.

[38] Loewe, "Medieval History of the Latin Vulgate," en *CHB*, II, pág. 143; y véase A. Wilmart, "Nicolas Manjacoria, Cistercien à Trois-Fontaines," en *Revue Benedictine*, 33 (1921), págs. 139-142.

[39] Hugo de San Víctor, *De Scripturis*, 9 en *PL*, 175.18A.

[40] Véase Smalley, "Bible in the Medieval Schools," en *CHB*, II, págs. 206-207; Mangenot, "Correctoires de la Bible," cols. 1023-1025; e ídem, "Hugues de St. Cher," cols. 228-234.

la prioridad del sentido literal como base para el examen de los otros tres sentidos de las Escrituras.⁴¹ El siglo XIII fue, además, responsable de la estandarización del texto y sus divisiones en capítulos en el llamado texto de París, iniciado por Stephen Langton y continuado en las correcciones de Hugo de San Cher y en la edición adaptada de William de la Mare, que sabía tanto hebreo como griego.⁴²

3. La *quadriga* y exégesis medieval.

La *quadriga*, o exégesis cuádruple, fue claramente definida para la Alta Edad Media en la *Glossa ordinaria*. Allí leemos que los cuatro sentidos del texto son «*historia*, que cuenta lo que pasó (*res gestae*); *allegoria*, en la que una cosa se entiende a través de otra; *tropologia*, que es declaración moral, y que se ocupa del ordenamiento de la conducta; *anagoge*, a través del cual somos conducidos a cosas más elevadas para que podamos ser atraídos a lo más alto y celestial».⁴³ Los tres últimos o sentidos espirituales reflejan las tres virtudes cristianas, la fe, el amor y la esperanza: la alegoría enseña «cosas que se deben creer» (*credenda*), tropología «cosas para amar» o «hacer» (*diligencia* o *agenda*) y anagoge «cosas que se pueden esperar» (*speranda*). El *speranda*, cabe señalar, podría entenderse en un sentido místico o escatológico.

Como lo demuestra ampliamente la historia de la exégesis en la Edad Media, este enfoque del texto podría resultar en un alejamiento o una gravitación hacia el sentido literal. Al comienzo de la era escolástica, Hugo de San Víctor podía disputar con aquellos de sus contemporáneos que ignoraban la letra por sus significados espirituales. Este procedimiento, sostenía Hugo, era contraproducente ya que el Espíritu había dado el sentido literal como punto de partida para todos los demás significados: la palabra del texto o «letra» es, después de todo, el signo de la «cosa» (*res*) inicial que, en su propia función de «signo» (*signum*), dirige nuestra atención hacia otras cosas. Si no se comprende la «cosa» que literalmente significa una palabra determinada, no se podrán captar los significados espirituales del texto, que no surgen de las palabras del texto sino de las cosas que significan.⁴⁴ El discípulo de Hugo, Andrés de San Víctor, combinó el énfasis

---

⁴¹ Hugo de San Cher, *Postillae in universa Biblia juxta quadruplicem sensum, literalem, allegoricum, moralem, anagogicum* (Venecia y Basilea, 1487); cf. Mandonnet, "Dominicains (Travaux des) sur les Saintes Écritures," cols. 1464, 1465.

⁴² Loewe, "Medieval History of the Latin Vulgate," págs. 146-150. Cabe señalar que William no hizo correcciones importantes en el texto de la Vulgata, porque dudaba que los manuscritos hebreos contemporáneos fueran más precisos que el texto latino. Cf. Spicq, *Historie de l'exégèse*, págs. 159-172.

⁴³ *Prothemata glossae ordinariae*, en *PL*, 113, col. 63B; cf. McNally, "Exegesis, Medieval," págs. 708-709.

⁴⁴ Hugo de San Víctor, *De scripturis et scriptoribus*, cap. 5, en *PL*, 175, cols. 13-14; cf. De Lubac, *Exégèse médiévale*, II/2, págs. 288-297.

de su maestro en el significado literal del texto con una base firme en hebreo y un uso profundo de la exégesis judía del Antiguo Testamento, incluso hasta el punto de identificar lecturas no mesiánicas del texto en sentido literal, sin, sin embargo, intentar cualquier revisión de la *quadriga*.[45]

En el siglo siguiente, Alberto el Grande y Tomás de Aquino fueron en gran medida responsables de un cambio importante en el énfasis de la exégesis medieval, alejándose del alegorismo gregoriano hacia un mayor énfasis en la letra.[46] Alberto supuso que «solo había una exégesis genuina digna de ese nombre, la que explica el sentido pretendido por el autor y está indicada por el texto mismo»: el sentido literal, por lo tanto, proporcionaba la base para los tres sentidos espirituales, que Alberto entendió como extensiones pedagógicas la letra.[47] Tomás de Aquino se basó en esta suposición y se alejó del método de las apostillas o anotaciones hacia un análisis del texto en términos de sus divisiones lógicas y su relación entre sí. Mandonnet sostiene que él originó el procedimiento exegético básico de analizar palabras y frases en su contexto, buscando unidades de significado en el texto y, por lo tanto, enfatizando el sentido literal como fundamento de la teología. Los comentarios de Tomás de Aquino están «ocupados casi exclusivamente» con la exposición del sentido literal, que también identificó como el *fundamentum historiae*. De hecho, Tomás de Aquino comentó con cierta frecuencia que el *primus sensus* y *prima expositio* de las Escrituras era *magis litteralis*, y que el propósito de la exégesis era identificar la «intención» de las palabras, del libro o del escritor.[48]

Tomás de Aquino resolvió las cuestiones planteadas por los exégetas victorinos sobre la relación de lo literal con los otros sentidos enfatizando la conexión entre la «cosa» (*res*) significada por la palabra del texto y la *res* de los significados espirituales e insistiendo en que cualquier palabra en un texto determinado solo puede significar una cosa. No es que se pudiera obtener una multiplicidad de significados espirituales encontrando una serie de significados para una palabra en particular: cada palabra del texto, dado

---

[45] Smalley, *Study of the Bible*, págs. 155-172.

[46] Spicq, *Histoire de l'exégèse*, págs. 204-212, 288; Smalley, *Study of the Bible*, págs. 300-301, 365; Brown, *The Sensus Plenior of Sacred Scripture* (Baltimore: Universidad de St. Mary, 1955), pág. 61; véase también F. A. Blanche, "Le sens littéral des Écritures d'apres saint Thomas d'Aquin," en *Revista Thomiste* (1906), págs. 192-212; y Paul Synave, "La doctrine de saint Thomas D'Aquin sur le sens littéral des Écritures," en *Revue biblique*, 35 (1926), págs. 40-65; nótese también a Spicq, "Pourquoi le Moyen Age n'a-t-il pas practiqué davantage l'exégèse littérale," en *Revue des Sciences Philosophiques et Théologiques*, 30 (1941-1942), págs. 169-179.

[47] Spicq, *Histoire de l'exégèse*, pág. 210; cf. págs. 271-272.

[48] Mandonnet, "Dominicains (travaux des) sur les Saintes Écritures," col. 1465; cf. Spicq, *Historie de l'exégèse*, págs. 209, 273-285; y ver a Maximino Arias Reyero, *Thomas von Aquin como Exeget: Die Prinzipien seiner Schriftdeutung und seine Lehre von den Schriftsinnen* (Münster: Johannes Verlag, 1971), págs. 155-161.

el contexto gramatical en el que se encuentra, debe hablar unívocamente. El sentido «histórico o literal» tiene sus raíces directamente en las «cosas» que significan las palabras y es el sentido pretendido por el autor humano del texto. Todos los sentidos, por lo tanto, se basan directamente en el sentido literal, no porque las palabras del texto en sí mismas tengan múltiples significados, sino porque el escritor y sus palabras pertenecen a una «historia sagrada» que ofrece un contexto más amplio para comprender el significado espiritual del texto[49]: Tomás de Aquino concluye que solo el sentido literal es motivo de discusión e insiste en que cada verdad necesaria para la salvación se ofrece en algún lugar de las Escrituras en el sentido literal del texto.[50] Así, los sentidos espirituales, aunque útiles y sumamente esclarecedores, no son absolutamente necesarios. Sin embargo, debe señalarse a este respecto que, si bien Tomás de Aquino consideraba que las diversas figuras y símbolos de Cristo en el Antiguo Testamento pertenecían al sentido espiritual, entendía las profecías mesiánicas como referencias a Cristo en el sentido literal. El sentido literal, por tanto, fue extraído del texto en el contexto más amplio de la historia sagrada. Aunque un texto determinado solo podría tener un sentido literal, suponiendo que cada palabra debe tener un único significado correcto, ese único sentido podría tener un marco de referencia bastante amplio.[51] De hecho, Tomás de Aquino entendió claramente que la «intención» del autor de un texto se extendía más allá de la simple letra a figuras retóricas: su exégesis abunda en discusiones sobre los signos, figuras, similitudes, tipos y símbolos en el texto que pertenecen al sentido literal más amplio interpretado según la intención del autor.[52]

También merece mención la contribución metodológica de Roger Bacon. Bacon defendió firmemente el dominio de los idiomas originales del texto como principio general de estudio. Tanto las Escrituras como las obras de los grandes filósofos fueron escritas en lenguas antiguas, y las traducciones no logran transmitir el carácter del original, el *propietas linguae*. Los idiomas originales son necesarios, argumentó Bacon, para una interpretación filológica cuidadosa, e incluso son importantes para la comprensión de idiomas posteriores como el latín, cuyas letras y gramática derivan del griego y el hebreo.[53]

---

[49] Smalley, *Study of the Bible*, pág. 300.

[50] Aquino, *Summa theologiae cura fratrum in eiusdem ordinis*, 5 vols. (Madrid: Biblioteca de Autores Cristianos, 1962-1965), Ia, q.1, art. 1.

[51] Cf. Synave, "La doctrine de saint Thomas d'Aquin sur le sens littéral," págs. 45, 60-61.

[52] Arias Reyero, *Thomas von Aquin als Exeget*, págs. 160-171.

[53] Roger Bacon, *The Opus Maius of Roger Bacon*, ed. J. H. Bridges, 2 vols. (Oxford: Clarendon Press, 1897), I, pág. 81; cf. Spicq, *Historie de l'exégèse*, págs. 182-183.

B. La comprensión de las Escrituras en la teología de los doctores del siglo XIII

1. De *sacra pagina* a *sacra theologia*.

Así como la visión medieval del texto, el canon y la exégesis es el trasfondo adecuado contra el cual se debe entender la Reforma y el posterior desarrollo de los enfoques protestantes de las Escrituras, también la doctrina medieval de las Escrituras es el trasfondo necesario para una comprensión del desarrollo de una ortodoxa doctrina protestante de las Escrituras. Con sorprendente uniformidad los doctores medievales declaran la autoridad de las Escrituras como la fuente divinamente dada de todas las doctrinas de la fe. Tratan, en su mayor parte, con bastante cuidado y precisión el concepto de inspiración, reconociendo la necesidad de equilibrar la autoría divina y humana del texto y, con sorprendente frecuencia, señalando la relación entre la diversidad de género y estilo literario dentro del canon y la forma que adopta la doctrina de la inspiración.[54]

Esta conexión entre la doctrina de las Escrituras, específicamente de la inspiración de las Escrituras, el concepto de teología como ciencia y el desarrollo de los prolegómenos teológicos, no fue fortuita. La mayoría de los grandes doctores escolásticos (Alexander de Hales, Buenaventura, Alberto el Grande, Tomás de Aquino, Giles de Roma, Henry de Gante, Duns Scotus) optaron por formular su doctrina de las Escrituras en el contexto de los prolegómenos teológicos. Al menos, los elementos clave de su doctrina de las Escrituras fueron formulados en este punto. Así como las cuestiones presuposicionales y las definiciones de teología que pertenecen a los prolegómenos se encuentran, posiblemente, entre los últimos elementos del sistema teológico en recibir discusión formal,[55] también lo son la enumeración de principios y fuentes, y el desarrollo metodológico de los aspectos del paradigma interpretativo de este esfuerzo final de codificación. Solo cuando se hubo distinguido *sacra pagina*, *sacra doctrina*, y *theologia* o, más precisamente, la *scientia theologiae*, pudo surgir una doctrina de la Escritura, en efecto, una *doctrina doctrinae*.[56]

---

[54] Cf. por ejemplo, Johannes Beumer, *Die Inspiration der Heiligen Schrift*, en *Handbuch der Dogmengeschichte*, I/3b (Freiburg: Herder, 1968); P. Dausch, *Die Schriftinspiration, eine biblischgeschichtliche Studie* (Freiburg-im-Breisgau, 1891); Josef Finkenzeller, *Offenbarung und Theologie nach der Lehre des Johannes Duns Skotus*, en *Beiträge zur Geschichte der Philosophie und Theologie des Mittelalters*, XXXVIII/5 (Münster: Aschendorff, 1961); Paul de Vooght, *Les Sources de la doctrine Chrétienne d'après les théologiens du XIVe siècle* (Paris: Desclée De Brouwer, 1954); e ídem, "Le rapport écriture-tradition d'après saint Thomas d'Aquin et les théologiens du XIII siècle," en *Istina*, 8 (1962), págs. 499-510; John F. Johnson, "Biblical Authority and Scholastic Theology" en *Inerrancy and the Church*, ed. John D. Hannah (Chicago: Moody Press, 1984), págs. 67-97.

[55] Cf. *DRPR*, I, 2.1; 2.4 (A).

[56] Cf. Smalley, "Bible in the Medieval Schools," págs. 198-199, con De Vooght, *Les Sources*, págs. 40-42.

La mayor parte de la primera pregunta de *Summa* de Alexander de Hales, la pregunta «*De doctrina theologiae*», está dedicada a la discusión de las Escrituras. Alexander, observando una distinción básica entre la «página sagrada» misma y la formulación de la teología, identifica la teología como una «manera o modo de técnica» (*modus... artis*) para tratar con la «disposición de la sabiduría divina» dada en el texto de Escritura «para informar al alma de lo que pertenece a la salvación».[57] El comentario de Alexander indica, por tanto, su sentido tanto de la prioridad de las Escrituras como fuente de doctrina cristiana como de la suficiencia del registro bíblico para la salvación de los seres humanos. Este registro bíblico y las verdades que contiene participan de una certeza más elevada que la razón y la experiencia humanas.[58] Significativamente, Alexander identifica esta *dispositio* bíblica de la sabiduría divina tomando la forma de *historia* y, como uno esperaría de su comentario sobre la mayor certeza de la teología, una *historia* no solo es más correcta, sino que también tiene un propósito más elevado que otras historias. Esta identificación del registro bíblico como *historia* ambientada al comienzo de la *Summa* de Alexander testimonia el carácter de la relación entre la exégesis medieval y la teología medieval, entre *sacra pagina* y *sacra theologia*. El texto de la Escritura en su significado fundamental es una *historia salvationis* de donde se pueden extraer enseñanzas para abordar la fe, el amor y la esperanza cristianos. La historia del texto mismo, su significado literal, junto con sus implicaciones doctrinales, se corresponden con los cuatro elementos de la *quadriga* — mientras la *quadriga* o la exégesis cuádruple, a su vez, corresponde con las necesidades e intereses fundamentales de la formulación teológica.

2. La inspiración y autoridad de las Escrituras.

Como la mayoría de los maestros escolásticos de los siglos XIII y XIV, Tomás de Aquino no desarrolló una pregunta o artículo separado que tratara de la doctrina de las Escrituras. Sin embargo, hizo una contribución importante a la doctrina medieval de las Escrituras e incluyó un comentario extenso sobre las fuentes y fundamentos de la teología sagrada en la primera pregunta de la *Summa*.[59] Allí, argumenta claramente lo que Alexander afirmó implícitamente: que la Escritura, por su propia naturaleza, es la

---

[57] Alexander de Hales, *Summa theologica*, 4 vols. (Quaracchi: Collegium S. Bonaventurae, 1924-1958), lib. I, q.1; cf. Preus, "The View of the Bible Held by the Church," pág. 367.

[58] Alexander de Hales, *Summa theologica*, I, q.5.

[59] Pero cf. los comentarios extendidos sobre la interpretación de las Escrituras en Tomás de Aquino *Scriptum super primum librum sententiarum*, pról. q.1, art.5; ídem, *Quodlibetum* VII, q.6, art. 14-16; e ídem, *Super epistolam ad Galatas lectura*, IV, lect. vii (los tres textos se ofrecen en Arias Reyero, *Thomas von Aquin als Exeget*, págs. 263-272).

base o fundamento del argumento necesario en teología, mientras que otras fuentes, como la tradición normativa de la iglesia, solo arrojan argumentos «probables».[60]

Tomás de Aquino aceptó, al igual que sus predecesores y sucesores, la verdad de la observación de Jerónimo de que la inspiración de las Escrituras no se opone en modo alguno a la individualidad de los diversos autores humanos. «Dios», escribió, «es el autor principal de las Escrituras, pero el hombre es el instrumento». Además, al enfatizar el sentido literal del texto, Aquino podría reiterar la cuestión de la autoría primaria en su relación con el significado teológico: «el sentido literal es lo que el autor pretende, y el autor de las Escrituras es Dios».[61] Fiel a su método demostrativo, Tomás procedió a desarrollar este principio de manera inductiva, basada en su estudio de las Escrituras, en lugar de deductivamente desde el punto doctrinal mismo. Su análisis lo llevó a distinguir entre varias formas de visión profética, entre inspiración y revelación, y entre las formas de inspiración que se encuentran en los libros proféticos y en los hagiógrafos.[62]

En primer lugar, Tomás de Aquino reconoció que la profecía se basaba en varios tipos diferentes de visión. Los identificó como imaginativos, intelectivos, espirituales y extáticos.[63] Sin embargo, cualquiera que sea el fundamento visionario de profecías particulares, Aquino estaba convencido de que la profecía en sí misma pertenece a la provincia del conocimiento y es, por lo tanto, una cuestión de revelación: «en la profecía se requiere que la atención de la mente (*intentio mentis*) sea elevada hacia la percepción de lo divino», de modo que la elevación inicial de la mente por el movimiento del Espíritu cae bajo la categoría de inspiración, mientras que la percepción de las cosas divinas, mediante la eliminación de la oscuridad y la ignorancia de la mente, es el acto de revelación misma.[64] Así, «inspiración» se refiere a la obra de movimiento del Espíritu que eleva la mente hacia el conocimiento divino y le otorga la capacidad para él, mientras que «revelación» se refiere a la presentación real al intelecto de un conocimiento que de otro modo sería inaccesible. Por tanto, la inspiración y la revelación son separables tanto conceptualmente como de hecho. En particular, la inspiración puede

---

[60] Aquino, *Summa theologiae*, Ia, q.1, art. 10, ad 2; y véase Van der Ploeg, "Place of Holy Scripture in the Theology of St. Thomas," págs. 417-419.

[61] Aquino, *Summa theologiae*, Ia, q.1, art. 10; IIa IIae, q. 171-174; cf. kropatschek, *Schriftprinzip*, págs. 424-425.

[62] Aquino, *Summa theologiae*, IIa IIae, q. 171, art. 5; cf. Mangenot, "Inspiration de l'Écriture," col. 2121-2122.

[63] Aquino, *Summa theologiae*, IIa-IIae, qq. 171-174.

[64] Aquino, *Summa theologiae*, IIa-IIae, q. 171, art. 1, ad obj. 4; cf. Pierre Benoit, "Revelation et inspiration selon la Bible, chez Saint Thomas et dans les discussions modernes," en *Revue Biblique*, 70/3 (Julio 1963), págs. 321-370.

ocurrir sin revelación: puede haber una elevación espiritual del intelecto sin la impartición de nuevos conocimientos. Esta distinción, junto con la distinción entre «revelación expresa» y una inclinación interior o *instinctus*, permitió a Aquino identificar dos tipos básicos de profecía y explicar la diferencia entre la profecía y los escritos o hagiógrafos.

Por un lado, se puede hacer una distinción entre inspiración y revelación con referencia a la profecía misma, admitiendo que la profecía «consiste primaria y principalmente en conocimiento» y, por lo tanto, está constituida esencialmente por el hecho de la revelación más que por la presencia de la inspiración.[65] En su nivel más simple, la inspiración puede resultar en un don interno de conocimiento o discernimiento sin una representación clara de su fuente, de modo que el sujeto humano no sabe que el conocimiento proviene directamente de Dios ni sabe con certeza que es verdadero. Sin embargo, la profecía consiste más típicamente en una revelación que el profeta reconoce claramente como una palabra de Dios, por lo tanto, verdadera y una regla o fundamento para el juicio.[66] La verdadera profecía, según Aquino, consiste tanto en la aceptación o presentación vívida en la mente de nuevos conocimientos (*aceptatio seu repraesentatio rerum*) como en un juicio sobre la verdad del conocimiento presentado a la mente (*judicium de rebus repraesentatis*).[67] «Al emitir este juicio, la mente del profeta opera bajo la influencia de la luz divina».[68]

La identificación de la profecía como consistente esencialmente en la revelación y en un juicio sobre la verdad de la revelación conduce a una distinción básica entre los profetas y los santos escritores de libros históricos y literatura sapiencial. Los profetas son destinatarios de una visión imaginativa e intelectual no simplemente para conocer la verdad divina sino «para juzgar las verdades racionales según la certeza de la verdad divina».[69] Los santos escritores no reciben revelación como tal, sino que son inspirados, sus mentes se elevan por el movimiento del Espíritu hasta el punto de poder escribir verdades racionales con la ayuda de la luz divina.[70] Por supuesto, los profetas son inspirados y los escritores santos tienen conocimiento y emiten juicios al respecto, pero la revelación es la esencia

---

[65] Cf. Mangenot, "Inspiration de l'Écriture," col. 2121.

[66] Ver Aquino, *Summa theologiae*, IIa-IIae, q. 171, art. 5.

[67] Cf. Aquino, *Summa theolgiae*, IIa-IIae, q. 173, art. 2 con ídem, *Summa Contra Gentiles*, II.154 (hereinafter, *SCG*), en *S. Thomae Aquinatis Opera omnia, ut sunt in indice thomistico ... curante Roberto Busa*, 7 vols. (Stuttgart-Bad Canstatt: Frommann-Holzboog, 1980), vol. 2, e ídem, *Quaestiones disputatae de veritate*, q. 12, art. 7, en *Opera omnia*, ed. Busa, vol. 3.

[68] Mangenot, "Inspiration de l'Écriture," col. 2121.

[69] Mangenot, "Inspiration de l'Écriture," col. 2122.

[70] Mangenot, "Inspiration de l'Écriture," col. 2122; cf. Aquino, *Summa theologiae*, IIa-IIae, q. 171, art. 5; Holzhey, *Die Inspiration*, págs. 89-93.

de la profecía, mientras que la inspiración o asistencia divina es la esencia de la hagiografía; la primera pertenece principalmente al intelecto, la segunda más plenamente a los afectos.

La distinción entre inspiración y revelación alejó tanto a Alberto el Grande como a Tomás de Aquino de una teoría del simple dictado verbal.[71] Dado que la inspiración es la elevación de la mente, no la impartición de palabras, los hagiógrafos no pueden describirse como dictados en el sentido habitual del término. Es más, en el caso de la revelación profética, la cuestión para Alberto y Tomás es el don de verdades que de otro modo serían incognoscibles para el intelecto espiritualmente elevado del profeta. La forma en que este conocimiento pasa de la percepción a la expresión es diferente del patrón habitual de percepción y expresión humana. Según Tomás de Aquino, el conocimiento surge de la percepción sensorial: lo que los sentidos perciben está sujeto al poder del intelecto activo que abstrae de las percepciones universales o «especies inteligibles» y produce una identificación mental o interior (*verbum mentis*) del concepto en el intelecto pasivo, es decir, las ideas universales de las cosas son conocidas por la mente mediante un proceso de abstracción de las cosas que resulta en la impresión de la idea en la mente por naturaleza receptiva a tales ideas. El intelecto pasivo es, pues, la potencia del intelecto para las ideas.[72] Nuestro discurso, a su vez, surge de la expresión de estas ideas.

Aquino reconoció, sobre la base de esta teoría del conocimiento, que las verdades dadas por la revelación no solo tienen una fuente diferente de las verdades conocidas a través de los sentidos, sino que también, como resultado de su fuente diferente, tienen una relación muy diferente con nuestras palabras que la de las verdades que aprendemos a través de la experiencia. (Ya hemos señalado este problema en la discusión de los prolegómenos teológicos. El propio Tomás de Aquino reconoció la limitación de la teología *in via*, y los doctores medievales posteriores, seguidos por los ortodoxos protestantes, distinguieron entre la verdad absoluta o arquetípica conocida por Dios y sus formas acomodadas o ectípicas).[73] Dios nos permite conocer las cosas espirituales en la medida en que Dios nos enseña por medio de analogías extraídas de las cosas corporales. Nuestras palabras se acomodan a las verdades reveladas y adquieren, por analogía, una dimensión de significado no asociada previamente a la palabra.[74]

---

[71] Cf. Manegnot, "Inspiration de l'Écriture," col. 2200-2201, con Kropatscheck, *Schriftprinzip*, pág. 430.

[72] Cf. Copleston, *A History of Philosophy*, 9 vols. (Westminster, Md.: The Newman Press, 1946-1974; repr. Garden City: Image Books, 1985), II, págs. 389-390.

[73] Cf. *DRPR*, I, 2.2 (B-C); 5.2 (B); 5.5.

[74] Aquino, *Summa theologiae*, Ia, q. 1, art. 9 y 10.

Aquino podría utilizar la metáfora tradicional tomada de los padres de que el Espíritu Santo utiliza el lenguaje de los escritores bíblicos como un escriba utiliza una pluma de caña (*calamus*): el Espíritu es el autor principal, el escritor humano es su instrumento. Sin embargo, como muy bien argumenta Mangenot, este no es un proceso que reduce la mente humana a la nada:

> el Espíritu escribe rápidamente en el corazón de los hombres. Aquellos que tienen conocimiento por revelación divina están sutilmente llenos de sabiduría. El salmista primero pensó en su corazón, luego habló y finalmente escribió. La inspiración del salmista consiste, pues, principalmente en la revelación de ideas que luego debe proponer tanto de palabra como por escrito.[75]

Aun así, según Aquino, el Espíritu Santo no ha dictado las diversas expresiones utilizadas para indicar lo divino en las Escrituras; más bien, el Espíritu ha influido, por inspiración, en el juicio del escritor humano al utilizar ciertos términos en lugar de otros.[76] Por implicación, las palabras mismas ya pertenecían al vocabulario del escritor, y el proceso de inspiración es parte integral de su propio proceso de pensamiento.

Aunque su doctrina de las Escrituras y su inspiración no se expone en detalle o con una atención tan sutil a la relación entre lo divino y lo humano en el trabajo de composición como la doctrina de Tomás de Aquino, Buenaventura sí proporciona una visión distintiva de la inspiración y autoridad de las Escrituras basada en su concepto esencialmente agustiniano de iluminación divina. Esto marca un importante punto de contraste con Tomás de Aquino, cuyo énfasis intelectualista en la *acceptio rerum* y el *judicium* racional del profeta y cuya distinción entre inspiración como elevación de la mente y revelación como don de conocimiento estaba ligada, sin duda, a su suposición epistemológica de que la verdad, típicamente, no se aprende mediante la iluminación.[77] Buenaventura, por el contrario, enseñó que «la Sagrada Escritura no procede por argumentación, definición y división racionales, como lo hacen las demás ciencias, sino que, en cuanto surge de una luz sobrenatural, enseña verdades superiores a las cosas de este mundo».[78]

El lenguaje de la iluminación divina aparece claramente en el *Breviloquium*, donde Buenaventura basa la autoridad de las Escrituras en la revelación divina, argumentando una distinción entre *revelatio divina* e

---

[75] Mangenot, "Inspiration de l'Écriture," col. 2200, citando a Tomás de Aquino, *en Sal.* 44:2.
[76] Aquino, *Summa theologiae*, IIIa, q. 60, art. 5, ad obj. 1.
[77] Cf. Copleston, *History of Philosophy*, II, págs. 389-390.
[78] Mangenot, "Inspiration de l'Écriture," col. 2123.

investigatio humana: el Espíritu Santo es el verdadero autor de la Escritura, iluminó los corazones de los profetas con sus revelaciones.[79] Aun así, en contraste directo con la línea argumental de Aquino, Buenaventura podría argumentar que los profetas no aceptan lo que predicen como verdadero en sí mismo sino que lo aceptan como verdadero de acuerdo con la verdad de su iluminación e iluminación, es decir, la profecía no requiere un movimiento racional en la mente del profeta sino que toma toda su razón de ser de la inspiración del Espíritu.[80] Buenaventura, sin embargo, no pretende reducir a los autores humanos de las Escrituras al estatus de instrumentos irreflexivos. El Espíritu no inspira de tal manera que ponga a los escritores bíblicos en trance o los prive de sus sentidos.[81]

3. La autoridad de las Escrituras y la ciencia de la teología.

La doctrina de la inspiración de las Escrituras se mantuvo, en los sistemas de los grandes escolásticos del siglo XIII, Alexander de Hales, Buenaventura, Alberto el Grande y Tomás de Aquino, en una relación profunda y crucial con el concepto emergente de la teología como ciencia.[82] En la medida en que una ciencia consiste en el conocimiento de los principios fundamentales y de las conclusiones que pueden extraerse de ellos, la cuestión de la certeza en teología es crucial para la conducción de la disciplina. Las conclusiones derivadas lógicamente, por experta y precisa que sea la lógica, no pueden estar dotadas de certeza a menos que se sepa que la certeza reside en los principios de los que se extrajeron. Pero la teología, como reconoció Tomás de Aquino en particular, es una ciencia subalterna, cuyos principios fundamentales no son evidentes por sí mismos, sino que se derivan de una ciencia superior, la *scientia Dei*, que no conocemos inmediatamente.[83] Para que la teología tenga la certeza de que debe pertenecer a cualquier religión legítima o genuina *scientia*, esa certeza debe ser inherente a sus principios fundamentales y a la fuente de esos principios. Si la teología ha de ser divina *scientia*, debe descansar en la revelación.[84]

Así, Alexander de Hales podría argumentar, «lo que se conoce por inspiración divina se reconoce como más verdadero (*verius*) que lo que se conoce por la razón humana, en la medida en que es imposible que la

---

[79] Buenaventura, *Breviloquium*, prooem., 5-6.
[80] Buenaventura, *In Sent.*, II, d. 24, art. 1, q. 2, ad obj. 5; cf. Mangenot, "Inspiration de l'Écriture," col. 2123.
[81] Cf. Mangenot, "Inspiration de l'Écriture," col. 2123.
[82] Cf. *DRPR*, I, 2.2 (B); 7.2 (A).
[83] Aquino, *Summa theologiae*, Ia, q. 1, art. 2.
[84] Cf. Aquino, *Summa theologiae*, Ia, q. 1, art. 1; art. 8, ad. 2; con Charles A. Callan, "The Bible in the *Summa Theologica* of St. Thomas Aquinas," en *Catholic Biblical Quarterly*, IX/1 (1947), págs. 36-37.

falsedad esté en la inspiración mientras la razón está infectada con muchas. Por lo tanto, cuando el conocimiento de la teología (*cognitio theologiae*) es elevado por inspiración divina, tal conocimiento o ciencia (*scientia*) es más verdadero (*verius est*) que otras ciencias».[85] Las Escrituras, el fundamento de la ciencia teológica, son siempre verdaderas y deben discutirse con el fin de manifestar su verdad o defenderlas contra acusaciones de falsedad, ¡pero nunca con el fin de encontrar fallas en ellas![86] En las Escrituras encontramos una narrativa relacionada con el bien y el mal, la verdad y la falsedad, para que seamos animados a imitar el bien y la verdad, para evitar el mal y lo falso. Así, la existencia de falsedades *registradas* en las Escrituras no son indicación de falsificación. De hecho, Alexander puede ir tan lejos como para afirmar que los autores humanos de las Escrituras fueron preservados de la mancha del pecado mortal en el momento de su inspiración.[87]

Alexander reconoció también que una objeción importante a su visión de la teología como *scientia* podría plantearse sobre la base del carácter histórico de la mayor parte de las Escrituras. Los acontecimientos históricos normalmente no deben considerarse como principios fundamentales de los que se pueden extraer conclusiones y, por lo tanto, no deben considerarse objetos propios de una ciencia. A esto Alexander respondió argumentando una distinción entre las Escrituras y otros libros: los acontecimientos históricos registrados en las Escrituras no se registran por su particularidad (como lo son los acontecimientos registrados en las crónicas históricas), sino más bien por su universalidad. Los acontecimientos de las Escrituras nos instruyen en asuntos relacionados con la existencia humana y en los misterios de Dios.[88]

Alberto el Grande argumentó de manera similar la certeza superior de la ciencia teológica sobre la base de la inspiración de las Escrituras: la teología y los teólogos derivan su autoridad de los libros inspirados por «el Espíritu de la verdad». Aun así, no es posible dudar de una sola palabra de la Escritura. La razón misma puede caer en contradicción, pero la Escritura se opone al error como fundamento de la verdad más elevado que cualquier cosa presente dentro del alma humana.[89] Buenaventura, algo más simplemente, declara que la autoridad de las Escrituras surge «no por investigación humana sino por revelación divina»; el Espíritu,

---

[85] Alexander de Hales, *Summa theologica*, II, q. 1, n. 1; citado en Mangenot, "Inspiration de l'Écriture," col. 2219.

[86] Alexander de Hales, *Summa theologica*, II, q. 124, n. 1, 4.

[87] Alexander de Hales, *Summa theologica*, II, q. 123, n. 6.

[88] Alexander de Hales, *Summa theologica*, II, q. 1, n. 1; como se cita en Mangenot, "Inspiration de l'Écriture," col. 2219.

[89] Alberto el Grande, *Summa theologiae*, en *Opera omnia*, ed. Borgnet, 38 vols. (París, 1890-1899), vol. 5: Ia, tr. 1, q. 5, n. 2-3; cf. Holzhey, *Die Inspiration*, pág. 88.

que es el autor de la Escritura, no dice mentiras ni cosas superfluas.[90] Cualquiera que contradiga las Escrituras, por tanto, contradice la verdad increada misma.[91] El testimonio de los escolásticos sobre la infalibilidad de la Escritura estaba, además, íntimamente ligado al fundamento literal y gramatical de la cuádruple exégesis medieval. Alberto el Grande pudo afirmar categóricamente que el sentido literal o histórico de las Escrituras era el fundamento de los significados alegóricos, tropológicos y anagógicos: *unde litteralis sensus primus est, et in ipso fundantur tres alii sensus espirituales.*[92]

Esta íntima relación entre la doctrina de la inspiración, el problema de la autoridad, la definición de la teología como *scientia* y la insuficiencia de la razón para abordar los misterios divinos provocaron, como Callan ha observado acerca de Tomás de Aquino, un enorme énfasis en las Escrituras en el sistema teológico medieval.[93] Admitiendo, además, que el progreso típico del doctor medieval procediera de *cursor Biblicus*, responsable del curso básico sobre la Biblia; a *baccalaureus sententiarum*, responsable del curso de introducción a la teología; al comentarista y doctor, la cantidad de conocimiento bíblico disponible para todos los principales formuladores medievales de teología era prácticamente considerable.

Así, comenta Callan, toda la Escritura se trata en la *Summa* excepto los libros de Abdías y Sofonías, y los libros de los que se trata se citan extensa e intensivamente: «en cuanto al Nuevo Testamento», escribe, «la *Summa* Contiene un magnífico comentario sobre los Evangelios, los Hechos de los Apóstoles y las Epístolas de San Pablo».[94] Es más, el uso que hace Tomás de Aquino de las Escrituras en la *Summa* debe compararse con su amplio conocimiento del texto como comentarista de numerosos libros de la Biblia, a saber, Isaías, el Cantar de los Cantares, Lamentaciones, Jeremías, Job, los Salmos, los evangelios de Mateo y Juan, las Epístolas Paulinas, y el famoso *Catena Aurea* o *glossae in quatuor evangelica*, un comentario continuo sobre la armonía de los Evangelios. Tomás de Aquino también tenía, muy probablemente, un conocimiento rudimentario del griego.[95] Su trabajo

---

[90] Buenaventura, *Breviloquium*, pról., v.3-4.

[91] Buenaventura, *In Sent.*, III, dist. 24, art. 1, q. 2, ad obj. 4; cf. Mangenot, "Inspiration de l'Écriture," col. 2219-2220.

[92] Citado en Holzhey, *Die Inspiration*, pág. 88.

[93] Callan, "Bible in the *Summa*," pág. 39.

[94] Callan, "Bible in the *Summa*," pág. 38; y cf. Paul Synave, "Les commentaires scriptuaires de saint Thomas d'Aquin," en *La Vie Spirituelle*, 8 (1923), págs. 455-469; ídem,"Le canon scriptuaire de saint Thomas d'Aquin," en *Revue Biblique*, 33 (1924), págs. 522-533; y el exhaustivo ensayo de Pierre Mandonnet, "Chronologie des écrits scriptuaires de Saint Thomas d'Aquin," en *Revue Thomiste*, 33 (1928), págs. 25-45, 116-166, 211-245; 34 (1929), págs. 53-66, 132-145, 489-519.

[95] Cf. Callan, "Bible in the *Summa*," págs. 39-40, con Synave, "Le canon scriptuaire de saint Thomas d'Aquin," en *Revue Biblique*, págs. 522-533; idem, "Les commentaires scriptuaires de saint Thomas d'Aquin," págs. 455-469; y Spicq, "Saint Thomas d'Aquin: VI. Saint Thomas d'Aquin exégète," en

como comentarista se caracteriza por un énfasis en el significado literal de los textos, por un interés en la relación del contexto original de un pasaje con su significado,⁹⁶ y por el reconocimiento de cuestiones básicas del texto, como el problema de las variaciones en el texto de la Vulgata.⁹⁷

1.3 Enfoques de la Escritura y la interpretación de la Baja Edad Media y el Renacimiento

A. La doctrina de la inspiración y la autoridad en la Baja Edad Media

1. Evolución del concepto de inspiración.

Los teólogos de finales del siglo XIII y XIV, como Giles de Roma, Hervaeus Natalis, Henry de Gante, Peter Aureola y Alphonsus Vargas, llevaron adelante la línea causal de argumentación esbozada por la máxima de Tomás de Aquino: *Deus est auctor principalis Scripturae, homo autem instrumentum*. Giles de Roma, el gran doctor de la Orden de los Agustinos, podría argumentar que Dios, que es el creador de todas las cosas, también debe ser entendido como el creador, por inspiración, de las Escrituras. Dios es «la principal causa eficiente» de toda la Escritura inspirada.⁹⁸ Hervaeus no escribió un prolegómeno extenso, pero sí argumentó una distinción entre la fe simple y la *scientia theologiae*: esta última es una exposición de doctrina que se basa en la autoridad de las Escrituras. Las conclusiones extraídas de las Escrituras, además, son ciertas en la medida en que «todo lo que está en las Escrituras es dicho por Dios (*sunt dicta a Deo*)» y «es cierto que Dios no puede decir mentira».⁹⁹ Vargas sostuvo como máxima básica que todas las declaraciones teológicas se basaban en «una proposición de las Sagradas Escrituras o se deducían de declaraciones de las Sagradas Escrituras».¹⁰⁰ De hecho, los teólogos de los siglos XIII y XIV asumieron que la Escritura era la «fuente y norma» materialmente suficiente para toda formulación teológica, otorgando la inspiración y la autoridad resultante del texto. El lenguaje de estos pensadores, aunque no precisamente el significado y la aplicación,

---

DTC 15/1, cols. 694-738.

⁹⁶ Por ejemplo, Tomás de Aquino, *Commentaria in epistolas Pauli* (Venecia, 1498), fol. 45v, col. 2.

⁹⁷ Cf. Callan, "Bible in the *Summa*," págs. 39-40 con Van der Ploeg, "Place of Holy Scripture in the Theology of St. Thomas," págs. 400-402.

⁹⁸ Giles de Roma, *Primum sententiarum* (Venecia, 1521), pról.

⁹⁹ Hervaeus Natalis, *In quattuor Petri Lombardi Sententiarum* (Venecia, 1505), pról., q. 1, como es citado en De Vooght, *Les Sources*, pág. 62.

¹⁰⁰ Citado en J. Kürtzinger, *Alfonsus Vargas Toletanus und seine theologische Einleitungslehre. Ein Beitrag zur Geschichte der Scholastik in 14. Jahrhundert* (Múnich: Aschendorff, 1930), pág. 36.

mira directamente hacia la Reforma y particularmente hacia la suposición ortodoxa protestante de un *principium* bíblico positivo para la formulación teológica.[101]

Henry de Gante desarrolló a finales del siglo XIII una visión particularmente sutil de la inspiración y la autoridad.[102] En las grandes obras de arte, señaló Henry, es posible distinguir entre el artista, que diseña y dirige la obra, y el aprendiz, cuya tarea es realizar el plan del artista. Aun así, en las ciencias se puede trazar una distinción entre el fundador o creador de una forma de conocimiento y los practicantes posteriores de la ciencia. En teología, solo Dios conoce en sí mismo las verdades sobrenaturales fundamentales de la disciplina. Ninguna criatura puede adquirir este conocimiento sin la ayuda de la inspiración divina. Dios es, por tanto, el autor principal de la teología y, específicamente, el autor principal de las Escrituras, que ha ayudado a los escritores humanos por inspiración en su tarea de escribir.[103]

Al admitir esta relación entre los autores divinos y humanos de las Escrituras, Henry puede argumentar que la verdad de las Escrituras, como la autoridad última de las Escrituras, no depende enteramente de los esfuerzos de los autores humanos que escribieron bajo la inspiración del Espíritu. Los autores humanos son análogos a los aprendices de artista que transmiten a otros el don que han recibido por el autor principal, el artista. Así, los profetas no enseñan sus propios pensamientos, sino que actúan como ministros, enseñando a otros lo que han aprendido del Espíritu. No obstante, la autoridad y la verdad de las Escrituras también descansan en las palabras y el estilo de los autores humanos; como señala Henry, las palabras y la expresión lingüística en las Escrituras no son diferentes de las formas comunes de expresión humana o del lenguaje de los escritos seculares.[104] Henry también presagia lo que Oberman llama «Tradición I» al indicar la prioridad de las Escrituras sobre la iglesia, si hubiera un desacuerdo.[105]

---

[101] Hermann Schüssler, *Der Primat der heiligen Schrift als theologisches und kanonistisches Problem in Spätmittelalter* (Wiesbaden: Franz Steiner Verlag, 1977), págs. 73-74; cf. Albert Lang, *Die theologische Prinzipienlehre der mittelalterlichen Scholastik* (Freiburg: Herder, 1964), págs. 196-216.

[102] Henry de Gante, *Summa quaestionum ordinariarum theologi recepto praeconio solennis Henrici a Gandavo, cum duplici repertorio, tomos prior-posterior* (París, 1520; repr. 2 vols. St. Buenaventura, N.Y.: The Franciscan Institute, 1953), Lib. I, art. 9, q. 11; cf. Mangenot, "Inspiration de l'Écriture," col. 2122-2123.

[103] Henry de Gante, *Summa*, Lib. I, art. 9, q. 11.

[104] Henry de Gante, *Summa*, Lib. I, art. 9, q. 11.

[105] Cf. Michael Schmaus, "Die Schrift und die Kirche nach Heinrich von Gent," en *Kirche und Überlieferung*, ed. J. Beta y H. Fries (Freiburg: Herder, 1960), págs. 211-271, con A. N. S. Lane, "Scripture, Tradition and Church: An Historical Survey," en *Vox Evangelica*, 9 (1975), págs. 37-55, y Heiko A. Oberman, *The Harvest of Medieval Theology: Gabriel Biel and Late Medieval Nominalism*, rev. ed. (Grand Rapids: Eerdmans, 1967), págs. 365-375.

En el siglo xv se produjo un mayor desarrollo del concepto de inspiración siguiendo las líneas esbozadas por Tomás de Aquino. Alphonsus Tostatus argumentó que el Espíritu implantó en la mente de los profetas y de los apóstoles «el significado de las cosas» sobre las cuales hablarían y escribirían posteriormente, «pero una vez que comprendieron lo que les había sido revelado, hablaron de ello en su forma habitual de hablar».[106] Las diferencias de estilo entre los distintos escritores bíblicos deben entenderse como diferencias residentes en los propios individuos. Tostatus negó que Dios moviera literalmente los órganos vocales de los profetas y apóstoles; esto, señaló, era una forma de posesión demoníaca, no de inspiración divina. Más bien, Dios eleva la mente del profeta o apóstol a un nivel más alto de comprensión, hablando o dictando al alma verdades que el profeta o apóstol individual formulará en palabras internas o mentales y posteriormente escribirá o hablará: toda la Escritura, por lo tanto, es una revelación divina por obra del Espíritu, que no solo inspira sino que también preserva al escritor del error.[107] Sin embargo, tales teorizaciones no gobernaron ni entraron en última instancia en conflicto con el concepto más tradicional de un dictado del Espíritu Santo a un amanuense, secretario o «escritor» (*calamus*) que se encuentra en tan diversos teólogos de la Baja Edad Media como Wyclif, Biel y D'Ailly, sino que reforzó la comprensión dada al lenguaje tradicional de dictado por Tomás de Aquino, es decir, una elevación interior de la mente y el espíritu en lugar del uso de los profetas y apóstoles como instrumentos sin sentido.[108]

2. Duns Scotus sobre la autoridad, necesidad y suficiencia de las Escrituras.

Incluso más que a Henry, se debe atribuir a Duns Scotus el desarrollo de una doctrina de las Escrituras claramente definida, cuyas divisiones y argumentos básicos proporcionaron una base estructural y doctrinal para los argumentos de los teólogos posteriores, incluidos los ortodoxos protestantes.[109] Scotus asumió que el conocimiento de la meta celestial y

---

[106] Mangenot, "Inspiration de l'Écriture," col. 2201; cf. Holzhey, *Die Inspiration der heiligen Schrift*, págs. 109-110.

[107] Mangenot, "Inspiration de l'Écriture," cols. 2128, 2201, citando a Alphonse Tostast, *In Matthaeum*, pref., q. 2; c.10, q.104.

[108] Kropatscheck, *Schriftprinzip*, págs. 424-429.

[109] Sobre la teología de Scotus cf. P. Raymond, "Duns Scot," in *DTC*, 4, cols. 1865-1947; P. Parthenius Minges, *Ioannis Duns Scoti Doctrina Philosophica et Theologica*, 2 vols. (Quaracchi: Collegium S. Bonaventurae, 1930); y Bernardine M. Bonansea, *Man and His Approach to God in John Duns Scotus* (Lanham, Md.: University Press of America, 1983); the significance of the *prologus* to Scotus' *Ordinatio* is discussed in Finkenzeller, *Offenbarung und Theologie nach der Lehre des Johannes Duns Skotus*, págs. 66 ss. y en Antonellus G. Ostdiek, *Scotus and Fundamental Theology* (Teutopolis: St.

de los medios necesarios para alcanzarla estaba más allá del alcance del *viator* en su condición natural. La razón natural no pudo alcanzar la verdad salvadora. Por tanto, la revelación es necesaria. Scotus ubicó estas verdades de la revelación en las Escrituras, en la tradición basada en las Escrituras y la fe apostólica.[110]

Scotus comienza preguntando si la naturaleza del hombre necesita el don de una «doctrina especial inspirada sobrenaturalmente» que no puede ser alcanzada por la luz natural de la mente.[111] Una interpolación en el texto en este punto describe las divisiones del prólogo: la primera pregunta de Scotus plantea la cuestión de la necesidad de la doctrina y por lo tanto muestra la conexión entre el prólogo y la discusión que le sigue al principio de los cuatro libros de *Sentencias*. La segunda cuestión —de la suficiencia de la Escritura— trata de la categoría de causas formales (*genus causae formalis*) en relación con la teología; mientras que la tercera trata de la causa material, el tema de la teología. Las secciones cuarta y quinta, la teología como ciencia práctica, tratan la cuestión de la causa final de la teología.[112] Esta estructura argumental es importante por varias razones. En primer lugar, demuestra la conexión entre Scotus y varios de sus predecesores inmediatos en la tradición escolástica, incluidos escritores como Robert Kilwardby y Henry de Gante, con cuyas enseñanzas filosóficas y teológicas a menudo no estaba de acuerdo: al menos a nivel formal, se hace eco de ellos en el uso de la causalidad cuádruple como recurso heurístico en la explicación de la lógica y los fundamentos de la teología. En segundo lugar, manifiesta el creciente interés en la doctrina de las Escrituras como elemento de los prolegómenos teológicos, otro punto de similitud formal entre Scotus y Henry.[113] Y, finalmente, en tercer lugar, ofrece un importante punto de comparación con los sistemas ortodoxos protestantes, que no solo insisten en la cuestión de la causalidad cuádruple como recurso heurístico, sino que desarrollan aún más la cuestión adaptando los modelos causales de los sistemas medievales no solo a sus prolegómenos sino también a su doctrina separada de las Escrituras: en la última adaptación, además, los escolásticos protestantes tienen un paralelo en la discusión de la Escritura como fundamento de la teología con el patrón de causalidad observado por los doctores medievales en y para la teología en su conjunto.[114]

Joseph Seminary, 1967).

[110] Scotus, *Ordinatio*, en *Opera omnia*, edito nova iuxta editonem Waddingi, 26 vols. (París: Vives, 1891-95), Lib. I, pról., q. 1, nota 6-8, 22.

[111] Scotus, *Ordinatio*, I, pról., q. 1, nota a.

[112] Scotus, *Ordinatio*, pról., I, q.i.

[113] Cf. *DRPR*, I, 2.2 (B.3, C.1).

[114] Véase más abajo, 4.1.

Después de enumerar argumentos en contra de la necesidad de la revelación extraídos de Avicenna y Aristóteles y argumentos a favor de su necesidad de las Escrituras, Scotus señala:

> En esta cuestión vemos una controversia entre filósofos y teólogos. Mientras que los filósofos sostienen la perfección de la naturaleza y niegan la perfección sobrenatural, los teólogos verdaderamente comprenden el defecto de la naturaleza y la necesidad de la gracia y la perfección sobrenatural.[115]

Los filósofos plantean la cuestión de la perfección de la naturaleza desde un punto de vista epistemológico: porque si la naturaleza es perfecta, entonces todo conocimiento puede alcanzarse mediante el examen de la actividad de la causalidad natural.[116] El problema de la necesidad de la revelación y por tanto de la *fides acquisita* ahora se puede relacionar con el orden del universo: dada la naturaleza del ser humano y del mundo, ¿es necesaria la revelación?

Scotus sostiene que Dios podría, según su *potentia absoluta*, salvar a ciertos individuos e incluso hacerlos merecedores de gloria sin una infusión de fe si les concediera cierta gracia para reformar sus voluntades a la luz de la razón natural y del conocimiento adquirido de la verdad divina (*fides acquisita*), que ya poseían. Pero según la *potentia ordinata* de Dios, esta gracia no se da sin el hábito infuso de la fe que la precede: esto no quiere decir que la gracia de Dios sea insuficiente, sino solo que la misericordiosa voluntad de Dios reforma a todo el hombre, tanto en su conocimiento como en su voluntad.[117] De manera similar, dice Scotus, el *habitus theologiae* —que en su perfección incluye tanto *fides infusa* como *fides acquisita*— pertenece en su plenitud al modelo ordenado de salvación. Por lo tanto, la teología es necesaria y con ella los artículos de fe adquiridos revelados por Dios en las Escrituras.[118]

Scotus distingue, finalmente, entre dos modos posibles de conocimiento revelado sobrenaturalmente: se nos puede dar el conocimiento de objetos naturales por revelación sobrenatural, pero esto es innecesario, en vista de nuestras capacidades naturales dadas por Dios. La revelación no es necesaria para duplicar el conocimiento natural y racional. Por lo tanto, se puede conceder un lugar en el sistema teológico a los argumentos de los filósofos sobre el conocimiento de la naturaleza. Sin embargo, según el segundo modo de entender el problema, es claramente necesario recibir

---

[115] Scotus, *Ordinatio*, pról., I, q. 1, §3.
[116] Scotus, *Ordinatio*, pról., I, q. 1, §4.
[117] Scotus, *Ordinatio*, pról., I, q. 1 (n. 55); cf. Oberman, *Harvest*, pág. 33.
[118] Scotus, *Ordinatio*, pról., I, q. 1 (n. 56).

conocimiento sobrenatural de aquellas cosas que no pueden conocerse naturalmente.[119] Admitiendo esto, solo queda demostrar que los artículos de fe revelados en las Escrituras son verdaderos, necesarios para la salvación e inaccesibles a la razón natural.

Scotus afirma de manera muy sucinta y con un mínimo de debate la suficiencia de la revelación contenida en las Escrituras. Se pregunta si «el conocimiento sobrenatural necesario para la *viatores* está suficientemente transmitido en la Sagrada Escritura».[120] Parece que no, ya que, primero, la ley de la naturaleza y luego la ley de Moisés tuvieron que ser reemplazadas por otros escritos, y el Antiguo Testamento tampoco es la Sagrada Escritura en su totalidad. El progreso histórico de la revelación a través de estas etapas sucesivas indicaría, al parecer, la necesidad de continuar añadiendo al cuerpo de conocimiento. Además, parece que las Escrituras son insuficientes porque contienen muchas ceremonias e historias superfluas. Finalmente, a la Escritura le falta información sobre muchas cosas, sean pecaminosas o no, y por lo tanto también es insuficiente.[121] Contra estas objeciones, Scotus plantea simplemente la afirmación de Agustín de que las Escrituras canónicas tienen autoridad para la fe en «aquellas cosas que no debemos ignorar, pero que no podemos saber por nosotros mismos».[122]

Las tres objeciones declaradas, la autenticidad de Agustín y la eventual *«responsio principalis ad quaestionum»* de Scotus surgieron dentro del contexto de la iglesia. Ninguna de las objeciones pertenece a la categoría de herejía, ni tampoco la sección *responsio* del argumento de Scotus las trata como tales. Pero Scotus sí reconoce la existencia de objeciones a las Escrituras provenientes de fuera de la Iglesia que abordan un problema más profundo que la suficiencia de la revelación en las Escrituras: paganos y herejes que, como cristianos, reconocen la «necesidad de la doctrina revelada», sin embargo, niegan la identidad de la Escritura con esa doctrina. Por lo tanto, como base formal para su respuesta sobre la cuestión de la suficiencia, Scotus primero argumenta la verdad de las Escrituras, es decir, que las Escrituras contienen de hecho la revelación necesaria y verdadera de Dios y solo entonces procede a la prueba de la suficiencia de las Revelación bíblica.[123]

De manera similar a la adoptada por Calvino y por los protestantes ortodoxos posteriores, Scotus expone una serie de argumentos que demuestran objetivamente la verdad y, por tanto, la suficiencia de las

---

[119] Scotus, *Ordinatio*, pról., I, q.i (n. 65).
[120] Scotus, *Ordinatio*, pról., II, q. 1.
[121] Scotus, *Ordinatio*, pról., II, q. 1, n. 95-97.
[122] Scotus, *Ordinatio*, pról., II, q. 1, n. 98, citando a Agustín, *De Civitate Dei*, XI, iii.
[123] Cf. Ostdiek, *Scotus and Fundamental Theology*, págs. 22-23.

Escrituras. La profecía bíblica se valida por su cumplimiento y la Escritura es autoconsistente y en todas partes concuerda consigo misma. Además, los escritores de las Escrituras afirman que escriben con autoridad divina; no estar de acuerdo es afirmar que los escritores mismos son culpables de falsedad, a pesar de la evidencia de la profecía y la autoconsistencia. La cuidadosa recepción del canon por parte de la iglesia y la fuerza o estabilidad de la iglesia sobre la base de las Escrituras también argumentan la verdad del texto, al igual que la perfección y razonabilidad de las enseñanzas de las Escrituras. Asimismo, los milagros atestiguados por el texto indican su divinidad. Y, de manera secundaria, la necedad e irracionalidad de las enseñanzas de «judíos, maniqueos y otros herejes» solo sirven para confirmar la integridad y rectitud de las enseñanzas bíblicas contenidas tanto en el Antiguo como en el Nuevo Testamento.[124]

Estos argumentos sobre el origen divino y la verdad de las Escrituras sirven primero para confirmar, contra los herejes, que la doctrina del canon es verdadera, de lo que se sigue (en confirmación del punto original de Scotus) que las Escrituras son necesarias y suficientes para atraer a los peregrinos cristianos hacia su meta.[125] La unidad del prólogo de Scotus queda, además, clara en esta conclusión, ya que la revelación en las Escrituras como base de la *theologia nostra aut viatorum* aparece también y con énfasis en la discusión posterior del objeto de la teología[126] y también en el análisis de la teología como ciencia.[127] Y en lo que es, con diferencia, la parte más larga del *prologus*, Scotus sostiene que la teología es más práctica que especulativa, centrando nuevamente su argumento en la teología del *viator* más que en la teología especulativa o contemplativa que existe en la mente de Dios.

Como señaló cuidadosamente Minges, la máxima de Scotus «*Sacra scriptura suficiente continet doctrinam necessariam viatori*»[128] No debe tomarse como una indicación de que Scotus consideraba que las Escrituras eran lo suficientemente claras como para ser interpretadas independientemente de la tradición de la iglesia o que creía que la suma completa de la doctrina podía extraerse únicamente de las Escrituras.[129] Scotus tampoco pretendía establecer las Escrituras como la única norma doctrinal: podría argumentar que los antiguos símbolos de la iglesia resumen la verdad de la revelación e incluso que, además de la autoridad de las Escrituras y los credos, está

---

[124] Cf. la discusión en Preus, "View of the Bible Held by the Church," págs. 370-371.
[125] Scotus, *Ordinatio*, iiprol., n. 120.
[126] Scotus, *Ordinatio*, iiprol., n. 210.
[127] Scotus, *Ordinatio*, iiprol., n. 204.
[128] Scotus, *Ordinatio*, iiprol., q. 2, n. 14.
[129] Minges, *Scoti Doctrina*, vol. I, pág. 534.

la de los «Padres auténticos» y la «Iglesia de Roma».[130] Aun así, sostuvo que la «sustancia de la fe» se deriva igualmente de las Escrituras y de las declaraciones y determinaciones de la Iglesia, una visión que se asemeja a lo que Oberman llamó la «Tradición II», es decir, una visión de las Escrituras y la tradición como normas iguales.[131]

B. Cuestiones relativas a las Escrituras, la Tradición y la Hermenéutica en la Baja Edad Media y el Renacimiento

1. Escritura y tradición en el debate bajomedieval.

El volumen anterior de este estudio, la investigación de los prolegómenos teológicos, reconoció la continuidad fundamental entre la declaración de Lutero en Worms, «A menos que sea convencido por las Escrituras y la razón clara... no puedo ni quiero retractarme», y las presuposiciones doctrinales tanto de la escolástica medieval y de la ortodoxia protestante.[132] El punto también es relevante para la presente discusión. Como sostiene Kropatscheck, *ratio* en este contexto particular no puede limitarse al ejercicio de la lógica o la dialéctica, sino que indica también «la coherencia interna de las declaraciones dogmáticas individuales» y, por lo tanto, se encuentra en una relación crucial con la Escritura, que, como Palabra divina, es el fundamento seguro de toda verdad reconocida. La gran cuestión abordada por la escolástica fue la naturaleza de esta relación entre la verdad racional y la sobrenatural.[133] La resolución de esta cuestión, a su vez, apunta hacia el problema de la autoridad.

Las declaraciones dogmáticas sobre el carácter de las Escrituras también deben leerse, por supuesto, en el contexto de los modelos prevalecientes de interpretación bíblica. La cuestión doctrinal de la naturaleza y autoridad de las Escrituras es inseparable de la cuestión hermenéutica de los métodos a emplear en la exégesis de las Escrituras. Por lo tanto, es crucial para la comprensión del significado de la visión medieval de la inspiración y autoridad de las Escrituras y de lo que estos conceptos doctrinales, tan similares a veces a las enseñanzas del protestantismo, implicaban para sus formuladores, el contexto hermenéutico y exegético de la doctrina. La Baja Edad Media, en particular, vio el surgimiento de nuevas corrientes hermenéuticas y de una cuestión fundamental relativa a la forma en que

---

[130] Scotus, *Ordinatio*, I, d. 26; cf. III, d. 25, q.i.4; I, d.26.

[131] Scotus, *Ordinatio*, IV, d.2, q. 3.5; cf. Oberman, *Harvest*, págs. 365-385.

[132] DRPR, I, 2.3 (A.1).

[133] Kropatscheck, *Schriftprinzip*, I, pág. 454; cf. los comentarios en Martin Brecht, *Martin Luther: His Road to Reformation, 1483-1521*, trad. James Schaaf (Philadelphia: Fortress, 1985), pág. 460.

funcionaba la autoridad de las Escrituras en el contexto de la interpretación eclesiástica.

Como han demostrado Kropatschek, De Vooght y Oberman, el procedimiento típico de contrastar la *sola Scriptura* de los reformadores y varios precursores seleccionados con énfasis en la tradición o en las autoridades gemelas de la Escritura y la tradición sostenidas por varios teólogos de finales de la Edad Media, por falta de sutileza y sensibilidad al detalle, queda muy lejos de una visión precisa del contraste entre la Baja Edad Media y Reforma o del carácter de la discusión medieval tardía que condujo a la Reforma.[134] Los teólogos de la Baja Edad Media no enfrentaron claramente la Escritura y la tradición como normas teológicas en competencia. En cambio, junto con los exégetas de la época, formularon preguntas sobre patrones y significados en la interpretación que tenían implicaciones directas para su visión de la relación de las Escrituras con la tradición y su concepción de la autoridad doctrinal de las Escrituras. Sobre estos puntos hay una clara continuidad de discusión entre los siglos XV y XVI.

Kropatscheck demostró que el trasfondo medieval, tanto religioso como teológico, de la comprensión de las Escrituras por parte de los reformadores era el contexto necesario dentro del cual comprender la Reforma misma; sin esta historia, la motivación de la Reforma misma, los fundamentos bíblicos del movimiento, serían estar completamente oscurecido por falta de una doctrina de las Escrituras.[135] «Ni la fórmula "*sola Scriptura*," ni el énfasis en el sentido literal del texto, ni la doctrina de la inspiración, fueron el logro de la Reforma, ni, más allá de eso, la exigencia de una enseñanza puramente bíblica», escribió Kropatscheck. Sin embargo, «ni uno solo de los biblistas medievales se convirtió en reformador de la iglesia», un hecho que debe sopesarse con el hecho de «que ni Wyclif ni Lutero dijeron nada particularmente nuevo cuando proclamaron que las Escrituras eran la "Palabra de Dios"». Si la doctrina no fuera diferente, argumentó Kropatscheck, los orígenes de la Reforma deben encontrarse, no en la declaración de un nuevo principio, sino más bien en la forma en que ese principio fue establecido.[136] No está claro cómo Kropatscheck habría resuelto este problema y desarrollado su tesis, ya que el proyectado segundo volumen de su estudio nunca apareció.

Una perspectiva similar, que difiere principalmente en su enfoque más matizado del debate medieval tardío sobre la relación entre Escritura,

---

[134] Kropatscheck, *Das Schriftprinzip*, especialmente pág. 382-445; De Vooght, *Les Sources*, págs. 254-264; Heiko A. Oberman, "Scripture and Tradition: Introduction," in *Forerunners of the Reformation* (New York: Holt, Rinehart and Winston, 1966), pág. 54; ídem, *Harvest*, págs. 361-412.

[135] Kropatscheck, *Das Schriftprinzip*, I, pág. iii.

[136] Kropatscheck, *Das Schriftprinzip*, I, págs. 425, 459.

tradición y *magisterium*, se puede encontrar en el ensayo de De Vooght sobre las «fuentes de la doctrina cristiana» en la Baja Edad Media. De Vooght señala que las condenas de Wyclif y Hus en el Concilio de Constanza se referían a su doctrina de la iglesia, no a su método teológico y sus presuposiciones. Además, con mucho más refinamiento que Kropatschek, De Vooght muestra que la concepción de Wyclif sobre la prioridad de las Escrituras no era tanto una doctrina de *Scriptura sola* como una identificación de la norma de verdad doctrinal con «La Escritura y su interpretación tradicional y católica».[137] Wyclif pudo rechazar las enseñanzas eclesiásticas contemporáneas sin rechazar una estrecha asociación de las Escrituras con la tradición; de hecho, partiendo del supuesto de una coherencia de la interpretación tradicional con su fundamento escritural teológica y soteriológicamente suficiente. Esto en sí mismo debería hacer dudar a cualquiera que distinguiera entre católicos y proto-protestantes en el siglo XIV basándose en que los primeros insistían en fuentes tradicionales, tanto escritas como no escritas, de la verdad revelada, mientras que los segundos defendían únicamente las Escrituras como fuente autorizada de la doctrina cristiana.[138]

Para Oberman, la cuestión de la autoridad en la Baja Edad Media se basa no tanto en diferentes puntos de vista de las Escrituras como en diferentes puntos de vista de la tradición. De hecho, hubo un «encuentro», según Oberman, «de dos nociones generales sobre la tradición».[139] Desde un punto de vista, la Escritura se identifica como la fuente única de la verdad revelada y, por lo tanto, como la única norma para la comprensión de la doctrina cristiana, pero se considera que está de acuerdo con, más que en contraste, con una tradición interpretativa. Desde el otro punto de vista, la tradición es más que la interpretación eclesiástica en curso de la revelación bíblica: contiene verdades transmitidas oralmente en la iglesia desde la época de Cristo y los apóstoles, pero nunca escritas. En particular, esta visión de la tradición suponía que los apóstoles habían escrito todas las enseñanzas de Jesús pertenecientes a su ministerio terrenal entre el bautismo y la crucifixión, pero no habían informado completamente de las enseñanzas de Jesús entre la resurrección y la ascensión. «En el primer caso», escribe Oberman, «la tradición era vista como el vehículo instrumental de la Escritura que da vida al contenido de la Sagrada Escritura en un diálogo constante entre los doctores de la Escritura y la Iglesia; en el segundo caso, la tradición era vista como el vehículo autorizado de la verdad divina,

---

[137] De Vooght, *Les Sources*, pág. 199.

[138] De Vooght, *Les Sources*, págs. 10, 180-188; y cf. ídem, "Wyclif et la *Scriptura Sola*," en *Ephemerides theologiae lovaniensis*, 39 (1963), págs. 50-86.

[139] Oberman, "Scripture and Tradition: Introduction," pág. 54.

incrustada en las Escrituras, pero rebosante de una tradición apostólica extrabíblica transmitida a través de la sucesión episcopal».[140]

Mientras que los teólogos medievales tendían a ver *sacra theologia* como distinta pero inseparable de s*acra pagina* y entendieron universalmente las Escrituras como el fundamento normativo de la teología, los abogados canónicos tendieron a defender una «teoría de dos fuentes»: «el derecho canónico se basa en los dos pilares de la Escritura y la Tradición».[141] Oberman sostiene que esta teoría de dos fuentes ya es evidente en Ivo de Chartres (m. 1116) y Gratian de Bolonia (m. 1158) y que basaron su punto de vista en un argumento presentado por Basilio el Grande en su tratado *On the Holy Spirit* que se dé «igual respeto y obediencia» «a las tradiciones eclesiásticas escritas y no escritas».[142] El enfoque de los canonistas se vio reforzado por la apelación al famoso dicho de Agustín: «No habría creído en el evangelio, a menos que la autoridad de la iglesia católica me hubiera movido».[143] Oberman señala que la «autoridad práctica» otorgada a la iglesia por Agustín fue vista por algunos pensadores medievales tardíos como una declaración de la «prioridad metafísica» de la autoridad de la iglesia sobre la de las Escrituras.[144] De hecho, Agustín había asumido la autoridad de la tradición extrabíblica en muchos asuntos. Jerónimo, igualmente, había declarado que la iglesia habla en el silencio de las Escrituras.[145]

Los teólogos medievales tardíos como Ockham, D'Ailly y Biel, entonces, pudieron equilibrar la autoridad de las Escrituras y la tradición al mismo tiempo que identificaron las Escrituras como la única fuente última de la revelación divina. Ockham y Biel asumieron, categóricamente, que todo el contenido del Antiguo y del Nuevo Testamento debía recibirse como

---

[140] Oberman, "Scripture and Tradition: Introduction," pág. 55; cf. Oberman, *Harvest*, págs. 371-393.

[141] Oberman, "Scripture and Tradition: Introduction," pág. 55. El trabajo de Oberman contrasta marcadamente con el análisis de estos materiales en George H. Tavard, *Holy Writ or Holy Church: The Crisis of the Protestant Reformation* (New York: Harper and Brothers, 1959), donde el autor (págs. 22-66) intenta argumentar que la distinción entre Escritura y tradición hecha por los teólogos de los siglos XIV y XV refleja la "ruptura de la síntesis medieval" y apunta hacia lo que él considera el biblicismo antitradicional de la Reforma: desafortunadamente para el argumento de Tavard, tanto los padres de la iglesia como los principales escolásticos del siglo XIII como Tomás de Aquino hacen la distinción con la misma claridad, revelando así (contra Tavard) que la suposición del biblicismo antitradicional de la Reforma La coigualdad entre Escritura y tradición sostenida por los canonistas de finales de la Edad Media y los teólogos tridentinos es una aberración no católica frente a la catolicidad y el conservadurismo de los reformadores. Una perspectiva similar a la de Tavard, aunque post-Oberman, es la de Robert E. McNally, "Tradition at the Beginning of the Reformation," en Joseph F. Kelly, *Perspectives on Scripture and Tradition: Essays by Robert M. Grant, Robert E. McNally, and George H. Tavard* (Notre Dame, Indiana: Fides Publishers, 1976), págs. 65-69.

[142] Oberman, "Scripture and Tradition: Introduction," pág. 55.

[143] Agustín, *Contra epistolam Manichaei quam vocant Fundamentum*, I.v: "Ego vero evangelio non crederem, nisi me catholicae ecclesiae commoveret auctoritas."

[144] Oberman, "Scripture and Tradition: Introduction," pág. 56.

[145] Jerónimo, *Dialogus contra lucifierianos*, 8, en *PL*, 23, cols. 163-164.

verdadero y que cualquiera que negara la autoridad de un solo punto de doctrina era un hereje. D'Ailly podría insistir, incluso con más fuerza, en que una afirmación de las Escrituras tenía mayor autoridad que cualquier afirmación de la Iglesia. No obstante, Ockham insistió en que se debía creer en doctrinas como la transustanciación porque habían recibido la sanción de los padres y de la iglesia, y Biel claramente veía la tradición como encapsulada en los credos ecuménicos, tanto de acuerdo con las Escrituras como autoritativa.[146] Además, los tres escritores sostuvieron «dos categorías principales de verdades», las que se derivan de las declaraciones expresas de las Escrituras y las que surgen de los juicios de la iglesia.[147] Más allá de esta doble distinción básica entre Escritura y tradición, los teólogos del siglo XV pudieron ofrecer un *ordo* detallado para «verdades católicas» autorizadas, comenzando con verdades que se encuentran en el Antiguo y el Nuevo Testamento y avanzando a través de una serie de categorías descendentes: verdades extraídas como conclusiones necesarias de las Escrituras, verdades no establecidas en las Escrituras pero que sin embargo pertenecen a la tradición apostólica, verdades definidas por concilios plenarios o por decreto papal, verdades que pertenecen a las enseñanzas aceptadas de la iglesia y verdades que pueden inferirse de los concilios, decretos o enseñanzas aceptadas de la iglesia.[148]

Entre los comentarios tardomedievales sobre la obra *Sententia* de Lombardo, *Super IV Sentenciarum* de Jan Hus quizás enuncia más claramente un principio de la primacía de las Escrituras,[149] pero incluso aquí, como señala De Vooght, hay poco de revolucionario. Hus asume consistentemente que las Escrituras apoyan las formulaciones eclesiásticas tradicionales y que la teología debe formularse en el sentido y contexto de la iglesia católica.[150] Cuando Hus se acerca a la primera distinción del Libro I de las *Sentencias* (el breve prólogo del propio Lombardo sobre el conocimiento transmitido por los signos y las cosas) se ve obligado a señalar

---

[146] Cf. William de Ockham, *Tractatus de corpore Christi*, cap. 8, en *Opera Theologica* (St. Buenaventura, New York: Franciscan Institute, 1967), vol. X, págs. 106-107; cf. ídem, *The 'De sacramento altaris' of William of Ockham*, ed. Thomas B. Birch (Burlington, Iowa: Lutheran Literary Board, 1930), cap. 3; Gabriel Biel, *Collectorium circa quattuor libros sententiarum* (Tübingen, 1501), III, d. 24, q. 1, dubium 3; d. 25, q. 1, art. 3, dubium 3; y Pierre d'Ailly, as cited in Paul Tschackert, *Petrus von Ailli: Zur Geschichte des grossen abendländischen schisma und der Reformconcilien von Pisa und Constanz* (Gotha: Perthes, 1877), apéndice, pág. 10.

[147] Oberman, *Harvest*, pág. 383; cf. págs. 381, 397-398; cf. A. Van Leeuwen, "L'Église, règle de foi, dans les écrits de Guillaume d'Occam," en *Ephemerides theologicae lovaniensis*, 11 (1934), págs. 249-288.

[148] Schüssler, *Der Primat der heiligen Schrift*, pág. 80, citando a Torquemada.

[149] Jan Hus, *Mag. Joannis Hus Super IV Sententiarum*, Nach handschriften zum Erstenmal herausgegeben von Wenzel Flájshans & Dr. Marie Komínková, en *Opera Omnia*, 3 vols. (Prague, 1905; repr., Osnabrück: Biblio-Verlag, 1966), vol. 2.

[150] De Vooght, *Les sources*, págs. 224-225.

la fuente de toda doctrina en las Escrituras, siendo las Escrituras la suma del conocimiento sobre los signos y las cosas.[151] Esto en sí mismo no va mucho más allá de los términos de la primera distinción de Lombardo, pero manifiesta un cambio de énfasis, un cambio de autoridad por parte de Hus. Él ve que solo la Escritura es lo que nos dirige hacia la sabiduría de Dios.[152] No puede haber movimiento de *signa* a *res significata* aparte de la guía de las Escrituras como revelación de la Palabra de Dios. La *Inceptio* de Hus al segundo libro de las *Sentencias* le brindó la oportunidad de regresar a su tema de la autoridad de las Escrituras. Son las Escrituras las que dan testimonio de la sabiduría de Cristo y las que nos atestiguan su venida por nuestra salvación.[153] Las Escrituras nos transmiten la sabiduría divina sin la cual todo conocimiento humano sería vano: de hecho, es la sabiduría infinita, el «tesauro de la sabiduría humana», la que produce en el hombre el amor a la sabiduría divina.

> En resumen, la sabiduría [divina] y, por tanto, la Sagrada Escritura, vence el mal, expulsa el pecado, libera [a los seres humanos] del diablo, abre la mente, hace retroceder a los que se extravían, levanta a los oprimidos, bendice a los que la siguen, conduce por caminos justos, y les revela finalmente el reino de Dios. De esto se desprende que es digna de alabanza la sabiduría y, por tanto, también en sentido formal, las Sagradas Escrituras, mediante las cuales [esta sabiduría] perfecciona a la humanidad.[154]

Peter Aureole sostenía que la teología se basaba estrictamente en los libros canónicos de la Biblia y que los decretos papales y las decretales se encontraban en un terreno inferior.[155] De manera similar, Gregory de Rimini había puesto un fuerte énfasis en las Escrituras como fuente de teología y había asumido que la doctrina eclesiástica, cuando no se basa en declaraciones directas de las Escrituras, debe poder extraerse de las Escrituras como una conclusión lógica adecuada. Gregory también podría afirmar, de manera un tanto radical, que un teólogo podría razonar a partir de las Escrituras hacia una verdad previamente desconocida para la iglesia.[156] Sin embargo, Gregory tenía «una conciencia altamente desarrollada de

---

[151] Hus, *Super IV sententiarum*, I, dist. 1, 4.

[152] Cf. Hus, *Super IV Sentenciarum*, II, inceptio I.7.

[153] Hus, *Super IV Sent.* II, *Inceptio* I.6.

[154] Hus, *Super IV Sent.* II, *Inceptio* I.8.

[155] Peter Aureole, *Scriptum super primum sententiarum*, ed. Eligius Buytaert, 2 vols. (San Buenaventura, N.Y.: The Franciscan Institute, 1952), págs. 136-137.

[156] Gregory de Rimini, *Super Primum et secundum sententiarum* (Venice, 1521; repr. San Buenaventura, N.Y.: The Franciscan Institute, 1955), pról., q. 1, art. 2; cf. John W. O'Malley, "Note on Gregory of Rimini: Church, Scripture, Tradition," en *Augustinianum* (1965), pág. 366 y De Vooght, *Les Sources*, págs. 104-108.

continuidad con el pasado cristiano» que lo llevó a interpretar las Escrituras a la luz de la autoridad de los «maestros (*doctores*) católicos y santos» de la iglesia y a la luz de los credos o «artículos de la fe». En resumen, lo que Gregory propuso no fue un rechazo de la tradición en favor de las Escrituras, sino una prioridad de las Escrituras sobre las otras fuentes de teología en un contexto de interpretación eclesiástica.[157] Y en este punto, Aureole y él mantenían una firme continuidad con Tomás de Aquino y los otros grandes maestros del siglo XIII.

No solo el debate medieval tardío enmarcado por el lenguaje de Oberman de «Tradición I» y «Tradición II», sino también el desarrollo medieval tardío de patrones de interpretación nuevos y en muchos casos cada vez más «literales» o textualmente unitarios crearon presión sobre el texto y comenzaron ofrecer bases para una separación metodológica de la Escritura de la tradición. Recordamos que las declaraciones radicales de los primeros doctores medievales sobre la autoridad normativa última de las Escrituras prácticamente todas implicaban el acuerdo esencial de las Escrituras con la tradición. Este acuerdo fue más evidente en el trabajo de interpretación, donde el modelo de la *quadriga*, heredada en sus lineamientos básicos de los padres de la iglesia primitiva, había asegurado durante mucho tiempo la relación íntima entre los resultados de la exégesis y las definiciones tradicionales de la doctrina, aunque solo fuera porque todas esas definiciones habían sido obtenidas y argumentadas sobre la base de un método exegético idéntico. Como comenta acertadamente Congar, para la Edad Media,

> Todo se encontraba en la Escritura, tanto más fácilmente cuanto que los procesos de interpretación incluían el uso del simbolismo, que se adaptaba servicialmente a todas las necesidades; y también, más gravemente, porque no se consideraba que ampliar mediante argumentos razonados el campo de aplicación de una declaración excediera los límites de la declaración original. Generalmente se sostenía que las Escrituras contenían todas las verdades de fe necesarias para la salvación. Si se planteaba una pregunta relativa a una formulación doctrinal no bíblica, se intentaba proporcionar alguna referencia bíblica que fuera al menos equivalente o indirecta.[158]

El alejamiento de la *quadriga* hacia diversas formas de exégesis «literal» ofreció, como uno de sus resultados incidentales, una creciente separación entre el texto canónico y la tradición poscanónica.

---

[157] O'Malley, "Note on Gregory of Rimini," págs. 368-370, 373.

[158] Yves M.-J. Congar, *Tradition and Traditions: An Historical and a Theological Essay*, trad. M. Naseby y T. Rainborough (New York: Macmillan, 1967), pág. 87.

En esta cuestión, así como en el desarrollo de dos formas de entender el valor normativo de la tradición («Tradición I» y «Tradición II»), la Baja Edad Media preparó el camino para los grandes debates del siglo XVI y, de hecho, para las dificultades hermenéuticas experimentadas por la ortodoxia escolástica del siglo XVII en su intento de mantener una doctrina tradicional de Escritura y una estructura tradicional del sistema teológico y sus dogmas. El énfasis dado por Tomás de Aquino al significado literal del texto como fundamento de todos los demás significados llevó gradualmente a una división de caminos entre los exégetas de finales de la Edad Media, algunos de los cuales se aferraban al modelo esencialmente gregoriano de la *quadriga* y, específicamente, al uso doctrinal de sus tres significados espirituales; otros buscan otros patrones para la interpretación del texto que gravitarían aún más hacia el sentido literal como fundamento no solo de la argumentación teológica sino también de la formulación teológica.

2. El sentido literal de la Escritura: nuevos acentos en la hermenéutica tardomedieval y renacentista.

El más notable entre los que siguieron el énfasis victorino y tomista en el sentido literal fue Nicholas de Lyra (m. 1349).[159] Aunque se puede argumentar que el franciscano Lyra sigue la teología de su propia orden en algunos puntos (como su negativa a seguir a Tomás de Aquino al otorgar a Moisés un estatus profético más alto que el de David sobre la base de la visión que Moisés tenía sobre Dios y su interés en la profecía como conocimiento de contingencias futuras), está claro que su énfasis, incluso en y a través de estas diferencias, está en el sentido literal del texto como historia. Lyra citó a Tomás de Aquino con cierta extensión y, en busca de la lectura literal o histórica del texto, también recurrió a la exégesis rabínica del Antiguo Testamento, en particular a la obra de Rashi, quien había puesto un énfasis particular en la exégesis literal.[160] También debe destacarse por su marcado interés por los idiomas originales del texto. Al igual que Tomás de Aquino y Hugo de San Víctor antes que él, Lyra se quejaba de tendencias hacia la exégesis espiritual y mística que ignoraban la letra. Como antídoto al problema, propuso un «doble sentido literal» (*duplex sensus literalis*) según el cual la letra del texto es el «fundamento» (*fundamentum*) de todo

---

[159] Cf. De Lubac, *Exégèse médiévale*, II/2, págs. 348-350 y Smalley, "The Bible in the Middle Ages," en Nineham, ed., *Church's Use of the Bible*, pág. 66; también James George Kiecker, "The Hermeneutical Principles and Exegetical Methods of Nicholas of Lyra, O. F. M. (ca. 1270-1349)," (Ph.D. diss.: Marquette University, 1978).

[160] Preus, *From Shadow to Promise*, págs. 65-66; cf. Eugene H. Merrill, "Rashi, Nicholas de Lyra and Christian Exegesis," en *Westminster Theological Journal*, 38 (1975/1976), págs. 66-79; Herman Hailperin, *Rashi and the Christian Scholars* (Pittsburg: University of Pittsburg Press, 1963); y De Lubac, *Exégèse médiévale*, II/2, págs. 342, 352-353.

significado; de hecho, Lyra argumentó que el cumplimiento literal de las profecías del Antiguo Testamento en el Nuevo Testamento indicaba que el cumplimiento era un sentido espiritual pero también un segundo sentido literal del texto del Antiguo Testamento.[161] Lyra, así, intentó renovar el interés por el significado histórico del texto, pero también buscó conservar la lectura cristológica del Antiguo Testamento, ahora como segunda parte de un doble sentido literal.

Muchas de las cuestiones doctrinales y hermenéuticas planteadas por el desarrollo de la exégesis medieval posterior tuvieron un impacto directo en la formulación dogmática, como se ve en la *quaestio de sacra Scriptura* en el comentario de Heinrich Totting de Oyta sobre las *Sentencias*. Henry (m. 1397) propuso como segunda pregunta de su comentario: «Si todos los libros de nuestra Biblia, específicamente, en el sentido literal de todas sus afirmaciones, son divinos, es decir, si están escritos por inspiración divina».[162] Después de todo, Jerónimo había distinguido entre el hebreo de la mayor parte del Antiguo Testamento y el texto griego de los apócrifos y había argumentado la exclusión del canon de Sirácida, Judit y Tobías. Jerónimo también había ofrecido correcciones a la Septuaginta, y en muchos lugares, señala Henry, la Septuaginta no alcanza el sentido literal del hebreo. Henry también indica que podrían surgir dudas sobre la veracidad de los escritos de Marcos y Lucas, ninguno de los cuales estuvo presente durante el ministerio de Jesús y ambos escribieron mucho después de los acontecimientos que registraron.[163]

Henry procede a abordar estos problemas en tres artículos: 1) la autenticidad y seguridad de los libros de la Biblia; 2) la verdad de los diversos sentidos de las Escrituras; y 3) las verdades católicas no contenidas en los libros de las Escrituras. Argumenta extensamente, basándose en la declaración de Isidore de Sevilla de que los setenta y dos libros bíblicos son canónicos, y declara que la Vulgata es la traducción preferida, que todo el canon es inspirado y autorizado.[164] Ante objeciones como el problema de la autoría de Marcos y Lucas, responde que estos escritores fueron discípulos de Pedro y de Pedro y Pablo, respectivamente, y que ambos seguramente fueron guiados por el Espíritu Santo al registrar lo que habían aprendido de los apóstoles.

---

[161] Cf. Lyra, *Prologus primus de commendatione sacrae scripturae in generali*, fol. 3-4, con Preus, *From Shadow to Promise*, págs. 67-68.

[162] Henry Totting de Oyta, *Quaestio de sacra scriptura et de veritatibus catholicis*, ed. Albert Lang (Münster: Aschendorff, 1953), pág. 10; sobre la teología de Henry y su importancia, véase Albert Lang, *Heinrich Totting von Oyta. Ein Beitrag zur Entstehungsgeschichte der ersten deutschen Universitäten und zur Problemgeschichte der Spätscholastik* (Münster: Aschendorff, 1937).

[163] Henry Totting, *Quaestio de sacra scriptura*, págs. 10-11, 24.

[164] Henry Totting, *Quaestio de sacra scriptura*, págs. 13-14 ss., 19 ss.

Las Escrituras también son completamente ciertas, a pesar de la inclusión de ciertas afirmaciones falsas en ellas, como la afirmación de la serpiente en Génesis 3: «No morirás». Esta afirmación, comenta Henry, no fue la afirmación de Moisés, el editor o compilador del Pentateuco, quien registró correctamente lo que se dijo, aunque la declaración era falsa. De manera similar, el hecho de que el texto se refiera a Moisés en tercera persona no socava la autoría mosaica: este es un modo de hablar apropiado para un compilador como Moisés, tal como escribió Baruc, el secretario de Jeremías (Jer. 36) «Baruc escribió todas las palabras del Señor de la boca de Jeremías». Estos y otros ejemplos, entonces, pueden explicarse para demostrar la verdad del sentido literal.[165] La presencia de más de un sentido tampoco menoscaba la veracidad del texto —como si cada texto tuviera más de un autor— concediendo que no se da el caso de que el sentido literal surja del autor humano y el sentido espiritual del divino, como está escrito en 2 P. 1:21, «Porque la profecía no es motivada por voluntad humana, sino que los santos hombres de Dios hablaron siendo inspirados por el Espíritu Santo». El sentido literal es el sentido primario y representa la intención primaria del autor de las Escrituras, el Espíritu Santo. El sentido literal, entonces, es también la base de todo argumento posterior.[166] En su pregunta final, siguiendo el patrón de la «Tradición II», Henry señala otras fuentes de la verdad católica, como las decisiones de los concilios y del Papa y las verdades encontradas en los escritos de los «santos doctores» de la iglesia (pero comenta que estas fuentes no son iguales en autoridad). Las verdades primarias necesarias para la salvación están dadas por revelación divina en el canon de las Escrituras; Cristo y la fe en él es el fundamento de nuestra salvación, mientras que la iglesia, como enseñó el mismo Agustín, es la autoridad necesaria que nos mueve a creer y que enseña verdades de Cristo que no se encuentran en el texto de las Escrituras. Por lo tanto, concluye Henry, se da el caso de que toda la verdad católica se da por creencia para salvación, aunque no todas las fuentes tienen la misma autoridad.[167]

Después de la época de Lyra, desde mediados del siglo XIV en adelante, se produjo, en palabras de Verger, un colapso «cuantitativo y cualitativo» del trabajo exegético en las universidades, incluso cuando «el prestigio de las *Sentencias* de Lombardo como base de toda instrucción teológica» siguió aumentando. Sin embargo, esto no indicó una pérdida total de la visión de Tomás o Lyra: los patrones hermenéuticos fundamentales «continuaron intentando mantener juntas la necesidad religiosa de la interpretación espiritual y la primacía teológica de la exposición literal», lo que a menudo

---

[165] Henry Totting, *Quaestio de sacra scriptura*, págs. 43-46.
[166] Henry Totting, *Quaestio de sacra scriptura*, págs. 46-52.
[167] Henry Totting, *Quaestio de sacra scriptura*, págs. 61-68.

resultó en una mezcla de «alegorización con ultra-literalismo».[168] Los exégetas del siglo XV, como Gerson (m. 1429), Tostat (m. 1455) y Dennis el Cartujo (m. 1471), pusieron su énfasis en el sentido espiritual, especialmente en la interpretación alegórica y tropológica. De Lubac dice de Tostat que «se perdió en alegorías mientras proclamaba que deseaba aferrarse a la letra».[169]

En vísperas de la Reforma, al menos en parte como reacción a esta mezcla de estilos, el exégeta humanista Lefèvre d'Étaples introdujo otro enfoque más al problema exegético de la «letra». El enfoque de Lyra había planteado un problema para la interpretación del Antiguo Testamento en la medida en que había abierto el camino a un sentido literal estrictamente histórico que no abandonaba fácilmente las lecturas cristianas tradicionales, mientras que al mismo tiempo ofrecía un segundo sentido literal que abría el Antiguo Testamento al Nuevo. Lefèvre cortó el problema del doble sentido literal y eliminó el paso de la letra al espíritu característico de la cuádruple exégesis al plantear un sentido literal único que expresa la «intención del profeta y del Espíritu Santo que habla en él».[170] En efecto, Lefèvre se había concentrado en el segundo sentido literal de Lyra y había excluido el sentido histórico del texto: el significado del Antiguo Testamento se entiende como *literalmente* idéntico a su cumplimiento en el Nuevo.

Si el desarrollo retórico, literario y filológico conocido como «humanismo» y tradicionalmente asociado con el resurgimiento de las artes, la filosofía y los estudios clásicos en el Renacimiento ya no puede separarse completamente del escolasticismo de la Baja Edad Media,[171] sigue siendo cierto que el énfasis filológico del humanismo renacentista marca un cambio significativo en la historia de la exégesis y la hermenéutica y, en reconocible continuidad con el creciente interés en la «letra» del texto característico de al menos una tendencia en la exégesis medieval posterior, es una fuente tanto de los métodos exegéticos de la Reforma como del problema de la autoridad y la certeza de los siglos XVI y XVII.[172] El escrutinio minucioso y crítico de

---

[168] Jacques Verger, "L'exégèse de l'Université," en *BTT*, 4, págs. 225-226; De Lubac, *Exégèse médiévale*, II/2, págs. 369-391.

[169] De Lubac, *Exégèse médiévale*, II/2, págs. 363-367, 386.

[170] Lefèvre d'Étaples, *Quincuplex psalterium*, citado en Preus, *From Shadow to Promise*, pág. 137; cf. Guy Bedouelle, "L'humanisme et la Bible," en *BTT*, V, págs. 103-107.

[171] Cf. James H. Overfield, "Scholastic Opposition to Humanism in Pre-Reformation Germany," en *Viator*, 7 (1976), págs. 419-420; e ídem, *Humanism and Scholasticism in Late Medieval Germany* (Princeton, N.J.: Princeton University Press, 1984), págs. 59-60, 94-100, 329-330.

[172] Cf. La identificación que hace Kristeller del humanismo como principalmente un estudio de *grammatica, rhetorica, poetica, historia*, y *philosophia moralis*, más que de las disciplinas universitarias medievales de «teología, jurisprudencia, medicina y disciplinas filosóficas distintas de la ética, como la lógica, la filosofía natural y la metafísica», en Kristeller, "Humanism," en *The Cambridge History of Renaissance Philosophy*, ed. Charles B. Schmitt, Quentin Skinner, y Eckhard Kessler (Cambridge y New York: Cambridge University Press, 1988), págs. 113-114; y nota ídem, *Renaissance Thought: The Classic, Scholastic, and Humanist Strains* (New York: Harper & Row, 1961).

los textos de Valla, Reuchlin, Erasmo y Rhenanus resultó no solo en el establecimiento de un texto de la Biblia mucho más preciso, sino también en un grado considerablemente mayor de libertad para el exégeta individual.[173] Además, los humanistas aportaron al estudio del texto no solo una mayor capacidad lingüística (particularmente en griego, de la que carecían los exégetas medievales) sino también un fuerte sentimiento antiescolástico. Asumieron que su experiencia como gramáticos y filólogos los colocaba muy por delante de todas las formas de exégesis medieval y de las sutilezas lógicas del escolasticismo. Como resultado, rara vez profundizaron en la tradición exegética medieval y tendían a preferir anotaciones textuales a extensos análisis teológicos en sus comentarios. Erasmo, por ejemplo, sabía poco de la obra de Hugo de San Cher y de Nicholas de Lyra, menos aún de los comentarios de Tomás de Aquino, y nada en absoluto de los Victorinos: en su caso, en particular, la exégesis del Nuevo Testamento fue «un nuevo esfuerzo... casi completamente ignorante» del período medieval, una tarea filológica inmersa en el texto mismo y en las obras de la época patrística.[174]

Obras como las *Adnotationes* sobre el Nuevo Testamento de Valla (1505), *De rudimentis hebraicis* (1506) de Reuchlin y *Novum Instrumentum* (1516; segunda edición, con traducción latina del propio Erasmo, 1519) de Erasmo demostraron el número y la importancia de los problemas de la Vulgata y marcaron un punto de inflexión en la historia de la exégesis y la interpretación. Reuchlin, en particular, representó un profundo énfasis en el texto hebreo, hasta el punto de identificar al hebreo como «una lengua santa, fuente de todas las demás lenguas, libre de impureza» y de considerar todas las traducciones como inferiores.[175] Esta suposición llevó a Reuchlin a adoptar un método de traducción palabra por palabra altamente literalista diseñado para llevar al lector de regreso al hebreo en lugar de complacer sus sensibilidades.

Este sentido de santidad del lenguaje de la Escritura, ligado explícitamente a la identificación de la Escritura como Palabra revelada

---

[173] Véase, por ejemplo, Albert Rabil, Jr., *Erasmus and the New Testament: The Mind of A Christian Humanist* (1972; repr. Lanham, Md.: University Press of America, 1993); John D'Amico, *Theory and Practice in Renaissance Textual Criticism: Beatus Rhenanus between Conjecture and History* (Berkeley: University of California Press, 1988); también, Cornelis Augustijn, *Erasmus: His Life, Works, and Influence*, trad. J. C. Grayson (Toronto: University of Toronto Press, 1991), págs. 92-100.

[174] Cf. Louis Bouyer, "Erasmus in Relation to the Medieval Biblical Tradition," en *CHB* II, págs. 492-493 con Bedouelle, "L'humanisme et la Bible," en *BTT* 5, págs. 53-54, 57; Jeremy Bentley, *Humanists and Holy Writ: New Testament Scholarship in the Renaissance* (Princeton: Princeton University Press, 1983), pág. 218; y Augustijn, *Erasmus*, pág. 191.

[175] W. Schwarz, *Principles and Problems of Biblical Translation: Some Reformation Controversies and their Background* (Cambridge: Cambridge University Press, 1955), pág. 84; y cf. Thomas F. Torrance, "The Hermeneutics of John Reuchlin, 1455-1522," en *Church, Word, and Spirit: Historical and Theological Essays in Honor of Geoffrey W. Bromiley*, ed. James E. Bradley y Richard A. Muller (Grand Rapids: Eerdmans, 1987), págs. 107-121.

de Dios, es más, lenguaje de Dios, centrado en Cristo, que es la Palabra esencial, se encuentra también en la obra de Lefèvre d'Étaples. En lugar de defender una doctrina de *Scriptura sola*, al igual que los reformadores, Lefèvre sostenía, posiblemente, una doctrina de *Christus solus*: Solo Cristo como centro y significado de las Escrituras.[176] A nivel hermenéutico, sin embargo, este supuesto, junto con su doctrina de que existe un amplio acuerdo interno o *concordantia scripturarum* provocado por la obra reveladora del Espíritu en la producción del texto, Lefèvre claramente está en continuidad con el desarrollo de la interpretación teológica en la obra de los reformadores y los ortodoxos.[177]

Por lo tanto, es necesario hacer algunos comentarios sobre la relación de la doctrina y la interpretación de las Escrituras en los siglos anteriores a la Reforma con la Reforma y la ortodoxia protestante. Surgen varios puntos de amplia continuidad y discontinuidad específica: por un lado, la doctrina de la inspiración, como tal, repleta de refinamientos medievales relacionados con la iluminación y elevación de la mente del autor, pasaría prácticamente intacta por la revisión a los siglos XVI y XVII. De manera similar, el problema del canon y de su autoridad frente a la tradición y la iglesia se transmitió hasta los siglos XVI y XVII, exacerbado por la oposición de los decretos tridentinos a las confesiones protestantes, pero los protestantes consideraron necesario luchar con la importancia de la tradición y con su relación como norma secundaria y, más importante aún, portadora de significado, con la única autoridad previa de la Escritura. Esta cuestión de autoridad era aún más apremiante en vista del trabajo de los filólogos humanistas de principios del siglo XVI y de sus sucesores: la brecha que abrieron entre la Vulgata y los textos griegos y hebreos no solo se convirtió en fundamental para las revisiones de la fe y práctica de los reformadores, también sembró las semillas del principal problema hermenéutico de la era de la ortodoxia: el mantenimiento de las doctrinas tradicionales frente a visiones cambiantes del texto y patrones alterados de exégesis. Porque si, como ha argumentado Bentley, la Reforma descarriló en algún sentido el movimiento hacia la filología pura y la crítica textual al arrastrar el estudio y la revisión del texto de las Escrituras a las batallas teológicas de la época, también es cierto que los intereses humanistas en filología y crítica creció y se expandió hacia la gran época de la crítica de textos y el orientalismo que vendría, junto con toda una serie de nuevas batallas entre filólogos y teólogos, en el siglo

---

[176] Cf. Jean-Pierre Massaut, "Lefèvre d'Étaples et l'exégèse au XVIe siècle," en *Revue d'Histoire Ecclésiastique*, 78 (1983), pág. 75, con Richard Cameron, "The Charges of Lutheranism Brought Against Jacques Lefèvre d'Etaples (1520-1529)," en *Harvard Theological Review*, 63 (1970), págs. 119-149.

[177] Massaut, "Lefèvre d'Etaples et l'exégèse au XVIe siècle," págs. 75, 78.

XVII.[178] De manera similar, el impulso hacia la letra del texto y su significado gramatical o incluso gramatical-histórico, iniciado en los siglos XII y XIII por los Victorinos y Tomás de Aquino, reforzado por Nicholas de Lyra y por los exégetas y filólogos del Renacimiento, ejerció enorme presión sobre la exégesis y la teología a finales del siglo XVI y XVII, cuando los teólogos de la era ortodoxa, a diferencia de los filólogos del primer Renacimiento, intentaron llevar adelante la tradición eclesiástica de la exégesis teológica así como los trabajos críticos del erudito textual. En estos diversos elementos de continuidad y discontinuidad hemos resumido el problema de la Reforma y la ortodoxia.

---

[178] Cf. Bentley, *Humanists and Holy Writ*, págs. 213-219.

La doctrina de las Escrituras en su desarrollo protestante: desde la Reforma hasta finales del siglo XVII

2.1 Las Escrituras y la Reforma

A. Trayectorias de Lutero a Calvino

1. La Reforma temprana: Lutero, Zwingli y Bucer.

La visión de las Escrituras de la Reforma temprana, a pesar de que surgió en medio de un conflicto con la tradición eclesiástica de la Baja Edad Media, mantiene una fuerte continuidad con las cuestiones planteadas en los debates teológicos de los siglos XIV y XV. El debate tardomedieval sobre la tradición y el enfoque tardomedieval y renacentista del sentido literal del texto de las Escrituras en sus idiomas originales habían planteado en conjunto preguntas sobre las relaciones entre las Escrituras y la teología eclesiástica, entre el exégeta individual y el texto, y entre el exégeta y doctrina establecida que miraba directamente hacia las cuestiones y problemas abordados por los primeros reformadores. Por lo tanto, es enteramente anacrónico considerar la *sola Scriptura* de Lutero y sus contemporáneos como una declaración de que toda la teología debe ser construida de nuevo, sin referencia a la tradición de interpretación de la iglesia, por el exégeta solitario que se enfrenta al texto desnudo. Es igualmente anacrónico suponer que las Escrituras funcionaron para los reformadores como un conjunto de hechos o proposiciones numeradas adecuadas para ser utilizadas como soluciones preparadas para todas y cada una de las preguntas capaces de surgir en el curso de la historia humana. Tanto el lenguaje de *sola Scriptura* como el uso real del texto de las Escrituras por parte de los reformadores solo puede explicarse en términos de las cuestiones de autoridad e interpretación planteadas por los acontecimientos de finales del siglo XV y principios del XVI. Aun así, un estudio detenido de los resultados exegéticos reales de los reformadores manifiesta fuertes continuidades interpretativas y doctrinales con los resultados exegéticos de los padres y los doctores medievales.[1]

Este enfoque del contexto de la visión de las Escrituras de la Reforma también manifiesta una continuidad entre la concepción medieval de las Escrituras y la alta doctrina de la inspiración y autoridad de las Escrituras sostenida por los reformadores: al igual que sus predecesores medievales y, de hecho, como sus seguidores ortodoxos protestantes, afirmaron el origen divino de la Escritura y su carácter de regla infalible para los juicios teológicos. Pero, frente a muchos de los escritores de los siglos anteriores, los reformadores estaban en condiciones de insistir de manera radical en la cuestión de cómo funcionaba esa regla escritural en el contexto de otras afirmaciones de autoridad, ya sea de la tradición o el *magisterium* eclesiástico; e insistieron en la cuestión del método exegético y la hermenéutica sobre el texto y la doctrina con un énfasis constante en el carácter problemático de prácticamente todos los patrones exegéticos de finales de la Edad Media. Desde los primeros argumentos reformadores de Lutero y Tyndale y las primeras disputas y tesis suizas, se destacó que las Escrituras juzgaban la tradición y la iglesia, en lugar de que la tradición y la iglesia juzgaran a las Escrituras.[2] Y, al mismo tiempo, el enfoque cada vez más textual

---

[1] Cf. James S. Preus, *From Shadow to Promise: Old Testament Interpretation from Augustine to the Young Luther* (Cambridge, Mass.: Harvard University Press, 1969); David C. Steinmetz, *Luther and Staupitz* (Durham, N.C.: Duke University Press); ídem, "John Calvin on Isaiah 6: A Problem in the History of Exegesis," en Steinmetz, *Calvin in Context* (New York: Oxford University Press, 1995), págs. 195-109; y Susan E. Schreiner, "Exegesis and Double Justice in Calvin's Sermons on Job," en *Church History*, 58 (1989), págs. 322-338; sobre el estudio y uso del hebreo en la era de la Reforma, véase Ludwig Geiger, *Das Studium der Hebräischen Sprache in Deutschland vom ende des XV. bis zur Mitte des XVI. Jahrhunderts* (Breslau, 1870); ver también *The Cambridge History of the Bible*, Vol. 3P *The West from the Reformation to the Present Day*, ed. S. L. Greenslade (Cambridge: Cambridge Univ. press, 1963) [en adelante, "*CHB* III"]; *The Bible in the Sixteenth Century*, editado, con una introducción por David C. Steinmetz, (Durham, N.C.: Duke University Press, 1990). Representantes de la erudición más antigua son las secciones correspondientes de Diestel, *Geschichte des Alten Testamentes*, págs. 230-554; E. Gordon Rupp, "The Bible in the Age of the Reformation," en Nineham (ed.), *Church's Use of the Bible*, págs. 73-87; y Charles S. Carter, *The Reformers and Holy Scripture* (London: C. J. Thymme and Jarvis, 1928).

[2] Así, por ejemplo, William Tyndale, *An Answer to Sir Thomas More's Dialogue* (Cambridge: Cambridge Univ. Press, 1850); Ten Theses of Berne, in Philip Schaff, *The Creeds of Christendom, with a History*

de su teología planteó de manera bastante significativa el problema del establecimiento de dogmas eclesiásticos.

Si bien es cierto que los ortodoxos protestantes regresaron con cierto énfasis a un modelo de teología eclesiástico, dogmático y confesional, también es cierto que mantuvieron el interés de los reformadores en el texto, los idiomas originales y el método literal-gramatical. De hecho, las obras exegéticas del protestantismo de finales del siglo XVI y del XVII, con la excepción de los intereses tipológicos característicos de la teología federal, eran cada vez más literales, gramaticales, críticas del texto y recordaban menos a las obras exegéticas medievales que los escritos de los reformadores. Al mismo tiempo, los ortodoxos mantuvieron la alta visión de la inspiración y la autoridad característica tanto de la Edad Media como de la Reforma y continuaron (en el contexto de su exégesis cada vez más literal, gramatical y crítica del texto) defendiendo el caso de la prioridad de las Escrituras en la formulación de la doctrina cristiana.

Los estudiosos generalmente han ignorado las continuidades entre la visión de las Escrituras sostenida durante la Baja Edad Media y la visión de las Escrituras de los reformadores y, por extensión, han tendido a ignorar la forma en que tanto las formulaciones escolásticas medievales como las protestantes de la Reforma relativas al carácter, la autoridad, y la interpretación de las Escrituras se combinan para producir la doctrina escolástica protestante posterior de las Escrituras. Una excepción importante a esta generalización es la perspicaz afirmación de Seeberg de que

> Calvino establece la autoridad de las Escrituras en parte sobre su dictado divino y en parte sobre el testimonio del Espíritu Santo obrando a través de ellas. Considerado históricamente, combina así la concepción medieval tardía de la inspiración con la teoría de Lutero. Calvino es, por lo tanto, el autor de la llamada teoría de la inspiración de los dogmáticos más antiguos [es decir, los ortodoxos protestantes].[3]

Wendel expresa una percepción similar del papel de Calvino en el desarrollo de la ortodoxia, a pesar de su visión bastante diferente de la doctrina de Calvino sobre las Escrituras: el carácter y el impacto de la versión final de los *Institutos*, sostiene Wendel, «fueron indudablemente una de las causas del muy rápido ascenso de una ortodoxia calvinista, estrictamente adherente a las fórmulas de los *Institutos*, que incluso las controversias posteriores apenas lograron modificar».[4] Independientemente de que

---

and Critical Notes, 3 vols., 6th ed. (New York, 1931; repr. Grand Rapids: Baker Book House, 1983), III, págs. 208-211.

[3] Seeberg, *History*, II, págs. 395-396.

[4] François Wendel, *Calvin: The Origins and Development of His Religious Thought*, trad. Philip Mairét

Calvino aparezca o no como la gran figura mediadora en la historia de la doctrina de las Escrituras, lo cierto es que da testimonio de la continuidad del pensamiento entre la Edad Media y el siglo XVII.

La gran dificultad para evaluar la teología de Lutero no reside tanto en el análisis de lo que dice sobre un tema como en lo que deja sin decir sobre la estructura dogmática más amplia dentro de la cual él opera. El enfoque equivocado ante esta aparente paradoja o contradicción (un enfoque seguido por demasiados escritores contemporáneos) es seleccionar uno de estos enfoques de las Escrituras como el «verdadero Lutero» y descartar el otro. Más bien, debemos tomar ambos lados de la paradoja como igualmente genuinos y luego proceder a preguntar cómo estas perspectivas bastante opuestas que parecen mutuamente excluyentes en nuestro propio tiempo pueden, de hecho, pertenecer a las enseñanzas de un teólogo en otro tiempo. El hecho es que Lutero (y, de hecho, los escritores posteriores de la Reforma y los protestantes ortodoxos del siglo siguiente) no se encajan fácilmente en los patrones exegéticos, hermenéuticos y doctrinales de los siglos XIX y XX.[5] Lutero conservó, por ejemplo, una profunda tendencia hacia la exégesis tropológica y su interés por la historia del Antiguo Testamento estaba arraigado en un sentido de la obra divina en la historia del mundo y en Cristo como centro o «alcance» de toda la Escritura.[6]

Las enseñanzas de Lutero sobre las Escrituras eran multifacéticas, y ciertamente no podemos resolver el debate contemporáneo sobre su doctrina

---

(New York: Harper & Row, 1963), pág. 122; cf. H. D. Macdonald, *Theories of Revelation: An Historical Study, 1700-1960*, 2 vols. en uno. (Grand Rapids: Baker Book House, 1979), I, págs. 206-212.

[5] Para las opiniones de Lutero sobre la interpretación y autoridad de las Escrituras, ver, por ejemplo: Julius Köstlin, *The Theology of Luther in its Historical Development and Inner Harmony*, 2 vols., trad. Charles E. Hay. (Philadelphia: Lutheran Publication Society, 1897; repr. St. Louis: Concordia, 1986); Otto Scheel, *Luther's Stellung zur Heiligen Schrift* (Tübingen: J. C. B. Mohr, 1902); Heinrich Bornkamm, *Luther and the Old Testament*, trad. Eric W. y Ruth C. Gritsch (Philadelphia: Fortress, 1969); Kenneth Hagen, *A Theology of Testament in the Young Luther: The Lectures on Hebrews* (Leiden: E. J. Brill, 1974); Brian Gerrish, "Biblical Authority and the Continental Reformation," *Scottish Journal of Theology*, 10 (1957), págs. 337-360; J. Theodore Mueller, "Luther and the Bible," en *Inspiration and Interpretation*, ed. John Walvoord (Grand Rapids: Eerdmans, 1957), págs. 87-114; Willem Jan Kooiman, *Luther and the Bible*, trad. John Schmidt (Philadelphia: Muhlenberg Press, 1961); David W. Lotz, "Sola Scriptura: Luther on Authority," en *Interpretation*, 35 (1981), págs. 258-273; Jaroslav Pelikan, *Luther the Expositor: Luther's Works Companion Volume* (St. Louis: Concordia Publishing House, 1959); Robert D. Preus, "Luther and Biblical Infallibility," en *Inerrancy and the Church*, págs. 99-142; ídem, "The View of the Bible Held by the Church: The Early Church through Luther," en *Inerrancy*, págs. 357-382; Michael Reu, *Luther and the Scriptures* (Columbus, Ohio: Wartburg Press, 1944); ídem, *Luther's German Bible* (Columbus, Ohio: Lutheran Book Concern, 1934); Pieter A. Verhoef, "Luther and Calvin's Exegetical Library," en *Calvin Theological Journal*, 3 (1968), págs. 5-20.

[6] Cf. Bornkamm, *Luther and the Old Testament*, págs. 89-114, 199-207, con Heinrich Karpp, "Zur Geschichte der Bibel in der Kirche des 16. und 17. Jahrhunderts," en *Theologische Rundschau*, N.F., 40 (1983), págs. 132-133; y sobre el «alcance» de las Escrituras, ver más abajo, sección 3.5 de este volumen.

en unos pocos párrafos de estudio. No obstante, debemos reconocer en las enseñanzas de Lutero cierta continuidad y discontinuidad con la doctrina medieval de las Escrituras y, nuevamente, una medida de continuidad y discontinuidad con la doctrina protestante posterior codificada durante la era de la ortodoxia. Por un lado, las enseñanzas de Lutero manifiestan un encuentro dinámico y existencial con la «Palabra» que desafía la codificación dogmática y, además, un énfasis en la predicación de Cristo en el corazón de las Escrituras que dio a Lutero un alto grado de libertad en tales temas como las aparentes contradicciones en el texto de las Escrituras y la identificación de los libros canónicos. Todo esto distingue a Lutero y, hasta cierto punto, a otros de los primeros reformadores, de sus predecesores y seguidores más dogmáticos. Por otro lado, Lutero identifica claramente la Escritura misma, en las palabras del texto, como la Palabra autorizada de Dios, sin hacer distinción como la encontrada en los escritores neoortodoxos de este siglo, entre Cristo solo como Palabra y la Escritura como Palabra derivada o testimonio de la Palabra. Por supuesto, al igual que Calvino, Bullinger y los pensadores ortodoxos posteriores, tanto luteranos como reformados, Lutero entendía que la Palabra tenía varios referentes: la Palabra eterna, hipostática, la Palabra encarnada y la proclamación del Evangelio. Y Lutero, con la misma claridad, puede hablar de que las Escrituras están libres de error.[7]

Gerrish ciertamente tiene razón cuando señala que estos dos fundamentos de la autoridad bíblica en el pensamiento de Lutero (el testimonio de las Escrituras sobre Cristo y el carácter inspirado e infalible del texto) no deben verse como tendencias contradictorias.[8] Sin embargo, no es exacto equiparar el sentido de Lutero de que toda la Escritura es portadora y testifica de Cristo con el concepto barthiano de la Escritura como testimonio de la Palabra o de la revelación.[9] Lutero entendió que todas las Escrituras daban testimonio de Cristo precisamente porque veía las Escrituras como la Palabra reveladora de Dios y a Cristo como el cumplimiento de la revelación de Dios; Barth entendía las Escrituras como testimonio de Cristo porque veía a Cristo como la Palabra y como la revelación de Dios en un sentido último y en última instancia restrictivo y la Escritura como Palabra solo en un sentido derivado, y no como revelación. Para Barth, se puede decir que las Escrituras *se convierte* en Palabra de Dios en el caso de que Dios hable a través de ella a los creyentes acerca de la revelación que es Jesucristo.[10] La

---

[7] Cf. Rohnert, *Die Inspiration der Heiligen Schrift*, págs. 144-146; con Mueller, "Luther and the Bible," págs. 94-99; Gerrish, "Biblical Authority," págs. 343-344; y Klaas Runia, "The Hermeneutics of the Reformers," en *Calvin Theological Journal*, 19 (1984), págs. 129-132.

[8] Gerrish, "Biblical Authority," págs. 344-345.

[9] Cf. Gerrish, "Biblical Authority," pág. 342 ver también E. Gordon Rupp, "Word and Spirit in the Early Years of the Reformation," en *Archiv für Reformationsgeschichte*, 49 (1958), págs. 13-26.

[10] Sobre Lutero, cf. las numerosas citas en Michael Reu, *Luther and the Scriptures* (Columbus, Ohio:

diferencia entre las dos perspectivas es frecuentemente pasada por alto por los teólogos que relacionarían la Reforma con la neoortodoxia y abrirían una brecha entre la Reforma y el protestantismo posterior a la Reforma. Esta comprensión fundamentalmente diferente de la revelación tendió a sesgar las lecturas de Barth de la teología de los siglos XVI y XVII, particularmente en términos de la cuestión de qué podía o no revelarse y saberse acerca de Dios y su voluntad.[11]

Además, no se puede permitir que el comentario frecuentemente pronunciado de que Lutero no era un «pensador sistemático» cree una barrera al estudio del pensamiento de Lutero en relación con desarrollos sistemáticos posteriores o proporcione una excusa para evitar preguntas sistemáticas. Como argumentó Karl Holl hace mucho tiempo para refutar el comentario, es posible que Lutero no haya presentado la doctrina de una manera escolástica o dogmática, pero tenía una comprensión increíble de la interrelación de las ideas teológicas y, en vista de esta última característica de su pensamiento, ocupa un lugar más alto como pensador «sistemático» que Calvino o Melanchthon.[12] Aun así, es un error considerar tendencias contradictorias en el pensamiento de Lutero el contraste entre sus declaraciones sobre la infalibilidad de las Escrituras y su enfoque relativamente abierto al problema del canon, como en el caso de sus comentarios negativos frecuentemente notados sobre la Epístola de Santiago. Sin embargo, Lutero definió el canon distinguiendo entre *homologoumena* y *antilegomena* Incluso dentro del Nuevo Testamento, Lutero estaba seguro de la infalibilidad de todos los libros que estaban en su canon de las Escrituras.[13]

Este punto, por supuesto, no resuelve exactamente el problema, ya que algunos de los libros identificados por Lutero como antilegómenos (y, por lo tanto, presumiblemente, menos que infalibles) fueron considerados por el protestantismo posterior, tanto luterano como reformado, como canónicos e infalibles. Nos acercamos más a resolver la aparente paradoja de la posición de Lutero si tomamos más en cuenta su contexto histórico: la afirmación del carácter infalible y suficiente de las Escrituras en el contexto de un

---

Wartburg Press, 1944), págs. 49-64, con Karl Barth, *Church Dogmatics*, ed. G. W. Bromiley y T. F. Torrance, 4 vols. (Edinburgh: T. & T. Clark, 1936-1975), I/1, págs. 98-140, esp. págs. 123-124, 134-135, citado en lo sucesivo como Barth, *CD*.

[11] Cf. la discusión de Barth sobre el «problema» de la *Deus nudus absconditus* en Richard A. Muller, *After Calvin: Studies in the Development of a Theological Tradition* (New York: Oxford University Press, 2003), págs. 99-100.

[12] Karl Holl, "Die Rechtfertigungslehre in Luthers Vorlesung über den Römerbrief mit besonderer Rüchsicht auf die Frage der Heilsgewissheit," en *Gesammelte Aufsätze*, 3 vols. (Tübingen: J. C. B. Mohr, 1928), I, pág. 117, n.2.

[13] Cf. Mueller, "Luther and the Bible," pág. 101.

canon bastante vagamente definido era, como ya hemos visto, típica de la Edad Media. Lutero simplemente sostenía una visión de las Escrituras que había heredado y que era, en un sentido histórico, comprensible, antes de la solidificación del canon en el Concilio de Trento y, posteriormente, en las confesiones protestantes. Vale la pena señalar que Lutero y Cayetano estaban sustancialmente de acuerdo en este punto.[14] Como en el caso de la cuestión hermenéutica de la manera en que las Escrituras, en su conjunto, enseñan o transmiten a Cristo, el problema no es tanto una diferencia en la doctrina básica de las Escrituras como infalible, suficiente, autorizada, etc., entre Lutero y los teólogos protestantes de finales del siglo XVI, como una diferencia en la comprensión del texto mismo y los límites de la interpretación.

Los eruditos a menudo han establecido un fuerte contraste entre Zwingli y Lutero bajo el supuesto de que Lutero se acercó a Pablo desde una perspectiva agustiniana y a las Escrituras desde una perspectiva paulina, mientras que Zwingli interpretó el texto de una manera más humanista, ayudado por Erasmo y por una mayor variedad de padres de la iglesia.[15] Zwingli, mucho más que Lutero, tenía una deuda intelectual con Erasmo. Sin embargo, a pesar de este contraste (y del contraste similar que frecuentemente se establece entre el teólogo Lutero y el filósofo Zwingli), hay buena evidencia de que Zwingli se veía a sí mismo como un predicador y un exégeta cuya principal guía para la interpretación de las Escrituras era la Escritura misma. Además, se ha demostrado que su teología tiene un enfoque evangélico y cristológico, fuertes raíces en el pasado escolástico y sigue interpretaciones tipológicas de las Escrituras mucho más que Erasmo.[16] La doctrina de Zwingli sobre las Escrituras (o, como podría expresarse mejor, su visión del poder y la claridad de las Escrituras como base de la fe y la doctrina) se encuentra en el tratado *De certitudine et claritate verbi Dei* y claramente implicado por el uso de las Escrituras en su *De vera et falsa religione commentarius*.[17] Como prácticamente todos los

---

[14] Véase *Westcott, General Survey of the History of the Canon*, págs. 475-476.

[15] Véase Walther Köhler, "Zwingli als Theologe," en *Ulrich Zwingli: Zum Gedächtnis der Zürcher Reformation, 1519-1919* (Zürich: Theologischer Verlag, 1919), págs. 45-70; también, ídem, *Ulrich Zwingli und die Reformation in der Schweiz* (Tübingen: J. C. B. Mohr, 1919); H. A. Enno van Gelder, *The Two Reformations of the Sixteenth Century* (Den Haag: De Graaf, 1961); y cf. Seeberg, *History of Doctrines*, II, págs. 307-309.

[16] Jean Rilliet, *Zwingli: Third Man of the Reformation*, trad. H. Knight (Philadelphia: Westminster, 1964), pág. 43; y W. P. Stephens, *The Theology of Huldrych Zwingli* (Oxford: Clarendon Press, 1986), págs. 12-17.

[17] Ulrich Zwingli, *De certitudine et claritate verbi dei liber*, in *Sämtliche Werke*, editado por Emil Egli, Georg Finsler, et al., 14 vols. (Zürich: Theologischer Verlag, 1905-1983), vol. 1; trad. como *On the Clarity and Certainty of the Word*, en *Zwingli and Bullinger*, trad. y ed. Geoffrey W. Bromiley (Philadelphia: Westminster, 1953); *De vera et falsa religione commentarius*, en *Sämtliche Werke*, vol. 3; trad. como *Commentary on True and False Religion*, editado por Samuel Macauley Jackson y Clarence

reformadores, Zwingli habló de las Escrituras como inspiradas y dadas por dictado del Espíritu. Por lo tanto, las Escrituras son la Palabra de Dios y proporcionan un estándar absoluto en doctrina que anula todas las palabras humanas. No obstante, al igual que Lutero y Calvino, Zwingli también notó diferencias entre los distintos relatos de los evangelios y sostuvo una doctrina de adaptación divina a los patrones humanos de habla. Aunque su negación de la máxima autoridad a los apócrifos y al libro del Apocalipsis indica algo de la fluidez del canon típica de su época, Zwingli estaba mucho menos preparado que Lutero para crear un «canon dentro del canon».[18]

Zwingli abordó la interpretación de las Escrituras haciendo hincapié en el contexto inmediato de un pasaje y reconociendo que el significado de los pasajes más difíciles debía extraerse del alcance más amplio de las Escrituras y de la comparación con otros pasajes. De manera similar, el Antiguo Testamento, que recibió considerable énfasis en la teología de Zwingli, debía interpretarse en términos de su cumplimiento en el Nuevo. Hay una promesa-cumplimiento o, como la llama Stephens, una hermenéutica de «luz-sombra» en la teología de Zwingli. Esto no quiere decir que Zwingli abandonara la letra, ni mucho menos. Insistió en el dominio de los lenguajes bíblicos para captar el significado literal del texto, pero también reconoció que el sentido del texto estaba frecuentemente ligado a tipos y figuras y, además, que la voz viva de Dios en las Escrituras dirigió el texto más allá de su contexto antiguo hacia un significado contemporáneo tanto en un sentido moral como místico.[19] Por lo tanto, pueden verse fuertes elementos de continuidad entre el enfoque de Zwingli sobre el texto y la Baja Edad Media, y también entre éste y la exégesis reformada posterior.

Entre los primeros contemporáneos reformados de Zwingli, Martin Bucer debe ser recordado por su profundo interés en la relación de las Escrituras y su correcta exposición a la predicación, como argumentó elocuentemente en la *Tetrapolitan Confession,* y por su breve, pero no obstante significativo tratado sobre interpretación.[20] El tratado se divide en dos partes de desigual extensión. En la primera y más corta sección de su tratado,

---

Nevin Heller (Philadelphia, 1929; repr. Durham, N.C.: Labyrinth Press, 1981).

[18] Cf. Zwingli, *On the Clarity and Certainty of the Word,* pp.68-93 con ídem, *Commentary on True and False Religion,* págs. 91, 224, 283, 287; Tenga en cuenta también a Stephens, *Theology of Zwingli,* págs. 55-57 y Samuel Berger, *La Bible an seizième siècle; étude sur les origines de la critique* (Paris: Sandoz & Fischbacher, 1879), pág. 110.

[19] Stephens, *Theology of Zwingli,* págs. 64-66, 72-75.

[20] Martin Bucer, *Quomodo S. Literae pro Concionibus tractandae sint Instructio,* texto con introducción y traducción por François Wendel y Pierre Scherding, en *Revue d'histoire et de philosophie religieuses,* 26 (1946), págs. 32-75; sobre los métodos de interpretación de Bucer, véase también Johannes Müller, *Martin Bucers Hermeneutik* (Gütersloh: Gerd Mohn, 1965); y Henri Strohl, "La méthode exégétique des Réformateurs," en *Le problème biblique dans le Protestantisme,* ed. J. Boisset, (Paris: Presses Universitaires de France, 1955), págs. 87-104.

Bucer analiza «los libros [de la Biblia] que deben exponerse en la iglesia» y el orden apropiado de su exposición: así, comenta que Mateo, Marcos y Lucas deberían para recibir la primera consideración, y el Evangelio de Juan debe ser examinado solo después del estudio de la historia de los tres primeros evangelistas. A continuación, en orden, el estudio y la predicación deben enfatizar las Epístolas a los Romanos y a los Gálatas. Después de señalar específicamente las otras epístolas paulinas y los Hechos, Bucer pasa al Antiguo Testamento, expresando preferencia por los Salmos, Deuteronomio, Génesis e Isaías, respectivamente. Concluye que se debe ejercer prudencia en la explicación ocasional de los ritos de sacrificio en Levítico y Números, el Cantar de los Cantares y las visiones de Ezequiel y Zacarías.[21] Lo que sigue es una larga discusión de reglas y patrones de interpretación que procede desde las reglas más generales para resolver diferencias de interpretación, hasta una crítica de la exégesis alegórica, un enfoque de la predicación sobre Jesús, su vida y su obra, hasta la más larga de las subdivisiones del tratado: la discusión del contenido de las epístolas paulinas en relación con la predicación y las necesidades de la iglesia.[22]

Debe señalarse que las diferencias en el método exegético y la teoría interpretativa entre los reformadores no se correlacionan con interpretaciones notablemente diferentes de las Escrituras como norma para la teología. Por un lado, aparte de las diferencias en método y resultado, Lutero, Zwingli y Bucer reflejan por igual el trasfondo de la exégesis eclesiástica medieval y la modificación de la *quadriga* que tuvo lugar en el siglo XV, del mismo modo que cada uno de ellos refleja el creciente recurso a las lenguas originales del texto característico de los enfoques filológicos humanistas. Tampoco se puede distinguir entre el uso de las Escrituras por parte de los primeros luteranos y de los primeros reformados basándose en un sentido más radical de la prioridad normativa de las Escrituras sobre el contexto eclesiástico de su interpretación entre los reformados; ni, de hecho, es útil identificar a los primeros escritores reformados como más «erasmistas» que los luteranos.[23] Ciertamente hay variedades de posiciones teológicas y filosóficas enunciadas en las fuentes mismas de la Reforma: el trasfondo nominalista o incluso «ockhamista» de Lutero,[24] la primera formación tomista de Bucer,[25] las inclinaciones notablemente escotistas de Zwingli (aunque no sin acentos

---

[21] Bucer, *Quomodo S. Literae pro Concionibus tractandae sint Instructio*, §3-4 (págs. 50-52).

[22] Bucer, *Quomodo S. Literae pro Concionibus tractandae sint Instructio*, §5-19 (págs. 54-74).

[23] Contra Alister McGrath, *The Intellectual Origins of the European Reformation* (Oxford: Basil Blackwell, 1987), págs. 150-151, 171-172, 174.

[24] Ernest Schwiebert, *Luther and His Times: The Reformation from a New Perspective* (Saint Louis: Concordia, 1950), págs. 135-136.

[25] Así, Heinrich Bornkamm, *Martin Bucers Bedeutung für die europäische Reformationsgeschichte* (Gütersloh: Gerd Mohn, 1952), pág. 8; cf. Muller, *Martin Bucers Hermeneutik*, págs. 20, 93-94.

nominalistas y tomistas también),²⁶ con el resultado de que la variedad teológica, incluso las diferencias exegéticas o interpretativas, surgen menos de la divergencia sobre las Escrituras y la hermenéutica que del variado trasfondo teológico mismo.

2. Una segunda generación: Bullinger, Vermigli, Calvino y Musculus.

El sucesor de Zwingli, Heinrich Bullinger, también produjo varios tratamientos importantes de la doctrina de las Escrituras: su *De scripturae sanctae autoritate*,²⁷ posteriormente incorporada a las *Decades*, es uno de los primeros tratados reformados que trata el tema. El tratado de Bullinger sobre *The Old Faith* (1539) también trata de la Escritura, pero de manera más histórica, desde la perspectiva de la historia de la revelación y el pacto.²⁸ Bullinger también compuso tres obras en las que examinaba lo que sus contemporáneos ingleses habrían denominado un «cuerpo completo de divinidad». La más famosa de ellas es su declaración personal de fe, que se convirtió en la *Confessio Helvética Posterior*. Fue escrita en 1562 pero recién publicada en 1566. El siguiente en el orden de eminencia es la serie de sermones comúnmente llamados *Decades*, cuyo primer volumen apareció en 1549. Este es, con diferencia, el ensayo sistemático más grande de Bullinger. Menos conocido, pero más interesante desde el punto de vista del orden y énfasis es su *Compendium christianae religionis* de 1556.²⁹ Aquí Bullinger establece un sistema de doctrina desde una perspectiva pactual.

---

[26] Stephens, *Theology of Zwingli*, págs. 6-7, 120, 147; Walter Köhler, *Die Geisteswelt Ulrich Zwinglis: Christentum und Antike* (Gotha, 1920), págs. 14-19; nótese también la declaración resumida de Oberman, "Headwaters of the Reformation: *Initia Lutheri—Initia Reformationis*," en *The Dawn of the Reformation: Essays in Late Medieval and Early Reformation Thought* (Edinburgh: T. & T. Clark, 1986), págs. 56-59.

[27] Heinrich Bullinger, *De scripturae sanctae authoritate, certitudine, firmitate, et absoluta perfectione* (Zurich, 1538).

[28] Heinrich Bullinger, *Der alt Gloub. Das der Christen Gloub von Anfamg der Waelt gewaert habe* (Zurich, 1539); también como *The Old Faith, an Evident Probacion out of the Holy Scripture, that the Christen Fayth … hath Endured sens the Beginning of the Worlde*, trad. Myles Coverdale, en *Writings and Translations of Myles Coverdale* (Cambridge: Cambridge University Press, 1844), págs. 1-83.

[29] Heinrich Bullinger, *Confessio et expositio simplex orthodoxae fidei* (Zürich, 1566), texto en Philip Schaff, *Creeds*, III, págs. 233-306; *Sermonum decades quinque* (Zürich, 1552), trad. como *The Decades of Henry Bullinger*, trad. H.I., editado por Thomas Harding, 4 vols. (Cambridge: Cambridge University Press, 1849-1852); *Compendium christianae religionis* (Zurich, 1556), trad. como *Commonplaces of Christian Religion, compendiously written, by Master Henry Bullinger* (London, 1575). Sobre la relación de *Decades* hacia el *Compendium*, ver Carl Pestalozzi, *Heinrich Bullinger: Leben und ausgewählte Schriften. Nach handschriftlichen und gleichzeitigen Quellen* (Elberfeld: Friedrichs, 1858), págs. 386, 469, y 505 ss., quien considera el *Compendium* como un resumen de *Decades*: ciertamente es así en vista de su contenido, pero no hace justicia al *Compendium* como un ensayo independiente con su propia integridad argumentativa.

Bullinger comienza toda la serie de *Decades* con un sermón sobre «La Palabra de Dios; la causa de ello; y cómo y por quién fue revelada al mundo».[30] El segundo sermón continúa con este tema que trata de escuchar la Palabra y el hecho de que «enseña plenamente toda la doctrina de la piedad».[31] A continuación, Bullinger trata de la exposición correcta de la Palabra y define la fe como «una creencia segura de la mente, cuyo único apoyo está en Dios y su Palabra».[32] En continuidad con el *Compendium* y la *Confessio* posteriores, Bullinger expone el fundamento objetivo de las doctrinas que expondrá más adelante. Este tratamiento extendido de las Escrituras como Palabra es paralelo al orden de los *Institutos* de Calvino y resultaría normativo para el pensamiento reformado posterior. Bullinger también incluye aquí un elemento que está ausente en sus otras obras sistemáticas: la fe como facultad o capacidad de recibir la palabra. Así, en la primera estructura sistemática que produjo, Bullinger presenta la Palabra y la fe como el doble fundamento de la doctrina —los fundamentos objetivo y subjetivo: no hay nada del conocimiento cristiano que no «se extraiga, enseñe o... sólidamente confirmado... a partir de la Palabra de Dios».[33]

En su *Compendium*, donde, más que en las *Decades*, Bullinger se preocupó por mostrar la lógica subyacente de la teología reformada y por manifestar la interconexión de las doctrinas; dedica el comienzo de su segundo libro, «De Dios y sus más excelentes obras», a un análisis de la transición del prolegómeno sobre las Escrituras a la doctrina de Dios: en resumen, esboza la discusión posterior de los *principia theologiae*, su orden y relación. Su argumento también es muy paralelo a la discusión inicial de Calvino sobre el verdadero conocimiento de Dios y del hombre en los *Institutos*.[34] Las Escrituras, comienza, tienen una meta y un fin definidos hacia los cuales «conducen al lector piadoso»: el conocimiento de Dios y del hombre, «que es para honra de Dios y salvación del hombre».[35] Esta máxima lleva a Bullinger a exponer brevemente el contenido de su sistema y a manifestar nuevamente el tono evangélico del conjunto.[36]

Las exposiciones doctrinales de Bullinger manifiestan tanto una atención minuciosa al fundamento escritural de sus formulaciones como un uso cuidadoso de la tradición. Bullinger ha leído atentamente a los padres.

---

[30] Bullinger, *Decades*, I, i (pág. 36).

[31] Bullinger, *Decades*, I, ii (pág. 57).

[32] Bullinger, *Decades*, I, iii y iv (págs. 70, 81).

[33] Bullinger, *Decades*, I, i, (pág. 36).

[34] Cf. Bullinger, *Decades*, I, i, con Juan Calvino, *Institutes of Christian Religion*, ed. John T. McNeill, trad. F. L. Battles, 2 vols. (Philadelphia: Westminster, 1950), I, i.

[35] Bullinger, *Commonplaces*, II, i (pág. 32r.v).

[36] Bullinger, *Commonplaces*, II, i (págs. 32v-33r).

Considera que su interpretación de la doctrina es de suma importancia para la doctrina cristiana, y con frecuencia se detiene en las herejías antiguas y su refutación como algo esencial para la comprensión de la dinámica de la formulación doctrinal correcta. La cuestión del uso y abuso de la tradición era, por tanto, una cuestión básica que debía abordarse entre las propias presuposiciones doctrinales.[37] Además, en sus tres obras más o menos sistemáticas, Bullinger tenía la intención de demostrar, tanto en principio como en argumentos doctrinales específicos, la continuidad de la Reforma con la tradición de interpretación y teología patrística y, por tanto, la catolicidad de la Reforma. Con ese fin precedió su *Decades* con un ensayo sobre los cuatro concilios generales de la antigua iglesia y con citas completas de sus formulaciones de credos y las reglas de fe de varios padres de la iglesia.[38] De manera similar la *Confessio* está precedida por una cita del edicto imperial del año 380 d. C. (el código de Justiniano) que define la ortodoxia y la herejía en términos de adhesión y alejamiento de la fe apostólica y el símbolo de Nicea.[39] Bullinger pertenece manifiestamente al modelo interpretativo de la «Tradición I», donde las Escrituras proporcionan la norma absoluta para la doctrina y la tradición sigue siendo una norma, pero claramente subordinada a la norma bíblica.

Dada la naturaleza compuesta y póstuma del libro de Vermigli *Loci communes* o *Lugares comunes*,[40] la doctrina de las Escrituras que se encuentra allí es en sí misma una combinación de materiales extraídos de los comentarios de Vermigli.[41] Este dato en sí es significativo en la medida en que identifica el vínculo directo entre el proceso de exégesis, el desarrollo de discusiones temáticas o *loci* sobre la base de las cuestiones planteadas en el texto, y la creación de obras de teología más «sistemáticas» en las épocas de la Reforma y de la ortodoxia: se pretendía que la formulación teológica surgiera directamente del texto de las Escrituras y el método de la época presentó un resultado altamente exegético o fundamentado exegéticamente.[42]

---

[37] Bullinger, *Decades*, I, viii, (págs. 150-151).

[38] Bullinger, *Decades*, I, 1 (págs. 12-35).

[39] Schaff, *Creeds*, vol. III, pág. 235. Bullinger también incluye aquí, como en *Decades*, el llamado credo de Damasco.

[40] Peter Martyr Vermigli, *P. M. Vermilii loci communes* (London, 1576; editio secunda, London, 1583); e ídem, *The Common Places of Peter Martyr*, trad. Anthony Marten (London, 1583), traducido de la segunda edición, muy ampliada.

[41] En particular, Peter Martyr Vermigli, *In selectissimam D. Pauli Priorem ad Corinth. ep. Commentarii* (Zürich, 1551); ídem, *Most learned and fruitfull commentaries upon ... Judges* (London, 1564); ídem, *Most learned and fruitfull commentaries upon the Epistle to the Romans* (London, 1568).

[42] Cf. la discusión del método teológico y el uso de *locus* en *DRPR*, I, 4.1 (A-B) con el análisis en Robert A. Kolb, "The Ordering of the *Loci Communes Theologici*: The Structuring of the Melanchthonian Dogmatic Tradition," en *Concordia Journal*, 23/4 (1997), págs. 317-37; e ídem, "Teaching the Text: The Commonplace Method in Sixteenth Century Lutheran Biblical Commentary," en *Bibliothèque d'Humanisme et Renaissance*, 49 (1987), págs. 571-585.

Así, a modo de ejemplo, el comentario de los Jueces de Vermigli incluía discusiones sobre la autoría divina y, como resultado, la autoridad divina de las Escrituras, la veracidad de las Escrituras, la prioridad de la autoridad del texto bíblico sobre revelaciones aparentes de Dios como los milagros.[43] Vermigli también discutió cuestiones textuales e interpretativas relacionadas con la comprensión doctrinal de las Escrituras, en particular la preservación de la Biblia de la corrupción, dada la frecuente acusación de que los judíos habían corrompido el texto para socavar la doctrina cristiana. También notó el carácter acomodado del lenguaje del texto, y la cuestión relacionada de que las Escrituras nunca atribuyen absolutamente a Dios características que, en los seres humanos, son en sí mismas pecaminosas.[44] El comentario a Corintios ofreció un prólogo importante en el que Vermigli argumentó la alta dignidad de las Escrituras y la rentabilidad del estudio sobre la base de la inspiración divina, disertó sobre las evidencias de la autoridad de las Escrituras y propuso un método de estudio.[45]

Calvino, seguramente el exégeta más prolífico entre los principales teólogos de su generación, dedicó un espacio considerable en sus *Institutos* a la doctrina de las Escrituras, su autoridad y certeza, y ofreció una serie de comentarios, principalmente en sus obras exegéticas, sobre la interpretación del texto y la relación del texto con la doctrina cristiana.[46] Como en el caso de las enseñanzas de Lutero, las de Calvino también han sido sometidas a un minucioso escrutinio histórico y teológico en tiempos recientes, con conclusiones bastante diversas. Doumergue, Niesel, Reid y McNeill, por ejemplo, pueden presentar a Calvino como enseñando una doctrina dinámica de las Escrituras en la que solo Cristo es verdaderamente

---

[43] Vermigli, *Judges*, págs. 5, 131, 226.

[44] Vermigli, *Judges*, págs. 57, 142, 217.

[45] Vermigli, *In ... Corinth. ep. Commentarii,* fol. 1r-6r.

[46] Véanse las discusiones sobre el método y los principios de Calvino en Hans Joachim Kraus, "Calvin's Exegetical Principles," en *Interpretation*, 31 (1977), págs. 8-18; T. H. L. Parker, *Calvin's New Testament Commentaries* (Grand Rapids: Eerdmans, 1971); ídem, *Calvin's Old Testament Commentaries* (Edinburgh: T. & T. Clark, 1986); Alexandre Ganoczy y Stefan Scheld, *Die Hermeneutik Calvins: Geistesgeschichtliche Voraussetzungen und Grundzüge* (Wiesbaden: F. Steiner, 1983); T. H. L. Parker, "Calvin the Exegete: Change and Development," en *Calvinus Ecclesiae Doctor*, Die Referate des Internationalen Kongresses für Calvinforschung vom 25 bis 28 September 1978 in Amsterdam, ed. W. H. Neuser (Kampen: J. H. Kok, 1978), págs. 33-46; Richard Gamble, "*Brevitas et facilitas*: Toward an Understanding of Calvin's Hermeneutic," en *Westminster Theological Journal*, 47 (1985), págs. 1-17; ídem, "Exposition and Method in Calvin," en *Westminster Theological Journal*, 49 (1987), págs. 153-165; y sobre la interpretación de Calvino sobre Romanos, véase Benoit Girardin, *Rhetorique et théologie. Calvin: L'Epître au Romains* (Paris: Beauchesne, 1979); para un examen de sus comentarios sobre Romanos 13:1-7, véase David C. Steinmetz, "Calvin and Melanchthon on Romans 13:1-7," en *Ex Auditu*, 2 (1986), págs. 74-81; Richard A. Muller, "The Hermeneutic of Promise and Fulfillment in Calvin's Exegesis of the Old Testament Prophecies of the Kingdom," en *The Bible in the Sixteenth Century*, editado con una introducción de David C. Steinmetz, (Durham, N.C.: Duke University Press, 1990), págs. 67-82; e ídem, *The Unaccommodated Calvin: Studies in the Formation of a Theological Tradition* (New York: Oxford University Press, 2000).

Palabra y las Escrituras Palabra solo porque es la revelación de Cristo.[47] Estudios como los de Warfield, Dowey, Wendel, Gerrish, Kantzer, Johnson y Forstman, sin embargo, ofrecen una visión de Calvino más en continuidad con las teorías reformadas posteriores de la Escritura como Palabra sobre la base de la actividad reveladora directa de Dios, entendida en términos de una teoría de la inspiración verbal.[48] Como lo demostrará la discusión posterior, los elementos dinámicos en la doctrina de Calvino de ninguna manera socavan, sino que tal vez incluso se basan en su identificación de las Escrituras como la Palabra de Dios inspirada verbalmente, y eso, aunque el equilibrio entre la declaración dinámica del poder de la Palabra bíblica y la identificación dogmática de la Escritura como Palabra inspirada y reveladora y, por tanto, como fuente de verdades doctrinales acerca de Dios, cambió un poco entre la época de los *Institutos* de Calvino y la era de la alta ortodoxia, se puede argumentar una continuidad sustancial en el desarrollo de la doctrina reformada de las Escrituras.[49]

Además, al igual que la de sus contemporáneos reformados, la teología de Calvino evidencia un sano respeto por la tradición patrística. Se basa en los padres de la iglesia (Agustín, Jerónimo, Gregorio Magno, Ireneo, Tertuliano, Orígenes, Ambrosio, Ignacio, Justino Mártir, Crisóstomo, Cipriano, Atanasio, Cirilo de Alejandría y los Capadocios) tanto para fines polémicos como para apoyo en desarrollando sus propias formulaciones positivas, pero siempre con la salvedad de que los padres «sirven» en lugar de gobernar en materia doctrinal. Son útiles, pero, declara, también «ignoran muchas cosas»; con frecuencia «no estaban de acuerdo» entre sí y, a veces, se contradecían.[50] Solo las Escrituras son la «piedra lidia» contra la cual la Iglesia, con razón, «prueba todas las doctrinas».[51] Así, escribe Calvino,

---

[47] Emile Doumergue, *Jean Calvin, les hommes et les choses de son temps*, 7 vols. (Lausanne: G. Bridel, 1899-1917), IV, págs. 70-82; Wilhelm Niesel, *Theology of Calvin*, trad. Harold Knight (London, 1956; repr. Grand Rapids: Baker, 1980), págs. 26-30, 35-37; J. K. S. Reid, *The Authority of Scripture: a Study of Reformation and Post-Reformation Understanding of the Bible* (London: Methuen, 1962), págs. 36-45; John T. McNeill, "The Significance of the Word for Calvin," *Church History*, 28/2 (June 1959), págs. 140-145.

[48] Benjamin Breckenridge Warfield, "Calvin's Doctrine of the Knowledge of God," en *Calvin and Augustine*, ed. Samuel Craig (Philadelphia: Presbyterian and Reformed, 1956), págs. 60-67; Edward A. Dowey, *The Knowledge of God in Calvin's Theology* (N.Y.: Columbia University Press, 1952), págs. 90-94; Wendel, *Calvin*, págs. 153-161; Kenneth Kantzer, "Calvin and the Holy Scriptures," en *Inspiration and Interpretation*, editado por John Walvoord (Grand Rapids: Eerdmans, 1957), págs. 115-155; Gerrish, "Biblical Authority," págs. 337-360; Robert Clyde Johnson, *Authority in Protestant Theology* (Philadelphia: Westminster, 1959), págs. 49-51; H. J. Forstman, *Word and Spirit: Calvin's Doctrine of Biblical Authority* (Stanford: Stanford University Press, 1962), págs. 52-60.

[49] Cf. Richard A. Muller, "The Foundation of Calvin's Theology: Scripture as Revealing God's Word," en *The Duke Divinity School Review*, 44/1 (1979), págs. 14-23, con las discusiones a continuación en las secciones 3.2, 3.3, 4.2 de este volumen.

[50] Calvino, *Institutos*, discurso prefacio a Francisco I, §4.

[51] Calvino, *Reply to Sadoleto*, en *Selected Works of John Calvin: Tracts and Letters*, ed. Henry Beveridge y

Aunque sostenemos que solo la Palabra de Dios está más allá de la esfera de nuestro juicio, y que los Padres y los Concilios tienen autoridad solo en la medida en que concuerdan con la regla de la Palabra, todavía damos a los Concilios y a los Padres tales rango y honor que les conviene tener, bajo Cristo.[52]

Calvino también muestra una decidida preferencia por los padres occidentales o latinos.[53] Calvino sin duda pertenece al enfoque de la «Tradición I» del debate teológico de finales de la Edad Media, con la única salvedad, típica de los reformadores, de que la crisis de la Iglesia de finales de la Edad Media y la irreformabilidad del papado habían conducido a un sentido más agudo de la diversidad, de los niveles de utilidad asociados con diferentes padres y de la presencia de error en la norma tradicional subordinada.[54]

Un argumento similar a favor de la continuidad dentro de una tradición en desarrollo y en el contexto de una serie de problemas compartidos puede defenderse de la hermenéutica de Calvino. Con la obra de Calvino, como con la de sus contemporáneos, se produjo un movimiento cada vez mayor que se alejó de la *quadriga* y las otras formas de exégesis medieval y, en consecuencia, una dificultad creciente para establecer la relación entre algunos *dicta probantia* tradicionales y los dogmas de la iglesia.[55] Mientras que muchos exégetas protestantes de los siglos XVI y XVII mantuvieron los patrones trinitarios y cristológicos más antiguos para interpretar el Antiguo Testamento, Calvino se mostró incómodo con algunos de los resultados tradicionales: así pudo negar el uso trinitario del plural de *Elohim* o la historia de los tres visitantes angelicales de Abraham, y negó que Sal. 33:6 podría usarse como prueba de la divinidad del Espíritu. Sin embargo, conservó la sugerencia trinitaria tradicional de Gn. 1:26, «hagamos al hombre», y aceptó la lectura esencialista de Ex. 3:14.[56] Esta erosión de los *dicta probantia*, lejos

---

Jules Bonnet, 7 vols. (Grand Rapids: Baker Book House, 1983), I, pág. 37; cf. A. N. S. Lane, *John Calvin: Student of the Church Fathers* (Grand Rapids: Baker Books, 1999), págs. 35-40, a quien estoy en deuda por la yuxtaposición de estos dos pasajes.

[52] Calvino, *Reply to Sadoleto*, en *Selected Works*, I, pág. 66.

[53] Lane, *John Calvin: Student of the Fathers*, págs. 41-42.

[54] Cf. Richard A. Muller, "The Starting Point of Calvin's Theology: An Essay-Review," en *Calvin Theological Journal*, 36/2 (2001), págs. 336-339.

[55] Sobre la relación de la hermenéutica de Calvino con los patrones de la Baja Edad Media y principios de la Reforma, véase Richard A. Muller, "Hermeneutic of Promise and Fulfillment," págs. 68-82.

[56] Cf. Calvino, *Commentary on Genesis*, Gen. 1:1, 26 con 18:2 (*CTS Genesis*, I, págs. 70-71, 92-93); ídem, *Harmony of the Four Last Books of Moses*, Ex. 3:14 (*CTS Harmony*, I, págs. 73-74); e ídem, *Commentary on the Psalms*, Ps. 33:6 (*CTS Psalms*, I, pág. 543). N.B., he citado los comentarios de Calvino de *Commentaries of John Calvin*, 46 vols. (Edinburgh: Calvin Translation Society, 1844-55; repr. Grand Rapids: Baker Book House, 1979). El conjunto se abrevia como *CTS*, seguido por el libro bíblico y, cuando corresponda, el número de volumen del comentario sobre ese libro en particular. Una discusión más detallada sobre estas cuestiones exegéticas aparece en *DRPR*, III, 4.1

de ser exclusiva de Calvino, fue típica de las tribulaciones de la teología en los siglos XVI y XVII y fue parte integrante del problema de la autoridad de las Escrituras tal como se debatió con los católicos romanos y varios reformadores radicales durante la Reforma y la era de la ortodoxia.

El extenso análisis de Wolfgang Musculus sobre la doctrina de las Escrituras debe colocarse junto con las discusiones de Calvino sobre la doctrina como uno de los principales tratamientos pertenecientes a las obras de los primeros codificadores de la Reforma. La doctrina de Musculus aparece no como parte de una discusión preliminar sino como parte de la exposición de los medios y la dispensación de la salvación: la presentación de la doctrina del pacto conduce a discusiones sobre la distinción y unidad de los testamentos, la gracia, la encarnación, el evangelio, las Escrituras en su conjunto, el ministerio, la fe, la elección y el *ordo salutis*.[57] Musculus explica este ordenamiento como resultado del hecho de que «la certeza de la fe cristiana» descansa tanto en el Antiguo Testamento como en el Nuevo, ya que el evangelio de Cristo comienza en la antigua palabra de la promesa.[58] Calvino también había hablado de la fe como «une suree et ferme cognoissance» o, en la forma más familiar dada en los *Institutos* de 1559 «divinae erga nos benevolentiae firmam certamque cognitionem».[59] De hecho, se ha argumentado que el concepto de «certeza» es central en la enseñanza de Calvino sobre la fe, aunque el calificativo debe agregarse desde los *Institutos*, «en cuanto a su certeza, mientras vuestra mente esté en guerra consigo misma, la Palabra será de autoridad dudosa y débil, o más bien de ninguna».[60]

Este énfasis en la «certeza» de la fe es paralelo y refleja la discusión sobre *authoritas*, específicamente de la *authoritas sacrae scripturae*, concediendo particularmente la cuestión de la autoconsistencia y el carácter autoevidente del texto, planteada ya por los reformadores en sus debates con los católicos romanos, con los reformadores radicales o espirituales, y con los racionalistas y los primeros pensadores deístas del siglo XVI.[61] Detrás de la cuestión de la

---

(A) y 4.2; y *DRPR*, IV, 4.2

[57] Wolfgang Musculus, *Loci communes sacrae theologiae* (Basel, 1560; third edition, 1573), traducido como *Commonplaces of Christian Religion*, segunda edición (London, 1578): *Loci communes*, xiv-xxvi (*Commonplaces*, págs. 283-558). Véase Robert B. Ives "The Theology of Wolfgang Musculus (1497-1562)" (Ph.D. diss.: University of Manchester, 1965), págs. 241-267.

[58] Musculus, *Loci communes*, xxi (*Commonplaces*, pág. 349, col. 2).

[59] Juan Calvino, *Catéchisme* (1541/42), en *Ioannis Calvini opera quae supersunt omnia*, ed. G. Baum, E. Cunitz, y E. Reuss (Brunswick: Schwetschke, 1863-1900), 6, col. 43 (hereinafter abbreviated, *CO*); cf. Calvino, *Institutos*, III, ii, 7.

[60] Heribert Schützeichel, *Die Glaubenstheologie Calvins* (Munich: Max Hueber, 1972), págs. 133-144; cf. Calvino, *Institutos*, III, ii, 6.

[61] Cf. las discusiones sobre el problema del escepticismo y la incredulidad a finales de la Edad Media y el siglo XVI en Friedrich Niewöhner y Olaf Pluta, eds., *Atheismus im Mittelalter und in der Renaissance*

autoridad, particularmente en vista del énfasis de la Reforma magisterial en *sola Scriptura*, plantea la cuestión de cómo se conoce esta autoridad, si no a través de la tradición eclesiástica y *magisterium* o la sabiduría del exégeta individual o, de hecho, la revelación de nuevas verdades por el Espíritu.[62] Este deseo de certeza seguramente se refleja también en el recurso de los reformadores a una discusión de las evidencias de la mano divina en las Escrituras a pesar de sus declaraciones de la primacía del *testimonium internum Spiritus Sancti*. (Así, los comentarios de Calvino sobre la certeza, frecuentemente citados, señalan la dificultad, no la resolución, de la cuestión: afirma firmemente, contra los enfoques católicos romanos del problema de la autoridad y la certeza, que «el testimonio del Espíritu es más excelente que el toda razón» y que «la prueba más alta de las Escrituras deriva... del hecho de que Dios en persona habla en ellas», y que, por lo tanto, las Escrituras se «autentican por sí mismas», pero luego dedica un capítulo entero de los *Institutos* de 1559 —más largo y más detallado que su discusión sobre el carácter autentificante del texto— a su discusión sobre las evidencias racionales de la divinidad y la «credibilidad» de las Escrituras.[63] De hecho, Calvino analiza estas evidencias de la divinidad con más detalle que Bullinger o Musculus).

La doctrina de Musculus sobre las Escrituras, además, ocupa un lugar de importancia preeminente en la primera codificación de las enseñanzas de la Reforma. Como se señaló anteriormente,[64] Calvino no puede ser visto como el escritor más influyente de su generación en todos los puntos de doctrina. Así como el desarrollo de la doctrina reformada del pacto se basa en el trabajo de otros escritores, también lo hacen muchos de los elementos más formales de la doctrina de las Escrituras. Musculus estaba formado en la teología más antigua y su declaración técnica, algo que no ocurrió con Calvino: estaba profundamente consciente no solo de las normas bíblicas

---

(Wiesbaden: Harrassowitz, 1999); Lucien Febvre, *The Problem of Unbelief in the Sixteenth Century: The Religion of Rabelais*, trad. Beatrice Gottlieb (Cambridge, Mass.: Harvard University Press, 1982); Richard H. Popkin, *The History of Scepticism from Erasmus to Spinoza*, second edition (Berkeley: University of California Press, 1979); ídem, "Theories of Knowledge," en *The Cambridge History of Renaissance Philosophy*, ed. Charles B. Schmitt, Quentin Skinner, y Eckhard Kessler (Cambridge: Cambridge University Press, 1988), págs. 668-684; y C. Constantin, "Rationalisme," en *Dictionnaire de théologie catholique*, vol. 13/2, cols. 1688-1788.

[62] Cf. Musculus, *Loci communes*, xxi, con Bullinger, *Decades*, I (págs. 62, 64, 75) y con Calvino, *Institutos*, I, vii, 1-4; IV, viii, 5-9.

[63] Calvino, *Institutos*, I, vii, 4-5; viii, 13. El problema aquí no es diferente al del *syllogismus practicus*, donde Calvino enfatiza el fundamento de la seguridad en Cristo a través de la fe, pero aún se siente obligado a abordar los «últimos signos» de la elección: cf. Calvino, *Institutos*, III, xiv, 16, 18; xxiv, 1-6; y cf. la discusión en Niesel, *Theology of Calvin*, págs. 178-179, con Richard A. Muller, *Christ and the Decree: Christology and Predestination in Reformed Theology from Calvin to Perkins* (Durham, N.C.: Labyrinth Press, 1986; repr. Grand Rapids: Baker Book House, 1988), págs. 25-27.

[64] *DRPR*, I, 2.3 (B); 4.1 (A); 6.1 (A.2-3); 8.1 (B.3); cf. Muller, *Christ and the Decree*, págs. 39, 71-73.

de la Reforma sino también de formulaciones anteriores de la doctrina de las Escrituras. Sus propias formulaciones, en los *Loci communes*, se basan en el lenguaje medieval de la suficiencia de las Escrituras y apuntan hacia la enseñanza reformada ortodoxa o escolástica, particularmente en temas tales como la necesidad de una Palabra escrita, la identificación de esa Palabra como «escritura»: en un sentido especial, distinta de otras «escrituras», y el carácter histórico de la distinción entre Palabra escrita y no escrita.[65]

De hecho, los subtemas dentro del *locus de Scriptura* de Musculus son un indicador tan claro de una discusión posterior que obstaculizan directamente la noción de que la doctrina ortodoxa está en discontinuidad con las enseñanzas de los reformadores: Musculus comienza identificando el Antiguo Testamento como un fundamento firme de la fe cristiana y, sobre la base de esta suposición, se analiza el «origen de las escrituras sagradas» (*de origine sacrarum scripturarum*) con Moisés. A continuación, Musculus señala la idoneidad de la división de las Escrituras en Antiguo y Nuevo Testamento, descarta los apócrifos del canon, y hace una distinción entre el *homologoumena* y *antilegomena* del Nuevo Testamento. Luego pasa a la cuestión de la autoridad previa de las Escrituras canónicas sobre la autoridad del *magisterium* de la iglesia y sobre los escritos de los padres, en lo que es la subsección más larga de su *locus*. Siguen discusiones sobre los lenguajes de las Escrituras, sobre el derecho de los cristianos a leer y escuchar las Escrituras, sobre el uso correcto de las Escrituras y «sobre la verdad y plenitud de las Sagradas Escrituras».[66]

3. La doctrina de los reformadores y su interpretación moderna.

La mayoría de los teólogos e historiadores contemporáneos han enfatizado la discontinuidad entre las declaraciones dinámicas y aparentemente «existenciales» de los reformadores acerca de la Palabra de Dios y la doctrina generalmente estática y objetiva de los ortodoxos acerca de las Escrituras como Palabra. Aunque este contraste puede hacerse, y de manera bastante significativa, al comparar las declaraciones ocasionales u homiléticas de Lutero con la argumentación estrictamente dogmática de los ortodoxos protestantes, la conclusión de discontinuidad extraída del contraste lingüístico y actitudinal no considera las razones genéticas subyacentes por el contraste o la naturaleza de la doctrina que se afirma. En primer lugar, una afirmación sobre el poder de la Palabra expresada de manera homilética o polémica (como es el caso de las afirmaciones de Lutero) se redactará de manera diferente a una declaración sobre la naturaleza de la

---

[65] Ver más abajo, 3.3 (B) y 3.4.
[66] Musculus, *Loci communes*, xxi.

Escritura presentada en un sistema de doctrina. La cuestión del género es de considerable importancia. En segundo lugar, las declaraciones subjetivas o «existenciales» de los reformadores acerca de la Palabra no deberían separarse de su base dogmática objetiva, como tampoco las presentaciones a veces extensas de la autoridad objetiva y la divinidad de las Escrituras hechas por los ortodoxos deben separarse de sus frecuentes afirmaciones subjetivas sobre la necesidad del *testimonium internum Spiritus Sancti*.

El contexto en el que escribieron los reformadores y el género de sus escritos explican fácilmente el énfasis dinámico, «existencial» o subjetivo de su doctrina de la Palabra, así como el contexto de la ortodoxia y el género de los escritos ortodoxos, es decir, los escritos plenamente desarrollados. El sistema teológico, en particular, explica su énfasis en la autoridad objetiva del texto. Sin embargo, los reformadores asumen el fundamento objetivo de sus pronunciamientos, y los ortodoxos asumen la realidad subjetiva del impacto de la Palabra junto a sus declaraciones doctrinales objetivas. En ninguna parte los reformadores rechazan la tradición largamente establecida de la autoridad objetiva del texto, y en ninguna parte los ortodoxos rechazan la percepción de los reformadores sobre el poder personal y subjetivo de la Palabra. Por lo tanto, el problema del desarrollo de la doctrina protestante de las Escrituras debe plantearse, tanto en términos de un movimiento del *kerygma* al dogma en el pensamiento de los reformadores y sus sucesores, como en términos del dogma objetivo de larga data de la autoridad de la Escritura en su historia desde la época de los doctores medievales hasta finales del siglo XVII.

Al seguir este desarrollo, es necesario prestar especial atención al género literario. Así, a pesar de la ausencia de una doctrina explícita de *sola Scriptura* (a diferencia de las muchas descripciones medievales de las Escrituras como la única autoridad última en materia de doctrina), las declaraciones relativas a la autoridad, la perfección, la necesidad soteriológica y la suficiencia redentora de las Escrituras que se encuentran en los *sistemas* teológicos medievales proporcionan antecedentes significativos para las declaraciones doctrinales sobre las Escrituras en los *sistemas* escolásticos protestantes. Hay una continuidad histórica de los modelos escolásticos y, de hecho, una continuidad histórica en ciertos casos del lenguaje del sistema teológico. Por otro lado, la presencia de declaraciones de *sola Scriptura*, el llamado principio escritural del protestantismo, en sermones, comentarios y tratados de la era de la Reforma no necesariamente convierte a estos escritos en antecedentes genuinos del sistema protestante. El pronunciamiento kerigmático o «existencial» contribuye poco al lenguaje del sistema: en el mejor de los casos, podemos plantear preguntas sobre la relación de los fundamentos doctrinales implícitos de tales pronunciamientos con las declaraciones doctrinales explícitas del sistema. Los documentos de la era de la Reforma que proporcionan los antecedentes más claros del sistema ortodoxo protestante son las declaraciones explícitamente dogmáticas y sistemáticas de los reformadores, particularmente sus escritos confesionales.

Además, los sistemas y confesiones de la Reforma deben examinarse en su relación histórica adecuada con los sistemas teológicos de la ortodoxia protestante. Ensayos sistemáticos como los *Institutos* de Calvino, el *Compendium* de Bullinger y los *Loci communes* de Musculus, todos pertenecen a los primeros esfuerzos protestantes por exponer el cuerpo de la doctrina cristiana en una perspectiva de la Reforma, como si se basara en el fundamento primario de las Escrituras, frente a los supuestos doctrinales de varios adversarios y, como tal, pertenecen a un proceso de desarrollo sistemático que desembocó en el sistema escolástico protestante. De hecho, el método exegético utilizado por reformadores como Bucer y Musculus incluyó un movimiento del estudio textual a la declaración doctrinal en la construcción de *loci* teológicos como paso final en el trabajo de exégesis. Estos *loci* apuntaban directamente desde una formulación teológica fundamentada exegéticamente a la recopilación de temas doctrinales en compendios y sistemas teológicos.[67] En un sentido muy real, los sistemas de la Reforma proporcionan la base doctrinal, aunque no siempre el fundamento lingüístico y solo rara vez el fundamento metodológico, de la teología escolástica protestante: como he argumentado en otra parte, hay un fuerte elemento de continuidad doctrinal entre los reformadores y los escolásticos protestantes junto con un elemento igualmente fuerte de continuidad metodológica entre los escolásticos medievales y los protestantes; sin embargo, la doctrina afecta al método y el método afecta a la doctrina.[68] Además, el *locus de Scriptura*, como los otros *loci* del sistema escolástico, participa en las alteraciones del método y de la lógica que tuvieron lugar durante los siglos XV y XVI, como atestigua el propio método *locus*.

Una vez que hayamos hecho este conjunto de importantes distinciones relativas al género y la actitud, estamos en condiciones de reconocer tanto la continuidad de la visión escolástica de las Escrituras como el *principium* o *fundamentum* de la teología (o como fuente de los *principia* individuales o *axiomata*) desde el siglo XIII al XVII y la discontinuidad en el enfoque de las Escrituras entre la Baja Edad Media y la Reforma. Esta discontinuidad, además, puede verse en la raíz tanto del llamamiento kerigmático de los

---

[67] Cf. Robert Kolb, "Teaching the Text: The Commonplace Method in Sixteenth-Century Lutheran Biblical Commentary," en *Bibliothèque d'Humanisme et Renaissance*, 49 (1987), págs. 571-585, con J. N. Bakhuizen Van Den Brink, "Bible and Biblical Theology in the Early Reformation," en *Scottish Journal of Theology*, 14 (1961), págs. 337-352; 15 (1962), págs. 50-65.

[68] Cf. Muller, *After Calvin*, págs. 122-145.

reformadores a *sola Scriptura* y del desarrollo masivo por parte de los teólogos protestantes ortodoxos de un *locus de Scriptura* distintivamente protestante separado de los prolegómenos (donde los habían colocado los doctores medievales) y mucho más elaborado que las discusiones de las Escrituras disponibles para los ortodoxos en los sistemas medievales. Algunos elementos de la discusión medieval sobre la doctrina de las Escrituras pasan a la Reforma como presuposiciones doctrinales de las enseñanzas de los reformadores, mientras que otros elementos se modifican. En particular, evidenciando tanto continuidad como discontinuidad, la identificación de las Escrituras como la única fuente de verdad necesariamente autorizada pertenece tanto a la Edad Media como a la Reforma, al igual que la suposición de que la iglesia es el contexto apropiado para la interpretación de las Escrituras; Los reformadores pudieron, a diferencia de los doctores medievales, identificar una disyunción considerable no solo en la autoridad relativa sino también en el contenido entre las Escrituras y la tradición de la Iglesia. Aquellos elementos de la discusión aceptados a un nivel presuposicional por los reformadores reaparecieron, prácticamente sin cambios, cuando el protestantismo pasó a formular su propio sistema teológico ortodoxo, mientras que las modificaciones introducidas por la Reforma, junto con nuevos elementos y énfasis presionados por los reformadores, se convirtieron en elementos formales en la síntesis doctrinal ortodoxa que la distinguen de los patrones ya presentes en la doctrina escolástica medieval de las Escrituras.

B. El desarrollo de la doctrina en las confesiones reformadas

1. El contexto confesional de la Reforma y la ortodoxia.

Las grandes confesiones protestantes del siglo XVI, junto con varios documentos confesionales posteriores y más elaborados del siglo XVII, son a la vez una fuente importante de la doctrina reformada ortodoxa de las Escrituras y un contexto continuo muy importante para la declaración y elaboración de esa doctrina. Por un lado, se puede trazar una línea bastante directa de desarrollo doctrinal desde las primeras declaraciones confesionales reformadas sobre las Escrituras hasta las discusiones más amplias de las Escrituras en obras como la Segunda Confesión Helvética a los *loci* doctrinales sobre las Escrituras encontrados en los primeros sistemas ortodoxos. Por otro lado, las confesiones no dejaron de usarse, de modo que las declaraciones confesionales relativas a las Escrituras forman el contexto teológico dentro del cual debe entenderse incluso la exposición sistemática ortodoxa tardía de la doctrina de las Escrituras.

Las confesiones de la era de la Reforma mantienen una relación algo diferente con la ortodoxia protestante que los ensayos sistemáticos de los reformadores. En su intención fundamental, las confesiones trascienden a los individuos y proporcionan una declaración eclesial. Desde las primeras etapas de la Reforma, por lo tanto, las confesiones proporcionan una fuente de principios doctrinales establecidos más objetivamente y una fuente de normas eclesiásticas estandarizadas (*norma normata*) dentro de los límites y bajo la guía de los cuales podría desarrollarse el sistema teológico ortodoxo. Tanto en forma como en sustancia, las grandes confesiones de la Reforma proporcionan el marco necesario para una declaración sistemática y a gran escala de la «enseñanza correcta». Esto es particularmente cierto en el caso de la doctrina de las Escrituras, donde las confesiones, al principio de la Reforma, pasan de una declaración de principios a una declaración formalizada. Éste es, por supuesto, un punto de contraste notable entre las confesiones luterana y reformada; mientras que este último avanzó rápidamente hacia la identificación de la doctrina de las Escrituras como un primer tema en el cuerpo doctrinal confesional, el primero mantuvo el modelo de la Confesión de Augsburgo, donde la *sola Scriptura* fue asumida pero no elaborada. Solo con la Fórmula de la Concordia el *principium* escritural aparece completamente enunciado, y aun así no en el detalle de los documentos reformados.[69]

Al enunciar este *principium* escritural, las confesiones reformadas desempeñaron un importante servicio dogmático para el desarrollo de la teología reformada. Las Escrituras se convirtieron en el artículo confesional preliminar para los reformados antes de convertirse en el primer *locus* del sistema teológico: proporcionó un modelo para el desarrollo estructural del sistema en una era de teología confesional y ortodoxia protestante. Además, las confesiones establecieron efectivamente la doctrina de las Escrituras como un *locus* frente a los prolegómenos al sistema teológico. Los modelos medievales utilizados por los protestantes ortodoxos en su reconstrucción del sistema dogmático y sus prolegómenos casi invariablemente analizan las Escrituras como un tema perteneciente a los propios prolegómenos: las Escrituras eran la fuente primaria de los *principia* doctrinales a partir de los cuales se construiría la teología cristiana. Las confesiones sirvieron para identificar la Escritura como el único fundamento, en lenguaje dogmático, como el *principium unicum* de teología —e identificar la doctrina de las Escrituras como un tema de discusión dogmática por derecho propio.

---

[69] Sobre la historia que condujo a la Fórmula de la Concordia, véase F. Bente, *Historical Introductions to the Book of Concord* (St. Louis: Concordia, 1921; repr. 1965).

2. Confesiones de la Reforma temprana.

Los documentos confesionales suizos avanzaron desde el principio en esta dirección. Los sesenta y siete artículos de Zwingli (1523) plantean la cuestión de un *fundamentum* o *centrum theologicum* que ya hemos señalado como un elemento de varios de los prolegómenos reformados posteriores[70]: Zwingli comienza anteponiendo la autoridad del evangelio a la autoridad de la iglesia y argumentando que la suma o mensaje fundamental del evangelio es que Cristo, el «verdadero Hijo de Dios», ha cumplido por nosotros la «voluntad de su Padre celestial» y, por su inocencia, nos ha redimido de la muerte y nos ha reconciliado con Dios.[71] Una declaración fundamental similar que apunta aún más en la dirección de una doctrina confesional de las Escrituras aparece en las Diez Tesis de Berna (1528). Allí leemos que «la santa iglesia cristiana, cuya única cabeza es Cristo, nace de la Palabra de Dios, permanece firme en la misma y no escucha voz ajena».[72] La cuestión aquí, como en la declaración principal de Zwingli, es de autoridad. La autoridad de la Palabra es anterior a la autoridad de la iglesia a pesar de que, como reconoció el debate, el canon real de las Escrituras surgió después del establecimiento de la iglesia. De alguna forma, la Palabra que ahora recibimos del texto fue el fundamento de la iglesia, llamándola a existir. Por lo tanto, no puede haber leyes ni mandatos legítimos dirigidos a la iglesia *extra Dei verbum*, ni puede haber tradiciones autorizadas dentro de la iglesia que no estén fundadas directamente en la Palabra.[73]

También es de considerable importancia para la doctrina reformada temprana de las Escrituras la primera sección de la *Confessio tetrapolitana* (1530) de Bucer. Aquí la conexión crucial entre la autoridad del texto y la predicación de la Palabra se hace explícitamente a nivel confesional y la hermenéutica fundamental de basar la predicación y la teología ya sea en el testimonio directo de las Escrituras o en argumentos que se basan en el texto. Bucer concluye: «Aquel que se esfuerza escrupulosamente por consultar las Escrituras no le faltará ni la verdad cristiana ni la sana doctrina».[74]

La llamada Primera Confesión Helvética o Segunda Confesión de Basilea (1536), escrita por Bullinger, Gryaneus y Myconius, lleva adelante este énfasis doctrinal y principal en las Escrituras de una manera que es a la vez más formal y más elaborada que la anterior Confesión Reformada

---

[70] *DRPR*, I, 9.1 (B.2).

[71] *Articuli sive conclusiones* xvii, i-ii, in Schaff, *Creeds*, III, pág. 197.

[72] *These Bernenses*, i, en Schaff, *Creeds*, III, pág. 208.

[73] *These Bernenses*, ii, en Schaff, *Creeds*, III, pág. 208.

[74] *Confessio tetrapolitana*, I, en H. A. Niemeyer, ed., *Collectio confessionum im ecclesiis reformatis publicatarum*, 2 parts (Leipzig: J. Klinkhardt, 1840), II, pág. 745.

Suiza. La transición de la declaración kerigmática al *locus* doctrinal formal se ha hecho y la confesión apunta directamente hacia las formulaciones sistemáticas de la doctrina de las Escrituras en ortodoxia temprana. La simple declaración de las Escrituras como Palabra de Dios y fundamento de la iglesia y todas sus enseñanzas ha sido desarrollada en una serie de cinco temas: una definición de *Scriptura sacra*, la interpretación de las Escrituras, la relación de los autores patrísticos con las Escrituras, las «tradiciones humanas» y el «alcance» de las Escrituras (*scopus Scripturae*).[75]

3. Las grandes confesiones nacionales, 1559 a 1566.

Poco después de mediados del siglo XVI hubo un florecimiento de documentos confesionales reformados: en muy poco tiempo aparecieron la Confesión Galicana (1559), la Confesión Escocesa (1560), la Confesión Belga (1561), los Treinta y nueve artículos de la Iglesia de Inglaterra (1563), el Catecismo de Heidelberg (1563) y la Segunda Confesión Helvética (1566). La forma catequética del Catecismo de Heidelberg no requería una exposición de una doctrina de las Escrituras,[76] pero todos los demás documentos contienen una declaración de la doctrina reformada de las Escrituras y, en los casos de las confesiones Galicana y Belga y los Treinta y nueve Artículos, una identificación completa del canon de las Escrituras en respuesta al Concilio de Trento.

La Segunda Confesión Helvética, originalmente una confesión personal y un testamento religioso de Heinrich Bullinger escrito durante una enfermedad en 1562, contiene una extensa declaración de la doctrina de las Escrituras de su autor que se destaca no solo por su plenitud sino también por su religiosidad. La confesión de Bullinger carece del carácter proposicional de las Confesiones Galicanas y Belgas incluso cuando las supera en detalle y amplitud de exposición. El documento comienza con un testimonio claro de la identidad de la Escritura como Palabra, su inspiración y su autoridad:

---

[75] *Confessio Helvetica Prior*, i-v, en Schaff, *Creeds*, III, págs. 211-213; sobre el *scopus Scripturae*, ver más abajo, 3.5.

[76] La doctrina de las Escrituras no suele aparecer en los catecismos, aunque se añade a la estructura del Heidelberger en varias ediciones de las conferencias de Ursinus. Los catecismos de Westminster se diferencian por su clara intención de seguir un esquema catequético dogmático o sistemático más que tradicional. Véase Zacharias Ursinus, *Loci theologici*, en *Opera theologica*, ed. Quirinius Reuter, 3 vols. (Heidelberg, 1612), I, cols. 426-455 interpolados y traducidos en las conferencias catequéticas: *The Summe of Christian Religion* (Oxford, 1591), págs. 5-44; y nótese *The Commentary of Dr. Zacharias Ursinus on the Heidelberg Catechism*, trad. G. W. Williard, introducción por John W. Nevin (Columbus, Ohio, 1852; repr. Phillipsburg, New Jersey: Presbyterian and Reformed Publishing Co., 1985), págs. 6-9. Vea también el Westminster *Shorter Catechism* en Schaff, *Creeds*, III, pág. 676; note el *Larger Catechism* en Niemeyer, *Collectio confessionum*, apéndice, pág. 47.

> Creemos y confesamos que las Escrituras Canónicas de los Santos Profetas y Apóstoles de ambos Testamentos son la verdadera Palabra de Dios y tienen suficiente autoridad por sí mismas, no por los hombres. Porque Dios mismo habló a los padres, a los profetas, a los apóstoles, y todavía nos habla a través de la Sagrada Escritura.[77]

Una dimensión de la visión reformada temprana que aquí se mantiene poderosamente es el sentido de la Palabra como Palabra viva, *viva vox Dei*: La Escritura es Palabra porque registra y contiene el discurso de Dios que aún vive en sus páginas y en la vida de la iglesia —en la predicación del Evangelio— todavía se dirige a nosotros como Palabra.[78]

Esta Palabra de Dios proporciona a la *universalis Christi ecclesia* «todas las cosas plenamente expuestas que pertenecen a una fe salvadora, y también a la estructuración de una vida aceptable a Dios».[79] Por esta razón, el texto mismo ordena que no se quite nada ni se agregue nada a su mensaje (cf. Dt. 4:2; Ap. 22:18-19). Por lo tanto, las Escrituras proporcionan una norma para «la verdadera sabiduría y piedad, la reforma y el gobierno de las iglesias, la instrucción en todos los deberes de piedad y, finalmente, la confirmación y condenación de las doctrinas y la refutación de todos los errores».[80]

Habiendo presentado las Escrituras como el fundamento de la fe y la práctica cristianas, Bullinger pasa a lo que es prácticamente una serie única de párrafos en la literatura confesional reformada: el papel de la Palabra predicada en la vida de la iglesia. Cuando se predica la Palabra bíblica, sostiene Bullinger, «la Palabra misma de Dios es anunciada y recibida por los fieles» —o como dicen los resúmenes marginales dados en Niemeyer, «Scriptura verbum Dei est... Praedicatio verbi Dei est verbum Dei».[81] Los cristianos no deben esperar ninguna otra Palabra de Dios, y esta Palabra, tal como se predica, debe considerarse autoritativa a pesar de las limitaciones inherentes a los medios. Haciendo eco de Agustín sobre los sacramentos, Bullinger insiste en que la Palabra, no el ministro, debe ser nuestro objeto adecuado: «incluso si es malo y pecador, la Palabra de Dios sigue siendo buena y verdadera».[82]

La importancia de esta relación de la Escritura como Palabra viva con la predicación, aunque única en la literatura confesional, no pasó desapercibida para los dogmáticos reformados posteriores. De hecho, la discusión de Bullinger sobre el tema en una confesión que gozó de un uso

---

[77] *Confessio Helvetica Posterior*, (en Schaff, *Creeds*, III, págs. 233-306), I, i (en adelante, *Conf. helv. post*).
[78] *Conf. helv. post.*, I, i, cf. iv.
[79] *Conf. helv. post.*, I, ii.
[80] *Conf. helv. post.*, I, iii.
[81] *Conf. helv. post.*, I; ver el encabezado marginal en Niemeyer, *Collectio*, pág. 467.
[82] *Conf. helv. post.*, I, 4; cf. Agustín, *De baptismo contra Donatistas*, v, 21.29, en *PL*, 43, cols. 191-192.

tan amplio y continuo en las iglesias reformadas parece haber garantizado la importancia dogmática del tema. Los sistemas teológicos posteriores permanecieron en contacto con las normas confesionales y —a pesar de su carácter técnico y polémico— con la vida de la iglesia. Tanto el carácter vivo de la Palabra inscrita como la importancia de una exposición viva siguen siendo temas tratados en el sistema teológico incluso durante la alta ortodoxia y la ortodoxia tardía.[83]

Bullinger también se esfuerza en afirmar que esta «predicación exterior» no debe oponerse ni devaluarse por una doctrina de la iluminación interior del Espíritu. Es cierto que la «instrucción en la religión verdadera» eficaz depende de la obra interna del Espíritu, pero esa obra interna suele ir unida a medios externos designados. Así, la enseñanza de Pablo de que «la fe viene por el oír, y el oír por la Palabra de Dios» (Ro. 10:17) proporciona una declaración normativa para la práctica cristiana, a pesar de la posible excepción de una obra de Dios puramente interna y espiritual. «Reconocemos», escribe Bullinger, «que Dios a veces también puede iluminar a los seres humanos, a quien quiera y cuando quiera, sin un ministerio externo, porque tal es su poder. Hablamos, sin embargo, de la práctica habitual de la instrucción, que Dios nos ha concedido tanto por mandamiento como por ejemplo».[84] El punto se basa en la distinción escolástica entre poder absoluto y ordenado: *de potentia absoluta* Dios puede obrar sin medios, pero *de potentia ordinata* Dios hace convenio de obrar mediante los medios que él ha designado.

4. Confesiones de la era ortodoxa temprana.

Hay varias confesiones que pertenecen a la era de la ortodoxia temprana: la confesión de Federico III del Palatinado (1577), el *Consensus ministri Bremensis ecclesiae* (1595), la confesión personal de Jerome Zanchius (1585), una Confesión de las Iglesias Reformadas en Alemania (1607) preparada por los teólogos de Heidelberg, las confesiones de Brandeburgo de 1614-15, los Artículos irlandeses de Religión (1615) y los Cánones de Dort (1619). De estos documentos, la confesión de Federico III y las confesiones de Bremen, Heidelberg y Brandeburgo dicen muy poco de las Escrituras, mucho menos que las grandes confesiones de mediados del siglo XVI. Federico simplemente afirma que lo que cree debe ser conforme con los escritos proféticos y apostólicos.[85] De manera similar, la confesión de Bremen señala los escritos

---

[83] Ver más abajo, 3.4 (B-C).

[84] Segunda Confesión Helvética, I, 7.

[85] *Bekenntnis des Kurfürsten Friedrich III*, en Heinrich Heppe, *Die Bekenntnisschriften der reformirten Kirche Deutschlands, Schriften zur reformirten Theologie*, Band I (Elberfeld: R. L. Friederichs, 1860), pág. 4 (hereinafter, Heppe, *BRKD*).

proféticos y apostólicos como la fuente de la verdadera doctrina y la norma a la que deben estar sujetos todos los escritos y credos humanos.[86] La confesión de Heidelberg de 1607 no contiene ninguna declaración relativa a la norma doctrinal.[87] Las confesiones de Brandeburgo declaran la norma bíblica en varios puntos: es un fundamento de la religión cristiana que nadie puede comprender correctamente la Palabra de Dios sin la iluminación del Espíritu Santo,[88] que el verdadero culto a Dios debe constituirse sobre la Sagrada Escritura como su *Form und Norm*, y que todas las enseñanzas de la fe deben basarse en la Palabra de Dios: «solo la Escritura es la verdadera maestra y profesora de toda escritura y enseñanza en la tierra».[89] Tomadas en conjunto, estas confesiones contribuyen poco al avance de la doctrina.

Muy diferente, sin embargo, es el caso de la confesión personal de Zanchius y los artículos irlandeses de religión. El trabajo de Zanchius se destaca como un trabajo sistemático finamente elaborado, tan largo y bien desarrollado como el *Compendium* de Bullinger y superando con creces el detalle de la mayoría de las confesiones. Con estos documentos, la teología confesional reformada entra en la era ortodoxa temprana y evidencia los inicios del protestantismo escolástico.[90] La confesión de Zanchius sigue el orden de doctrina típico de las confesiones reformadas posteriores y de la ortodoxia reformada, pasando de una doctrina de las Escrituras a la doctrina de Dios. Dado que Dios es inaccesible e incognoscible, escribe Zanchius, se ha revelado en Cristo y en las Escrituras que dan testimonio de su obra y su cumplimiento en Cristo.[91] Zanchius también aborda el problema de las Escrituras y la tradición con mayor extensión de lo que es típico de las confesiones reformadas: identifica a la iglesia como el lugar donde se conocen las Escrituras, pero afirma muy clara y enérgicamente la prioridad de las Escrituras sobre la iglesia. La tradición de la iglesia funciona como una ayuda para la interpretación de las Escrituras, pero no puede reemplazar la exégesis ni permanecer como regla de doctrina.[92]

---

[86] *Consensus ministerii Bremensis*, I, en Heppe, *BRKD*, pág. 147.

[87] *Bekenntnis der heidelberger Theologen*, en Heppe, *BRKD*, págs. 250-261.

[88] *Glaubens Bekenntnis der reformirten Evangelischen Kirchen*, I, ii, en Heppe, *BRKD*, pág. 265.

[89] *Bekenntnis des Kurfürst Joh. Sigismund*, en Heppe, *BRKD*, págs. 285-286.

[90] Sobre la confesión de Zanchius, véase Muller, *Christ and the Decree*, págs. 115-121; sobre la relación entre los Artículos irlandeses y la Confesión de Westminster ver Schaff, *Creeds*, I, págs. 665, 761-765; Benjamin B. Warfield, *The Westminster Assembly and its Work* (New York: Oxford University Press, 1931; repr. Grand Rapids: Baker Book House, 1981), págs. 169-175; y Alexander Mitchell, *Minutes of the Westminster Assembly of Divines* (Edinburgh, 1874), págs. xlvi ss.

[91] Zanchius, *De religione christiana fides*, I, i-ii, en *Operum theologicorum*, 8 vols. (Geneva, 1617), VIII, col. 453ff.

[92] Zanchius, *De religione christiana fides*, I, xii-xiv.

La doctrina de las Escrituras en los Artículos irlandeses se reúne en seis títulos a los que se une un séptimo, sobre los credos ecuménicos. Al igual que la teología ortodoxa temprana que los *Artículos* reflejan, mantienen una distinción (pero no una separación) entre las Escrituras y la Palabra de Dios: «La base de nuestra religión y la regla de fe y toda verdad salvadora es la Palabra de Dios, contenida en las Sagradas Escrituras».[93] Claramente, no hay acceso a la Palabra fuera de las Escrituras; sin embargo, la Palabra es la categoría básica de la revelación, y las Escrituras, aunque inseparables de ella, son el vehículo o medio por el cual la revelación se transmite a la iglesia. Los libros canónicos son «dados por inspiración de Dios, y en ese sentido... de mayor crédito y máxima autoridad».[94] Los apócrifos, por el contrario, «no procedieron de tal inspiración y, por lo tanto, no tienen autoridad suficiente para establecer ningún punto de doctrina». Se pueden leer, sin embargo, en la medida en que contienen «muchas cosas valiosas, como ejemplo de vida e instrucción de buenas costumbres».[95] Los artículos irlandeses también continúan el patrón establecido por las Confesiones Galicanas y Belgas al enumerar los libros del canon y los apócrifos.[96]

Los artículos irlandeses igualmente contienen una declaración sobre la necesidad de traducir las Escrituras a la lengua vernácula y exhortar a todas las personas a leer las Escrituras «con gran humildad y reverencia» como una instrucción sobre el correcto «conocimiento de Dios» y el «deber» personal.[97] Este es el caso porque la Biblia enseña claramente «todas las cosas necesarias para la salvación» de una manera que se adapta «a la capacidad tanto de eruditos como de incultos».[98] En estas y las anteriores declaraciones, la ortodoxia reformada temprana llegó a un modelo para su dogmática: una declaración confesional paralela a la forma y estructura del argumento que se encuentra en los sistemas teológicos de escritores como Junius, Arminio, Polanus, Trelcatius y Scharpius, pero con un nivel de detalle adecuado para una confesión. La fecha de los *Artículos*, 1615, es significativa a este respecto: sigue el desarrollo sistemático ortodoxo temprano y establece los resultados de un terreno ganado por los dogmáticos. El contenido real es poco diferente del de la Segunda Confesión Helvética y la Belga, pero se presenta de una manera más clara y proposicional, con más énfasis en la cuestión de la claridad y suficiencia de las Escrituras en las cosas necesarias para la salvación.

---

[93] Artículos Irlandeses, I, en Schaff, *Creeds*, III, pág. 526 ss.; cf. James Ussher, *A Body of Divinitie* (London, 1670), págs. 6-7.
[94] Artículos Irlandeses, 2.
[95] Artículos Irlandeses, 3; cf. Ussher, *Body of Divinitie*, págs. 14-16.
[96] Artículos Irlandeses, 2-3.
[97] Artículos Irlandeses, 4.
[98] Artículos Irlandeses, 5-6.

El Sínodo de Dort no produjo una declaración doctrinal sobre las Escrituras y su interpretación. Aun así, se debe recordar que el Sínodo proporcionó una contribución significativa a la exposición de las Escrituras en el siglo XVII y, dada esa contribución, tuvo un impacto importante en la doctrina cristiana en general, aparte de los artículos definidos en los famosos Cánones. De hecho, desde el principio, una de las principales preocupaciones del Sínodo fue la ausencia de una traducción actual y autorizada de las Escrituras basada en los mejores textos disponibles en ese momento. En consecuencia, el Sínodo autorizó como nueva traducción, con anotaciones, la *Staten-Bijbel* o *Statenvertaling*. Su impacto en la teología reformada holandesa fue considerable, no solo en su traducción estabilizada sino también en sus anotaciones teológicas que, con frecuencia, matizan los textos de manera diferente a las tradiciones exegéticas reformadas ginebrina o británica.[99]

5. Confesiones de la era alta ortodoxa.

En los años transcurridos entre la publicación de los Artículos Irlandeses y la sede de la Asamblea de Westminster, la teología reformada experimentó un desarrollo considerable: la codificación ortodoxa temprana de la teología reformada se elaboró de manera polémica y positiva, y la doctrina de las Escrituras recibió un aumento considerable en y a través del surgimiento de la teología del pacto y la mayor atención prestada por ese movimiento a la relación entre los dos testamentos y las cuestiones hermenéuticas relacionadas. Además, entre la publicación de las dos confesiones había comenzado en serio el debate sobre el origen de los puntos vocálicos y las implicaciones de su datación tardía para la crítica textual. La expansión y clarificación de la doctrina de las Escrituras iba a ser una de las tareas más importantes de la Confesión de Westminster.

La Confesión de Westminster (1647), aunque escrita con una mirada retrospectiva a los Treinta y nueve Artículos, refleja más claramente el orden y el contenido de los artículos irlandeses. Representa, en forma confesional, la codificación en regla o norma de fe del terreno ganado para la teología reformada inglesa por Perkins, Ames, Rollock, Whitaker y Reynolds e interpretado en la primera mitad del siglo XVII por Ussher, Fisher, Featley, Leigh y otros. Westminster es sin duda el documento confesional más

---

[99] Véase Marten H. Woudstra, "The Synod and Bible Translation," en *Crisis in the Reformed Churches: Essays in commemoration of the Great Synod of Dort, 1618-1619*, ed. Peter Y. DeJong (Grand Rapids, 1968), págs. 95-114. La *Statenvertaling* con anotaciones fue publicada en Inglaterra como *The Dutch Annotations upon the Whole Bible: Or, All the holy canonical Scriptures of the Old and New Testament … as … appointed by the Synod of Dort, 1618, and published by authority, 1637*, trad. Theodore Haak, 2 vols. (London, 1657).

importante escrito durante la época del escolasticismo protestante.[100] También proporcionaría la base para teologías sistemáticas más completas en forma de conferencias catequéticas (siguiendo el modelo de las meditaciones reformadas holandesas sobre el catecismo de Heidelberg), como los sistemas de Watson y Ridgley.[101]

Las actas de la Asamblea de Westminster no manifiestan ningún gran debate sobre el tema del primer capítulo de la confesión propuesta. Varios de los predecesores más importantes de la confesión (ambas confesiones helvéticas, la Armonía de Ginebra y los Artículos irlandeses), así como muchos de los principales sistemas de teología reformada comenzaron con una discusión sobre la fuente de la teología en las Escrituras. La otra opción, que se convirtió cada vez más en el modelo para sistemas a gran escala, era definir «teología» y hablar del conocimiento de Dios en general antes de pasar a la revelación bíblica.[102] De hecho, Westminster señala este último orden al comentar brevemente el conocimiento natural de Dios a modo de mostrar su insuficiencia y señalar la necesidad de las Escrituras. La incapacidad de la humanidad para alcanzar el conocimiento correcto y la verdadera adoración de Dios a través de la luz de la naturaleza llevó a Dios a «revelarse y declarar su voluntad a su Iglesia».[103]

La Confesión, como muchos de los sistemas que examinaremos, distingue entre la revelación directa de Dios por diversos medios a los fieles en la antigüedad y la inscripción de esa revelación. No solo la continua «corrupción de la carne y la malicia de Satanás y del mundo», sino también el cese de las revelaciones inmediatas, exigieron la cuidadosa compilación de la Palabra de Dios. Las Escrituras se componen de los libros

---

[100] Cf. los comentarios de John T. McNeill, *The History and Character of Calvinism* (New York: Oxford University Press, 1954), pág. 325; Es simplemente una mala interpretación de la historia afirmar que la Confesión de Westminster no es escolástica y que los inicios del escolasticismo protestante en Inglaterra pueden marcarse en la obra ligeramente posterior de John Owen: el protestantismo escolástico estaba en pleno florecimiento en Inglaterra en la época de Perkins, y la Confesión de Westminster es una de sus contribuciones a la tradición reformada: contra Jack B. Rogers y Donald K. McKim, *The Authority and Interpretation of the Bible: An Historical Approach* (San Francisco: Harper & Row, 1979), págs. 202-203, 218-223.

[101] Véase Schaff, *Creeds*, I, 701-804; texto de la Confesión de Westminster, III, 600-673; del Catecismo Menor, III, 676-704. Cf. Macdonald, *Theories of Revelation*, I, págs. 195-206.

[102] Por ejemplo, la confesión Galicana (1559) y la Belga (1561); y note Johannes Wollebius, *Compendium theologiae christianae* (Basel, 1626; Oxford, 1657); William Ames, *Medulla ss. theologiae* (Amsterdam, 1623; London, 1630) también, *The Marrow of Theology*, trad. e introd. por John Dykstra Eusden (Boston: Pilgrim, 1966; repr. Durham, N.C.: Labyrinth Press, 1984); ídem, *Disputatio theologica de perfectione ss. Scripturae* (Cambridge: Roger Daniels, 1646); ídem, *Bellarminus enervatus, sive disputationes anti-Bellarminianae*, 3rd ed. (Oxford: William Turner, 1629); Lucas Trelcatius, Jr., *Scholastica et methodica locorum communium institutio* (London, 1604), trad. como *A Briefe Institution of the Commonplaces of Sacred Divinitie* (London, 1610); Amandus Polanus von Polansdorf, *Syntagma theologiae christianae* (Geneva, 1617); e ídem, *The Substance of the Christian Religion* (London, 1595).

[103] Confesión de Westminster, I, i; en Schaff, *Creeds*, III, pág. 600 et seq.

del Antiguo y del Nuevo Testamento, «todos los cuales son inspirados por Dios para ser regla de fe y de vida».[104] Los apócrifos deben excluirse de esta caracterización, ya que no son «de inspiración divina… y por lo tanto no tienen autoridad en la Iglesia de Dios».[105] Westminster enumera los libros del canon, pero, a diferencia de las confesiones reformadas postridentinas anteriores, no enumera los apócrifos por su nombre. La identificación de los libros canónicos como «la Palabra de Dios escrita» mantiene el sentido más amplio de «Palabra de Dios» que se encuentra en las confesiones anteriores, al igual que la declaración final de la confesión de que «el Juez Supremo de todas las controversias» en religión es «el Espíritu Santo hablando en las Escrituras».[106] El canon y el texto del canon es genuinamente Palabra, pero también es cierto que la Palabra y el Espíritu obran a través de las Escrituras.[107]

Claramente basándose en el debate entre teólogos protestantes y romanos sobre el papel de la iglesia en la determinación de la autoridad de las Escrituras, Westminster afirma:

> La autoridad de las Sagradas Escrituras, por la cual se debe creer y obedecer, no depende del testimonio de ningún hombre o iglesia, sino enteramente de Dios (quien es la verdad misma), su Autor; y por tanto ha de ser recibido, porque es la Palabra de Dios.[108]

De hecho, es cierto que la Iglesia da testimonio del gran valor de las Escrituras, mientras que el estilo y el contenido, el alcance y la coherencia, junto con la evidente perfección de la Biblia, dan testimonio de su origen divino. Aun así, como habían insistido los reformadores, la Confesión de Westminster también sostiene que:

> no obstante, nuestra plena persuasión y seguridad de la verdad infalible y de la autoridad divina de la misma proviene de la obra interna del Espíritu Santo, que da testimonio por y con la Palabra en nuestros corazones.[109]

Es significativo aquí la inversión del punto planteado por los Artículos irlandeses: la autoridad de las Escrituras no está basada por Westminster en el concepto de inspiración sino más bien en su naturaleza como Palabra. Los estándares de Westminster, por lo tanto, contradicen la tesis de Heppe de que la ortodoxia se alejó del énfasis de la Reforma en la Palabra hacia una

---

[104] Confesión de Westminster, I, i-ii.
[105] Confesión de Westminster, I, iii.
[106] Confesión de Westminster, I, ii-iii, x.
[107] Ver más adelante, secciones, 3.3 (B.3) y 3.4 (B) de este volumen.
[108] Confesión de Westminster, I, iv.
[109] Confesión de Westminster, I, v.

visión de la autoridad bíblica basada en la doctrina de la inspiración.[110] La confesión también mantiene el énfasis de los reformadores en el testimonio interno del Espíritu por encima de las evidencias externas o empíricas de la divinidad de las Escrituras.

Habiendo planteado el punto básico relativo a la divinidad y autoridad de las Escrituras canónicas, la Confesión de Westminster pasa a abordar el contenido y la interpretación de la Biblia. La suficiencia y plenitud de la revelación bíblica para la salvación del mundo se declara y califica con más precisión y claridad que la que se puede encontrar en cualquier confesión reformada anterior: «Todo el consejo de Dios, concerniente a todas las cosas necesarias para su propia gloria, la salvación del hombre, la fe y la vida, están expresamente establecidas en las Escrituras, o por consecuencias buenas y necesarias pueden deducirse de las Escrituras: a las cuales nada debe agregarse en ningún momento, ya sea por nuevas revelaciones del Espíritu o por tradiciones de los hombres».[111] Por lo tanto, las verdades básicas del cristianismo están fácilmente disponibles, ya sea directamente o por inferencia. Sin embargo, el simple hecho de dirigir la razón al texto no produce salvación, y hay algunas cuestiones en la vida de la iglesia que las Escrituras no abordan directamente. La confesión supone que una «comprensión salvadora» de la Palabra, a diferencia de una comprensión histórica y racional, se basa en la iluminación interna del Espíritu y reconoce que las cuestiones de adoración y gobierno de la iglesia deben inferirse de manera general de las Escrituras en concierto con «la luz de la naturaleza y la precedencia cristiana».[112] La doctrina de las Escrituras queda así salvaguardada de un racionalismo rígido y, en la vida de la iglesia, el ámbito de la *adiaphora* está cuidadosamente delimitada y preservada de un biblicismo rigorista.

La confesión también califica su doctrina de la suficiencia y plenitud de las Escrituras con la tradicional advertencia de que no todos los lugares de las Escrituras son claros y sencillos en su significado. Sin embargo, continúa, todas las cosas «necesarias para ser conocidas, creídas y observadas para la salvación» se declaran claramente, si no en un lugar de las Escrituras, al menos en otro, y se expone tan claramente que «no solo los eruditos, sino

---

[110] Cf. Heinrich Heppe, *Reformed Dogmatics Set Out and Illustrated from the Sources*, revisada y editada por Ernst Bizer, trad. G. T. Thomson (London: Allen & Unwin, 1950; repr. Grand Rapids: Baker, 1978), págs. 16-17 (hereinafter, Heppe, *Reformed Dogmatics*). Los análogos luteranos de Heppe son Heinrich Schmid, *Doctrinal Theology of the Evangelical Lutheran Church*, trad. Charles E. Hay y Henry Jacobs (Minneapolis: Augsburg, n.d.), en adelante *DTEL*; y Baier, Johann Wilhelm. *Compendium theologiae positivae, adjectis notis amplioribus*, ed. C. F. G. Walther, 3 vols. in 4. (St. Louis, 1879), citado como Baier-Walther, *Compendium*.

[111] Confesión de Westminster, I, vi.

[112] Confesión de Westminster, I, vi.

también los incultos, en el debido uso de los medios ordinarios, pueden alcanzar una comprensión suficiente de ellas».[113] Esta relación entre la claridad, suficiencia y plenitud de las Escrituras y el derecho de los laicos a poseer y leer traducciones de la Biblia es central para la doctrina protestante ortodoxa de las Escrituras: la declaración de claridad y suficiencia es de hecho una declaración de la apertura de las Escrituras. Las Escrituras para los cristianos generalmente se oponen a la reserva de interpretación católica romana a la jerarquía de la iglesia.

Al dejar de lado la jerarquía y, de hecho, la tradición como normas para la interpretación de las Escrituras, la Confesión de Westminster declara que las Escrituras mismas son la guía para su propia interpretación. Este punto está implícito en la declaración de que las Escrituras son la norma suprema de la doctrina y que establecen claramente en un lugar lo que no está claro en otro, un punto que no se hizo explícitamente en ninguna de las grandes confesiones reformadas anteriores a Westminster. Aquí, el principio hermenéutico de la *analogia fidei*, anteriormente desarrollado solo en sistemas teológicos, alcanza estatus confesional. Las Escrituras son la regla infalible de fe y vida, y «la regla infalible de interpretación de las Escrituras es la Escritura misma».[114] Este patrón de interpretación puede justificarse, además, por el hecho de que la Escritura regida como está por «todo el consejo de Dios» tiene un único significado fundamental: su «sentido pleno... no es múltiple sino uno».[115]

Si la confesión de Westminster argumenta la necesidad de la traducción y la propiedad del uso de las Escrituras por parte de los ignorantes, también insiste en la prioridad de los originales hebreo y griego de los libros de la Biblia y, en última instancia, deposita toda la autoridad en el texto tal como se conserva en las lenguas antiguas. Los textos hebreo y griego son las Escrituras «auténticas» que fueron «inmediatamente inspiradas por Dios, y por su singular cuidado y providencia se mantuvieron puras en todas las épocas».[116] La «apelación final» en toda controversia religiosa, por lo tanto, debe ser al texto en los idiomas originales y no a las traducciones. El detalle aquí vuelve a ser superior al de las confesiones anteriores, pero no se puede afirmar que hayamos entrado en el ámbito del sistema dogmático: no hay ninguna discusión detallada que distinga entre «Palabras» (*verba*) y «sustancia» (*res*), tales como como aparece en los sistemas de la época y ninguna discusión sobre el *autographa*.[117] El énfasis de la confesión está

---

[113] Confesión de Westminster, I, vii.
[114] Confesión de Westminster, I, ix.
[115] Confesión de Westminster, cf. I, vi con ix.
[116] Confesión de Westminster, I, viii.
[117] Ver más abajo, 6.2 (A.4).

simplemente en los textos en el idioma original actualmente conocidos por la iglesia.

Como señala Leith en su admirable estudio de la confesión, este primer capítulo, como todos los que siguen, es notablemente conciso y totalmente desprovisto de argumentos innecesarios o tendenciosos: aquí encontramos una simple declaración del contenido del canon de las Escrituras y ningún debate sobre problemas de autoría; leemos una fuerte declaración de la inspiración y autoridad de las Escrituras, pero ningún intento de formular una teoría particular de la inspiración.[118] Este es un marcado contraste con la *Formula Consensus Helvetica* que intentó hacer normativa entre las iglesias reformadas la más rígida de las teorías de inspiración verbal. Al igual que con los Artículos irlandeses, Westminster marca un desarrollo formal de la doctrina reformada de las Escrituras sin ningún abandono de las premisas básicas de la doctrina reformada temprana.

Los estándares de Westminster también ilustran bien el camino de exposición doctrinal seguido por el escolasticismo protestante, y se relacionan con las confesiones del siglo anterior de la misma manera que los sistemas teológicos de la era de la ortodoxia se relacionan con los esfuerzos más sistemáticos de los reformadores. Los dos catecismos de la Asamblea siguen una forma lógica y sistemática basada en documentos anteriores de la era escolástica, en particular el *Body of Divinity* de Ussher y, según algunos, el *Compendium* de Wollebius, que había pasado por una serie de ediciones en latín en la época de la Asamblea y que fue traducido al inglés poco después.[119] En cuanto a la confesión, su dependencia de la obra anterior de Ussher, su parentesco intelectual y espiritual con las obras teológicas de varios miembros de la Asamblea,[120] y su posterior elaboración en un sistema

---

[118] Cf. John H. Leith, *Assembly at Westminster: Reformed Theology in the Making*, (Richmond: John Knox, 1973), págs. 75-76.

[119] Johannes Wollebius, *Compendium theologiae* (London, 1642, 47, 48, 54, 55, 57, 61); traducido por Alexander Ross como *The Abridgement of Christian Divinity* (London, 1650, 56, 60); y cf. los comentarios de Schaff, *Creeds*, I, pág. 756.

[120] Por ejemplo, John Arrowsmith, *Armilla Catechetica; A Chain of Principles: Or, an Orderly Concatenation of Theological Aphorisms and Exercitations* (Cambridge, 1659); William Gouge, *A Short Catechisme* (London, 1615); Thomas Gataker, *A Short Catechism* (London, 1624); William Twisse, *A Brief Catecheticall Exposition* (London, 1645); e ídem, *The Scriptures Sufficiency* (London, 1656); y note las *Annotations upon all the Books of the Old and New Testament, wherein the Text is Explained, Doubts Resolved, Scriptures Paralleled, and Various Readings observed, by the Joynt-Labour of certain Learned Divines* (London, 1645); siguió una segunda edición en 1651, un conjunto de ampliaciones adicionales en 1655, una tercera edición completa en 1657 y un volumen de anotaciones adicionales en 1658. Los contribuyentes fueron John Ley (el Pentateuco y los cuatro Evangelios), William Gouge (1 Reyes a través de Esther), Meric Casaubon (Salmos), Francis Taylor (Proverbios), Edward Reynolds (Eclesiastés), Smallwood (Canción de Salomón), Thomas Gataker (Isaías, Jeremías y Lamentaciones; anotaciones adicionales sobre Génesis, 1655), Pemberton (Ezequiel, Daniel y los profetas menores, en la primera edición), John Richardson (el autor principal de las anotaciones adicionales de 1655; Ezequiel, Daniel y los profetas menores, en la segunda edición), Daniel Featley

escolástico a gran escala, probablemente por David Dickson, todos apuntan a su lugar en el centro del desarrollo de una versión reformada inglesa de la teología escolástica protestante.[121] De hecho, hay poca diferencia en doctrina y perspectiva entre los teólogos de la Asamblea de Westminster y sus homólogos ortodoxos reformados continentales.[122]

La *Declaratio thoruniensis* (1645) fue una de las tres confesiones producidas y leídas en el Coloquio de Thorn en Prusia Occidental. Los otros dos, un romano y un luterano, nunca alcanzaron gran importancia en sus respectivas denominaciones, pero la declaración reformada, o como se tituló más completamente, *Professio Doctrinae Ecclesiarum Reformatarum in Regno Polaniae*, fue adoptada como una de las normas confesionales de Brandeburgo. La *Declaratio* es única en estructura, estando dividida en una *generalis professio* y una *specialis professio*. Solo en la última parte recibe atención la divergencia doctrinal entre reformados, luteranos y romanos. La *generalis professio* acepta las Escrituras del Antiguo y del Nuevo Testamento como única y suficiente regla de fe. Contiene, después de los artículos sobre las Escrituras, la discusión más extensa sobre las enseñanzas de la iglesia primitiva, tanto de los concilios como de los padres individualmente, que haya aparecido en cualquier confesión de los siglos XVI y XVII. Finalmente, acepta la *Variata* de Augsburgo (1540) y el Consenso Polaco de Sendomir (1570), en palabras de Schaff, «como declaraciones correctas de las doctrinas de las Escrituras, que difieren en la forma, pero concuerdan en esencia».[123]

(las epístolas paulinas), James Ussher (anotaciones adicionales sobre Génesis, 1655), John Downame (edición general, concordancia) y John Reading: Ley, Gouge, Taylor, Reynolds, Gataker y Featley eran miembros de la Asamblea de Westminster. El comentario ha sido denominado *Westminster Annotations* o *Assembly's Annotations* simplemente por el número de teólogos de Westminster que participaron en su compilación; sin embargo, el comentario fue encargado por el Parlamento (en el momento de la Asamblea) como contraparte británica de las anotaciones a la Biblia de Ginebra y las anotaciones a la Biblia de Ginebra y las anotaciones al *Statenvertaling*, encargadas por el Sínodo de Dort. Estos dos comentarios anteriores, junto con el *de Jean Diodati Pious and Learned Annotations upon the Holy Bible, plainly Expounding the Most Difficult Places Thereof* (London, 1641) fueron consultados por los anotadores de Westminster. Sobre las *Westminster Annotations*, véase Dean George Lampros, "A New Set of Spectacles: The *Assembly's Annotations*, 1645-1657," en *Renaissance and Reformation*, 19/4 (1995), págs. 33-46.

[121] David Dickson, *Truths Victory over Error. Or, An Abridgement of the Chief Controversies in Religion … going through all the Chapters of the Confession of Faith …* (Edinburgh, 1684); Tenga en cuenta también el volumen más corto de Dickson, *The Summe of Saving Knowledge* (Edinburgh, 1671).

[122] Contra las conclusions de Jack B. Rogers, *Scripture in the Westminster Confession: A Problem of Historical Interpretation for American Presbyterianism* (Grand Rapids: Eerdmans, 1967), donde el autor asume que la prioridad de la fe sobre la razón es característica de un enfoque platónico y luego, sin documentación, sostiene que los teólogos continentales de la época, como los aristotélicos, debieron anteponer la razón a la fe —como si la relación entre fe y razón pudiera resolverse apelando a estas amplias perspectivas filosóficas; cf. los comentarios mucho más precisos de Schaff en *Creeds*, I, pág. 760: "the Westminster Confession sets forth the Calvinistic system in its scholastic maturity…. The confession had the benefit of the Continental theology." Y tenga en cuenta Warfield, *Westminster Assembly and its Work*, págs. 159-169.

[123] Schaff, *Creeds*, vol. I, pág. 562; texto latino en Niemeyer, *Collectio*, págs. 669-689.

La *Declaratio* respira prácticamente el mismo aire que la Confesión de Westminster: fue elaborada por escolásticos ortodoxos reformados y evidencia la forma de la doctrina de las Escrituras y la autoridad adoptada por los escritos confesionales, a diferencia de los dogmáticos, de mediados del siglo XVII.

La *Formula Consensus Helvetica* (1675) es la última de las confesiones reformadas ortodoxas, ocupando un lugar en las iglesias reformadas similar al que ocupaba *Consensus repetitus fidei vere Lutheranae* de Calovius (1664): es un ensayo ortodoxo tardío que, en muchos de sus puntos, va más allá de los límites habitualmente asignados a los documentos confesionales y eleva puntos sutiles del sistema teológico al nivel de artículos fundamentales de la fe. El nivel de detalle dogmático y la precisión confesional indicados en la *Formula* apuntan hacia las dificultades encontradas por la alta ortodoxia a finales del siglo XVII. Específicamente, la extensión de la doctrina de la inspiración a los puntos vocálicos del texto masorético manifiesta, al menos, el profundo trauma experimentado por las teorías ortodoxas de la inspiración, interpretación y autoridad de las Escrituras frente a una marea creciente de crítica histórica de la Biblia. Argumentos que, dado el estado del problema a finales del siglo XVII, comprensiblemente serían debatidos en las páginas de sistemas teológicos y tratados polémicos, se han convertido aquí en cuestiones confesionales. Tampoco hay que olvidar que la *Formula*, a pesar de su defensa de una doctrina muy estricta de la inspiración contra la creciente marea de la exégesis crítica de los textos, no tildó de heréticos a los teólogos de Saumur, sino que se refirió a ellos como «hermanos venerados» cuyas enseñanzas sobre un conjunto limitado de temas debían ser desaprobadas.[124] Así, la exégesis crítica reformada de la época, incluso desde el punto de vista de la *Formula Consensus Helvetica*, permaneció dentro de los límites de la ortodoxia reformada, aunque con inquietud. Los autores de la *Formula* tampoco consideraron oportuno condenar a la escuela cocceiana ni a los cartesianos.

La *Formula* comienza con una declaración resumida del don divino de la palabra bíblica y su preservación providencial:

> Dios, el Juez supremo, no solo se ocupó de que su palabra, que es «poder de Dios para salvación a todo aquel que cree» (Ro. 1:16), fuera puesta por escrito por Moisés, los Profetas y los Apóstoles, pero también la ha vigilado y cuidado con paternal cuidado desde que fue escrita hasta el presente, para que no pueda ser corrompida por la astucia de Satanás o el fraude del hombre.[125]

---

[124] *Formula Consensus Helvetica*, praefatio, en Niemeyer, *Collectio*, pág. 730: cf. Schaff, *Creeds*, I, pág. 486.
[125] *Formula Consensus Helvetica*, I, en Niemeyer, *Collectio*, pág. 730.

La posición es muy similar a la adoptada al inicio de la confesión de Westminster, aunque más detallada,[126] y es poco diferente de las declaraciones relativas al don y preservación de las Escrituras en la dogmática reformada tan temprana como los *Institutos* de Calvino y *Decades* de Bullinger.[127] Sin embargo, en comparación con las grandes confesiones reformadas de épocas anteriores, la *Formula* incluso aquí tiene la apariencia más de dogmática de la alta ortodoxia que de un documento confesional: el punto en cuestión está algo alejado de la piedad eclesiástica o de cuestiones fundamentales que pueden identificarse como artículos necesarios o fundamentales de la fe.

El propósito de esta declaración inicial es dar fundamento racional o doctrinal a la creencia de la iglesia de que Dios por «su singular gracia y bondad» ha dado a su iglesia para siempre una «palabra segura de "profecía" y "Sagradas Escrituras" (2 Ti. 3:15), de la cual, aunque el cielo y la tierra perezcan, "ni una jota ni una tilde pasará" (Mt. 5:18)».[128] Este interés en mantener la integridad del texto inspirado en cada jota y tilde lleva a los redactores de la *Formula*, en su siguiente canon, a argumentar la pureza absoluta del «original hebreo del Antiguo Testamento... no solo en sus consonantes, sino en sus vocales, ya sea los propios puntos vocálicos, o al menos la potencia de los puntos, no solo en su materia, sino en sus palabras inspiradas por Dios».[129] Este lenguaje surge de la gran controversia sobre el origen de los puntos vocálicos, una controversia que a muchos teólogos, tanto protestantes como católicos, les pareció plantear la cuestión de un elemento humano no inspirado incrustado en el texto masorético del Antiguo Testamento como un determinante primario del significado: si los puntos fueron de hecho inventados por los masoretas después del 600 d. C., entonces difícilmente podrían considerarse como una lectura canónica y necesaria del texto. Esto no solo dejó el texto hebreo abierto a enmiendas basadas en versiones anteriores, incluida la Vulgata, sino que también obstaculizó la yuxtaposición fundamental exigida por la teología protestante entre la norma bíblica y la tradición de interpretación de la iglesia. Si los puntos vocálicos fueron en realidad una invención tardía, ¡entonces la tradición había invadido las Escrituras![130]

El único camino abierto a los autores de la *Formula Consensus Helvetica*, hasta donde pudieron determinar, fue argumentar que el «original hebreo del Antiguo Testamento... junto con el original del Nuevo Testamento» eran

---

[126] Cf. *Confesión de Westminster*, I, i y arriba, esta sección.

[127] Cf. Calvino, *Institutos*, I.vi.2; vii.10; Bullinger, *Decades*, I, i (pág.55).

[128] *Formula Consensus*, I.

[129] *Formula Consensus*, II.

[130] Cf. Muller, *After Calvin*, págs. 146-155, con Diestel, *Geschichte*, pág. 335; y tenga en cuenta la discusión, a continuación, 6.2 (A.3).

«la única y completa regla de nuestra fe y vida» a la que «En cuanto a una piedra lidia, se deben aplicar todas las versiones existentes, orientales y occidentales, y dondequiera que difieran, adaptarse».[131] La insistencia en la inspiración y la integridad de los puntos vocálicos significaba que incluso las diferencias más sutiles de lectura entre el texto masorético y las versiones antiguas necesariamente serían decididas por el texto masorético. Quienes proponen tales enmiendas al hebreo «ponen en peligro el fundamento de nuestra fe y su autoridad inviolable».[132] Es significativo que ninguna de las confesiones reformadas, ni siquiera la estrictamente definida *Formula Consensus Helvetica*, consideró adecuado extraer una doctrina detallada de la inspiración de las Escrituras en el ámbito de la confesión. La discusión sobre el modo o manera de inspiración se dejó al sistema dogmático.

2.2 Desarrollos, problemas y documentos de la era ortodoxa temprana

A. Reforma y ortodoxia: una cuestión de perspectiva

1. El desarrollo de una doctrina protestante formal de las Escrituras.

El desarrollo de la doctrina protestante de las Escrituras durante las dos fases de la era ortodoxa temprana (ca. 1565-1618; 1618-1640) estuvo influenciado por fuerzas internas positivas de desarrollo confesional y doctrinal, así como por fuerzas externas negativas de polémica, principalmente con el catolicismo romano.[133] En el primer caso, el lenguaje de las confesiones proporcionó una base positiva para la formulación, mientras que el éxito de la Reforma al establecer nuevas instituciones eclesiásticas con sus propias universidades y programas de educación teológica fomentó la creación de sistemas teológicos cada vez más formales y elaborados en los que una doctrina de las Escrituras, junto con las demás *loci* de la dogmática protestante, recibió atención explícita. Este aspecto del desarrollo se remonta a las fuentes de la Reforma, a la declaración de *sola Scriptura* y a la tendencia, señalada en la sección anterior, de las confesiones reformadas a presentar una doctrina de las Escrituras. En el último caso, y seguramente tan importante para el contenido y el carácter del desarrollo ortodoxo temprano, el airado debate con los teólogos católicos romanos

---

[131] *Formula Consensus*, II.

[132] *Formula Consensus*, III.

[133] Para una discusión sobre la periodización, ver *DRPR*, I, 1.1 (A.1-2); 1.3 (A-D).

proporcionó un terreno negativo y polémico para el desarrollo, según a los que se remiten los esbozos de los principales tratados polémicos —como el *De verbo Dei* de Bellarmine— proporcionó los temas y, a veces, incluso las líneas generales para la discusión dogmática protestante.[134] Era típico no solo de las polémicas protestantes de la época, sino también de muchos de los primeros sistemas teológicos ortodoxos, incluir refutaciones punto por punto de los tratados católicos romanos más eminentes.[135]

Es más, a pesar de todo lo que se puede decir sobre la existencia y el desarrollo de una doctrina de las Escrituras en la Edad Media y la Reforma, está claro que la doctrina primero se destacó como un *locus* dogmático independiente durante la era de la ortodoxia protestante temprana. La polémica católica romana en sí no surgió de un locus dogmático existente, sino que tomó la forma de un tema teológico argumentado negativamente en manos de escritores polémicos como Bellarmine. Así pues, el gran *De verbo Dei* de Bellarmine no tiene ningún análogo positivo en la teología medieval, aparte de las subsecciones de varios prolegómenos teológicos, quizás más notablemente el prólogo a *Summa* de Henry de Gante. Se presenta, principalmente, como un desarrollo de la teología romana en respuesta al protestantismo. Aun así, las respuestas protestantes a la polémica, a medida que avanzaban hacia la inclusión de refutación punto por punto en tratados más amplios, bien ordenados y sistemáticos sobre las Escrituras, prácticamente no tenían precedentes formales, ni de la Edad Media ni de la Reforma, aparte de la Discusión extendida en los *Institutos* de Calvino y las breves exposiciones doctrinales que habían aparecido en las confesiones reformadas de mediados del siglo XVI.

El temprano desarrollo ortodoxo de un independiente *locus de sacra Scriptura* representó en gran parte el desarrollo de una nueva forma teológica en la que se abordaron una serie de cuestiones y preocupaciones (algunas derivadas de fuentes patrísticas y medievales, otras de la Reforma protestante misma o de fuentes patrísticas y medievales a través de los escritos de los reformadores, y otras más) del debate posterior a la Reforma, principalmente con los católicos romanos, podría plantearse de una manera organizada y dogmáticamente convincente. Pocas de las declaraciones doctrinales encontradas en estos *loci* eran nuevas, originales o independientes de argumentos teológicos anteriores, pero la idea del *locus* en sí y de su ubicación y posición como tema teológico independiente

---

[134] Robert Bellarmine, *Disputationes de controversis christianae fidei adversus sui temporis haereticos*, 4 vols. (Rome, 1581-93); el tratado *De verbo Dei* está en el vol. I.

[135] Cf. por ejemplo, Johannes Scharpius, *Cursus theologicus in quo controversiae omnes de fidei dogmatibus hoc seculo exagitatae*, 2 vols. (Geneva, 1620), col. 8ff; Trelcatius, *Schol. meth.*, cap. ii; Festus Hommius, *LXX disputationes theologicae*, segunda edición (Oxford, 1630), i-vi.

inmediatamente después de los prolegómenos y antes de la doctrina de Dios fue nuevo en la era de la ortodoxia temprana, así como la identificación de las Escrituras como *principium unicum cognoscendi theologiae* también fue un nuevo desarrollo.[136]

Como se argumentará detalladamente más adelante, este desarrollo de un *locus* independiente es paralelo y complementa la asimilación de un enfoque de la teología claramente protestante al lenguaje de *principia* teológicos presentes en los primeros prolegómenos teológicos protestantes. Los primeros teólogos ortodoxos heredaron la discusión preliminar sobre *principia* o fundamentos de la teología de los doctores medievales, pero heredaron de los reformadores una concentración principal en las Escrituras como única fuente última de enseñanza sobre Dios. La concepción medieval de las doctrinas fundamentales como *principia theologiae* dio paso a una concepción de la fuente de esas doctrinas como el *principium theologiae* o *principium unicum theologiae*. Esta transformación de un tema en los prolegómenos apuntaba directamente hacia el establecimiento de una discusión sobre la doctrina de las Escrituras, el *principium cognoscendi theologiae* después de los prolegómenos y ante la doctrina de Dios como *principium essendi theologiae*. Este desarrollo marca el uso de categorías escolásticas no simplemente como una manera de plantear clara y argumentativamente un tema de la Reforma, sino como una manera de extraer las implicaciones de ese tema para el sistema teológico formal, en continuidad con las enseñanzas básicas de los reformadores, pero en una manera nunca imaginada por ellos.

Ha sido típico de los estudiosos anteriores retratar la teología de la ortodoxia protestante —y, en particular, la doctrina de las Escrituras— como un simple desarrollo de la teología de los reformadores que puede evaluarse mediante una comparación igualmente simple con la teología de Lutero o Calvino o como una distorsión radical de la teología de la Reforma que resultó en una ortodoxia rígida en discontinuidad con la teología de los reformadores.[137] Como hemos visto en el volumen anterior —y como debería ser evidente a partir de los comentarios anteriores sobre el carácter de la doctrina ortodoxa temprana de las Escrituras— ninguno de estos enfoques de la teología del protestante ortodoxo es particularmente fructífero.[138] Por un lado, de las fuentes se desprende claramente que los

---

[136] Cf. *DRPR*, I, 9.3 con la discusión a continuación, 3.1.

[137] Por ejemplo, Ernst Bizer, *Frühorthodoxie und Rationalismus* (Zurich: EVZ Verlag, 1963); Walter Kickel, *Vernunft und Offenbarung bei Theodor Beza* (Neukirchen: Neukirchner Verlag, 1967); Holmes Rolston III, *John Calvin versus the Westminster Confession* (Richmond: John Knox, 1972); R.T. Kendall, *Calvin and English Calvinism to 1649* (Oxford: Oxford University Press, 1979); Reid, *Authority of Scripture*; Rogers, *Scripture in the Westminster Confession*; Rogers y McKim, *Authority and Interpretation*.

[138] Cf. *DRPR*, I, 2.5-2.6, con Muller, *Christ and the Decree*, págs. 1-14, 79, 95-96, 175-182.

teólogos protestantes posteriores intentaron exponer sus doctrinas como un desarrollo teológico de las ideas de los reformadores: su enseñanza, interpretada en general, no contiene ninguna desviación intencional de las doctrinas de la Reforma. Por otra parte, los teólogos ortodoxos reformados, como individuos, no sintieron ninguna obligación particular de duplicar las enseñanzas de uno u otro teólogo individual de principios del siglo XVI: si en algunos puntos no logran ser calvinianistas perfectos, tampoco logran ser Musculusianos, Vermiglianos o Bullingerianos puros. Y, de hecho, las diferencias entre las formulaciones de los teólogos y exégetas reformados posteriores son a menudo tan grandes y tan significativas para la teología reformada como lo son las diferencias entre las formulaciones ofrecidas por los codificadores iniciales de la teología reformada.

En el caso de la doctrina de las Escrituras, el simple hecho de un *locus* dogmático formal marca un punto de diferencia entre la declaración ortodoxa de creencia acerca de las Escrituras y la declaración temprana de la Reforma. La ortodoxia pretendía, en su sistematización de las doctrinas de la Reforma, mantener la sustancia mientras alteraba la forma y, en casos de cuestiones que los reformadores no discutieron completamente o no discutieron en absoluto, agregar material nuevo, en acuerdo sustancial con la enseñanza tanto de los reformadores como de las confesiones reformadas.[139] Más allá de esta intención, los ortodoxos también pretendían enunciar la teología en y para su propio tiempo y de una manera adecuada a la iglesia protestante institucional e intencionalmente católica, que ahora reclamaba todo lo bueno de la tradición de la iglesia para el protestantismo.

Tampoco es correcto considerar los sistemas teológicos ortodoxos como idénticos en su forma y contenido. Los compendios más breves, desde la *Medulla* de Ames y el *Compendium* de Wollebius hasta obras posteriores como el *Cursus theologicus* de Hottinger, la *Medulla* y *Medulla medullae* de Marckius y el *Compendium* de Van Til: simplemente delinean la doctrina con la preocupación de establecer no más que premisas básicas, e incluso en este nivel manifiestan diferencias en la formulación, énfasis y ubicación de la doctrina. Ames, a modo de ejemplo, pospone su doctrina de las Escrituras hasta llegar al *locus* que se ocupaba de la iglesia y el ministerio, mientras que Hottinger y los demás adoptan la ubicación más tradicional.[140] Por

---

[139] Cf. Muller, *After Calvin*, págs. 154-155, 164-167; ídem, "Duplex cognitio dei in the Theology of Early Reformed Orthodoxy," en *Sixteenth Century Journal*, X/2 (1979), págs. 51-61; ídem, "Perkins' A Golden Chaine: Predestinarian System or Schematized Ordo Salutis?" en *Sixteenth Century Journal*, IX/1 (1978), págs. 69-81; y W. Robert Godfrey, "Biblical Authority in the Sixteenth and Seventeenth Centuries: A Question of Transition," en *Scripture and Truth*, ed. D. A. Carson y John D. Woodbridge (Grand Rapids: Zondervan, 1983), págs. 225-243.

[140] Ames, *Medulla theologica*, I, xxxiv; cf. Johann Heinrich Hottinger, *Cursus theologicus methodo Altingiana expositus* (Duisburg, 1660), ii (págs. 13-36).

el contrario, los esfuerzos sistemáticos más amplios como el *Syntagma* de Polanus, el *Loci communes* de Maccovius y obras de alta ortodoxia como la *Institutio theologicae* de Turretin o *Theoretico-practica theologia* de Mastricht, incluyen no solo declaraciones de la doctrina básica sino también elementos de la polémica con Roma y, en los casos de Maccovius y Mastricht en particular, elementos de discusión hermenéutica paralela a los que se encuentran en los tratados sobre las Escrituras y la exégesis. Además, resulta evidente, tanto al examinar las obras más sistemáticas o doctrinales como a partir de una revisión de los escritos exegéticos, que los enfoques de la exégesis y la interpretación variaron considerablemente de un escritor a otro; algunos, como Cartwright, Perkins, Chamier y el eminente el exégeta y erudito bíblico Rivetus, siguieron, en evidente continuidad con los pronunciamientos de Calvino sobre la interpretación, un enfoque más literal-gramatical del texto, y otros, como Piscator y Cocceius, que permitieron un alto grado de alegoría y argumentaron un patrón altamente tipológico de interpretación bíblica.[141] También está claro que los ortodoxos y su teología no ignoraban ni eran inmunes a los avances y alteraciones en el método exegético y en la hermenéutica que tuvieron lugar durante los siglos XVI y XVII, y que parte de la variedad y diversidad de los argumentos teológicos surgieron de variaciones en la exégesis y la hermenéutica. Este es ciertamente el caso de la distinción entre el federalismo cocceiano y la ortodoxia voeciana, donde el primero basó su teología en una exégesis tipológica y alegórica, fuertemente arraigada en la tradición medieval, mientras que la segunda se aferró a un patrón de exégesis gramatical más literal.

2. Evaluaciones de la ortodoxia en el siglo XX: perspectivas problemáticas sobre la historia de la doctrina.

Gran parte de la discusión contemporánea sobre la doctrina protestante ortodoxa de las Escrituras y la revelación refleja tanto una falta de conciencia de la variedad de formulaciones como, además, una evaluación neoortodoxa de los dogmáticos más antiguos, como el juicio de Emil Brunner de que los ortodoxos hicieron una «equiparación fatal de la revelación con la inspiración de las Escrituras», con el resultado de que, no importa «cuánto o qué poco énfasis se pusiera en una revelación "general" o "natural"», «la doctrina eclesiástica de la revelación era y permaneció idéntica a su doctrina

---

[141] Cf. Diestel, *Geschichte*, pág. 380 (sobre la continuidad de la hermenéutica reformada posterior con Calvino) y pág. 531 (sobre exégesis tipológica entre los federalistas), con Muller, "William Perkins and the Protestant Exegetical Tradition," págs. 75, 90, n. 35 y con la discusión a continuación, 7.3 (B); 7.4 (B.2).

de la Escritura».[142] En lugar de ver la revelación como «algo que sucede, la historia viva de Dios en sus tratos con la raza humana», la ortodoxia identificó la revelación como «doctrina revelada sobrenaturalmente» y la Biblia como la única fuente de esa doctrina.[143] Los reformadores, por el contrario, sostenían una visión «bíblica» de fe como «confianza obediente» y por lo tanto enseñaron una visión igualmente bíblica de la «revelación... como la acción de Dios en Jesucristo», pero esta percepción fue rápidamente «falsificada» cuando el protestantismo buscó una norma doctrinal para oponerse al papado.[144] Reid sostiene, resumiendo las afirmaciones de Brunner, que la ortodoxia se caracteriza por un «descuido» de la «idea de revelación».[145]

La fuerza de este argumento, tal como es, surge casi exclusivamente del hecho de que la ortodoxia protestante no reflejó y, por supuesto, históricamente no pudo reflejar la interpretación neoortodoxa de la Reforma y/o la visión neoortodoxa de la revelación como «evento». Los sistemas protestantes ortodoxos ciertamente no carecen de discusiones sobre la revelación, ni la restringen a las Escrituras. No solo reconocen la categoría de revelación natural, sino que también reconocen que la revelación puede tomar la forma de una «palabra» divina directa o de un sueño o visión. Sin embargo, las palabras directas, los sueños y las visiones no son eclesiásticamente normativos como lo son las Escrituras.[146] Muy al contrario, además, de la afirmación de Brunner y Reid de que equiparaban la revelación con la inspiración, los ortodoxos protestantes casi invariablemente asumen la clara distinción, ya hecha por los doctores medievales, entre revelación e inspiración.[147]

---

[142] Emil Brunner, *Revelation and Reason: The Christian Doctrine of Faith and Knowledge*, trad. Olive Wyon (Philadelphia: Westminster, 1946), pág. 7; cf. Reid, *Authority of Scripture*, pág. 86; El enfoque de Brunner a este problema implicó lo que podría llamarse una dependencia «fatal» de Heppe y Schmid y una comprensión parcial de los materiales ortodoxos: véase Richard A. Muller, "Christ —the Revelation or the Revealer? Brunner and Reformed Orthodoxy on the Doctrine of the Word of God," en *Journal of the Evangelical Theological Society*, vol. 26/3 (Sept. 1983), págs. 307-319. N.B., los ortodoxos luteranos han sido mucho mejor atendidos por el trabajo equilibrado y detallado de Robert Preus, *The Inspiration of Scripture: a Study of the Theology of the Seventeenth Century Lutheran Dogmaticians* (Edinburgh: Oliver and Boyd, 1955); e ídem, *The Theology of Post-Reformation Lutheranism*, 2 vols. (St. Louis: Concordia, 1970-72).

[143] Brunner, *Revelation and Reason*, págs. 8-9.

[144] Brunner, *Revelation and Reason*, págs. 10-11.

[145] Reid, *Authority of Scripture*, pág. 86.

[146] Por ejemplo, Polanus, *Syntagma theol.*, I, x-xi; Francis Turretin, *Institutio theologiae elencticae*, 3 vols. (Geneva, 1679-85; una nueva edición, Edinburgh, 1847), I, ii, 7; II, i, 1-6; Benedict Pictet, *Theologia christiana ex puris ss. literarum fontibus hausta* (Geneva, 1696), I, iii.1-5; iv.1-3; Salomon Van Til, *Theologiae utriusque compendium cum naturalis tum revelatae* (Leiden, 1719), I, iii; cf. la discusión que sigue, 3.3 (B.2-3); 3.4 (A.2).

[147] Véase arriba, 1.3 (A.1) y más adelante, 4.2.

Además, los ortodoxos reconocen claramente que la Palabra divina, hablada a los profetas y encarnada en Cristo, tiene el carácter de un acontecimiento y forma parte de una historia viva y sagrada: estos acontecimientos, sin embargo, en lo que respecta a la Iglesia actual, no son «algo que *sucede*», sino que, en cambio, y necesariamente, *algo que pasó*. Después de todo, fueron los protestantes ortodoxos quienes heredaron de Melanchthon e Hyperius la idea de una serie histórica de momentos reveladores como un *methodus* para la teología y quienes comenzaron a emplear el concepto de pacto como dispositivo estructural en el sistema teológico.[148] En el presente de la iglesia, tanto la Palabra profética como la predicación —¡de hecho, la persona!— de Cristo están mediados por el testimonio escritural: la Palabra bíblica viva proporciona el acceso necesario al mensaje de salvación y a la historia del pacto en la que está alojado.[149]

Los sistemas ortodoxos, en sus discusiones sobre la revelación y las Escrituras, simplemente gravitan hacia la forma de Palabra que la iglesia posee actualmente, y discuten esa forma en términos de su uso dogmático. Los tratados sobre la interpretación de las Escrituras y los sermones escritos por los mismos teólogos hacen eco del lenguaje más «dinámico» o «existencial» de los reformadores. Por supuesto, los reformadores, al igual que los ortodoxos reformados posteriores, asumieron (de acuerdo con la «Tradición I» del debate medieval tardío) que las Escrituras funcionaban como norma doctrinal frente a las afirmaciones de un *magisterium* eclesiástico no reformado: esto difícilmente fue una invención de los ortodoxos reformados. Es más (uno se pregunta aquí si Brunner o Reid realmente examinaron alguno de los documentos que critican), los ortodoxos reformados desarrollaron una extensa discusión sobre el concepto supuestamente descuidado de revelación en sus prolegómenos teológicos.[150] Y ciertamente es cierto que *ni* los reformadores *ni* sus sucesores ortodoxos entendieron la revelación como un «evento» o como un «encuentro personal»: lo que los reformadores y los ortodoxos «descuidaron» o, más precisamente, no sabían ni podían haber conocido, ¡es la concepción neoortodoxa de la revelación! Las interpretaciones de los documentos que hacen Brunner y Reid, lejos de ser análisis históricos genuinos, se basan en un programa teológico del siglo xx destinado a establecer una relación entre la Reforma y la neoortodoxia, a expensas de una descripción historiográficamente

---

[148] Cf. la discusión en *DRPR*, I, 4.2.

[149] Véase por ejemplo, Robert Rollock, *A Treatise of Effectual Calling*, (London, 1603); nueva edición, en *Select Works of Robert Rollock*, ed. William M. Gunn, 2 vols. (Edinburgh, 1844-1849), vol. I, págs. 65-66; Turretin, *Inst. theol. elencticae*, I, v, 4; II, I, 5-6; Petrus van Mastricht, *Theoretico-practica theologia* (Amsterdam, 1682-1687; Utrecht, 1724), II, i, 11, 12, 14, 15.

[150] Ver *DRPR*, I, 5.5; 6.1-6.2.

legítima del desarrollo histórico de la doctrina cristiana y de interpretación bíblica en las épocas de la Reforma y la ortodoxia.

Diem abre una brecha prácticamente idéntica, basada en una dicotomía entre kerigma y dogma, entre la Reforma y la ortodoxia en su análisis de «la desviación posterior a la Reforma de la unidad de la proclamación de las Escrituras a la unidad de la doctrina».[151] Uno queda preguntándose qué es precisamente esta «unidad de la proclamación bíblica», teniendo en cuenta, entre otras cosas, los famosos comentarios de Lutero sobre el carácter problemático de la Epístola de Santiago; y preguntándose también por qué debería molestar a un teólogo del siglo XX, que debería ser consciente de la dificultad actual de identificar una «unidad de la Biblia» o una «teología de la Biblia», que los ortodoxos, escribiendo en una época de cambio hermenéutico que apunta cada vez más hacia la exégesis crítica y textual moderna, debería buscar la unidad del pensamiento teológico en amplias categorías doctrinales en lugar de en «proclamación». También es cierto que tanto los reformadores como los protestantes ortodoxos probablemente cuestionarían la viabilidad de una distinción entre la unidad de la proclamación de las Escrituras y la unidad de la doctrina (como si fuera posible tener la una sin la otra) e insistirían en que la unidad de la Escritura y la unidad de las doctrinas extraídas de ella estaban ambas basadas en Cristo, quien es el *scopus* y *fundamentum* del texto considerado en su conjunto.[152]

En la obra de Rogers se encuentra una tergiversación aún más amplia de la historia de la doctrina.[153] Una característica del enfoque de Rogers es la identificación del «escolasticismo» como una forma de filosofía aristotélica (más que como un método) y la afirmación de que, por lo tanto, los escolásticos deben ser racionalistas. Sobre la base de estos dos conceptos erróneos, Rogers sostiene un cambio total en el enfoque de las Escrituras entre la Reforma y la era de la ortodoxia: para los reformadores, la fe y la revelación tenían prioridad; para los escolásticos, la razón y la argumentación empírica. Rogers impone el término «inerrancia» a las enseñanzas de los ortodoxos del siglo XVII y afirma, en flagrante contradicción con las obras de los autores que cita, que los ortodoxos del siglo XVII perdieron el concepto de acomodación y dejaron de lado el énfasis de la Reforma en el testimonio interno del Espíritu. Ciertamente existen diferencias en la formulación entre

---

[151] Hermann Diem, *Dogmatics*, trad. H. Knight (Edinburgh: Oliver & Boyd, 1959), págs. 225-229.

[152] Ver más abajo, 3.5

[153] Jack B. Rogers, "The Church Doctrine of Biblical Authority," en Rogers (ed.), *Biblical Authority* (Waco, Texas: Word Books, 1977), págs. 15-46; ídem, *Scripture in the Westminster Confession*; y Rogers y McKim, *Authority and Interpretation of the Bible*. Tenga en cuenta que Rogers pretende analizar la «interpretación» bíblica en el siglo XVII y ¡ni una sola vez examina un comentario bíblico del siglo XVII!

los reformadores y los ortodoxos, pero guardan poca semejanza con las descritas por Rogers.[154]

El problema subyacente con todas estas críticas a la visión ortodoxa protestante de las Escrituras, un problema más evidente en aquellos tratamientos donde la doctrina ortodoxa se compara, desfavorablemente, con la doctrina de los reformadores, es que estas declaraciones, ya sean las de Brunner o Reid, las de Diem o las de Rogers y McKim, nos dicen más sobre la teología de sus autores que sobre la historia de la doctrina protestante. Y todos ellos cometen la falacia de identificar una «Edad de Oro» de la teología protestante que no solo ofrece un precedente histórico para su propia teología, sino que también es de alguna manera recuperable en el presente. Ninguno de ellos, además, parece dispuesto a admitir la cantidad de agua hermenéutica que ha pasado bajo el puente desde la Reforma.[155] El poderoso impulso existencial de gran parte del lenguaje de la Reforma sobre el *verbum Dei* o, de hecho, la *viva vox Dei* que habla en las Escrituras surgió de la convicción de que (a pesar de la pérdida de la *quadriga* y las otras diversas formas de exégesis medieval como tal) el texto hablaba directamente al *agenda, credenda,* y *speranda* de la iglesia contemporánea. Por el contrario, el carácter algo menos existencial de gran parte del lenguaje de las Escrituras del siglo XVII como Palabra surgió más de los cambios hermenéuticos que habían tenido lugar que del «escolasticismo rígido» al que se atribuye la forma ortodoxa de la doctrina protestante de las Escrituras. Cuanto más se alejaba la hermenéutica de la *quadriga* hacia un estricto análisis literal, gramatical, lingüístico y contextual del texto mismo, menos sostenible era el concepto interpretativo de *viva vox Dei* —y conceptos relacionados, como el *scopus scripturae* cristológico—. Y fue la era de la ortodoxia en el siglo XVII la que vio un mayor florecimiento de la crítica textual y del estudio de las lenguas afines de la Biblia. Si el lenguaje existencial de la *viva vox Dei* se hizo más difícil de mantener hermenéuticamente en el siglo XVII, se volvería imposible en los siglos XVIII y XIX. La crítica de los ortodoxos protestantes por la pérdida (¡parcial!) de esta dimensión de la visión de las Escrituras de la Reforma equivale a poco más que una nostalgia teológica no correspondida y ni equitativa.

De manera similar, la caracterización frecuentemente escuchada de la visión ortodoxa de las Escrituras de que el protestantismo rechazó a un papa

---

[154] Véase la mordaz crítica de Rogers in John D. Woodbridge, *Biblical Authority: a Critique of the Rogers/McKim Proposal* (Grand Rapids: Zondervan, 1982).

[155] Cf. los comentarios de Marten H. Woudstra, "Calvin Interprets 'What Moses Reports': Observations on Calvin's Commentary on Exodus 1-19," en *Calvin Theological Journal*, 21 (1986), pág. 157, n. 20.

romano infalible solo para reemplazarlo con un «papa de papel» infalible es, en el mejor de los casos, un malentendido pegadizo de la historia de la doctrina de las Escrituras. Por un lado, ignora la continuidad de la doctrina cristiana en este punto: la enseñanza católica antes de la Reforma asumía la infalibilidad de las Escrituras, al igual que los reformadores; los protestantes ortodoxos no inventaron el concepto. Es más, ¡los maestros católicos de la Edad Media y de los siglos XVI y XVII no fueron muy ruidosos al declarar la infalibilidad del Papa! En realidad, la cuestión es mucho más compleja: la interrelación y la clasificación de las diferentes autoridades. Así, por otra parte, la caracterización ignora el papel crucial desempeñado por la tradición y las confesiones eclesiásticas en la formulación de la doctrina protestante. La doctrina de la autoridad infalible de las Escrituras permaneció constante mientras el marco de interpretación se alejaba de un fuerte énfasis en el *magisterium* eclesiástico y la tradición a un énfasis igualmente poderoso en normas confesionales y en una tradición de interpretación más estrechamente definida. El debate central no versaba sobre la infalibilidad de las Escrituras (que ambas partes daban por sentado), sino sobre la cuestión de la autoridad, específicamente en la autoridad de la interpretación.

También vale la pena señalar, particularmente en vista del enfoque temático adoptado por las partes más amplias y detalladas de este estudio, que la ortodoxia reformada, a pesar de que formuló su teología dentro de límites confesionales relativamente claros, no era un monolito. Como se señaló en el volumen anterior, hubo una variedad considerable en las discusiones sobre cuestiones tales como las formas adoptadas por el conocimiento de Dios o el carácter de la teología como especulativa o práctica, sintética o analítica. También hubo una variedad considerable en la organización y exposición del sistema teológico en su conjunto.[156]

De manera similar, dentro del contexto de la declaración protestante universal de que las Escrituras son la regla infalible de fe y práctica y la única norma para la doctrina cristiana, anterior en autoridad a la iglesia, etc., existe una variedad considerable entre los teólogos reformados posteriores a la Reforma sobre cuestiones como la definición de *analogia fidei*, el uso de patrones de interpretación tipológicos y otros patrones figurativos, la medida en que conceptos tales como el «alcance» o el «fundamento» de las Escrituras pueden volverse definitivos de la doctrina de las Escrituras en su conjunto, la lógica y la disposición del *locus de Scriptura* dogmático, y la relación del *locus* con el sistema en su conjunto —¿es parte de los prolegómenos o es el primer *locus* del propio sistema? Entonces, al intentar

---

[156] Cf. *DRPR*, I, 6.3; 7.2-7.3.

redefinir la relación entre Reforma y ortodoxia, no debemos reemplazar la noción de un monolito decretal o predestinario con la idea de otro tipo de monolito: la variedad dentro de los límites confesionales que se encuentra en la comparación y el contraste entre los pensadores de la era de la Reforma como Calvino, Hyperius, Musculus, Bullinger y Vermigli todavía se repite en la era de la ortodoxia escolástica.

Y aunque puede ser imposible identificar en detalle varios estilos «nacionales» en teología, sigue siendo cierto que las diversas trayectorias del pensamiento reformado engendradas por la Reforma —un francés y un suizo de habla francesa, un alemán y un suizo de habla alemana, una trayectoria holandesa y otra inglesa— todas continuaron existiendo y desarrollando sus propias identidades confesionales y estilos teológicos, a pesar de la comunicación constante y la fertilización cruzada de ideas características del protestantismo reformado. Una cosa es reconocer características de la ortodoxia reformada, por ejemplo, en la teología holandesa e inglesa del siglo XVII, y otra muy distinta no identificar diferencias, como el mayor interés de los reformados holandeses por el sistema teológico, el interés menos sistemático y más homilético de los ingleses y la enorme contribución de los ingleses al estudio textual, lingüístico y crítico. El interés inglés por los teólogos continentales se evidencia en los marginales del libro *Body of Divinity* de Leigh y el interés continental por la piedad y la erudición lingüística inglesas se evidencia en la frecuente referencia a escritores como Perkins, Ames, Whitaker, Rainolds, Gataker y Willet por parte de teólogos y exégetas reformados continentales. A modo de ejemplo, las obras filológicas de Gataker, *De stilo novi instrumenti, De nomine tetragrammato*, las *Opera critica*, y la llamada *Adversaria miscellanea* fueron famosas en su época: en el primer tratado, identificó el estilo distintivo del griego del Nuevo Testamento en comparación con el griego clásico. En el segundo, abordó la etimología del nombre divino y fue atacado nada menos que por un filólogo continental como Louis Cappel, a quien respondió extensamente.[157] Los dos últimos volúmenes reunieron sus numerosas reflexiones clásicas y bíblicas, siendo las *Opera critica* una colección editada por Witsius y publicada en Leiden en 1698. El surgimiento de la ortodoxia escolástica, como se evidencia en la doctrina reformada de las Escrituras, implicó, entonces, no solo el desarrollo a gran escala del sistema teológico dentro de los límites confesionales, sino también un intento variado de abordar sistemática y dogmáticamente una serie de cuestiones textuales e interpretativas, algunas de las cuales apenas fueron abordadas por los reformadores.

---

[157] Thomas Gataker, *De nomine tetragrammato dissertatio* (London, 1645); e ídem, *Dissertatio de tetragrammato suae vindicatio adversus Capellum* (London, 1652).

B. Los primeros ortodoxos y la trayectoria de la enseñanza reformada sobre las Escrituras

1. Entre los reformadores y la formulación ortodoxa temprana completa: Ursinus, Zanchius y sus contemporáneos.

A finales del siglo XVI, los teólogos reformados habían reconocido que, detrás de las diferencias doctrinales que los separaban de Roma y de Wittenberg, había una serie de problemas hermenéuticos. No solo habían reconocido estos problemas, sino que también habían comenzado a plantearlos explícitamente en tratados sobre temas de interpretación de las Escrituras y de los medios para obtener determinaciones o conclusiones doctrinales de las Escrituras (como a veces identificaban el problema, de «dividir correctamente» los Texto y sus doctrinas. Los teólogos de Heidelberg Ursinus y Zanchius habían prestado especial atención a estas cuestiones; Ursinus en el *locus de Scriptura sacra* que puso a la cabeza de su fragmentaria *Loci theologici* (posteriormente extraído como parte de los «prolegómenos» de muchas ediciones de su *Doctrinae christianae compendium*) y en la serie de tesis sobre la Sagrada Escritura contenidas en su *Miscellanea catechetica*,[158] y Zanchius en su confesión de fe y en su extenso *Praefatiuncula in locos communes*.[159] En la misma época, Matthew Virel argumentó el problema de las Escrituras y la tradición en sus comentarios preliminares como «los fundamentos principales de la religión cristiana».[160]

El orden y la disposición de las conferencias catequéticas de Ursinus, tal como aparecen en las primeras ediciones, antes de la expansión editorial que tuvo lugar en manos de Paraeus y Reuter, ofrecen una idea del enfoque ortodoxo temprano del sistema teológico y especialmente de la lógica de la ubicación inicial de la doctrina de las Escrituras en el sistema ortodoxo temprano. Por supuesto, las sumas medievales y las confesiones reformadas sentaron precedentes para la ubicación inicial de la doctrina, ya sea como fuente de *principia* o como el *principium unicum theologiae*, pero todavía era posible omitir la doctrina o darle una ubicación alternativa, como lo demostran, respectivamente, el *Quaestionum et responsionum* de Beza y las

---

[158] Zacharias Ursinus, *Loci theologici*, en *Opera*, vol. I, cols. 426-455; ídem, *Doctrinae christianae compendium sive commentarii catechetici* (Neustadt, Leiden, and Geneva, 1584; Cambridge, 1585); ídem, *Miscellanea catechetica, seu collectio eorum quae catecheticis explicationibus* (Heidelberg, 1612).

[159] Jerome Zanchius, *De religione christiana fides* (Neustadt, 1585); ídem, *In Mosen et universa Biblia, Prolegomena*, in *Operum theologicorum*, 8 vols. (Geneva, 1617), VIII; e ídem, *Praefatiuncula in locos communes: cum priore loco de sacris Scripturis agendum sit: & quae methodus servanda*, en *Operum theologicorum*, VIII, cols. 297-452.

[160] Matthew Virel, *A Learned and Excellent Treatise Containing all the Principall Grounds of Christian Religion* (London, 1594); también ídem, *Dialogue de la réligion Chrestienne, distingué en X chapitres. ensemble un bref sommaire et conference d'icelle avec toutes les autres religions* (Geneva, 1582).

Theses theologicae de 1586 de la academia de Ginebra.[161] Las conferencias de Ursinus muestran muy claramente la lógica de transición entre ciertos elementos de lo que se convertirían en los prolegómenos de la teología y la doctrina de las Escrituras; específicamente, entre la discusión sobre la religión y la necesidad de la revelación en Cristo y la doctrina de las Escrituras como forma de la Palabra divina. Esta transición, que ya se encuentra en los *Institutos* de Calvino y en *Compendium* y *Decades* de Bullinger, se vuelve aún más explícita en las conferencias de Ursinus, subrayando no solo la importancia de las Escrituras para la teología protestante sino también la importancia del concepto de *religio* en la base de la dogmática reformada.[162]

En el *locus de Scriptura sacra*, Ursinus hace la transición entre la Reforma y la ortodoxia temprana. Aquí presenta una discusión completamente desarrollada de la identidad doctrinal de las Escrituras, la base escritural de la religión verdadera, la prioridad de las Escrituras sobre toda autoridad humana, incluida la de la iglesia, los fundamentos de nuestra aceptación de las Escrituras como ciertas (tanto el testimonio interno del Espíritu y las marcas de la divinidad: la autoridad de las Escrituras como *regula fidei* necesaria y suficiente, y la correcta interpretación de las Escrituras, todo en forma de *quastiones* escolásticas que van desde la argumentación básica hasta las objeciones y resoluciones. Ursinus proporciona una definición clara de la *sola Scriptura* de la Reforma como «solo las Escrituras son dignas de fe (*autopistos*) y la regla de la fe». Esto es así en la medida en que la fe «se basa únicamente en la palabra» y en que la Escritura sola es suficiente para la salvación. Hay, comenta Ursinus, grados o gradaciones de autoridad en la comunidad de creencias, siendo los profetas y apóstoles «muy superiores» a los ministros de la iglesia.[163]

Praefatiuncula in locos communes de Zanchius señala, con mayor detalle que los dos esfuerzos de Ursinus, hacia la forma y el contenido del *locus de Scriptura sacra* protestante ortodoxo. Además, solo en comparación con otros esfuerzos masivos de Zanchius en el ámbito de los *loci* teológicos, que

---

[161] Theodore Beza, *Quaestionum et responsionum christianarum libellus, in quo praecipua christianae religionis capita kat epitome proponunter* (Geneva, 1570; segunda parte, Geneva, 1576); en traducción, *A Booke of Christian Questions and Answers* (London, 1572) *y The Other Parte of Christian Questions and answeres, which is Concerning the Sacraments* (London, 1580); y *Propositions and Principles of Divinitie Propounded and Disputed in the University of Geneva.under M. Theod. Beza and M. Anthonie Faius*, trad. John Penry (Edinburgh, 1595).

[162] Hay problemas editoriales con las conferencias de Ursinus: sus estudiantes y seguidores hicieron numerosas modificaciones para completar el texto sin editar póstumamente. En este punto particular de las conferencias catequéticas, el propio Ursinus o un editor que utiliza materiales de otra obra de Ursinus han añadido un prolegómeno completo a la forma del catecismo. El punto básico, sin embargo, permanece sin cambios: es decir, que las conferencias de Ursinus, tal como se publicaron, fueron muy influyentes en este tema particular en el desarrollo de la ortodoxia temprana.

[163] Ursinus, *Loci theologici*, en *Opera*, I, col. 445-446.

este folio de ciento cincuenta y cinco columnas en letra pequeña comienza a merecer el final diminuto que le aporta su autor. Zanchius comienza su *Praefatiuncula* afirmando la prioridad teológica de las Escrituras: ellas, comenta, deben ser el primer tema tratado en teología en la medida en que «las Sagradas Escrituras son el fundamento de toda teología, sobre la cual se funda y construye todo el cuerpo de la doctrina cristiana».[164] La teología consiste correctamente, continúa Zanchius, en doctrinas relativas a Dios extraídas de la Palabra de Dios, con el resultado de que el problema de nuestro conocimiento de Dios debe ser tratado ante todo en la teología, «ya que ni Dios mismo puede ser verdadera y salvíficamente conocido sin las Escrituras, que son su palabra (*sermo*), Jn. 1:18, "Nadie jamás ha visto a Dios: el Hijo, que está en el seno del Padre, él nos lo ha revelado"».[165] Estos comentarios son importantes por varias razones. Indican la continuidad de la prioridad del ordenamiento epistemológico de la teología sobre un ordenamiento plenamente ontológico en la era de la ortodoxia temprana, de hecho, en el pensamiento de uno de los iniciadores más importantes del protestantismo escolástico. Indican la profunda conexión registrada por los protestantes ortodoxos entre la identidad de la segunda persona de la Trinidad como Palabra y el carácter normativo de las Escrituras como Palabra: de hecho, Zanchius puede identificar el humilde estudio de las enseñanzas de Dios en las Escrituras con el sometimiento reverente de todos los pensamientos a Cristo, concediendo que la meta del estudio de las Escrituras (*finis Scripturae*) no es simplemente el conocimiento sino la acción, tanto la creencia en Cristo como la vida santa hecha posible por Cristo.[166] Así, el «*scopus*» o centro «hacia el cual tienden todas las Escrituras... es Jesucristo».[167] Vemos aquí una serie de presuposiciones metodológicas y teológicas que sirven tanto para codificar como para sistematizar la suposición de los reformadores sobre el fundamento escritural de la teología y para llevar adelante, como principios metodológicos, preocupaciones teológicas centrales de la Reforma.

La *Clavis scripturae sacrae* (1567) de Matthias Flacius Iliricus también pertenece a los inicios de la ortodoxia protestante. Y aunque Flacius era luterano, el tratado es tan completo y tan influyente en los círculos protestantes,[168] y tan característico del movimiento del protestantismo

---

[164] Zanchius, *Praefatiuncula*, col. 319.

[165] Zanchius, *Praefatiuncula*, col. 319.

[166] Cf. Zanchius *Praefatiuncula*, col. 319, con cols. 416 y 418.

[167] Zanchius, *In Mosen et universa Biblia, Prolegomena*, en *Opera*, VIII, col. 16.

[168] Véase Rudolf Keller, *Der Schlüssel zur Schrift, Die Lehre vom Wort Gottes bei Matthias Flacius Illyricus* (Hannover: Luther Verlagshaus, 1984), y Günther Moldaenke, *Schriftverständnis und Schriftdeutung im Zeitalter der Reformation* (Stuttgart: Kolhammer, 1936); nótese también William Perkins, *The Arte of Prophecying*, in *The Workes of ... Mr. William Perkins*, 3 vols. (Cambridge, 1612-1619), II, pág.

hacia su temprano sistema ortodoxo que merece ser mencionado aquí. La segunda parte del tratado, en particular, es crucial por su discusión sobre la interpretación de las Escrituras. Flacius defiende la prioridad y, en la mayoría de los casos, la validez única del significado gramatical del texto discernido mediante una cuidadosa exégesis en los idiomas originales. Se rechazan los significados múltiples y se permite un significado figurado o simbólico solo cuando el texto mismo lo exige al no lograr tener buen sentido en su significado literal. Un significado figurado debe residir en el texto mismo y no imponerse al texto por capricho del intérprete. Aún más importante, Flacius reconoció que este sentido literal o gramatical básico era el sentido que pretendía el autor original al dirigirse a su antigua audiencia en hebreo o griego de la época. Este no es, por supuesto, un método histórico o histórico-crítico en exégesis, pero es un método exegético que arraiga el significado del texto en el texto mismo y en el contexto proporcionado por el marco más amplio del libro o pasaje en el que aparece el texto y por el «propósito del hablante» del texto.[169]

Al mismo tiempo —sin el sentido de contradicción afirmado en este punto por varios escritores modernos[170]— Flacius argumentó la unidad de la Escritura en su verdad doctrinal, la ausencia de contradicciones genuinas en el texto y la necesidad tanto a pequeña como a gran escala del uso de las Escrituras para dilucidarlas. Flacius no solo defiende los principios exegéticos básicos *analogia Scripturae* para la interpretación de pasajes difíciles o vagos mediante pasajes claros que traten del mismo tema, también argumenta una extensa *analogia fidei*: «Toda comprensión y exposición de las Escrituras debe estar de acuerdo con la fe... Porque todo lo que se dice acerca de las Escrituras o sobre la base de las Escrituras debe estar de acuerdo con todo lo que declara el catecismo o lo que se enseña en los artículos de la fe».[171] Flacius, en otras palabras, entiende la Escritura como la *norma normans theologiae* y los credos y escritos confesionales de la iglesia como *norma normata*: los credos y confesiones expresan el contenido y el sentido teológico general de las Escrituras, y, siendo así, cualquier interpretación que difiera de la ofrecida en los credos y confesiones debe ser una negación del verdadero sentido de las Escrituras.

669, citando a Flacius; y cf. Ian Breward, "The Life and Theology of William Perkins, 1558-1602" (Ph.D. diss., University of Manchester, 1963), pág. 47.

[169] Matthias Flacius Illyricus, *Clavis scripturae seu de sermone sacrorum literarum, plurimas generales regulas continentis* (Wittenberg, 1567), II, cols. 72, 82-83; cf. Werner Georg Kümmel, *The New Testament: The History of the Investigation of Its Problems*, trad. S. McLean Gilmour y Howard C. Kee (Nashville: Abingdon, 1972), págs. 27-29, con Berger, *La Bible au seizième siècle*, págs. 169-174.

[170] Cf. Kümmel, *History*, págs. 29-30.

[171] Flacius, *Clavis*, como se cita en Kümmel, *History*, pág. 30.

Claramente, el interés en la gramática del texto y en el contexto textual e histórico de pasajes particulares registrados en la *Clavis* de Flacius tiene poco que ver con la comprensión histórico-crítica moderna. Más bien, surgió del deseo anterior del Renacimiento y la Reforma de alejarse de los patrones de la exégesis medieval hacia una interpretación más controlada gramatical y lingüísticamente, mientras (como se desprende de los comentarios de Flacius sobre la *analogia Scripturae* y *analogia fidei*) respetando al mismo tiempo la relación positiva entre la enseñanza de las Escrituras y la doctrina de la iglesia.

Esta relación entre la enseñanza de las Escrituras y la doctrina de la iglesia, en conexión con el problema de la autoridad, fue la gran carga de la ortodoxia protestante temprana mientras se esforzaba por crear una dogmática distintivamente protestante y, sin embargo, completamente católica para la iglesia de finales del siglo XVI. Dado que, además, la relación, tal como había existido en la iglesia anterior a la Reforma desde la época de los padres hasta finales del siglo XV, había dependido de patrones particulares de interpretación que ahora se dejan de lado, los comentarios de Flacius y sus contemporáneos sobre el significado central o «alcance» de las Escrituras y la relación entre las Escrituras y las nuevas confesiones eminentemente bíblicas del protestantismo, apuntan no solo hacia la obra central sino también hacia el problema central que enfrenta la ortodoxia. El equilibrio indicado por Flacius entre la exégesis gramatical e histórica y los documentos confesionales de la iglesia sería cada vez más difícil de mantener durante el transcurso del siglo XVII.

El desarrollo de la doctrina ortodoxa temprana de las Escrituras también debe mucho a la vasta y magistral obra *Examination of the Council of Trent* (1565-1573) de Martin Chemnitz. De fundamental importancia para la formación de la ortodoxia luterana, el tratado de Chemnitz proporciona una cristalización de la teología protestante a un nivel de detalle y experiencia técnica prácticamente sin igual en su época. Solo Zanchius es su igual. La obra de Chemnitz es sin duda la refutación protestante más impresionante de Trento y, como tal, una de las fuentes polémicas más destacadas de los elementos «eléncticos» de los *loci* relevantes en los sistemas dogmáticos protestantes posteriores. La importancia de la obra de Chemnitz para los ortodoxos reformados y luteranos puede inferirse de la disposición de los escritores reformados de finales del siglo XVI y principios del XVII no solo a basarse en sus argumentos con un reconocimiento cortés y a menudo entusiasta, sino también para defender a Chemnitz de los ataques y refutaciones de Bellarmine y otros.[172] En particular, los reformados

---

[172] Cf. John Rainolds, *The Summe of the Conference between Iohn Rainolds and Iohn Hart: Touching the Head and Faith of the Church. Wherein are handled sundry points, of the sufficiency and right expounding*

gravitaron hacia la refutación de Chemnitz de las sesiones tercera y cuarta de Trento, en las que se había abordado la cuestión de la autoridad, tradicional, eclesiástica y bíblica.

Una obra igualmente influyente, del lado reformado, respetada y utilizada consistentemente por los teólogos protestantes en el continente durante toda la era de la ortodoxia, fue la *Disputatio de sacra scriptura* (1588) de William Whitaker. El tratado de Whitaker destaca a dos de los más eminentes polemistas católicos romanos, Bellarmine y Stapleton, para una extensa refutación y se refiere a muchos otros pensadores y documentos, desde los cánones del Concilio de Trento hasta la obra de los «remistas» y los escritos dogmáticos y polémicos de Melchior Cano. La importancia de la obra de Whitaker para la causa protestante, señalada por la publicación póstuma de sus obras en Ginebra en 1610 en dos grandes volúmenes en folio, seguramente se debe a su comprensión de los argumentos, las fuentes y los materiales. La *Disputatio* evidencia un conocimiento amplio y detallado de obras patrísticas, algunas medievales y una amplia gama de obras del siglo XVI. Whitaker era particularmente hábil, como Fulke antes que él, en volver contra sí mismo el énfasis católico romano en la tradición al encontrar puntos de vista patrísticos contradictorios con las afirmaciones de la teología católica romana de finales del siglo XVI.[173] Whitaker también se destaca por su lectura y defensa de escritores protestantes anteriores como Calvino, así como de eminentes pensadores luteranos como Brenz y Chemnitz, contra el ataque católico romano.[174]

Whitaker demuestra una comprensión del trabajo crítico de textos de los eruditos bíblicos y lingüistas, tanto protestantes como católicos. Por ejemplo, no solo puede citar con aprobación a eruditos bíblicos católicos romanos como Erasmo y Arias Montanus, sino también (con obvia ironía) aplicar sus conclusiones en defensa del protestantismo contra los polemistas y dogmáticos católicos. Sin duda, una de las grandes ironías del debate teológico ortodoxo temprano es que los cambios hermenéuticos y confesionales del siglo XVI fueron tales que se pudo encontrar que los eruditos católicos romanos de principios del siglo XVI no estaban de acuerdo con las enseñanzas teológicas postridentinas y que los reformadores En

---

of the Scriptures, the ministrie of the church (London, 1598), pág. 29; William Whitaker, *A Disputation on Holy Scripture, against the Papists, especially Bellarmine and Stapleton*. trad. y ed. por William Fitzgerald (Cambridge: Cambridge University Press, 1849), págs. 380, 511. Sobre el enfoque y el método de Whitaker, Frits G. M. Broeyer, "Traces of Reformed Scholasticism in the Polemical Theologian William Whitaker (1548-1595)," en Willem J. van Asselt y Eef Dekker, eds., *Reformation and Scholasticism: an Ecumenical Enterprise* (Grand Rapids: Baker Book House, 2001), págs. 141-154.

[173] Cf. Por ejemplo, Whitaker, *Disputation*, págs. 370-379, 393-400.

[174] Cf. Por ejemplo, Whitaker, *Disputation*, págs. 277 (Bullinger y Calvino), 340-350 (defendiendo a Calvino contra Stapleton), 351 (Musculus), 380-382 (defendiendo a Lutero, Brenz, Chemnitz, y «los luteranos» en general), 385, 511, 514 (usando Brenz).

ocasiones podrían citarse contra sus propios sucesores, como en problemas tales como la datación y enmienda de los puntos vocálicos en el texto masorético del Antiguo Testamento.

Whitaker también aborda una serie de temas más estrictamente dogmáticos en su *Disputatio*, todo lo cual se integraría directamente en el sistema ortodoxo reformado. Argumenta, ante todo, la cuestión del canon de las Escrituras y la identificación del número de libros canónicos con exclusión de los apócrifos. Esta cuestión, por supuesto, ya era, en la época de Whitaker, una cuestión confesional,[175] de modo que su argumento representa una defensa de un punto que fue un elemento positivo en el sistema ortodoxo protestante temprano en razón de las conclusiones dogmáticas de la segunda generación de reformadores. Se puede hacer una declaración similar respecto del segundo y quinto tema de Whitaker —la autoridad y la interpretación de las Escrituras— que habían recibido una declaración doctrinal positiva y básica en varias confesiones reformadas importantes.[176] Los otros temas de Whitaker (las ediciones y versiones auténticas, la claridad y perfección de las Escrituras) formaban más parte de la polémica que de la formulación inicial y confesional de la doctrina positiva. En ambos casos, sin embargo, los detalles de los argumentos de Whitaker (y de los argumentos de sus contemporáneos protestantes) pasaron al sistema teológico, proporcionando nueva sustancia a los *loci* existentes y, a medida que la polémica pasó a ser doctrina positiva, nuevos *loci* o divisiones de *loci*. Todavía en la publicación del libro *Theologia theoretico-practica* de Mastricht (1682-1687, con ediciones posteriores hasta bien entrado el siglo XVIII), la *Disputatio* de Whitaker fue reconocida como obra definitiva.[177]

2. Canon, confesionalidad y polémica: el intercambio protestante y romano, así como la formulación de la doctrina ortodoxa.

Se mantuvo la continuidad con la teología de los reformadores en la cuestión central del fundamento de la autoridad en la fe y en la práctica. Específicamente, los escritores ortodoxos mantuvieron el equilibrio establecido por los reformadores entre la declaración del valor objetivo de la Escritura como Palabra y la confesión de la obra subjetiva del Espíritu necesaria para la fiel aprehensión de la Palabra escritural. Así, los sistemas ortodoxos elaboran extensamente los contenidos divinamente dados de las Escrituras y las diversas evidencias históricas de la obra divina en la

---

[175] Cf. Arriba, 1.4 y note *Thirty-nine Articles,* vi-vii; *Confessio Gallicana,* iii-iv; *Confession Belgica,* iv-vi; *Confessio Helvetica posterior,* i.

[176] *Confession Helvetica prior,* i-ii; *Confessio Helvetica posterior,* i-ii; *Confessio Belgica,* vii.

[177] Cf. Mastricht, *Theoretico-practica theol.*, I, ii.9; cf. el uso de Whitaker's *Disputation* en Johannes Maccovius, *Loci communes theologici* (Amsterdam, 1658), III (págs. 21, 22).

producción de las Escrituras, pero insisten, al mismo tiempo, en que todas esas evidencias objetivas no pueden producir fe si el mismo Espíritu que obró en los profetas y apóstoles en la producción de las Escrituras no da testimonio también de su obra en los corazones y las mentes de los fieles.[178]

También es cierto que el desarrollo confesional positivo contribuyó a la doctrina escolástica protestante de las Escrituras con un conjunto de temas algo diferente al que se proporcionó en el desarrollo de las polémicas. Los temas de autoridad e interpretación, que ya hemos identificado como las cuestiones centrales abordadas por la teología de la Reforma, pertenecen tanto a la polémica como a la doctrina positiva. Las discusiones sobre la necesidad de la revelación, sobre el carácter de las Escrituras como Palabra de Dios, sobre la inspiración de las Escrituras y sobre las marcas de la divinidad en las Escrituras fueron menos parte del debate que de la confesión general de la iglesia acerca de las Escrituras, y tienden, por lo tanto, estar ausente o tener un énfasis disminuido en los tratados polémicos. Sin embargo, la discusión sobre el canon, las ediciones y versiones auténticas y atributos como la perfección y la claridad se encontraba en el centro del debate y se desarrolló polémicamente antes de su exposición positiva a gran escala en la dogmática. Cuestiones secundarias como la prioridad de una Palabra no escrita a la escrita, particularmente cuando tocan cuestiones de la tradición y su relación con las Escrituras, tienden a vincular los dos conjuntos de cuestiones, la positiva y la polémica, y a facilitar a principios del siglo XVII la creación de un cohesivo *locus de Scriptura* cubriendo todos los temas. Los teólogos ortodoxos reformados también aceptaron las conclusiones confesionales de los reformadores de segunda generación sobre el canon de las Escrituras y elaboraron esas conclusiones en gran medida en el contexto de una polémica detallada contra Roma. La teología ortodoxa temprana no creó una teoría del canon, pero mantuvo la teoría expuesta por Calvino, Bullinger, Musculus, Vermigli, DeBres y otros contribuyentes a la codificación confesional reformada.[179]

El problema del canon —definido como que incluye los apócrifos por el Concilio de Trento y como excluyente de los apócrifos por las confesiones protestantes— se convirtió en un tema importante para los primeros ortodoxos, no porque su enseñanza sobre el tema fuera diferente de la de la generación de Calvino y Bullinger, sino porque el alejamiento confesional

---

[178] Cf. Calvino, *Institutos*, I, vii, 4-5; viii, 1-13, con Wollebius, *Compendium*, praecognita, viii-ix; Polanus, *Syntagma theol.*, Synopsis libri I; Antionis Walaeus, *Loci communes s. theologiae*, en *Opera omnia* (Leiden, 1643), II (pág. 126, col. 2); *Synopsis purioris theologiae, disputationibus quinquaginta duabus comprehensa ac conscripta per Johannem Polyandrum, Andream Rivetum, Antonium Walaeum, Antonium Thysium* (1626), sexta edición, ed. H. Bavinck (Leiden: Donner, 1881), II, xxxi; y vea la discusión, a continuación, 4.3 (A, C.1)

[179] Cf. Reuss, *History of the Canon*, pág. 343.

de la perspectiva de finales de la Edad Media y principios de la Reforma que se produjo en la generación de Calvino y Bullinger en respuesta a Trento planteó una cuestión muy adecuada a las polémicas de la época. La alteración del canon, como reconocieron todos los teólogos de la época, fue una marca registrada de herejía desde la época de la iglesia primitiva. ¡La pregunta era quién había alterado el canon!

Gregory Martin, uno de los «lectores de Divinidad en el Colegio Inglés de Rhemes (Rheims)» y traductor principal del Nuevo Testamento de Rheims, argumentó que los herejes generalmente «abusaban» de la Biblia para argumentar y propagar sus errores y que estos abusos podrían reducirse a cinco problemas básicos, todos los cuales podrían identificarse en el enfoque protestante de las Escrituras.[180] Los herejes niegan libros individuales de la Biblia o partes de libros: los Alogoi rechazaron el evangelio de Juan, mientras que Marción eliminó materiales del evangelio de Lucas y las epístolas paulinas. Del mismo modo, los herejes niegan la autoridad de ciertos libros.[181] Los herejes también «exponen las Escrituras según su propia vanidad y fantasía privadas, no según el sentido aprobado de los santos padres antiguos y de la Iglesia católica».[182] No contentos con una exposición errónea, los herejes también «alterarán el texto original de las Sagradas Escrituras, agregándolo, quitándolo o cambiándolo… para su propósito», o harán «traducciones falsas… para mantener el error y la herejía».[183]

No es importante, en este punto, elaborar las respuestas ortodoxas protestantes a estas acusaciones, sino solo señalar su importancia para el desarrollo negativo de la doctrina protestante de las Escrituras. La primera y la segunda acusación (negación de libros o partes de libros y negación de la autoridad de ciertos libros) llevaron directamente a la clara identificación por parte de los protestantes del canon de las Escrituras y a una exclusión confesional y dogmática de los apócrifos.[184] La tercera acusación —interpretación arbitraria de las Escrituras— condujo a la formulación de reglas de interpretación y la relación de las Escrituras con la tradición, acompañadas frecuentemente de ataques a la naturaleza arbitraria del método alegórico practicado por los padres y los doctores medievales.[185] Las

---

[180] Gregory Martin, *A Discouerie of the Manifold Corruptions of the Holy Scriptures by the Heretickes of our Daies: especially the English Sectaries, and of their foule dealing herein, by partial & false translations to the aduantage of their heresies* (Rheims: Iohn Fogny, 1582).

[181] *Discouerie*, citado en William Fulke, *A Defense of the Sincere and True Translations of the Holy Scriptures in the English Tongue, against the Cavils of Gregory Martin* (London, 1583; reissued by The Parker Society, Cambridge, 1843), págs. 7-8.

[182] Fulke, *Defense*, pág. 9.

[183] Fulke, *Defense*, págs. 11, 12.

[184] Véase más abajo, 6.1 (C.4-6).

[185] Véase más abajo, 7.3-7.4.

acusaciones cuarta y quinta (alteración de textos originales y producción de traducciones falsas) llevaron a un interés doctrinal en los textos hebreo y griego de las Escrituras y en la relación entre la autoridad de los originales y la autoridad de las traducciones.[186]

Los protestantes se volvieron claramente conscientes de la relación entre tales cuestiones y el progreso en el estudio lingüístico cuando, a principios del siglo XVII, Louis Cappel planteó tanto la cuestión del origen tardío de los puntos vocálicos como la premisa metodológica relacionada de la corrección del texto masorético en la base de versiones antiguas.[187] Las implicaciones doctrinales de su obra fueron explosivas, reconociendo la insistencia protestante en la autoridad del texto en sus idiomas originales y la forma en que el texto mismo garantizaba la certeza del conocimiento teológico. De manera similar, las eruditas *Annotationes ad Vetus Testamentum* (1644) y *Annotationes in Novum Testamentum* (1646) de Grotius, provocaron un debate considerable sobre la aplicación de un enfoque humanista altamente desarrollado, repleto de citas de antiguos autores paganos, a la interpretación de las Escrituras. Sus variantes de traducción, su tendencia hacia la exégesis histórica y, en particular, sus puntos de vista sobre la inspiración preocuparon a los protestantes ortodoxos: Grotius argumentó, por ejemplo, un menor grado de inspiración para los autores de los libros históricos que para los profetas.[188] Además, algunas de las anotaciones de Grotius, en particular su negación de un significado mesiánico primario a Isaías 53 y su identificación de Jeremías como el «varón de dolores», llevó a acusarlo de haber ayudado e instigado a los socinianos.[189]

Cada una de las cuestiones planteadas por Martin, Stapleton, Bellarmine y otros polemistas romanos y, más tarde, las planteadas por la crítica textual del siglo XVII, se convirtieron en parte del dogmático protestante *locus de sacra Scriptura* y una cuestión a abordar en el trabajo de exégesis. En la era ortodoxa temprana, en sistemas como el *Cursus theologiae* de Scharpius, *Loci communes* de Trelcatius y *Disputationes* de Hommius, secciones polémicas, a menudo específicamente planteadas contra Bellarmine, se agregaron a los *loci* positivos. Un enfoque alternativo, encontrado en los sistemas de

---

[186] Véase más abajo, 6.3.

[187] Cf. Muller, *After Calvin*, págs. 146-155; con Diestel, *Geschichte*, págs. 334-341; y véase más abajo, 6.3 (A-B).

[188] Henning Graf Reventlow, "L'exégèse de Hugo Grotius," en *BTT*, 6, págs. 143, 146-147.

[189] Cf. Hugo Grotius, *Annotationes ad Vetus Testamentum*, en *Opera omnia theologica*, 3 vols. (Amsterdam, 1679), I, págs. 323-325, con John Owen, *Vindiciae evangelicae; or, the Mystery of the Gospel Vindicated and Socinianism Examined ... with the Vindication of the Testimonies of Scripture concerning the Deity and Satisfaction of Jesus Christ from the perverse Expositions and Interpretations of them by Hugo Grotius*, en *The Works of John Owen*, ed. William Goold, 17 vols. (London and Edinburgh: Johnstone y Hunter, 1850-1853), XII, págs. 457-458, 475-481.

Polanus y Alsted,[190] que trató la polémica como parte integral del argumento doctrinal del *locus de sacra Scriptura*, se convirtió en el patrón dominante, como lo demuestran Maccovius, Cocceius, Burman, Maresius,[191] y prácticamente todos los escritores de la alta ortodoxia. La polémica también aparece en obras exegéticas de gran escala, como las de Willet y Mayer,[192] en sus reseñas de opiniones exegéticas y teológicas, y en polémicas más actuales dirigidas contra las negaciones católicas romanas de la claridad y autoridad exclusiva de las Escrituras.[193] Este desarrollo ilustra la forma en que la polémica o, más precisamente, un contexto polémico diferente, contribuyó al surgimiento de la ortodoxia protestante y el hecho de que el desarrollo no fue una cuestión de polémica *per se*, sino más bien de temas y contextos polémicos cambiantes dentro de los cuales los pensadores protestantes intentaron permanecer en continuidad con las intenciones de sus predecesores. Entre otras cuestiones, estos protestantes posteriores tuvieron que lidiar, mucho más y con mayor detalle que sus predecesores, con la proliferación de ediciones del texto bíblico y de nuevas traducciones variadas.

Estos puntos de polémica, además, mantienen el énfasis de la Baja Edad Media y la Reforma sobre las cuestiones de autoridad e interpretación. Los puntos en cuestión están algo más centrados y están determinados ahora por debates posteriores y específicamente por la controversia sobre la identidad de la verdadera iglesia ocasionada por la separación formal del protestantismo de Roma, pero debajo de esta alteración superficial de los términos del debate, hay, claramente, una continuidad de cuestiones y argumentaciones. La relación entre las Escrituras, la tradición y el *magisterium* eclesiástico sigue siendo fundamental en el debate: la división

---

[190] Johann Heinrich Alsted, *Methodus sacrosanctae theologiae octo libri tradita* (Hanau, 1614); pero tenga en cuenta el modelo no polémico en ídem, *Theologia didactica, exhibens locos communes theologicos methodo scholastica* (Hanau, 1618; segunda edición, 1627).

[191] Johannes Cocceius, *Summa theologiae ex Scriptura repetita*, en *Opera omnia theologica, exegetica, didactica, polemica, philologica*, 12 vols. (Amsterdam, 1701-1706), VII, págs. 131-403; Franz Burman, *Synopsis theologiae et speciatim oeconomiae foederum Dei* (Geneva, 1678); Samuel Maresius, *Collegium theologicum sive systema breve universae theologiae comprehensum octodecim disputationibus* (Groningen, 1645; 1659).

[192] Andrew Willet, *Hexapla in Genesin* (Cambridge, 1605; segunda ed., ampliada, 1608); ídem, *Hexapla in Exodum* (London, 1608); ídem, *Hexapla in Leviticum* (London, 1631); ídem, *Hexapla in Danielem* (Cambridge, 1610); ídem, *Hexapla: That is, a Six Fold Commentarie upon the Epistle to the Romans* (Cambridge, 1620); John Mayer, *A Commentary upon all the Prophets both Great and Small: wherein the divers Translations and Expositions both Literal and Mystical of all the most famous Commentators both Ancient and Modern are propounded* (London, 1652); ídem, *A Commentarie upon the New Testament. Representing the divers expositions thereof, out of the workes of the most learned, both ancient Fathers, and moderne Writers*, 3 vols. (London, 1631).

[193] Por ejemplo, Daniel Tilenus, *A Defense of the Sufficiency of the Holy Scripture* (London: L. S. for N. Butter, 1606); ídem, *Positions lately held by the L. du Perron against the Scriptures verie learnedly answered* (London: L. S. for N. Butter, 1606).

de la cristiandad simplemente ha identificado a los partidos opuestos según líneas eclesiales claras, mientras que la relación del intérprete individual con las antiguas normas de autoridad se ha visto intensificada tanto por el florecimiento del humanismo como por la alternativa anabaptista a la Reforma magisterial. De manera similar, el método y patrón de interpretación sigue siendo un foco de debate, con la tensión tradicional entre la letra gramatical del texto y la necesidad eclesiástica de lecturas figurativas, simbólicas y doctrinales del texto. Los polos del debate son, una vez más, identificables eclesialmente, aunque los límites son mucho más vagos que en el debate sobre la autoridad. Los escritores protestantes continúan viendo la necesidad de cierta exégesis figurativa y tipológica, mientras que los autores católicos avanzan hacia un enfoque más fuerte en la gramática del texto. En ambos lados, la formación humanística en las lenguas antiguas ha tenido un impacto considerable. Entre los autores protestantes, sin embargo, hay una apelación más directa a los textos hebreo y griego, como se esperaría después de la afirmación tridentina de la autoridad de la Vulgata. Esta apelación a las lenguas antiguas se trasladó, en el lado protestante, al propio sistema dogmático, ya que los sistemas surgieron de *loci* exegéticos y la apelación a las Escrituras se introdujo en cada elemento del cuerpo de la doctrina cristiana.

3. El ortodoxo *locus de Scriptura sacra*: un equilibrio de cuestiones positivas y polémicas.

La relación entre el estudio exegético y textual, las polémicas, la doctrina de las Escrituras y la formulación de la doctrina cristiana que se evidencia en el libro *Disputatio* de Whitaker continuó siendo característica de la teología ortodoxa protestante, al igual que el «método locus» de construcción teológica que se encuentra en las obras doctrinales de Musculus y Zanchius. Se puede observar una continuidad considerable entre exégesis, teología y piedad al comparar las obras escritas por los teólogos de Westminster, la Confesión y los catecismos de Westminster, y las *Anotaciones sobre todos los libros del Antiguo y Nuevo Testamento* compiladas por miembros de la Asamblea y otros. El trabajo de teólogos de la alta ortodoxia como Johannes Marckius y Petrus van Mastricht ilustra bien este punto: los diversos compendios de dogmática de Marckius citan textos en gran medida, no en el sentido de una prueba textual acrítica, sino más bien siguiendo un trabajo de toda la vida de exégesis detallada del texto;[194] todo el sistema de van Mastricht sigue un patrón de cuidadosa exégesis de *loci classici*

---

[194] Johannes Marckius, *Christianae theologiae medulla didactico elenctica* (Amsterdam, 1690); ídem, *Compendium theologiae christianae didactico-elencticum* (Groningen, 1686).

antes de la formulación de conclusiones dogmáticas.[195] Resulta bastante imposible argumentar, como lo ha hecho un escritor reciente, que hubo «una tendencia dentro del calvinismo posterior a tratar la teología y la exégesis de las Escrituras como asuntos no relacionados»[196] dada la amplitud de las pruebas en contrario. Lo que se puede notar, sin embargo, de acuerdo con la discusión anterior sobre la polémica en torno a la doctrina de las Escrituras, es la creciente presión ejercida sobre la dogmática tradicional, a lo largo de finales del siglo XVI y XVII, por las polémicas y por los patrones cambiantes de crítica de textos, exégesis y hermenéutica.[197] Además, cabe señalar una distinción bastante similar a la que hizo Calvino en el prefacio de sus *Institutos*, entre el trabajo del comentarista y el desarrollo de las «disputas dogmáticas», con una diferencia o apariencia de discontinuidad causada por el surgimiento de un sistema teológico completo y la diferencia resultante de *género* literario entre obras como los *Institutos* y, por ejemplo, el *Syntagma theologiae* de Polanus.

Franciscus Junius de Leiden también desempeña un papel crucial en el desarrollo de la doctrina reformada de las Escrituras, al igual que lo hizo en la creación de los prolegómenos teológicos reformados, sin mencionar sus contribuciones al estudio textual y exegético de las Escrituras.[198] Aunque la mayoría de las cuestiones doctrinales básicas ya habían sido planteadas cuando Junius escribió sus primeras *Theses theologicae* (ca. 1584-1592), fue Junius quien dio a la doctrina una forma escolástica clara y quien dividió claramente las discusiones preliminares en teología en prolegómenos y *locus de Scriptura* y luego dividió ambos temas en tesis cuidadosamente ordenadas. Junius aplicó a la discusión de las Escrituras el mismo interés por la causalidad eficiente, material, formal y final que había utilizado como recurso heurístico en su *De vera theologia*, impartiendo claridad de disposición y orden al *locus*. Los temas elegidos por Junius para su exposición, tomados tanto de los recursos positivos de los reformadores

---

[195] Cf., por ejemplo, Mastricht, *Theoretico-practica theol.*, I, ii, *De Scriptura*, beginning with an examination of 2 Tim. 3:16-17 («Toda la Escritura es inspirada por Dios»), con ídem, II, ii, *De existentia et cognitione Dei*, comenzando con una exégesis del He. 11:6 («Pero sin fe es imposible agradarle; porque el que se acerca a Dios, es necesario que crea que existe»). Sobre el problema de *dicta probantia*, ver más abajo, 7.5 (B).

[196] Alister McGrath, *A Life of John Calvin: A Study in the Shaping of Western Culture* (Oxford: Blackwell, 1990), pág. 298, n. 2.

[197] Cf. Diestel, *Geschichte*, págs. 475-476.

[198] N.B., Franciscus Junius, *The Apoclayps, or Revelation of S. John with a Brief Exposition* (Cambridge: John Legat, 1596); ídem, *Sacrorum parallelorum libri tres: id est comparatio locorum Scripturae sacrae, qui ex testamento vetere in Novo adducuntur*, segunda edición (London: G. Bishop, n.d.); también *Biblia sacra, sive libri canonici priscae Iudaeorum ecclesiae à Deo tradit, Latini recens ex Hebraeo facta ... ab Emanuele Tremmelio & Francisco Iunio, accesserunt libri qui vulgo dicuntur Apocryphi, Latine reddite ... à Francisco Iunio ... quibus etiam adjunximus Novi Testamenti libros ex sermone Syro ab Tremellio, et ex Graeco à Theodore Beza in Latinum versos*, secunda cura Francisci Iunii (London: G. B., 1593).

y de las confesiones como de los debates de sus inmediatos predecesores, continuaron siendo, con alguna pequeña reordenación, los temas básicos de la exposición *locus*: Escritura considerada causalmente, la autoridad de la Escritura, la perfección de la Escritura como Palabra, el problema de las tradiciones y los atributos de la Escritura.[199] Si estos temas no son nuevos para Junius (tienen raíces en el pensamiento de Calvino, Bullinger y Ursinus y en la tradición confesional reformada), el cuidado metodológico con el que se enuncian, definen y organizan es un desarrollo distintivo.

El sistema ortodoxo protestante expresa su lenguaje de las Escrituras de manera diferente (más dogmática, más técnica y en términos más estrictamente definidos) que los escritos de los reformadores, pero este elemento de discontinuidad debe entenderse en el contexto más amplio del desarrollo de la terminología del sistema teológico en el que las confesiones y escritos doctrinales de la Reforma tuvieron un enorme impacto. Los escolásticos protestantes se apoderaron de los modelos sistemáticos medievales, pero alteraron significativamente sus definiciones y estructuras sobre la base de los argumentos de los reformadores. También se les presionó, mucho más que en los prolegómenos o en el *locus de Deo*, para que abordaran una intensa polémica con los teólogos católicos romanos, más notablemente con Robert Bellarmine, sobre la doctrina de las Escrituras en su relación con la cuestión de la autoridad en la iglesia.

Los contenidos de los primeros, protestantes y ortodoxos *loci de Scriptura sacra* varían de un sistema a otro, y algunos, como el *Syntagma theologiae* de Polanus ofreciendo un esquema muy detallado con una fina división de temas, y otros, como el *Cursus theologicus* de Scharpius o *Loci theologici* de Walaeus, siguiendo un orden más abreviado. Los *loci communes* de Maccovius enfatizan la causalidad instrumental de la Escritura, la interpretación y el problema de los dos testamentos, la ley y el evangelio, mientras que el famoso *Synopsis purioris theologiae* de Leiden equilibra muy bien las preocupaciones dogmáticas y hermenéuticas de los primeros ortodoxos. En todos los casos, sin embargo, las cuestiones subyacentes abordadas son la naturaleza, la identidad canónica, la autoridad y la interpretación de las Escrituras, frecuentemente con referencia directa a los puntos de vista alternativos de los oponentes católicos romanos. Scharpius, a modo de ejemplo, desarrolla unos prolegómenos muy breves, sin apenas un atisbo de controversia, y luego procede a una doctrina de las Escrituras larga, casi enteramente controvertida, planteada casi exclusivamente contra la doctrina *De verbo Dei* de Bellarmine. Scharpius distingue diez controversias básicas que deben ser tratadas en la doctrina protestante de las Escrituras:

---

[199] Cf. Junius, *Theses theologicae leydenses*, II-VI; *Theses theologicae heidelbergenses*, II-X, *en Opuscula theologica selecta*, ed. Abraham Kuyper (Amsterdam: F. Muller, 1882).

1. el canon; 2. las ediciones auténticas; 3. las versiones; 4. el derecho a leer las Escrituras; 5. el uso público de las Escrituras; 6. la autoridad de las Escrituras; 7. la claridad de las Escrituras; 8. interpretación correcta; 9. la necesidad de las Escrituras; 10. la perfección de las Escrituras frente a las tradiciones no escritas.[200] Otras obras reformadas de la época, como la *Disputariones* de Hommius, las obras confesionales y apologéticas de Du Moulin evidencian un enfoque similar en los problemas planteados por Bellarmine para la doctrina protestante de las Escrituras.[201]

Un patrón similar pero más elaborado se encuentra en la obra *Treatise of Effectual Calling* de Rollock, donde el autor desarrolla una doctrina completa de las Escrituras contra Bellarmine, enumerando diez «controversias» que deben abordarse en el establecimiento de la posición protestante sobre la naturaleza y el carácter de las Escrituras. Éstas son, indica Rollock, controversias «esenciales» en el sentido de que «conciernen a la esencia misma... o al ser de las Escrituras»:

> La primera es: «¿la Escritura, profética y apostólica, es palabra de Dios?» La segunda es: «¿Cómo puede parecer que esta Escritura es palabra de Dios?» La tercera es «De la antigüedad del mismo». La cuarta es: «De la perspicuidad y claridad de la misma». La quinta es: «De la sencillez o simplicidad de la misma». La sexta es: «De la vivacidad, poder vivificante o vida de la misma». La séptima es: «De la simple y evidente necesidad de la misma». La octava es: «De la perfección y suficiencia de la misma, que es suficiente y perfecta en sí misma, sin toda verdad o tradición no escrita». La novena es: «¿Puede la Escritura ser el juez que determine todas las controversias?» La décima es: «¿Las Escrituras, proféticas y apostólicas, deben tener el lugar principal de excelencia y tener autoridad por encima de la iglesia?»[202]

A su discusión de estas «controversias», Rollock añade varios capítulos que no solo completan un estudio de los puntos debatidos o controvertidos entre protestantes y romanistas, sino que también completan los temas típicamente incluidos en la doctrina protestante ortodoxa de las Escrituras: el problema del canon; la «edición auténtica» de las Escrituras; el uso y valor

---

[200] Scharpius, *Cursus theologicus*, col. 8.

[201] Festus Hommius, *Disputationes Theologicae Adversus Pontificios* (Leiden, 1614); ídem, *LXX disputationes theologicae*, 2nd ed. (Oxford, 1630); Pierre Du Moulin, *The Buckler of the Faith, or, A Defence of the Confession of Faith of the Reformed churches in France: against the obiections of M. Arnoux the Iesuite*, 3rd ed. (London: Iohn Beale, 1631); ídem, *A Defense of the Catholike Faith: Contained in the Booke of the Most Mightie, and Most Gracious King James the first ... against the Answere of N. Cosseteau* (London: W. Stansby, 1610); ídem, *A Learned Treatise of Traditions* (London: August Mathewes, 1631).

[202] Rollock, *Treatise of Effectual Calling*, cap. vii (págs. 63-64).

de las traducciones; lectura pública de las Escrituras; y, finalmente, el uso de las Escrituras por parte de los laicos.[203]

Rollock también hace una distinción entre la «esencia» y los atributos o «propiedades» de las Escrituras que fue de considerable importancia para el orden y disposición de la discusión protestante ortodoxa sobre la doctrina de las Escrituras:

> En cuanto a las ocho controversias que siguen a las dos primeras, tocan las propiedades (*proprietas*) de la Sagrada Escritura; y éstas, cuando hayamos demostrado que la Escritura es la palabra de Dios, aparecerán evidentemente, porque son consecuencias necesarias de ese teorema. Porque concedemos esto, que la Escritura es la palabra de Dios, entonces estas cosas deben seguirse necesariamente; primero, que es muy antigua; en segundo lugar, más clara; en tercer lugar, la más simple y puro; cuarto, la más poderosa; quinto, la más necesaria; sexto, la más perfecta; séptimo, el mayor y mejor juez de todas las controversias sin excepción; octavo, excelentísima. Pero como nuestros adversarios niegan estas ocho propiedades (como ya hemos dicho), cada una de ellas tiene una controversia especial.[204]

La influencia de la polémica en el sistema se ve fácilmente en el hecho de que estos temas fueron trasladados directamente al *locus de Scriptura*. Rollock, incluso más que Scharpius, ofrece una visión de la lógica de la ortodoxia temprana en su desarrollo de un enfoque objetivo de la autoridad de las Escrituras basado en la naturaleza de las Escrituras como Palabra divina, dada por inspiración y autoevidencia. La autoridad objetiva del texto, más que la autoridad subjetiva de su testimonio ante el individuo, se convierte en la premisa fundamental de la doctrina, en la medida en que un enfoque subjetivizador no solo era inadecuado para la discusión con Roma sino, además, demasiado parecido a las afirmaciones de una luz interior normativa que se encuentra entre los radicales de la era de la Reforma. La afirmación ortodoxa protestante de un estatus normativo último para las Escrituras, expresada más formalmente que la afirmación similar de los reformadores, se hizo eco de los reformadores en su suposición de que Dios había tomado las palabras humanas del texto y las había usado de tal manera que se habían convertido en palabras suyas.[205] La derivación de «propiedades», no exenta de paralelos entre los reformadores, es en general una formalización que se basa en la polémica donde, por ejemplo, contra la afirmación católica romana de la falta de claridad del texto y la necesidad

---

[203] Rollock, *Treatise of Effectual Calling*, capítulos xvii-xxii.
[204] Rollock, *Treatise of Effectual Calling*, pág. 64.
[205] Véase más abajo, 4.2.

de un *magisterium* eclesiástico, los ortodoxos argumentaron una claridad inherente; o contra la afirmación de una tradición colateral necesaria, los ortodoxos (haciéndose eco tanto de un gran número de doctores medievales como de los reformadores) podrían argumentar la suficiencia de las Escrituras.[206] Además, la inviolabilidad e integridad del texto mismo se convirtió, en gran parte debido a la polémica católica romana contra la pureza del texto, en una cuestión doctrinal y crítica del texto.[207]

Por lo tanto, un sistema importante y positivo como el *Syntagma theologiae* de Polanus comienza su *locus de Scriptura* con una definición de las formas de «Palabra» y luego, habiendo identificado la Escritura como Palabra, con una discusión sobre la divinidad de la Escritura.[208] Polanus sigue con una discusión de la autoridad relativa de las Escrituras y la iglesia, una definición de la autoridad canónica de las Escrituras y una discusión de los libros en el canon normativo. Luego pasa a abordar la necesidad, las ediciones auténticas y las traducciones de las Escrituras, el derecho de los laicos a leer las Escrituras, la claridad, interpretación y perfección de las Escrituras y, finalmente, el problema de las tradiciones no escritas.[209] La orden representa una ligera racionalización de la disposición de la polémica, pero todavía manifiesta las líneas generales de la frase *De verbo Dei* de Bellarmine. Lo que Polanus ha hecho, a través de una sistematización positiva, es unir las cuestiones de la identidad de la Escritura como Palabra y la divinidad de la Escritura, las cuestiones de autoridad, canon, necesidad y ediciones auténticas. Luego, sobre la base de esas discusiones principales, pasa a las cuestiones relacionadas con la traducción, la lectura, la claridad y la interpretación, donde la naturaleza del texto, incluso traducido, hace posible el estudio salvífico por parte de los laicos. Finalmente, yuxtapone la perfección del texto en todo lo necesario para la salvación con la imperfección de las tradiciones no escritas. El resultado es un *locus* bastante cohesivo, relacionado tanto con las preocupaciones de los reformadores como con el desarrollo de la polémica reformada contra Roma.

Si la mayoría de los ortodoxos eligieran considerar las Escrituras como el *principium cognoscendi* y como tema principal de los prolegómenos sistemáticos formales, hubo ciertas excepciones a esta regla que ilustran

---

[206] Véase más abajo, 5.4.

[207] Véase más abajo, 5.3, 6.2.

[208] Los únicos estudios de Polanus son una biografía, Ernst Staehelin, *Amandus Polanus von Polansdorf* (Basel: Helbing & Lichtenhan, 1955); un análisis del dogma central muy insatisfactorio, Heiner Faulenbach, *Die Struktur der Theologie des Amandus Polanus von Polansdorf* (Zurich: EVZ Verlag, 1967); y Robert W. A. Letham, "Amandus Polanus: A Neglected Theologian?" en *Sixteenth Century Journal*, 21/3 (1990), págs. 463-476.

[209] Polanus, *Syntagma theol.*, sinopsis Lib. I.

otras dimensiones de la doctrina de las Escrituras. Rollock estaba tan convencido de que el atributo principal de las Escrituras como Palabra era su eficacia que antepuso su doctrina de las Escrituras a su tratamiento del llamamiento eficaz. Tanto Ames como las *theses theologicae* de Beza-Faius consideran la Palabra, junto con los sacramentos, bajo la doctrina de la Iglesia. Junto con las variedades en estructura, organización y énfasis temático, estas variaciones en la ubicación ofrecen evidencia de que la teología reformada de la era ortodoxa temprana no era, contrariamente a la impresión que a menudo se da en las discusiones sobre la ortodoxia protestante, un monolito teológico.

Más allá de la cuestión del desarrollo de la dogmática formal en *el locus de Scriptura Sacra*, está la cuestión relacionada del desarrollo de la hermenéutica protestante, de una tradición exegética claramente protestante y del campo del estudio lingüístico crítico. Simultáneamente con el desarrollo de la doctrina *locus* tanto positiva como polémicamente, el enfoque protestante de las Escrituras cambió durante la era de la ortodoxia temprana y cambiaría aún más durante la era de la alta ortodoxia. La defensa polémica del texto reflejó el enorme esfuerzo positivo de los primeros escritores ortodoxos para producir un texto de las Escrituras definitivo y críticamente aceptable basado en lo mejor de los códices existentes y una interpretación definitiva de toda la Escritura, comparando cuidadosamente texto con texto e interpretando los pasajes oscuros a la luz de textos relacionados, pero claramente establecidos. Los estudios orientales trajeron al protestantismo un sentido más fuerte de la importancia de las lenguas colaterales para el establecimiento y la interpretación del texto, mientras que el estudio textual, estimulado por la suposición protestante de la prioridad radical del significado literal-gramatical y de la interpretación de pasajes difíciles por la *analogia scripturae*, produjo textos consistentemente mejores.[210]

Por lo tanto, también es importante reconocer tanto el interés hermenéutico de la dogmática como la naturaleza dogmática de la hermenéutica protestante evidenciada por los paralelos entre el *locus de Scriptura Sacra* en los primeros sistemas ortodoxos y la estructura y contenido de las introducciones al estudio de la Biblia como *Isagoge, seu introductio generalis, ad Scripturam Sacram V. & NT* de Andreas Rivetus, *Christian Synagogue* y *Exercitations Divine* de Weemse y *Philologia sacra* de Salomon Glassius.[211] La obra de Rivetus se mantiene firmemente en la

---

[210] Sobre los comentaristas y géneros de comentarios en la era de la ortodoxia, ver más abajo, 7.1.

[211] Andreas Rivetus, *Isagoge, seu introductio generalis, ad Scripturam Sacram V. & N.T.*, en *Opera theologicorum*, 3 vols. (Rotterdam, 1651-1660), II, págs. 841-1040; John Weemse, *The Christian Synagogue, wherein is contained the diverse reading, the right*

tradición del énfasis de Calvino en la claridad del significado gramatical del texto y en contra de cualquier intento excesivo de distinguir un significado «espiritual» del «literal» del texto. De hecho, Rivetus argumentó en contra del uso de interpretaciones tipológicas en el Antiguo Testamento basándose en que el sentido histórico del texto estaba en peligro, aunque sí permitió una lectura tipológica de Salmos mesiánicos seleccionados.[212] Los estudios de Weemse combinan el interés por la Judaica característico de la época y un enfoque fuertemente textual de la exégesis y la interpretación con un claro interés en el movimiento de la exégesis a la formulación doctrinal.

La *Philologiae sacrae* de Glassius combina la tarea de ofrecer una introducción histórica y crítico-textual a la Biblia con la tarea de proporcionar las líneas generales de una hermenéutica. La competencia lingüística y la exégesis equilibrada de Glassius fueron ampliamente respetadas, y los reformados lo citan con frecuencia como una autoridad, aunque, confesionalmente, era un luterano ortodoxo. Si el tono irénico y no doctrinario de su obra ha llevado a los estudiosos a ver a Glassius como una figura de transición, es decir, como uno de los «ortodoxos estrictos» cuyas actitudes fueron una preparación para el pietismo de Spener,[213] también hay que reconocer que muchos de los ortodoxos, tanto luteranos como reformados, podrían igualar a Spener en calidez de piedad, y que si el enfoque de Glassius, como el de Rivetus, rompe con el estereotipo moderno de una ortodoxia rígida y seca, no es más probable que el estereotipo carezca de justificación que Glassius y otros como él deban ser colocados fuera de los límites de la «vieja ortodoxia».[214] Ejemplos de esta fusión del estudio textual y la atención significativa a las sutilezas detalladas de las reglas interpretativas con la oración y la piedad del estudio se encuentran a lo largo de toda la era de la ortodoxia, desde *Praefatiunculua in locos communes*

---

poynting, translation and collation of Scripture with Scripture (London, 1623; segunda ed., 1633); e ídem, *Exercitations Divine. Containing diverse Questions and Solutions for the right understanding of the Scriptures. Proving the necessitie, majestie, integritie, perspicuitie, and sense thereof* (London, 1632); Salomon Glassius' *Philologiae sacrae, qua totius sacrosanctae Veteris et Novi Testamenti scripturae ... stylus et literatura ... expenditur, libri duo* (Jena, 1626); ídem, *Philologiae sacrae, liber tertius et quartus, quibus grammatica sacra comprehensa* (Jena, 1634); ídem, *Philologiae sacrae, liber quintus, quo rhetorica sacra comprehensa* (Jena, 1636) —el conjunto se publicó posteriormente como *Philologiae sacrae, libri quinque* (Jena, 1653).

[212] Cf. Rivetus, *Isagoge*, xiv, 17, con Diestel, *Geschichte*, págs. 380, 422.

[213] Georg Loesche, "Glass, Salomon," s.v. en el *New Schaff-Herzog Encyclopedia of Religions Knowledge*, ed. Samuel Macaulay Jackson (Grand Rapids: Baker Book House, 1952).

[214] Cf. la popularización de partes de la obra de Glassius en Benjamin Keach, *Tropologia: A Key to Open Scripture Metaphors*, 3 parts (London, 1682); sobre Keach y su uso de Glassius, ver Donald R. Dickson, "The Complexities of Biblical Typology in the Seventeenth Century," en *Renaissance and Reformation / Renaissance et Réforme*, n.s. 3 (1987), págs. 253-272.

de Zanchius, *Disputation on Holy Scripture* de Whitaker, hasta *Causes, Ways, and Means of Understanding the Mind of God* de Owen.[215]

La ortodoxia proporcionó al protestantismo una doctrina de las Escrituras cada vez más extensa y detallada que mantenía los principios fundamentales de los reformadores en una forma cada vez más técnica y escolástica. Los ortodoxos mantuvieron firmemente supuestos de la era de la Reforma tales como: la autoridad de las Escrituras es anterior a la de la tradición y la iglesia; esta autoridad descansa en la obra de Dios, cuya Palabra y Espíritu fundamentan la autoridad del texto y actualmente dan testimonio a través del texto, haciéndolo *autopistos*, capaz en sí y por sí mismo de creer; la Escritura es, por sí misma, suficiente en su revelación para la salvación de la iglesia; y toda otra autoridad en doctrina, ya sea de credo y confesión o de tradición o de la iglesia en el presente, se deriva de las Escrituras y debe ser probada por ellas. En todos estos temas, ya sean los instigados por la polémica o los provocados por el estudio crítico del texto, el aumento del detalle y el desarrollo de sistemas a gran escala engendraron la formalización; pero la doctrina en sí, como se mostrará detalladamente en los capítulos siguientes, fue sustancialmente sin cambios con respecto a la enseñanza expuesta por Calvino y sus contemporáneos.

2.3 Desarrollo y cuestiones en la doctrina ortodoxa reformada de las Escrituras, ca. 1640 hasta ca. 1725.

A. La norma bíblica y los debates doctrinales internos de la ortodoxia

1. Escritura, hermenéutica y teología federal.

Aunque la llamada escuela federal dentro de la ortodoxia reformada se desarrolló solo a mediados del siglo XVII bajo la influencia de las enseñanzas de Johannes Cocceius, el impacto hermenéutico de la doctrina del pacto ya era obvio en la Reforma y en la era de la ortodoxia temprana. Tanto Calvino como Bullinger expresaron su preocupación por explicar la similitud y diferencia entre el Antiguo Testamento y el Nuevo, basándose en su asunción de la unidad del pacto de gracia. Calvino en particular había enfatizado la autoridad doctrinal equivalente del Antiguo Testamento, otorgando cuestiones interpretativas como el movimiento de la revelación desde la promesa hasta el cumplimiento y la derogación de la ley ceremonial en Cristo.[216] Y aunque en el siglo XVI, o incluso en el primer cuarto del

---

[215] John Owen, *The Causes, Ways, and Means of Understanding the Mind of God*, IV, págs. 118-234.
[216] Véase además, Diestel, *Geschichte*, págs. 278-296.

XVII, no apareció ningún sistema de doctrina plenamente basado en el pacto, Ursinus notó claramente el potencial arquitectónico de la doctrina, y el pacto aparece como uno de varios motivos unificadores en teología en las obras de Olevianus y de teólogos ingleses como Fenner y Perkins.[217]

La cuestión de la teología del pacto y su significado hermenéutico también dirige nuestra atención a una cuestión formal relativa al contenido del *locus de Scriptura* en los sistemas teológicos reformados y, de hecho, los límites y el alcance de la discusión ortodoxa reformada de las Escrituras. Ya debería quedar claro que, ni en la Reforma ni en la era de la ortodoxia, la doctrina de las Escrituras puede separarse de la exposición e interpretación de las Escrituras. De manera similar, la gran cuestión hermenéutica de la relación entre los dos testamentos y entre la ley y el Evangelio pertenece tanto a la discusión de la doctrina de las Escrituras como al análisis de los orígenes y la importancia de la teología del pacto reformada. Así, en la presentación que hace Bullinger de la doctrina de las Escrituras, hay una discusión considerable sobre la ley y el problema de los testamentos, y en la temprana era ortodoxa, tanto Rollock como Maccovius se vieron inducidos a introducir una larga discusión sobre los dos testamentos y la ley y el evangelio en sus *loci* sobre las Escrituras.[218] Y es cierto que los problemas de la relación de los testamentos, de la hermenéutica de la ley y el evangelio, y de las implicaciones de un pacto de gracia bajo varias dispensaciones continuaron teniendo implicaciones importantes para la doctrina reformada de las Escrituras y para el uso reformado de las Escrituras, particularmente del Antiguo Testamento, a lo largo de la era de la ortodoxia. Por supuesto, era característico del período asumir una relación de promesa y cumplimiento entre el Antiguo y el Nuevo Testamento e interpretar ciertas cuestiones tipológicamente, en vista de suposiciones relativas a la validez de la doctrina cristiana, el sentido más amplio de toda la Escritura, y el enfoque de la Escritura en Cristo como *fundamentum* o *scopus*, pero todos estos supuestos llaman la atención sobre la continuidad entre la ortodoxia y la tradición de exégesis e interpretación desde la Edad Media hasta la Reforma.[219]

---

[217] Cf. Zacharias Ursinus, *Catechesis, Summa theologiae per quaestiones et responsiones exposita: sive capita religionis Christianae continens* (1562), en August Lang, *Die Heidelberger Katechismus und vier verwandte Katechismen* (Leipzig: Deichert, 1907), págs. 151-199; con Caspar Olevianus, *De substantia foederis gratuiti inter Deum et electos* (Geneva, 1585); Dudley Fenner, *Sacra theologia sive veritas quae est secundum pietatem* (London, 1585); y William Perkins, *A Golden Chaine*, en *Workes*, I, págs. 9-113.

[218] Cf. Bullinger, *Decades*, I, i y I, vi, págs. 45-52, 113-116, con Maccovius, *Loci communes*, xii-xiii; y Rollock, *Treatise of Effectual Calling*, págs. 62-63; A pesar de la considerable tentación, esta variante del patrón doctrinal del sistema reformado no se ha introducido en el esquema más amplio del presente estudio, pero aparecerá, con suerte, en un ensayo posterior sobre la doctrina de los pactos de la Reforma y la posreforma.

[219] Contra John H. Hays y Frederick Prussner, *Old Testament Theology: Its History and Development*

La teología de Johannes Cocceius ocupa una posición importante en el desarrollo del sistema teológico ortodoxo reformado, particularmente con referencia a los temas interrelacionados de las Escrituras y el pacto y a la forma en que estos temas contribuyen a la discusión de la metodología teológica. Cocceius es recordado no solo por su doctrina de los pactos de gracia y obras y por el impulso que dio al modelo histórico de sistema teológico, sino también por la acalorada controversia generada por las diferencias entre su esquema de pacto y la doctrina de los pactos sostenida por sus contemporáneos reformados holandeses.[220] Una de las ironías del debate —y de la historiografía que ha tomado sus acusaciones literalmente— es el ataque de Cocceius al «escolasticismo» de sus adversarios: su oponente más escolástico, Gisbert Voetius, también había criticado el escolasticismo,[221] y una evaluación justa de la teología y el método de ambos escritores revela no solo su renuencia mutua a asociar su propio trabajo con los métodos de los doctores medievales, sino también su aceptación mutua del estilo expositivo y polémico ahora conocido como escolasticismo protestante.[222]

La teología de Cocceius, a pesar de todo su biblicismo e interés exegético, es completamente escolástica en su enfoque de la tarea dogmática y sistemática. Aparte de su identificación de la teología como una disciplina completamente práctica (que era la opinión de una minoría de escritores ortodoxos reformados, aunque típica de la escuela federal),[223] la discusión preliminar de Cocceius sobre las presuposiciones y principios de la teología es congruente con las opiniones de sus contemporáneos ortodoxos: reitera la bifurcación estándar de la teología en sus formas arquetípica y ectípica, identifica la teología cristiana como teología ectípica *in via*, y adopta

---

(Atlanta: John Knox, 1985), pág. 18; pero cf. Diestel, *Geschichte*, págs. 480-482, y véase más abajo, 3.5; 7.4 (B.3, C.3).

[220] Sobre la teología y las controversias de Cocceius, véase Willem J. van Asselt, *Johannes Coccejus: Portret van een zeventiende-eeuws theoloog op oude en niewe wegen* (Heerenveen: Groen en Zoon, 1997), e ídem, *The Federal Theology of Johannes Cocceius (1603-1669)*, trad. Raymond A. Blacketer (Leiden: E. J. Brill, 2001). Van Asselt's work advances the analysis of Cocceius significantly beyond Gottlob Schrenck, *Gottesreich und Bund in alteren Protestantismus* (Gütersloh: Bertelmann, 1923); y reemplaza por completo los estudios altamente teologizados de Charles McCoy, "The Covenant Theology of Johannes Cocceius, 1603-1669," (Ph.D. diss.: Yale University, 1956); y Heiner Faulenbach, *Weg und Ziel der Erkenntnis Christi: Eine Untrersuchung zur Theologie des Johannes Coccejus* (Neukirchen: Neukirchner Verlag, 1973).

[221] Gisbertus Voetius, *Selectarum disputationum theologicarum*, 5 vols. (Utrecht, 1648-1669), pars I, disp. 2.

[222] Cf. Willem J. van Asselt, "Johannes Cocceius Anti-Scholasticus?" en van Asselt y Dekker (eds.), *Protestant Scholasticism*, págs. 227-251; y tenga en cuenta las conclusiones similares alcanzadas en Stephen Strehle, *Calvinism, Federalism, and Scholasticism: A Study of the Reformed Doctrine of Covenant* (Bern: Peter Lang, 1988), págs. 243-246.

[223] Cf. Cocceius, *Aphorismi per universam theologiam breviores*, I.7, en *Opera*, vol. 7; ídem, *Summa theol.*, I, i.8; Burman, *Synopsis theologiae*, I, ii.51; Abraham Heidanus, *Corpus theologiae christianae in quindecim locos*, 2 vols. (Leiden, 1686), I.7; y la discusión en *DRPR*, I, 5.2; 8.3 (B); 9.3 (B).

definiciones escolásticas estándar de las Escrituras como el *principium cognoscendi theologiae* y del uso instrumental de la razón.[224] Incluso su definición de teología como práctica está en continuidad con el pensamiento ortodoxo reformado anterior (Perkins, Ames y Keckermann) y tiene paralelos no solo en la teología federal posterior sino también en el sistema de pacto totalmente ortodoxo de J. H. Heidegger a finales del siglo XVII.[225] Es más, la doctrina de Dios de Cocceius mantiene un énfasis tradicional en la esencia y los atributos y, en consecuencia, es indistinguible del pensamiento de sus contemporáneos reformados ortodoxos y escolásticos.[226]

El esfuerzo más original de Cocceius, la *Summa doctrinae de foedere et testamento Dei* es frecuentemente vista como una rebelión contra el «escolasticismo» en teología y un intento de escribir «dogmática bíblica» o al menos de introducir la *Heilsgeschichte* como motivo fundamental, organizativo e interpretativo de la dogmática reformada.[227] Tales caracterizaciones de la teología de Cocceius se quedan un poco cortas, admitiendo que el federalismo y el biblicismo de Cocceius no produjeron una «teología bíblica» en el sentido habitual del término; Cocceius y sus seguidores no esbozan la distinción, planteada más tarde por Johann Philipp Gabler, entre una teología bíblica históricamente concebida y una dogmática contemporánea.[228] Cocceius y los teólogos federales intentaron producir (como, de hecho, lo hicieron sus contemporáneos y oponentes ortodoxos reformados) una dogmática contemporánea con base bíblica. Además, las declamaciones de Cocceius contra la «teología escolástica» utilizan el término en un sentido muy estricto y estrecho del siglo XVII: como una elaboración prolija y discutible de puntos teológicos que se encuentran en obras como *Disputationes* de Voetius.[229] Sin embargo, si por «escolasticismo» nos referimos al fenómeno más general de una teología argumentada lógicamente, basada en distinciones y definiciones tradicionales y expresada en forma de proposiciones, entonces la teología

---

[224] Cocceius, *Summa theol.*, I, i.3, 5, 9-10; ídem, *Aphorismi ... breviores*, I, 2, 4, 16.

[225] Ver *DRPR*, I, 7.3 (B).

[226] Cf. Cocceius, *Summa theol.*, II.viii-x; e ídem, *Aphorismi ... breviores*, IV-V with Heppe, *Reformed Dogmatics*, págs. 57-104; y ver la discusión en van Asselt, *Portret*, págs. 131-133, 135-139.

[227] Cf. Hayes, *Old Testament Theology*, págs. 19-23, con Albertus van der Flier, *Specimen historico-theologicum de Johanne Coccejo anti-scholastico* (Utrecht: Kemmink & Zoon, 1859), y Charles C. McCoy, "Johannes Cocceius: Federal Theologian," en *Scottish Journal of Theology*, 16 (1963), págs. 352-370; pero nótese los comentarios más equilibrados de Ludwig Diestel, "Studien zur Föderaltheologie," en *Jahrbücher für deutsche Theologie*, 10 (1865), págs. 209, 216-217.

[228] Sobre Gabler, véase John Sandys-Wunsch y Laurence Eldredge, "J. P. Gabler and the Distinction between Biblical and Dogmatic Theology: Translation, Commentary and Discussion of His Originality," en *Scottish Journal of Theology*, 33 (1980), págs. 133-158.

[229] Cf. *DRPR*, I, 4.2 (B).

de Cocceius es tan representativa del escolasticismo protestante como la teología de sus oponentes.[230]

Esto es cierto: Cocceius atacó a sus oponentes llamándolos «escolásticos», y su *Summa doctrinae* combina un modelo histórico-bíblico con el patrón *a priori* o sintético de organización típico de los sistemas teológicos de la época. Sin embargo, sigue siendo cierto que las doctrinas particulares que Cocceius encontró en el corazón de las Escrituras, la *foedus operum* y *foedus gratiae*, habían sido mediadas por la ortodoxia reformada, y su estructura doctrinal más original, la *pactum salutis* forjado en la eternidad entre el Padre y el Hijo, es el colmo de la especulación escolástica y una consecuencia directa del pensamiento trinitario escolástico reformado anterior.[231] La yuxtaposición de la «teología bíblica» con la teología escolástica o dogmática que aparece en muchas de las discusiones sobre el pensamiento de Cocceius y también en las discusiones sobre la teología de pensadores federales posteriores como Witsius solo puede verse como una aplicación anacrónica de la distinción de Gabler con la esperanza de encontrar un vínculo del siglo XVII entre la Reforma y la teología y exégesis bíblicas modernas.[232]

Cocceius, sin embargo, hizo una contribución significativa a la doctrina reformada de las Escrituras y ejerció una gran influencia en el desarrollo de la teología del pacto reformada continental. No solo escribió un importante *locus de Scriptura*, también produjo una importante discusión sobre el método de la dogmática desde una perspectiva bíblica-exegética, y aplicó los modelos históricos que obtuvo de las Escrituras al sistema ortodoxo, aunque de una manera inaceptable para sus contemporáneos ortodoxos.[233] Mientras que los argumentos metodológicos de Cocceius tuvieron una relevancia directa y un impacto en la dogmática ortodoxa, su modelo histórico-pactual tuvo un impacto indirecto a través del esquema de pacto modificado (y por

---

[230] Cf. van Asselt, *Portret*, págs. 159-164; cf. ídem, "Johannes Cocceius Anti-Scholasticus?" en *Reformation and Scholasticism*, ed. van Asselt y Dekker, págs. 227-251.

[231] Véase Muller, *Christ and the Decree*, págs. 164-171.

[232] Véase van Asselt, *Portret*, págs. 97-98; y cf. la problemática yuxtaposición en Hayes y Prussner, *Old Testament Theology*, págs. 19-23; cf. McCoy, "Johannes Cocceius: Federal Theologian," págs. 354, 356. 365-370, con van der Flier, *De Johanne Cocceijo anti-scholastico*, págs. 33-35, 76, 117-118 y S. P. Heringa, *Specimen historico-theologicum de Hermanno Witsio, theologo biblico* (Amsterdam, 1861), pág. 76; y J. van Genderen, *Herman Witsius: Bijdrage tot de Kennis der Gereformeerde Theologie* (Den Haag: Guido de Bres, 1953), págs. 209-215. Witsius' exegetical essays are gathered in his *Miscellanea sacrorum libri IV* (Utrecht, 1692); y *Miscellanea sacrorum tomus alter continens XXII exercitationes* (Utrecht and Amsterdam, 1700).

[233] Sobre la teología del pacto de Cocceius en su relación con el problema hermenéutico del Antiguo y el Nuevo Testamento, véase van Asselt, *Portret*, págs. 125-127; véase también Schrenk, *Gottesreich und Bund*, págs. 96-104; McCoy, "Covenant Theology of Johannes Cocceius," págs. 360-364; Diestel, *Geschichte*, págs. 528-530; e ídem, "Studien zur Föderaltheologie," págs. 239-248.

lo tanto hermenéutica y teológicamente más ortodoxo) desarrollado por Burman, Heidanus, Witsius, Heidegger, Vitringa y De Moor.[234]

2. La doctrina de la Escritura entre los teólogos de Saumur.

Un veredicto similar al de la teología federal debe alcanzarse respecto de la tan discutida teología que surgió de la Academia francesa de Saumur. Como se argumentó anteriormente en un sentido más general,[235] las teologías de Saumur —ya sea el «universalismo hipotético» de Cameron y Amyraut, o el enfoque crítico de Cappel sobre la datación de los puntos vocálicos en el Antiguo Testamento— no fueron consideradas herejías por la mayoría de los teólogos o sínodos reformados del siglo XVII. Mientras que las teologías de Amyraut y Cappel fueron duramente criticadas, los reformados reconocieron que caían dentro de los límites de las confesiones, aunque forzando los límites. Los debates fueron intensos y amargos, pero no del mismo estatus que los debates con aquellos que estaban fuera de los límites confesionales de la ortodoxia. Este punto también se refiere, de manera bastante específica, a la doctrina de las Escrituras. Ni Cappel ni quienes aceptaron su punto de vista sobre el origen tardío de los puntos vocálicos y su enfoque sobre el uso de versiones antiguas para establecer un texto crítico argumentaron que su enseñanza exigía una revisión de la enseñanza confesional sobre la normatividad, suficiencia y perfección de las Escrituras.[236] De hecho, por el contrario, afirmaron las confesiones y

---

[234] Cf. Wilhelm Gass, *Geschichte der protestantischen Dogmatik in ihrem Zusammenhange mit der Theologie*, 4 vols. (Berlin: Georg Reimer, 1854-1867), II, págs. 308-323, con Burman, *Synopsis theol.*, Lib. II, "De oeconomia Foederis naturae, seu operum, & Foederis gratiae in genere"; III, "De Oeconomia Foederis Gratiae sub Promissione"; Heidanus, *Corpus theol.*, VIII, "De Foedere Gratiae, eiusque Dispensatione sub Vet. & Nov. Testamentum"; Herman Witsius, *De oeconomia foederum Dei cum hominibus libri quattuor* (Leeuwarden, 1685; Utrecht, 1694), ver la traducción, *The Oeconomy of the Covenants between God and Man. Comprehending a Complete Body of Divinity*, 3 vols. (London, 1775), III, iii: "Of the different oeconomies or dispensations of the covenant of grace"; IV.i: "Of the doctrine of salvation in the first age of the world"; IV.2: "Of the doctrine of grace under Noah"; IV, iii: "Of the doctrine of grace from Abraham to Moses" etc.; Johann Heinrich Heidegger, *Corpus theologiae* (Zürich, 1700), Locus XI: "De foedere gratiae"; XII: "De oeconomia foederis gratiae sub patriarcho"; XIII "De oeconomia foederis gratiae sub lege Mosis" etc.; XX: "De oeconomia foederis gratiae sub evangelio"; Campegius Vitringa, *Doctrina christianae religionis, per aphorismos summatim descripta*, 8 vols. (Arnheim, 1761-1786), IV.xix, "De Foedere Gratiae, quod Testamento Aeterno superstructum est, & variis illius dispensationibus"; xx, "De Tempore Promissionis bonorum Testamenti Gratiae; cuius tria statuuntur Intervalla"; Bernhard de Moor, *Commentarius perpetuus in Joh. Marckii compendium theologiae christianae didactico-elencticum*, 6 vols. (Leiden, 1761-1771), III.xvii, "De Foedere Gratiae, Evangelio, & varia huius Oeconomia."

[235] Ver *DRPR*, I, 1.3 (B.2-3).

[236] Las obras exegéticas y críticas de Cappel son *Arcanum punctationis revelatum, sive de punctorum vocalium et accentum apud Hebraeos vera et germanae antiquitate, libri duo* (Leiden: J. Maire, 1624); *Commentarii et notae criticae in Vetus Testamentum* (Amsterdam: P. & J. Blaeu, 1689); y *Critica sacra*,

asumieron que su doctrina pertenecía dentro de los límites de la ortodoxia confesional. El punto puede demostrarse consistentemente a partir del *Syntagma thesium theologicum* publicado bajo la supervisión editorial de Amyraut, Cappel y La Place en 1664, sus tesis sobre el origen y la necesidad de las Escrituras, la autoridad de las Escrituras, el Canon, las versiones antiguas, la perfección, la claridad, el estatus regulativo o normativo de las Escrituras. Las Escrituras y el testimonio del Espíritu Santo (dos conjuntos) están de acuerdo con la ortodoxia de la época.[237]

El problema identificado en la obra de Cappel por los teólogos y exégetas reformados contemporáneos no reside en sus declaraciones doctrinales explícitas sino en las implicaciones de la hermenéutica de Cappel para la doctrina reformada de la autoridad autoevidente y autointerpretada del texto bíblico; y mientras que, posiblemente, las acaloradas polémicas sobre la datación de los puntos vocálicos tenían poco significado confesional, la cuestión más fundamental de la enmienda conjetural de textos sobre la base de versiones antiguas sí presionaba contra la doctrina reformada. El método de Cappel podría tomarse no solo como una afirmación de la prioridad potencial de las versiones sobre las lenguas originales en los casos que determinará el exégeta, sino también como un desafío al principio interpretativo de la analogía de la Escritura en el que se basa la doctrina de la autoridad bíblica. El trabajo conjetural del exégeta, y no la comparación de textos difíciles con textos más claros, podría convertirse en la norma de interpretación. La objeción a Cappel, además, no fue que las versiones antiguas no debieran usarse como ayudas en la interpretación de pasajes difíciles, sino más bien que las versiones no podían usarse adecuadamente para enmendar el texto de los originales.[238]

También es cierto que el contexto político de la teología de Saumur —una teología reformada apenas tolerada en la Francia católica romana— dio lugar a un matiz bastante diferente en los escritos apologéticos de Cameron y Amyraut.[239] Ambos discuten con menos amargura, con una intención

---

sive de variis quae in sacris veteri Testamenti libris occurunt lectionibus, libri sex (Paris, 1650).

[237] *Syntagma thesium theologicarum in Academic Salmuriensi variis temporibus disputatarum*, editio secunda, 4 parts, (Saumur: Joannes Lesner, 1664), pt. 1, caps. Iv-xii (págs. 37-143); así también la doctrina de Louis Cappel, *The Hinge of Faith and Religion; or, A Proof of the Deity against Atheists and Profane Persons, by Reason, and the Testimony of Scripture: the Divinity of which is Demonstrated*, trad. Philip Marinel (London: Thomas Dring, 1660), caps. xii-xiv (págs. 132-170). Sobre Cappel y el debate sobre cuestiones interpretativas, ver más abajo, 6.2 (A.1-3).

[238] Así, John Owen, *On the Integrity and Purity of the Hebrew and Greek Text of the Scripture*, en Works, XVI, págs. 406-407.

[239] Por ejemplo, John Cameron, *An Examination of those Plausible Appearances which seeme most to commend the Romish Church, and to prejudice the Reformed* (Oxford: John Lichfield and William Turner, 1626); ídem, *A Tract of the Soveraigne Iudge of Controversies in Matters of Religion*, trad. John Verneuil

más abierta de acercarse y convencer al oponente romano que muchos de sus contemporáneos ingleses, holandeses y suizos. Aun así, su doctrina, ya sea en las obras apologéticas o en las tesis académicas publicadas como representantes de la teología de Saumur,[240] y sus argumentos sobre la autoridad, suficiencia y perfección de las Escrituras están fundamentalmente de acuerdo con los de sus contemporáneos reformados. De hecho, el patrón y la forma de sus argumentos, junto con su uso consistente de distinciones escolásticas, colocan a los teólogos de Saumur no solo dentro de los límites confesionales de la ortodoxia reformada sino también en continuidad con los métodos escolásticos de sus principales oponentes teológicos entre los ortodoxos reformados. Lo que es claramente imposible —en absoluto respaldado por los documentos de los teólogos de Saumur o de sus oponentes— es la clara distinción entre un enfoque «humanista» salmuriano frente a la teología «escolástica» de pensadores como Du Moulin, Spanheim o Turretin.[241] Tampoco se puede aislar fácilmente una «escuela crítica» dentro de la ortodoxia reformada, opuesta a un enfoque sin matices de la inspiración característico de los teólogos escolásticos.[242] La mayor parte de la discusión salmuriana sobre las Escrituras se dedicó a la exposición y defensa de una doctrina acorde con la de sus más ruidosos oponentes reformados quienes, después de todo, no atacaban su doctrina básica de las Escrituras, sino solo las implicaciones de un enfoque histórico-crítico del texto abordado por Cappel. Hubo una variación considerable en la explicación de la inspiración del texto dentro de la ortodoxia, pero es difícil atribuir estas diferencias a ubicaciones y/u ocupaciones particulares de los escritores. Tampoco es una diferenciación de tipos de inspiración como, por ejemplo, entre los libros proféticos e históricos un índice de la ortodoxia o confesionalidad del escritor: como ya se señaló, tales distinciones ya fueron hechas por los escolásticos medievales, y continuaron siendo hechas tanto por reformadores como por ortodoxos reformados.

(Oxford: William Turner, 1648), y Moyse Amyraut, *A Treatise Concerning Religions, in Refutation of the Opinion which accounts all Indifferent. Wherein is also evinc'd the Necessity of a particular Revelation and the Verity and preeminence of the Christian Religion* (London: M. Simons, 1660). Sobre esta cuestión, véase François Laplanche, *L'Écriture, le sacré et l'historie: Érudits politiques protestants devant la bible en France au XVIIe siècle* (Amsterdam and Maarssen: APA-Holland University Press / Lille: Presses Universitaires, 1986).

[240] Es decir, el *Syntagma thesium theologicarum*.

[241] Contra Brian G. Armstrong, *Calvinism and the Amyraut Heresy: Protestant Scholasticism and Humanism in Seventeenth Century France* (Madison: University of Wisconsin Press, 1969), págs. xvii-xix, et passim.

[242] Por ejemplo, como en François Laplanche, "Débats et combats autour de la Bible dans l'orthodoxie réformée," en Armogathe, ed., *Bible de tous les temps*, VI, págs. 128, 131-132.

B. La Alta Doctrina Ortodoxa de las Escrituras

1. El desarrollo dogmático.

Es una distorsión considerable, aunque bastante típica, de los datos afirmar que «los últimos grandes sistemas dogmáticos del protestantismo... fueron intentos importantes, aunque inútiles, de asegurar las Escrituras como Palabra de Dios».[243] Así escribió Edgar Krenz refiriéndose a los nueve volúmenes de la obra *Loci communes* (1610-1622) de Johann Gerhard y los doce volúmenes *Systems locorum theologicorum* (1655-1672) de Abraham Calovius. El ascenso y el progreso de la ortodoxia protestante difícilmente pueden reducirse a un último intento de salvar una doctrina particular de la destrucción a manos de la crítica histórica: mucho más que la doctrina de las Escrituras fue discutido en los veintiún volúmenes que acabamos de mencionar, y Gran parte de la exposición, particularmente en la obra de Gerhard, fue más positiva que polémica y apologética. Lo mismo puede decirse fácilmente de los ortodoxos reformados. Y hay que señalar además que, si el intento de los protestantes ortodoxos de mantener la doctrina de las Escrituras como Palabra de Dios fue «inútil» en el siglo XVII, entonces el intento de los reformadores de establecer sustancialmente la misma doctrina en el siglo XVI fue simplemente una pérdida de tiempo.

La alta doctrina ortodoxa de las Escrituras formulada por escritores protestantes ortodoxos de finales del siglo XVII y principios del siglo XVIII (ca. 1640-1725) representa posiblemente tanto la culminación como la conclusión del enfoque escolástico de la autoridad y la interpretación de la Escritura, al menos en la trayectoria histórica identificada como «Tradición I» por Oberman. Los escritores de la alta ortodoxia explican detalladamente las implicaciones del lenguaje de la única autoridad última de las Escrituras en todos los asuntos de fe y práctica en el contexto de una doctrina detallada de la inspiración, los atributos y la interpretación de las Escrituras. Sus fórmulas conservan y amalgaman características de la doctrina enseñada por los escolásticos medievales, los reformadores y los primeros ortodoxos, al tiempo que adaptan su doctrina a algunos de los cambios hermenéuticos que habían ocurrido en el siglo XVI y principios del XVII y fortalecen su posición contra otros. No se podía insistir más en la doctrina escolástica de las Escrituras; más allá de la formulación de la alta ortodoxia estaban las críticas corrosivas del siglo XVIII y la desaparición del método escolástico.

---

[243] Edgar Krenz, *Historical-Critical Method*, pág. 15, citando a Johann Gerhard, *Loci communes theologici*, 9 vols. (1610-1622; nueva edición, Berlin, 1863-1875); Abraham Calovius, *Systema locorum theologicorum*, 12 vols. (Wittenberg, 1655-1672).

En el período de la alta ortodoxia, la doctrina de las Escrituras adquiere un tono bastante diferente al de la era ortodoxa temprana. Mientras que entonces la doctrina se organizaba a menudo en torno a líneas polémicas (al menos después de la aparición del discurso *De verbo Dei* de Bellarmine), ahora la doctrina regresa al patrón más positivo de exposición doctrinal, generalmente subsumiendo cuestiones polémicas bajo los diversos encabezados de la doctrina. Esto lo vemos especialmente en los sistemas de Burman, Brakel, Mastricht y Rijssen.[244] Lo cual representa un retorno a la forma y al método de aquellos padres fundadores de la ortodoxia, Ursinus y Zanchius, pero, en términos de la profundidad y el detalle del análisis provocado, al menos en parte, por la polémica, un avance considerable en el contenido. La alta doctrina ortodoxa, entonces, se ha movido consistentemente para racionalizar la polémica en una doctrina positiva. Lo que en el período anterior era un *locus* formulado en gran parte en torno a una serie de disputas se ha convertido, en el período posterior, en un *locus* que contiene algunos elementos polémicos, pero, en su conjunto, está integrado en la estructura más amplia del sistema teológico.[245]

La ubicación de la doctrina, por supuesto, no ha estado sujeta a ningún cambio: la doctrina de las Escrituras permanece, en la era alta ortodoxa, en la posición determinada confesionalmente, siguiendo los prolegómenos, pero precediendo a la doctrina de Dios. En un sentido muy real, los ortodoxos reformados continuaron viendo la doctrina de las Escrituras como una declaración preliminar, una enunciación de principios, anterior al sistema propiamente dicho, prácticamente una extensión de los prolegómenos. Al igual que los prolegómenos, la doctrina de las Escrituras contiene declaraciones metodológicas y hermenéuticas necesarias para la conducción del sistema teológico, más que declaraciones puramente dogmáticas pertenecientes al sistema.

Una de las declaraciones contemporáneas más precisas sobre el carácter de la doctrina ortodoxa reformada de las Escrituras aparece en la introducción de Beardslee a su traducción de la obra *locus* sobre las Escrituras de Turretin. Beardslee sostiene que «gran parte del escolasticismo de Turretin puede leerse como un programa académico para lograr»

---

[244] Wilhelmus à Brakel, ΛΟΓΙΚΗ ΛΑΤΡΕΙΑ, *dat is Redelijke Godsdienst in welken de goddelijke Waarheden van het Genade-Verbond worden verklaard ... alsmede de Bedeeling des Verbonds in het O. en N.T. en de Ontmoeting der Kerk in het N. T. vertoond in eene Verklaring van de Openbaringen aan Johannes*, 3 parts (Dordrecht, 1700; second printing, Leiden: D. Donner, 1893-94); cf. *The Christian's Reasonable Service in which Divine Truths concerning the Covenant of Grace are Expounded, Defended against Opposing Parties, and their Practice Advocated*, trad. Bartel Elshout (Ligonier, PA: Soli Deo Gloria Publications, 1992-95); Leonhard Rijssen, *Summa theologiae didactico-elencticae* (Frankfurt and Leipzig, 1731).

[245] Por ejemplo, Mastricht, *Theoretico-practica theol.*, I, ii.

una de las demandas cruciales de los reformadores, la colocación de las Escrituras en una traducción vernácula sólida «en manos de los laicos». Esta preocupación, señala Beardslee, «no fue exclusiva de los pietistas posteriores, sino que fue parte integral del movimiento», es decir, del programa teológico de los sucesores ortodoxos o escolásticos de los reformadores.[246] Hacemos a Turretin y a los demás ortodoxos reformados una gran injusticia si pasamos por alto las implicaciones pastorales y prácticas de su trabajo.

También se han producido cambios internos en el ortodoxo *locus de Scriptura sacra*. La polémica de la alta ortodoxia, ahora codificada y frecuentemente subsumida bajo los temas dogmáticos positivos, ha cambiado considerablemente de tono con respecto a las polémicas de los primeros ortodoxos, con su énfasis de la Reforma en la doctrina de la autoridad escritural frente a las pretensiones romanas de una autoridad coigual para la tradición y el *magisterium*, y su insistencia relacionada en la integridad de los textos hebreo y griego frente a la Vulgata. En los sistemas de la alta ortodoxia, la polémica con Roma se ha formalizado: ya no es una batalla nueva, sino más bien una batalla establecida desde hace mucho tiempo con líneas claramente definidas y respuestas aún más claras. Esta antigua polémica se mantiene prácticamente en todos los sistemas de la alta ortodoxia, pero una nueva corriente de debate se ha centrado cada vez más en cuestiones hermenéuticas y críticas del texto, particularmente en lo que se refiere a la autenticidad, la inspiración y la integridad del texto. Esta polémica aborda tanto los problemas planteados por críticos textuales como Cappel, Walton y Simon como las cuestiones puestas en discusión por la revisión sociniana y arminiana tanto de la tradición exegética como de la doctrina de la inspiración.[247]

También aquí, como en los primeros sistemas teológicos ortodoxos, un fuerte énfasis en la Palabra como agente vivo y forma de revelación sigue siendo central para la doctrina de las Escrituras.[248] Turretin y Rijssen comienzan su doctrina de las Escrituras con una definición multifacética de la Palabra y con una declaración de la necesidad de la revelación por medio de la Palabra, antes de su enfoque de las Escrituras como la forma de Palabra dada a la iglesia.[249] Ellos también, con otros de su generación, continúan equilibrando su lenguaje concerniente a la autoridad objetiva de las Escrituras con su doctrina del testimonio interno del Espíritu, con

---

[246] Francis Turretin, *The Doctrine of Scripture: Locus 2 of Institutio Theologiae Elencticae*, ed. y trad. por John W. Beardslee (Grand Rapids: Baker Book House, 1981), pág. 11; cf. John W. Beardslee, *Reformed Dogmatics* (New York: Oxford University Press, 1965), págs. 9-10.

[247] Cf. Helmut Echternach, "The Lutheran Doctrine of the Autopistia of Holy Scripture," en *Concordia Theological Monthly* (April 1952), pág. 254.

[248] Cf. *Synopsis purioris theologiae*, II, ii; cf. iv, vi, xi, con Pictet, *Theol. chr.*, I, iv; v.1; vi.1.

[249] Turretin, *Inst. theol. elencticae*, II, i; Rijssen, *Summa theol.*, II, i-ii, y abajo, 3.3, 3.4 (C).

el resultado de que la lista bastante larga de marcas divinas presentes en el texto y la discusión de la divinidad de las Escrituras están algo relativizadas: al igual que los reformadores, los ortodoxos continúan reconociendo que las evidencias objetivas de la divinidad y autoridad del texto no serán reconocidas por aquellos que permanecen impasibles ante el *testimonium internum Spiritus Sancti*.[250] De hecho, Turretin argumentaría que «la obra del Espíritu Santo en nuestros corazones es absolutamente necesaria para la persuasión interna de la divinidad de las Escrituras».[251] De todos modos, aunque el *testimonium internum Spiritus Sancti* todavía ocupa el primer lugar en el argumento teológico a favor de la autoridad del texto, en los escritos de muchos de los altos ortodoxos se puede identificar un cambio relativo en el énfasis hacia los atributos de las Escrituras y las evidencias de la divinidad en el texto, lo que evidencia la crisis de certeza teológica causada tanto por los cambios hermenéuticos característicos de la época como por el surgimiento del racionalismo.

Sin embargo, sigue siendo cierto que las diversas críticas del siglo XVII al uso ortodoxo o escolástico de las Escrituras, ya sean filosóficas, científicas, históricas o críticas de los textos, no eran evidentemente correctas en el siglo XVII. Descartes, por ejemplo, argumentó que la razón era el criterio último de la verdad y el único fundamento de la certeza, para consternación de los teólogos, que entendían las Escrituras (o, en el caso de los católicos romanos, las Escrituras, la tradición y el *magisterium*) como fundamento del conocimiento teológico; y luego, Descartes pasó a demostrar mediante la razón, al menos para su propia satisfacción, que no había espacio vacío en ningún lugar del universo y que la conexión entre el alma y el cuerpo era la glándula pineal en la base del cerebro. ¡Hasta aquí el ejercicio completamente independiente de la razón sin restricciones! De hecho, los teólogos ortodoxos de la época difícilmente tenían el monopolio del rechazo de la filosofía cartesiana.[252] Desde la perspectiva teológica, la búsqueda a gran escala de certeza característica de las teorizaciones antiescépticas de la época todavía no había ofrecido (seguramente no en Descartes) un terreno de certeza capaz de competir con la Escritura a pesar de las dificultades hermenéuticas y magistrales que implicaba la afirmación de un cierto conocimiento fundado en el texto.

---

[250] Cf., por ejemplo, Burman, *Synopsis theologiae*, I, v, xv; Heidanus, *Corpus theologiae*, I (pág. 24); Maresius, *Collegium theologicum*, I, xxxiii; Pictet, *Theol. chr.*, I, x.1-8; y Heidegger, *Corpus theologiae*, II, xiv-xv.

[251] Francis Turretin, *Disputatio theologica, de Scripturae Sacrae authoritate adversus pontificos*, I, xi, en *Opera*, vol. 4, pág. 237; contra Rogers y McKim, *Authority and Interpretation*, págs. 178-179.

[252] Por ejemplo, nótese el largo debate sobre si el universo es un *plenum* o un vacuum en el debate Leibniz-Clarke: Samuel Clarke, *The Works of Samuel Clarke*, 4 vols. (London, 1738; repr. New York: Garland, 1978), IV, págs. 592-593

En una nota algo menos humorística, se puede demostrar fácilmente que los teólogos del siglo XVII no rechazaron simplemente la cosmología copernicana y galileana por ser contraria a la historia bíblica de Josué que hizo que el sol se detuviera, como tampoco rechazaron la suposición de los geógrafos medievales de una Tierra esférica sobre supuestos fundamentos bíblicos. Muchos teólogos del siglo XVII estaban bastante dispuestos a reconocer que el lenguaje de la historia del sol quieto no era científico sino simplemente una figura retórica basada en las apariencias. Sin embargo, al igual que los filósofos y científicos de la época, reconocieron lo que parecía ser la imposibilidad matemática de las velocidades asignadas por el sistema copernicano a la revolución y rotación de la Tierra o, como comentó Leigh, «algunos piensan que hay una mayor velocidad». «Hay más probabilidades de que la Tierra se mueva una vez al día, que de que los cielos se muevan con una rapidez tan increíble, difícilmente compatible con cualquier cuerpo natural». Leigh no resuelve la cuestión ni permite que perturbe su suposición de la infalibilidad de las Escrituras.[253]

2. Desarrollos exegéticos y críticos.

Lo que es aún más importante es que los avances en el análisis textual, el estudio lingüístico y la lectura histórico-contextual del texto de las Escrituras que tuvieron lugar en el siglo XVII no pueden asociarse, de manera simplista, con un grupo de pensadores radicales disociados de las escuelas ortodoxas de la época. Muy por el contrario, fueron los propios exégetas protestantes ortodoxos quienes plantearon y resolvieron muchas de estas cuestiones. Por supuesto, algunos de los exégetas protestantes que plantearon cuestiones críticas (en particular, Louis Cappel) fueron inmediatamente vistos como enemigos de la ortodoxia. Pero sus casos son quizás más la excepción que la regla. El examen de los documentos del siglo XVII nos lleva ineluctablemente a la conclusión de que el protestantismo normativo mismo, debido a su arraigo teológico en el texto de las Escrituras, fue tan responsable del surgimiento del método crítico como lo fue de la eventual oposición dogmática a ese método. De hecho, el siglo XVII fue testigo de un desarrollo «ortodoxo» de herramientas críticas, aparatos técnicos y análisis introductorios del texto.[254] En consecuencia, también hubo una creciente

---

[253] Cf. Edward Leigh, *A Systeme or Body of Divinity* (London, 1664), III, iii (pág. 300); ver también ídem, *A Treatise of Divinity* (London, 1646), III, iii, una versión anterior del argumento; y observe el ensayo bíblico de Leigh, *Critica sacra: or Philologicall Observations upon all the Greek Words of the New Testament* (London, 1639).

[254] Por ejemplo, Andreas Rivetus, *Isagoge, seu introductio generalis ad Scripturam Sacram Veteris et Novi Testamenti, in qua, eius natura, existentia, necessitas, puritas, versionem et interpretationem rationes et*

preocupación por parte de esos mismos ortodoxos sobre la conexión entre texto y doctrina, mientras que solo en el siglo XVIII, con el creciente dominio del racionalismo y el deísmo, encontramos una cristalización de la oposición ortodoxa a los resultados de crítica textual y lo que eventualmente se convirtió en crítica histórica.

Así, los grandes esfuerzos críticos y textuales de la época, como la *Biblia Políglota de Londres* y sus masivos *Prolegomena* (1654-1657), editada por Brian Walton, la enorme *Paráfrasis y anotaciones* de Hammond,[255] los nueve volúmenes *Critici Sacri* (1660) de Pearson, Scattergood y Gouldman, y la aplicación de las investigaciones talmúdicas a la exégesis del Nuevo Testamento en *Horae hebraicae et talmudicae* (1658-1674) de Lightfoot, todos siguen la tradición de exégesis y teología protestante, no fuera de ella. Y si los esfuerzos de Walton, particularmente su resolución del problema de los puntos vocálicos, perturbaron a dogmáticos ortodoxos como Owen,[256] los *Critici Sacri* y los trabajos exegéticos de Lightfoot estaban directamente en la trayectoria de la teología protestante ortodoxa. El propio Owen se basó en gran medida en el trabajo textual de Walton y sus compañeros de trabajo: el comentario de Owen sobre Hebreos utilizó consistentemente la *Políglota de Londres*.[257] Los *Critici Sacri* reunieron los resultados de los trabajos exegéticos y anticuarios del siglo XVII, y la tabla de sus colaboradores da testimonio de la interrelación constante entre el estudio textual crítico y el compromiso bíblico del protestantismo ortodoxo.

---

modi indagnatur, en *Opera theologia*, 3 vols. (Rotterdam, 1651-60), vol. II; Francis Roberts, *Clavis Bibliorum. The Key of the Bible, Unlocking the Richest Treasury of the Holy Scriptures, whereby the Order, Names, Times, Penmen, Occasion, Scope, and Principal Parts, containing the Subject-Matter of the Books of the Old and New Testament, are Familiarly and Briefly Opened* (London: T. R. & E. M. for George Calvert, 1649). Véase más adelante la discusión de los comentaristas y la literatura exegética, a continuación, 7.1 (A-B).

[255] Henry Hammond, *A Paraphrase and Annotations upon all of the Books of the New Testament*, 5 ed. (London: J. Macock and M. Flesher, 1681).

[256] Cf. John Owen, *Of the Integrity and Purity of the Hebrew and Greek Text of the Scripture*, en *Works*, vol. 16, págs. 345-421, con la respuesta de Walton, *The Considerator Considered: or, a Brief View of Certain Considerations upon the Biblia Polyglotta, the Prolegomena, and the Appendix Thereof* (London: Thomas Roycroft, 1659), también editado como vol. 2 of Henry John Todd, *Memoirs of the Life and Writings of the Right Rev. Brian Walton, D.D.*, 2 vols. (London: Rivington, 1821). Cf. las discusiones sobre su doctrina en Donald K. McKim, "John Owen's Doctrine of Scripture in Historical Perspective," en *The Evangelical Quarterly*, 45/4 (Oct.-Dec. 1973), págs. 195-207; Rogers y McKim, *Authority and Interpretation*, págs. 218-223; y Stanley N. Gundry, "John Owen on Authority and Scripture," en *Inerrancy and the Church*, págs. 189-221.

[257] Véase Henry M. Knapp, "Understanding the Mind of God: John Owen and Seventeenth-Century Exegetical Methodology" (Ph. D. diss.: Calvin Theological Seminary, 2002).

C. Problemas doctrinales y críticos de la alta ortodoxia

1. De Cappel a Simon: la crítica de textos y sus límites en la era de la ortodoxia.

Como en la mayor parte del siglo XVII, el desarrollo del método crítico en la obra de los eruditos y exégetas de finales del siglo XVII y del XVIII no parece, si se examina detenidamente, ser un trabajo emprendido con la intención principal de socavar teología tradicional: el uso de métodos textuales críticos e histórico-críticos para socavar la autoridad de las Escrituras fue más una característica del deísmo de finales del siglo XVII y principios del XVIII que de cualquier debate metodológico o filológico entre los escritores ortodoxos de esa época.[258] La oposición entre ortodoxia y crítica bíblica y los problemas de formulación teológica eran considerablemente más sutiles, y la distinción entre «teólogos ortodoxos tardíos» y «críticos textuales» no puede trazarse con absoluta claridad. Tampoco se puede identificar inequívocamente como racionalistas a todos los teólogos «de transición» y ortodoxos tardíos.

Además de proporcionar al protestantismo una doctrina de las Escrituras formalizada, sistemática o dogmáticamente establecida, los ortodoxos se vieron obligados a desarrollar esa doctrina bajo la presión de una argumentación crítica del texto desconocida en la era de la Reforma. Después de todo, el siglo XVII fue la gran época de la lingüística protestante, de los estudios «orientales», talmúdicos y rabínicos, y de la comparación crítica de los textos y versiones antiguas. La presencia de discusiones sobre los diversos textos y versiones antiguas en los sistemas teológicos solo sirve para subrayar la importancia de este estudio para los teólogos protestantes. De hecho, las crecientes capacidades lingüísticas de los exégetas protestantes, incluidos los escritores estrictamente ortodoxos, deben considerarse como una fuente de presión creciente sobre el sistema teológico ortodoxo, ciertamente igual y tal vez superando en intensidad a la revolución filosófica y científica del siglo XVII.

Como ha demostrado Laplanche, los exégetas de la escuela de Saumur, en particular Louis Cappel, identificaron a la vez un desarrollo histórico de la lengua hebrea y, en consecuencia, una historia del texto del Antiguo Testamento. Además, al examinar minuciosamente el texto, Cappel y sus colegas pudieron señalar indicios de una edición posterior en todo el Pentateuco y los libros históricos (tales como referencias a la permanencia de los nombres de lugares «hasta el día de hoy») y argumentar la edición del

---

[258] Véase Henning Graf Reventlow, *The Authority of the Bible and the Rise of the Modern World*, trad. John Bowden (Philadelphia: Fortress, 1985).

texto tan tarde como la época de Esdras.²⁵⁹ Además, el debate del siglo XVII sobre el origen de los puntos vocálicos en el texto masorético, provocado en gran parte por la refutación por Cappel de la *Tiberias* de Buxtorff, indicó una mutabilidad del texto que amenazaba la visión protestante ortodoxa de la autoridad bíblica e indicaba un enfoque cada vez más racional de la exégesis y la interpretación que ofrecía al exégeta individual una autoridad superior a la que había imaginado previamente la exégesis protestante.²⁶⁰

Mientras que Laplanche considera la falta de voluntad de Cappel para negar la autoría mosaica del Pentateuco como una adaptación a sus propias premisas dogmáticas relativas a la relación entre la veracidad histórica del texto y la veracidad teológica de la doctrina cristiana, es importante agregar también que la conclusión de la crítica textual sobre la naturaleza compuesta del Pentateuco iba tan fuertemente contra la opinión exegética recibida que no apareció de manera inmediata, directa y completa en el tipo de evidencia que Cappel había acumulado.²⁶¹ Las conclusiones textuales de Cappel y sus colegas salmurianos exigían no solo un nuevo enfoque de la relación entre las Escrituras y la certeza teológica, sino que también exigían un nuevo enfoque de la idea de un texto religioso, como finalmente salió a la luz en una forma desarrollada en las casi tres décadas desde la época de la *Critica sacra* (1650) hasta *Histoire critique du Vieux Testament* (1678) de Richard Simon.²⁶²

El logro más notable en los campos de la lingüística y la crítica de textos protestantes del siglo XVII fue sin duda la gran *Biblia Políglota de Londres* (1654-57), editada por Brian Walton (1600-1661), y su compañero, el *Lexicon heptaglotton* (1669) del colega de Walton, Edmund Castell (1606-1685). La Biblia misma ha sido llamada «la más importante, la más completa, la más valiosa (críticamente hablando) y la más difundida de las políglotas»,²⁶³ y cuando se complementa con el léxico comparativo de Castell, es seguramente el estudio y aparato textual técnicamente más avanzado de su tiempo, nunca superada *in toto*. En la producción de la obra, además de Walton y Castell, participaron otros de los orientalistas más

---

[259] Laplanche, *L'Écriture, le sacré et l'historie*, págs. 368-370.

[260] Cf. Muller, "Debate over the Vowel-Points," págs. 149-151, 154-155. El mejor análisis del trabajo de Buxtorf es el de Stephen G. Burnett, *From Christian Hebraism to Jewish Studies: Johannes Buxtorf (1564-1629) and Hebrew Learning in the Seventeenth Century* (Leiden: E. J. Brill, 1996).

[261] Laplanche, *L'Écriture*, págs. 370-371.

[262] Cf. John D. Woodbridge, "Richard Simon le 'père de la critique biblique,'" en *BTT*, 6, págs. 193-206, con los estudios de Simon citados a continuación, nota 251.

[263] Samuel M. Jackson, "Polyglot Bibles," s.v. en *A Religious Encyclopedia: or Dictionary of Biblical, Historical, Doctrinal, and Practical Theology*, ed. Philip Schaff, 3 vols. (New York: Christian Literature Company, 1888).

eminentes de la época: Samuel Clark, Thomas Graves, Thomas Hyde, John Lightfoot, Dudley Loftus, Edward Pocock y Abraham Wheelock.

La *Políglota* está en seis volúmenes, en folio, cuatro de los cuales contienen el texto del Antiguo Testamento, uno el texto del Nuevo, y un volumen final que contiene un prolegómeno y aparato analítico. En el Antiguo Testamento se incluyen el texto masorético del hebreo, el Pentateuco samaritano, la Septuaginta, fragmentos de la Itala, la Vulgata y la Peshitta, la versión árabe, el texto de los Targumim de Buxtorf y la versión etíope de los Salmos y Cantar de los Cantares, junto con traducciones literales de cada uno de los antiguos originales no latinos al latín. El Nuevo Testamento incluye un texto griego cuidadosamente recopilado basado en Stephanus, la Vulgata, la Peshitta, las versiones etíope y árabe, además de un texto persa de los Evangelios y, como en el Antiguo Testamento, una traducción literal al latín de todos los originales no latinos.

Si bien, por un lado, los textos recopilados y las versiones hicieron posible una interpretación mucho más crítica y literal del texto, más alejada que nunca de los intereses dogmáticos tradicionales, incluso de los exégetas de la era de la Reforma, fueron los *Prolegomena* de Walton, por otra parte, que despertaron la tormenta de la protesta exegética, hermenéutica y teológica. Tanto Owen como el destacado hebraísta Lightfoot (cuyo trabajo se menciona en el libro *Synopsis* de Poole,[264] el *Lexicon heptaglotton* de Castell, y está representado en la *Políglota* misma, particularmente en la edición y análisis del Pentateuco Samaritano) se opusieron a algunas de las conclusiones críticas del propio Walton, particularmente su datación tardía del sistema de puntuación de las vocales en el texto masorético.

Aunque es imposible separar totalmente los aspectos puramente doctrinales de los explícitamente textuales de esta visión en desarrollo de las Escrituras, es necesario hacer alguna distinción y diferenciación, en la medida en que las innovaciones textuales críticas del siglo XVII llevaron la doctrina ortodoxa de las Escrituras hacia conclusiones que no se basaron en sus propias implicaciones teológicas internas y primarias. Un ejemplo particularmente sorprendente del impacto de las cuestiones críticas del texto en la teología es el debate sobre los «puntos vocálicos»: los reformadores habían asumido, casi universalmente, que la puntuación en el texto hebreo era una invención tardía y nunca habían notado algún problema causado por esta suposición de su doctrina de la autoridad de las Escrituras o su hermenéutica de la analogía de la fe; los ortodoxos, sin embargo, cuando

---

[264] Matthew Poole, *Synopsis criticorum aliorumque sacrae scripturae interpretum et commentatorum, summo studio et fide adornata*, 5 vols. (London, 1669-1676). Poole también produjo, sobre la base de este trabajo más amplio, *Annotations on the Holy Bible*, 2 vols. (London, 1683-1685; reissued in 3 vols., London: Banner of Truth, 1962), citado en adelante como Poole, *Commentary*.

fueron presionados por las implicaciones de la nueva crítica para la autoridad de las Escrituras y la analogía de la fe, se encontraron argumentando el origen mosaico de los puntos vocálicos principalmente con el fin de preservar la doctrina de los reformadores, o al menos una doctrina muy parecida, de la autoridad e interpretación de las Escrituras.[265] Así, el problema de los puntos vocálicos proporciona otro ejemplo más de las continuidades y discontinuidades entre la Reforma y la ortodoxia.

Además, el carácter racionalizador del tratamiento ortodoxo de los puntos vocálicos (más problemático para el desarrollo posterior de la doctrina en el caso de Owen que en el de Turretin y la *Formula Consensus Helvetica*) dejó al sistema ortodoxo presa fácil de los avances del racionalismo en el siglo siguiente. Owen, en particular, había señalado contra Cappel una relación directa entre el carácter revelador del texto y su perfecta conservación en la más pequeña jota y tilde. Es cierto que no había fundamentado su doctrina de la Escritura como Palabra en su capacidad para probar la perfección del texto. Más bien, como Turretin y los demás ortodoxos, había hecho precisamente lo contrario: asumió la autoridad, infalibilidad e integridad del texto sobre bases doctrinales y luego había fundamentado su ataque a la nueva crítica textual de Cappel y Walton en su doctrina.[266] Sin embargo, su estrecha vinculación de las dos cuestiones, en particular su vinculación de la doctrina de la autoridad con el origen mosaico de los puntos vocálicos, no solo proporcionaría una fuente de profunda dificultad y vergüenza para la ortodoxia en los dos siglos siguientes, sino que también marcaría un cambio en el carácter básico y las implicaciones de su doctrina.

El papel de Lightfoot en este debate indica, como se señaló anteriormente con referencia al trabajo de Matthew Poole, que el avance del estudio «crítico» y el trabajo exegético de la ortodoxia protestante (a pesar de los problemas que en última instancia uno causa el otro) no pueden ser fácilmente separados, ya sea histórica o personalmente. Lightfoot continúa, y con razón, siendo conocido como uno de los principales eruditos y lingüistas críticos de su tiempo, particularmente en vista de su vasto conocimiento talmúdico y su capacidad para recurrir al Talmud y al Midrash para reconstruir el contexto histórico, religioso y cultural del Nuevo Testamento.[267] No obstante, en el mismo trabajo en el que presentó estas ideas a la comunidad académica, *Horae hebraicae et talmudicae*, Lightfoot

---

[265] Cf. Muller, *After Calvin*, pág. 155.

[266] Cf. John Owen, *Of the Divine Original, Authority, Self-evidencing Light, and Power of the Scriptures*, en *Works*, vol. 16.

[267] Cf. John Rogerson, Christopher Rowland y Barnabas Lindars, *The Study and Use of the Bible* (Grand Rapids: Eerdmans, 1988), pág. 323.

también tomó el garrote filológico contra Walton y Cappel por la cuestión del origen de los puntos vocálicos.[268]

Un índice del carácter cada vez más textual y crítico del estudio protestante ortodoxo de las Escrituras y del impacto positivo de la obra de à Lapide, Cappel, Simon y otros sobre los teólogos ortodoxos es la obra del erudito puritano Matthew Poole (1624-1679), como se encuentra en su eminente recopilación de análisis académicos del texto, la *Synopsis criticorum* (1669) en cinco volúmenes en folio y su resumen algo menos pesado de ese esfuerzo masivo, las *Annotations on the Holy Bible* (1683-85). El trabajo de Poole es digno de mención no solo por su enorme comprensión del trabajo crítico y textual realizado por sus predecesores y contemporáneos en todo el mundo cristiano, sino también por su capacidad y voluntad de plantear preguntas sobre la composición y autoría de los libros bíblicos: Poole reconoció, por ejemplo, que algunas de las declaraciones del Pentateuco no pudieron haber sido escritas por Moisés y probablemente fueron adiciones hechas por profetas posteriores y, en el caso del relato de la muerte de Moisés, pudo afirmar categóricamente que el problema de La autoría «no fue más impugnación a la autoridad divina de este capítulo, que el escritor es desconocido, que también es la suerte de algunos otros libros de las Escrituras, que lo es para la autoridad de las actas del rey o del parlamento, que son escritos o impresos por alguna persona desconocida».[269] Esta relativa apertura a las cuestiones de autoría y, de hecho, a la conclusión de que el autor o los autores de un libro bíblico son desconocidos, se evidencia en toda la obra de Poole: de 1 y 2 Samuel, señala que «no se sabe con certeza quién fue el autor de este Libro, o si fue escrito por una o varias manos».[270] Señala que la autoría de Salomón de Proverbios termina en el capítulo 24 y que el resto, según su propio testimonio, fue recogido por otros.[271] Y niega claramente la autoría apostólica del Evangelio de Marcos, expresa reservas sobre la antigua identificación del autor como Juan Marcos y sobre la teoría de que el Evangelio fue dictado por Pedro a Marcos: llega incluso a comentar que el autor del Evangelio «parece haber comparado notas con Mateo, y tiene muy pocas cosas que Mateo no tenga».[272] El trabajo de Poole

---

[268] Lightfoot, *Horae hebraicae et talmudicae, or, Hebrew and Talmudical Exercitations*, I.lxxxi, en *The Works of the Reverend and Learned D. John Lightfoot, D. D.*, 2 vols. (London: W. R. for Robert Scott et al., 1684), vol. II; cf. John Lightfoot, *A Commentary on the New Testament from the Talmud and Hebraica: Matthew—I Corinthians*, 4 vols. (Oxford: Oxford University Press, 1859; repr. Grand Rapids: Baker Book House, 1979), vol. 1, pág. 160.

[269] Poole, *Commentary*, I, pág. 407; cf. la cita y el comentario de este texto en Rogerson, et al., *Study and Use of the Bible*, pág. 98.

[270] Poole, *Commentary*, I, pág. 513.

[271] Poole, *Commentary*, II, pág. 213.

[272] Poole, *Commentary*, III, pág. 147.

demuestra que no existe una división clara o repentina entre la «exégesis precrítica» y la «exégesis crítica» y que los propios protestantes ortodoxos a menudo contribuyeron positivamente al desarrollo de la exégesis y la hermenéutica, incluso cuando algunos de sus resultados eventualmente tuvieran cierto efecto negativo sobre la dogmática tradicional.

Quizás aún más sorprendente para el lector moderno que la lectura crítica del texto por parte de Poole sea la extensa nota de Matthew Henry sobre la autoría desconocida y el carácter compuesto de la historia que va desde Josué hasta 2 Reyes. Supone que, aunque «la sustancia de las diversas historias se escribió cuando los acontecimientos estaban frescos en la memoria», «fueron plasmados en la forma en que los tenemos ahora, por alguna otra mano, mucho después».[273] En apoyo de esta hipótesis, Henry señala fuentes como el Libro de Jaser, las Crónicas de los reyes de Israel y Judá y los Libros de Gad, Natán e Iddo, y asigna la autoría a un compilador desconocido; plantea la hipótesis de un trabajo editorial tardío tal vez de Jeremías o incluso un esfuerzo postexílico de Esdras, admitiendo que frases como «los reyes de Judá» (1 S. 27:6) solo pudieron surgir «después de Salomón» y admitiendo que los juicios teológicos hechos a lo largo de la historia se asemejan a la obra del profeta. La historia se parece a la obra del profeta. Significativamente, esta sensación de varias manos anónimas trabajando no perjudicó en modo alguno para Henry el carácter inspirado del texto.[274]

Sin embargo, ningún erudito textual, exégeta o teólogo intentó explicar la obra histórica de tantos escritores anónimos de las Escrituras hasta que Richard Simon publicó su *Histoire critique du Vieux Testament* en 1678, y sus esfuerzos provocaron una tormenta de controversia. Simon, católico romano y miembro del Oratorio hasta la publicación de su obra, propuso una visión insinuada previamente en el comentario de Andreas Masius sobre Josué (1574) e implícita en los trabajos críticos de Cornelius á Lapide y Cappel: argumentó la gradual colección de fuentes y la escritura gradual de la historia antigua de Israel por generaciones de «escribas públicos» ahora anónimos.[275] Moisés, en opinión de Simon, era el autor solo de las leyes

---

[273] Matthew Henry, *An Exposition of the Old and New Testament: wherein each chapter is summed up in its contents: the sacred text inserted at large, in distinct paragraphs; each paragraph reduced to its proper heads: the sense given, and largely illustrated; with practical remarks and observations*, nueva edición, revisada y corregida, 6 vols. (London: James Nisbet, n.d); cf. la introducción a Josué, en loc. N.B, esta edición de Henry no tiene números de página y debe citarse por ubicación.

[274] Henry, *Exposition*; cf. la introducción a Josué con la introducción a Samuel, in loc.

[275] Sobre Simon ver: Auguste Bernus, *Richard Simon et son Historie critique du vieux testament: la critique biblique au siècle de Louis XIV* (1869; Geneva: Slatkine Reprints, 1969); Jean Steinmann, *Richard Simon et les origines de l'exegèse biblique* (Paris: Desclée de Brouwer, 1960); Paul Auvray, *Richard Simon (1638-1712)* (Paris: Presses Universitaires de France, 1974); Jacques Le Brun, "Meaning and Scope of the Return to Origins in Richard Simon's Work," en *Trinity Journal*, n.s. 3 (1982), págs. 57-70;

que se le atribuyen en el Pentateuco y no del Pentateuco en su conjunto. Sostuvo además que el orden de los libros bíblicos y, de hecho, partes de varios libros del Antiguo Testamento deberían reorganizarse por motivos de consideraciones históricas y filológicas. A pesar de sus afirmaciones sobre la importancia de la tradición en la interpretación de las Escrituras, su trabajo encontró poco apoyo entre los católicos romanos. Los protestantes, en particular Isaac Vossius y Jacques Basnage entre los reformados, produjeron numerosas refutaciones. Había un punto más allá del cual los ortodoxos no podían llegar en su aceptación de descubrimientos críticos; y, de hecho, a mediados del siglo XVIII le correspondió a un seguidor de Simon, Jean Astruc, formular la hipótesis de la teoría de dos fuentes básicas del Pentateuco.

2. La Peyrére, Meijer y Spinoza: el racionalismo filosófico entra en el debate sobre las Escrituras.

Después del ensayo inicial de Cappel, pero mucho antes de Simon, Isaac La Peyrère y Baruch Spinoza señalaron que Moisés no era el autor del Pentateuco y ambos, aunque con resultados algo diferentes, sostuvieron una división estricta entre las enseñanzas religiosas o místicas y el conocimiento natural o filosófico. Sus enseñanzas no solo fueron vistas como un ataque a la religión y la teología, sino que también fueron vistas como la encarnación de una visión peligrosa e indefendible del texto de las Escrituras. En el caso de la obra de La Peyrère, aparecida en 1655, cinco años después de la aparición de la *Critica sacra* de Cappel, las ideas críticas del texto se mezclaron con teorías teológica y exegéticamente inaceptables, como la existencia de los preadamitas, la inminente reunión de los judíos y la aparición del Mesías, y la salvación universal de todos los seres humanos.[276] Las opiniones de La

---

y John D. Woodbridge, "German Responses to the Biblical Critic Richard Simon: from Leibniz to J. S. Semler," en *Historische Kritik und biblischer Kanon in der deutschen Aufklärung*, Wolfenbütteler Forschungen, Band 41 (Göttingen: Hubert, 1988), págs. 65-87.

[276] Isaac La Peyrère, *Prae-Adamitae. sive exercitaio super versibus duodecimus, decimotertio, & decimoquarto, capitis quniti epistolae Pauli ad Romanos. Quibus induncuntur primi homines ante Adamum conditi* (Amsterdam, 1655), traducido como *Men Before Adam, or, a discourse upon the twelfth, thirteenth, and fourteenth verses of the Epistle of Paul to the Romans* (London, 1656); e ídem., *Systema theologicum, ex Praeadamitarum hypothesi, Pars prima* (Amsterdam, 1655) traducido como *A Theological System upon that presupposition that men were before Adam*, parte I (London, 1656); y cf. Richard Popkin, "The Development of Religious Scepticism and the Influence of Isaac La Peyrère's Pre-Adamism and Bible Criticism," en *Classical Influences on European Culture A.D. 1500-1700*, ed. R. R. Bolgar (Cambridge: Cambridge University Press, 1976), págs. 271-280; e ídem, *Isaac La Peyrère (1596-1676): His Life, Work, and Influence* (Leiden: Brill, 1987). Obsérvese también la rapidez y la furia de la respuesta protestante ortodoxa: Antonius Hulsius, *Non-ens prae-adamiticum, sive Confutatio vani & sicinizantis cujusdam somnii, quo S. Scripturae praetextu incuatioribus nuper imponere conatus est quidam anonymus, fingens ante Adamum primum homines fuisse in mundo* (Leiden, 1656); y Samuel Maresius, *Refutatio fabulae prae-adamiticae, absoluta septem primariis quaestionibus, cum praefatione apologetica pro authentia Scripturarum* (Groningen, 1656).

Peyrère sobre los preadamitas eran, además, solo un elemento de su teoría más amplia de que las Escrituras eran un documento muy específico, que trataba únicamente de las creencias y experiencias religiosas o místicas de los judíos: así, Adán y Eva fueron los antepasados de los judíos y no de la mayor parte de la raza humana (que descendía de los preadamitas) —y varios milagros en las Escrituras, como el milagro de Josué de hacer que el sol se detuviera en la batalla con los amorreos (Jos. 10:12-13), eran específicos del tiempo y el lugar, no experimentados universalmente y explicados de manera naturalista. La batalla con los amorreos fue un día prolongado en Gabaón, pero, como señaló La Peyrère, también hubo, en otras épocas y estaciones, días prolongados en los polos.[277]

Lodewijk Meijer (o Meyer), cuya obra apareció entre la publicación de los ensayos teológicos de La Peyrère y la aparición del *Tractatus* de Spinoza, perteneció a un círculo de cartesianos y spinozistas en Leiden y Amsterdam y es recordado como el autor del prefacio a los primeros libros *Principles of the Philosophy of René Descartes* de Spinoza.[278] El análisis de Meijer de las Escrituras, titulado más bien claramente, *Philosophy the Interpreter of Scripture*,[279] se basaba en la suposición, muy parecida a la que argumentó posteriormente Spinoza, de que la filosofía era la única fuente de «conocimiento verdadero y cierto» y, por lo tanto, la única base genuina para establecer una teología verdadera, en contraste con la oscuridad del texto bíblico. En opinión de Meijer, las disputas teológicas características de la teología a lo largo de la historia de la iglesia habían surgido de la aplicación del estándar poco claro de las Escrituras a problemas tales como la creación y la relación de las personas en la Deidad. El pensamiento filosófico claro y perspicuo demostró la imposibilidad de la creación de la nada y la impropiedad de las disputas trinitarias. La tarea del intérprete bíblico es aclarar las oscuridades de la Biblia y demostrar su relación con la verdad racional; en resumen, la hermenéutica de Meijer, a diferencia de la de Spinoza, apunta hacia la hermenéutica racionalista de Le Clerc y Semler.[280]

La publicación anónima salvó el ataque personal de Meijer, pero su libro fue inmediatamente denunciado por todos lados, entre los reformados, tanto

---

[277] La Peyrère, *Systema theologicum*, iv.3-5.

[278] En Baruch Spinoza, *Earlier Philosophical Writings: The Cartesian Principles and Thoughts on Metaphysics*, trad. Frank A. Hayes, introd. por David Bidney (Indianapolis: Bobbs-Merrill, 1963).

[279] Lodewijk Meijer, *Philosophiae S. Scripturae interpres* (Eleutheropolis: s.n., 1666); también tenga en cuenta ídem, *La philosophie interprète de l'Écriture Sainte*, trand., con notas, Jacqueline Lagrée y Pierre François Moreau (Paris: Intertextes 1988).

[280] Cf. la discusión sobre Meijer y sus controversias en Jonathan I. Israel, *Radical Enlightenment: Philosophy and the Making of Modernity, 1650-1750* (Oxford: Oxford University Press, 2001), págs. 197-217.

por cocceianos como por voetianos. Una respuesta temprana notable, la del cartesiano reformado del partido cocceiano, Ludwig Wolzogen, intentó trazar la línea entre el uso legítimo e ilegítimo de la razón en la exégesis y la teología, justificando al mismo tiempo la hermenéutica de los más cartesianos entre los cocceianos y distanciándolos del enfoque de Meijer.[281] Otros reformados encontraron las opiniones de Wolzogen demasiado racionalistas y atacaron su trabajo así como el de Meijer en una creciente crítica de todo lo cartesiano, en particular, el sinopsis holandés de Turretin, Leonhardus Rijssen, y el teólogo de Groningen Samuel Maresius.[282] Basándose en Wolzogen, el teólogo inglés John Wilson afirmó la doctrina protestante tradicional de que las Escrituras son su propio intérprete frente a las afirmaciones normativas de la razón y la filosofía, utilizando como argumento principal la condición depravada de la razón humana misma.[283]

El *Tractatus-theologico politicus* de Spinoza, publicado de forma anónima en 1670, defendía una estricta separación entre teología y filosofía. El tema de la teología es la fe y la obediencia, mientras que el de la filosofía es la verdad racional. La religión comienza en la Escritura y busca el fin del hombre en comunión con Dios: la cuestión nunca es el conocimiento sino la fe y la obediencia. Solo la filosofía podría determinar la naturaleza y el carácter de Dios sobre la base de percepciones claras y distintas. Las Escrituras ofrecían guía moral pero no percepciones claras y distintas de Dios. Spinoza, por tanto, se opuso a la visión predominante de la ortodoxia: la doctrina de las Escrituras como fuente del conocimiento revelado.[284] El resultado de la división del tema por parte de Spinoza fue restringir la religión a la piedad, aunque sea revelada, y colocar las doctrinas de Dios, la creación, la providencia y el alma dentro de los límites de la filosofía a diferencia de la teología y declararlas productos de la conocimiento racional más que revelado —y, por el lado de la teología, liberar completamente a la fe de la responsabilidad y la crítica de la razón filosófica. Los motivos de Spinoza quedan claros en el prefacio al *Tractatus* y del argumento del capítulo sobre la interpretación de las Escrituras: él está profundamente oprimido

---

[281] Ludwig Wolzogen, *De Scripturarum interprete* (Utrecht, 1668).

[282] Leonardus Rijssenius, *De Oude Rechtsinnige Waerheyt verdonkert, en bedeckt door DesCartes, Cocceijus, Wittich, Burman, Wolzogen, Perizon, Groenewegen, Allinga, &c. En nu weder Op-geheldert, en ondeckt.* (Middelburgh: Benedictus Smidt, 1674); Samuel Maresius, *De abusu philosophiae Cartesianae in rebus theologicis et fidei* (Groningen: T. Everts, 1670).

[283] John Wilson, *The Scriptures Genuine Interpreter Asserted: Or, a Discourse concerning the Right Interpretation of Scripture, wherein a late Exercitation entituled, Philosophia S. Scripturae Interpres, is Examined, and the Protestant Point in that Doctrine Vindicated* (London: T. N. for R. Boulter, 1678).

[284] Sobre el lugar de Spinoza en la historia de la interpretación, véase Jacqueline Lagrée y Pierre François Moreau, "La lecture de la Bible dans le cercle de Spinoza," en *BTT*, 6, págs. 97-115; Cf. Richard H. Popkin, "Cartesianism and Biblical Criticism," en T. Lennon, et al. (eds.), *Problems of Cartesianism* (Kingston and Montreal: McGill-Queen's University Press, 1982), pág. 72.

por la intolerancia de las personas llamadas religiosas, particularmente en la medida en que la intolerancia se basa en ideas arbitrariamente importadas a la religión desde fuera. La piedad y la religión, comenta, «se han convertido en un tejido de misterios ridículos» que no se basan en absoluto en las Escrituras sino en «especulaciones de platónicos y aristotélicos». Los defensores de esta «religión»

> no contentos con desvariar con los mismos griegos... queremos hacer delirar también a los profetas; mostrando de manera concluyente que nunca, ni siquiera en sueños, han vislumbrado la naturaleza divina de las Escrituras. La misma vehemencia de su admiración por los misterios atestigua claramente que su creencia en la Biblia es un asentimiento formal más que una fe viva.[285]

La queja es muy parecida a la que los pietistas lanzan contra los ortodoxos. Spinoza critica a quienes defienden los «comentarios humanos» y persisten «en la investigación de los absurdos» en lugar de respetar «los escritos del Espíritu Santo». El texto debe abordarse según sus propios fundamentos: se debe permitir que las Escrituras interpreten las Escrituras en lugar de basarse en fundamentos importados a la tarea de interpretación desde la filosofía racional. Lo que las Escrituras enseñan acerca de Dios, que es omnipotente, digno de adoración, que ama a la humanidad, etc., no es la base de la verdad filosófica sino más bien una guía «para la conducta general de la vida».[286]

El impacto exacto del *Tractatus* de Spinoza en la crítica bíblica es difícil de evaluar.[287] Su argumentación histórico-crítica se adelantó al consenso académico, pero ciertamente no fue única: el argumento de Louis Cappell sobre la Masorah y los principios exegéticos elaborados en los prefacios críticos de Brian Walton a la *Biblia políglota de Londres* precedió a Spinoza por varios años. Spinoza también estaba al tanto de la obra crítica de Isaac de la Peyrère, en la que se habían arrojado dudas considerables sobre la continuidad doctrinal del texto y que había señalado la probabilidad de que Moisés utilizara fuentes anteriores en su composición del Pentateuco.[288]

---

[285] Baruch Spinoza, *A Theologico-Political Treatise and A Political Treatise*, trad. R. H. M. Elwes (New York: Dover, 1951), págs. 7-8.

[286] Spinoza, *Theologico-Political Treatise*, págs. 98-99, 104; cf. Leo Strauss, *Spinoza's Critique of Religion* (New York: Schocken, 1982), págs. 113-121.

[287] Véase P. C. Craigie, "The Influence of Spinoza in the Higher Criticism of the Old Testament," en *The Evangleical Quarterly*, 50 (1978), págs. 23-32; John Sandys-Wunsch, "Spinoza—The First Biblical Theologian," en *Zeitschrift für dir alttestamentliche Wissenschaft*, 93 (1981), págs. 327-341, y Richard H. Popkin, "Cartesianism and Biblical Criticism," págs. 61-81.

[288] Véase la discusión sobre La Peyrère y su lugar en el desarrollo de la crítica hacia la hipótesis protodocumental de Astruc en Adolphe Lods, "Astruc et la critique biblique de son temps," en *Revue d'histoire et de philosophie religieuses*, 4 (1924), págs. 109-139, 201-227; cf. Strauss, *Spinoza's Critique of Religion*, págs. 64-85; y los comentarios en Crehan, "The Bible in the Roman Catholic

Además, el argumento del *Tractatus* que la religión era una cuestión de obediencia, la filosofía una cuestión de conocimiento y que cada una era inviolable frente a la crítica de la otra, no fue retomado por exégetas racionalistas posteriores como Semler. Sin embargo, las similitudes entre las observaciones de Spinoza sobre la interpretación histórica del texto y la determinación gramatical del significado se encuentran en los principales proyectos exegéticos e interpretativos de la época, como la *Histoire critique du Vieux Testament* de Richard Simon. También se puede señalar que un defecto importante de la exégesis racionalista del siglo XVIII residió en no seguir más de cerca a Spinoza: ¡prohibió categóricamente el uso de categorías racionales y filosóficas en la elucidación de textos!

Las opiniones de Spinoza sobre las Escrituras, la filosofía y la teología se toparon con una oleada de protestas de teólogos ortodoxos, tanto luteranos como reformados, que, en la «escala Richter» de la disputa dogmática, superó la amargura de la polémica levantada contra Descartes. Los teólogos cartesianos, como Wittich, incluso se vieron inducidos a escribir tratados antispinozistas que negaban cualquier relación lógica o filosófica entre las dos filosofías. El *Tractatus theologico-politicus* fue atacado el mismo año de su publicación por el profesor de Leipzig Friedrich Rappoltus y Johannes Musaeus de Jena, y poco después por el filósofo holandés Wilhelm van Blyenbergh.[289] Los tratados dogmáticos de estos escritores no intentaron desentrañar y refutar la lógica de los argumentos de Spinoza, sino que, más bien superficialmente, se abalanzaron sobre la identificación de Spinoza de las Escrituras como esencialmente morales y sobre la visión de la inspiración que subyace a las opiniones de Spinoza sobre la interpretación. El *Tractatus theologico-politicus* militaba contra toda la visión ortodoxa de las Escrituras: Spinoza negaría que el texto transmitiera un conocimiento real de Dios y, por lo tanto, atacaría la naturaleza de la revelación misma: ¡reduciría la fe a moralidad y entregaría la doctrina de Dios a una filosofía no redimida! Musaeus añadió a las acusaciones el hecho de que Spinoza no reconoció que la fe en sí misma es un asentimiento al conocimiento y no vio el mensaje soteriológico esencial de las Escrituras: no simplemente la obediencia sino un don de la gracia y un evangelio de expiación por el pecado.[290]

Church," *CHB*, 3, págs. 220; también Hayes y Prussner, *Old Testament Theology*, págs. 26-27.

[289] Cf. Israel, *Radical Enlightenment*, págs. 275-327, con Bernhard Pünjer, *History of the Christian Philosophy of Religion from the Reformation to Kant*, trad. W. Hastie (Edinburgh, 1887), págs. 434-435.

[290] Cf. Pünjer, *History of the Christian Philosophy of Religion*, pág. 435.

3. El cambio teológico y hermenéutico en la transición hacia la ortodoxia tardía y el siglo XVIII.

La lectura racional de las Escrituras y el desarrollo altamente racionalista de la teología filosófica, iniciado en el círculo de Meijer y Spinoza y que tuvo eco en los esfuerzos exegéticos de Grotius y los socinianos, continuó teniendo una enorme influencia a finales del siglo XVII y principios del XVIII, a pesar de la gran cantidad de literatura polémica dirigida contra ellos. Entre los exégetas y teólogos más responsables del desarrollo positivo de la hermenéutica racionalista en esta época se encontraba el arminiano Jean Le Clerc, colega de Limborch y editor-aumentador de ediciones posteriores de *De veritate Christianae Religionis* de Grotius. Aunque se opuso enérgicamente al enfoque de Spinoza sobre las Escrituras y afirmó la autoridad, claridad y normatividad del texto en todos los asuntos «esenciales» de la religión, Le Clerc también defendió el uso de la razón para determinar la verdad y la falsedad; de hecho, para examinar los materiales de las Escrituras y determinar lo que de hecho era esencial. Le Clerc también tendía a ofrecer explicaciones naturalistas de muchos eventos milagrosos relatados en las Escrituras, reservando la categoría de verdadero milagro para las obras de Cristo en el Nuevo Testamento y para la Resurrección; de hecho, reduciendo la esfera del milagro, eliminando la necesidad de la inspiración como una explicación del texto, y ubicando la autoridad en la razón más que en las Escrituras mismas.[291]

Si estas tendencias en filosofía y hermenéutica tuvieron lugar, inicialmente, fuera de la esfera de un cristianismo reformado más o menos normativo o confesional, su efecto fue, en poco tiempo, un cambio también en las sensibilidades eclesiásticas. Un ejemplo significativo de la actitud de la era de transición es el esfuerzo de J. A. Turretin para producir una teología irénica, más en sintonía con las exigencias de la razón, pero también más en contacto con las necesidades de la piedad que la de los ortodoxos del siglo XVII. Muy a la manera de su padre más ortodoxo, el joven Turretin evitó el intento de dotar a la religión y a los argumentos teológicos de una certeza «matemática», pero a diferencia de su padre, basó su argumento en la naturaleza de la religión más que en el carácter revelado del *principium cognoscendi theologiae*.[292] El joven Turretin estaba decidido a defender la verdad de la religión cristiana de forma tanto racional como *religiosamente*. De hecho, afirmó sin rodeos: «o ninguna religión es verdadera (afirmación

---

[291] cf. Israel, *Radical Enlightenment*, págs. 464-470.

[292] Cf. F. Turretin, *Inst. theol. elencticae*, with J.-A. Turretin, *Cogitationes de variis theologiae capitibus*, §41 in vol. I of *Cogitationes et dissertationes theologicae. Quibus principia religionis, cum naturalis, tum revelatae, adstruuntur & defenditur; animique ad veritatis, pietatis, & pacis studium excitantur*, 2 vols. (Geneva, 1737).

que va claramente en contra de la bondad y la sabiduría de Dios) o la religión cristiana es verdadera». Y la divinidad de la religión cristiana se demuestra por su eficacia contra la idolatría y la inmoralidad; como enseñó Crisóstomo, después de los milagros de Cristo y de los apóstoles, la propagación del cristianismo es el mayor de los milagros: la verdadera religión se conoce por su frutos.[293] Y, aun así, la divinidad de la Escritura se ve claramente en sus enseñanzas sobre Dios y en su referencia de todas las cosas a la gloria de Dios: los Salmos, a modo de ejemplo, no tienen igual en la literatura pagana, ya sea religiosa o filosófica, en sus «sublimes concepciones» y sus piadosas reflexiones sobre Dios, que son tales que ninguna pluma humana podría expresar.[294] Y haciéndose eco de sus antepasados ortodoxos, Turretin podría afirmar que, a pesar de la esperada oscuridad de un texto tan antiguo, «todo lo necesario se presenta de forma clara y comprensible (*faciles*), y todo se acomoda a nuestro entendimiento».[295]

A pesar del eco de la estricta ortodoxia de su padre, la tendencia del argumento y el sentido subyacente de la conformidad de las Escrituras y la doctrina cristiana a la luz de la razón se basan profundamente en la teología más racionalista y apologética, pero no obstante genuinamente piadosa, de Tronchin.[296] El lado más racionalista del enfoque del texto del joven Turretin se ve, además, en su hermenéutica y en su teoría de la acomodación, que es una visión de la acomodación bastante diferente a la ofrecida por Calvino o por los escritores ortodoxos del siglo XVII, y ocupa lo que podría caracterizarse como una posición fuertemente influenciada por la filosofía cartesiana y a medio camino de la visión propuesta más tarde en el siglo XVIII por Semler.[297] El joven Turretin, por ejemplo, no consideró que los primeros once capítulos del Génesis fueran una historia precisa o un relato científico: pudo argumentar un significado teológico y religioso válido para las historias de la creación, la caída, el diluvio y la Torre de Babel sin sentirse obligado a debatir cuestiones de detalle histórico o de cosmología científica. No vio la necesidad de reconciliar la narración del Génesis con una visión poscopernicana del mundo.[298] Y, al igual que Spinoza, Turretin

---

[293] J.-A. Turretin, *Cogitationes de variis theologiae capitibus*, §37-39, 43.

[294] J.-A. Turretin, *Cogitationes de variis theologiae capitibus*, §44-45.

[295] J.-A. Turretin, *Cogitationes de variis theologiae capitibus*, §47.

[296] Cf. Jacques Solé, "Ratonalisme chrétien et foi réformée à Genève autour de 1700: les derniers sermons de Louis Tronchin," en *Bulletin de la Société de l'Histoire du Protestantisme français*, 128 (1982), págs. 28-43; Martin I. Klauber, "Reason, Revelation, and Cartesianism: Louis Tronchin and Enlightened Orthodoxy in Late Seventeenth-Century Geneva," en *Church History*, 59 (1990), págs. 326-339.

[297] Sobre las opiniones de Descartes acerca de la acomodación, véase François Laurent, *La philosophie du XVIIIe siècle et le Christianisme* (Paris, 1866; repr. Geneva: Slatkine, 1972), págs. 228-229.

[298] Cf. Martin I. Klauber y Glenn Sunshine, "Jean-Alphonse Turrettini on Biblical Accommodation: Calvinist or Socinian?" en *Calvin Theological Journal*, 25 (1990), págs. 7-27.

podría argumentar que la Escritura tenía como objetivo guiar a las personas hacia la fe y la obediencia más que hacia el conocimiento racional o científico del orden mundial.[299]

Otra indicación del alcance del problema de la crítica textual que enfrentó la ortodoxia a finales del siglo XVII y principios del XVIII se encuentra en la obra de Richard Bentley (1662-1742), uno de los padres fundadores de la crítica textual moderna; con demostrar, final e irrevocablemente, que la llamada coma joánica, la referencia trinitaria en 1 Jn. 5:7, fue una adición tardía al texto. Bentley también debe ser recordado como un defensor de la integridad del texto establecido mediante métodos críticos y como un defensor de los dogmas tradicionales. Fue Bentley quien comparó los manuscritos existentes del Nuevo Testamento y argumentó, para satisfacción de la mayoría de los exégetas posteriores, que el texto del versículo siete, «Porque tres son los que dan testimonio en el cielo: el Padre, el Verbo y el Espíritu Santo; y estos tres son uno», se pudo encontrar solo en la Vulgata y en un manuscrito griego tardío y probablemente fue una interpolación patrística posnicena en el texto.[300] En opinión de Bentley, la intención del redactor o escriba que hizo la adición fue desarrollar la doctrina de la Trinidad como una glosa en paralelo con el siguiente versículo: «Y tres son los que dan testimonio en la tierra: el Espíritu, el agua y la sangre; y estos tres concuerdan». Al señalar lo que desde entonces se ha convertido en un problema universalmente reconocido en el texto, Bentley llegó a ser visto como un aliado exegético de los antitrinitarios de la época, en particular reconociendo su rápida adhesión a los resultados de su exégesis. Sin embargo, la observación que planteó Bentley no era nada original: la coma joánica había sido debatida desde la publicación de la edición de Erasmo del Nuevo Testamento griego a principios del siglo XVI, y su conclusión había sido anticipada prácticamente palabra por palabra por numerosos exégetas.[301] Es más, como demuestra el extenso análisis del problema realizado por Gill y Bengel a mediados del siglo XVIII, todavía se podían defender argumentos a favor de la conservación del pasaje décadas después de que apareciera la obra de Bentley.[302]

---

[299] J.-A. Turretin, *Delucidationes*, 2.287, como es citado en Klauber y Sunshine, "Jean-Alphonse Turrettini on Biblical Accommodation," págs. 19-20.

[300] El texto de la interpolación se encuentra en la KJV y en Biblias inglesas anteriores, como la Bishop's Bible y la Biblia de Ginebra, pero ha sido eliminado por completo de prácticamente todas las versiones modernas, frecuentemente, como en la RSV, sin notación, ya que el versículo 6 se ha dividido en dos partes para mantener la división tradicional del texto.

[301] Ver más abajo, 6.2 (B.3) y ver la discusión de la "Coma" en la exégesis trinitaria de los siglos XVI y XVII en *DRPR*, IV, 4.2 (C.3).

[302] John Gill, *An Exposition of the New Testament*, 3 vols. (London, 1746-1748), 1 John 5:7, en loc.; y Bengel, *Gnomon Novi Testamenti*, en loc.

Asimismo, se recuerda a Bentley, junto con Campegius Vitringa,[303] como uno de los primeros exégetas en sostener que el examen de las circunstancias del texto debería incluir el análisis de las contradicciones e inconsistencias estilísticas. Sin embargo, en la medida en que el examen de las circunstancias o el contexto del texto fue una característica de la exégesis protestante observada en las obras de Hyperius, Flacius y Whitaker del siglo XVI, ésta no es una transición radical entre la llamada exégesis precrítica y la exégesis crítica moderna. Por supuesto, décadas después de las observaciones de Vitringa y Bentley, este refinamiento del enfoque estándar había conducido al reconocimiento de dos narrativas distintas de la creación en los capítulos uno y dos del Génesis, y debe considerarse como un claro antecedente del desarrollo por parte de Astruc y Eichhorn de una hipótesis documental sobre el Pentateuco.[304] Sin embargo, el propio Bentley no tenía la intención de que su trabajo socavara la ortodoxia trinitaria tradicional, y la exégesis de Vitringa continuó basándose en el supuesto precrítico de una dirección eclesiástica del texto y un significado teológico para la comunidad creyente determinado en última instancia por el alcance más amplio de las Escrituras.

De hecho, los comentarios de Bentley sobre las implicaciones de la crítica textual sirven como un saludable recordatorio de que el método crítico, comoquiera que les haya parecido a los defensores de la ortodoxia tardía, no pretendía oponerse ni a la teología ni a la piedad de la iglesia en ese momento. Lo notable de los comentarios de Bentley sobre el efecto de la crítica textual en el uso teológico del texto es que hacen eco de las intenciones de la visión ortodoxa protestante al argumentar el establecimiento del texto mediante la recopilación de variantes:

> En los autores profanos (como se les llama), de los cuales solo un manuscrito tuvo la suerte de conservarse, como *Velleius Paterculus* entre los *Latinos,* y *Hesychius* entre los *griegos;* las faltas de los escribas son muy numerosas y los defectos más allá de toda reparación; que a pesar de los dolores de los críticos más eruditos y más agudos... esos libros siguen siendo y seguirán siendo un mero montón de errores. Por el contrario, cuando las Copias de cualquier Autor son numerosas, aunque las *Lecturas diversas* siempre aumentan en proporción; allí el Texto, mediante una recopilación precisa de ellos

---

[303] Véase la apreciación de los métodos de Vitringa en Brevard S. Childs, "Hermeneutical Reflections on C. Vitringa, Eighteenth-Century Interpreter of Isaiah," en Edward Ball (ed.), *In Search of True Wisdom: Essays in Old Testament Interpretation in Honour of Ronald E. Clements*, en *Journal for the Old Testament* Supplement Series, 300 (1999), págs. 89-98.

[304] Samuel Terrien, "History of the Interpretation of the Bible: III. Modern Period," en *The Interpreters Bible*, 12 vols. (Nashville: Abingdon, 1951-1957), I, pág. 103.

realizada por manos hábiles y juiciosas, es cada vez más correcto y se acerca más a las verdaderas palabras del Autor.³⁰⁵

En respuesta a la queja de que la recopilación de textos había producido unas treinta mil variantes solo en el Nuevo Testamento, Bentley continuó:

> Por lo tanto, no me asusto con los 30 000 actuales, yo por mi parte, y (creo que) muchos otros no se lamentarían, si de los Manuscritos Antiguos aún intactos se reunieran fielmente 10 000 más: algunos de los cuales, sin lugar a dudas, traducirían el Texto más bella, justa y exactamente; *aunque no tiene consecuencias para la religión principal; es más, tal vez completamente sinónimo en opinión de los lectores comunes, y bastante insensible en cualquier versión moderna*.³⁰⁶

Se puede hacer una observación similar y relacionada con la obra de Johann Jacob Wetstein (1693-1754), el gran crítico bíblico continental de su época, sobrino del teólogo J. R. Wetstein y alumno del último de los grandes Buxtorf, cuyo Nuevo Testamento crítico vio la luz en una serie de volúmenes que comenzaron en 1749 y concluyeron en 1752. Poseía, tanto por nacimiento como por formación, un pedigrí ortodoxo protestante. Sin embargo, desde el principio tuvo interés por el estudio exegético y textual y ojo para los problemas críticos o, como él los llamaba, «variaciones» del texto. Viajó mucho durante sus años de estudiante y visitó a Richard Bentley en el Trinity College de Cambridge en 1715. Allí, según cuenta la historia, Wetstein tuvo acceso al *Codex Alexandrinus*, que examinó cuidadosamente, con magnificación, llegando a la conclusión, radical para su época, de que el «*theos*» de 1 Timoteo 3:16 originalmente no era «theos», escrito en forma abreviada en unciales, ΘΣ, o ΘC, en el manuscrito, pero «hos», ΟΣ o ΟC, para que el texto no dijera «Dios fue manifestado en carne» sino «quien fue manifestado en carne». Así como en el siglo anterior, la adopción por parte de Cappel de una visión del texto asociada con adversarios doctrinales había generado sospechas con respecto a su ortodoxia, ahora la aceptación por parte de Wetstein de una lectura de 1 Timoteo 3:16 asociada con los antitrinitarios provocaron una tormenta de protestas.³⁰⁷

Dado que tanto Grotius como los socinianos habían ofrecido previamente enmiendas similares basadas en códices antiguos, en evidencia patrística y medieval, la lectura de Wetstein de 1 Timoteo 3:16 parecía sospechosamente artificial. De hecho, la historia del descubrimiento de Wetstein sigue tan cerca los comentarios del difunto escritor patrístico Liberatus Diaconus

---

[305] Richard Bentley, *Remarks on a late Discourse of Free-Thinking* (London, 1713), págs. 65-66; Tenga en cuenta que el tratado de Bentley estaba dirigido contra Anthony Collins, *A Discourse of Free-Thinking, Occasion'd by the Rise and Growth of a Sect call'd Free-Thinkers* (London, 1713).

[306] Bentley, *Remarks on a late Discourse of Free-Thinking*, pág. 72, cursiva mía.

[307] Cf. *DRPR*, IV, 4.2 (C.2) para la discusión del uso trinitario del texto.

(ca. 560 D.C) y de Hincmar de Rheims (m. 882 D.C), este último citado por Grotius y ambos citados extensamente en el libro *Exposition of the Creed* de Pearson, que la afirmación de Wetstein de haber examinado de manera uncial ΟC que se asemeja con ΘC parece un comentario sobre los autores antiguos; en otras palabras, como si conociera a Liberatus e Hincmar y, con sus comentarios en la mano, sacara sus conclusiones del *Codex Alexandrinus*.[308]

Los efectos de estos avances en la exégesis y la crítica sobre la dogmática ortodoxa fueron significativos. Los dogmáticos wolffianos como Wyttenbach y Stapfer y los racionalistas ortodoxos como Klinkenberg evidencian un cambio importante en el énfasis que se aleja de la declaración positiva de la divinidad o autoridad divina de las Escrituras en términos de la causalidad y los atributos de las Escrituras y, además, un cambio igualmente pronunciado hacia la discusión de cuestiones críticas y exegéticas en el *locus de Scriptura sacra*.[309] La doctrina básica —la Escritura como divina por inspiración y que posee atributos de suficiencia, perfección, claridad, etc.— permanece prácticamente sin cambios en su declaración básica y en su posición anterior en el *locus*. Pero el contexto interpretativo o hermenéutico de la doctrina ha cambiado considerablemente. Se dedica mucho más espacio a los problemas de interpretación, a la identificación de la canonicidad de los libros de las Escrituras, al estilo y carácter de los escritos bíblicos y a la integridad del texto del Antiguo y Nuevo Testamento.

Otra manera de plantear este punto es señalar que, a pesar de los efectos devastadores que un uso racionalista y deísta de los resultados del método crítico en el siglo XVIII tuvo sobre el sistema teológico de la ortodoxia tardía, el método en sí no estaba destinado, por un gran número de sus antepasados del siglo XVII y sus usuarios del siglo XVIII, como un enfoque negativo o como una amenaza al sistema ortodoxo. Si el método histórico y crítico finalmente impidió a los teólogos protestantes construir su visión de las Escrituras y la teología precisamente de la manera en que lo hicieron sus antepasados de los siglos XVI y XVII, el trabajo de crítica textual del siglo XVII no les impidió intencionalmente reconstruir su visión de las Escrituras y su sistema teológico con una percepción más clara del significado y las implicaciones de los materiales bíblicos que la que estaba disponible en épocas anteriores.

---

[308] Cf. Grotius, *Annotationes in Novum Testamentum*, 1 Ti. 3:16 en loc., con Pearson, *Exposition of the Creed*, II, iii.31 (1887, pág. 199).

[309] Daniel Wyttenbach, *Tentamen theologiae dogmaticae methodo scientifico pertractatae*, 3 vols. (Frankfurt, 1747-1749); Johann Friedrich Stapfer, *Institutiones theologiae polemicae universae, ordine scientifico dispositae,* cuarta edición, 5 vols. (Zurich, 1756-1757).

El problema teológico que enfrentó la ortodoxia tardía, incluidos aquellos escritores ortodoxos tardíos que aceptaron muchos de los resultados de la crítica textual, fue que el camino de la exégesis a la doctrina había tomado un giro metodológico que eliminó muchos de los *dicta probantia* tradicionales del ámbito del uso legítimo. Este proceso, por supuesto, había comenzado ya en el siglo XVI, pero había aumentado exponencialmente en el XVII. El problema es más obvio en casos como la coma joánica y 1 Tim. 3:16, pero también es bastante evidente en la incapacidad de los exégetas posteriores para aplicar el texto del Antiguo Testamento ya sea a usos cristológicos o a la instrucción directa de la iglesia en el presente. Además, dado el enfoque cada vez más racionalista no solo del texto y sus problemas, sino también (como lo demuestra el concepto de acomodación de J. A. Turretin) de la cuestión de la verdad religiosa, la identificación de múltiples fuentes de libros bíblicos, de autores y redactores anónimos, un ejercicio teológicamente nada problemático para Poole, Henry y otros exégetas ortodoxos, se volvió cada vez más difícil de reconciliar con un enfoque ortodoxo de la doctrina.

En lugar de argumentar un cambio importante en las presuposiciones doctrinales y filosóficas dentro del protestantismo entre la época de la Reforma y la codificación final de la ortodoxia protestante a finales del siglo XVII,[310] debemos identificar una continuidad doctrinal y filosófica subyacente y, al mismo tiempo, notar un énfasis cada vez mayor en la declaración dogmática correcta y un cambio fundamental en la hermenéutica desde patrones alegóricos y espirituales de finales de la Edad Media a un modelo cada vez más literal, gramatical y crítico. Los diversos atisbos de la lectura «crítica» moderna del texto que acabamos de señalar en los escritos de Poole, Henry y Lightfoot no deben entenderse como ideas extraviadas que apuntan hacia una época posterior y que no coinciden en absoluto con la dogmática ortodoxa. Los problemas de autoría, contexto lingüístico y cultural, y fecha que fueron identificados y, desde la perspectiva de la época resueltos por estos escritores, no se reflejaron simplemente en los sistemas de teología altamente bíblicos e incluso biblicistas escritos por los escolásticos protestantes; estos problemas fueron generados en gran parte por la interacción constante de exégesis y teología característica de los siglos XVI y XVII. La lucha del sistema teológico ortodoxo al enfrentar problemas críticos y equilibrar los resultados de la exégesis con su doctrina de la autoridad de las Escrituras fue una parte integral del desarrollo del método crítico textual, así como el desarrollo del método fue una parte integral de la lucha de la ortodoxia con su propia doctrina de las Escrituras. La historia de estos problemas, como se evidencia en el trabajo exegético de Poole, Henry,

---

[310] Como por ejemplo en Rogers y McKim, *Authority and Interpretation*, págs. 187-188.

Lightfoot y también en los esfuerzos dogmáticos de teólogos como Leigh, Wendelin, Cloppenburg y Hoornbeeck,[311] no fue una historia en la que los problemas y cuestiones señalados por los exégetas fueran luego retomados y discutidos en sistemas teológicos oscurantistas y anticríticos. Más bien fue una historia en la que el esfuerzo continuo de una exégesis protestante cada vez más textual y literalista confrontó la formulación teológica con problemas textuales y exegéticos, todo dentro del contexto de la ortodoxia eclesiástica y su polémica con varios adversarios, particularmente los católicos romanos y los socinianos; y en el que la formulación teológica en curso de los dogmáticos intentó incorporar resultados exegéticos, tanto en forma de problemas como en forma de soluciones propuestas por los exégetas.

En consecuencia, la doctrina de las Escrituras que se encuentra en los sistemas ortodoxos típicamente tenía dos *foci* tanto en exposición positiva como polémica: la doctrina de la autoridad de las Escrituras y la doctrina de la interpretación de las Escrituras. Estos *foci* no eran principios fundamentales o definiciones primarias de las que partiera todo lo demás en el *locus*, más bien fueron las cuestiones en torno a las cuales se fusionó el argumento y, en el lado polémico del desarrollo de la doctrina protestante, las razones de la forma adoptada por la doctrina de las Escrituras. Ambos *foci*, además, ofrecen evidencia de las presiones ejercidas sobre la doctrina de las Escrituras por el curso de la hermenéutica y la crítica textual de la Reforma y la posreforma.

En muchos de los sistemas teológicos, los resultados del estudio crítico y textual se recogen en extensos discursos doctrinales: así, un escritor inglés como Leigh y su contemporáneo escolástico holandés, Cloppenburg, discuten variantes textuales con cierta extensión, abordan el problema de la canon desde el punto de vista de los libros perdidos, espurios y apócrifos, y argumentan el carácter y la confiabilidad de los textos y códices disponibles.[312] Leigh incluso llega a ofrecer un recorrido de un capítulo sobre los mejores comentarios disponibles sobre cada uno de los libros del Antiguo y Nuevo Testamento.[313] Y como se observará a lo largo de la discusión en este volumen y en los siguientes, los argumentos ofrecidos por los dogmáticos están en clara continuidad con los esfuerzos exegéticos de la

---

[311] Marcus Friedrich Wendelin, *Christianae theologiae libri duo* (Amsterdam, 1657); Johannes Cloppenburg, *Disputationes XV. de canone theologiae et iudicio controversiarum secundum canonem*, en *Opera Theologica*, 2 vols. (Amsterdam, 1684), vol. II; e ídem, *Exercitationes super locos communes theologicos*, en *Opera*, vol. I; Johannes Hoornbeeck, *Summa controversiarum religionis, cum infidelibus, haereticis, schismaticis* (Utrecht, 1653); ídem, *Socinianismus confutatus*, 3 vols. (Utrecht, 1650-64).

[312] Cf. Leigh, *A Treatise of Divinity* (London, 1646), I, vi-vii, with Cloppenburg, *Exercitationes super locos communes*, I, ii-v, en *Opera Theologica*, (Amsterdam, 1684), vol. I.

[313] Leigh, *Treatise*, I, viii.

época e intentan abordar los problemas planteados por el desarrollo de un estilo cada vez más textual y crítico. Aun así, escritores ortodoxos tardíos como Ridgley, Boston, Gill y Brown,[314] o en el continente, como Vitringa, Gürtler, Venema, De Moor y Klinkenberg,[315] continuaron respetando los modelos doctrinales de la ortodoxia y siguiendo las prácticas de la exégesis altamente textual pero hermenéuticamente precrítica de la Reforma y el siglo XVII.

Los detalles de este desarrollo proporcionan evidencia de un cambio de énfasis que tuvo lugar hacia el final de la era de la alta ortodoxia y en la época de la ortodoxia tardía. Aunque estos teólogos ortodoxos posteriores todavía afirman uniformemente el principio básico de que las evidencias históricas y empíricas de la autoridad, la inspiración y la divinidad de las Escrituras son insuficientes para convencer al corazón sin el testimonio interno del Espíritu, sus exposiciones doctrinales parecen dar más y más peso a la discusión de evidencias históricas y empíricas. Este cambio de énfasis no puede atribuirse simplemente a la polémica: también debe entenderse como un reflejo del cambio en la hermenéutica de los métodos espirituales, tipológicos y generalmente teológicos en boga durante la Reforma, a pesar de la insistencia de los reformadores en la gramática de los idiomas originales, hasta los métodos cada vez más históricos y críticos de finales del siglo XVII y del XVIII. Los supuestos relativos a la determinación teológica del canon y al testimonio interno del Espíritu concordaban bien

---

[314] Thomas Ridgley, *A Body of Divinity: Wherein the Doctrines of the Christian Religion are Explained and Defended, being the Substance of Several Lectures on the Assembly's Larger Catechism*, 2 vols. (London, 1731-1733); también *Commentary on the Larger Catechism; Previously Entitled A Body of Divinity*, revisado, con notas de John M. Wilson (1855; repr. Edmonton: Still Waters Revival Books, 1993); Thomas Boston, *An illustration of the doctrines of the Christian religion, with respect to faith and practice, upon the plan of the assembly's shorter catechism. Comprehending a complete body of divinity. Now first published from the manuscripts of ... Thomas Boston*, 2 vols. (Edinburgh: John Reid, 1773; reissued, 1853), citado en lo sucesivo como *Body of Divinity* de la edición de 1853; John Gill, *Complete Body of Doctrinal and Practical Divinity: or A System of Evangelical Truths Deduced from the Sacred Scriptures, with A Dissertation Concerning the Baptism of Jewish Proselytes*, 2 vols. (1769-70; reeditado, London: Tegg & Company, 1839; repr. Grand Rapids: Baker Book House, 1978); ídem, *A Dissertation Concerning the Antiquity of the Hebrew-language, Letters, Vowel-points, and Accents* (London: G. Keith, 1767); ídem, *An Exposition of the New Testament*, 3 vols. (London, 1746-8) y *An Exposition of the Old Testament*, 6 vols. (London, 1748-63); John Brown of Haddington, *A Compendious View of Natural and Revealed Religion. In seven books* (Glasgow: John Bryce for J. Matthews, 1782; segunda ed. revisada, Edinburgh: Murray y Cochrane, 1796; reeditado, Philadelphia: David Hogan, Griggs & Co., 1819).

[315] Campegius Vitringa, *Doctrina christianae religionis*; ídem, *Korte stellingen: in welke vervat worden de grondstukken van de christelyke leere* (Amsterdam: Balthazar Lakeman, 1730); Nicholaus Gürtler, *Institutiones theologicae ordine maxime naturali dispositae ac variis accessionibus auctae* (Marburg: Müller, 1732) y *Synopsis theologiae reformatae* (Marburg: Müller, 1731); Herman Venema, *Institutes of Theology*, parte I, trad. Alexander Brown (Edinburgh: T. & T. Clark, 1850); Bernhard de Moor, *Commentarius perpetuus in Joh. Marckii compendium*; Jacob van Nuys Klinkenberg, *Onderwys in den godsdienst*, 11 vols. (Amsterdam: J. Allart, 1780-1794); y Jacob van Nuys Klinkenberg y Ger. Joh. Nahyus *De Bijbel, door beknopte Uitbreidingen, en opheldernde Aenmerkingen, verklaerd*, 27 vols. (Amsterdam: Johannes Allart, 1780-1790).

con la exégesis precrítica de principios del siglo XVI, pero menos con la nueva comprensión histórica del texto que estaba surgiendo a finales del siglo XVII y que tenía un impacto incluso en las prácticas exegéticas de los teólogos protestantes ortodoxos. Lo que es realmente notable es que los teólogos de la alta ortodoxia e incluso muchos de los de la era ortodoxa tardía, que fueron influenciados por el nuevo estudio de las lenguas «orientales» colaterales y que eran mucho más adeptos a los métodos de crítica textual que los reformadores y los primeros humanistas, lograron aferrarse tan estrechamente como lo hicieron al énfasis de la Reforma en la prioridad del testimonio del Espíritu sobre los argumentos históricos y empíricos en la determinación del canon de las Escrituras y su autoridad.

Parte 2

La doctrina ortodoxa reformada de las Escrituras

Capítulo 3

La Escritura como Palabra de Dios y *Principium Cognoscendi Theologiae*

3.1 Las Escrituras como *Principium* o Fundamento de Teología

A. El fundamento bíblico de la teología de los reformadores: la perspectiva de las confesiones reformadas

La prioridad lógica de las Escrituras sobre todos los demás medios de conocimiento religioso en la iglesia (la tradición, la doctrina corporativa u oficial actual y la percepción o iluminación individual) se encuentra en el corazón de las enseñanzas de la Reforma y de sus grandes documentos confesionales. De hecho, es la declaración unánime de las confesiones protestantes de que las Escrituras son la única norma autorizada para el conocimiento salvador de Dios. Las confesiones reformadas, además, tienden a manifestar este carácter prioritario y normativo al colocarlo primero en el orden de la confesión, como base y fundamento explícito de todo lo que sigue.

Las confesiones reformadas más sistemáticamente ordenadas, la primera y segunda helvética, la Galicana y la Belga yuxtaponen la doctrina de Dios con la doctrina de las Escrituras, un patrón seguido en el siglo XVII por los *Artículos irlandeses* y la Confesión de Westminster. Este patrón confesional tiene una importancia considerable para el desarrollo de la teología reformada, ya que proporciona la forma básica del sistema teológico ortodoxo: las confesiones presentan el fundamento cognitivo o *principium cognoscendi* de la teología revelada, las Sagradas Escrituras y, con base en las Escrituras, el fundamento esencial o *principium essendi* de toda teología, es decir, Dios mismo.¹ Sin la primera, la teología no podría conocer la verdad de Dios; sin la segunda, no podría haber teología; de hecho, no podría haber revelación. El movimiento de la fe de un *principium* al otro lo señala explícitamente la Confesión Belga: «Según esta verdad y esta Palabra de Dios, creemos en un solo Dios que es una sola esencia, en quien hay tres personas, real, verdadera y eternamente distinguidas según sus propiedades incomunicables, a saber, el Padre, el Hijo y el Espíritu Santo».² Así, la Escritura nos lleva a la consideración de la unidad y trinidad de Dios, específicamente de la unidad esencial y trinidad personal de Dios.

Como lo demostrará un examen de estas diversas confesiones, hay dos maneras en que esta presentación de *principia* puede proceder. El camino más directo lo toman la Primera y Segunda Confesión Helvética y, en la era de la ortodoxia, los Artículos Irlandeses y la Confesión de Westminster: la doctrina de las Escrituras introduce la confesión y la doctrina de Dios sigue. El otro camino, tomado por las Confesiones Galicana y Belga, afirma brevemente la existencia del único Dios, presenta los atributos divinos y luego pasa a la cuestión de la revelación, natural y sobrenatural, llegando finalmente a la doctrina de la Trinidad por la vía de la doctrina de las Escrituras. Aunque el primer orden puede parecer el enfoque más simple y directo, hay dos razones importantes para el segundo enfoque de las doctrinas de Dios y las Escrituras —una teológica y otra histórica. La razón teológica es la relación íntima de los dos *principia*: si bien no podemos conocer verdaderamente a Dios sin las Escrituras, la existencia de la revelación de las Escrituras también presupone la existencia de Dios. Los estándares de la Galicana y la Belga, por lo tanto, primero confiesan su creencia en Dios y luego proceden a las cuestiones de la revelación y de la doctrina plena de la trinidad en unidad. Observamos, también, que ambas confesiones derivan su declaración inicial de creencia en Dios explícitamente de las Escrituras, de modo que el círculo de discusión está completo. En ausencia de las Escrituras, la razón humana no podría confesar la unidad esencial ni los atributos esenciales de Dios Todopoderoso.

La segunda razón es histórica. Antes de la Reforma, no encontramos una discusión extensa de las Escrituras y ciertamente no hay una presentación formal de la doctrina de las Escrituras como prólogo del sistema teológico. Las *Sentencias* de Pedro Lombardo, el libro de texto estándar de la teología medieval tardía, comenzaba con la doctrina de la Trinidad. La *Summa* de Tomás de Aquino y los comentarios de Scotus sobre las *Sentencias* tienen

---

[1] Cf. *principia theologiae* s.v. en Richard A. Muller, *A Dictionary of Latin and Greek Theological Terms: Drawn Principally from Protestant Scholastic Theology* (Grand Rapids: Baker Book House, 1985), en adelante *DLGT*, con el debate *DRPR*, I, 9.3.

[2] Confesión Belga, VIII, en Schaff, *Creeds*, III.

prolegómenos en los que se presenta la Escritura como fuente de la teología revelada, pero ninguno desarrolla una doctrina de la Escritura. El desarrollo de una doctrina de las Escrituras pertenece a la Reforma; de hecho, a la segunda generación de la Reforma, a escritores como Calvino y Bullinger. Aun así, la mayoría de las primeras confesiones de los reformadores asumen el fundamento bíblico de la doctrina, pero no establecen una doctrina de las Escrituras: la Confesión de Augsburgo, la Confesión de Basilea, la Confesión de Württemberg (1551), escrita por Johannes Brenz y Edwardine o Cuarenta y dos artículos (1553) de la Iglesia de Inglaterra comienzan todos con la doctrina de Dios. La Primera Confesión Helvética, por lo tanto, es una especie de excepción a este patrón temprano y ya representa una cierta tendencia sistematizadora. Las otras confesiones tempranas simplemente reflejan la forma del Credo de los Apóstoles, al pasar de Dios y la creación a la salvación y a los artículos relacionados con la iglesia.

Entonces, para todas las confesiones reformadas, el único fundamento de todo conocimiento verdadero de Dios es la propia revelación de Dios. No puede haber conocimiento verdadero de Dios, de hecho, ningún conocimiento de Dios en absoluto, si Dios no se manifiesta a sus criaturas. No solo el conocimiento humano tal como existe ahora está nublado y deformado por el pecado, sino que incluso la razón no caída de los primeros momentos de la existencia terrenal del hombre no podría haber sido suficiente para llegar a Dios sin la ayuda de la obra de mediación misericordiosa y reveladora de Dios.[3] Por supuesto, el acto mismo de la creación es un movimiento del Dios santo hacia la criatura que, en su realización o resultado, proporciona una base para el conocimiento de Dios. Podemos, por tanto, hablar de una primera forma de revelación mediante la cual Dios se da a conocer «en sus obras, en su creación, así como en su conservación y control».[4] El universo de Dios se presenta «ante nuestros ojos como un hermoso libro, en el que todas las criaturas, pequeñas y grandes, sirven como signos para llevarnos a contemplar las cosas invisibles de Dios, es decir, su poder eterno y su Divinidad».[5] Sin embargo, esta revelación no puede salvar a la humanidad del pecado; solo puede convencer a la humanidad pecadora de la existencia de Dios y dejar al mundo impenitente sin excusa por sus pecados.[6]

Esta confesión de una revelación de Dios en y a través de sus obras, junto con la confesión formal inicial de la existencia de Dios en sus atributos de eternidad, incomprensibilidad, invisibilidad, inmutabilidad, infinidad,

---

[3] Calvino, *Institutos*, II, xii, 1.
[4] Confesión Galicana, II, en Schaff, *Creeds*, III.
[5] Confesión Belga, II.
[6] Confesión Belga, II; Confesión de Westminster, I, 1, en Schaff, *Creeds*, III.

omnipotencia, omnisapiencia, justicia y bondad, ha conducido a una crítica de las propias confesiones reformadas por considerar que abren la puerta a una teología natural racionalizadora que llevaría la era posterior a la Reforma a un final sin gloria a principios del siglo XVIII.[7] Debemos disentir de esta crítica. El propio Calvino había argumentado un «doble conocimiento de Dios» según el cual Dios es conocido primero a través del mundo y a través de la revelación general registrada en las Escrituras como Creador y segundo a través de la revelación en Cristo como Padre y Redentor.[8] Los contemporáneos de Calvino y los escolásticos reformados también se guiaron por esta distinción, y muchos de ellos agregaron al concepto de Calvino la calificación de que, aparte de Cristo, Dios es conocido como Juez iracundo, no simplemente como Creador.[9] Calvino y sus contemporáneos reconocen una revelación no salvadora de Dios en el orden natural y, desde la perspectiva de la fe, pueden ser elocuentes sobre su plenitud, como es el caso de muchos de los comentarios de Calvino sobre los Salmos.[10] Por lo tanto, la crítica puede descartarse por motivos históricos y teológicos.

Tampoco tiene sentido histórico el intento de forzar una distinción entre los puntos de vista de Calvino sobre la teología natural y los puntos de vista expresados en las confesiones reformadas. El propio Calvino participó en la producción de la Confesión Galicana y tuvo acceso a la Confesión Belga unos dos años antes de su muerte. Además, el editor final de la Confesión Belga, Francis Junius, fue uno de los estudiantes más eminentes de Calvino. No tenemos evidencia de que Calvino viera algún problema con el lenguaje o la teología de cualquiera de los documentos o que viera estas confesiones o sus autores con algo más que aprobación.

Si bien no se le otorga un estatus fundamental a la teología natural ni en las confesiones reformadas ni en la teología de los reformadores en general, tanto las confesiones como los sistemas dogmáticos reconocen la presencia de una revelación de Dios en el orden creado. Es más, esta revelación es reconocida de manera diferente por los regenerados y los no regenerados: la mente no regenerada encuentra la revelación de Dios en la naturaleza y no elabora una descripción verdadera de Dios, sino blasfemias e ídolos; los

---

[7] Confesión Galicana, II; Confesión Belga, II; cf. Barth, *CD*, II/1, pág. 127 con ídem, *The Knowledge of God and the Service of God according to the Teaching of the Reformation*, trad. J. L. M. Haire e Ian Henderson (London: Hodder and Stoughton), pág. 57.

[8] Calvino, *Institutos*, I, ii.1; vi, 1; II, vi, 1; y cf. Edward A. Dowey, *The Knowledge of God in Calvin's Theology* (New York: Columbia University Press, 1952), págs. 41-49. Sobre las limitaciones de este tema en Calvino, véase Richard A. Muller, *Unaccommodated Calvin*, págs. 133-138.

[9] See Richard A. Muller, "'*Duplex cognitio Dei*' in the Theology of Early Reformed Orthodoxy" en *Sixteenth Century Journal*, X/2 (1979), págs. 51-61.

[10] Cf. Comentario de Calvino sobre el Sal. 19:1-6 (*CTS Psalms*, I, págs. 308-316) con el comentario sobre el Sal. 104:1-4 (*CTS Psalms*, IV, págs. 145-147).

regenerados o elegidos, sin embargo, ven a Dios claramente a través de los «anteojos» de las Escrituras, que aseguran su conocimiento de Dios como Creador.[11] Por lo tanto, existe una visión regenerada del orden creado que, por la gracia de Dios y con la ayuda de las Escrituras, reconoce la revelación de Dios en el orden creado por lo que es: una manifestación de la grandeza y la bondad de Dios para su gloria eterna.

Esto significa que hay dos niveles en los que deben leerse las declaraciones confesionales relativas a la revelación natural. En el primer nivel, las confesiones declaran a la comunidad de fe la percepción cristiana del mundo como un libro abierto que declara la gloria del Dios y Padre de Jesucristo. Las declaraciones iniciales de las Confesiones Belga y Galicana no pretenden presentar el ser y los atributos de Dios como conocidos por la pura razón, sino como confesados por la iglesia en la fe. De manera similar, la iglesia confiesa en la fe que Dios se manifiesta verdaderamente en sus obras. Pero la iglesia también confiesa que este conocimiento de Dios como Creador es completamente insuficiente para la salvación. Así, en el segundo nivel, la iglesia confiesa que quienes solo tienen el orden creado quedan sin excusa. Al mismo tiempo, además, las confesiones alaban la claridad de la revelación de Dios en las Escrituras y reconocen que solo allí se otorga el conocimiento salvador de Dios. Por lo tanto, ninguna confesión reformada considera la teología natural como una preparación para la teología revelada, ya que solo los regenerados, que han aprendido de las Escrituras, pueden regresar a la creación y encontrar allí la verdad de Dios.

La Escritura, sobre la cual descansa el verdadero conocimiento de Dios, es la Palabra de Dios, no una palabra del hombre traída a la existencia «por voluntad del hombre», sino más bien la Palabra revelada de Dios puesta por escrito por mandato de Dios y mediante el agencia del Espíritu Santo por los profetas y los apóstoles.[12] Dado que las Escrituras son la «verdadera Palabra de Dios» y tienen «autoridad suficiente por sí mismas», reemplazan toda autoridad humana en «la confirmación de las doctrinas» y «la refutación de todos los errores».[13] Ninguna autoridad está por encima de las Escrituras excepto la autoridad de Dios mismo. Incluso los grandes símbolos ecuménicos de la iglesia, los credos de los Apóstoles y Niceno, tienen autoridad solo en la medida en que reflejan la verdad de las Escrituras.[14]

Es teológicamente incorrecto e históricamente inexacto afirmar, como lo han hecho algunos escritores recientes, que los reformadores y

---

[11] Calvino, *Institutos*, I, v, 4-5; con I, vi, 1.
[12] Confesión Belga, III.
[13] Segunda Confesión Helvética, I, i-iii, en Schaff, *Creeds*, III.
[14] Confesión Galicana, V.

los primeros símbolos reformados hacen una distinción entre Jesucristo como la única Palabra verdadera de Dios y las Escrituras como Palabra en el sentido derivado de testimonio del Verbo encarnado. Tampoco se puede argumentar que alguna de las confesiones —ni siquiera los *Artículos del Sínodo de Berna* (1532)— identifica la revelación con la Palabra y la Palabra con Jesucristo para excluir cualquier revelación de Dios fuera de Cristo.[15] Tanto los reformadores como las confesiones utilizan el término «Palabra» con referencia a Cristo y a las Escrituras, reconociendo que la identidad de Cristo como encarnación del Verbo eterno y la Sabiduría de Dios de ninguna manera disminuye sino que establece el estatus de las Escrituras como Palabra.[16] Así, la Escritura es definitivamente Palabra, pero no exclusivamente. Palabra es, ante todo, la eterna Palabra de Dios, el autoconocimiento personal y arquetípico de Dios. Segundo, la Palabra es la revelación no escrita de Dios dada a los profetas y apóstoles. En tercer lugar, es la Palabra escrita y, en cuarto lugar, es la Palabra interna del Espíritu que da testimonio al corazón de la verdad de las Escrituras.[17]

B. El fundamento bíblico identificado y definido por los ortodoxos reformados

Las definiciones y divisiones expuestas por Polanus al comienzo de su *Syntagma* proporcionan un punto de partida conveniente para una discusión de la doctrina ortodoxa reformada de las Escrituras, tanto en su contenido como en su estructura.

> El fundamento de nuestra teología es la Palabra de Dios (*Principium theologiae nostrae est Verbum Dei*).
>
> Esa Palabra, la cosa y su sustancia, es una y simple, pero el modo de revelación (*revelationis modo*) es doble: *endiatheton* y *prophorikon*, es decir, interno (*internum*) y externo (*externum*).
>
> Por eso la Palabra de Dios se llama Escritura: la Palabra interna es en verdad la Escritura del corazón (*scriptura cordis*); el externo es la escritura de ambos testamentos (*scriptura utriusque Testamenti*).
>
> Esta escritura se considera según la esencia (*secundum essentiam*) o según las propiedades incidentales (*secundum accidens*).[18]

---

[15] Contra Jan Rohls, *Reformed Confessions: Theology from Zurich to Barmen*, trad. John Hoffmeyer, introd. por Jack Stotts (Louisville: Westminster John Knox Press, 1998), pág. 29.

[16] Cf. Calvino, *Institutos*, I, vi, 2-4; vii, 1; ix, 3; xiii, 7.

[17] Ver: *verbum internum* y *testimonium internum Spiritus Sancti* en *DLGT*; para una breve descripción del paradigma cuádruple de la Palabra, y además, Richard A. Muller, "Christ—the Revelation or the Revealer? Brunner and Reformed Orthodoxy on the Doctrine of the Word of God," en *Journal of the Evangelical Theological Society*, vol. 26/3 (Sept. 1983), págs. 311-315.

[18] Polanus, *Syntagma*, *Synopsis libri I*.

En resumen, haciéndose eco de la inclinación ramista de finales del siglo XVI por las bifurcaciones lógicas, Polanus ofrece una declaración simple y lógicamente clara del fundamento de toda la teología cristiana en la Palabra de Dios, junto con una asociación de las Escrituras como Palabra con el modo de revelación necesario para el establecimiento de una teología sólida. También señala que las Escrituras pueden examinarse tanto esencialmente como según sus diversas propiedades, produciendo una forma o patrón para la discusión de la doctrina de las Escrituras. Por la «escritura del corazón», Polanus indica la «escritura» interna del Espíritu en los corazones de los elegidos de Dios, es decir, el testimonio interno del Espíritu necesario para la recepción de las Escrituras, aunque sea necesario para la salvación del individuo esta «escritura» está subordinada al texto escrito de la Escritura, expresado en las palabras de los profetas y los apóstoles: la Escritura externa y objetiva del Antiguo y del Nuevo Testamento es la luz superior y la base de la fe salvadora, aparte de cualquier cosa que reside en los seres humanos individuales.[19] Por lo tanto, las Escrituras ofrecen el fundamento objetivo para toda enseñanza correcta.

La doctrina de la Escritura aparece típicamente como el primer tema del sistema teológico después de los prolegómenos, frecuentemente vinculados de manera orgánica a las definiciones básicas de la teología. Para indicar que las Escrituras son de hecho el primer tema doctrinal del sistema, varios de los teólogos ortodoxos, incluido Cocceius, se abstuvieron de identificar los prolegómenos como un *locus* del sistema y designó la Escritura como el *locus primus* de su teología, a pesar de las largas discusiones sobre definición y método establecidos antes de la doctrina de las Escrituras.[20] El comienzo del sistema propiamente dicho es la exposición de los dos *principia*, Escritura y Dios, como se identifican, pero no completamente definidos o expuestos, en los prolegómenos.

La cuestión del orden surge inmediatamente después de la identificación de los dos *principia* o fundamentos: ¿debe el sistema proceder de su fundamento óntico a su fundamento noético, o debe proceder de su fundamento noético a su *principium* óntico? El fundamento noético o cognitivo depende para su existencia de la existencia y actividad del fundamento óntico o esencial: no podría haber Palabra de Dios sin Dios. Pero el fundamento esencial no podría conocerse si no fuera por el fundamento cognitivo: no podría haber conocimiento de Dios sin la autorrevelación de Dios. Cualquiera de los dos órdenes tiene su justificación. También existía la opción, favorecida por algunos luteranos ortodoxos y presente entre los reformados en la *Confessio* de Beza y en la *Medulla* de Ames, de discutir la

---

[19] Polanus, *Syntagma theol.*, I, xv (pág. 16, col. 2).

[20] Cocceius, *Summa theol.*, cap. i, *De theologia; locus II*, empezando con cap. ii, en *Opera*, vol. 7, págs. 133, 137.

Palabra bajo el *locus* de la iglesia y su ministerio, en relación con la doctrina de los sacramentos.[21]

No obstante, los ortodoxos protestantes casi invariablemente adoptaron el patrón noético o epistemológico y pasaron de las Escrituras, el *principium cognoscendi*, a Dios, el *principium essendi*.[22] Simplemente no es cierto, como ha comentado un escritor, que los escolásticos reformados comenzaran sus sistemas con la doctrina de Dios o que comenzaran «con el Decreto Eterno de la predestinación» y de él «dedujeran sus sistemas».[23] Tampoco es cierto que cualquier diferencia importante en el orden inicial y la declaración de *principia* se puede identificar entre el supuesto asalto de Cocceius al sistema escolástico y los sistemas escolásticos que atacó: Cocceius pasó de los prolegómenos a las doctrinas de las Escrituras y de Dios, y desarrolló una visión tradicional y completamente «escolástica» tanto de las Escrituras como de la esencia divina y atributos.[24]

De manera similar, tiene poco sentido tratar de argumentar que Calvino siguió un *ordo cognoscendi* en la construcción de los *Institutos* mientras que los pensadores reformados posteriores adoptaron un *ordo esencial*.[25] El énfasis cognitivo de la teología de Calvino no pasó desapercibido para los ortodoxos, y el movimiento del problema del conocimiento teológico a la doctrina de las Escrituras y solo entonces a la doctrina de Dios, típico del pensamiento de Calvino, se refleja en la mayoría de los sistemas teológicos reformados ortodoxos. Además, es cierto que Calvino, siguiendo un enfoque melanchtoniano y agrícola del método (es decir, *methodus* como el «camino o camino a través de los temas»), ordenó su teología no según un patrón ontológico (*ordo essendi*) ni un patrón epistemológico (*ordo cognoscendi*), sino según lo que consideraba un adecuado o correcto «orden de enseñanza» (*ordo docendi*).[26] Se puede hacer lo mismo con respecto a las teologías ortodoxas reformadas. Así, Gomarus vincula sus prolegómenos a la doctrina de las Escrituras al introducir el tema de la Sagrada Escritura en el *locus de theologia* con la identificación de la Escritura como la base apropiada de la *theologia viatorum & peregrinantium*.[27] De las dos clases de conocimiento de

---

[21] Cf. Beza, *Confessio christianae fidei*, IV, xxii-xxix, en *Tractationes theologicae*, 3 vols. (Geneva, 1582), vol. I; con Ames, *Medulla theologica*, I, xxiv.

[22] Cf. Por ejemplo, Polanus, *Syntagma*, II-III; Scharpius, *Cursus theol.*, I, ii, iii; Maccovius, *Loci communes*, iii-xiii (sobre las Escrituras), xiv-xxxv (sobre la unidad divina de la Trinidad); Cocceius, *Summa theol.*, *loci* II-III; Turretin, *Inst. theol. elencticae*, II-III; Mastricht, *Theoretico-practica theol.*, I, ii, II, ii ss.; Pictet, *Theol. chr.*, I, iv-xx; II.

[23] Charles S. McCoy, "Johannes Cocceius: Federal Theologian," en *Scottish Journal of Theology*, XVI (1963), pág. 369.

[24] Cf. Cocceius, *Summa theol.*, I-II.

[25] Dowey, *Knowledge of God in Calvin's Theology*, pág. 218.

[26] Ver más, Muller, *Unaccommodated Calvin*, págs. 27-29, 129-130.

[27] Gomarus, *Disputationes*, I, 1, en *Opera theologica omnia* (Amsterdam, 1644); y cf. la discusión de

Dios disponibles para el *viator*, la revelación autentificada dada por Dios y el conocimiento adquirido por el hombre para sí mismo, solo la primera es cierta y segura, el fundamento adecuado de la teología.[28] Gomarus, además, puede afirmar, a modo de introducción a su *locus* sobre las Escrituras, que así como el buen arquitecto proporciona una buena base para el edificio que propone, así el teólogo debe colocar primero su enseñanza sobre las Escritura en la discusión de la teología: las Escrituras son la *basis & principium organicum* de teología.[29] Maccovius, con la misma intención, pasó de su capítulo sobre teología a un segundo capítulo en el que identificaba la Palabra de Dios como «el principio interno de la teología».[30]

La *Synopsis* de Leiden señala al comienzo de su segunda disputa que una vez que se ha identificado la «naturaleza de la teología», «se deduce» que «el instrumento principal» de la revelación, la Escritura, debe ser discutido como «el principio y fundamento de toda doctrina cristiana».[31] Los tres términos utilizados aquí, instrumento (*instrumentum*), principio (*principium*) y fundamento (*fundamentum*), son todos de importancia para la comprensión escolástica reformada de la identificación y el uso de las Escrituras como base para la teología. El primero de los términos indica, como en la teología de Junius y Maccovius, la función principal de las Escrituras al transmitir el conocimiento de Dios. En opinión de Junius, la Escritura es la «instrumento» divino mediante el cual el *principia* o *axiomata* de teología se ofrecen a los creyentes.[32] El segundo término apunta hacia la declaración dogmática primaria de los ortodoxos, que todo se basa en las Escrituras y que Ella como *principium* necesariamente es anterior a toda demostración racional[33] —y el tercer término plantea la cuestión del fundamento último, en relación tanto con la cuestión dogmática de los «artículos fundamentales» de la teología como con la cuestión hermenéutica del fundamento o alcance de toda argumentación teológica.[34] Un elemento central en el desarrollo de la enseñanza ortodoxa o escolástica sobre los prolegómenos y *principia* fue la definición de teología que se basaba en la clara identificación y distinción de estos términos.

---

theologia viatorum en *DRPR*, I, 5.5 (C.1).

[28] Gomarus, *Disputationes*, I, lii-lv.

[29] Gomarus, *Disputationes*, II, pref.

[30] Maccovius, *Loci communes*, i-ii (cf. págs. 3, 11-12).

[31] *Synopsis purioris theologiae*, II, 1: "de revelatione eius prsecipuo instrumento, nempe S. Scriptura, agamus; quae est omnium Christianorum dogmatum principium et fundamentum."

[32] Junius, *Theses theologicae* (Leiden), II, i, (Heidelberg), "De definitione et materia scripturae sacrae, i, iii; Maccovius, *Loci communes*, I (págs. 3-4).

[33] Contra Rogers y McKim, *Authority and Interpretation*, págs. 172-6, 205, 221.

[34] Cf. las discusiones en *DRPR*, I, 9.1-9.2 y abajo, *DRPR*, II, 3.1.

Por la Escritura, además, «no entendemos los caracteres externos, sino la Palabra expresada por ellos y expresada en ellos», Palabra que es el fundamento de la iglesia hasta el fin de los tiempos y la norma necesaria de toda teología.[35] Al final de la era alta ortodoxa, Pictet marca el punto de transición de su discusión sobre la diferencia entre la revelación natural y sobrenatural a su doctrina de las Escrituras al señalar que «la Palabra era el medio más adecuado para revelar a Dios»: ser dada primero en forma directa, no escrita y luego, según lo requiera la corrupción de la humanidad, en forma escrita.[36] El punto podría citarse de varias formas, generalmente como parte de una distinción entre teología natural y sobrenatural o como la simple enunciación del *principium cognoscendi* —desde prácticamente cualquiera de los sistemas ortodoxos.[37]

Este ordenamiento cognitivo de los dos primeros *loci* del sistema tenía, además, una serie de precedentes importantes. Un buen número de doctores medievales habían desarrollado extensas discusiones sobre las Escrituras y la revelación en sus prolegómenos teológicos. La distinción crucial hecha por los escolásticos medievales entre *sacra doctrina* y la ciencia de la teología, además, no solo implicó un reconocimiento de la diferencia entre la exposición de la página sagrada con miras a su enseñanza y la formulación rigurosa de las definiciones teológicas en la disputa escolástica, sino que también implicó un reconocimiento de la conexión que permanecía entre la *sacra pagina*, la *doctrina* basada en ella, y la *scientia* teológica, en efecto, del camino que conducía de una a otra.

Una vez que la teología fue identificada, en un sentido técnico, como *scientia* o *sapientia*, se le reconocía tener conocimiento de los principios básicos o *principia* por los escolásticos medievales. Esta identificación de las verdades dadas por la revelación, principalmente la revelación dada en las Escrituras, como *principium* aclaró la relación entre la página sagrada y la ciencia teológica y, al mismo tiempo, manifestó el motivo de la inclusión de una discusión de la Escritura en los prolegómenos previos a la doctrina de Dios.[38] Tanto *scientia* como *sapientia* se basan en un conocimiento de los principios básicos para un propósito particular —*scientia* para sacar conclusiones de los *principia*, *sapientia* con el fin de exponer el conocimiento de las metas o fines indicados por sus *principia*. En cada caso, la naturaleza de los *principia* y de su fuente, la Escritura, no solo se vuelve crucial para la conducta del sistema en su conjunto, sino que también establece el modelo

---

[35] Synopsis purioris theologiae, II, ii; cf. iv, vi, xi.
[36] Pictet, *Theol. chr.*, I, iii, 5; iv, 1-2.
[37] Cf. Hottinger, *Cursus theologicus methodo Altingiana expositus* (Duisburg, 1660), II, ii, canon; Mastricht, *Theoretico-practica theol.*, I, ii, 6, 48.
[38] De Vooght, *Les Sources*, págs. 235-236, 254-256.

fundamental del sistema a medida que extrae conclusiones en y para una dirección particular del argumento. Las verdades reveladas o *principia* primero se identifican y luego, en la medida en que *theologia* es tanto *scientia* como *sapientia*, se extraen conclusiones y se enuncian fines como el trabajo fundamental de construcción del sistema teológico: el *principium* (Escritura) y los muchos *principia* o *axiomata* teológicos que se encuentran en las Escrituras son en sí mismos indemostrables y, por lo tanto, son las bases sobre las cuales se conciben las conclusiones y los fines.

Otro precedente, ya señalado,[39] fue la encarnación confesional de la *sola Scriptura* de los reformadores. En la medida en que la teología confesional ofrecía una base primaria para el desarrollo doctrinal, la tendencia de las confesiones reformadas a comenzar con una doctrina de las Escrituras dio frutos inmediatos en la estructura de los sistemas ortodoxos protestantes. Este patrón confesional, además, tuvo eco en varios de los primeros sistemas reformados, en particular en los *Institutos* de Calvino, *Decades* y *Compendium* de Bullinger —en el que el movimiento desde una declaración de *sola Scriptura* a su máximo *locus de Scriptura sacra*, si no completado, ciertamente fue confirmado y acelerado. Además, el debate con los católicos romanos no giraba en torno a la cuestión de la definición y el método de la teología. Como ya hemos visto, esa cuestión fue abordada en la segunda mitad del siglo XVI y como un tema institucional y didáctico, no como polémico.[40] Más bien, el debate giraba en torno a la cuestión de la autoridad, con referencia específica a la interpretación de las Escrituras y a la relación de Escritura a la iglesia y sus tradiciones. El resultado del debate, tanto en la confesión como en el sistema, fue el desarrollo temprano de una doctrina protestante de las Escrituras que podría servir, de hecho, como un prolegómeno de la teología en un sentido formal, admitiendo la ausencia de prolegómenos reales.

Este énfasis confesional en *sola Scriptura* mantuvo y transformó el énfasis medieval en una identificación preliminar de *principia*. La *sola Scriptura* mantuvo, tanto en las confesiones reformadas como en los primeros sistemas ortodoxos, la prioridad lógica de la discusión de las Escrituras sobre la doctrina de Dios, pero, debido al énfasis radical de la Reforma en las Escrituras frente a otras fuentes de doctrina, transformó la doctrina de las Escrituras en un *locus* separado que ya no se incluía en los prolegómenos teológicos generales. Del mismo modo, la *sola Scriptura* confesional mantuvo la dinámica de sacar conclusiones e identificar fines sobre la base de verdades reveladas, pero transformó el lenguaje de una multitud de *principia* obtenidos exegéticamente de las Escrituras a un lenguaje de las Escrituras ampliamente entendido como *principium unicum*

---

[39] Ver arriba, 2.1 (B).
[40] *DRPR*, I, 2.4; 4.1.

theologiae, el único fundamento de la teología y, por tanto, la fuente de las verdades exegéticamente obtenidas de las cuales se pueden extraer conclusiones teológicas y objetivos soteriológicos.[41]

El desarrollo de un lenguaje de múltiples *principia* dogmáticos, todos encontrados en el texto de las Escrituras, al concepto de las Escrituras como *principium unicum theologiae*, además, se puede identificar que tuvo lugar en la obra de los teólogos reformados de las últimas tres décadas del siglo XVI. Era típico de pensadores como Chandieu, Junius y Lubbertus mantener el lenguaje medieval de muchos *principia* o *axiomata* bíblicos como elemento fundamental en sus discusiones sobre el uso de la lógica escolástica en el argumento teológico protestante.[42] Sin negar ese uso del término, varios de sus contemporáneos, en particular Trelcatius, Polanus, Gomarus y otros escritores de sistemas teológicos a gran escala, abordaron la cuestión inherente a la argumentación lógica a partir de *principia* bíblicos: cuando se utilizan tanto las Escrituras como la lógica para obtener una doctrina, ¿la doctrina se basa únicamente en las Escrituras o la razón se ha convertido en el fundamento de la argumentación teológica? Al plantear las Escrituras como *principium unicum theologiae*, presentaron una solución al problema escolástico de la revelación y la razón que buscaba su respuesta en la Reforma y en las confesiones reformadas.[43] En el lenguaje de la argumentación escolástica, la Escritura es el máximo *principium* o fundamento de la teología, desde el cual los *principia* individuales, más claramente identificados como *axiomata*, de cualquier argumento teológico dado deben extraerse. Esta visión está claramente presente como presuposición básica en la afirmación, típica de los escolásticos protestantes, de que los silogismos específicamente teológicos pueden presentar una verdad universal de la razón como premisa mayor, pero deben utilizar una verdad de la revelación como premisa menor, sobre la base de que solo la revelación puede impulsar la conclusión, mientras que la razón funciona como instrumento de argumentación.[44]

Hay, por tanto, una continuidad subyacente en el desarrollo de este punto desde finales de la Edad Media hasta el siglo XVII. El sistema ortodoxo

---

[41] Cf. Confesión de Westminster, I, vi.

[42] Cf. Chandieu, *De vera methodo*, en *Opera theologica* (Geneva, 1593), págs. 9-10 con Junius, *De vera theologia*, xi, tesis 21, en *Opuscula theologica selecta*, ed. Abraham Kuyper (Amsterdam: F. Muller, 1882); Lubbertus, *De principiis Christianorum dogmatum libri VII* (Franecker, 1591), I, i.

[43] Trelcatius, *Schol. meth.*, I, ii; Polanus, *Syntagma*, Synopsis, libri I; Gomarus, *Disputationes*, II, pref.; Johann Heinrich Alsted, *Methodus sacrosanctae theologiae octo libri tradita* (Hanau, 1614), I, ix; ídem, *Theologia naturalis, exhibens augustissimam naturae scholam, in qua creaturi Dei communi sermone ad omnes pariter docendos utuntur: adversus Atheos, Epicureos et Sophistas huius temporis* (Hanau, 1623), I, i; Maresius, *Collegium theol.*, I.xxiii; Cocceius, *Aphorismi ... breviores*, i, 16.

[44] Cf. Chandieu, *De vera methodo*, pág. 10; Turretin, *Inst. theol. elencticae*, I.vii.14; y Pictet, *Theol. chr.*, I, xiv, 7, obs. 3, 4 con la discusión en *DRPR*, I, 8.3 (B) y abajo, 7.4 (C.5).

protestante expresa su lenguaje de las Escrituras de manera diferente (más dogmática, más técnica y con definiciones más estrictamente forjadas) que los escritos de los reformadores, pero este elemento de discontinuidad debe entenderse en el contexto de un desarrollo más amplio de la terminología del sistema teológico en el que las confesiones y escritos doctrinales de la Reforma tuvieron un enorme impacto. Por lo tanto, los ortodoxos protestantes se apoderaron aquí, como en otras partes del sistema teológico, de modelos y métodos sistemáticos medievales, pero alteraron sus definiciones y estructuras significativamente —una alteración que solo puede explicarse sobre la base de la Reforma y su impacto en las cuestiones de autoridad, canon y método exegético. Sería esperar demasiado de los ortodoxos protestantes exigirles que dejaran de lado toda la tradición de la teología de la exégesis sobre la base de la obra de los reformadores —demasiado poco exigirles que fueran «escolásticos» en el sentido medieval sin seguir las instrucciones indicadas por la Reforma— y demasiado poco en otro frente como para esperar que imitaran ya sea la Reforma o la Edad Media en lugar de llevar la teología hacia nuevos patrones de formulación exigidos por las demandas de la exégesis, la hermenéutica y el debate filosófico característicos de sus propios tiempos.

El patrón de exposición adoptado en este estudio pasa de la necesidad de la revelación por la Palabra, a la necesidad de la Palabra escritural, seguida de una definición de la Escritura (3.2), a la definición de «Palabra» en sus diversas formas, como aquella definición se desarrolla a partir de la lógica de las discusiones anteriores (3.3; 3.4), hasta el supuesto teológico y hermenéutico, característico de exégesis precrítica, que existe un fundamento y un enfoque para toda la narrativa bíblica, así como para cada una de sus partes (3.5), con la intención de manifestar tanto la diversidad como el amplio acuerdo de los sistemas reformados en su desarrollo histórico.

3.2 La necesidad de la revelación por la Palabra y la necesidad de las Escrituras

A. La necesidad de la revelación: continuidades en la doctrina desde la Baja Edad Media hasta la era de la ortodoxia protestante

1. Fundamentos de la era de la Reforma.

Había un vínculo teológico profundo, conservado incluso en la era de la ortodoxia tardía, entre la declaración de la Palabra de Dios como uno de los *principia theologiae* y la discusión de la necesidad de la revelación por medio de las Escrituras. En efecto, la declaración de los *principia*, que apareció relativamente tarde en el desarrollo del pensamiento protestante del siglo XVI,[45] debe verse como una consecuencia altamente formalizada de las primeras declaraciones reformadas sobre la necesidad de una Palabra de Dios escrita, al mismo tiempo que es también una consecuencia y un resultado natural de la discusión medieval sobre la teología como una ciencia con principios básicos identificables. Por lo tanto, reconocemos inmediatamente la cuestión de las múltiples líneas de continuidad, así como varios elementos de discontinuidad entre el lenguaje medieval, reformista y posreformado de la Palabra escrita como fundamento necesario de la doctrina cristiana. La forma medieval de la doctrina estaba íntimamente ligada a la transición, que se encuentra en los escritos de los doctores de finales del siglo XII y del XIII, desde una visión de la teología como escritura sagrada (*pagina sacra*) a una distinción entre la teología que es la Escritura y la teología que es una disciplina raciocinante, una *scientia*.[46]

Las formas de la doctrina de la Reforma y la posreforma no dejaron de lado en absoluto este desarrollo básico. Podría decirse que existe una distinción entre las Escrituras como fuente y la teología como disciplina incluso en los escritos de los reformadores más antiguos y menos sistemáticos. Lo que es diferente entre los reformadores y los doctores medievales es el biblicismo radical de la Reforma: la *sola Scriptura* inicialmente fue argumentada en el contexto de una teología basada en comentarios y construida a partir de *loci* extraídos de comentarios, en contraposición a una teología que extrajo su *loci* y lo que luego se llamó *sedes doctrinae* tanto de la tradición como de las Escrituras. Entendido de esta manera, el debate sobre las Escrituras y la autoridad puede verse fácilmente, por ejemplo, en la renuencia inicial de Melanchthon a construir sus *loci communes* en torno a temas dogmáticos tan tradicionales como la Trinidad y las dos naturalezas de Cristo y en la cauta defensa que hace Calvino del lenguaje trinitario tradicional de persona e hipóstasis, sustancia y esencia.[47]

Por supuesto, la visión de la necesidad de las Escrituras que se encuentra en los escritos de los reformadores —notablemente en los libros *Decades* y *Compendium christianae religionis* de Bullinger y en los *Institutos* de Calvino— está inmediatamente relacionada con su reconstrucción bíblica de la teología y solo en un sentido más remoto con el lenguaje más antiguo de la teología como ciencia con sus propios *principia*: el desarrollo y clarificación de esta última conexión fue obra de la ortodoxia protestante. El interés inmediato

---

[45] Cf. *DRPR*, I, 2.4; 9.3.

[46] Cf. *DRPR*, I, 7.2 (B.3).

[47] Cf. Melanchthon, *Loci communes* (1521), en *CR*, 21, cols 84-85, con Calvino, *Institutos*, I, xiii; y ver *DRPR*, IV, 2.1 (A.2).

de los reformadores estaba en el estatus de las Escrituras no solo como autoritativas sino también como vinculadas con la obra de la salvación: aceptando su fuerte énfasis en el pecado original y en la salvación solo por gracia, enfatizaron la necesidad de la Palabra bíblica frente a la uso de la razón y el examen de la obra de Dios en el orden natural.[48] Además, el claro sentido de los reformadores del carácter autoautenticante de las Escrituras —el carácter *a priori* de las Escrituras como una norma autoevidente— fluyó directamente en la identificación ortodoxa de las Escrituras como el *principium cognoscendi theologiae*: *principia*, por su propia naturaleza, son anteriores a una forma de conocimiento y proporcionan la base para ella.

2. La necesidad de la revelación y los *principia* teológicos de la ortodoxia reformada.

Haciéndose eco de los reformadores, y como argumento final de sus prolegómenos teológicos, muchos de los ortodoxos reformados argumentaron que la teología tiene dos *principia* o cimientos, el fundamento esencial (*principium essendi*) y la base cognitiva (*principium cognoscendi*): Dios y las Escrituras. Estos dos fundamentos son ambos necesarios: sin Dios, no puede haber palabra acerca de Dios, ni teología; sin la revelación de las Escrituras, no puede haber ninguna palabra genuina o autorizada acerca de Dios y, nuevamente, no puede haber teología. La primera de estas afirmaciones es indiscutible: si Dios no existiera, una palabra sobre Dios sería un galimatías. La segunda afirmación, sin embargo, requiere una argumentación que la respalde, ya que tanto la religión pagana como la filosofía racional afirman tener conocimiento de Dios. Por lo tanto, debe hacerse una distinción entre la necesidad de la revelación per se, dado el modo de comunicación necesario para el conocimiento humano de Dios; la necesidad de una revelación sobrenatural a diferencia de una revelación natural, dado el problema de los efectos noéticos del pecado sobre la naturaleza humana caída; y la necesidad de la revelación por medio de la Palabra para la salvación no solo de los individuos sino del pueblo de Dios.[49]

Además, la forma de revelación bíblica, entendida como «Palabra», exige, si no justificación, al menos explicación y discusión sobre su idoneidad. Turretin, bastante típico en este punto de la dogmática de la alta ortodoxia, pasa así de sus prolegómenos a su doctrina de las Escrituras con la declaración: «En la medida en que la Palabra de Dios es el único fundamento (*principium*) de la teología, aun así debería plantearse la

---

[48] Cf. Calvino, *Institutos*, I, v-vi.

[49] Cf. Moyse Amyraut, Louis Cappel, y Josue La Place, *Syntagma thesium theologicarum in Academia Salmuriensi variis temporibus disputatarum*, editio secunda. 4 parts (Saumur: Joannes Lesner, 1664; second printing, 1665), I, iv, 6-8, con Turretin, *Inst. theol. elencticae*, I, ii, 6; II, i, 1-3, 5-6.

cuestión de su necesidad antes que todas las demás».[50] Maresius había hecho antes la misma transición al señalar que la razón es el *principium* de la teología natural, mientras que la Palabra de Dios debe ser el *principium* de la teología cristiana o revelada por cuanto «la fe viene por el oír y el oír por la Palabra de Dios, Ro. 10:17».[51] Su punto, simplemente, era que la teología, entendida como la fe (*fides quae creditur*), descansa necesariamente en la Palabra. Como señaló Whitaker, «Dios no nos enseña ahora mediante visiones, sueños, revelaciones u oráculos, como antes, sino únicamente mediante las Escrituras; y, por lo tanto, si queremos ser salvos, es necesario que conozcamos las Escrituras».[52]

Incluso entre los teólogos transicionales y los ortodoxos tardíos, en cuyos sistemas había penetrado un fuerte elemento de filosofía racionalista, la afirmación de la necesidad de una revelación escritural especial permanece en el fundamento de la teología dogmática propiamente dicha. Así, J.-A. Turretin puede argumentar, de manera altamente racionalista, que la revelación es necesaria, en la medida en que «muchas cosas pueden saberse acerca de lo divino a la luz de la naturaleza, pero no todas», como lo demuestran los defectos de la religión y la filosofía paganas: «Así [el apóstol] Pablo enseña que el misterio de la salvación es algo que el ojo no ha visto ni el oído ha oído», algo que requiere la renovación del Espíritu en lo más recóndito de la voluntad humana.[53] Lo significativo aquí no es solo el tono más racionalista del argumento, que está claramente presente, sino la íntima mezcla del racionalismo con el sentimiento religioso típicamente asociado con el pietismo. Aun así, Turretin escribe que «aquellos que quieran probar las enseñanzas fundamentales de la religión (*Religionis fundamenta*) de la misma manera que se prueban las verdades de las matemáticas, no han atendido correctamente al alcance y las cualidades inherentes de la religión».[54]

La segunda disputa en *De Veritate religionis judaicae et christianae* de Turretin, aborda la cuestión de la necesidad de la revelación. Una vez más, señala que hay «muchas verdades sobre Dios y las cosas divinas» que la luz natural enseña, pero continúa con la afirmación de que Dios es mejor y más plenamente conocido a través de sus revelaciones, dadas en diversos momentos a varias personas. Estas revelaciones confirmaron e iluminaron la revelación en la naturaleza y ofrecieron la asistencia necesaria a los seres humanos en su condición cada vez más degenerada, y es por esta razón,

---

[50] Turretin, *Inst. theol. elencticae*, II, i, 1.
[51] Maresius, *Collegium theol.*, I, xxiii.
[52] Whitaker, *Disputation*, VI, viii (pág. 521).
[53] J.-A. Turretin, *Cogitationes de variis theologiae capitibus*, §34-36.
[54] J.-A. Turretin, *Cogitationes de variis theologiae capitibus*, §41.

añade Turretin, que la revelación debe defenderse contra los «deístas y otros adversarios de la revelación».[55]

Por lo tanto, si todo lo que sabemos de las «cosas divinas» se basara en la «luz de la razón y la filosofía», sabríamos menos y lo sabríamos con menor precisión de lo que podemos discernir a partir de la revelación. Es más, como enseñó Lactantius, las carencias y debilidades de la filosofía son suplidas por la revelación.[56] Si la religión se basa únicamente en la luz de la razón, la ignorancia y la debilidad humanas se entrometen y las verdades sublimes y espirituales de la religión se oscurecen: tanto la plenitud de la ley de Dios como la oferta de salvación están disponibles solo a través de la revelación.[57] También se da el caso de que los atributos divinos de bondad y misericordia, sabiduría, santidad, majestad y gloria no se disciernen claramente solo con la razón y requieren revelación para su plena comprensión; así también la adoración correcta de Dios, la comprensión correcta de nuestros deberes en la vida, la manera de abordar la ira de Dios y el camino hacia la verdadera bienaventuranza se conocen solo a través de la revelación.[58] Contra los deístas hay que señalar que incluso Cicerón lamentó la oscuridad de la luz natural y el alcance de la depravación humana: ni los filósofos paganos ni las religiones paganas comprenden la verdad de Dios ni rescatan al ser humano de su ignorancia.[59]

Wyttenbach, que había adoptado la posición wolffiana de que la teología natural necesariamente precedía a la teología cristiana o revelada, llegó incluso a eliminar la teología natural o racional del ámbito de la revelación estrictamente llamada: «cuando Dios da a conocer a los seres humanos ciertas cosas necesarias, que el hombre no puede saber por el poder de su

---

[55] J.-A. Turretin, *De veritate religionis judaicae et christianae*, II, v, en *Cogitationes et dissertations*, vol. II. Hay fuertes similitudes entre el enfoque del joven Turretin hacia la revelación del Nuevo Testamento y el enfoque que se encuentra en *The Reasonableness of Christianity* de Locke. Probablemente debería señalarse que la distinción entre cristianismo constructivo y racionalista y deísmo es tan evidente en el pensamiento de Locke como lo es en J.-A. Turretin: debe rechazarse la tendencia de algunos estudios más antiguos, como los *History of English Thought in the Eighteenth Century* de Stephen, a identificar la posición de Locke como un «deísmo constructivo». Véase S. G. Hefelbower, *The Relation of John Locke to English Deism* (Chicago: University of Chicago Press, 1918), págs. 172-178; y nótese el comentario de H. McLachlan: «Uno de los principales objetivos de Locke y Newton era hacer frente a los ataques al cristianismo por parte de deístas y escépticos. En esto fracasaron estrepitosamente. Voltaire y deístas como Toland, Tindal y Collins llevaron hasta un extremo, incluso irracional, la crítica bíblica de Locke, al tiempo que pusieron de relieve más claramente, y separaron de su doctrina de la revelación, el materialismo y el escepticismo inherentes a su filosofía», en *The Religious Opinions of Milton, Locke and Newton* (Manchester: Manchester University Press, 1941), pág. 206.

[56] J.-A. Turretin, *De veritate religionis judaicae et christianae*, II, vi-vii.

[57] J.-A. Turretin, *De veritate religionis judaicae et christianae*, II, x-xi.

[58] J.-A. Turretin, *De veritate religionis judaicae et christianae*, II, xxiii-xxiv.

[59] J.-A. Turretin, *De veritate religionis judaicae et christianae*, II, xxxi-xxxiii.

intelecto o por la naturaleza de su alma, esto se llama revelación».[60] Por lo tanto, la revelación es necesaria para que los seres humanos puedan ser liberados de sus pecados y en aras de una correcta enseñanza de la teología. La teología natural, tal como la conocen los paganos, puede identificar los atributos divinos, pero, escribe Wyttenbach, carece de las verdades prácticas y la alta moralidad de la revelación del Nuevo Testamento,[61] y no puede conducir a la correcta adoración de Dios por parte de una mente pura y santificada.[62] El Apocalipsis, sostiene Wyttenbach —en un tono mucho más racionalista que sus predecesores— se da para que los seres humanos «pudieran ser conducidos de manera clara y segura (*clarè et certò*) hacia su recompensa celestial».[63]

En el caso de los ortodoxos tardíos, en particular Wyttenbach y Van Til,[64] Este sentido de la necesidad de la revelación frente a la razón se modificó y se convirtió en un sentido de la necesidad de la revelación además de la razón, pero esta modificación es claramente obra de principios del siglo XVIII, después de la llamada era de los «teólogos de transición». Un elemento de cambio, discontinuidad y muy probablemente un signo de racionalismo es evidente en la falta de discusión del carácter de las Escrituras como Palabra o del concepto de revelación como Palabra en las teologías de Van Til y Wyttenbach. La cuestión no es que estos teólogos ignoren la identificación de la Escritura como *verbum Dei*: simplemente no elaboran en profundidad el concepto, con el resultado de que el énfasis en el modo de revelación, específicamente, la dinámica «animada» de la comunicación divina, está ausente en su exposición. Y aquí, en este punto específico, el interés de la Reforma finalmente desaparece, no en la era temprana o de la alta ortodoxia, sino a principios del siglo XVIII.[65]

Por lo tanto, también existe una conexión profunda entre esta porción del *locus de Scriptura* y la discusión de la revelación natural y sobrenatural en los prolegómenos teológicos reformados. Allí se señaló que la revelación de Dios en la naturaleza era suficiente para proporcionar un conocimiento rudimentario de la existencia y los atributos de Dios y de la ley; suficiente, al menos, para fundamentar una especie de teología natural que dejaría a los

---

[60] Wyttenbach, *Tentamen theologiae dogmaticae*, I, 94.

[61] Wyttenbach, *Tentamen theologiae dogmaticae*, I, 96, escolio 2, citando Clarke's *Natural Theology* y Locke's *Reasonableness of Christianity*.

[62] Wyttenbach, *Tentamen theologiae dogmaticae*, I, 97.

[63] Wyttenbach, *Tentamen theologiae dogmaticae*, I, 98.

[64] Cf. Wyttenbach, *Tentamen theologiae dogmaticae*, I, 93-100 con Van Til, *Theologiae utriusque compendium... revelatae*, I, i.

[65] Cf. Wyttenbach, *Tentamen theologiae dogmaticae*, II.101 ss. con Van Til, *Theologiae utriusque compendium... revelatae*, principium, I-IV.

pecadores sin excusa ante Dios, pero insuficiente para la salvación.[66] Aquí también los ortodoxos protestantes mantienen una continuidad sustancial con los reformadores: la doctrina de Calvino sobre las Escrituras, que surge de su discusión sobre el *duplex cognitio Dei*, enfatiza la necesidad de un registro bíblico de revelación especial y salvadora frente al conocimiento de Dios creador disponible tanto en el orden natural como en las Escrituras mismas.[67]

3. Patrones de exposición: variedades de expresión del concepto de necesidad de la Palabra en la era de la ortodoxia.

Hay varios patrones básicos en el sistema teológico reformado para integrar el concepto de la necesidad de la palabra escrita con la doctrina relativa a la forma en que se debe entender la Escritura como Palabra. Un enfoque, encontrado en los *Institutos* de Calvino, en *Disputationes* de Hommius, y en varios de los sistemas de la alta ortodoxia —notablemente los de Burman, Turretin y Heidegger— pone un énfasis inicial y formal en la necesidad de las Escrituras para la religión correcta y la teología verdadera. En la exposición de la teología, esta premisa sirve como base para desarrollar toda una doctrina de las Escrituras. Este patrón, que situaría la *necessitas Scripturae* primero en orden en los diversos temas del *locus de Scriptura sacra*, no fue seguido por los principales codificadores del período ortodoxo temprano, con las importantes excepciones de Ursinus y Hommius. Un patrón de argumentación relacionado, que se encuentra en *Decades* y *Compendium* de Bullinger y desarrollado en una forma completamente escolástica por Polanus, que comienza el *locus* con una discusión y definición de Palabra y de la actividad o trabajo de la Palabra es más característico de la ortodoxia temprana. Además, tanto Calvino como Bullinger, y después de ellos Ursinus, enfatizan la relación entre religión y revelación: este aspecto de su ordenamiento de la discusión pasaría a casi todos los sistemas ortodoxos, ya sean ortodoxos tempranos o de alta ortodoxia, independientemente de otros patrones. y disposiciones de la doctrina.

Un tercer patrón, no del todo diferente de la definición de *verbum Dei* utilizado por Bullinger, Polanus, Scharpius y Maccovius para comenzar su *locus de Scriptura*, es seguido por dogmáticos ortodoxos como Gomarus, Walaeus (tanto en sus propios *loci communes* con en *Synopsis* de Leiden), y Mastricht, donde el *locus* se introduce mediante una definición de *Scriptura sacra*. En el caso de *Synopsis* de Leiden, este patrón conduce directamente a la discusión de la necesidad y, luego, de la autoridad de las Escrituras.

---

[66] Cf. *DRPR*, I, 6.1.

[67] Cf. Kantzer, "Calvin and the Holy Scriptures," págs. 116-117.

Un cuarto patrón que puede identificarse en la obra de escritores ortodoxos tardíos como Venema, Vitringa, Van Til, Wyttenbach y Stapfer, cuya teología fue influenciada por el clima racionalista de la época, reconoce tres *principia theologiae* —Dios, el *principium essendi*, la razón, la *principium cognoscendi primum*, y la revelación, el *principium cognoscendi alterum*.[68] Incluso aquí, sin embargo, a pesar del reconocimiento de la validez de la razón como fundamento del conocimiento teológico que, incluso después de la caída, ofrece un conocimiento útil a la iglesia, hay un pronunciamiento claro de la necesidad de la revelación: concediendo la ceguera de la humanidad caída, Vitringa escribe, «era necesaria alguna revelación preternatural, es decir, otro tipo de fundamento para la doctrina teológica, si los seres humanos pecadores querían conocer y alcanzar a Dios en su verdadera gloria, y para que las personas pudieran ser levantadas con una nueva esperanza».[69] Al presentar su doctrina de la suficiencia y claridad de las Escrituras, Vitringa también, de una manera altamente racionalista, sostiene que si realmente hay revelación en este mundo, será conocida por ciertas marcas o evidencias (*notas*), como el origen divino y ausencia de falsedad y de las consecuencias positivas de su uso en la religión.[70] El patrón de estos sistemas es, por tanto, pasar de las definiciones de la teología, a través de la identificación de *principia*, al argumento relativo a la insuficiencia de la razón para la salvación y la necesidad de la revelación, y finalmente a la doctrina de la Escritura como vehículo de la revelación necesaria. El resultado, por supuesto, es una forma algo alterada de «ortodoxia»: el impacto de la razón como fundamento sigue siendo considerable después de la caída y, si no es la causa manifiesta de alteraciones importantes en las declaraciones dogmáticas reales, esta entrada más fundacional de la razón tuvo un impacto en los patrones subyacentes de la hermenéutica, al abrir cada vez más el sistema de la teología a los resultados de un método de interpretación más racionalista, histórico y crítico.

El problema que enfrenta este ordenamiento cognitivo de la teología durante los últimos años de la ortodoxia puede verse aún más claramente en el patrón de un sistema inglés nominalmente ortodoxo como el *Body of Divinity* de Stackhouse: aquí el sistema comienza no con un prolegómeno

---

[68] Herman Venema, *Institutes of Theology*, part I, trad. Alexander Brown (Edinburgh: T. & T. Clark, 1850), págs. 8-20, 31; Vitringa, *Doctrina christianae religionis*, vol. I (análisis), pág. 44; I, 16; Wyttenbach, *Tentamen theologiae dogmaticae*, I, §6, 96-100; Van Til, *Theologiae utriusque compendium... naturalis*, I, prooem., ii, 1; Van Til, *Theologiae utriusque compendium... revelatae*, I, i (págs. 3-4); y cf. Thomas Stackhouse, *A Complete Body of Speculative and Practical Divinity*, 3 vols. (Dumfries: Jackson and Boyd, 1776), I, iii (pág. 26); Johann Friedrich Stapfer, *Institutiones theologiae polemicae universae, ordine scientifico dispositae*, cuarta edición, 5 vols. (Zurich, 1756-1757), vol. I, I, i, vi-xiii.

[69] Vitringa, *Doctrina christianae religionis*, I, 34; Wyttenbach, *Tentamen theologiae dogmaticae*, I, §96-100.

[70] Vitringa, *Doctrina christianae religionis*, II, 1-3.

sobre el significado de la teología y la identificación de sus *principia*, pero con discusiones sobre la religión en general y sobre el conocimiento racional al alcance de todas las personas de la existencia y la bondad de Dios. En un tercer capítulo, Stackhouse aborda el problema de la revelación divina como base de una teología distintivamente cristiana y, antes de discutir su necesidad, se involucra en una discusión sobre su «posibilidad» y «conveniencia».[71] Solo después de estas discusiones principales llevadas a cabo sobre la base de la razón, Stackhouse aborda el argumento tradicionalmente anterior de que el pecado ha hecho necesaria una revelación salvífica. También ensaya las formas de la revelación mosaica y profética, la revelación en Cristo y la dada a los apóstoles, argumentando racionalmente que deben ser valoradas, antes de llegar a su afirmación sobre la Escritura misma y la necesidad de la Escritura como forma escrita de la revelación.[72] Un patrón similar se encuentra en el pensamiento de Wyttenbach.[73]

Por lo tanto, prácticamente todos los sistemas ortodoxos comienzan el *locus de Scriptura sacra* con un complejo de definiciones que se centran en el carácter y la necesidad de salvación de la revelación judeocristiana tal como se da en el Antiguo y el Nuevo Testamento: la Palabra y la Escritura se definen en relación entre sí y la necesidad tanto de la revelación por la Palabra como de la encarnación de la Palabra en las Escrituras se presenta como base para comprender temas posteriores como la divinidad, la autoridad, el canon y la interpretación de las Escrituras. Dentro de este consenso más amplio, también detectamos, sin embargo, una diversidad de patrones de exposición y, a finales del siglo XVII y en el XVIII, una dependencia cada vez mayor de los poderes de la razón que permite que un cuerpo cada vez mayor de argumentación teológica preceda la discusión de la Escritura y de la doctrina revelada, «preternatural» o «sobrenatural».

B. La doctrina de la necesidad de la revelación por medio de la palabra en la teología reformada

1. La enseñanza de los reformadores.

La necesidad de una encarnación de la revelación de Dios en las Escrituras frente a la incapacidad de las criaturas caídas de aprender correctamente de Dios mediante el ejercicio de sus propios poderes naturales proporciona a Calvino el impulso básico para formular su visión de las Escrituras en los

---

[71] Cf. Stackhouse, *Complete Body of Divinity*, vol. I, págs. 26-29.

[72] Stackhouse, *Complete Body of Divinity*, vol. I, págs. 38-70.

[73] Wyttenbach, *Tentamen theologiae dogmaticae,* II, §101ff.

Institutos.⁷⁴ La pecaminosidad de la humanidad actúa como un impedimento incluso para nuestro conocimiento de Dios como Creador, de modo que se debe dar una revelación mayor que la presente en el orden natural si los seres humanos queremos comprender correctamente incluso la relación del único Dios verdadero con el orden de la naturaleza. La Palabra bíblica viene como una luz para las personas que caminan en la oscuridad: «La Escritura, al recoger en nuestra mente el conocimiento de Dios que de otro modo sería confuso, habiendo disipado nuestro embotamiento, nos muestra claramente al Dios verdadero». Por lo tanto, las Escrituras primero enseñan acerca de Dios como Creador, y solo después atraen nuestro espíritu a través de la ley y los profetas hacia el conocimiento de Dios como Redentor. Si descuidamos o nos desviamos de esta «regla de la verdad eterna», nuestro intento de conocer a Dios nos involucra en un «laberinto inexplicable» de nuestro propio error.⁷⁵

Así, Calvino escribiría en su comentario sobre 2 P. 1:19: «Sin la Palabra, no queda más que oscuridad». Calvino nunca quiso negar la existencia de un conocimiento general de Dios «naturalmente implantado en la mente de los hombres», o que la religión en general —la religión pagana— estuviera desprovista de un sentido fundamental de lo divino.⁷⁶ Más bien, Calvino buscó enfatizar la incapacidad y la falta de voluntad de los seres humanos para aprovechar este conocimiento:

> Como muestra la experiencia, Dios ha sembrado una semilla de religión en todos los hombres. Pero apenas hay un hombre entre cien que lo fomente, una vez recibido, en su corazón, y ninguno en quien madure, y mucho menos muestre el fruto a su debido tiempo.⁷⁷

En «orgullosa vanidad y obstinación», los seres humanos caídos se niegan a aprovechar esta revelación natural y construyen superstición e idolatría hasta que «no quede verdadera piedad en el mundo». En esta oscuridad, Dios hace brillar la luz de su Palabra, «otra y mejor ayuda… para dirigirnos directamente al creador mismo del universo».⁷⁸

Calvino entiende, además, que hay una dimensión histórica, tal vez de pacto, en esta nueva y firme base del conocimiento de Dios dado a través de la Palabra. Dios, según Calvino, vio la confusión de la humanidad caída y, al atraer hacia sí a un pueblo en particular, Israel, también decidió

---

⁷⁴ Calvino, *Institutos*, I, vi, 1.
⁷⁵ Calvino, *Institutos*, I, vi, 1-4.
⁷⁶ Calvino, *Institutos*, I, xiii, título y 2; cf. la discusión en *DRPR*, I, 6.1-2.
⁷⁷ Calvino, *Institutos*, I, iv, 1.
⁷⁸ Calvino, *Institutos*, I, vi, 1.

proporcionarles una revelación capaz de fundamentar y sostener su fe y obediencia de una manera que la revelación natural no lo era.

No solo enseña a los elegidos a mirar a un dios, sino que también se muestra como el Dios a quien deben mirar. Desde el principio ha mantenido este plan para su iglesia, de modo que además de estas pruebas comunes también ha presentado su palabra, que es una marca más directa y segura por la cual debe ser reconocido.[79]

Este énfasis en la economía de la salvación se evidencia también en el paralelo entre la lógica introductoria de la doctrina de la Escritura de Calvino y la de su cristología: en ambos lugares, Calvino lleva a sus lectores a reconocer el problema de la pecaminosidad humana y de la ausencia de conocimiento salvífico. En el primer lugar, un sentimiento de incapacidad del hombre para encontrar a Dios de manera salvadora a través de la revelación natural conduce a una declaración de la necesidad de la revelación especial dada en las Escrituras; en este último, las profecías incumplidas de la antigua Alianza y la incapacidad del hombre para acercarse a Dios por sí mismo conducirán a una afirmación de la necesidad de una mediación en y por medio del Dios-hombre. La necesidad de las Escrituras se basa en la necesidad de la revelación como una forma de conocimiento mediado, y las Escrituras, una vez dadas, revelan la necesidad de una salvación mediada.[80]

Si el estudio de las Escrituras conduce a una comprensión correcta de Dios y su voluntad, también es cierto que una consideración reverente del problema del conocimiento de Dios conduce de nuevo a las Escrituras. Bullinger sostiene esto bajo la premisa de que las intenciones internas de los seres humanos se aprenden de los propios seres humanos:

Porque como nadie sabe lo que hay en el hombre, sino el espíritu del hombre que está dentro de él; así tampoco nadie puede declarar lo que es Dios, sino Dios en su Palabra. Porque quien finge otras opiniones e intenta obtener este conocimiento de Dios por otros medios, se engaña a sí mismo y adora los ídolos de su propio corazón.[81]

Solo la afirmación dogmática de las Escrituras encuentra su fundamento en la identidad de las Escrituras como la «Palabra» del hablante divino, con la implicación, a modo de referencia al «espíritu del hombre», de que, en las Escrituras, hay una profunda asociación de Palabra y Espíritu.

---

[79] Calvino, *Institutos*, I, vi, 1.
[80] Cf. Calvino, *Institutos*, I, vi, i, con ibíd., II, xii, 1.
[81] Heinrich Bullinger, *Compendium christianae religionis* (Zürich, 1556), I, ii (pág. 330).

2. El desarrollo ortodoxo reformado: la revelación y la Palabra de las Escrituras como necesarias para la teología.

Entre las principales obras de transición del estilo de la Reforma al estilo de la ortodoxia temprana se encuentran *Doctrinae christianae compendium* de Ursinus o, como se llamó en ediciones posteriores, *Explicationes catecheseos*, y su *Loci theologici*. La obra de Ursinus fue particularmente importante para establecer la conexión, tan típica de la ortodoxia, entre el concepto de religión y el argumento a favor de la necesidad de la revelación, específicamente, la necesidad de la revelación por medio de la Palabra escritural tal como se presenta en el *locus de Scriptura sacra*: Ursinus hizo la conexión en su *Loci* y sus editores adaptaron el *locus* para usarlo como prolegómeno en algunas de las ediciones posteriores de las conferencias catequéticas.

Ursinus comenzó su discusión sobre las Escrituras y su interpretación señalando que nuestra propia humanidad se basa en la religión. Todos los seres humanos «abrazan y profesan alguna opinión de Dios y de su voluntad, así como también alguna manera de venerarlo, en parte extraída de la naturaleza misma, en parte recibida por persuasión: esto se llama religión».[82] Es más, todas estas mismas personas admitirán que la verdadera religión proviene de Dios y que deben ceder a la voluntad revelada de Dios. A pesar de este acuerdo general, que se basa en el conocimiento natural, innato y adquirido de Dios, añade rápidamente Ursinus, ha habido una perpetua controversia en materia de religión. De hecho, el debate no terminará «hasta que nuestro Señor Jesucristo, volviendo para juzgar a los vivos y a los muertos, decida la controversia».[83] Dado que solo existe una religión verdadera y, en consecuencia, un solo camino hacia la salvación, es necesario establecer y discutir la fuente de esa religión antes de poder ofrecer cualquier presentación de doctrina. La verdadera doctrina es la que «Dios mismo, desde la creación del hombre, entregó con su propia voz a nuestros primeros padres, y luego transmitida en las Escrituras por los profetas y los apóstoles».[84] Aceptando la premisa histórica de que Dios ya no habla a la humanidad como lo hacía antes, sino que la revelación ha avanzado históricamente en formas adecuadas a las necesidades de la raza humana, todas las afirmaciones relativas a «Dios y la salvación del hombre... dependen de la palabra escrita», las Escrituras. Vale la pena señalar que esta visión de las Escrituras, tal como se encuentra en los escritos de Ursinus y en muchos de los primeros sistemas ortodoxos, se hace eco del modelo de *historica series* propuesto por el maestro de Ursinus, Melanchthon, y el movimiento histórico desde la voz reveladora de Dios hasta la palabra

---

[82] Ursinus, *Loci theologici*, col. 426.
[83] Ursinus, *Loci theologici*, col. 426.
[84] Ursinus, *Loci theologici*, col. 426; cf. Hommius, *LXX Disputationes*, I, i.

escrita, mencionado brevemente en el libro *Institutos* de Calvino,[85] y señala elementos federales del sistema reformado, particularmente en lo que inciden en la doctrina de las Escrituras y las cuestiones hermenéuticas básicas de pasar de la exégesis a la doctrina.

Esta necesaria interrelación entre las Escrituras y la religión verdadera se traslada a las cuatro preguntas que Ursinus plantea como estructura básica de su argumento posterior:

1. Lo que enseña la Sagrada Escritura.
2. En qué se diferencia la religión expuesta en las Escrituras de otras religiones.
3. Cómo se puede saber que solo esta religión es verdadera y divina, y que todas las demás son falsas.
4. Por qué no se debe recibir ninguna doctrina en la iglesia aparte de las Sagradas Escrituras.[86]

Es más, las preguntas de Ursinus, de las que se hace eco la argumentación de Hommius contra Bellarmine, indican también varias de las conexiones cruciales establecidas por la ortodoxia entre la doctrina de las Escrituras y los demás *loci* del sistema teológico: así, la cuestión de la interpretación de las Escrituras apunta hacia la construcción de un cuerpo doctrinal; las Escrituras mismas y su religión deben ser identificadas de alguna manera como la base de *theologia vera* frente a *theologia falsa*: refleja, una vez más, una cuestión que se discutiría en los prolegómenos de la ortodoxia temprana, así como en el concepto de la Escritura es autoevidente y capaz de demostrarse intrínseca y extrínsecamente divina, y por qué la Escritura proporciona no solo un fundamento entre otros, sino el único fundamento o *principium* de la doctrina eclesiástica.[87]

Comenzando en la era de la ortodoxia temprana, y basándose en estas distinciones entre el pasado y el presente, las formas internas y externas de la Palabra, y entre los diversos tipos de evidencia disponibles para identificar las Escrituras como el fundamento de la verdadera doctrina, los teólogos protestantes presentaron esta visión histórica de la producción de las Escrituras —el movimiento, tal como ellos lo entendían, desde el discurso divino inmediato a las formas escritas de la revelación— como un aspecto de la historia del pecado y la salvación y como una indicación de la naturaleza corporativa del pacto, dando así una interpretación doctrinal del problema histórico de la Palabra y su «inscripción», y proporciona una base para la incorporación de la cuestión doctrinal de la necesidad de la

---

[85] Calvino, *Institutos*, IV, viii, 5-6.
[86] Ursinus, *Loci theologici*, col. 426.
[87] Cf. Hommius, *LXX Disputationes*, I, i y tenga en cuenta la discusión en *DRPR*, I, 3.4 (B.2).

Escritura al sistema teológico. La discusión doctrinal sobre la necesidad de las Escrituras, por lo tanto, equivale a una «prueba» histórica y soteriológica de que el *principium cognoscendi theologiae*, la Palabra de Dios, no puede simplemente incorporarse en una tradición oral sino que, contrariamente a las afirmaciones de teólogos postridentinos como Cano, debe entregarse en forma escrita.[88] El paso de la tradición oral de los patriarcas a la forma escrita de la Torá Mosaica se convierte en un argumento histórico y soteriológico contra las afirmaciones de la revelación no escrita y la tradición oral en el siglo XVI. Lo que se logró por propósito divino en el tiempo de Moisés —los inicios de la Palabra escrita— se ha convertido en la forma normativa para el mantenimiento y proclamación de las verdades de la revelación de Dios en la iglesia de todas las edades.

Una variación adicional de este tema, en la que la dinámica histórica es aún más evidente, es la que adoptan los ortodoxos protestantes en su discusión sobre las formas escritas y no escritas de la Palabra.[89] Además, las cuestiones planteadas por estos argumentos históricos y económicos apuntan hacia la creciente importancia de la teología del pacto en la dogmática reformada y, específicamente, hacia el interés de la teología del pacto en la relación del Antiguo y el Nuevo Testamento dentro del pacto de gracia. De particular importancia, dado el desarrollo histórico acumulativo del canon de las Escrituras, es la cuestión de la retención y abrogación de varios elementos de la revelación del Antiguo Testamento, un problema debatido tanto en la doctrina de las Escrituras mismas como en la doctrina del pacto de gracia.[90]

Además, este patrón histórico fue incorporado a la estructura lógica de la doctrina de las Escrituras, sobre todo por Polanus, quien presenta el tema en una serie de divisiones lógicas claras:

---

[88] Melchior Cano, *De locis theologicis* (1564), en J.-P. Migne (ed.), *Theologiae cursus completus*, vol. 1 (Paris: Vives, 1837), III, 3 (cols 244, 250).

[89] Cf. a continuación, este capítulo, 3.4

[90] Cf., por ejemplo, Maccovius, *Loci communes*, ix-xiii; sobre el problema de los dos testamentos en relación con la doctrina del pacto, véase en particular Johannes Coccesius, *Summa doctrinae de foedere et testamento Dei* (1648) y *Summa theologiae ex sacris scripturis repetita* (1662). El enfoque de Coccesius tuvo un gran impacto en las teologías de Franz Burman, Francis Turretin y J. H. Heidegger, así como un claro sucesor en los grandes *De oeconomia foederum Dei cum hominibus libri quattuor* (1677) de Hermann Witsius. Sobre la historia y el desarrollo de la teología federal reformada y las diversas controversias relacionadas con la doctrina del pacto, ver: J. Reitsma, *Geschiedenis van de Hervorming en de Hervormde Kerk der Nederlanden*, 4th edition (Utrecht: Kemink & Zoon, n.d.), págs. 362-371 y Christiaan Sepp, *Het Godgeleerd onderwijs in Nederland gedurende de 16e en 17e eeuw*, 2 vols. (Leiden: De Breuk en Smits, 1873-74), págs. 217-358; también nótese Willem van Asselt, "Chiliasm and Reformed Eschatology in the Seventeenth and Eighteenth Centuries," en A. Van Egmond and D. van Keulen (eds.), *Christian Hope in Context*, 2 vols. (Zoetermeer: Meinema, 2001), I, págs. 11-29; ídem, *Federal Theology of Johannes Coccesius*, págs. 336-340; también tenga en cuenta Gass, *Geschichte der protestantischen Dogmatik*, II, págs. 253-323.

La necesidad de la Sagrada Escritura se considera ya sea en términos de su escritura o en términos de su existencia continua, especialmente si uno considera el objetivo de la Escritura (*Scripturae finem*), que es doble, teórico y práctico, el primero relativo al conocimiento, el segunda a la acción.

El objetivo teórico, igualmente, es doble: doctrinal o judicial.

Y el objetivo judicial también es doble: directivo y definitivo (*directivus & definitivus*).[91]

Como ponen de manifiesto tanto las particiones lógicas de la *Synopsis* de Polanus como la disposición de los capítulos reales del *Syntagma*, Polanus entiende la *necessitas Scripturae* como uno de los atributos del texto existente, junto con la autoridad, la autenticidad, la claridad, etc., un tema que puede tratar solo después de haber discutido la divinidad de las Escrituras, su autoridad y el contenido del canon de las Escrituras.[92]

El teorema o tesis base de Polanus en la disputa con los «herejes» (en su opinión, tanto los católicos romanos con su énfasis en la tradición oral como varios grupos anabaptistas o espiritistas con su insistencia en las revelaciones actuales) es la «Sagrada Escritura, desde el tiempo que fue dada por Dios a la iglesia, fue, es y será necesaria, no solo para el bienestar (*bene esse*) sino también a la existencia misma (*ese*) de la Iglesia».[93] La necesidad de la Escritura, por lo tanto, adquiere una dimensión histórica y está directamente relacionada con la economía de la salvación: los libros de Moisés, insiste Polanus, eran necesarios para la iglesia en la época de Moisés, pero los libros del Nuevo Testamento no eran entonces necesarios, mientras que ahora, dado que tanto el Antiguo como el Nuevo Testamentos han sido dados bondadosamente por Dios a la iglesia; ambos son necesarios para su existencia. Es el colmo de la impiedad, comenta Polanus, afirmar que las Escrituras no son necesarias, ¡como si se pudiera prescindir fácilmente de lo que Dios ha dado a su iglesia! Las Escrituras son necesarias para el *bene esse* de la iglesia porque es útil para el establecimiento tanto de la fe como del verdadero culto a Dios. Es necesario para el *esse* de la iglesia en aras de la conservación de la verdadera doctrina frente a la herejía.[94]

El contemporáneo británico de Polanus, Robert Rollock, había identificado de manera similar la «necesidad» como una de las «propiedades» de las Escrituras: si, argumentaba, las Escrituras se entienden correctamente

---

[91] Polanus, *Syntagma, Synopsis libri I*.
[92] Polanus, *Syntagma theol.*, I, xxxv (págs. 69-74).
[93] Polanus, *Syntagma*, I, xxxv (pág. 69, col.2); cf. Amyraut et al., *Syntagma thesium theologicarum*, I, iv, 24, 26-28.
[94] Polanus, *Syntagma theol.*, I, xxxv (pág. 69, col 2).

como la «escritura misma y forma de la revelación», parece que no puede haber iglesia sin las Escrituras. Este punto, observamos, refleja la temprana declaración confesional reformada de que la iglesia nace de la Palabra de Dios,[95] pero agrega, en respuesta a la polémica católica romana, que las Escrituras son de hecho la Palabra viva:

> Porque la voz viva de Dios es simplemente necesaria. La Escritura, en cierto modo, es la voz viva de Dios: por lo tanto [es] simplemente necesaria.[96]

De hecho, agrega Rollock, hubo un momento en el que Dios habló directamente a su pueblo, «pero cuando Dios dejó de hablar y las Escrituras sustituyeron a la propia voz de Dios, entonces las Escrituras no fueron menos necesarias que la viva voz de Dios». La historia de la revelación de Dios manifiesta este patrón: desde Adán hasta Moisés, Dios habló directamente, pero después (al menos de manera general) en los escritos de Moisés y los profetas. Cuando Cristo vino, la voz viva de Dios estuvo nuevamente presente en la propia persona de Cristo y en las palabras habladas de la predicación apostólica. Pero ahora, una vez más, en la «Escritura apostólica» del Nuevo Testamento, la voz de Dios se proporciona nuevamente en forma escrita.[97] La necesidad de un desarrollo histórico desde la Palabra no escrita a la escrita, precisamente para mantener la *viva vox Dei* en los corazones de los creyentes, se opone así a la afirmación de Cano de una tradición continua del espíritu, en lugar de la letra o la Palabra de las Escrituras, en los corazones de los fieles.[98]

En desacuerdo con la conclusión de Rollock de que esta necesidad era absoluta o simple,[99] Polanus sostiene que Dios no está absolutamente ligado a la forma bíblica de revelación, como si fuera incapaz de enseñar a su iglesia de otra manera. De hecho, desde el principio del mundo hasta Moisés, Dios enseñó a su iglesia de otras maneras. Lo que parece aquí es que un razonamiento como el de Rollock hizo una distinción histórica suficientemente clara entre la voz viva y la palabra escrita, pero no logró aplicar esa distinción lógicamente ni al problema de la necesidad de las Escrituras ni al problema del significado de «Palabra». Polanus avanzó hacia una definición más precisa. Las Escrituras, señala, han sido ordenadas por Dios y encomendadas a la iglesia como fundamento de la enseñanza

---

[95] *Theses Bernenses,* I (en Schaff, *Creeds,* III, pág. 208).

[96] Rollock, *Treatise of Effectual Calling,* pág. 88; cf. Cano, *De locis theologicis,* III.3 (col. 349) y Tavard, "Tradition in Early Post-Tridentine Theology," pág. 383.

[97] Rollock, *Treatise of Effectual Calling,* págs. 89-90.

[98] Cano, *De locis theologicis,* III.3 (col. 244, 249); cf. George H. Tavard, "Tradition in Early Post-Tridentine Theology," en *Theological Studies,* 23 (1962), pág. 383.

[99] Rollock, *Treatise of Effectual Calling,* pág. 90.

correcta. Para desarrollar un símil: las Escrituras no solo son necesarias en la forma en que el poder de la vida (*ops vitae*) es necesario para la existencia corporal, es también necesaria como es necesario el pan de cada día. La Palabra de Dios es a la vez poder y alimento y, por tanto, es necesaria. Sin embargo, dado que esta necesidad se basa en la ordenación divina de un medio particular de empoderamiento y nutrición, técnicamente es «una necesidad como consecuencia de una disposición divina» (*necessitas ex hipothesi dispositio divinae*), más que una necesidad absoluta.[100] La definición algo más sutil de Polanus que la de Rollock se convirtió en la posición de la ortodoxia reformada.

Así, encontramos en la teología del escritor inglés Edward Leigh el argumento de que la Escritura es necesaria

> Respecto al fondo de la misma, siempre fue necesaria; con respecto a la manera de revelar, es necesaria desde el momento en que agradó a Dios de esa manera entregar su palabra, y así será hasta el fin del mundo. Entonces, no es absoluta y simplemente necesario que la palabra de Dios nos sea entregada por escrito, sino solo condicionalmente y bajo suposición.[101]

Argumentos prácticamente idénticos aparecen en la Sinopsis de Leiden y en los sistemas de Turretin, Rijssen y Mastricht.[102] Weemse señala que la Palabra de Dios, como tal, era absolutamente necesaria, admitiendo que revela la voluntad de Dios a la humanidad, mientras que «su palabra escrita era necesaria como causa instrumental».[103]

La necesidad puede entenderse además como una necesidad de escribir (*necessitas scriptionis*) o como una necesidad de la existencia continua de las Escrituras (*necessitas perpetuae existenciae Scripturae*) en la iglesia. La primera necesidad se puede inferir tanto del mandato divino a Moisés y a los profetas de que escribieran lo que les fue revelado (Ex. 17:14; 34:27; Jer. 30:2; Ez. 43:11) como del mandato de Cristo a los apóstoles de que enseñen a todas las naciones (Mt. 28:19). Los apóstoles, continúa Polanus, cumplieron el mandato de Cristo de dos maneras: predicaron el evangelio con voz viva (*viva vox*) y, cuando no pudieron estar presentes en persona, evangelizaron el mundo a través de sus escritos. Puesto que los apóstoles ahora están ausentes, los que vivan después de ellos deben, por necesidad, usar su palabra escrita hasta el fin del mundo.[104] Aun así, después de la ascensión

---

[100] Polanus, *Syntagma*, I, xxxv (pág. 69, col.2).

[101] Leigh, *Treatise*, I, viii (págs. 135-136).

[102] Cf. *Synopsis purioris theologiae*, II, vii; Turretin, *Inst. theol. elencticae*, II, ii, 3; Rijssen, *Summa theol.*, II, vii; Mastricht, *Theoretico-practica theol.*, I, ii, 20.

[103] Weemse, *Exercitations Divine*, pág. 61.

[104] Polanus, *Syntagma*, I, xxxv (pág. 69, col. 2); cf. Whitaker, *Disputation*, VI, viii (págs. 521-522).

de Cristo, el concilio apostólico comenzó su trabajo con una carta escrita bajo la guía del Espíritu, y el propio Pablo da testimonio de la inspiración de las Escrituras, indicando así su origen según la voluntad de Dios y dando garantía de la afirmación de su necesidad. Polanus concluye silogísticamente: «Cualquier escritura que sea de inspiración divina, está escrita por voluntad divina: pero toda la Escritura profética y apostólica es inspirada: Ergo, & c.»[105] La escritura es necesaria *ex hipothesi dispositio divinae,* concediendo que haya sido querida por Dios. Al final de la era ortodoxa, Mastricht todavía argumentará que la necesidad de las Escrituras puede inferirse del motivo divino que inspiró a los amanuenses, los Profetas y los Apóstoles.[106]

Además, en un lugar la Escritura misma declara la necesidad de escribir: Judas, el hermano de Santiago, escribe a la iglesia: «Me fue necesario escribiros» —*«Necesse habui vobis scribere»*.[107] Esta afirmación y la inferencia más amplia de la necesidad de escribir, finalmente, es consistente con el oficio apostólico (*munus*) —les fue dado a los apóstoles ser maestros universales de la iglesia (*Doctores universales*) tanto en el tiempo como en el lugar y no simplemente para su propio tiempo y lugar: su mandato era llevar el evangelio a todo el mundo hasta el fin de los tiempos. Por lo tanto, era necesario preservar su enseñanza de tal manera que pudiera transmitirse sin corrupción a las generaciones futuras.[108]

La naturaleza de la misión apostólica sirve a Polanus como punto de transición a su siguiente argumento: la «necesidad de la existencia continua de las Escrituras». En primer lugar, Dios nos ordena buscar y familiarizarnos profundamente con las Escrituras. Las Escrituras deben existir hasta el fin del mundo para el cumplimiento de este mandato divino en cada generación de la iglesia. Así también, señala Mastricht, el mandato general de Cristo a los discípulos de «enseñar a todas las naciones» se modifica al extender esa enseñanza *ad comsummationem saeculi*.[109] Segundo, las Escrituras contienen la enseñanza necesaria para la obra de la iglesia, sin la cual la iglesia no podría funcionar. En tercer lugar, las Escrituras han sido puestas por escrito como «la causa firme y segura de la fe», como dice Lucas de sus propios escritos (Lc. 1:4) y Pablo también lo indica (Fil. 3:1); La Escritura es, entonces, con referencia al texto de Lucas, la *asphaleias fidei causa,* la causa segura o cierta de la fe.[110] Aun así, el mismo Cristo, después de su resurrección, dirigió a sus discípulos a las Escrituras para hacer más firme y

---

[105] Polanus, *Syntagma theol.*, I, xxxv (pág. 70, col.1), citando Hch. 15:23-29 y 2 Ti. 3:16.

[106] Mastricht, *Theoretico-practica theol.*, I, ii.20.

[107] Polanus, *Syntagma*, I, xxxv (pág. 70, col.1), citando Jud., versículo 3.

[108] Polanus, *Syntagma*, I, xxxv (pág. 70, col.1).

[109] Mastricht, *Theoretico-practica theol.*, I, ii, 20.

[110] Polanus, *Syntagma*, I, xxxv (pág. 70, col.1).

segura su fe (Lc. 24:26-27). Cuarto, la existencia perpetua de las Escrituras es necesaria ya que, sin las Escrituras, no podríamos conocer la verdad de la doctrina celestial (*vertias coelestis doctrinae*) ni preservarnos del error, de la barbarie o del pecado, ni instruirnos en la vida santa, ni tener ningún consuelo firme en esta vida.[111]

Con su quinta razón sobre la necesidad de la preservación de las Escrituras, Polanus llega al *finis proximus Sacrae Scripturae*. El objetivo próximo de las Escrituras, afirma Polanus, es «absolutamente necesario», admitiendo que este objetivo es la existencia de la iglesia universal y su obra de instrucción en la fe y la piedad, su enseñanza de la verdad y su resolución de controversias doctrinales.[112] El *finis proximus* de la Escritura, por lo tanto, es doble: doctrinal y judicial. Es doctrinal en la medida en que las Escrituras han sido escritas con el fin de enseñar (*doctrina*); es judicial en la medida en que las Escrituras han sido dadas por Dios «como norma y regla infalible y perfecta» para decisiones dogmáticas.[113]

Este objetivo judicial de las Escrituras también tiene dos aspectos: directiva (*directivus*) y definitivo (*definitivus*). El objetivo es directivo ya que la iglesia debe ser guiada por las Escrituras como su única regla infalible (*regula infalible atque unica*); definitivo ya que la iglesia acepta las Escrituras como su base para tomar decisiones (*indicum*) en medio de las dudas o peligros (*dubia*) y disputas (*lis*) de religión. (Sin insistir demasiado en el lenguaje técnico, al menos vale la pena señalar que la elección de Polanus de la palabra *dubia* refleja el lenguaje del debate escolástico de finales de la Edad Media, en el que *dubia* frecuentemente se establecían, junto con varios *notae*, en las extensas discusiones sobre distinciones y preguntas en los comentarios sobre la obra *Sentencias* de Lombardo). Polanus comenta, a modo de conclusión, que Cristo mismo usó las Escrituras como base para tales juicios definitivos y el apóstol Pablo citaba regularmente las Escrituras como prueba de sus argumentos —y aún así el propio concilio apostólico (Hch. 15) resolvió una controversia muy apremiante sobre la base de las Escrituras. De manera similar, la función directiva de la Escritura se aplica a los laicos y a los asuntos privados como guía hacia la verdad y prevención del error.[114] En resumen, es necesaria una regla de fe inalterable para conservar la verdad divina frente a la «debilidad de la memoria, la perversidad de los seres humanos y la brevedad de la vida», sin mencionar el fraude y la corrupción de Satanás.[115]

---

[111] Polanus, *Syntagma*, I, xxxv (pág. 70, col.1).

[112] Polanus, *Syntagma*, I, xxxv (pág. 70, col. 1).

[113] Polanus, *Syntagma*, I, xxxv (pág. 70, col.1).

[114] Polanus, *Syntagma*, I, xxxv (pág. 70, col. 2).

[115] Turretin, *Inst. theol. elencticae*, II, ii, 6.

Con el retorno a la consideración de la teología como *scientia* o *sapientia* típica de los escritores reformados de finales del siglo XVI y del XVII, la búsqueda medieval de *principia* teológicos y el énfasis de la Reforma en la necesidad de la revelación por la Palabra unida a una enunciación más clara de la Palabra como *principium cognoscendi* que se puede encontrar en los escritos de los doctores medievales y en una visión más «científica» de la necesidad de las Escrituras para la disciplina de la teología que la que se puede encontrar en los escritos de los reformadores. De hecho, fue obra de los ortodoxos protestantes incorporar el lenguaje de los reformadores sobre la necesidad de la revelación mediante la palabra al sistema teológico, uniéndolo al lenguaje sistemático o técnico existente de *principia* teológicos y a una meditación extensa sobre la naturaleza de la Escritura como Palabra.

3. Codificación alta ortodoxa: Turretin sobre la necesidad de la revelación.

La cuestión de la necesidad de la revelación por la palabra en ninguna parte se plantea de manera más clara y sucinta que en el resumen de la alta ortodoxia de la teología en la *Institutio theologiae elencticae* de Francis Turretin. Tanto en el pasado como en el presente, declara Turretin, ha habido personas que han defendido la suficiencia de la razón humana como fundamento de la vida buena y bendita y que han afirmado que la «luz de la naturaleza» es suficiente «para la dirección de la vida y el logro de la felicidad».[116] La iglesia, sin embargo, continúa Turretin, «siempre ha creído que la revelación por la Palabra de Dios es absoluta y simplemente necesaria al hombre para su salvación»: la Palabra revelada, por tanto, es llamada la semilla por la cual somos regenerados (1 P. 1:23), la luz por la cual somos dirigidos (Sal. 119:105), el alimento con el que somos alimentados (Heb. 5:13-14), y el fundamento sobre el cual descansamos (Ef. 2:20).[117]

En este punto debe hacerse una distinción entre la noción de la necesidad de la revelación por la Palabra y el concepto de la necesidad de la Escritura como forma definitiva de esa revelación. La pregunta inicial de Turretin no es si la revelación es necesaria (ese tema había sido abordado y respondido en los prolegómenos) sino «si es necesaria la revelación por la Palabra».[118] En sus prolegómenos teológicos, los ortodoxos reformados habían reconocido que la revelación era el modo necesario de comunicación del conocimiento de las cosas divinas a las criaturas finitas en un mundo

---

[116] Turretin, *Inst. theol. elencticae*, II, i; cf. Boston, *Body of Divinity*, I, págs. 24-25.

[117] Turretin, *Inst. theol. elencticae*, II, ii.

[118] Turretin, *Inst. theol. elencticae*, II, i, *quaestio*.

caído, en su incapacidad de conocer a Dios ya sea por unión o por visión intelectual directa.[119]

Más allá del testimonio de las Escrituras y de la iglesia sobre la necesidad de la Palabra para la salvación, Turretin reconoce una serie de argumentos que apuntan hacia la misma verdad. Primero, la bondad suprema de Dios es autocomunicativa (*sui communicativa*) y atrae hacia sí al hombre como meta sobrenatural y bendita; pero esta bienaventuranza y el camino que conduce a ella son desconocidos para la razón. Ambos son declarados por la Palabra. De manera similar, la absoluta caída y corrupción de los seres humanos es tal que no podrían tener idea de las cosas divinas y celestiales a menos que Dios las revelara, como se afirma en 1 Co. 2:14 y Ef. 5:8. Finalmente, Turretin recurre a la «razón correcta», que enseña que Dios no puede ser conocido ni adorado sin su propia luz, como tampoco podemos conocer el sol sin su brillo y resplandor, como también se atestigua en el Salmo 36:9. Incluso los impostores religiosos como Numa Pompilius y Mohammed, junto con los paganos bárbaros y otras religiones falsas esparcidas por todo el mundo, ¡reconocen que la razón humana es insuficiente y que alguna revelación sobrenatural es necesaria para la salvación![120]

Estos argumentos se ven confirmados, continúa Turretin, por el «doble deseo naturalmente implantado en el hombre» (*duplex appetitus homini naturaliter insitus*) por la verdad y la inmortalidad: todas las personas desean conocer la verdad y disfrutar del bien supremo, satisfaciendo los deseos tanto del intelecto como de la voluntad en la vida bienaventurada. La «escuela de la naturaleza» (*schola naturale*) no conduce al verdadero conocimiento de Dios ni a un camino de salvación capaz de llevar a los pecadores a una condición de perfecta bienaventuranza (*status perfectae beatitatis*) en unión con Dios: es necesario, por tanto, que haya una «escuela superior de gracia» (*schola superior gratiae*) en la que Dios, a través de su Palabra, enseña la «religión verdadera», inculca el conocimiento y la adoración genuinos de sí mismo y atrae a los seres humanos hacia la meta (*frutio*) de salvación eterna y comunión con Dios.[121] (Vale la pena señalar la continuidad de este argumento con las opiniones de los reformadores sobre el tema: donde Turretin difiere de los reformadores no es en la sustancia de su enseñanza sino en el método y las formas escolásticas, el carácter altamente técnico y algo racionalizador de su lenguaje teológico y su argumentación).[122]

---

[119] Cf. *DRPR*, I, 5.5 (A); 6.3 (B.1-2, 6); cf. Gürtler, *Synopsis theol.*, i.23, comentando la necesidad de la revelación como *principium cognitionis* para la perfección intelectual y volitiva del ser humano.

[120] Turretin, *Inst. theol. elencticae*, II, i, 3.

[121] Turretin, *Inst. theol. elencticae*, II, I, 4.

[122] Cf. la discusión sobre la revelación natural y la teología natural en *DRPR*, I, cap. 6.

Este punto se hizo anteriormente, desde una perspectiva algo diferente, sobre los prolegómenos en la discusión de la teología natural y sobrenatural, pero los ortodoxos reformados lo reiteran específicamente en el *locus de Scriptura:* Turretin señala que las obras de la creación y la providencia continúan funcionando admirablemente como revelación divina, como aprendemos de Ro. 1:19-20: *to gnoston to theou,* lo que se puede conocer de Dios, ha sido manifestado a la humanidad, específicamente, las cosas invisibles de Dios (*invisibilia eius*) han sido dadas a conocer en la creación. A raíz del pecado (*post peccatum*), sin embargo, tal revelación no es suficiente para la salvación: de hecho, se queda corta subjetivamente en cuanto no transmite una fuerza del Espíritu capaz de corregir la vileza de la humanidad, y objetivamente en cuanto no enseña el misterio de la salvación, la misericordia de Dios en Cristo. Las obras de Dios, concluye Turretin, se manifiestan *to gnoston tou theou,* pero no *tou piston*: lo que se puede saber, pero no lo que se puede (¡y debe!) creer. Las obras de Dios manifiestan al *Deus creator,* comenta Turretin en un reflejo directo tanto de Giles de Roma como de Juan Calvino, pero no del *Deus Redemptor;* manifiestan el poder y la deidad infinitos, pero no la gracia y la misericordia salvadora de Dios. La Palabra es, por tanto, necesaria para suplir la falta de la revelación natural, para manifestar «el misterio de su voluntad para nuestra salvación».[123]

Por lo tanto, en su discusión sobre el fundamento cognitivo de la teología, Turretin continúa observando el concepto de los reformadores de un *duplex cognitio Dei*.[124] Debe hacerse una distinción entre la *opera creationis et providentiae* y la *opera redemptionis et gratiae:* la primera revela lo que Dios es (*quod sit Deus*) y la forma en que Dios es (*qualis sit*), es decir, la unidad de la esencia y los diversos atributos divinos, pero, continúa Turretin, solo estos últimos identifican quién es Dios (*quis sit*) y la manera de la subsistencia personal de Dios. Esta obra de gracia y redención, centrada en «el misterio del evangelio» (*mysterium evangelii*) es «capaz de ser conocido por nosotros solo a través de la palabra».[125]

Cabe destacar la forma *quaestio* de Turretin y las prioridades de su argumento, no solo porque el mismo patrón aparece a lo largo de su *Institutio,* pero también porque el patrón ilustra en la práctica la relación entre revelación y razón esbozada en teoría en el prolegómeno teológico de Turretin. Primero se exponen los argumentos de las Escrituras y de

---

[123] Turretin, *Inst. theol. elencticae,* II, i, 5; cf. *DRPR,* I, 6.3 (B.2).

[124] Sobre la importancia del *duplex cognitio Dei* para la teología de Calvino ver Dowey, *Knowledge of God,* págs. 41-49, pero tenga en cuenta las advertencias en Muller, *Unaccommodated Calvin*, págs. 133-135, 137-138; sobre el uso del concepto por otros teólogos reformados del siglo XVI y su movimiento bastante continuo hacia la ortodoxia temprana, véase Muller '"*Duplex cognitio dei*' in the Theology of Early Reformed Orthodoxy," págs. 51-61.

[125] Turretin, *Inst. theol. elencticae,* II, i, 6.

la teología, y los argumentos basados en *recta ratio* sigue el segundo en orden. Turretin *nunca* comienza con lo natural o racional y luego construye su teología sobre ello, aunque su sistema sea intencionalmente polémico o apologético más que positivo o didáctico; indefectiblemente coloca sus argumentos racionales en segundo lugar después de sus fundamentos bíblicos y teológicos para mostrar que la razón sirve al punto teológico. El sistema es, por tanto, racional pero no racionalista; La razón no compite con las Escrituras por el título *principium cognoscendi*.[126] Es más, los argumentos «racionales» de Turretin frecuentemente se basan en supuestos teológicos y bíblicos.

No solo es necesario que Dios se revele por medio de la Palabra, también es necesario que la Palabra sea escrita. Así, los reformados, junto con los luteranos ortodoxos, afirman la «necesidad de Escritura» o de la «Palabra escrita» (*verbum scriptum*) frente a las afirmaciones contrarias de escritores católicos romanos como Robert Bellarmine, quienes argumentan la utilidad de las Escrituras escritas para la iglesia pero no su necesidad y quienes asumen que la iglesia y sus «tradiciones no escritas» podrían subsistir en ausencia de las Escrituras.[127] La cuestión no es solo la necesidad de la Escritura considerada *materialiter*, en términos de las doctrinas enseñadas por el texto, en la medida en que todos cuentan las doctrinas como necesarias, sino más bien la necesidad de la Escritura considerada *formaliter*, en términos de la escritura, o, en términos de la manera según la cual se transmite la enseñanza (*modus tradendi*).[128]

En un sentido material, en términos de las doctrinas transmitidas en el texto, las Escrituras son necesarias incondicional y absolutamente (*simpliciter et absolute*), de modo que, sin esta doctrina, la iglesia misma no podría existir. Está claro también que la Escritura, considerada formalmente como un documento escrito, no es necesaria respecto de Dios (*respectu Dei*). Dios puede comunicarse y se comunicó con su pueblo con una voz viva (*viva voce*) aparte de una palabra escrita: tal fue la forma de su revelación ante Moisés. El punto a debatir es la afirmación protestante de que la Palabra escrita es necesaria *ex hypothesi* o como consecuencia de la voluntad de Dios. Admitiendo que ésta es la voluntad de Dios, la Palabra escrita es necesaria no solo para el bienestar (*bene esse*) sino para el ser (*ese*) de la iglesia, de modo que la iglesia dejaría de existir sin ella: «Por lo tanto, Dios de ninguna

---

[126] Cf. Turretin, *Inst. theol. elencticae*, II, i, 3, con el argumento a favor de la unidad de Dios en ibíd., III, iii, 5-6; y cf. Rogers y McKim, *Authority and Interpretation*, págs. 172-188, para la lectura de Turretin como racionalista.

[127] Turretin, *Inst. theol. elencticae*, II, ii, 1; también Amyraut et al., *Syntagma thesium theologicarum*, I, iv, 39-40; Boston, *Body of Divinity*, I, pág. 25; cf. Bellarmine, *De verbo Dei*, IV, 4.

[128] Turretin, *Inst. theo. elencticae*, II, ii, 2.

manera está vinculado a las Escrituras (*alligatus Scripturae*), más bien nos une a las Escrituras (*nos alligavit Scripturae*).[129]

Turretin puede resumir el punto estableciendo estas diversas distinciones o divisiones en una breve definición de la cuestión: «Por lo tanto, no preguntamos si la escritura de la Palabra fue absoluta o incondicionalmente necesaria, sino relativamente necesaria (*secundum quid*) y como consecuencia (*ex hypothesi*); ni en todos los tiempos, sino en el estado actual de las cosas; ni en términos del poder y libertad de Dios, sino en términos de su sabiduría y manera (*oeconomiam*) de trabajar con seres humanos».[130] Como ya hemos reconocido en los prolegómenos reformados y su enfoque en la teología ectípica después de la caída, la teología reformada enfatiza la adaptación de la voluntad divina a las necesidades humanas y de la revelación divina a las modalidades del conocimiento humano.[131] Aquí Turretin desvía claramente la atención del poder absoluto de Dios hacia el poder de Dios ejercido según la sabiduría divina respecto de las necesidades de los seres humanos en esta vida. Así, comenta Turretin, en el patrón natural (*oeconomia naturali*) de la vida humana, los padres enseñan a sus hijos: primero, con una voz viva, cuando los niños son pequeños y reciben su formación inicial, y luego, más tarde, con la voz de un maestro, mediante el uso de libros y la lectura, para inculcar, como con vara fuerte, la enseñanza (*doctrina*) en esos libros. Dios ha seguido el mismo patrón al enseñar a sus hijos.[132] Así, en la infancia del pueblo de Dios, Dios habló directamente y con voz viva. Esta palabra no escrita pudo conservarse adecuadamente en ese momento debido a la longevidad de los patriarcas, el pequeño número de personas en el pacto y la frecuencia de las revelaciones. Sin embargo, en épocas posteriores la iglesia ya no estuvo confinada a unas pocas familias y la vida humana se acortó considerablemente. Había menos oráculos y, además, el establecimiento de la nación de Israel exigía no tanto una voz viva como leyes escritas.[133]

Así, también, la palabra escrita era necesaria «para que la iglesia tuviera una regla y un canon ciertos y verdaderos, mediante los cuales pudiera juzgar todas las cuestiones, dudas y controversias de la religión», y «que la fe de los hombres en Cristo que había de venir, podría ser mejor confirmada, cuando vieran lo escrito ante sus ojos que fue hecho por el Mesías, y vieran verificadas todas las cosas que fueron predichas de él en el evento», y además, «para que la pureza de la adoración de Dios pueda ser preservada

---

[129] Turretin, *Inst. theol. elencticae*, II, ii, 2; cf. Mastricht, *Theoretico-practica theol.*, I, ii, 23; *Synopsis purioris theologiae*, II, vii.

[130] Turretin, *Inst. theol. elencticae*, II, ii, 3.

[131] *DRPR*, I, 5.2 (A); 5.5 (C).

[132] Turretin, *Inst. theol. elencticae*, II, ii, 3.

[133] Turretin, *Inst. theol. elencticae*, II, ii, 7; cf. Leigh, *Treatise*, I, viii (pág. 136).

de la corrupción y de la verdad propagada entre todas las naciones». Las Escrituras también se dan para quitar excusas a aquellos que ignoran los preceptos de Dios.[134]

En todos estos argumentos, la necesidad de la Escritura descansa en la providencia especial de Dios: el hecho de la Palabra escrita y su lugar central en la obra de la salvación se refiere al orden de la gracia. El argumento no se basa tanto en las Escrituras como tales sino en la lógica del *ordo salutis*. Así, los ortodoxos hablarán de las Escrituras como el *medium conversionis* sobre la base de Santiago 1:18; el *medium fidei et consolationis*, sobre la base de Ro. 10:17; y el *fundamentum Ecclesiae, et omnis cultis eius,* sobre la base de Ef. 2:20. La Escritura es la «piedra de Lidia» por la cual se miden todas las cosas (Is. 8:20; Gá. 1:9) y la *lux splendens in obscuro* (2 P. 1:19) para ser empleada como remedio contra todos los errores.[135]

Contra los «entusiastas y libertinos», que afirman que las Escrituras son necesarias solo para los niños y los principiantes en la fe, mientras que el cristiano más perfecto y maduro puede descansar en la enseñanza del Espíritu, los reformados plantean el testimonio de las Escrituras mismas. Por lo tanto, Pablo pide a los corintios que tomen una decisión basándose en lo que les escribe (1 Co. 10:15), mientras que el apóstol Juan primero afirma que escribe a los cristianos como «hijos» y luego, posteriormente, se dirige a los «padres» cristianos (1 Jn. 2:1, 12-14). De manera similar, Pablo se dirige a los perfectos o maduros —*adulti*— con consejos (Fil. 3:15).[136] Los entusiastas y libertinos se basan en 1 Jn. 2:27 para argumentar que la unción especial del Espíritu las hace superiores a todas las enseñanzas humanas: estas palabras, sostiene Rijssen, no deben entenderse «absolutamente», como si los escritos del Nuevo Testamento ya no fueran necesarios, en la medida en que la propia epístola de Juan en el que aparecen estas palabras sería entonces bastante innecesaria (!), sino más bien «relativamente», en la medida en que el Espíritu obrando a través del Nuevo Testamento ha proporcionado una enseñanza más completa que la que había estado disponible bajo la dispensación anterior. De manera similar, las palabras de Pablo de que «la letra mata, pero el espíritu vivifica» no pueden usarse para refutar la afirmación ortodoxa de la necesidad de las Escrituras, ya que «la letra» no es la letra de las Escrituras sino la letra de la ley que condena el pecado.[137] O también, la promesa del profeta Jeremías de un pacto tan inscrito en el corazón que haría innecesaria la enseñanza de ninguna manera deja de lado la necesidad de las Escrituras aquí y ahora, ya que es una

---

[134] Leigh, *Treatise*, I, viii (pág. 136); cf. *Synopsis purioris theologiae*, II, vi-xi.

[135] Rijssen, *Summa theol.*, II, vii, controversia I, arg.

[136] Rijssen, *Summa theol.*, II, vii, controversia II; cf. Synopsis, II, viii, x.

[137] Rijssen, *Summa theol.*, II, vii, controversia 2, obj. 1-2 y resp.

profecía del reino cuando con visión clara veremos Dios cara a cara y ya no necesita el ministerio ni de las Escrituras ni de pastores humanos.[138]

Tampoco el hecho de que los fieles sean *theodidaktoi*, enseñados por la acción interna del Espíritu, hace que las Escrituras sean innecesarias. La Palabra y el Espíritu no se pueden separar (Is. 59:21). La primera es objetiva y extrínseca, el segundo eficiente e interno en el corazón: «el Espíritu es el maestro, la Escritura la doctrina que nos enseña» —«*Spiritus est Doctor, Scriptura est doctrina quam nos docet*». El Espíritu no obra mediante nuevas revelaciones, sino grabando la Palabra escrita en el corazón.[139]

De manera similar, el hecho, confesado por los reformados, de que «Cristo es nuestro único maestro» —«*Christus est unicus Doctor noster*» (Mt. 23:8), de ninguna manera excluye el ministerio de las Escrituras, sino que necesariamente lo implica en la medida en que Cristo ahora habla a su pueblo solo en las Escrituras y los instruye a través de ellas. Por lo tanto, no se debe oponer a Cristo a las Escrituras.[140] El punto, profundamente relacionado con el concepto de Cristo como el *scopus* y *fundamentum Scripturae*,[141] indica la subordinación de las Escrituras a Cristo —de la Palabra escrita al Verbo encarnado— e identifica otro paralelo más en la doctrina ortodoxa de las Escrituras con las enseñanzas de los reformadores, pero no debe tomarse, en ninguno de los dos casos, como una identificación exclusiva de Cristo como Palabra y Revelación frente a un testimonio bíblico de la Palabra. Como veremos en la siguiente discusión, hay una continuidad entre la Reforma y el lenguaje ortodoxo protestante de la Palabra que no mira en la dirección del uso neoortodoxo o, de hecho, de la interpretación neoortodoxa típica de la doctrina de las Escrituras de los reformadores.[142]

La cuestión subyacente abordada por los ortodoxos en su discusión sobre la necesidad de la Palabra escrita es la cuestión fundamental de la Reforma: la cuestión de la autoridad. La afirmación de que las Escrituras han surgido de la obra salvadora de Dios en la historia y son necesarias para la actual economía de la salvación se opone a la afirmación católica romana de que la salvación es dispensada con autoridad por la iglesia y que la iglesia, desde su posición de autoridad, y sobre la base de la palabra no escrita que sostiene como tradición, puede dar fe de la importancia soteriológica de la Escritura como verdad fundamental de Dios. Los ortodoxos se hacen eco de los reformadores al insistir, aunque de manera más formal y con una definición más elaborada, en la autoridad previa de las Escrituras y la

---

[138] Turretin, *Inst. theol. elencticae*, II, ii, 9.

[139] Turretin, *Inst. theol. elencticae*, II, ii, 9; *Synopsis purioris theologiae*, II, ix.

[140] Turretin, *Inst. theol. elencticae*, II, ii, 12.

[141] See más abajo, 3.5

[142] Cf. Muller, "Christ—the Revelation or the Revealer?" págs. 307-319.

autoridad secundaria y derivada de la iglesia. Los ortodoxos igualmente se hacen eco de los reformadores al dejar de lado la afirmación anabaptista y espiritista de revelaciones continuas por parte del Espíritu. En resumen, el argumento básico de los ortodoxos sobre la necesidad de las Escrituras es coherente con el impulso subyacente de todo el *locus de Scriptura* y se refleja claramente y con frecuencia tiene un paralelo con los argumentos de los otros subtemas.

3.3 La Palabra de Dios en la Reforma y la Ortodoxia: Cuestiones y Definiciones Básicas

A. Malentendidos sobre la doctrina ortodoxa reformada: la distinción entre Palabra y Escritura

1. El problema historiográfico.

Los ortodoxos reformados no hicieron, como comúnmente se supone, una ecuación rígida de la Palabra de Dios con la Sagrada Escritura.[143] Sin duda, identificaron las Escrituras como la Palabra de Dios, pero también reconocieron muy claramente que la Palabra era, en última instancia, la identidad de la segunda persona de la Trinidad. También reconocieron que la segunda persona de la Trinidad, como Verbo, era el agente de la revelación divina a lo largo de todas las épocas. Estos supuestos doctrinales básicos sobre el significado del término «Palabra de Dios» llevaron a los escolásticos protestantes a una serie de distinciones en su definición de Palabra: la Palabra era, primero, la Palabra esencial de Dios o la Palabra de Dios enviada en la obra de creación, redención o revelación y, por lo tanto, presente de manera cognoscible en el orden finito. Además del Verbo encarnado, el Verbo podría entenderse en una serie de tres distinciones y definiciones interrelacionadas: el Verbo no escrito y el Verbo escrito, el Verbo inmediato y el Verbo mediato, el Verbo externo y el interno.

El aspecto histórico y de pacto de la doctrina reformada de la necesidad de una Palabra escrita, una Escritura, estaba relacionado, a principios de la Reforma, con una doctrina de la Palabra de revelación divina como no escrita (*agraphon*) y escrito (*engraphon*). La Palabra fue primero escuchada y luego registrada. Este recorrido histórico de la Palabra desde el momento de la revelación hasta el texto escrito no solo aparece en las historias antiguas de la Biblia que se refieren a los acontecimientos ocurridos antes

---

[143] Cf. Heppe, *Reformed Dogmatics*, págs. 14-15; Emil Brunner, *The Christian Doctrine of God; Dogmatics: vol. I*. trad. Olive Wyon (Philadelphia: Westminster, 1950), I, págs. 22-28; Laplanche, "Débats et combats autour de la Bible," pág. 120.

de Moisés sino también en los escritos proféticos, donde la revelación divina al profeta precedió a la producción del texto. Los reformadores y sus sucesores ortodoxos no solo reconocieron este patrón en la producción de las Escrituras, sino que lo consideraron de suma importancia para su concepción de las Escrituras como Palabra y para su doctrina sobre la autoridad de las Escrituras. Relacionado con este punto, particularmente en vista de la cuestión de la autoridad, está el problema de la forma en que opera la Palabra: se escucha y se escribe y, por lo tanto, se conoce tanto interna como externamente, teniendo el conocimiento o impresión anterior un impacto profundo sobre el individuo y sobre la atribución de autoridad a la Palabra por parte del individuo: como corolario de la doctrina de la Escritura como Palabra, el protestantismo también debe incluir una discusión sobre la lectura y la audición de la Palabra en el *locus de Scriptura sacra*.[144]

Estas consideraciones se oponen en cierta medida a la visión de la ortodoxia que sostiene una definición rígida de las Escrituras y solo de las Escrituras como «Palabra», a diferencia de la visión de los reformadores, según la cual las Escrituras «contienen» la Palabra y son «testigos» de ella. Los reformadores están asociados con un enfoque «dinámico» de la Palabra y las Escrituras que permitía una distinción entre la Palabra viva o la Palabra encarnada en su obra reveladora y el texto escrito, mientras que los ortodoxos están asociados con una visión estática de la Palabra que identificaba rígidamente «Palabra» por «texto».[145] Contrariamente a las afirmaciones de Brunner, los ortodoxos no estaban en absoluto ciegos al mensaje del Prólogo de Juan de que Jesús es la Palabra de Dios. Si no permitieron que las palabras del Prólogo minaran su sentido de la Escritura como Palabra y como fuente de doctrina revelada, esto no significa que olvidaron el hecho de que en algún sentido Cristo es en sí mismo la revelación de Dios o que es la Palabra de manera preeminente e inmediata más allá de la manera de las Escrituras. Mientras que Brunner fue llevado por su afirmación de Cristo como Palabra a relativizar las Escrituras, los ortodoxos mantienen un delicado equilibrio doctrinal en su distinción entre lo esencial, lo no escrito y lo escrito, la Palabra externa e interna.

Una crítica similar a la perspectiva ortodoxa se encuentra en la caracterización que hace Althaus de la teoría del conocimiento de Polanus como una variedad de dualismo: por un lado, Polanus sostiene que las Escrituras tienen una certeza objetiva reflejada en el carácter científico de la teología y en la naturaleza autoautenticadora de la revelación bíblica; por otro lado, Polanus insiste en una acción subjetiva e interna del Espíritu que

---

[144] Cf. Ver abajo, 7.2 (B).

[145] Cf. Brunner, *Dogmatics*, I, págs. 22-38, con Reid, *Authority of Scripture*, pág. 86.

confirma la verdad de las Escrituras. Althaus describe el don de la revelación en las Escrituras como un «acto sobrenatural aislado», situado al lado del evento de la obra interna del Espíritu.[146] ¿Pero es éste un dualismo genuino y, por lo tanto, una desviación sustancial del pensamiento de Calvino o de Bullinger?

Con respecto a la relación de la divinidad con la verdad de las Escrituras, Polanus escribió: «La fe en la divinidad de las Escrituras es por naturaleza anterior a la fe en la verdad de las Escrituras; nosotros, sin embargo, primero creemos que es verdad y luego creemos que es divino. A menos que creas primero que las Escrituras son verdaderas, nunca creerás que son divinas».[147] Este argumento, según Althaus, equivale a una afirmación de que «todo conocimiento, fe, doctrina y demostración teológica termina finalmente en una verdad última, inmutable y primera... que no es otra que la Sagrada Escritura, la Palabra de Dios». Althaus ve esto como una combinación de un sobrenaturalismo formal con una actitud empírica en teología.[148] Pero debemos distinguir entre un empirismo científico autónomo y un empirismo de las evidencias divinas, de la obra interna del Espíritu y de la obra reveladora de Dios en su palabra: en este último, la convicción de la divinidad de la Escritura viene, a través de la fe en la verdad de las Escrituras, como una obra de Dios más que como una realización del hombre, con el resultado de que el «carácter revelador formal» y la «autoridad formal» de las Escrituras no son, como diría Althaus, distintos del contenido de la fe.[149] De hecho, la inseparabilidad de la Palabra externa de las Escrituras de la Palabra conocida internamente fue parte integral de la respuesta reformada al énfasis católico romano en una Palabra interna de tradición espiritual conocida por el corazón de los creyentes.[150]

El contraste entre el carácter formal y autoevidente de las Escrituras como divinas y la confirmación interna de la verdad y divinidad de las Escrituras por el testimonio del Espíritu Santo es creado por la naturaleza lógica y racionalizadora del argumento de Polanus más que por una sensación real de ruptura entre la verdad objetiva de las Escrituras y su aprehensión subjetiva: no es como si el Espíritu testificara internamente de la verdad de las Escrituras aparte del encuentro real con la Palabra de las Escrituras, o como si el Espíritu que, por el acto de inspirar a los escritores originales de La Escritura, da al texto su carácter de Palabra, puede ser

---

[146] Paul Althaus, *Die Prinzipien der deutschen reformierten Dogmatik im Zeitalter er aristotelischen Scholastik* (Leipzig: Deichert, 1914), pág. 235.

[147] Polanus, *Syntagma theol.*, citado en Althaus, *Die Prinzipien*, pág. 236.

[148] Althaus, *Die Prinzipien*, pág. 236.

[149] Althaus, *Die Prinzipien*, pág. 237.

[150] Cf. Tavard, "Tradition in Early Post-Tridentine Theology," págs. 385-387.

cualquier otro que el Espíritu que da testimonio al creyente de su obra y de la verdad de su obra. Esta interpretación se deriva de la insistencia de Polanus, al estilo aristotélico, en la naturaleza indemostrable de todos los principios. Como admite el propio Althaus, la separación entre *in se* y *quoad nos* se derrumba en este punto,[151] lo que nos lleva a concluir que la insistencia de Althaus en «dos almas» en la doctrina de las Escrituras de Polanus confunde un método de exposición lógico y dicotomizante con un dualismo objetivo.

2. Heppe y el problema de la «Escritura» y la «Palabra».

Gran parte de la crítica teológica de la ortodoxia sobre estos puntos parece descansar en la discusión de Heppe sobre la pérdida de una distinción entre *verbum agraphon* y *verbum engraphon* a medida que el protestantismo pasó de la Reforma a la era de la ortodoxia. Heppe atribuyó este cambio a los «dogmáticos posteriores» que separaron «la idea de inspiración de la de revelación» y luego, en virtual refutación de su propio argumento, descubre que el problema causado por los «dogmáticos posteriores» existió «ya en la *Confessio Helvetica [posterior]*».[152] Heppe sostiene que la distinción «antigua protestante» entre la Palabra de Dios y las Sagradas Escrituras, basada en la revelación de la voluntad de Dios a los patriarcas antes de la escritura de las Escrituras, se perdió para la ortodoxia, que equiparaba estrictamente las Escrituras con la Palabra de Dios.[153] Si bien tiene razón en que el sentido bastante fluido del canon que se encuentra no solo en Lutero sino también en Musculus generalmente se perdió para los pensadores posteriores, se equivoca al sacar la conclusión de que de alguna manera se perdió el sentido de la Palabra reveladora bajo o en las Escrituras: los artículos irlandeses, por ejemplo, establecen explícitamente que «la base de nuestra religión… es la Palabra de Dios, contenida en las Sagradas Escrituras».[154] Y frases como «la palabra de Dios en las Sagradas Escrituras», que indican la capacidad de distinguir e identificar la Palabra y las Escrituras, aparecen con frecuencia en las obras de los teólogos reformados del siglo XVII.[155]

Lo que Heppe asumió como la pérdida de una concepción amplia de la Palabra de Dios en la teología reformada posterior se entiende mejor en términos de la separación formal de los prolegómenos y los diversos *loci*

---

[151] Cf. Althaus, *Die Prinzipien*, pág. 239.

[152] Heppe, *Reformed Dogmatics*, pág.15.

[153] Heppe, *Reformed Dogmatics*, págs. 14-15.

[154] *Artículos Irlandeses*, §1; cf. Ussher, *Body of Divinity*, pág. 7.

[155] Cf. Por ejemplo, Dickson, *Commentary on the Psalms*, I, pág. 2; Ussher, *Body of Divinity*, pág. 6-7; Burman, *Synopsis theologiae*, I, iii, 1-12; iv, 1-4; Marckius, *Christianae theologiae medulla*, II, 1-3 e ídem, *Compendium theologiae*, II, 2-3; Pictet, *Theol. chr.*, I, iv, 1-2.

subordinados entre sí dentro de la doctrina de las Escrituras. Los temas específicamente hermenéuticos y epistemológicos anteriormente presentes en una variedad de *loci* se concentran en uno solo. Surge una distinción entre la Palabra como conocimiento y la Palabra como medio de gracia. En la definición anterior, Palabra se define como Escritura, es decir, como revelación objetiva; en la última palabra es presentada como don vivo de la salvación en la predicación y en el sacramento. De manera similar, una distinción entre Palabra escrita y no escrita ocupa un lugar específico en el *locus* más amplio en lugar de impregnar el conjunto.

B. Definiciones básicas de las Escrituras y la Palabra en las eras de la Reforma y la Ortodoxia

1. La Escritura como Palabra en la era de la Reforma.

La suposición de una discontinuidad radical entre la Reforma y la doctrina ortodoxa de la Palabra, por lo tanto, se basa en un profundo malentendido histórico y dogmático que falsifica tanto la enseñanza de los reformadores como la doctrina de sus sucesores ortodoxos. Mientras que es incorrecto afirmar, por un lado, que los reformadores enfatizaron tanto el concepto de Cristo como la Palabra viva atestiguada por las Escrituras que perdieron o disminuyeron la doctrina de las Escrituras como Palabra de Dios escrita, es igualmente incorrecto afirmar, por otro lado, que los ortodoxos, al desarrollar una doctrina formal de la Escritura como Palabra, perdieron la concepción reformadora de la Escritura como Palabra viva. Teológicamente, tales afirmaciones surgen de un enfoque erróneo del problema en el que se considera que la Palabra de Dios indica a Cristo o las Escrituras, pero no a ambos: una comprensión multinivel de la Palabra es, sin embargo, bastante típica tanto de los reformadores como de los ortodoxos posteriores a la Reforma.

Los reformadores, en particular Bullinger, en una serie de sermones incluidos en sus *Decades*, Calvino en los *Institutos* y Musculus en sus *Loci communes*, proporcionan una base clara para esta definición de múltiples niveles de Palabra en la tradición protestante. Bullinger comienza definiendo los diversos significados de *verbum* en su uso bíblico. Puede significar una «cosa» como el término *hrema* lo hace en Lc. 1:37: «Con Dios ninguna palabra (*hrema*) es imposible». Más allá de esto y más típicamente, *verbum* significa, simplemente, «una palabra pronunciada por boca de hombres», una frase, un discurso, una profecía. «Pero», continúa Bullinger, «cuando *verbum* se une con otro término, como en este lugar [con] *verbum Dei*, "la Palabra de Dios", no se usa con el mismo significado». El «significado» al que apunta Bullinger es una serie de usos ricos, múltiples y profundamente interrelacionados:

> Para *verbum Dei*, la Palabra de Dios, significa la virtud y el poder de Dios; indica también al Hijo de Dios, que es la segunda persona de la reverendísima Trinidad: porque la frase del evangelista es clara para todos: «el Verbo se hizo carne». Pero en este tratado, la Palabra de Dios significa propiamente el discurso de Dios y la revelación de la voluntad de Dios; ante todo pronunciado con voz viva por boca de Cristo, los profetas y los apóstoles; y luego registrado en escritos que con razón se llaman «escrituras santas y divinas».[156]

Dado que una palabra revela la mente de quien la pronuncia, la Palabra de Dios debe ser reconocida como la «declaración» de Dios, y dado que Dios mismo es «justo, bueno, puro, inmortal, eterno» y, por tanto, por naturaleza, «habla verdad», su Palabra también «es verdadera, justa, sin engaño ni artimaña, sin error ni mala afección, santa, pura, buena, inmortal, eterna».[157] Bullinger, en resumen, establece una conexión entre la Palabra eterna de Dios y la Palabra escrita que refleja los atributos de Dios en los atributos de la revelación escrita: el patrón y la fuerza del argumento miran directamente hacia la ortodoxia.

La certeza de la Palabra está íntimamente ligada a su causa. Incluso ofrece el punto doctrinal en forma silogística: «la Palabra de Dios es verdad; pero Dios es la única fuente de verdad; luego Dios es principio y causa de la Palabra de Dios».[158] Dios mismo habló con voz humana para transmitir su voluntad al más antiguo de los patriarcas. También habló por medio de mensajeros, ángeles y profetas. Con la predicación y los escritos de este último, puso su Palabra a disposición del mundo entero. Aun así, se reveló más plenamente en las enseñanzas de su Hijo encarnado y luego, por inspiración del Espíritu, hizo de los apóstoles «vasos elegidos» de su Palabra en su predicación y escritura.[159] Aquí se implica una doctrina bastante estricta de la inspiración, pero no se la elabora: la identidad de la Escritura como Palabra es la cuestión principal, y la cuestión del modo de producción de la Palabra escrita es secundaria.

Calvino, de manera similar, coloca el concepto de Palabra en el centro de su doctrina en lugar de derivar la autoridad de las Escrituras únicamente de una doctrina formal de inspiración: la inspiración y la autoridad aparecen como corolarios de la obra del Espíritu en su relación con la Palabra, tanto

---

[156] Bullinger, *Decades*, I, i (pág.37).
[157] Bullinger, *Decades*, I, i (pág.37).
[158] Bullinger, *Decades*, I, i (pág. 38).
[159] Bullinger, *Decades*, I, i (pág.38).

en la producción de la Escritura como mediando a través de la Escritura el conocimiento salvador de Dios. La Escritura, según Calvino, es Palabra porque el Espíritu de Cristo impartió a los autores antiguos la sabiduría de Dios directamente desde su fuente, la Sabiduría o Palabra eterna que reside en Dios: «la Palabra, entendida como el orden o mandato del Hijo, que es él mismo la Palabra esencial del Padre», es dada en las Escrituras por «el Espíritu de la Palabra».[160] El punto es fundamentalmente trinitario (el Espíritu de Dios y el Espíritu de Cristo son términos para uno y el mismo Espíritu) y sirve para identificar la conexión entre la Palabra eterna y la escrita.

Es importante que el famoso título marginal en la *Segunda Confesión Helvética*, «Praedicatio verbi Dei est verbum Dei» —«la predicación de la palabra de Dios es la palabra de Dios»— debe entenderse en el contexto proporcionado por estas distinciones entre la Palabra eterna y la Palabra escrita.[161] La declaración se suele tomar como una indicación del carácter increíblemente dinámico de la doctrina de las Escrituras de los reformadores y de su énfasis existencial en la predicación, pero también está claro que de ninguna manera se opone a una identificación bastante estricta del texto de las Escrituras como Palabra de Dios y, de hecho, se basa en tal identificación. Así, el título marginal anterior dice: «*Scriptura verbum Dei est*».[162] Bullinger insiste en que predicar las «palabras» era la Palabra porque estaba convencido de que el texto de las Escrituras no era simplemente un testimonio, sino, debido a la obra de Dios y el Espíritu de Dios, una forma de la Palabra misma. Seguramente no era la intención de la confesión afirmar que cada sermón debería ser considerado como Palabra divina o que el momento de la revelación que produjo las palabras del texto fue de alguna manera automáticamente representado en el púlpito a través de la actividad del clero: la confesión simplemente indica la relación permanente y autorizada entre las palabras del texto y la Palabra de Dios que transmiten.[163]

Una declaración similar y más directa de los diversos significados de la Palabra en la historia de la revelación se encuentra en los *Institutos* de Calvino. Por un lado, Calvino supone que las Escrituras expresan en una forma adaptada al entendimiento humano la «verdad eterna e inviolable de Dios».[164] Por lo tanto, aunque dadas en una forma adecuada a nuestra

---

[160] Calvino, *Institutos*, I, xiii, 7.

[161] Cf. El texto en Niemeyer, *Collectio confessionum*, pág. 467; N.B., la versión ofrecida por Schaff en *Creeds*, III, pág. 237 no incluye el título marginal.

[162] See Niemeyer, *Collectio confessionum*, pág. 467.

[163] Cf. los comentarios de Friedrich Mildenberger, *Theology of the Lutheran Confessions*, trad. Erwin L. Lueker, ed. Robert C. Schultz (Philadelphia: Fortress, 1986), págs. 229-30.

[164] Sobre la doctrina de la acomodación de Calvino, véase Ford Lewis Battles, "God Was Accommodating Himself to Human Capacity," en *Interpretation*, 31/1 (1977), págs. 19-38.

capacidad, las Escrituras no son un testimonio imperfecto. Esta noción de adaptación de la revelación a la capacidad humana no debe verse como un concepto peculiarmente calvinista. No solo se encuentra en otros reformadores, especialmente en Bullinger, sino que también es un claro reflejo de la concepción medieval de una *theologia nostra* o *theologia in via* basada en una Escritura que es suficiente para las necesidades del creyente.[165] Además, el concepto de acomodación se encuentra de manera bastante consistente entre los ortodoxos reformados tanto en su comprensión de la teología y la revelación como en sus discusiones sobre la perfección de las Escrituras como la perfección finita de un instrumento adecuado para un fin particular.[166]

2. Palabra e historia de la revelación en el pensamiento de los reformadores.

Los reformadores (Calvino, Bullinger y Musculus) reconocen una distinción lógica y cronológica entre la Palabra esencial de Dios, la Palabra hablada y la Palabra escrita. La Escritura no es Cristo; más bien «viste» a Cristo y nos comunica la promesa de Cristo. Cristo, la Palabra eterna y esencial, es la base y el fundamento, el significado subyacente de las Escrituras.[167] Toda la revelación de Dios en el Antiguo Testamento dependió de la mediación de Cristo como Palabra de Dios: primero en forma de «revelaciones secretas» y oráculos dados a los patriarcas, luego en forma de ley escrita, profecías, historias, y los salmos que también «deben considerarse parte de su Palabra».[168] Este sentido del camino histórico, de hecho, las diversas administraciones o dispensaciones de la revelación, es un elemento significativo de la teología reformada temprana que debe considerarse como un comienzo de la meditación reformada sobre el pacto que finalmente produciría la teología federal del siglo XVII.

Bullinger y Musculus señalan que no había escritos de la época anterior a Moisés: Es posible que Enoc haya escrito la profecía que se cita en los versículos catorce y quince de Judas, y el libro de Job puede ser de extrema antigüedad, pero aún así, de acuerdo con las opiniones de épocas anteriores de la iglesia, Bullinger concede a Moisés un lugar prioritario entre «los santos escritores».[169] Musculus confirma el punto argumentando: «Porque

---

[165] Bullinger, *Decades*, IV, iii (III, págs. 129-130).
[166] Cf. Ver abajo, 5.3 (B.2-4).
[167] Calvino, *Institutos*, II, vi, 2-4; x, 4.
[168] Calvino, *Institutos*, IV, viii, 5-6.
[169] Ver más abajo, 6.1 (C.4, 6) y 6.2 (A.2), sobre el problema de los «libros perdidos» y la integridad del canon.

si fuera de otra manera, Cristo, para cuya declaración están ordenadas todas las Escrituras, no habría comenzado con Moisés cuando explicó todas las Sagradas Escrituras que le pertenecían a los dos discípulos que iban a Emaús.»[170] La cuestión, aquí, no es tanto identificar los límites del canon escrito de las Escrituras —aunque, como argumentaremos más adelante, la teología de Bullinger se encuentra en el límite entre el sentido de finales de la Edad Media y principios del siglo XVI de un canon algo fluido y la asunción posterior por parte de los reformadores de mediados del siglo XVI de un canon de las Escrituras estrictamente definido[171]— como de identificar las formas de la revelación de la voluntad salvadora de Dios desde los primeros tiempos en adelante:

> Desde el principio del mundo, pues, Dios habló a los santos padres por su Espíritu y por el ministerio de los ángeles; y enseñaron a sus hijos, a los hijos de sus hijos y a toda su posteridad de boca en boca lo que habían aprendido de la boca de Dios... Los padres enseñaron a sus hijos que Dios, por su bondad natural, deseando el bien a la humanidad, quería que todos los hombres llegaran al conocimiento de la verdad y a ser semejantes en naturaleza a Dios mismo, santos, felices y absolutamente benditos.[172]

En una exposición que presagia discusiones ortodoxas posteriores sobre las dispensaciones de los pactos de obras y de gracia, Bullinger describe esta antigua tradición de revelación divina registrada en los primeros capítulos del Génesis. Los patriarcas del Antiguo Testamento enseñaban acerca de un Dios, Padre, Hijo y Espíritu Santo, quien es el «hacedor y gobernador de... todas las cosas», el creador de los seres humanos a su propia imagen y el «Padre amoroso y Señor generoso» de su creación. También enseñaron sobre la tentación y caída de la primera pareja, la entrada de la muerte y la condenación en todo el mundo, y la transmisión del pecado «para que todos los hijos de Adán, incluso de Adán, nazcan hijos de ira y de miseria».[173] Enseñaban, además, de la gracia y misericordia de Dios, quien «por su mera gracia, prometió perdón por la ofensa, y puso el peso del castigo sobre su único Hijo, con la intención de que él, cuando su calcañar fue herido por la serpiente, podría él mismo romper la cabeza de la serpiente... y debería sacar de la esclavitud a los fieles hijos de Adán; ... y deberíamos hacerlos por adopción hijos de Dios y herederos de la vida eterna».[174]

---

[170] Musculus, *Commonplaces*, XXV (pág. 350, col. 1-2).

[171] Ver abajo, 6.1 (B-C)

[172] Bullinger, *Decades*, I, i (pág. 49); cf. el punto idéntico en Musculus, *Commonplaces*, XXV (pág. 350, col.2-351, col.1).

[173] Bullinger, *Decades*, I, i (pág. 43).

[174] Bullinger, *Decades*, I, i (pág. 43).

De hecho, a los antiguos se les enseñó a tener fe «en Dios y en su Hijo, el redentor del mundo entero; cuando en sus mismos sacrificios presentaron su muerte, como si fuera un sacrificio sin mancha, con el cual pretendía borrar y limpiar los pecados de todo el mundo».[175] Por eso, los patriarcas valoraron mucho su linaje y la herencia de la promesa: describen la promesa dada a Adán, la transformación de la maldición en bendición, la universalización de la promesa en Abraham —«En tu simiente serán benditas todas las naciones de la tierra»— y la transmisión de la promesa de Abraham a Isaac y Jacob, a Judá, y de allí a la casa de David. Bullinger describe además esta promesa de Dios como un pacto o convenio: «Dios, mediante cierto acuerdo, se ha unido a la humanidad; se ha vinculado firmemente a los fieles y los fieles también a sí mismo».[176] Los patriarcas también sabían de la inmortalidad del alma y de la resurrección de la carne, por lo que «nos exhortaron a todos a vivir en esta vida temporal, para que no perdamos la vida eterna». Este resumen de la tradición más antigua de revelación puede identificarse fácilmente en el Génesis, tal como fue entregada de boca en boca en la antigüedad y finalmente registrada por Moisés.[177]

La inscripción de la Palabra por parte de Moisés marca el punto en la historia de la revelación en el que Dios universalizó su mensaje, hablando ya no a «familias privadas» sino ahora, a través de la Palabra escrita, ofreciendo «verdadero conocimiento y religión» a todo el mundo, para que todas las personas puedan tener la revelación de Dios, claramente dada, y no tengan excusa en su ignorancia de la verdad de Dios.[178] En Moisés, Dios escogió «un hombre singular» y, «mediante señales y prodigios», le otorgó gran «autoridad y crédito» para que «las cosas que escribiría fueran consideradas como cosas no imaginadas por el hombre sino inspiradas por Dios». De hecho, antes de su propia obra de escribir las Escrituras, Moisés entregó al pueblo de Israel las tablas de la ley escritas por «los dedos de Dios».[179]

La posición de Moisés como el primer escritor de las Escrituras y como portador de la ley para Israel le dio un papel de suma importancia en la descripción que hace Bullinger de la palabra del Antiguo Testamento. Se dice que los escritos de Moisés contienen una revelación completa de Dios y, como tales, tienen autoridad suficiente en sí mismos para ser creídos por todos los hombres. Tal es la autoridad divina de las palabras escritas por Moisés que Bullinger puede escribir que Dios nos habla por ellas y que «no hay diferencia entre la palabra de Dios que es enseñada por la voz viva del

---

[175] Bullinger, *Decades*, I, i (pág. 44).

[176] Bullinger, *Decades*, I, i (pág. 44).

[177] Bullinger, *Decades*, I, i (pág. 45).

[178] Musculus, *Loci communes*, xxv (*Commonplaces*, pág. 351, col.1); cf. Bullinger, *Old Faith*, pág. 48.

[179] Musculus, *Loci communes*, xxv (*Commonplaces*, pág. 351, col.2).

hombre y la que está escrita por la pluma del hombre». La frase «voz viva del hombre» debería referirse a los comentarios anteriores de Bullinger sobre la naturaleza de la revelación patriarcal: que Dios hablaba con una voz audible como la voz de un ser humano.[180] Después de Moisés, la palabra fue dada con la misma autoridad por los profetas, «para guiar al pueblo en la fe». Por encima de todo, los profetas deben ser considerados expositores de la Torá, es decir, de la ley de Moisés y la tradición de los patriarcas. Sus palabras se basan en «visiones y revelaciones» y se dan, como complemento y continuación de la obra de Moisés, «con la intención de que no haya excusa para los que vendrían después».[181] Por tanto, se debe considerar a Moisés como la figura central de la revelación del Antiguo Testamento.[182]

Bullinger pasa luego al Nuevo Testamento y ofrece un resumen de las enseñanzas de Cristo y de los apóstoles. Cristo enseñó que, para ser salvo, el hombre debe nacer de nuevo a la vida, regenerado por el Espíritu, instruido en ese Espíritu en la fe de que Cristo «murió por nuestros pecados y resucitó para nuestra justificación»; y que al hacerlo Cristo cumplió la ley y los profetas. Musculus encuentra significativo el paralelo entre la ratificación de Dios de Moisés y la ratificación de Dios de Cristo: como en la antigüedad, también la promulgación del evangelio por parte de Cristo estuvo acompañada de señales y maravillas en confirmación de su verdad. Para que este mensaje se difunda por todo el mundo, Cristo eligió a los apóstoles como sus mensajeros. A estos apóstoles «se unen dos grandes luces del mundo: Juan el Bautista... y... Pablo, el gran maestro de los gentiles». Todos estos mensajeros del evangelio, añade Bullinger, tienen una «gran dignidad y autoridad en la iglesia» ya que, «siendo dotados del Espíritu de Dios, no hicieron nada según el juicio de sus propias mentes».[183] Con esta autoridad, convirtieron al mundo a Cristo y fundaron iglesias en todo el mundo, hechos «que, por consejo y palabras de hombres, seguramente, nunca podrían haber realizado».[184] Como argumentarían escritores posteriores, los acontecimientos de la historia del Nuevo Testamento en sí mismos indican la autoridad divina de la palabra apostólica: los milagros continuaron durante un tiempo en la vida de la iglesia para confirmar la verdad del mensaje apostólico y aclarar que no se necesita más revelación de la verdad de Dios.[185]

---

[180] Bullinger, *Decades*, I, i (págs. 47-48, cf., págs. 38-39).

[181] Musculus, *Loci communes*, xxv (*Commonplaces*, pág. 351, col.2).

[182] Bullinger, *Decades*, I, i (págs. 49-50).

[183] Cf. Musculus, *Loci communes*, xxv (*Commonplaces*, pág. 351, col.1), con Bullinger, *Decades,* I, i (pág. 53).

[184] Bullinger, *Decades*, I, i (págs. 53-54).

[185] Musculus, *Loci communes*, xxv (*Commonplaces*, pág. 351, col.2-352, col.1).

Bullinger ofrece un breve resumen del argumento, comenzando con la genealogía desde Adán hasta Moisés, afirmando que Moisés compiló «la historia y las tradiciones de los santos patriarcas, a las que unió la ley escrita y la exposición de la ley, junto con una amplia y espléndida historia de su propia vida». Luego, en los escritos de los profetas, se nos dan las verdades que aquellos hombres de Dios «habían aprendido del Señor». Luego, en el Nuevo Testamento, en la venida del «Hijo unigénito» de Dios, vemos el cumplimiento de toda la Escritura,

> de modo que ahora tenemos de los patriarcas, de los profetas y de los apóstoles, la Palabra de Dios tal como fue predicada y escrita. Estos escritos tuvieron su principio en un solo y mismo Espíritu de Dios, y tienden a un fin, que es enseñarnos a los hombres a vivir bien y en santidad.[186]

En cuanto a los autores de estas Escrituras, los patriarcas, los profetas y los apóstoles,

> Estos hombres no tienen comparación alguna. El mundo entero no puede volver a mostrarnos su igual, aunque se reúna en mil concilios... éstos no son ni sombras en comparación con aquellos de quienes hemos recibido la Palabra de Dios. Por tanto, creamos en toda la Palabra de Dios que nos ha sido transmitida por las Escrituras.[187]

Bullinger permite un cierto grado de separación o, mejor dicho, distinción entre la Palabra de Dios y su vehículo, las Sagradas Escrituras. Esto no es para identificar las Escrituras como algo menos que Palabra o de alguna manera inferior o menor en autoridad que un discurso previo de Dios a los escritores humanos del texto, sino más bien para permitir que las Escrituras sean entendidas como el instrumento de la *viva vox Dei*, la Palabra viva o discurso de Dios: «Creemos que el Señor mismo, que es Dios muy vivo y eterno, nos habla por las Escrituras».[188]

Así, finalmente, en confirmación y conclusión de toda revelación anterior, «la Sabiduría de Dios finalmente fue revelada en carne». Esta revelación del «perfecto resplandor de la verdad divina», tal como se conserva en los escritos de los apóstoles, completa la palabra escritural de Dios y proporciona a la iglesia su norma doctrinal, más allá de la cual no puede haber autoridad. Dios «ha cumplido de tal manera todas las funciones de enseñanza en su Hijo que debemos considerar esto como el testimonio final y eterno de él».[189]

---

[186] Bullinger, *Decades,* I, i (pág.56).

[187] Bullinger, *Decades,* I, i (pág. 56).

[188] Bullinger, *Decades,* I, i (pág.57).

[189] Calvino, *Institutos,* IV, viii, 7.

Este concepto de una revelación progresiva que culmina en la Palabra hecha carne es paralelo a las exposiciones de la doctrina de las Escrituras como Palabra que se encuentran en los escritos de los contemporáneos de Calvino y une varios de los elementos de la doctrina reformada temprana de las Escrituras. Aquí, como en su cristología, Calvino relaciona la forma adoptada por la Palabra con la cuestión del conocimiento: como Lutero, aunque no de manera tan paradójica, Calvino sostiene que Dios está oculto y revelado en su automanifestación. Las formas humanas de expresión y, de hecho, la forma humana de Cristo, nos revelan lo que es necesario para nuestra salvación y nos ocultan la imponente e incomprensible majestad de Dios. En las Escrituras, como en la encarnación, Dios se entrega por completo, pero no está completamente contenido ni encapsulado por las formas humanas. Por lo tanto, existe una conexión profunda entre la revelación progresiva de las Escrituras y la obra de Cristo en su oficio profético. De hecho, Calvino incluso describe la unción del Mediador para la obra de enseñar de una manera que refleja su sentido de la inspiración de las Escrituras y explica por qué el Espíritu de la Palabra también testifica al corazón en confirmación del mensaje: «recibió la unción no solo para sí mismo, para que pueda desempeñar el oficio de enseñar, sino para todo su cuerpo, para que el poder del Espíritu esté presente en la continua predicación del evangelio».[190]

Esta relación íntima entre las doctrinas de las Escrituras y de Cristo y las cuestiones epistemológicas fundamentales de la teología no funciona, como han indicado algunos escritores,[191] para identificar a Cristo como Palabra de tal manera que redefina las Escrituras como un testimonio de la Palabra en lugar de como Palabra o para identificar la revelación con Cristo de una manera exclusiva, no más de lo que hizo con Bullinger o Musculus. De hecho, toda la Escritura está dirigida a Cristo, enseñando primero a Dios como Creador y Gobernante y luego como Redentor: en cierto sentido, toda esta enseñanza proviene de Cristo quien, como Verbo, es

> la Sabiduría eterna, que reside con Dios, de la que proceden todos los oráculos y todas las profecías. Porque, como testifica Pedro, los antiguos profetas hablaron por el Espíritu de Cristo tanto como lo hicieron los apóstoles.[192]

Estas declaraciones indican una firme distinción entre la revelación y el que revela, obviando la dificultad que a veces se alega contra el pensamiento de Calvino de una discrepancia entre la fe como aceptación de la revelación

---

[190] Calvino, *Institutos,* II, xv, 2.
[191] Cf. Por ejemplo, Niesel, *The Theology of Calvin,* págs. 27-30.
[192] Calvino, *Institutos,* I, vi, 1 y xiii, 7.

dada en las Escrituras y la fe como aceptación personal de Cristo: en la primera el creyente es guiado a Cristo por un verdadero conocimiento de Dios y de su obra; en la última el creyente recibe al Cristo a quien ha sido conducido por la Escritura. La Escritura es el lugar al que los fieles deben acudir para aprender de Cristo y, a través de Cristo, para aprender del Padre. La Palabra es el cetro con el que Cristo gobierna su reino.[193]

En la misma línea, Bullinger sostiene que en el Nuevo Testamento, la Palabra de Dios una vez revelada por los profetas fue «en los últimos tiempos expuesta más clara, sencilla y abundantemente por su Hijo a todo el mundo».[194] La forma de la declaración de Bullinger es importante: aunque identifica claramente a Jesucristo como el Verbo encarnado, no propone ningún movimiento desde esa identificación hasta la conclusión de que la Palabra prometida del Antiguo Testamento, en Cristo, se ha manifestado como una persona que, en sí misma, es idéntico a la revelación: para Bullinger, como para Calvino y prácticamente para todos sus contemporáneos y, de hecho, para los ortodoxos protestantes, el Verbo encarnado no es la revelación misma sino el revelador final de Dios. La doctrina de las Escrituras y la Palabra, en resumen, refleja la doctrina reformada del oficio profético de Cristo.

3. El enfoque ortodoxo reformado de la Palabra y las Escrituras.

Este acercamiento a la identificación de la Palabra y la relación de la Palabra con las Escrituras no desapareció de la teología después de la muerte de la segunda generación de reformadores. De hecho, contrariamente a la impresión general dada por gran parte de los estudiosos sobre la doctrina protestante de las Escrituras, los teólogos ortodoxos no solo retuvieron el concepto de una definición de Palabra en múltiples niveles, sino que lo codificaron, lo formalizaron y lo convirtieron en una de las cuestiones centrales en su propia doctrina de las Escrituras. Ursinus, siguiendo el patrón de las primeras *Theses Bernenses*, argumenta la prioridad de la Escritura sobre la iglesia identificando primero la Palabra como la sabiduría eterna de Dios, la «semilla inmortal de la cual nace la iglesia». «Tampoco podría existir la iglesia», continúa, «a menos que la Palabra existiera antes de la tradición»: las Escrituras no son simplemente palabras en un libro, sino la «Palabra de Dios inscrita en letras».[195] Burman, por ejemplo, comenzaría su discusión sobre las Escrituras con la distinción y declararía, como parte

---

[193] Calvino, *Institutos*, IV, ii, 4.

[194] Bullinger, *Decades*, I, i (pág. 52).

[195] Ursinus, *Loci theologici*, en *Opera*, I, col. 434; cf. Amyraut et al., *Syntagma thesium theologicarum*, I, v, 11.

integral de su discusión sobre la necesidad de una revelación escritural, que «la Palabra de Dios existía antes de todas las cosas: era, con Dios, invisible», que la Palabra estuvo activa en la creación y posteriormente fue hablada audiblemente a Adán y Eva en el paraíso.[196]

Gomarus identifica de manera similar las Escrituras como el *sermo Dei* que se da tanto interna como externamente a los creyentes y que primero no se escribió y luego se escribió.[197] La mayoría de los teólogos protestantes posteriores a la Reforma, ya sean ortodoxos tempranos o de la alta ortodoxia, se hacen eco de estas distinciones, no excluyendo unas de otras, sino por su relación y explicación mutuas.[198] Cuando no se ofrecen las distinciones, más probablemente por un deseo de darle un énfasis diferente al argumento más que por desacuerdo, no es como si un conjunto hubiera reemplazado al otro; más bien, ambos conjuntos simplemente faltan.[199] Y aunque podría decirse que ambos conjuntos de distinciones son utilizados de manera más prominente y con implicaciones más arquitectónicas por los primeros teólogos ortodoxos como Polanus y Gomarus, también sería incorrecto considerar las distinciones como menos importantes para los altos ortodoxos que para los primeros ortodoxos; Quizás la declaración más clara del paradigma aparece en el resumen cuidadosamente estilizado de Turretin que hace Rijssen:

> I. El *principium essendi* o causa de la teología es Dios mismo. El *principium cognoscendi* es la Palabra de Dios (*Verbum Dei*).
>
> II. *Verbum* indica (1) la Palabra hablada, He. 13:7, «Acordaos de los que os gobiernan, que os han hablado la palabra de Dios (*sermonem Dei*)». (2) La Palabra escrita, Ro. 3:2, «A ellos (los judíos) les fue encomendado *ta logia tou theou*». (3) Lo que se recibe por el espíritu, 1 Jn. 2:14, «la Palabra de Dios permanece en vosotros». (4) Cristo mismo, Ap. 19:13, «su nombre es el Verbo de Dios».[200]

Como señalamos en el contexto de los prolegómenos al sistema ortodoxo, no hay problema de que se haga demasiado énfasis en el llamado *ordo essendi* con exclusión de una consideración adecuada del *ordo cognoscendi*: Los dogmáticos de la alta ortodoxia se esforzaron por lograr un delicado equilibrio entre estos dos aspectos del sistema, reconociendo no solo que

---

[196] Burman, *Synopsis theologiae*, I, iii, 2.

[197] Gomarus, *Disputationes*, I, lii-lv.

[198] Cf. Polanus, *Syntagma theol.*, I, xv; Wendelin, *Christianae theologiae libri duo*, pról., III, viii; Maccovius, *Loci communes*, II (págs. 10-11); *Synopsis purioris theol.*, II, iv, viii-ix; Mastricht, *Theoretico-practica theol.*, I, ii, 4, 6; Turretin, *Inst. theol. elencticae*, II, ii, 4-7, 9.

[199] Cf. Ames, *Medulla*, I, xxxiv; Walaeus, *Loci communes*, II; Pictet, *Theol. chr.*, I, iv, 2, donde se aborda esta última cuestión, sin referencia explícita a la distinción.

[200] Rijssen, *Summa theol.*, II, i-ii; cf. Turretin, *Inst. theol. elencticae*, I, i, 7; II, i, 1, 4-6.

uno tenía que reflejar al otro sino también que la doctrina de las Escrituras (específicamente la identificación doctrinal de la Palabra) en su ubicación inmediatamente después de los prolegómenos. Ofreció la clave al problema epistemológico o cognitivo de la teología: la Palabra, otorgando los múltiples e interrelacionados niveles del significado del término, revela correctamente la naturaleza y la intención de Dios. La distinción entre el *principium essendi* y el *principium cognoscendi* está tan ampliamente reconocida en los sistemas ortodoxos del siglo XVII que puede clasificarse como una perogrullada.

Habiendo definido así cuidadosamente el significado de *verbum Dei*, los ortodoxos pasan a centrar su atención en el significado de *verbum Dei* como *Scriptura*, en la relación entre la Palabra divina y la Palabra escrita, y a señalar los diversos sinónimos que se encuentran en la propia Escritura. La Escritura, por ejemplo, se llama a sí misma *logia tou theou* (Ro, 3:2; 1 P. 4:11; He. 5:12) y *logos tou theou* (1 Ts. 2:13; He. 4:12). Además, *verbum Dei*, cuando se utiliza como sinónimo de *scriptura*, indica aquellas palabras que sin duda provienen de Dios, tienen que ver con Dios y apuntan hacia Dios: «*quod nimirum a Deo sit, de Deo agat, & ad Deum tendat*» —es decir, la *lex Dei*, los juicios, comisiones, mandatos, estatutos y preceptos divinos que el Nuevo Testamento identifica como «la ley y los profetas» o como «Moisés y los profetas» (cf. Mt. 22:40; Lc. 16:16). Aun así, la palabra griega *biblia*, cuando se usa en plural, es sinónimo de «Escritura».[201] «Escritura», por lo tanto, puede definirse como la Palabra de Dios, escrita por hombres inspirados en el Antiguo y Nuevo Testamento canónico, que contiene religión y enseñanza verdaderas (*doctrina*), con el fin de proporcionar una norma (*norma*) perfecta y perpetua para la iglesia y con el fin de conducir a su verdadera salvación para la gloria de Dios.[202]

Como ocurre con muchos argumentos escolásticos, el proceso de definir las Escrituras aquí ha seguido un movimiento de definición desde el concepto más amplio hacia el más pequeño, es decir, de la Palabra de Dios a las Escrituras, y eso, aun cuando identifica las Escrituras como Palabra de Dios, continúa reconociendo que la Palabra de Dios no siempre indica la Escritura; de hecho, esa Palabra es fundamental para la Escritura. Las definiciones ortodoxas protestantes están diseñadas, en particular, para reconocer una forma escrita y no escrita de la Palabra, pero para excluir de la categoría de Palabra cualquier tradición fuera del canon actual de las Escrituras, especialmente aquellas que permanecen no escritas hasta el día de hoy.

---

[201] Mastricht, *Theoretico-practica theol.*, I, ii, 7; cf. Marckius, *Compendium theologiae*, II, ii.
[202] Marckius, *Compendium theol.*, II, i.

3.4 La palabra como esencial, no escrita y escrita, viva e inscrita, externa e interna, inmediata y mediata

A. La comprensión ortodoxa reformada de la «Palabra» en sus diversos sentidos

1. La distinción básica entre la Palabra esencial de Dios y las formas de revelación.

La clarificación de la doctrina de las Escrituras —particularmente sobre la posible contradicción entre la actividad de la Palabra en el Antiguo Testamento y la idea del dictado por el Espíritu— ocurre tanto en el ortodoxo *locus de Scriptura Sacra* y en su tratamiento del trabajo oficial del Mediador. Aquí, en su identificación de Cristo como Palabra eterna de Dios y en la obra de revelación como el *Logos asarkos* e *incarnandus*, los ortodoxos relacionan la Palabra eterna y esencial y la Sabiduría de Dios con las formas de revelación y plantean una distinción básica entre la Palabra eterna y esencial y las diversas formas en las que la Palabra se revela a la raza humana.[203] Al comienzo de su *locus* sobre las Escrituras, Burman plantea la distinción básica entre Palabra y Escritura: el *Verbum Dei*, así llamado absolutamente, existió antes de todas las cosas, invisible, la Segunda Persona de la Trinidad, por quien todas las cosas fueron hechas. Y en la condición primitiva del hombre, antes de la caída, esta Palabra divina habló directamente al hombre.[204] Así también, en su oficio profético, Cristo es la Palabra del «seno de Dios» y «el autor principal de la profecía».[205] Por «Palabra de Dios» también nos referimos a la revelación dada por este autor principal y preservada en «los libros canónicos de la Biblia, a los cuales… se les da el nombre de Sagrada Escritura».[206] Sabemos que esta Biblia es la palabra de Dios, aunque también sabemos que fue escrita por hombres, porque

> el Espíritu Santo, que habló por ellos, es más, cuyos instrumentos solo ellos fueron, graba esa fe en nuestros corazones. Entonces, esa seguridad puede confirmarse observando la excelencia especial que es fácil percibir en esos escritos, así como también los efectos santísimos que obran en nosotros.[207]

---

[203] Cf. Rijssen, *Summa theol.*, II, ii; Leigh, *Body of Divinity*, I, ii (pág. 7) y Heppe, *Reformed Dogmatics*, pág. 455.

[204] Burman, *Synopsis theologiae*, I, iii, 2.

[205] Leigh, *Body of Divinity*, V, v (pág. 585); cf. Heidegger, *Corpus theologiae*, XIX, 28; *Synopsis purioris theologiae*, XXVI, xxxix; Poole, *Commentary*, III, pág. 277 (Jn. 1:1).

[206] Leigh, *Treatise*, I, i (pág. 2).

[207] Leigh, *Treatise*, I, i (pág. 3).

Las Escrituras, argumenta Leigh, se llaman la Palabra de Dios debido a «la materia contenida en ellas». Distingue, de la manera ortodoxa habitual, entre las Escrituras como «la Palabra escrita de Dios» y Cristo como «la Palabra esencial de Dios».[208] La palabra escrita, con toda probabilidad, comienza con Moisés. (Leigh descarta la creencia en los libros escritos por Enoc, particularmente porque Cristo habla de Moisés como el autor principal de las escrituras antiguas).

El Autor de las Escrituras fue Dios mismo, vinieron de Él de una manera especial y peculiar, comúnmente llamada inspiración, que es un acto del Espíritu de Dios que inmediatamente imprime o infunde esas nociones en sus cerebros, y esas frases y palabras por las cuales las nociones fueron pronunciadas... «los hombres santos hablaron siendo movidos» o llevados, «por el Espíritu Santo». 2 P. 1:21. Estas cosas no las escribieron ellos mismos, sino que el Espíritu de Dios los movió y los impulsó a ello, y en ello.[209]

Por eso a las Escrituras se les llama la Palabra de Dios «porque por ella la Voluntad de Dios se manifiesta y se da a conocer, así como un hombre da a conocer su mente y su voluntad por sus palabras». Además, Dios mismo es el Autor: «El Autor principal de todas las Escrituras es Dios Padre en su Hijo por el Espíritu Santo, Os. 8:12, 2 P. 1. El Padre las reveló, el Hijo las confirmó y el Espíritu Santo las selló en el corazón de los fieles». Por lo tanto, las Escrituras son la verdadera enseñanza de la religión «explicada por Dios mismo», lo que produce un acuerdo perfecto entre la enseñanza y las cosas que busca transmitir, dada su base en la infinita sabiduría de Dios.[210]

La «palabra», escribe Pictet, «era el medio más apropiado (*aptissimum*) para revelar a Dios e instruir a los hombres, a quienes había dado la facultad de oír y razonar». Al principio Dios habló a la humanidad sin poner su palabra por escrito debido a «la longevidad de los patriarcas, el pequeño número de personas y la frecuencia de las revelaciones divinas».[211] La multiplicación de la raza, el plazo más corto asignado a la vida humana y el crecimiento del mal hicieron necesaria la preservación escrita de la palabra de Dios y el establecimiento de una «regla fija de fe (*Canon certus fidei*)». Con este fin, Dios escribió el Decálogo en tablas de piedra «con su propio dedo» e instruyó tanto a Moisés como a los profetas a poner sus palabras por escrito.[212] Bajo la dispensación del Nuevo Testamento, el Hijo de Dios

---

[208] Leigh, *Body of Divinity*, I, ii (pág. 7); cf. Amyraut et al., *Syntagma thesium theologicarum*, I, v, 7.
[209] Leigh, *Body of Divinity*, I, ii (pág. 7).
[210] Amyraut et al., *Syntagma thesium theologicarum*, I, v, 10.
[211] Pictet, *Theol. chr.*, I, iv, 1-2.
[212] Pictet, *Theol. chr.*, I, iv, 2-3; cf. Weemse, *Exercitations Divine*, págs. 61-62.

reveló la verdad divina a sus discípulos y les ordenó «enseñar a todas las naciones». Pictet sostiene que el Cristo del Apocalipsis ordenó expresamente a su iglesia «escribir las cosas que has visto» (Ap. 1:11, 19).[213]

2. Del discurso vivo no escrito a la Palabra escrita o inscrita: el patrón histórico de la revelación.

Haciéndose eco de las enseñanzas de los reformadores y basándose en estas definiciones básicas, los ortodoxos argumentan el patrón dispensacional histórico y económico de la revelación por la Palabra: no es como si, sostiene Marckius, la Palabra exista ahora en dos partes, una escrita (*scripta*) y la otra no escrita (*non scripta*), o como si la iglesia hoy, después de la finalización de las Escrituras canónicas, poseyera una Palabra autorizada no escrita tal como fue dada a los profetas del Antiguo Testamento; más bien, hay una Palabra autorizada que no fue escrita (*agraphon*) y dada en forma «enunciativa», como «voz viva», a los patriarcas antes de Moisés y que, después de Moisés, ha sido escrita para la edificación de la iglesia.[214] Esta Palabra no escrita dada directamente a la iglesia en las épocas anteriores a Moisés es, además, el tema de la Palabra escrita establecida por Moisés y los otros escritores antiguos de las Escrituras. La Palabra no escrita no es, por tanto, una verdad divina diferente de la presentada en la Palabra escrita: *verbum agraphon* es anterior a *verbum engraphon*, en términos de Turretin, no como el género es anterior a la especie sino como el sujeto es anterior a sus accidentes.[215] La palabra es la forma normativa elegida de la revelación de Dios a través de «medios extraordinarios».[216]

Aun así, la revelación de Dios pudo tomar, y tomó, varias formas durante el curso de la historia sagrada:

> La manera de revelar la voluntad de Dios es triple, según los tres instrumentos de nuestra concepción, a saber, el entendimiento, la fantasía y los sentidos; al entendimiento Dios reveló su voluntad grabándola en el corazón con su propio dedo (Jer. 31:33) por inspiración divina (2 P. 1:21, 2 Cr. 15:1, He. 8:11, Jn. 14:26), y por visiones intelectuales (Nm. 12:6). A la fantasía Dios reveló su voluntad mediante Visiones imaginarias a los Profetas despiertos, y

---

[213] Pictet, *Theol. chr.*, I, iv, 4; similarly, Hommius, *LXX Disputationes*, I, ii.

[214] Cf. Marckius, *Compendium theol.*, II, iii, con *Synopsis purioris theol.*, II, iv; Wendelin, *Christianae theologiae libri duo*, pról., III, viii; Amyraut et al., *Syntagma thesium theologicarum*, I, iv, 10-11, 16; v.13; y Maccovius, *Loci communes*, II (pág. 11).

[215] Turretin, *Inst. theol.*, II, ii, 4; cf. Rijssen, *Summa theol.*, II, iii; y Maccovius, *Loci communes*, ii (págs. 10-11).

[216] Amyraut et al., *Syntagma thesium theologicarum*, I, v, 13.

mediante sueños a los Profetas dormidos, (Gn. 40:8, 41:8, 9, Hch. 26:10, 10:3, Nm. 14:4). A los sentidos Dios reveló su voluntad, ya sea por visión al ojo o por voz viva al oído (Gn. 3:9, 4:6, 15:4, 5, Ex. 20:1, 2, 3:1, 2, 3, 33:17). Y por último escribiendo. Esta Revelación fue, a veces, inmediata por Dios mismo de una manera indescriptible, o por medios, a saber, ángeles, *Urim* y *Tummin*, profetas, Cristo mismo y sus apóstoles.[217]

La forma escrita de la revelación, por lo tanto, no era intrínseca a la Palabra ni absolutamente necesaria: más bien, el número de personas en la tierra, el aumento de la maldad y la disminución de la duración de la vida en tiempos de Moisés llevaron a la escritura de la Palabra por los «amanuenses».[218] Los diferentes modos de revelación corresponden a la madurez de la iglesia a medida que crecía desde la infancia hasta la edad adulta: en el tiempo de la tartamudez infantil de la iglesia, la voz viva de Dios vino directamente (*agraphon*); más tarde, en la infancia de la iglesia y bajo la guía de la ley, la voz viva enseñó y se hizo escribir, incluso cuando los adolescentes reciben enseñanza y lecciones de la voz de un maestro. Ahora, en la era adulta de la iglesia, tenemos la Palabra escrita y sus doctrinas para guiarnos.[219] Por tanto, la Palabra escrita es necesaria para la «instrucción» de la iglesia *ex hypothesi* o como consecuencia de la voluntad divina de que la Escritura sea el instrumento de instrucción de la iglesia.[220]

En este cambio en el patrón de la revelación a lo largo de la historia, se manifiesta la sabiduría de Dios. En la infancia de la iglesia, la *viva vox Dei* la instruyó mediante el modo más simple de revelación (*simplicissimus revelationis modus*). En su última niñez, todavía enseñada por la voz viva de Dios, se le dio la ley divina en forma escrita, para que, en tiempos posteriores, la adolescencia de la iglesia de Dios, pudiera ser enseñada como por un maestro de escuela, en y a través de la lectura de la Ley. Finalmente, bajo el Evangelio, ella llegó a la edad adulta, a su estado justo y perfecto, en el que su pueblo podría aprender mediante la lectura y el oído de las enseñanzas contenidas en las Escrituras.[221] En este sentido histórico,

---

[217] Leigh, *Body of Divinity*, I, ii (pág. 6); cf. Amyraut et al., *Syntagma thesium theologicarum*, I, iv, 10; Owen, *Pneumatologia*, II, i, en *Works*, III, pág. 135; y John Edwards, *ΠΟΔΥΠΟΙΚΙΔΟΣ ΣΟΦΙΑ: A Compleat History or Survey of all the Dispensations or Methods of Religion, from the Beginning of the World to the Consummation of all Things*, 2 vols. (London: Daniel Brown, et al., 1699), cap. xi (págs. 264-306).

[218] Cf. Maccovius, *Loci communes*, II (pág. 11); Marckius, *Compendium theol.*, II, iii.

[219] Turretin, *Inst. theol.*, II, ii, 3; Rijssen, *Summa theol.*, II, v; Burman, *Synopsis theol.*, I.iii.5-9; Marckius, *Compendium*, II, iii.

[220] Wendelin, *Christianae theologiae libri duo*, pról., III, viii; cf. Hommius, *LXX Disputationes*, I, iv; *Synopsis purioris theologiae*, II, vii.

[221] Rijssen, *Summa theol.*, II, v.

correspondiente al progreso de la revelación y al avance y desarrollo del pueblo de Dios, las Escrituras pueden identificarse como «la reunión de libros... concernientes a aquellas cosas que los seres humanos deben saber, creer y hacer para la gloria de Dios y su salvación».[222]

Este paso de la Palabra no escrita a la escrita y la consiguiente prioridad de las Escrituras como norma para la fe y la práctica fue enseñado de forma casi idéntica por los teólogos reformados ingleses. En este punto de la doctrina, como en la mayoría de los demás, no es posible trazar líneas marcadas de distinción entre los reformados ingleses y los continentales.[223] Así como Perkins y Rollock a finales del siglo XVI habían distinguido entre la Palabra de Dios no escrita y la Palabra escrita, las Escrituras, afirmando al mismo tiempo la continuidad de la revelación y la necesidad de las Escrituras, así Arrowsmith a mediados del siglo XVII podría escribir:

> La palabra escrita desde entonces concuerda con la que en tiempos anteriores fue entregada a los Patriarcas y transmitida de boca en boca. Como el verbo *Dios* es el mismo hoy, ayer y por siempre, aunque no encarnado hasta que llegó la plenitud de los tiempos, y luego *manifiesto*. Entonces, la *Palabra de Dios*, aunque hasta *Moisés* recibió el mandato de ponerlo por escrito, se quería ese tipo de encarnación, era en esencia la misma antes y después. Y como la *Palabra escrita* estuvo de acuerdo con la *no escrita*, así una parte de lo que está escrito armoniza con otra... Así que aquí, el estilo diferente de los historiógrafos de los Profetas, de los Profetas con respecto a los Evangelistas, de los Evangelistas con respecta a los Apóstoles puede hacer que las verdades de las Escrituras parezcan de diferente color, hasta que uno las examina detenidamente y las saborea con prudencia, entonces se manifestará la identidad tanto del color como del gusto.[224]

Así también,

> En la epístola a los Hebreos esas dos frases «los principios básicos de los oráculos de Dios» (5:12) y «los principios de la doctrina de Cristo» (6:1) importan una y la misma cosa, implicando también que las Escrituras son el único almacén y conservatorio de la religión cristiana... los libros de las Escrituras son oráculos de Dios.[225]

---

[222] Rijssen, *Summa theol.*, II, vi; cf. Marckius, *Compendium theol.*, II, ii.

[223] Contra Rogers y McKim, *Authority and Interpretation*, págs. 202-203, 204, 207, 220, 223.

[224] John Arrowsmith, *Armilla catechetica. A Chain of Principles; or an orderly Concatenation of Theological Aphorisms and Exercitations; wherein, the Chief Heads of Christian Religion are asserted and improved* (Cambridge, 1659), pág. 104; cf. Confesión de Westminster, I, ii, "holy Scripture, or the Word of God written."

[225] Arrowsmith, *Armilla catechetica*, pág.84.

Tales oráculos, según Arrowsmith, eran «vocales», como los dados por los querubines desde el propiciatorio sobre el Arca del Pacto, o «escritos», como la Ley o los libros canónicos de las Escrituras. Pablo habla del Antiguo Testamento como «oráculos de Dios» confiados a los judíos (Ro. 3:2), y Pedro parece referirse al Nuevo Testamento en términos similares: *os logia theou* (1 P. 4:11).[226] Continúa mostrando cómo los «oráculos» de las Escrituras concuerdan en parte con todos los oráculos paganos, pero también sobresalen en claridad, piedad, veracidad, duración y autoridad. Los oráculos paganos son vagos, impíos y falsos en ocasiones: han favorecido a ciertos individuos y por tanto carecen de autoridad y todos tuvieron una duración relativamente corta. Las Escrituras, sin embargo, «están formuladas de tal manera que entregan todas las cosas necesarias para la salvación de una manera clara y perspicua», son piadosas en todas partes y «están libres... de todo grado de falsedad».[227] La Escritura también es muy antigua y «de autoridad divina», siendo todos sus autores movidos por el Espíritu Santo.[228]

Tres décadas después del siglo XVIII, Thomas Ridgley pudo hacer la misma distinción, explicando que,

> No hubo palabra escrita, desde el principio del mundo, hasta el tiempo de Moisés, que fue entre dos y tres mil años; y pasaron casi mil años más antes de que Malaquías, el último profeta, completara el canon del Antiguo Testamento, y unos cien años después, antes de que se diera el canon del Nuevo Testamento; de modo que Dios reveló su voluntad, como dice el Apóstol al comienzo de la Epístola a los Hebreos, en diversas ocasiones, así como de diversas maneras y por diversos escritores inspirados.[229]

Es de cierta importancia, sostiene Ridgley, entender «cómo esta Revelación se fue ampliando gradualmente» y cómo, antes de la palabra escrita, la iglesia, sin embargo, «no estaba desprovista de una regla de fe y obediencia, ni... desconocía el camino de la salvación». Hubo mediación de revelación por parte del Hijo de Dios, ángeles y hombres como Enoc guiados por «el espíritu de profecía». Solo después de un largo período de maldad y «cuando la vida del hombre fue acortada y reducida... como es ahora», se hizo necesaria una palabra escrita y Dios «mandó a Moisés que escribiera su ley, como regla permanente de fe y obediencia a su iglesia».[230]

---

[226] Arrowsmith, *Armilla catechetica*, págs. 84-85.

[227] Arrowsmith, *Armilla catechetica*, págs. 96, 99.

[228] Arrowsmith, *Armilla catechetica*, págs. 101, 103.

[229] Ridgley, *Body of Divinity*, pág. 20.

[230] Ridgley, *Body of Divinity*, págs. 20-21; También Rijssen, *Summa theol*, II, ii-iii; vii, controversia 1, obj. 1; y Mastricht, *Theoretico-practica theologia*, I, ii, 6.

3. En polémica con Roma: el significado dogmático del camino histórico de la revelación.

Dado que la distinción entre la Palabra no escrita (*verbum agraphon*) y la Palabra escrita (*verbum engraphon*) surge del patrón histórico de la revelación divina, los ortodoxos sostienen que la distinción no es, como afirman los papistas, la división de un género en sus especies como si hubiera dos clases de Palabra. Más bien, es la distinción de un solo sujeto, la Palabra, según sus propiedades incidentales (*accidentia*) que le pertenecen en diferentes momentos: con la finalización del *verbum engraphon* o *verbum scriptum*, la voz viva del *verbum agraphon* cesó.[231] Dios se ha revelado de diferentes maneras en diferentes tiempos y en diferentes lugares, con voz clara y con una palabra enviada (*sermo prophorikon*); en un susurro interior o palabra interna (*sermo endiatheton*), en sueños y visiones, en forma humana a través del ministerio de los ángeles, bajo diversos símbolos. En todos los casos la enseñanza se ha mantenido sin cambios.[232]

Así también, la forma escrita de las Escrituras transmite la Palabra divina de tal manera que la entrega viva y hablando a la iglesia. «Las instrucciones de un Embajador, el testamento de un Padre... la copia auténtica de un contrato, ¿no expresan el agrado del Rey, la voluntad del Padre... del mismo modo que la palabra vocal o la voz viva?».[233] El que «transmite su mente por escrito», realmente habla y conversa, aunque la voz no sea escuchada por el oído. Dado que tenemos ante nosotros en las Escrituras las palabras inspiradas de Moisés, los profetas, los evangelistas y los apóstoles, ¿cómo podemos afirmar que ya no hablan? «La letra y la palabra no cambian el significado, ni la fuerza y eficacia de la misma» cuando pasan del discurso al texto autorizado. Y si alguno desea oír la voz viva, no tiene más que proponer la Palabra escrita, predicarla y leerla.[234] En este punto, los ortodoxos mantienen una continuidad explícita con la máxima de Bullinger de que la predicación de la Palabra de Dios es la Palabra de Dios.

En contra de los argumentos reformados sobre la necesidad actual de la palabra escrita —y a favor del concepto de *verbum non scriptum*— los católicos romanos argumentan que Cristo nunca ordenó a los apóstoles escribir y que, por lo tanto, una palabra escrita no puede ser absolutamente necesaria para la iglesia. Por el contrario, señala Wendelin, el mismo Cristo dijo que «escudriñemos las Escrituras». Además, contrariamente a las afirmaciones romanistas de que la escritura del Nuevo Testamento, como la del Antiguo, resultó de una decadencia de la fe y la observancia más

---

[231] Turretin, *Inst. theol. elencticae*, II, ii, 4.

[232] Turretin, *Inst. theol. elencticae*, II, ii, 5.

[233] Cameron, *Soveraigne Iudge*, págs. 22-23.

[234] Cameron, *Soveraigne Iudge*, págs. 23-24.

que de un mandato directo, está claro que los apóstoles, por inspiración y mandato del Espíritu de Cristo, preservaron el Evangelio por escrito incluso aunque Cristo no lo había ordenado así antes de su resurrección. Además, los escritos de los apóstoles sirven para mantener su testimonio en la iglesia después de su muerte.[235] Por tanto, continúa Wendelin, la Escritura debe ser la regla fundamental de la religión y de la fe, a la que deben estar sujetos todos los símbolos y confesiones.[236]

4. La cuestión de la continuidad: una revisión del paradigma de Heppe.

Contrariamente, pues, a la impresión que da la exposición de Heppe,[237] los dogmáticos ortodoxos de hecho destacan la interconexión de la Palabra como *revelatio* con los conceptos de *verbum agraphon* y *verbum engraphon*. Tampoco, como afirma Heppe, estos dos últimos conceptos fueron reemplazados por una distinción entre *verbum internum* y *verbum externum*. Estamos tratando aquí con dos distinciones completamente diferentes con funciones bastante diferentes dentro del sistema. La primera distinción conserva su dimensión «histórica»: *verbum agraphon* precede a *verbum engraphon*, En opinión de Turretin y otros ortodoxos, no como un género es anterior a una especie, sino como un sujeto es anterior a sus accidentes, y precede históricamente a la palabra escrita.[238] El último concepto une la Palabra y el Espíritu al distinguir entre el oficio profético externo histórico de Cristo como Palabra y el oficio de enseñanza interno continuo de Cristo por medio de su Espíritu. Quizás aún más importante —y también contrario a la impresión dada por Heppe y otros— no hay aquí ningún indicio de una confusión entre la revelación y el texto o de una tendencia a aferrarse rígidamente a una identificación de la Escritura con la Palabra que convierte la doctrina ortodoxa de la Escritura en algo diferente de la de los reformadores. La doctrina señalada aquí está en directa continuidad con las enseñanzas de los codificadores de segunda generación y con las grandes confesiones de mediados del siglo XVI.

De hecho, la cuestión central abordada por los ortodoxos en estas fórmulas relativas a la Palabra escrita y no escrita es, una vez más, la cuestión de la autoridad. Su punto, haciéndose eco de los reformadores e incluso de las primeras confesiones de la Reforma como la *Theses*

---

[235] Wendelin, *Christianae theologiae libri duo*, pról., III, viii; Amyraut et al., *Syntagma thesium theologicarum*, I, iv, 39-41, 43; cf. Tavard, "Tradition in Early Post-Tridentine Theology," págs. 392-393.

[236] Wendelin, *Christianae theologiae libri duo*, pról., III, viii.

[237] Heppe, *Reformed Dogmatics*, págs. 14-17.

[238] Turretin, *Inst. theol. elencticae*, II, ii, 4; cf. Rijssen, *Summa theol.*, II, iii; y Maccovius, *Loci communes*, ii (págs. 10-11).

Bernensis, es que la economía histórica de la revelación y su relación con la Palabra escrita descartan la identificación de las tradiciones no escritas de la iglesia como *verbum agraphon* necesario, junto con la Palabra escrita, para la salvación de los creyentes. Cualesquiera que sean las tradiciones no escritas que puedan existir en la iglesia, no existen como continuación del original *verbum agraphon*: esa Palabra ha sido reemplazada en la economía de la revelación por las Escrituras, que ahora tienen una autoridad más alta que cualquier tradición o revelación privada.[239] El término *scriptura* deriva, escribe Mastricht, del antiguo trabajo de plasmar el precioso *verbum agraphon* para preservarlo de las vicisitudes del tiempo y de la memoria. La inscripción de la Palabra es en sí misma una obra de la providencia: así como Dios había propagado y conservado la Palabra no escrita, eligió que la Palabra se pusiera por escrito en tiempos de Moisés, sabiendo muy bien que la «perversidad de los herejes» puede torcer y torcerá el significado de las tradiciones no escritas al servicio de la falsa enseñanza.[240]

La tendencia de la ortodoxia protestante a defender una teoría del dictado estrictamente definida de la inspiración verbal de las Escrituras fue frecuentemente contrarrestada en los mismos sistemas con un énfasis en las Escrituras como Palabra, de hecho, como *viva vox Dei*, la voz viva de Dios. Es en estas formulaciones que la ortodoxia retuvo gran parte del dinamismo de la doctrina de los reformadores y, al manifestar varios significados interrelacionados de «palabra», sacó a la luz la conexión entre el lenguaje soteriológico y cristológico del *fundamentum sacrae scripturae*, el texto de las Escrituras y el efecto de las Escrituras en la predicación y la audiencia. En cierto sentido, las limitaciones estructurales del sistema dogmático separaron las declaraciones más rígidas sobre el modo de inspiración y las declaraciones más dinámicas sobre las Escrituras como Palabra, en lugar de permitirles coherencia como lo habían hecho en los escritos menos sistematizados de los reformadores —pero esto no significa que se deba considerar que el sistema ortodoxo carece de una u otra de estas perspectivas sobre las Escrituras o que carece de una declaración doctrinal equilibrada.

B. La palabra escrita y su obra: la presencia viva de la palabra a través de su forma escrita

La distinción reformada entre la Palabra de Dios en su forma más antigua y no escrita, la *viva vox Dei*, y la Palabra dada posteriormente en forma escrita

---

[239] Cf. Turretin, *Inst. theol. elencticae*, II, ii, 1, con ídem. II, I, 6; Hommius, *LXX Disputationes*, III, vi; Marckius, *Compendium theol.*, II, xxxix; y Burman, *Synopsis theol.*, I, iii, 10.

[240] Mastricht, *Theoretico-practica theol.*, I, ii, 6.

es una distinción histórica o económica, no una distinción entre formas concurrentes de Palabra, una «viva» y la otra formalizada. Como se indicó anteriormente, los reformados asumen la identidad del mensaje divino en todas sus formas. También insisten en la presencia de la Palabra viva y eficaz en su forma actual escrita y predicada. Esta vida presente de la Palabra se describe típicamente en términos del lenguaje de dos distinciones: una entre la Palabra interna y externa, la otra entre la Palabra inmediata y la Palabra mediata o mediada. Las distinciones, además, tienen un doble propósito: al mismo tiempo que indican la vida de la Palabra en el tiempo presente de la iglesia, también indican el carácter normativo de la Palabra escrita objetivamente dada frente a la aprehensión subjetiva de la Palabra en el individuo.

1. La Palabra de Dios interna y externa.

Al abordar el tema de la «Palabra» como externa e interna, la dogmática ortodoxa cierra el círculo: la doctrina de la Escritura como Palabra de Dios y, necesariamente, como *principium cognoscendi theologiae*, había llevado a la discusión sobre la autoría y la inspiración, y esa discusión condujo, a su vez, a una discusión sobre la Palabra, externa e interna. Mientras que la primera discusión sobre la Palabra preparó el terreno dogmático objetivo tanto para la teología misma como para los conceptos de inspiración y autoridad, la última discusión formó el puente entre la declaración dogmática objetiva y el hecho de que la Palabra, para ser eficaz, no solo debe ser dada objetivamente pero también recibida subjetivamente. Este patrón más amplio de discusión sobre la Palabra y la inspiración, de hecho, devuelve la rígida estructuración sistemática de la ortodoxia al contexto dinámico de la predicación de la Reforma —de *fides ex auditu*. Aquí, una vez más, podemos notar un importante elemento de continuidad entre la enseñanza ortodoxa y la de los reformadores.

Si Calvino se niega a permitir que las Escrituras se conviertan en una norma estática, racionalizada y divorciada de la obra viva del Espíritu, también se niega a permitir que el Espíritu sea considerado como una única norma de fe aparte de la regla de las Escrituras. El Espíritu tiene un genuino «oficio de enseñanza» en la iglesia, como lo prometió Cristo en el Evangelio de Juan, que no consiste en «inventar revelaciones nuevas e inauditas, o… forjar una nueva clase de doctrina», sino en «sellar nuestras mentes con esa misma doctrina que es recomendada por el Evangelio».[241] El testimonio del Espíritu solo puede confirmar el Evangelio. «Él es el Autor de las Escrituras:

---
[241] Calvino, *Institutos*, I, ix, i.

no puede variar ni diferir de sí mismo». El Espíritu Santo «es inherente» a la verdad de las Escrituras. Por lo tanto, las Escrituras no pueden ser un modo temporal de revelación, ni pueden equipararse con la letra que mata y contrastarse con el Espíritu viviente. Calvino niega dispensaciones sucesivas, una de Palabra, una segunda de Espíritu. Después de Pentecostés, Dios «envió el mismo Espíritu por cuyo poder había impartido la Palabra, para completar su obra mediante la confirmación eficaz de la Palabra».[242] Esto significa que Palabra y Espíritu están unidos por un «vínculo mutuo» a fin de que la Palabra sea confirmada por el Espíritu y el Espíritu «muestre su poder» cuando la Palabra recibe su debido reconocimiento.

Los ortodoxos también encuentran una distinción interna-externa similar en la obra reveladora de Cristo. El oficio de enseñanza profética de Cristo es doble: interno y externo. Externamente, Cristo enseñó «por el ministerio de sus profetas en los tiempos anteriores a su venida al mundo, a quienes levantó para ese fin, para que revelaran tanto de su voluntad como fuera necesario que supieran».[243] También enseñó externamente en persona, predicando la «Doctrina del Reino», y por sus apóstoles. Estos últimos registraron las Escrituras del Nuevo Testamento, siendo impulsados por Cristo a otorgar a la iglesia una «regla perfecta de fe y obediencia» que podría «instruir clara y perfectamente a toda la Iglesia, a todos y cada uno de sus miembros, en el conocimiento salvador de Dios y Cristo».[244] Cualquiera, continúa Leigh, puede llegar a un conocimiento suficiente para la salvación mediante un estudio diligente de las Escrituras y una humilde recepción de su verdad. Para obtener este conocimiento, añade, las Escrituras pueden leerse en una traducción válida.[245] Internamente, Cristo instruye a «los pastores y maestros de todos los tiempos» en el conocimiento de su verdad mediante su Espíritu que ilumina la mente.[246]

2. La presencia inmediata y mediata de la Palabra.

En la vida actual de la iglesia, la Palabra de Dios también se da de doble manera: inmediata y mediatamente.

> Llamo palabra inmediata de Dios a aquella que procede inmediatamente de la boca de Dios; y llamo mediata a la que el Señor habla por su predicador o ministro. Sostenemos, entonces,

---

[242] Calvino, *Institutos*, I, ix, 3.
[243] Leigh, *Body of Divinity*, V, v (pág. 585).
[244] Leigh, *Body of Divinity*, V, v (pág. 586).
[245] Leigh, *Body of Divinity*, V, v (pág. 586).
[246] Leigh, *Body of Divinity*, V, v (pág. 586).

y afirmamos, que la Sagrada Escritura es esa palabra inmediata y primaria de Dios, y debe ser para nosotros en lugar de esa primera voz inmediata y vivaz de Dios mismo; sí, que nos sirva en lugar no solo de esa viva voz de Dios, sino también de la mente secreta e inescrutable de Dios, y de los misterios indescriptibles de Dios.[247]

La distinción que aquí se hace entre la *viva vox Dei* y las Escrituras reflejan la distinción *agraphon/engraphon* hecha anteriormente por Rollock y se interpone en el camino de una rígida equiparación de las Escrituras con la Palabra divina en su plenitud. En resumen, permite tener una sensación de adaptación de «la palabra secreta e inescrutable de Dios, y los misterios indescriptibles de Dios» al vehículo de la palabra escrita. Por lo tanto, también se ajusta a la distinción entre *theologia archetypa* y *theologia ectypa* que aparece en varios de los primeros prolegómenos ortodoxos: una diferencia de grado, pero no de verdad.

La distinción entre la Escritura como *inmediata* y la predicación como Palabra de Dios *mediata* refleja la tendencia reformada general de ver la predicación como algo derivado, es decir, como resultado de la presencia de la Palabra de Dios en la iglesia. Esto no implica, por supuesto, ninguna derogación de la predicación. «La voz mediata de Dios, la llamamos voz de la santa y verdadera Iglesia de Dios; porque, aunque los hombres hablan, la palabra dicha es la palabra de Dios mismo».[248] También vimos este sentido de la predicación en Bullinger: permite un alto sentido del ministerio, pero también la falibilidad del ministro individual que puede, si no está atento al Espíritu, dejar de predicar la Palabra.

El hecho de que las Escrituras son la voz inmediata de Dios, Rollock intenta probarlo racionalmente: ni una sola vez recurre al testimonio interno del Espíritu. La Escritura debe ser la palabra de Dios inmediatamente porque es la declaración de su voluntad. Además,

Si no tuviéramos nada para suplir el defecto de la viva voz de Dios, entonces sin duda nuestro estado sería peor que el de la antigua Iglesia de los judíos, que tenía los oráculos de Dios; pero afirmarlo así va contra toda luz de la razón.[249]

Como tercer argumento, Rollock plantea que el fundamento principal de la fe debe «ser la voz viva de Dios, o la mente y el consejo mismos de Dios, o algo que supla [sus] necesidades». Dado que, en contra de la identificación católica romana de la tradición como la voz espiritual viva

---

[247] Rollock, *Treatise of Effectual Calling*, pág. 64.

[248] Rollock, *Treatise of Effectual Calling*, pág. 65.

[249] Rollock, *Treatise of Effectual Calling*, pág. 65.

de Dios, no tenemos ni la *viva vox Dei* una vez dada a los escritores de las Escrituras ni el consejo secreto de la mente de Dios, necesariamente debemos tener la palabra de Dios en otra forma y alguna revelación de su consejo secreto. Por lo tanto, esta Escritura debe considerarse como la «misma voz» y «la misma mente o voluntad de Dios mismo manifestada a nosotros».[250] Y como cuarta razón:

> La Escritura contiene todas aquellas cosas que Dios ha hablado en tiempos antiguos, y lo que Dios mismo ha decretado en su consejo secreto, hasta donde nos conviene saberlo, concerniente a nuestra vida y salvación.[251]

Los «adversarios», escribe Rollock, confunden las palabras inmediatas y mediatas de Dios al afirmar que «la voz o el Testimonio de la Iglesia debe considerarse la voz principal de Dios».[252] El testimonio de la iglesia, según estos escritores,

> es una voz viva, procedente del corazón vivo de la Iglesia, en la que Dios ha grabado toda verdad con el dedo de su propio Espíritu; mientras que las Escrituras de los profetas y apóstoles, aunque fueron habladas y entregadas por Dios mismo, no fueron escritas por la propia mano de Dios, sino por los profetas y apóstoles que fueron los amanuenses. Una vez más, no fueron escritas en los corazones vivos de los hombres, sino en papel, libros o tablas. Por lo tanto, se sigue... que la voz de la santa Iglesia es la excelentísima voz de Dios, y debe ser para nosotros como la voz inmediata de Dios, y en lugar del consejo secreto de Dios.[253]

Rollock responde con la afirmación de que la palabra de la iglesia ha sido producida por el Espíritu, quien instruye en el significado de las Escrituras:

> Porque el Espíritu Santo no enseña ahora a la Iglesia nada más que lo que está escrito, y por medio de la Escritura, en cierto modo, engendra a la Iglesia; y la Escritura es la madre, la Iglesia la hija.[254]

Hemos escuchado este argumento antes: nos devuelve a las fuentes de la fe reformada en las *Theses Bernenses* (1528).

---

[250] Rollock, *Treatise of Effectual Calling*, pág. 65; cf. Tavard, "Tradition in Early Post-Tridentine Theology," pág. 393.

[251] Rollock, *Treatise of Effectual Calling*, pág. 65.

[252] Rollock, *Treatise of Effectual Calling*, pág. 65.

[253] Rollock, *Treatise of Effectual Calling*, págs. 65-66.

[254] Rollock, *Treatise of Effectual Calling*, pág. 66.

C. La cuádruple comprensión de la palabra en la ortodoxia reformada: algunas conclusiones

Como lo demuestran también las discusiones sobre el «fundamento» o «alcance» de las Escrituras y de la relación entre los dos Testamentos,[255] Esta definición de múltiples niveles de la Palabra manifiesta elementos de la hermenéutica subyacente a la doctrina reformada de las Escrituras, elementos que continuaron informando la doctrina incluso después de que la formalización del sistema había transferido los argumentos a la doctrina del pacto. La identificación de las Escrituras como Palabra de Dios en la teología de los reformadores y, como argumentaremos inmediatamente después, en la teología de sus sucesores, los escritores protestantes ortodoxos de finales del siglo XVI y del XVII, se basa tanto en un sentido de la unidad cristológica de la Escritura como lo hace en el tema relacionado de la inspiración. La autoridad de las Escrituras descansa tanto en su identidad como Palabra como en su inspiración por el Espíritu; e, igualmente, la unidad de los Testamentos reposa tanto en Cristo, que es su alcance y fundamento, como en la inspiración de los profetas y apóstoles por el mismo Espíritu. La Escritura es Palabra porque, en su totalidad, se basa en la Palabra redentora y la Sabiduría de Dios revelada final y plenamente en Cristo.

El problema encontrado en la doctrina ortodoxa protestante de la Palabra y la Escritura como Palabra, entonces, no es que perdieron de vista las percepciones de los reformadores e identificaron tan radical y rígidamente la Palabra como Escritura que entendieron la revelación estricta y restrictivamente como texto. Al igual que los reformadores, los ortodoxos simplemente reconocieron que, cualesquiera que sean las posibles formas de revelación, la revelación salvadora de Cristo ahora es accesible solo en las Escrituras. El problema, que encontraremos una y otra vez en nuestra revisión de la doctrina posterior a la Reforma, es que la hermenéutica en la que descansaba el sentido de la unidad de las Escrituras y la identidad de todas las Escrituras como Palabra cumplida en Cristo por parte de los reformadores se estaba volviendo menos y es menos fácil de mantener como hermenéutica viable. Cuanto más se alejaba el protestantismo de los modelos alegóricos y tipológicos de la exégesis medieval tardía hacia modelos estrictamente históricos, literales y gramaticales (de hecho, hacia la reconstrucción e interpretación de textos mediante el estudio comparativo de versiones antiguas y lenguas afines), más se volvió difícil argumentar una unidad y continuidad de la teología a lo largo de la Escritura y mantener, sobre la base de esa unidad, una relación consistente entre la Palabra eterna,

---

[255] Véase más abajo, 3.5.

la segunda persona de la Trinidad y acto revelador de la Divinidad, y todas las palabras de las Escrituras canónicas. En particular, la presencia de motivos trinitarios y cristológicos en las narrativas de la creación y en la historia patriarcal se volvió, en el transcurso del siglo XVII y principios del XVIII, casi imposible de mantener frente a una hermenéutica sustancialmente alterada. Se verá una tensión hermenéutica idéntica en la siguiente discusión sobre Cristo como el «alcance» o «fundamento» de las Escrituras y en la discusión ortodoxa tardía sobre las «marcas o características» (*notae seu characteres*) de la Escritura.

3.5 El fundamento y alcance de las Escrituras

A. *Fundamentum* y *Scopus* en la teología reformada anterior

1. La cuestión de un *fundamentum* o *Scopus scripturae*.

A diferencia de las versiones bastante atenuadas de la ortodoxia protestante que se encuentran hoy en los sistemas teológicos conservadores, la teología protestante de los siglos XVI y XVII típicamente vio la necesidad, en el *locus de Scriptura sacra*, no solo para discutir qué es la Escritura y cómo debe recibirse y entenderse el texto de la Escritura en la iglesia, sino también lo que la Escritura en su conjunto quiere decir y significa. Esta necesidad, convenientemente identificada por muchos de los reformadores y ortodoxos en términos del lenguaje del fundamento (*fundamentum*) y enfoque o centro (*scopus*) de las Escrituras, sirve para subrayar el hecho de que el *locus de Scriptura*, tal como se encuentra en la teología protestante más antigua, unía el problema de la hermenéutica y la exégesis con el problema de la autoridad. No fue suficiente para el protestantismo más antiguo confesar que las Escrituras son la revelación salvadora necesaria y la Palabra de Dios escrita —ni fue suficiente para los reformadores y los ortodoxos discutir la relación de estos términos, revelación necesaria y Palabra de Dios escrita, con concepto de revelación en general y con la identidad del Verbo tanto como *verbum agraphon* y segunda persona de la Trinidad— además, la doctrina de las Escrituras tenía que afrontar la cuestión interpretativa del significado último de la revelación y de la Palabra escrita y la cuestión adicional de la relación de las Escrituras así entendidas en sentido amplio con las doctrinas de la iglesia. Si se mantuviera el lenguaje dogmático de las Escrituras como autoritario, autentificador y autointerpretador, entonces el camino desde las Escrituras hasta la doctrina de la iglesia tendría que ser argumentado no desde la posición de la iglesia sino desde el texto de la Escritura misma. La comprensión protestante de las Escrituras como

Palabra autoritativa requería una discusión hermenéutica fundamental que pudiera manifestar la conexión entre toda la Escritura y el cuerpo de la doctrina cristiana.

El concepto de un *fundamentum Scripturae* o de un «fundamento de fundamentos»[256] presupone la autoridad previa de la Escritura sobre la tradición y los inicios de la identificación de la Escritura como *principium cognoscendi theologiae*. Los doctores medievales habían utilizado el término *principia theologiae* pero normalmente se refería a los artículos teológicos fundamentales sostenidos por la iglesia.[257] Solo con la Reforma del siglo XVI el debate sobre la autoridad se volvió tan intenso que los teólogos alteraron el lenguaje de *principia* para indicar, de manera restrictiva, a Dios y las Escrituras; e, igualmente, solo con la Reforma la cuestión del canon se entrelazó tanto con la cuestión de la autoridad como para plantear la cuestión de una regla, interna al canon mismo, un fundamento de fundamentos, determinante del contenido del canon. A nivel del canon, la identificación del *fundamentum Scripturae* es paralelo a la discusión sobre el carácter de autentificación de las Escrituras.

El término *scopus* o *scopus Scripturae* tiene una estrecha relación con el concepto de *fundamentum Scripturae*, pero evidencia una mayor variedad de usos y aplicaciones. En un sentido, *scopus* puede indicar un centro o enfoque doctrinal general no muy diferente del *fundamentum* determinado cristológicamente. En otra aplicación, sin embargo, puede ser prácticamente sinónimo de *argumentum*, que indica la idea o intención básica, incluida la intención general del autor de un pasaje particular de las Escrituras. Por lo tanto, el «alcance» generalizado de toda la Escritura o del Evangelio suele identificarse como Cristo o la revelación de la misericordia y la bondad de Dios —mientras que el «alcance» específico de un pasaje de las Escrituras podría ser la fe, la santificación o un tema más determinado históricamente como el regreso de Israel de su exilio. Los reformadores y sus sucesores ortodoxos aplicaron el término, con diferentes implicaciones, a textos particulares, a capítulos, a libros enteros de las Escrituras y a las Escrituras mismas, consideradas en su conjunto.[258] Vale la pena señalar en este contexto que los dos significados y usos del término se encuentran a menudo en la misma obra, de modo que no puede pensarse que el uso amplio, cristológico, perteneció a algunos autores y el uso más estrecho,

---

[256] Leigh, *Body of Divinity*, I, ix.

[257] Cf. *DRPR*, I, 9.3.

[258] Sobre las implicaciones exegéticas del término, véase Gerald T. Sheppard, "Between Reformation and Modern Commentary: The Perception of the Scope of Biblical Books," en William Perkins, *A Commentary on Galatians*, ed. Sheppard, págs. 42-66; y ver más abajo, 7.4 (B.3; C.3)

exegético, era típico de otros.²⁵⁹ Cualquier texto o perícopa debe tener un «alcance», pero, igualmente, todo el cuerpo de la Palabra revelada de Dios, siempre que dé testimonio de una unidad de enseñanza, también debe tener su «alcance». El significado básico del término no cambia de un uso a otro, sino solo la amplitud de su aplicación hermenéutica.

2. *Fundamentum* y *scopus scripturae* en el pensamiento de los reformadores.

También sería incorrecto afirmar que la cuestión o incluso el lenguaje del *fundamentum Scripturae* o del *scopus Scripturae* puede identificarse, con todas estas asociaciones dogmáticas, total y completamente en la teología de los primeros reformadores. La discusión dogmática extensa sobre un *fundamentum* o *scopus Scripturae* comenzaron a aparecer solo después de mediados del siglo XVI, de la misma manera que el debate sobre el canon tomó forma después de la definición tridentina de 1546 y el concepto de Escritura como autentificada por sí misma aparece como una deducción, en los escritos de Calvino, Bullinger, y sus contemporáneos, desde la temprana identificación de la Reforma de las Escrituras como la norma absoluta y por lo tanto absolutamente previa para toda la doctrina eclesiástica. No obstante, este elemento particular de la doctrina protestante ortodoxa de las Escrituras, junto con sus relaciones con los problemas del canon y la autoridad, tiene sus raíces en algunos de los primeros pronunciamientos de los reformadores.

Lutero expresó este sentido del centro cristológico de las Escrituras en su prefacio a la Epístola de Santiago (1522) como parte de su argumento contra la apostolicidad de la epístola:

> como dice el mismo Cristo en Jn. 15 [:27], «Daréis testimonio de mí». Todos los libros sagrados genuinos coinciden en esto, que todos predican e inculcan a Cristo. Y esa es la verdadera prueba mediante la cual juzgar todos los libros, cuando vemos si inculcan o no a Cristo. Porque todas las Escrituras nos muestran a Cristo, Ro. 3 [:21]; y San Pablo no conocerá nada más que a Cristo, 1 Co. 2 [:2]. Todo lo que no enseña a Cristo no es apostólico, aunque San Pedro o San Pablo enseñen. Nuevamente, cualquier cosa que predique a Cristo sería apostólica, incluso si Judas, Anás, Pilato y Herodes lo estuvieran haciendo.²⁶⁰

El centro de las Escrituras —la regla por la cual se sabe que el mensaje de las Escrituras tiene autoridad— es el significado redentor de Cristo en

---

²⁵⁹ Cf., por ejemplo, Zanchi, *Praefatiuncula*, col. 319, con ídem., *In Mosen et universa Biblia, Prolegomena*, col. 16.

²⁶⁰ Luther, *Preface to the Epistles of St. James and St. Jude*, en *LW*, 35, pág. 396.

el corazón mismo de la revelación salvadora de Dios. Entonces, la obra de Cristo que fundamenta la justificación no solo es el enfoque doctrinal de la predicación protestante, sino que también es la clave heurística para la unidad de las Escrituras autoritativas o canónicas. Lutero volvió al punto en los Artículos de Esmalcalda de 1538, donde declaró que «el primer y principal artículo es este: que Jesucristo, nuestro Dios y Señor, "fue ejecutado por nuestras transgresiones y resucitado para nuestra justificación" (Ro. 4:25)».[261] «En este artículo», concluyó Lutero, «se basa todo lo que enseñamos y practicamos».[262]

El término *scopus Scripturae*, o «alcance de las Escrituras», ha sido muy utilizado y muy mal entendido en las discusiones del siglo xx sobre la doctrina de las Escrituras. Es particularmente importante que se excluya el significado inglés contemporáneo de «alcance», la extensión, el alcance o la intención total de una cosa. El original griego (*skopos*) y latín (*scopus*) indican el centro o diana de un objetivo. De hecho, en la Primera Confesión Helvética, *scopus* traduce *el Zweck* del original alemán.[263] El término se entiende correctamente, por lo tanto, *no* como la extensión, alcance o intención total del significado de las Escrituras, sino como la meta, el propósito, la meta y el centro, de hecho, la «diana» del objetivo bíblico. El título latino de la sección es simplemente «*scopus Scripturae*», pero en alemán se lee, con mayor extensión y con una definición más clara del tema, «Cuál es el centro (*Zweck*) de la Sagrada Escritura, y hacia qué apunta en última instancia la Escritura». La «Biblia entera» (*die ganze biblische Schrift*) enseña «que Dios es misericordioso y benévolo» y que ha otorgado su gracia a la humanidad en la persona de Cristo, su Hijo, por medio de la fe.[264] Al igual que en la declaración de Lutero sobre el canon y en los Artículos de Esmalcalda, el centro de las Escrituras no es simplemente Cristo entendido doctrinalmente, sino Cristo aprehendido por la fe como el centro de la obra de reconciliación de Dios.

A principios del siglo xvi, este lenguaje no se limitaba a los círculos protestantes. Erasmo pudo declarar que Cristo era el *scopus* de la verdadera teología y que el creyente debe «poner a Cristo delante» de él «como el único *Scopus*» de su vida y obra.[265] Boyle sostiene que este uso de *scopus* por Erasmo, tanto con referencia a la teología en general como con referencia a

---

[261] Artículos de Esmalcalda, II, i, en *Concordia Triglotta … Triglot Concordia: The Symbolical Books of the Ev. Lutheran Church, German-Latin-English* (St. Louis: Concordia, 1921), págs. 460-461.

[262] Artículos de Esmalcalda, II, i, en *Concordia Triglotta*, págs. 460-461.

[263] Cf. *Confessio Helvetica Prior*, v, xii en Schaff, *Creeds*, III, págs. 212, 217.

[264] *Confessio Helvetica Prior*, v.

[265] Erasmus, *Enchiridion*, citado en Marjorie O'Rourke Boyle, *Erasmus on Language and Method in Theology* (Toronto: University of Toronto Press, 1977), págs. 75-76.

la exégesis de las Escrituras, indica un foco de interpretación en el sentido de un «avistamiento» de navegación de una estrella. Todo se refiere a Cristo, quien es el foco y la meta de la fe. «El verdadero astroteólogo», comenta Boyle,

> no se queda boquiabierto ante las deidades paganas congeladas en constelaciones... Se fija únicamente en Cristo. Solo este enfoque decidido restaurará la cristiandad mediante el método de la verdadera teología.[266]

Esto puede ser así incluso en la exégesis de un texto en la medida en que Cristo es la palabra —en la interpretación de Erasmo de *logos*, el *sermo*— que habla a través de cada línea de las Escrituras, revelando la mente de Dios, cuya Palabra eterna él es.[267] De manera similar, vale la pena señalar la base hermenéutica de los comentarios de Lutero sobre la identidad de los escritos apostólicos como aquellos que «transmiten a Cristo» y del lenguaje confesional *scopus Scripturae* y *scopus Evangelium* de principios del siglo XVI: tales suposiciones no surgen de una exégesis gramatical rígidamente literalista del texto de las Escrituras. Pertenecen a los diversos patrones precríticos de interpretación bíblica.

Cuanto más fuerte sea el alejamiento de la *quadriga* y a partir de los patrones exegéticos cristológicos, espirituales y literales de la Baja Edad Media, que se evidencian tanto en la teología de Calvino como en la de Bullinger, provocaron también un cambio en la discusión reformada sobre el *scopus Scripturae*. Para Calvino, Cristo es tan clara y plenamente el foco de la redención que la obra de mediación de Cristo fue conocida en algún sentido en todo el Antiguo Testamento, así como en el Nuevo:

> Aparte del Mediador, Dios nunca mostró favor hacia el pueblo antiguo, ni les dio ninguna esperanza de gracia. Paso por alto los sacrificios de la ley, que clara y abiertamente enseñaban a los creyentes a buscar la salvación en ningún otro lugar que en la expiación que solo Cristo lleva a cabo. Solo digo que el bienaventurado y feliz estado de la iglesia siempre tuvo su fundamento en la persona de Cristo. Porque incluso si Dios incluyó a toda la descendencia de Abraham en su pacto, Pablo, sin embargo, razona sabiamente que Cristo era propiamente la simiente en quien todas las naciones habían de ser bendecidas (Gá. 3:14).[268]

---

[266] Boyle, *Erasmus on Language and Method*, pág. 81; cf. págs. 78-79.

[267] Boyle, *Erasmus on Language and Method*, págs. 82-83.

[268] Calvino, *Institutos*, II, vi, 2; cf. Calvino, Comentario sobre 1 Co. 3:11 y observe la discusión en John T. NcNeill, "Calvin as an Ecumenical Churchman," en *Church History*, (1963), pág. 386.

Calvino, por lo tanto, argumenta con bastante claridad un concepto de Cristo como *fundamentum* y acepta en un nivel la suposición de que Cristo puede ser identificado como el significado de la promesa de Dios a lo largo de las Escrituras, hasta el punto de declarar que Cristo fue revelado «claramente» en los sacrificios del Antiguo Pacto.[269] Esta suposición proporciona un importante punto de contacto entre el pensamiento de Calvino y el uso del concepto de *fundamentum Scripturae* por teólogos reformados posteriores en relación con los inicios de la teología del pacto,[270] y mira hacia adelante, a las largas discusiones de los teólogos federales del siglo XVII sobre precisamente los temas que Calvino decidió «pasar por alto» aquí con una breve referencia.[271]

Calvino también usa el término *scopus*, a veces con referencia a Cristo, a veces con referencia al foco o centro del argumento de un libro bíblico o una sección particular de un libro bíblico,[272] aunque claramente no es su término favorito. Por lo general, Calvino describirá el «argumento» o el «diseño» de un libro de las Escrituras de manera muy parecida a como otros exégetas hablarían de su *scopus*. De hecho, su contemporáneo Hyperius utilizó los términos como prácticamente sinónimos al describir el enfoque adecuado para el estudio de los libros de la Biblia.[273] Puede deberse en parte al uso de Calvino tanto como al uso de los reformados alemanes que *scopus* se asociaba más a menudo con el tema de un libro o un capítulo de las Escrituras, mientras que *fundamentum* tendía a usarse con referencia a Cristo.

Además, Calvino se mostró casi invariablemente restringido en su aplicación exegética de conceptos como el *fundamentum Scripturae*. Sus comentarios del Antiguo Testamento rara vez cristologizan pasajes que no caen en la categoría de profecía mesiánica obvia.[274] Es más, Calvino se negó a aplicar el principio dogmáticamente más allá de los límites del lenguaje del pacto y la reconciliación: su uso de la influyente fórmula del *duplex cognitio Dei,* no solo indicó que las Escrituras enseñan acerca de Dios como Creador y Redentor, sino también que el conocimiento de Dios como Creador se daba generalmente a lo largo de las Escrituras, mientras

---

[269] Calvino, *Institutos*, II, vi, 2; cf. xi.1 sobre Cristo como *«fundamentum»* de ambos testamentos.

[270] Por ejemplo, Hyperius, Boquinus, Olevianus, y Ursinus como se analiza más adelante en esta sección.

[271] Cf. Cocceius, *Summa theol.*, e ídem, *Summa de foed.*, con Burman, *Synopsis theologiae*, IV, xvii-xxix; Witsius, *De oeconomia foed. Dei*, IV, iv, vi, ix; y Heidegger, *Corpus theol.*

[272] Cf. B. Engelbrecht, "Is Christ the Scopus of the Scriptures," en *Calvinus Reformator*, págs. 192-200, con T. F. Torrance, *The Hermeneutics of John Calvin* (Edinburgh: Scottish Academic Press, 1988), págs. 51-138.

[273] Hyperius, *De theologo, seu de ratione studii theologici, libri III* (Basel, 1556), II.i (pág. 91).

[274] Ver Parker, *Calvin's Old Testament Commentaries*, págs. 194-196, 202-204.

que el conocimiento de Dios como Redentor se centraba en Cristo.[275] Por lo tanto, a pesar de la intensidad del énfasis doctrinal de Calvino en la cristología, toda la exposición de la doctrina que va desde *Institutos*, I, v. a II, v. (con el tema del *duplex cognitio* que reaparece en II, vi.) es esencialmente no cristológico. La creación, la providencia, la doctrina de la naturaleza humana y el pecado, e incluso la doctrina de la Trinidad quedan fuera de las doctrinas de la redención gobernadas específicamente por la revelación de Dios en Cristo.[276] Calvino observa de manera bastante estricta la distinción entre *Verbum asarkos* y *Verbum ensarkos*. Afirma explícitamente, en su discusión sobre la divinidad y la eternidad del Verbo, que pospone la discusión sobre «la persona del Mediador» hasta llegar al «tratamiento de la redención».[277] Calvino incluye en este punto «testimonios que afirman la deidad de Cristo» solo «porque debe estar de acuerdo entre todos que Cristo es ese Verbo dotado de carne», y el claro testimonio bíblico de la divinidad de Cristo pertenece a la exposición de la divinidad de la segunda persona de la Trinidad. Calvino evita cuidadosamente aquí la discusión sobre Cristología estrictamente definida: no hay presentación de la humanidad ni de la obra redentora de Cristo.[278] En cuanto a las otras doctrinas (creación, providencia y naturaleza humana), junto con la discusión de las Escrituras y la revelación, Calvino deja bastante claro que todas ellas se refieren a la obra de la Palabra fuera de la carne.[279] Estas observaciones no se ven debilitadas de ninguna manera por las frecuentes referencias de Calvino a Cristo y la redención en el libro uno de los *Institutos*: éstos solo sirven para subrayar la interrelación de las doctrinas, no para romper la distinción entre el Verbo eterno o preencarnado y el encarnado.

La discusión de Bullinger sobre la Palabra, las Escrituras y el trabajo de interpretación deja una impresión similar. Hace una distinción categórica entre la Palabra de Dios antes de Cristo y la Palabra encarnada,[280] pero también sostiene que el Antiguo Testamento no solo fue dado a la iglesia para su edificación por Cristo y los apóstoles, sino que también contiene «adoraciones y figuras de Cristo» que «debemos en este día interpretar a la iglesia».[281] Aun así, Cristo fue predicado en la ley al pueblo del Antiguo

---

[275] Calvino, *Institutos*, I, ii, i. Cf. Dowey, *Knowledge of God in Calvin's Theology*, págs. 3-17; Muller, "'Duplex cognitio Dei' in the Theology of Early Reformed Orthodoxy," págs. 54-61; *DRPR*, I, 6.3; y Muller, *Unaccommodated Calvin*, págs. 72-74, 133-138.

[276] Cf. Calvino, *Institutos*, I, ii, i, nota 3 en la edición McNeill/Battles.

[277] Calvino, *Institutos*, I, xiii, 9.

[278] Calvino, *Institutos*, I, xiii, 9.

[279] Calvino, *Institutos*, I, vi, 1-3; ix.3; xiii, 17-18; xv, 3-4; xvi, 4; cf. II, xiii.4, ad fin.

[280] Bullinger, *Decades*, I, i (págs. 38-39, 51-52).

[281] Bullinger, *Decades*, I, i (pág. 59).

Testamento como «el único Salvador, en quien solo habían de ser salvos».[282] Ya que «aquellos cuya doctrina es toda una, es necesario que todos tengan una sola fe», está claro que el pueblo del Antiguo Testamento tenía fe en Cristo, creyendo en él como el «Mesías que era... venidero».[283] Así, todo el mensaje de la Escritura está unido por su referencia a Cristo, por encima y más allá de todas las diferencias entre los Testamentos: incluso la ley ceremonial y el tabernáculo, apartados en el Nuevo Testamento, apuntan hacia Cristo, quien es el alcance de la Escritura y el único fundamento de toda salvación.[284] Sin embargo, Bullinger no exige una exégesis cristológica exhaustiva de las Escrituras, y sus puntos de vista sobre la interpretación tienden a alejarse de lo alegórico y tipológico hacia una estrecha relación de texto con texto, una aplicación amplia del credo *analogia fidei* y un fuerte énfasis en el contexto de un pasaje determinado.[285] Aun así, Bullinger puede declarar que «la perfecta exposición de la palabra de Dios no difiere en nada de la regla de la verdadera fe y del amor a Dios y a nuestro prójimo».[286]

Así, el cristocentrismo de la era de la Reforma que identificaba a Cristo como el *scopus Scripturae* nunca pretendió que Cristo fuera entendido como el principio interpretativo en todos los puntos de la doctrina, la clave heurística para todo el rango o extensión del significado doctrinal. En particular, el concepto reformado de Cristo como *scopus Scripturae* simplemente colocó a Cristo en el centro doctrinal de las Escrituras y, por tanto, en el centro doctrinal y específicamente soteriológico de la teología cristiana. Cristo no señala el significado de toda doctrina; en cambio, toda Escritura y toda doctrina apuntan hacia la persona y obra de Cristo como el núcleo del mensaje cristiano, la verdad soteriológica central, pero no el significado general de toda Escritura, confesión y sistema. La cristología no incide interpretativamente en cada cuestión exegética o punto de doctrina. Se nos recuerda que los enojados exégetas y teólogos luteranos, sobre todo Aegidius Hunnius, se referirían a *Calvinus judaizans*, Calvino judaizante, precisamente porque Calvino rechazó rotundamente la cristologización total del Antiguo Testamento y la lectura trinitaria de la forma plural *Elohim*.[287]

---

[282] Bullinger, *Decades*, III, viii (pág. 283).

[283] Bullinger, *Decades*, III, viii (págs. 284-85).

[284] Bullinger, *Decades*, III, v (pág. 147); cf La discusión de Bullinger sobre Cristo como *scopus* en su prefacio a la Biblia latina de Zúrich de 1543 con Basil Hall, "Biblical Scholarship: Editions and Commentaries," en *CHB*, III, pág. 71.

[285] Bullinger, *Decades*, I, iii (págs. 75-78).

[286] Bullinger, *Decades*, I, iv (pág. 81).

[287] Aegidius Hunnius, *Calvinus Judaizans, hoc est judaicae glossae et corruptelae, quibus J. Calvinus scriptura sacra loca, testimonia de gloriosa trinitate* (Wittenberg, 1593), angrily answered by David Paraeus, *Calvinus orthodoxus seu vindicatio Calvini de trinitate* (Heidelberg, 1594); y cf. Gass, *Geschichte der Protestantischen Dogmatik*, II, págs. 42-43, con Hall, "Biblical Scholarship," en *CHB*, III, págs. 87-88.

B. El fundamento y alcance de las Escrituras en la teología ortodoxa reformada

1. Heppe y las implicaciones de un *fundamentum scripturae* para la dogmática reformada.

Heppe destacó el concepto de un «fundamento de las Escrituras» como tan importante para su propia concepción de la ortodoxia reformada que construyó un capítulo separado sobre el tema en su *Reformed Dogmatics*. Con toda razón vio que «la distinción entre un *fundamentum Scripturae* y las doctrinas individuales que contiene, y la convicción de que las segundas están esencialmente presentes en el primero, es tan esencial no solo para la teología federal sino para el sistema reformado en general, que las segundas no pueden entenderse en absoluto sin el reconocimiento del primero».[288] El concepto de un *fundamentum Scripturae*, según Heppe, particularmente cuando se entiende en esta relación íntima con todo el cuerpo de doctrina, proporciona a la dogmática reformada su punto de partida «científico», su método básico. Además, en la teología reformada alemana, este «concepto fundamental de la Revelación» se entendió desde los inicios de la Reforma en términos del pacto de Dios (*foedus Dei*), el reino de Cristo (*regnum Christi*) y la comunión con Cristo (*koinonia cum Christo*).[289] Admitiendo que la revelación misma pudiera concebirse resumida en estos términos, la revelación se centró claramente en Cristo, cuya relación con los creyentes es idéntica al pacto y cuya obra es la suma de la ley y el evangelio. Heppe concluye, «por lo tanto, el concepto de *foedus Dei* es la esencia de todas las verdades reveladas».[290]

Estos argumentos apuntan en varias direcciones. En primer lugar, se alejan de la teoría del dogma central en la medida en que manifiestan a Cristo y el pacto, más que el decreto eterno, como el enfoque hermenéutico del sistema ortodoxo reformado y la «base» de su «naturaleza científica, el método en principio de la dogmática reformada».[291] Schneckenburger reconoció que este enfoque económico o de pacto del sistema en la *executio* histórica del plan divino en Cristo dirige la atención de la teología al decreto eterno —como una «deducción especulativa» de la ejecución histórica de la obra de salvación— y manifiesta que el sistema reformado descansa sobre una base «teológica» más que sobre un «principio antropológico».[292] Pero

---

[288] Heppe, *Reformed Dogmatics*, pág. 42.

[289] Heppe, *Reformed Dogmatics*, pág. 42.

[290] Heppe, *Reformed Dogmatics*, pág. 43.

[291] Heppe, *Reformed Dogmatics*, pág. 42.

[292] Schneckenburger, "Die reformirte Dogmatik mit Rückblick auf: Al. Schweizer's *Glaubenslehre der evang.-reformirten Kirche*," en *Theologische Studien und Kritiken*, 1848, pág. 75-76.

también vio que el modelo cristológico y federal defendido por la teología reformada impedía que este principio fuera concebido como «un decreto divino abstracto» y, en cambio, centraba la atención en la «personalidad del Hijo».[293] De hecho, vemos, tanto en la *Confessio christianae fidei* de Beza y en el prácticamente idéntico *Compendium doctrinae christianae* de las iglesias húngaras, una insistencia en que «Cristo es el *scopus* de la fe, es decir, Cristo, tal como se nos presenta en la Palabra de Dios».[294]

2. El desarrollo del concepto en la dogmática ortodoxa temprana.

Aunque Heppe, en general, no sacó estas conclusiones, sino que puso en práctica su versión de la teoría del dogma central, suponiendo que la teología reformada tomó de Calvino «el crudo sobrenaturalismo» de la predestinación utilizada como «principio de necesidad»,[295] sí reconoció una posible alternativa al predestinarismo en dos de los primeros sistemas ortodoxos, la *Exegesis divinae atque humanae koinonias* (1561) de Petrus Boquinus y *Methodi theologiae* (1566) de Andreas Hyperius.[296] Heppe creía que los primeros dogmáticos reformados alemanes, antes de la atenuación de los modelos melanchtonianos en la era del desarrollo escolástico, la influencia calvinista y la rigidez del luteranismo hacia finales del siglo XVI, utilizaban el concepto de un *foedus Dei* o *regnum Christi* como principio fundacional y verdad central de la obra de creación y redención. «La realidad, la sustancia y los medios» que verificaron y dispensaron este pacto fueron descritos por la teología reformada alemana bajo los términos *unio essentialis cum Christo* e *insitio in Christum* o *in corpus Christi mysticum*.[297] En lugar de oponer este modelo federal de «fundamento» y «alcance» de las Escrituras a una comprensión más predestinaria de la teología, podemos, a la luz de una lectura más amplia e inclusiva de los materiales, identificar la presencia del lenguaje de *fundamentum* y *scopus Scripturae* en la tradición reformada en su conjunto, rompiendo así la afirmación de una brecha entre las líneas argumentales predestinarias y federales.[298]

---

[293] Schneckenburger, "Die reformirte Dogmatik," *pág.* 610-611.

[294] Cf. Beza, *Confessio christianae fidei*, IV, 6, con el *Compendium doctrinae christianae*, IV, 6 en E. F. Karl Müller, *Die Bekenntnisschriften der reformierten Kirche* (Leipzig: Deichert, 1903), *pág.* 386; y cf. Muller, *Christ and the Decree*, *págs.* 79-96 sobre las dimensiones cristológicas de la teología de Beza en su conjunto.

[295] Cf. Heppe, *Geschichte des deutschen Protestanismus*, 4 vols. (Marburg: Elwert, 1852-1859), I, págs. 13-17, con ídem, "Der Character," págs. 670-674.

[296] Heppe, *Dogmatik des deutschen Protestantismus im sechzehnten Jahrhundert*, 3 vols. (Gotha: Perthes, 1857), I, págs. 143-148.

[297] Heppe, *Dogmatik des deutschen Protestantismus*, págs. 143-144.

[298] Por supuesto, la afirmación de dos modelos distintos y a menudo opuestos también puede ser refutada desde la perspectiva de la doctrina totalmente ortodoxa de la predestinación que se

Una influencia del pacto en los lineamientos más amplios de la teología aparece en *Methodus theologiae* de Hyperius, un sistema incompleto escrito en Marburg entre 1554 y 1564.[299] El concepto de pacto no aparece, como en la teología del pacto reformada posterior, como un motivo histórico central que vincula la obra de la creación y la redención, sino más bien como un recurso heurístico básico utilizado en la construcción de cada *locus*. Por lo tanto, el *locus* sobre las criaturas y los seres humanos y el *locus* sobre las doctrinas cristianas de fe, esperanza y amor, que juntas ocupan la porción central del sistema entre las doctrinas de Dios y las últimas cosas, se subdividen en discusiones sobre las condiciones antes y después de la caída. Hyperius analiza, bajo el tema del amor cristiano, *lex ante lapsum* y *lex post-lapsum*; bajo el tema de la fe, *evangelium ante lapsum* y *evangelium post-lapsum*.[300]

La teología de Boquinus mantuvo una visión similar del fundamento o alcance de la revelación. Su *Exegesis divinae atque humanae koinonias* es un sistema completo de doctrina organizado alrededor del principio de unión con Cristo. «El *foedus Dei*», argumenta Heppe, «obtiene su realidad en esta unión espiritual-corporal de la humanidad con Cristo» descrita por Boquinus como *koinonia*.[301] Esta comunión de los seres humanos con Dios era para Boquinus «el foco principal (*scopus*) de los santos escritos».[302] Boquinus hace explícito el punto ya dado implícitamente en la disposición de Hyperius de los *loci*: hay un centro interpretativo en las Escrituras que puede ser identificado por la teología y utilizado como principio organizador, específicamente la relación dada por Dios en la reconciliación entre Dios y el hombre en Cristo, que puede identificarse de diversas maneras bajo sus diferentes aspectos como el *foedus Dei* o como *koinonia* o como *unio cum Christo*.

La convicción de Boquinus de que la teología podía identificar el *fundamentum* o *scopus* de las Escrituras fue compartido por sus colegas más jóvenes en Heidelberg, Olevianus y Ursinus. En su teología, el concepto de un *scopus* federal vinculado a la comunión o unión de los creyentes con Cristo fue elaborado y, al mismo tiempo, apuntado hacia el lenguaje confesional del *Scopus Scripturae*. Al comentar sobre las enseñanzas de Olevianus, Heppe escribe: «Dado que la institución de una relación de pacto con el hombre es el propósito de todas las revelaciones de Dios, el cristiano

---

encuentra en la teología de Cocceius. Véase van Asselt, *Johannes Cocceius: Een Portret*, págs. 135-139.

[299] Véase Andreas Gerardus Hyperius, *Methodus theologiae, sive praecipuorum christianae religionis locorum communium, libri tres* (Basel, 1568); Willem van 't Spijker, *Principe, methode en functie van de theologie bij Andreas Hyperius*. Apeldoornse Studies, 26. (Kampen: J. H. Kok, 1990).

[300] Cf. Hyperius, *Methodus theol*, con Heppe, *Dogmatik des deutschen Protestantismus*, I, págs. 145-146.

[301] Heppe, *Dogmatik des deutschen Protestantismus*, I, pág. 148.

[302] Heppe, *Dogmatik des deutschen Protestantismus*, I, pág. 148; cf. Petrus Boquinus, *Exegesis divinae atque humanae koinonias* (Heidelberg, 1561).

debe considerar las verdades reveladas por separado a la luz de la idea del pacto, de tal manera que las reconozca como un todo solo en relación con esa idea y las capta con confianza certera precisamente en su especial validez y significado para su persona individual».[303] *Fester Grund* de Olevianus, o *Fundamento Firme*, es una obra catequética que identifica el tema central de la fe cristiana como «la promesa de Jesucristo» a la que un cristiano debe acudir como a una «plomada» o regla que muestra «la voluntad inmutable y el consejo eterno de Dios, sobre el cual podemos edificar confiadamente».[304] En su exposición del credo, Olevianus desarrolló considerablemente más detalle este lenguaje de *promissio* con el concepto de *regnum Christi* bajo el tema general del pacto, el *foedus Dei* constituido por Dios e inscrito en el corazón humano por la fe.[305] El concepto aparece nuevamente en el último y más importante trabajo de Olevianus, *De substantia foederis gratuiti inter Deum et electos* (1585). Aquí Olevianus define la «sustancia del pacto» como la promesa y el don de la adopción como hijos de Dios y de la herencia de la vida eterna en Cristo.[306] Aun así, el uso que hace Olevianus del pacto como concepto fundacional y unificador en su teología organizada según credos no proporciona un punto claro de transición desde el interés por el pacto del siglo XVI a las teologías del pacto del siglo XVII de escritores como Cocceius o Witsius.[307]

Si Olevianus dio una elaboración dogmática a la idea del pacto y al concepto colateral de la promesa de Dios en Cristo sin definir específicamente ninguna de las doctrinas como la *fundamentum Scripturae*, su colega Ursinus —cuya teología del pacto no es tan elaborada como la de Olevianus— proporciona el cierre del argumento y la definición que falta en la formulación de Olevianus. Cuando Ursinus abordó el problema de reunir y organizar sus *Loci communes*, no solo puso en orden la doctrina de las Escrituras en primer lugar, sino que también esbozó el significado y el contenido de las Escrituras de tal manera que esboza la estructura y justifica el contenido de todo su sistema proyectado. Las Escrituras, comienza Ursinus, en ninguna parte están mejor resumidas que en el Decálogo y el

---

[303] Heppe, *Reformed Dogmatics*, pág. 45.

[304] Heppe, *Reformed Dogmatics*, págs. 45-46; cf. Caspar Olevianus, *Vester Grundt, das ist, die artikel des alten, waren, ungezweifelten, christlichen Glaubens* (Heidelberg: Michel Schirat, 1567); ídem, *A Firm Foundation: An Aid to Interpreting the Heidelberg Catechism*, trad. y ed. Lyle D. Bierma (Grand Rapids: Baker Book House, 1995).

[305] Caspar Olevianus, *Expositio symboli apostolici sive articulorum fidei: in qua summa gratiuti foederis aeterni inter Deum et fideles breviter & perspicué tractatur* (Frankfurt, 1584), pág. 17.

[306] Caspar Olevianus, *De substantia foederis gratiuti inter Deum et electos itemque de mediis, quibus ea ipsa substantia nobis communicatur, libri duo* (Geneva, 1585), pág. 2.

[307] Cf. Heppe, *Dogmatik des deutschen Protestantismus*, I, págs. 151-152, con Lyle D. Bierma, *German Calvinism in the Confessional Age: The Covenant Theology of Caspar Olevianus* (Grand Rapids: Baker Book House, 1996), págs. 145-148.

Credo y no pueden entenderse mejor que como consistentes en la ley y el evangelio. Toda doctrina puede entenderse como enseñanza acerca de Dios: su naturaleza, su voluntad y sus obras.[308] Es más, estas diversas formas de caracterizar el conjunto de la enseñanza bíblica y cristiana son coherentes entre sí: la voluntad de Dios se discierne en preceptos, advertencias y promesas y, aun así, las obras de Dios consisten en juicios y bendiciones por los cuales Dios obra su bien en todas las cosas. Tanto la voluntad como las obras de Dios se resumen, por tanto, en la ley y el evangelio. Por implicación, el Decálogo y el Credo pueden definirse también como ley y evangelio.[309]

No contento con esta visión algo dicótoma de las Escrituras, Ursinus señala que el Señor mismo, que es el centro del evangelio, enseñó la ley; de hecho, enseñó los dos grandes mandamientos que resumen la ley y los profetas. También es cierto, como enseñó Pedro en los Hechos, que los profetas dan testimonio de la dádiva del perdón de los pecados en y por el nombre de Cristo a todos los que creen (cf. Hch. 10:43). Por lo tanto, la ley y el evangelio no son partes de las Escrituras, sino que se enseñan juntos a lo largo de las Escrituras.[310] Por lo tanto, el nuevo pacto no es exclusivo del Nuevo Testamento: los libros del Nuevo Testamento simplemente declaran su cumplimiento, así como el testimonio de Cristo y los apóstoles confirman las promesas dadas en los libros del Antiguo Testamento. Es más, «Cristo mismo es la suma de la doctrina (*Christus ipse summam doctrinae*)», como atestigua y confirma muchos lugares en las Escrituras.[311]

La identificación de los escritos proféticos y apostólicos como Antiguo y Nuevo Testamento, continúa Ursinus, apunta en gran medida en la misma dirección que el argumento sobre la presencia de la ley y el evangelio en todas las Escrituras y resumidos juntos en Cristo. «La palabra *testamentum* se sabe que significa *foedus*, pacto», específicamente «el pacto entre Dios y los creyentes». Este pacto tiene que ver con todo lo que Dios promete y cumple: «su gracia, la remisión de los pecados, el Espíritu Santo, la justicia y la vida eterna, y la preservación de la iglesia en esta vida por y por medio de su Hijo nuestro mediador», todo lo cual recibimos por fe.[312] Este es el significado del pacto, pero también es la suma de todo lo que se enseña en la ley y el evangelio. La razón de esta unidad final de las Escrituras es que, como enseña el Espíritu Santo, «en toda la Escritura se enseña a Cristo, y aquí solo se debe buscar a Él»: Cristo es el *fundamentum doctrinae Ecclesiasticae*, el fundamento de la doctrina de la iglesia, y la *summa & scopus Scripturae*, el

---

[308] Ursinus, *Loci theologici*, col. 426.
[309] Ursinus, *Loci theologici*, cols. 426-427.
[310] Ursinus, *Loci theologici*, col. 427.
[311] Ursinus, *Loci theologici*, col. 427.
[312] Ursinus, *Loci theologici*, col. 427.

resumen y punto focal de las Escrituras.³¹³ Por lo tanto, el sistema teológico también debe discutir a Cristo, la obra de la redención y la doctrina de la iglesia, y se debe enseñar a los cristianos a buscar a Cristo a través de las Escrituras. De hecho, «el conocimiento verdadero e incorrupto de Cristo comprende toda la Escritura y la doctrina de la iglesia».³¹⁴ Las opiniones de Ursinus tienen eco en la teología de su colega y sucesor, Zanchius.³¹⁵

Un concepto similar de *fundamentum*, o «fundamento», se puede encontrar en *An Exposition of the Creede* de Perkins. Allí Perkins escribe que «el fundamento y piedra angular del Pacto es Cristo Jesús el Mediador, en quien todas las promesas de Dios son sí y amén».³¹⁶ Además, dado que el pacto de gracia comprende, para Perkins, la totalidad de la revelación de la promesa en el Antiguo y el Nuevo Testamento, Cristo y la redención ofrecida en él deben entenderse como la verdad fundamental en el centro mismo del mensaje de la Escritura. Perkins, como muchos de sus contemporáneos, parece reservar el término «alcance» para su uso exegético más restrictivo como sinónimo de *argumentum*.³¹⁷

3. Desarrollo pleno del concepto de *scopus* o *fundamentum scripturae* en el pensamiento de Cocceius y los teólogos de la alta ortodoxia.

La discusión más elaborada sobre el concepto de *fundamentum scripturae* en la era de la ortodoxia se encuentra muy probablemente en *Summa theologiae ex Scriptura repetita* de Cocceius. En el pensamiento de Cocceius, el *fundamentum sacrae scripturae* es la regla básica de interpretación, entendida teológicamente, que permite al exégeta pasar del texto de la Escritura a la formulación teológica. La misma Escritura habla de este *fundamentum*, definiéndolo de dos maneras distintas: primero, el término indica a Cristo, aquel a quien estamos unidos, en quien vivimos y en quien

---

[313] Ursinus, *Loci theologici*, cols. 427-428 y cf. *DRPR*, I, 9.1 (B.2) para una cita completa del pasaje en su relación con la cuestión preliminar relativa a los artículos fundamentales.

[314] Ursinus, *Loci theologici*, col. 428.

[315] Zanchi, *In Mosen et universa Biblia, Prolegomena*, col. 16.

[316] Perkins, *Workes*, I, pág. 165, col. 2C.

[317] Por ejemplo, Perkins, *A Clowd of Faithfull Witnesses*, en *Workes*, III, segunda paginación, pág. 1; Whitaker, *Disputation*, IX.5 (pág. 472); Arminio, *Analysis of the Ninth Chapter of St. Paul's Epistle to the Romans*, in *The Works of James Arminius*, trad. James Nichols y William Nichols, 3 vols. (London, 1825, 1828, 1875; repr. Grand Rapids: Baker Book House, 1986), III, págs. 485-486; cf. Richard A. Muller, "William Perkins and the Protestant Exegetical Tradition: Interpretation, Style and Method in the Commentary on Hebrews 11," en William Perkins, *A Cloud of Faithful Witnesses: Commentary on Hebrews 11*, ed. Gerald T. Sheppard, *Pilgrim Classic Commentaries*, vol. 3 (New York: Pilgrim Press, 1990), págs. 79-81.

descansamos en la fe;³¹⁸ y segundo, indica «una verdad fundamental o un axioma fundamental» sobre cuya base se puede conocer a Dios, creer y comprender su Palabra.³¹⁹ La primera definición se basa en la identificación de Pedro de Cristo como la piedra angular, la piedra viva en y a través de la cual los creyentes son edificados como una «casa espiritual» (1 P. 2:4-6). Aun así, Cristo es el fundamento firme (*fundamentum fundatissimus*) en quien tiene fundamento para siempre la justicia sierva de Dios (*fundamentum seculi*, cf. Pr. 10:25), que fue llamada por el profeta piedra angular «preciosa» y fundamento puesto en Sión (Is. 28:16): Cristo, en verdad, es la piedra angular del fundamento de los profetas y los apóstoles (Ef. 2:20).³²⁰

Es posible, continúa Cocceius, hablar del *fundamentum Apostolarum*, la base sobre la cual los apóstoles pudieron predicar el evangelio, o del *fundamentum Prophetarum*, fuente del don de profecía. Incluso es posible hablar de los cimientos de la ciudad que está por venir, la Nueva Jerusalén.³²¹ Esto no significa que haya muchos fundamentos: los doce fundamentos de la Nueva Jerusalén (Ap. 21:19) no indican una pluralidad de fundamentos sino una pluralidad de ornamentos, así como hay doce apóstoles y doce profetas (¡menores!), sino una única base. El Nuevo Testamento, la predicación apostólica, siguió a la predicación de los profetas y la sustancia del Nuevo Testamento está probada por la palabra de los profetas. El fundamento es uno: «que es una roca», argumenta Cocceius, con referencia al Sal. 18:31, «excepto nuestro Dios».³²² Hay muchas columnas en la casa de Dios, pero un solo fundamento.³²³

Haciéndose eco de los primeros escritores reformados alemanes, Hyperius y Boquinus, Cocceius define el segundo uso de *fundamentum* (los axiomas o verdades fundamentales de las Escrituras) como la aceptación y aprobación de los creyentes en el pacto con el resultado de que son herederos de la vida y participantes de la justicia.³²⁴ Puesto que, además, Dios es uno, su justicia es una y el fin ordenado por Dios para todas las cosas es uno, la verdad fundamental dada a todos los seres humanos en todos los tiempos y en todos los lugares también debe ser una: aun así, no hay más que una *veritas* y *axiom fundamentale* tanto en el Antiguo como en el Nuevo Testamento.³²⁵

---

[318] Cocceius, *Summa theol.*, I, vii, 1-2.
[319] Cocceius, *Summa theol.*, I, vii, 15-16; cf. van Asselt, *Portret*, pág. 181-182.
[320] Cocceius, *Summa theol.*, I, vii, 3-5.
[321] Cocceius, *Summa theol.*, I, vii, 6-8.
[322] Cocceius, *Summa theol.*, I, vii, 8, 13.
[323] Cocceius, *Summa theol.*, I, vii, 14.
[324] Cocceius, *Summa theol.*, I, vii, 18, 38.
[325] Cocceius, *Summa theol.*, I, vii, 39-40.

Los sucesores de Cocceius en la tradición federal reformada también enfatizan el concepto como un componente básico del *locus de Scriptura sacra*. Witsius, en su discusión sobre las doctrinas fundamentales, identifica a Cristo específicamente como el *fundamentum* (siguiendo 1 Co. 3:11) y sostiene que, por lo tanto, ninguna «doctrina fundamental» puede estar «separada de la doctrina concerniente a Cristo».[326] Aun así, Witsius puede argumentar que «la doctrina de Cristo es la clave del conocimiento (Lc. 11:42) sin la cual nada puede ser entendido salvíficamente en Moisés y los profetas» y, citando a Bisterfeld, declarar que «el Señor Jesucristo fue el espíritu y alma del conjunto, tanto del Antiguo como del Nuevo Testamento».[327] Se puede observar un enfoque similar en la discusión de Burman sobre el oficio profético de Cristo en el Antiguo Testamento, donde la identidad de Cristo como Verbo encarnado le permite a Burman señalar todos los *verba Dei* hacia Cristo y, además, ver todos los *verbi Dei* del Antiguo Testamento como obra del Verbo preencarnado. Por tanto, el Antiguo Testamento revela el oficio de Cristo.[328]

Esto no quiere decir que la idea de un *fundamentum Scripturae* no tenía lugar fuera de la escuela federal. El dogmático inglés Edward Leigh podría argumentar que las Escrituras eran, en su significado y propósito últimos, «la Revelación de Cristo», de modo que el «fundamento doctrinal» de la teología, las Escrituras, tiene en su centro un «fundamento de fundamentos», Jesucristo, quien es «el fin de la ley y la sustancia del Evangelio» y por lo tanto «el tema principal de toda la Biblia» y «la suma de todas las verdades divinas reveladas».[329] El punto está poco desarrollado a partir de las declaraciones de Ursinus y está totalmente de acuerdo con la visión ortodoxa temprana. Turretin tampoco elabora este punto, pero sí declara, muy claramente en contra de todas y cada una de las alternativas, que «no hay otro fundamento» que Jesucristo.[330] Otros elementos de la doctrina reformada temprana de Boquinus y sus contemporáneos también aparecen en el sistema de Turretin: al contrastar la teología natural y la sobrenatural, Turretin identifica el contenido distintivo de la revelación bíblica sobrenatural necesaria como las promesas de Dios en Cristo o «la misericordia de Dios en Cristo»;[331] y Turretin puede declarar que «no podemos creer en Dios sino por medio de

---

[326] Witsius, *Exercitationes sacrae in symbolum quod Apostolorum dicitur* (Amsterdam, 1697), II.x; traducido como, *Sacred Dissertations on what is commonly called the Apostles' Creed*, trad. D. Fraser, 2 vols. (Edinburgh: A. Fullarton / Glasgow: Kull, Blackie & Co., 1823).

[327] Witsius, *De oeconomia*, IV, vi, 2, citando a Bisterfeld, *De scripturae eminentia*, xl.

[328] Burman, *Synopsis theol.*, V, xii, 3-4.

[329] Leigh, *Body of Divinity*, I, ix, i.

[330] Turretin, *Inst. theol. elencticae*, I, xiv, 6.

[331] Turretin, *Inst. theol. elencticae*, I, iv, 7, 23; cf. íbid., II, I, 5-6.

Cristo», quien en el sentido «incomplejo y personal» del término *fundamentum* es el «fundamento de toda salvación».[332]

Con mucha más extensión que Leigh o Turretin, Owen plantea la cuestión del *fundamentum* o fundamento de la iglesia y sus doctrinas a modo de nota polémica sobre la cuestión de la autoridad: el texto de Mt. 16:18, «sobre esta roca edificaré mi iglesia», argumenta, no puede indicar la primacía del Papa, sino que señala la confesión de fe en Cristo de Pedro como fundamento de la iglesia. Por lo tanto, la «persona de Cristo, el Hijo del Dios vivo, investido con sus oficios... es el fundamento de la Iglesia, la roca sobre la cual está edificada».[333] Owen elabora el punto,

> El fundamento de la Iglesia es doble: 1) Real; 2) Doctrinal. Y en ambos sentidos, solo Cristo es el fundamento. Él es el verdadero fundamento de la Iglesia, en virtud de la unión mística de ella con él, con todos los beneficios de los cuales y por los cuales se hace partícipe... Y él es el fundamento doctrinal de ella, en el sentido de que la fe o doctrina concerniente a él y a sus oficios está esa verdad divina que de manera peculiar anima y constituye la Iglesia del Nuevo Testamento.[334]

El punto doctrinal, como lo afirma Owen, proporciona más evidencia contra la tesis del «dogma central», particularmente en la medida en que Owen conecta su argumento acerca de Cristo como *fundamentum doctrinae* específicamente con el problema de la heterodoxia cristológica en la iglesia primitiva y en el siglo XVII. Owen declara que tales herejías, más que cualquier otro tipo, atacan al mismísimo fundamento del cristianismo.[335]

El término también se encuentra, con una connotación algo diferente, en bastantes de los sistemas ortodoxos alto y tardío, tanto luteranos como reformados. La tendencia luterana a discutir las Escrituras como Palabra en el *locus* sobre los medios de gracia, particularmente cuando se sostiene en relación con el fuerte énfasis luterano en Cristo como el *res significatum* de los sacramentos, llevó a hacer hincapié en el propósito y la eficacia de la Palabra y, por extensión, en el propósito central, el *Scopus*, o *Zweck* de las Escrituras. Así, Rambach puede declarar que el *Zweck* de la Escritura, considerado

---

[332] Turretin, *Inst. theol. elencticae*, I, iv, 20; xiv, 4.

[333] John Owen, *Christologia: or, a Declaration of the Glorious Mystery of the Person of Christ*, en *Works*, I, pág. 34.

[334] Owen, *Christologia*, en *Works*, I, pág. 34.

[335] Owen, *Christologia*, en *Works*, I, págs. 9-10; cf. Dewey D. Wallace, "The Life and Thought of John Owen to 1660: A Study of the Significance of Calvinist Theology in English Puritanism" (Ph.D. diss.: Princeton University, 1965), págs. 276, 336; y Richard W. Daniels, "'Great is the Mystery of Godliness': The Christology of John Owen" (Ph.D. diss.: Westminster Theological Seminary, 1990), págs. 62-67.

como *finis proximus*, es el arrepentimiento y la fe en Cristo, considerado como *finis ultimus*, la vida eterna.[336] O, nuevamente, hablando del objetivo próximo de las Escrituras en términos de una definición estándar de religión como adoración y obediencia correctas, Rambach puede declarar que el *finis ac scopus Scripturae sacrae* es «que un hombre piadoso... miembro de Cristo sea perfeccionado enteramente, en cuerpo y alma, en entendimiento y voluntad, para prestar servicio a Dios y encaminarse a todas las buenas obras que exige la Palabra de Dios».[337]

Entre los dogmáticos reformados posteriores, Mastricht favoreció esta definición con su identificación de *scopus* como el *finis Scripturae sacrae*: el objetivo de las Escrituras es que los creyentes sean perfeccionados ante Dios y perfectamente instruidos en todas las buenas obras.[338] La Escritura tiene, por tanto, un doble *scopus* o *finis*, un *finis cui*, una meta a la que se dirige en sentido material, que es el creyente; y un *finis cuius*, una meta de la cual permite al creyente participar, formalmente, como un resultado, que es la perfección o bienaventuranza del creyente.[339] En el nivel puramente exegético, los dogmáticos (incluso en fechas tan tardías como Wyttenbach) continúan argumentando que la atención al alcance de un libro bíblico o de un pasaje de un libro es necesaria para una correcta comprensión: así, Wyttenbach puede notar que el *scopus* de los Evangelios no es la historia completa de la vida de Cristo, sino la demostración de la identidad de Cristo como Mesías. En una escala mucho menor, pudo observar que el *scopus* del texto es crucial para cualquier comprensión de las parábolas, donde la historia debe leerse por su significado subyacente, como en el caso de la parábola de los talentos (Mt. 25:16 ss.), donde el alcance del pasaje se refiere al uso de los dones de Dios.[340]

Tampoco deberíamos imaginar que el concepto de *scopus scripturae* es propiedad exclusiva de los dogmáticos: a menudo aparece en obras exegéticas de la era de la ortodoxia, frecuentemente con referencia a la relación del alcance o argumento de un texto particular con el alcance de la Escritura en su conjunto y, como en el caso del comentario de Burroughs sobre Oseas, con un sentido de continuidad entre los intereses exegéticos protestantes posteriores y el enfoque de los reformadores. «Recuerdo que Lutero dijo», escribe Burroughs,

---

[336] Johann Jacob Rambach, *Schrifftmässige Erläuterung der Grundlegung der Theologie Herrn Johann Anastasii Freylingshausens* (Frankfurt, 1738), págs. 597, 598-599.

[337] Johann Jacob Rambach, *Dogmatische Theologie der Christliche Glaubens-Lehre*, 2 vols. (Frankfurt and Leipzig, 1744), I, pág. 205.

[338] Mastricht, *Theoretico-practica theol.*, I, ii, 2.

[339] Mastricht, *Theoretico-practica theol.*, I, ii 2.

[340] Wyttenbach, *Tentamen theologiae dogmaticae*, II, §180, 183.

> Que el alcance general de las Escrituras es declarar que el Señor es un Dios de misericordia y bondad; Todas las Escrituras, dice, apuntan especialmente a esto: que creamos y estemos seguros de que Dios es un Dios clemente y misericordioso. Y este es el alcance de este capítulo. Más bien, acusémonos de maldad y de tratos ingratos con Dios, y justifiquemos para siempre a Dios y reconozcamos que no solo es un Dios justo, sino también misericordioso.[341]

Además, el «alcance» de capítulos individuales o unidades textuales continuó siendo un interés primordial de los exégetas durante toda la era de la ortodoxia.[342]

Dada su formulación de pacto en manos de Hyperius, Boquinus, Olevianus y Ursinus, el concepto de *fundamentum* o *scopus Scripturae* se convirtió en un énfasis, aunque difícilmente propiedad exclusiva de la teología federal de Cocceius y sus seguidores. Tanto el énfasis en su teología como su falta de énfasis en las obras de otros teólogos reformados del siglo XVII pueden, además, atribuirse a la hermenéutica bastante diferente empleada por los teólogos federales; de hecho, a su adhesión a una hermenéutica tipológica al mismo tiempo que la teología protestante en general estaba luchando con las dificultades de una visión cada vez más literal, gramatical e histórica del texto.

Heppe tenía toda la razón al entender este lenguaje de *scopus Scripturae* con sus implicaciones pactadas y cristocéntricas como punto focal en la interpretación teológica de las Escrituras y como base para la construcción de un modelo dogmático que se oponía a la lectura de la teología reformada como un sistema predestinario. En lo que se equivocó fue en su hipótesis de dos modelos reformados distintos, un modelo federal alemán y un modelo predestinario suizo y holandés —y, por extensión, se equivocó en su suposición de que la disminución del énfasis en el *scopus Scripturae* fue el resultado de un eventual dominio del predestinarianismo sobre el federalismo. Este argumento no solo malinterpreta la relación entre la doctrina de los decretos y la doctrina del pacto al enfrentar una doctrina contra otra, como si una tuviera que ser el dogma central del sistema,[343] también malinterpreta la raíz del concepto de *scopus Scripturae* y las razones de su declive como motivo teológico.

---

[341] Jeremiah Burroughs, *An Exposition of the Prophecy of Hosea*, 4 vols. (London, 1643-51; reeditado en un volumen, Edinburgh: James Nichol, 1865), págs. 461-462 (en el capítulo 11).

[342] Cf. Burroughs, *Exposition of Hosea*, pág. 54 (cap. 2), 181 (cap. 3), 261 (cap. 5, usando "sum" en lugar de "scope"), 461-2 (cap. 11); con Poole, *Commentary*, II, pág. 648 (el "scope" de Lamentaciones).

[343] Sobre el problema de la teología del pacto, ver Anthony Hoekema, "The Covenant of Grace in Calvin's Teaching," en *Calvin Theological Journal*, 2 (1967), págs. 133-161; Lyle D. Bierma, "Federal Theology in the Sixteenth Century: Two Traditions?" en *Westminster Theological Journal*, 45 (1983), págs. 304-321.

Como hemos visto, el concepto de *fundamentum* o *scopus Scripturae* estaba presente en el pensamiento de los pensadores federales y no federales y pertenecía tanto al pensamiento de los reformados suizos como al pensamiento de los reformados alemanes. De hecho, apareció por primera vez en la teología confesional temprana de la Reforma Suiza. Más allá de esto, el concepto parece haber sido una característica bastante común de la teología temprana de la Reforma, que se remonta a fuentes tan diversas como Erasmo, Lutero y las confesiones suizas, un concepto que, además, se basa en consideraciones tanto hermenéuticas como doctrinales. De hecho, se explica mejor en relación con los diversos modelos hermenéuticos de finales de la Edad Media y principios del siglo XVI que hicieron de Cristo el punto focal de la interpretación: ya sea el sentido literal espiritual de Lefèvre d'Étaples, la afirmación de Lutero de que Cristo es, *litteraliter*, el hablante del Salmo 3, o el *caput-corpus-membra* patrón, también empleado por Lutero.

Una vez reconocida esta base hermenéutica de la idea del *scopus Scripturae*, no solo es evidente por qué la idea fue prominente durante más tiempo entre los teólogos federales que entre otros escritores reformados, también está claro por qué gradualmente dejó de ser útil para la teología reformada en general, a pesar del fuerte enfoque cristológico de la doctrina reformada. La teología federal, tal como la enseñaron Cocceius y sus seguidores, estaba mucho más abierta a la exégesis alegórica y tipológica que las otras variedades del pensamiento reformado y, por lo tanto, mucho más propensa a recurrir a lecturas cristológicas del Antiguo Testamento. Además, el desarrollo de la hermenéutica a finales del siglo XVI y XVII se dirigió hacia un método lingüístico cada vez más literal, textual y comparativo que excluía cada vez más el enfoque alegórico y tipológico no solo de la Edad Media sino también de los primeros reformadores. En este contexto hermenéutico alterado, se volvió imposible afirmar que la meta o dirección de cada texto fuera Cristo, pero sí bastante aceptable afirmar que la meta de las Escrituras en su totalidad y en parte era la redención de los creyentes. Esta lectura del tema se correspondía no solo con la lectura cada vez más literal o gramatical del texto sino también con el énfasis en *praxis* encontrado en gran parte de la teología reformada y luterana.[344] El uso más puramente exegético de *scopus* como sinónimo virtual de *argumentum*, en consecuencia, no desapareció tan rápidamente y, de hecho, siguió siendo característico de la exégesis protestante durante el siglo XVII y hasta el XVIII.[345]

---

[344] Sobre *praxis* y la orientación práctica de la teología, ver *DRPR*, I, 7.3 (B).
[345] Ver más abajo, 7.4 (B.3; C.3).

CAPÍTULO 4

LA DIVINIDAD DE LAS ESCRITURAS

4.1 La Divinidad de las Escrituras: causas y fines

A. Escritura y causalidad: exposición de cuestiones

1. Significado e implicaciones de la aplicación del lenguaje causal a las Escrituras.

La divinidad de las Escrituras, particularmente con referencia a la causalidad que produjo el texto y a la meta y propósito de esa causalidad en su trabajo de producción, es un tema que ingresa al sistema teológico protestante durante la era de la ortodoxia temprana, especialmente en sistemas tan importantes como *Syntagma theologiae* de Polanus, *Disputationes* de Gomarus, y la *Synopsis purioris theologiae*.[1] Por un lado, esta discusión, particularmente desde el punto de vista formal, es bastante diferente de cualquier cosa que pueda encontrarse en los escritos de los reformadores. (Tampoco está universalmente presente entre los ortodoxos reformados, aunque típicamente está implícito en sus discusiones sobre las propiedades de las Escrituras). Por otro lado, debe quedar claro que los reformadores asumieron que un poder divino actuaba en la escritura y preservación de las Escrituras que, en concierto con los esfuerzos de los autores humanos y con los escribas preservadores del texto, había asegurado la disponibilidad de la Palabra autorizada de Dios en y para la vida de la iglesia. Los protestantes ortodoxos que adoptaron el argumento pretendían que la argumentación

---

[1] Polanus, *Syntagma theol.*, I, xv-xvi; Gomarus, *Disputationes*, II, xii-xxx; *Synopsis purioris theologiae*, II, xxiii-xxiv.

causal escolástica desarrollara y explicara el origen y la preservación del texto con el debido respeto a los muchos niveles de causalidad, divina y humana, que intervienen en esa serie de acontecimientos históricos. El esfuerzo ortodoxo formalizó y matizó a la vez la discusión, proporcionando un contexto dentro del cual se podían entender los argumentos relacionados con la inspiración, la autoridad, la naturaleza autoautenticante y el carácter canónico del texto.

Estas consideraciones nos plantean nuevamente la cuestión del uso escolástico protestante del lenguaje causal. La respuesta muy frecuente de teólogos e historiadores ha sido simplemente descartar el lenguaje como un síntoma de aristotelismo excesivo o, en el caso de los ortodoxos reformados, reclamarlo como evidencia de un interés metafísico, predestinario e incluso determinista. Esta última afirmación, por supuesto, no se extiende a los sistemas ortodoxos luteranos, a pesar de su uso prácticamente idéntico de categorías causales para argumentar la doctrina de las Escrituras. Es más, las líneas de causalidad que se señalarán aquí no dan ninguna impresión de determinismo general sino más bien de la aplicación de un principio heurístico. Los ortodoxos presentan la causalidad de las Escrituras y de su preservación como una forma de entender la relación de las Escrituras con los demás temas y cuestiones abordados en el sistema de doctrina. Nuestro reconocimiento de este hecho nos lleva, a su vez, más allá de la fácil afirmación de que las categorías causales dan testimonio del aristotelismo (lo cual, por supuesto, lo hacen) a la cuestión más profunda del significado teológico transmitido por y, a veces, debido a la extrañeza de estas categorías a nuestros modos actuales de expresión teológica, ocultos bajo el lenguaje de la ortodoxia protestante.

Además, como lo demuestran prácticamente todos los sistemas ortodoxos reformados examinados aquí, el lenguaje causal que subyace y guía la discusión sobre la divinidad de las Escrituras se basa directamente en la concepción multinivel de la Palabra desarrollada por los ortodoxos en su doctrina de la Palabra y, por lo general, se refleja en ella. Por lo tanto, Trelcatius puede argumentar que la Palabra es la fuente del verdadero conocimiento de Dios, de modo que en algún sentido la Palabra reveladora debe ser conocida o al menos conocida antes de que Dios pueda ser verdaderamente conocido. Sin embargo, en orden, Dios precede al Verbo como quien habla: Dios «mediatamente» nos habla en la Palabra, y la Palabra «inmediatamente» nos lleva al verdadero conocimiento de Dios. Obligando a este orden, la teología debe hablar primero de la Palabra como fuente inmediata del conocimiento de Dios.[2] Esta palabra es «enunciativa», pronunciada por Dios y comunicada a los seres humanos como revelación

---

[2] Trelcatius, *Schol. meth.*, I, i-ii (págs. 11-12).

en «oráculos, visiones o sueños», o se conoce por medio de un «instrumento», es decir, por medio de una «tradición de doctrina» o, más excelentemente, por medio de las Escrituras. Desde el punto de vista de este enfoque causal del conocimiento de Dios, la Escritura puede definirse como

> instrumento santo acerca de la verdad necesaria para la salvación, escrita fiel y perfectamente en los libros canónicos por los profetas y los apóstoles, [actuando como] secretarios de Dios para la instrucción salvífica de la iglesia.[3]

La «autoridad, perfección, claridad y uso [apropiado]» de las Escrituras se hacen evidentes mediante un «análisis» de sus causas.[4] Esta definición de la Escritura como instrumento, además, plantea la cuestión de la causalidad en la medida en que un instrumento nunca es una causa eficiente, sino siempre un medio utilizado por una causa eficiente o, como debe ser el caso de la Escritura, un medio producido por una actividad y utilizado en otra. Desde este punto de vista, entonces, la cuestión básica que se trata en la discusión de la divinidad de las Escrituras es el origen, es decir, la causalidad productora de las Escrituras como base autoritativa de la doctrina cristiana.

El problema de la causalidad de las Escrituras, entonces, es —en lo que respecta a la mente protestante ortodoxa— el problema de la revelación misma, el problema de la transmisión del conocimiento acerca de Dios en formas humanas finitas, en el caso de las Escrituras, en la forma de las palabras humanas. Al describir esta causalidad, los escolásticos protestantes se remitieron tanto a la tradición escolástica medieval como a las obras de los reformadores. De los maestros medievales recibieron la definición de Dios como el *auctor principalis sive primarius Scripturae* y de los seres humanos, los profetas y los apóstoles, como autores o instrumentos secundarios.[5] De los reformadores no recibieron ningún lenguaje nuevo, pero sí encontraron confirmación de este punto en la repetida identificación de las Escrituras como la Palabra de Dios, tal como fue dada por Dios y, como podría decir Calvino, producida por el Espíritu que «dicta» a los «amanuenses» humanos.[6]

2. Las Escrituras y la cuádruple causalidad: el paradigma ortodoxo temprano.

Gomarus expresa con especial claridad la definición escolástica:

La causa eficiente de la Escritura es doble: su autor y sus ministros o asistentes (*auctor y ministri illius*).

---

[3] Trelcatius, *Schol. meth.*, I, i-ii (pág. 12).
[4] Trelcatius, *Schol. meth.*, I, i-ii (pág. 12).
[5] Ver arriba, 1.2 (B.2).
[6] Calvino, *Institutos*, IV, viii, 8, 9.

El autor es Dios Padre (He. 1:1; Lc. 1:70); el Hijo (1 P. 1:11); y el Espíritu Santo (2 P. 1:21): y por eso hablamos de una dirección divina (*syntagma divinum*): como, por ejemplo, las *logia tou theou* o liberaciones de Dios (*eloquia Dei*) (Ro. 3:2), se llaman así por motivos de inspiración divina.

Los asistentes (*ministri*) son, ciertamente, hombres santos, movidos por Dios, llamados inmediatamente por él y por el Espíritu Santo, instruidos en teología, y con tal fin, enseñados y dirigidos a ponerla en palabras y enseñarla para el bien general de la iglesia (He. 1:1; 2 P. 1:21; 3:2; 2 Ti. 3:16; Jn. 14:16; 16:13).[7]

Que la causa eficiente de las Escrituras es «Dios el Padre, en el Hijo, por el Espíritu» es evidente por la sustancia de los oráculos de Dios mismos, por el testimonio del Hijo en el Nuevo Testamento y por el testimonio interno del Espíritu en los creyentes. Los ortodoxos ponen especial énfasis en la obra del Espíritu en sus discusiones sobre la causalidad de las Escrituras: el Espíritu es la conexión entre la eficiencia divina inmediata y la eficiencia humana mediata, ya que el Espíritu no solo ha usado a los profetas y apóstoles como «amanuenses» sino también ha confirmado el «sujeto» y la «certeza» de la enseñanza de las Escrituras en obras de gracia y poder y ha «sellado» el testimonio público o externo de las Escrituras mediante un testimonio interno «en la conciencia de los piadosos».[8] En consecuencia, la Escritura puede ser considerada como base y fundamento de la verdad sobre la base de la causalidad eficiente, en la medida en que está escrita ya sea «inmediatamente» por Dios, como cuando con su dedo escribió el Decálogo, o «mediatamente» por los «actuarios» y «tabularios» de Dios.[9] Como confirmación de esta causalidad divina, podemos considerar la idoneidad personal y el ministerio digno de los profetas y apóstoles, y la conformidad de la Palabra de Dios con la verdad. El testimonio de la iglesia también confirma la eficiencia divina en la producción de las Escrituras, pero solo en un sentido secundario, admitiendo que la existencia continua, el ministerio y la disciplina de la iglesia se basan en las Escrituras.[10]

La «causa material» de las Escrituras es la sustancia o material divino que ha sido «revelado para nuestra salvación», entregado «según nuestra capacidad y registrado en el canon».[11] Dios, por lo tanto, es el sujeto propio y, como tal, la causa material de las Escrituras: el texto de las Escrituras contiene descripciones y declaraciones sobre la naturaleza de Dios, principalmente en términos de los atributos divinos más que de la esencia

---

[7] Gomarus, *Disputationes*, II, xii-xiv.
[8] Trelcatius, *Schol. meth.*, I, ii (pág. 15); cf. Junius, *Theses theologicae heidelbergenses*, IV, 3-8.
[9] Junius, *Theses theologicae heidelbergenses*, IV, 13-14; cf. Trelcatius, *Schol. meth.*, I, i (págs. 13-14).
[10] Trelcatius, *Schol. meth.*, I, ii (págs. 16-17).
[11] Trelcatius, *Schol. meth.*, I, ii (pág. 17).

divina, y se ofrece de tal manera que permita la comprensión por parte de la mente humana. Además, el sujeto divino no se presenta universalmente en su sentido último y propio (como Dios revelado en sus atributos), sino a menudo de manera secundaria, como ordenado por Dios para la salvación. Así, el tema y el material de las Escrituras se refieren a la actividad de Dios entre los hombres y los deberes del ser humano hacia Dios.[12]

Profundamente relacionada con la causa material o tema de las Escrituras está la forma o causa formal, «que Dios ha impreso en [las Escrituras] para su gloria y para nuestro uso».[13] Cristo mismo identificó esta forma como «verdad» (Jn. 17:17): Por lo tanto, las Escrituras deben ser reconocidas como completamente divinas: «no hay nada en las Escrituras que no se base en la verdad divina».[14] Más específicamente,

> La causa formal de la Sagrada Escritura es doble, interior y exterior: por la primera la Escritura es proporcionada tanto a la verdad divina como a cada una de sus partes; por la última, el lenguaje exquisito de la Sagrada Escritura, todo lo que en ella está escrito tiene un estilo adecuado a la dignidad del hablante, a la naturaleza de la palabra dicha y a la condición de aquellos a quienes se dirige.[15]

Los diversos atributos de las Escrituras discutidos en los sistemas ortodoxos reformados parten de esta identificación de la causalidad formal.

Finalmente, considerada en cuanto a su *finis* o *telos*, la Escritura tiene un doble propósito: la gloria de Dios y la salvación de los elegidos. El bienestar y la salvación presentes de la iglesia, que conducen a la bienaventuranza final de los siervos de Dios, es la meta secundaria o subordinada, mientras que la gloria de Dios manifestada en la salvación de los elegidos es la meta principal y última. Por lo tanto, las Escrituras son perfectamente adecuadas tanto para nutrir la fe como para sustentar y presentar la verdad divina.[16] Como en el caso de otros argumentos causales, esta discusión sobre la causalidad final de la Escritura debe considerarse como un dispositivo heurístico diseñado para fundamentar toda una serie de cuestiones teológicas y hermenéuticas en la naturaleza del texto mismo. Una vez establecida la identificación básica de esta causalidad final, los ortodoxos, siguiendo la lógica a priori del *locus*, pueden extraer atributos de las Escrituras y discutir el método de

---

[12] Junius, *Theses theologicae heidelbergenses*, II, 5-13; cf. Francis Roberts, *Clavis Bibliorum. The Key of the Bible, Unlocking the Richest Treasury of the Holy Scriptures, whereby the Order, Names, Times, Penmen, Occasion, Scope, and Principal Parts, containing the Subject-Matter of the Books of the Old and New Testament, are Familiarly and Briefly Opened* (London: T. R. & E. M. for George Calvert, 1649), págs. 14-15.

[13] Junius, *Theses theologicae heidelbergenses*, III, 1.

[14] Junius, *Theses theologicae heidelbergenses*, III, 2-4.

[15] Trelcatius, *Schol. meth.*, I, ii (pág. 23-24).

[16] Cf. Gomarus, *Disputationes*, II, xxv-xxvi con Junius, *Theses theologicae heidelbergenses*, V, 5-7.

su interpretación.¹⁷ El patrón de argumentación refleja la estructuración arquetípica/ectípica de la teología discutida por los ortodoxos en sus prolegómenos.

Trelcatius lo expresa simplemente en el estilo agricolano o ramista de la ortodoxia temprana:

La causa final, según la consideración del objeto, es doble: la más elevada y remota es la gloria de Dios en el mantenimiento de su verdad; la segunda y más cercana… es la instrucción de su iglesia para la salvación.¹⁸

Gomarus ofrece una explicación cuádruple similar, aunque algo más elaborada y claramente menos *a priori*: el primer *finis* o *telos* de las Escrituras es la «conservación y propagación perpetua, en la iglesia y entre los pastores y el rebaño, frente a todos los peligros de pérdida o corrupción, de la doctrina necesaria para la salvación». El segundo, que Gomarus describe como un «uso» de la Escritura, es proporcionar una regla para que la iglesia pueda poseer un conocimiento perfecto y suficiente de Dios tanto para el culto como para la fe y la vida cristianas: por eso la Escritura se llama «canónica». El tercer propósito o fin de las Escrituras es que la iglesia sea conducida por la lectura y el oído al verdadero conocimiento de Dios y a una correcta instrucción y edificación en asuntos de fe y amor hacia la meta de la vida eterna.¹⁹ Estos tres fines o usos próximos, concluye Gomarus, están subordinados a la meta última y predeterminada (*finis ultimus ac praeordinatus*) de las Escrituras, la gloria final de los siervos de Dios, proporcionada según la misericordia y la bondad inconmensurable de Dios.²⁰

B. Las Escrituras y el propósito divino: fines divinos y humanos del texto sagrado

Estos argumentos son desarrollados con considerable extensión por los escritores ortodoxos, quienes elaboran la discusión del propósito divino en las Escrituras específicamente con el fin de argumentar los atributos del texto: el uso de la Escritura como norma final y pública de la teología requiere que sean auténtica, perfecta y perspicua.²¹ En cierto sentido, todo el argumento parte del supuesto de que las Escrituras no solo reflejan el ser de su «autor principal» (de la misma manera que la creación refleja el ser divino, aunque de una manera mucho más clara), sino que el carácter

---

[17] Cf. Leigh, *Treatise*, I, vii, ad fin. y viii (págs. 128-129; 130 ss.).
[18] Trelcatius, *Schol. meth.*, I, ii (pág. 27).
[19] Gomarus, *Disputationes*, II, xxvii-xxx.
[20] Gomarus, *Disputationes*, II, xxxi.
[21] Hommius, *LXX Disputationes*, II, i.

divino de las Escrituras, como evidencia por sí misma, debe presentarse y argumentarse *a priori*. Así, Leigh se hace eco del orden, no de Gomarus, sino de Trelcatius y sitúa la consideración del objetivo final en primer lugar, antes de la consideración de los objetivos próximos:

> Se considera el fin de las Escrituras, 1. Con respecto a Dios; 2. Con respecto a nosotros. Con respecto a Dios, el fin de la Escritura es glorificarlo; por Ella podemos aprender a conocerlo, amarlo y temerlo, y así ser bendecidos. La gloria de Dios es el fin supremo de todas las cosas, Pr. 16:4.[22]

Leigh aclara su definición del fin primario de las Escrituras volviendo nuevamente a su tema cristológico: «Dios en Cristo o Dios y Cristo es el objeto de la religión cristiana; sin conocimiento de Cristo no podemos conocer a Dios de manera salvadora». Estas palabras aparecen como una glosa marginal de la primera parte de la dicotomía, que debe leerse en relación con «Con respecto a Dios». Para Leigh, el Dios que ofrece las Escrituras y que ordena su «fin principal» no es un *deus nudus absconditus* sino el *deus revelatus in Christo*. La declaración de los grandes fines de la revelación en las Escrituras y, por lo tanto, de las Escrituras mismas nos devuelve a la cuestión del fundamento o alcance de toda la Escritura —identificado por la ortodoxia reformada como Cristo— y al carácter de la Escritura como Palabra, que descansa en la Palabra eterna y la sabiduría de Dios.

«Con respecto a nosotros, el fin de las Escrituras» se considera de dos maneras: «intermedio» o temporal y «último y principal».[23] El fin intermedio y temporal de la Escritura es la edificación de los creyentes, que puede considerarse de cinco maneras, correspondientes a la configuración de las facultades espirituales del sujeto humano: «las dos primeras respetan la mente, las otras tres, el corazón, y afecto»:

> [1.] es provechoso para la Doctrina, sirve para dirigir toda verdad salvadora; nada debe recibirse como verdad necesaria para la salvación, excepto lo que se prueba en las Escrituras... 2. Represión o refutación, para refutar todos los errores y opiniones heterodoxas en la divinidad. Con esta espada del Espíritu, Cristo venció a Satanás... 3. Corrección de la iniquidad, rectificando lo que está mal en las costumbres y en la vida. 4. Instrucción para la justicia... 5. Consuelo en todas las tribulaciones...: la palabra griega para evangelio significa buenas nuevas... así como las promesas de Dios son la regla por la que debemos orar con fe, también son la base de lo que debemos esperar en consuelo.[24]

---

[22] Leigh, *Treatise*, I, vii (pág. 128); cf. Venema, *Inst. theol.*, pág. 41.

[23] Leigh, *Treatise*, I, vii (págs. 128-129).

[24] Leigh, *Treatise.*, I, vii (pág. 128-129); cf. Roberts, *Clavis Bibliorum*, págs. 20-21.

El fin «último y principal» de las Escrituras es

nuestra Salvación y vida Eterna, Jn. 5:39 y 20:31; 2 Ti. 3:15. Nos mostrará la manera correcta de escapar del infierno y alcanzar el cielo. Nos mostrará qué creer y practicar para nuestra felicidad presente y eterna. Este fue el objetivo de Dios al hacer que se escribieran las Escrituras, y las encontraremos disponibles y eficaces para los fines para los cuales fueron ordenadas por Dios.[25]

El punto subyacente de la doctrina, por tanto, es describir la causalidad de las Escrituras, concediendo el propósito divino de la revelación y la salvación y concediendo, también, lo que se sabe de la esencia y los atributos de Dios, a fin de proporcionar un fundamento *a priori* para la discusión del carácter de las Escrituras para lograr los fines divinos. Como se señaló anteriormente, este es un patrón de argumentación un tanto circular que, en efecto, parte de un sentido general de la identidad de las Escrituras como Palabra y del alcance y fundamento redentor de las Escrituras, todo ello derivado de las Escrituras, siguiendo una exégesis doctrinal bastante tradicional —a una discusión de la causalidad divina presupuesta por las definiciones redentoras y, de allí, a los atributos de la Escritura necesarios para los fines redentores, tal como los define la causalidad. El punto subyacente de este enfoque es, claramente, evitar la apariencia de una declaración arbitraria del carácter de las Escrituras o de la implicación de que la autoridad y los atributos de las Escrituras deben inferirse de una fuente extrabíblica como, por ejemplo, la tradición de la iglesia. Toda la discusión parece ser una consecuencia del lenguaje de las Escrituras como la norma última de fe y práctica que se autentica y se interpreta a sí misma y, por lo tanto, la única norma para enmarcar una doctrina de las Escrituras.

Por lo tanto, para alcanzar las metas más cercanas o próximas de las Escrituras, toda la doctrina dada en las Escrituras debe ser simple y clara tanto en términos del «asunto expuesto» como en términos de «la manera de entregar» la doctrina. Dado que, además, las enseñanzas «oscuras y dudosas» están completamente alejadas de la verdad clara de la Palabra de Dios, incluso aquellas doctrinas que parecen oscuras en su «dignidad y majestad» son, sin embargo, claras en su verdad.[26] De manera similar, el sentido de las palabras del texto también debe ser claro, significando tanto «la intención del hablante como la naturaleza de lo significado». Para explicar su punto, Trelcatius cita la máxima escolástica, *theologia symbolica non est argumentativa*: la teología simbólica o figurativa no es la base del argumento: varias lecturas alegóricas, tropológicas y anagógicas pueden ser

---

[25] Leigh, *Treatise*, I, vii (pág. 129).
[26] Trelcatius, *Schol. meth.*, I, ii.

útiles para el oyente, pero el sentido literal y gramatical es unitario, completo y el único fundamento de la interpretación teológica legítima.[27] La doctrina de la causalidad de las Escrituras, por lo tanto, apunta a prácticamente todos los demás temas en el *locus*.

4.2 La inspiración de las Escrituras

A. La reforma y la ortodoxia sobre la inspiración

1. Aproximaciones historiográficas.

La doctrina de la inspiración de las Escrituras, muy contraria a la impresión dada por gran parte de la discusión del siglo XX, no fue un tema elaborado con gran detalle ni por los reformadores ni por los protestantes ortodoxos de finales del siglo XVI y principios del XVII. La doctrina, ya sea expresada «vagamente» o «dinámicamente», «formalmente» o «estrictamente», tendía a presentarse de manera bastante breve y sin muchos argumentos. Solo en la era de la alta ortodoxia la doctrina se convirtió en un importante foco de discusión, e incluso entonces difícilmente puede decirse que haya sido el tema dominante en el *locus de Scriptura sacra*. Los principales sistemas escolásticos reformados —el *Syntagma* de Polanus, las *Disputationes* de Gomarus, la *Synopsis* de Leiden, los *Loci* de Walaeus, los *Loci communes* de Maccovius, la *Synopsis theologiae* de Burman, la *Institutio* de Turretin, el *Corpus theologiae* de Heidegger, y la *Theoretico-practica theologia* de Mastricht, solo por nombrar algunos— ninguno logra señalar la inspiración como un tema separado. Tienden a ver la inspiración como un subtema de la discusión sobre la divinidad de las Escrituras,[28] o como característica de la *forma scripturae* que surge de la discusión de la causalidad eficiente, formal, material y final de la Escritura,[29] o como parte del argumento a favor de la autoridad y autenticidad del texto.[30] Las principales obras exegéticas de la época también asumen la doctrina, pero hacen pocos esfuerzos por probarla o argumentarla contra posibles contraevidencias en el texto.[31] Esto

---

[27] Trelcatius, *Schol. meth.*, I, ii.

[28] Cf. Polanus, *Syntagma theol.*, I, xv-xvi; Gomarus, *Disputationes*, II, xiii-xiv; *Synopsis purioris theologiae*, II, iii, v; Walaeus, *Loci communes*, II; Maccovius, *Loci communes*, II (págs. 11-12); Burman, *Synopsis theologiae*, I, iv, 23-30; Turretin, *Inst. theol. elencticae*, II, iv, 2; Mastricht, *Theoretico-practica theol.*, I, ii, 2, 13.

[29] Cf. Gomarus, *Disputationes*, II, xix; Leigh, *Body of Divinity*, I, viii (pág. 97).

[30] Cf. *Synopsis purioris theol.*, II, xxviii; Maccovius, *Loci communes*, IV; Turretin, *Inst. theol. elencticae*, II, iv-v, especialmente v.6 y II, xii.

[31] Cf. William Ames, *An Analytical Exposition of both the Epistles of the Apostle Peter, illustrated by doctrines out of every text* (London: John Rothwell, 1641), 2 P. 1:21, in loc.; Jean Diodati, *Pious and Learned Annotations upon the Holy Bible, plainly Expounding the Most Difficult Places Thereof*, 3rd ed. (London:

no quiere decir que la doctrina de la inspiración careciera de importancia para los pensadores protestantes de los siglos XVI y XVII: quiere decir, sin embargo, que una comprensión correcta de la antigua doctrina protestante de la inspiración surge de un sentido de su lugar y papel en la doctrina más amplia de las Escrituras, más que a partir de una ecuación errónea de la doctrina de la inspiración con la doctrina de las Escrituras. La cuestión fundamental abordada tanto por los reformadores como por los ortodoxos fue la cuestión de la autoridad y la certeza.

La razón de esta ubicación, función y relativa falta de énfasis en la doctrina de la inspiración es que la doctrina no fue un tema de debate entre los reformadores y sus principales adversarios, los católicos romanos. Como señaló Mangenot, los primeros polemistas católicos romanos abordaron principalmente la cuestión del canon de las Escrituras y su autoridad y «no trataron directamente la naturaleza de la inspiración»: Cochlaeus, Pighius, Eck, Driedo y Alphonse de Castro, todos «afirmaron fuertemente la inspiración [de las Escrituras] sin dar más detalles sobre el concepto». De hecho, Mangenot pudo concluir, con considerable justicia, que ni el Renacimiento ni la Reforma tuvieron una influencia importante en la consideración teológica de «la naturaleza de la inspiración». La tendencia de estos escritores, como la tendencia de muchos de los doctores medievales, había sido hacer poca o ninguna distinción entre revelación e inspiración:

> [La inspiración] siempre fue entendida como un tipo particular de revelación, producida en las mentes de los escritores sagrados por una infusión de luz sobrenatural, capaz de revelarles inmediatamente las cosas de otro modo desconocidas sobre las que se suponía que debían escribir y de ejercer una influencia en su presentación de las cosas que conocen naturalmente. Esta revelación fue la visión intelectual de la que habían hablado los escolásticos.[32]

Los humanistas del Renacimiento, como Pico, Ficino y Reuchlin, con su interés en la Cábala y los sentidos místicos de las Escrituras, de ninguna manera buscaron disminuir la influencia del Espíritu sobre los escritores de las Escrituras, y los reformadores, con su énfasis en la única autoridad de la Escritura, solo reafirmaron la doctrina de la inspiración:

James Flesher, 1651), 2 P. 1:21 in loc.; Paulus Tossanus, *Biblia, das ist die gantze Heilige Schrifft durch D. Martin Luther verteutscht: mit D. Pauli Tossani hiebevor ausgegangenen Glossen und Auslegungen*, 4 vols. (Frankfurt, 1668), 2 Ti. 3:16 y 2 P. 1:21, in loc.; Poole, *Commentary*, I, págs. 456, 513, sobre los problemas de autoría de Jueces y I-II Samuel como no destructivos de la autoridad de los libros; e ibid., III, págs. 797, 921, sobre la interpretación de la *sedes doctrinae* tradicional, 2 Ti. 3:16 y 2 P. 1:21; con Henry, *Exposition*, 2 Ti. 3:16 y 2 P. 1:21 in loc.; y, para una sinopsis de la exégesis católica romana, ver Cornelius à Lapide, *Commentaria in Scripturam Sacram R. P. Cornelii a Lapide, e Societate Jesu ... accurate recognovit*, 27 vols. (Paris: Vives, 1866), 2 Ti. 3:16 y 2 P. 1:21, in loc.

[32] Mangenot, "Inspiration de l'Écriture," col. 2131.

Mangenot señala que el concepto de inspiración era «vago» en los escritos de Lutero y Zwingli, «más preciso y firme» en el pensamiento de Calvino, y aún «más sistemático» en el obra de Beza.[33] En cualquier caso, ninguno de estos escritores fue visto por sus contemporáneos católicos como causa de controversia sobre la doctrina de la inspiración. Además, el desarrollo de la doctrina protestante esbozada por Mangenot en realidad es paralelo, con poca polémica, al desarrollo de la doctrina católica romana hacia y más allá del Concilio de Trento.

De manera similar, la doctrina de la inspiración no fue un tema de debate primario entre los ortodoxos reformados y sus diversos adversarios, ya fueran arminianos, luteranos o católicos romanos:[34] la polémica arminiana y sociniana posterior contra la idea de un texto inspirado de forma totalmente infalible solo tuvo un impacto importante en la polémica ortodoxa protestante durante la alta ortodoxia. La definición de inspiración, la cuestión de la naturaleza de la obra del Espíritu en relación con los profetas y los apóstoles, tampoco era un punto que necesitara una nueva formulación. Las raíces de la formulación protestante escolástica se encuentran profundamente en la tradición de la iglesia, remontándose a través de la Reforma hasta la Edad Media e incluso hasta el período patrístico. De hecho, el movimiento hacia una definición más clara de inspiración en relación con la idea de revelación, y el uso eventual de esta distinción como corolario e incluso refuerzo de la doctrina de la autoridad e infalibilidad del texto, fue característico de muchos pensadores católicos y protestantes del siglo XVII. Lo que es importante para comprender la antigua doctrina protestante de la inspiración, entonces, no es solo el lenguaje de la doctrina en sí, sino la manera en que este punto doctrinal particular se relaciona con las grandes cuestiones debatidas de la época: autoridad, canon e interpretación, y la forma en que estas otras preguntas se apoyaron y moldearon la doctrina de la inspiración. En particular, el creciente énfasis de los teólogos ortodoxos del siglo XVII en la manera, el mecanismo y el alcance de la inspiración debe entenderse en relación con las presiones creadas por los desarrollos hermenéuticos sobre otras cuestiones de autoridad y canon. Nuestra discusión explorará el desarrollo histórico de estos problemas a través de la Reforma, las eras ortodoxa temprana y alta ortodoxa, observando finalmente la transición a los tiempos turbulentos de la ortodoxia tardía.

Quizás la pregunta más fundamental que debe responderse en la discusión sobre el desarrollo del concepto protestante de inspiración se

---

[33] Cf. Mangenot, "Inspiration de l'Écriture," col. 2131; con Köstlin, *Theology of Luther*, II, págs. 250-257; y Wendel, *Calvin*, págs. 156-160.

[34] Cf. Arminio, *Disputationes publicae*, II, iii-iv, xii, xxii, en *Opera theologica* (Leiden, 1629).

refiere a la naturaleza y el carácter de la doctrina de los reformadores. Ya estamos en condiciones de argumentar (sobre la base de nuestro esbozo de la enseñanza medieval sobre el tema) que la doctrina bastante formal de la inspiración verbal defendida por los escolásticos protestantes no fue una invención del siglo XVII. Sus premisas básicas se encuentran en las formulaciones de los escolásticos medievales. La pregunta que hay que responder es, primero, si la doctrina de los reformadores difería significativamente de la concepción medieval de la inspiración y luego, segundo, si la doctrina ortodoxa protestante miró su forma a la Edad Media, a la Reforma o a ambas épocas y contenidos—y cómo la doctrina en sí se desarrolló en continuidad y discontinuidad con su pasado.

Una dificultad importante para abordar la doctrina protestante de la inspiración (a diferencia de los otros temas tratados en este estudio) surge de la cantidad de estudiosos que han discutido el tema y con resultados tan variados. La lectura clásica y ortodoxa de Lutero en continuidad con las ideas de inspiración protestantes medievales y posteriores a la Reforma nunca ha carecido de partidarios.[35] Seeberg, Reu, Loofs y Scheel atribuyen a Lutero una teoría de la inspiración verbal; Seeberg identifica parte del lenguaje de Lutero como extraído de la teoría medieval de la inspiración, pero los cuatro eruditos hacen una distinción entre la visión de Lutero y la teoría «mecánica» de los luteranos ortodoxos.[36] Seeberg, sin embargo, mucho más que Reu, y algo a la manera del estudio clásico de Köstlin, intenta considerar las numerosas referencias de Lutero a problemas textuales y «errores» en las Escrituras, así como las preguntas de Lutero sobre la plena canonicidad de Ester, Hebreos, Santiago, Judas y el Apocalipsis, al argumentar la atención principal de Lutero al evangelio de Cristo y su obra como la verdad central en toda la Escritura y la cuestión fundamental en la identificación del canon. Estas consideraciones, según Seeberg, dieron como resultado «una concepción completamente nueva de la autoridad y la inspiración de las Escrituras».[37] A diferencia de Seeberg y Reu, Köstlin había argumentado que las diferentes direcciones encontradas en los comentarios de Lutero sobre el texto de las Escrituras apuntaban desde la «idea de que

---

[35] Por ejemplo, Wilhelm Rohnert, *Die Inspiration der heiligen Schrift und ihre Bestreiter. Eine biblisch-dogmengeschichtliche Studie* (Leipzig: Georg Böhme Nachfolger, 1889); Robert D. Preus, *The Inspiration of Scripture: a Study of the Theology of the Seventeenth Century Lutheran Dogmaticians* (Edinburgh: Oliver and Boyd, 1955); ídem, "Luther and Biblical Infallibility," en *Inerrancy and the Church*, ed. John D. Hannah (Chicago: Moody Press, 1984), págs. 99-142; e ídem, "The View of the Bible held by the Church: the Early Church through Luther," en *Inerrancy*, ed. Norman L. Geisler (Grand Rapids: Zondervan, 1979) págs. 357-382; Eugene F. Klug, *From Luther to Chemnitz; on Scripture and the Word* (Grand Rapids: Eerdmans, 1971).

[36] Seeberg, *Textbook*, II, págs. 298-299; Reu, *Luther and the Scriptures*, pág. 131; Scheel, *Luther's Stellung zur Heiligen Schrift*, págs. 20-21, 66-73.

[37] Seeberg, *Textbook*, II, pág. 301.

las Sagradas Escrituras son el resultado de una inspiración divina uniforme, sin la intervención de la individualidad humana» hacia la conclusión «que el Espíritu no ejerció su energía con igual fuerza y plenitud en todos los destinatarios de la Palabra y en los autores de las Sagradas Escrituras».[38] Incluso más que Köstlin, varios de los intérpretes recientes de Lutero han argumentado, sobre bases cristológicas, la distinción entre las opiniones de Lutero y la visión protestante ortodoxa de la inspiración verbal.[39] No obstante, varios eruditos contemporáneos, en particular Davies y Gerrish, se han hecho eco de la lectura clásica y ortodoxa de Lutero, argumentando un fuerte énfasis en la inspiración verbal en Lutero, con Gerrish argumentando una tensión entre los argumentos que basan su autoridad de las Escrituras en su referencia a Cristo y los argumentos que basan su autoridad en la inspiración del Espíritu. Gerrish entiende que los primeros miran hacia el tipo de doctrina de las Escrituras presente en la neoortodoxia y los segundos hacia el tipo presente en la ortodoxia más antigua y en el protestantismo conservador.[40]

2. Los Reformadores basados en la inspiración de las Escrituras.

Gran parte de la dificultad para comprender la visión de Lutero sobre la inspiración (y también la de Calvino) surge de la ausencia de una declaración formal de la doctrina en sus obras y de lo que a muchos escritores modernos les parecen elementos conflictivos en su enseñanza que hacen imposible un concepto plenamente desarrollado de la Escritura como Palabra inspirada verbalmente. Como se indicó en la introducción y en la discusión del concepto de «Palabra» en la Reforma y la ortodoxia, no hay contradicción entre la suposición de que la Escritura tiene autoridad porque está basada y enfocada en Cristo y la suposición de que su autoridad también puede ser explicada en términos de una doctrina de inspiración. Estos dos supuestos funcionan como caras opuestas de la misma moneda teológica y hermenéutica, otorgando la identidad de la Palabra encarnada en Cristo con la Palabra esencial o Sabiduría de Dios que subyace al mensaje revelado a los escritores de las Escrituras por el Espíritu en su obra de iluminación e inspiración. Además, la asunción de un enfoque cristológico, de la necesidad

---

[38] Köstlin, *Theology of Luther,* II, pág. 252.

[39] Cf. Wilhelm Pauck, *The Heritage of the Reformation* (Boston: Beacon, 1950), págs. 167-169; E. M. Carlson, *The Reinterpretation of Luther* (Philadelphia: Muhlenberg, 1948), págs. 117-119; Reid, *Authority of Scripture,* pág. 86; Gerhard Ebeling, "The Meaning of 'Biblical Theology'," en *Word and Faith,* trad. J. Leitch (London: SCM, 1963), págs. 82-83; Roland Bainton, "The Bible in the Reformation," en *CHB,* III, págs. 12-16.

[40] Rupert E. Davies, *The Problem of Authority in the Continental Reformers: a Study in Luther, Zwingli, and Calvin* (London: Epworth, 1946), págs. 40-41; Gerrish, "Biblical Authority," págs. 342-344.

del testimonio del Espíritu y de una inspiración objetiva de los autores humanos de la Escritura no se oponía en modo alguno al reconocimiento de diversas discrepancias en el relato bíblico: Lutero puede ser citado extensamente sobre estos cuatro puntos, y en ninguna parte plantea uno contra el otro.[41] También se da el caso de que los reformadores, así como los ortodoxos, podían argumentar directamente desde la inspiración hasta la autoridad.[42]

Al abordar la visión de Calvino sobre la inspiración, uno encuentra la misma división de interpretación entre aquellos que entienden la doctrina de Calvino como similar en implicaciones a la de los teólogos reformados posteriores a la Reforma[43] y aquellos que argumentan una diferencia y niegan que Calvino sostuviera una teoría del dictado o de la inspiración verbal.[44] Es instructivo notar, primero, que Calvino compara el concepto del testimonio interno del Espíritu sobre la autoridad de las Escrituras con el concepto de la inspiración de las Escrituras al usar el primero como principio fundamental de su argumento en el libro I y la segunda doctrina como principio fundamental de su discusión de las Escrituras en *Institutos*, libro IV. Calvino habla del testimonio del Espíritu en su exposición principal del contenido y la autoridad de la revelación bíblica y fundamenta la autoridad del texto no en evidencias visibles externamente de la divinidad sino en el testimonio interno del Espíritu sobre la Palabra. Recurre a la doctrina de la inspiración cuando opone la Escritura autorizada a la autoridad de la iglesia como intérprete de la Escritura. En ambos lugares, une estrechamente la Palabra y el Espíritu para argumentar que la iglesia no puede ser elevada por encima de las Escrituras —ya sea, en primera instancia, como un *locus* de autoridad o, en segundo lugar, como fuente de doctrina.[45] Las dos cuestiones —el testimonio del espíritu y la inspiración— están, por tanto,

---

[41] Cf. Köstlin, *Theology of Luther*, II, págs. 223-261 con Reu, *Luther and the Scriptures*, págs. 38-102; y Gerrish, "Biblical Authority," págs. 342-348.

[42] Cf. Vermigli, *Commonplaces*, I.vi.3; Bullinger, *Decades*, I.i (pág. 50), iv (pág. 93).

[43] Por ejemplo, Benjamin B. Warfield, "Calvin's Doctrine of the Knowledge of God," en *Calvin and Augustine*, ed. Samuel Craig (Philadelphia: Presbyterian and Reformed Publishing Company, 1956), págs. 29-130; Kenneth S. Kantzer, "Calvin and the Holy Scriptures," en *Inspiration and Interpretation*, págs. 115-155; Brian Gerrish, "Biblical Authority," págs. 337-360; John H. Gerstner, "The View of the Bible Held by the Church: Calvin and the Westminster Divines," en *Inerrancy*, págs. 385-410; H. Jack Forstman, *Word and Spirit: Calvin's Doctrine of Biblical Authority* (Stanford University Press, 1962); James I. Packer, "John Calvin and the Inerrancy of Holy Scripture," en *Inerrancy and the Church*, págs. 143-188.

[44] Por ejemplo, Émile Doumergue, *Jean Calvin, les hommes et les choses de son temps*, 7 vols. (Lausanne, 1899-1917), págs. 67, 73-75; John T. Mc Neill, "The Significance of the Word of God for Calvin," *Church History*, 28/2 (June 1959), págs. 131-146; Ford Lewis Battles, "God Was Accommodating Himself to Human Capacity," en *Interpretation*, 31/1 (January, 1977), págs. 19-38; Reid, *Authority of Scripture*, págs. 35-45; Wendel, *Calvin*, págs. 159-160.

[45] Cf. Calvino, *Institutos*, I, vii-ix con ibid., IV, viii.

íntimamente relacionadas en la teología de Calvino a pesar de su separación formal. También están relacionadas con la declaración bastante categórica de Calvino en la discusión anterior: «Cuando lo que se expone se reconoce como la Palabra de Dios, no hay nadie tan deplorablemente insolente, a menos que esté desprovisto también de sentido común y de humanidad en sí mismo, como para atreverse a impugnar la credibilidad de Aquel que habla».[46] Entonces, en relación con el testimonio del Espíritu, los cristianos también deben reconocer que la Escritura, en algún sentido objetivo, es la Palabra del hablante divino. La cuestión, por supuesto, es precisamente cómo el texto de un libro llega a contener el discurso vivo de Dios.

Por un lado, los escritos de Calvino dan amplio testimonio de su convicción de que no solo el deseo de los profetas y apóstoles de dar testimonio, sino también las palabras de su testimonio escrito, derivan del ministerio del Espíritu. Comentando sobre 1 P. 1:11-12 observa que la continuidad y la coherencia de los Testamentos descansan en el Espíritu, que habla tanto en los escritos proféticos como en los apostólicos. Tanto las profecías antiguas como el evangelio fueron dados por el «dictado y guía» del Espíritu de Dios.[47] La palabra «dictado» también aparece en el comentario de 2 Ti. 3:16, donde Calvino sostiene que «los profetas no hablaron por sí mismos, sino como órganos del Espíritu Santo» y que «debemos a las Escrituras la misma reverencia que le debemos a Dios, ya que tiene su única fuente en él y no tiene nada de origen humano mezclado con ella».[48] En este punto, no hay diferencia detectable entre Calvino y Bullinger:

> la doctrina y los escritos de los profetas siempre han sido de gran autoridad... porque... no tuvieron su origen en los propios profetas como autores principales; sino que fueron inspirados por Dios en el cielo por el Espíritu Santo de Dios: porque es Dios quien, habitando por su Espíritu en la mente de los profetas, nos habla por la boca de ellos.[49]

Al menos un escritor ha observado que Bullinger no enseñó una doctrina de inspiración verbal estricta,[50] pero aquí Bullinger se acerca mucho a tal doctrina, haciéndose eco de la visión escolástica tradicional de Dios como *auctor primarius*. Bullinger también puede citar la alabanza de Cristo a los profetas y señalar la exactitud de los profetas al predecir eventos

---

[46] Calvino, *Institutos*, I, vii, 1.

[47] Calvino, *Commentary on 1 Peter*, 1 P. 1:11-12 (*CTS*, pág. 40, 42); cf. Warfield, "Calvin's Doctrine of the Knowledge of God," pág. 67.

[48] Calvino, *Commentaries on the Second Epistle of Timothy*, 2 Ti. 3:16 (*CTS*, págs. 248-249); cf. Calvin, *Commentaries on the Second Epistle of Peter*, 2 P. 1:20-21 (*CTS*, págs. 389-391).

[49] Bullinger, *Decades*, I, i (pág. 50).

[50] Neve, *History*, I, pág. 318.

de la historia futura como evidencia de «que la doctrina y los escritos de los profetas son la misma Palabra de Dios».[51]

Este carácter divino de la revelación bíblica se obtiene incluso concediendo el hecho de que gran parte de la obra de los profetas y apóstoles fue la exposición de las Escrituras existentes: «Que esto sea un principio firme», escribe Calvino,

> Ninguna otra palabra debe considerarse como Palabra de Dios, ni debe darse lugar como tal en la iglesia, que la que está contenida primero en la Ley y los Profetas, luego en los escritos de los apóstoles; y la única manera autorizada de enseñar en la iglesia es mediante la prescripción y norma de su Palabra. De esto también inferimos que lo único que se concedió a los apóstoles fue lo que los profetas habían tenido en la antigüedad. Debían exponer las Escrituras antiguas y mostrar que lo que allí se enseña se ha cumplido en Cristo. Sin embargo, no debían hacerlo sino por iniciativa del Señor, es decir, con el Espíritu de Cristo como precursor, dictando en cierto modo las palabras.[52]

Aun así, al comentar el pasaje de Jeremías en el que el profeta es llamado a dictar a Baruc las palabras que éste había dirigido previamente a Israel, Calvino sostiene que «no hay duda de que Dios sugirió al profeta en ese momento lo que podría haberse borrado de su memoria... la mayor parte de tantas palabras debieron haberse escapado al profeta, si Dios no se las hubiera dictado nuevamente».[53] Calvino concluye que «las palabras que Dios dictó a su siervo fueron llamadas palabras de Jeremías; sin embargo, propiamente hablando, no eran palabras de hombre, porque no procedían de un hombre mortal, sino solo de Dios»:[54] esto de las palabras dictadas por Jeremías a Baruc.

La frase «de cierta manera (*quodammodo*) dictando las palabras», debe interpretarse con un mínimo de cautela, teniendo en cuenta la tendencia de algunos historiadores y teólogos a interpretarlo como una observación altamente calificada en la que prácticamente se niega el concepto de dictado. Por un lado, las palabras deben tomarse junto con el sentimiento expresado por Calvino en la siguiente sección de su exposición de que «la diferencia entre los apóstoles y sus sucesores» era que los apóstoles eran «*certi et authentici Spiritus sancti amanuenses*» —secretarios seguros y auténticos del

---

[51] Bullinger, *Decades*, I, i (pág. 51).
[52] Calvino, *Institutos*, IV, viii, 8.
[53] Calvino, *Commentary on Jeremiah*, Jer. 36:4-6 (*CTS Jeremiah*, IV, pág. 329).
[54] Calvino, *Commentary on Jeremiah*, Jer. 36:8 (*CTS Jeremiah*, IV, pág. 334).; cf. Dowey, *Knowledge of God in Calvin's Theology*, págs. 92-93.

Espíritu Santo».⁵⁵ Esta interpretación también concuerda con los pasajes de los comentarios donde Calvino se refiere al dictado. Afirmar que Calvino no sostuvo «ninguna doctrina de inspiración verbal exacta» es ignorar el sentido simple de las palabras.⁵⁶ Por otro lado, el clasificado, *quodammodo,* indica que Calvino no estaba interesado en definir con precisión cómo los escritores bíblicos debían ser considerados como amanuenses o secretarios que recibían dictado, aunque, admitiendo los calificativos puestos a la analogía entre dictado divino y humano por doctores medievales como Tomás de Aquino y Tostatus y la opinión similar al de muchos protestantes posteriores, el famoso calificativo de Calvino puede ser simplemente un reflejo de un enfoque bastante tradicional del problema.⁵⁷ Aun así, al igual que muchos de los exégetas y teólogos reformados posteriores, Calvino asumió que las Escrituras fueron «dictadas» y que reflejaban el estilo individual y los patrones característicos de percepción de sus autores humanos.⁵⁸ Así, sobre la analogía del dictado, Calvino argumenta una inspiración verbal, pero no «mecánica».⁵⁹

Como señala Musculus, el mismo Apóstol nos dice que la Escritura viene por inspiración y es útil para enseñar, reprender y corregir. «La doctrina es un instrumento para los ignorantes… una luz divina» mediante la cual pueden aprender de Dios.⁶⁰ Esta doctrina, además, se presenta en cuatro partes: «del conocimiento de Dios, de la fe, del amor piadoso y de la justicia». Las Escrituras primero enseñan acerca de Dios y el conocimiento de él, «cuyo orden exponemos al principio de los lugares». Nos enseñan,

> Primero, que hay un Dios, y que él es galardonador de los que lo buscan. Luego creemos en Cristo, su Hijo unigénito, enviado a este mundo para nuestra salvación.⁶¹

Esta fe, a su vez, enseña temor, obediencia y adoración verdadera. Hay una fe general en Dios como creador y gobernante de todas las cosas y una fe especial en Cristo como salvador y nuestro instructor en el camino de la

---

⁵⁵ Calvino, *Institutos*, IV, viii, 9.

⁵⁶ Cf. Calvino, *Institutos*, ed. McNeill, IV, vii, 8, n. 7, con Reid, *Authority*, págs. 44, 53-55, y McNeill, "Significance of the Word for Calvin," págs. 140-145; y nótese la lectura estricta de Calvino en Gerrish, "Biblical Authority and the Reformation," pág. 355; y Kantzer, "Calvin and the Holy Scriptures," págs. 138-142.

⁵⁷ Cf. Calvino, *Commentaries on the Second Epistle of Peter*, 2 P. 1:20-21 (*CTS 2 Peter*, pág. 391) con el análisis en Warfield, "Calvin's Doctrine of the Knowledge of God," págs. 63-64.

⁵⁸ Cf. Woudstra, "Calvin Interprets What 'Moses Reports'," pág. 154.

⁵⁹ Cf. Warfield, "Calvin's Doctrine of the Knowledge of God," pág. 63-67; Dowey, *Knowledge of God in Calvin's Theology*, págs. 100-102; y Murray, *Calvin on Scripture and Divine Sovereignty*, págs. 20-27.

⁶⁰ Musculus, *Loci communes*, xxv (*Commonplaces*, pág. 381, col. 1).

⁶¹ Musculus, *Loci communes*, xxv (*Commonplaces*, pág. 381, col. 2).

salvación.⁶² El fin o intención de las Escrituras es, por tanto, la integridad y solidez de los creyentes «en la verdadera fe, el amor piadoso y la justicia».⁶³

Esta elevada doctrina de la inspiración no debe separarse del énfasis igualmente fuerte, que se encuentra particularmente en los escritos de Calvino, en el carácter acomodado de la revelación de Dios. Las Escrituras solo revelan lo que sirve para promover la piedad, y su revelación está expresada en términos accesibles al intelecto humano.⁶⁴ Así, la adaptación del mensaje a la situación y a las necesidades de sus destinatarios explica las diferencias entre el Antiguo y el Nuevo Testamento.⁶⁵ De manera similar, Calvino permite cierta imprecisión en el uso y la descripción dentro de las Escrituras como una adaptación a la capacidad del lector «inculto» y a las formas comunes de habla.⁶⁶ También reconoció y trató con una amplia variedad de textos variantes, enmiendas y errores de los escribas con la convicción de que la inviolabilidad y coherencia subyacentes de la Palabra de Dios permitían al fiel exégeta penetrar en el significado de los pasajes en cuestión.⁶⁷

Del primer grupo de codificadores importantes de la tradición reformada, Vermigli parece haber sido el teólogo que vinculó más claramente la definición de las Escrituras con la cuestión de la inspiración. Al menos ésta es la impresión que da su obra póstuma *Loci communes* tal como fue organizada por Robert Masson. Vermigli define las Escrituras como «una cierta declaración de la sabiduría de Dios, inspirada por el Espíritu Santo en hombres piadosos, y luego plasmada en monumentos y escritos». Estos escritos, además, están «inspirados por la moción interna del Espíritu Santo para nuestra salvación y restauración».⁶⁸

La cuestión crucial para los reformadores, entonces, no fue tanto el mecanismo de inspiración, —aunque prácticamente todos utilizaron términos y frases como «dictado», «amanuenses», «la propia escritura del

---

⁶² Musculus, *Loci communes*, xxv (*Commonplaces*, pág. 382, col. 1).

⁶³ Musculus, *Loci communes*, xxv (*Commonplaces*, pág. 382, col. 2).

⁶⁴ Sobre la doctrina de acomodación de Calvino, véase David F. Wright, "Calvin's Pentateuchal Criticism: Equity, Hardness of Heart, and Divine Accommodation in the Mosaic Harmony Commentary," en *Calvin Theological Journal*, 21 (1986), págs. 33-50; Martin I. Klauber y Glenn S. Sunshine, "Jean-Alphonse Turrettini on Biblical Accommodation: Calvinist or Socinian?" en *Calvin Theological Journal*, 25/1 (1990), págs. 9-12; Ford Lewis Battles, "God Was Accommodating Himself to Human Capacity," págs. 19-38; y Dirk W. Jellema, "God's 'Baby Talk': Calvin and the 'Errors' of the Bible," en *Reformed Journal*, 30 (1970), págs. 25-47.

⁶⁵ Calvino, *Institutos*, II, xi, 2, 5.

⁶⁶ Cf. Por ejemplo, Calvino, *Commentaries on the First Book of Moses*, Gn. 1:16; 2:8 (*CTS Genesis*, I, págs. 85-86, 113).

⁶⁷ Cf. Calvino, *Harmony of the Last Four Books of Moses*, (*CTS Harmony*, I, pág. 304), con ídem, *Commentary on Joshua*, Josh. 15:17 (*CTS Joshua*, págs. 206-207) y *Commentary on the Acts*, Hch. 7:14 (*CTS Acts*, I, pág. 263-264).

⁶⁸ Vermigli, *Commonplaces*, I, vi, 1 (pág. 39).

Espíritu», etc.— sino más bien el hecho de que la inspiración, en el sentido estricto del término, pertenece a la producción de las Escrituras canónicas y no a los apócrifos ni a los escritos de la tradición posbíblica de la iglesia. Su doctrina de la inspiración, incluso cuando se expresaba de manera general o vaga, era poco diferente de la doctrina medieval: en lo que difería radicalmente era en su aplicación a la cuestión de la autoridad. La autoridad de las Escrituras inspiradas podría ponerse por encima de la autoridad de la iglesia santa y católica, pero no inspirada, y de su tradición.

La ausencia de una discusión extensa sobre la forma real de inspiración de los escritos de los reformadores parece haber resultado, por un lado, de la ausencia de controversia y, por el otro, del carácter generalmente no sistemático de sus escritos. Incluso las obras más sistematizadas de los primeros codificadores reformados —*Institutos* de Calvino, *Loci communes* de Musculus, y *Decades* de Bullinger— no alcanzan los detalles y la cobertura temática del sistema teológico a gran escala. Los teólogos de la Reforma se contentaron simplemente con establecer la definición básica: que las Escrituras fueron inspiradas, dictadas por el Espíritu Santo, las palabras de Dios. La definición necesitaba poca o ninguna elaboración o refuerzo lógico en vista de la capacidad de los reformadores para aprovechar los supuestos hermenéuticos de larga data sobre el fundamento cristológico de toda la Escritura, los supuestos trinitarios sobre la identidad de la Palabra eterna y la Sabiduría de Dios con la Palabra encarnada y con la verdad última dada en formas humanas por la obra del Espíritu que inspira a los profetas y apóstoles.

3. Heppe sobre la transición de la Reforma a la ortodoxia: una crítica.

Heppe intentó concebir la diferencia entre la visión reformadora de las Escrituras y la visión notablemente más sistematizada y dogmática de la Biblia propuesta por los escritores protestantes escolásticos posteriores en términos de un cambio en la doctrina de la inspiración:

> En la raíz de la doctrina reformada original de la inspiración se encuentra la distinción *entre*, en la raíz de la doctrina posterior de la Iglesia la identificación *de* los conceptos «Palabra de Dios» y «Sagrada Escritura». Por lo tanto, para Calvino la autoridad de la Sagrada Escritura descansaba puramente en el hecho de que informa sobre los actos reales de Dios en la revelación. En otras palabras, es el documento original de las revelaciones, que fueron seguidas antes de su grabación y durante un tiempo transmitidas oralmente... no hay palabra alguna sobre una inspiración peculiar del registro.[69]

---

[69] Heppe, *Reformed Dogmatics*, pág. 16, corrigiendo el error tipográfico "'Word of God' and 'H. Spirit'."

Heppe sostiene que Calvino y otros de su generación asumieron un acto divino de revelación en la comunicación original no escrita de Dios a Adán, Noé o Abraham, pero no se requirió más asistencia divina para escribir la revelación. Incluso Ursinus «desconocía en general la teoría mecánica de la inspiración».[70] En opinión de Heppe, la autoridad de las Escrituras estaba garantizada por su carácter de Palabra, no por una teoría de la inspiración o, como él mismo afirmó,

> La base sobre la cual descansa la infalibilidad de sus narrativas no es la operación del Espíritu Santo en el momento de la escritura y de las Escrituras canónicas, sino la comunión permanente del Espíritu en la que Dios mantuvo a los profetas y apóstoles, el conocimiento de la verdad que los autores bíblicos disfrutaron generalmente a través de la iluminación del Santo Espíritu.[71]

Heppe sostiene que

> ya a finales del siglo XVI la concepción de la inspiración había cambiado; ahora estaba completamente separada de la idea de revelación. Por lo tanto, las Escrituras ahora se consideraban inspiradas, simplemente porque fueron dictadas por Dios a los autores bíblicos.[72]

La aclaración de este punto es de considerable importancia, dado que el error de Heppe, que es a la vez cronológico y sustancial, se ha abierto camino en gran parte de la literatura sobre la ortodoxia reformada.

Los escritos de los primeros teólogos ortodoxos como Zanchius, cuyos esfuerzos de finales del siglo XVI probablemente caerían en la era designada por Heppe como el momento en que se alteró la doctrina de las Escrituras, tienden a evidenciar un énfasis mucho más rico en la obra del Espíritu de lo que Heppe indica. Los primeros escritores ortodoxos también suponen que la infalibilidad del texto, aunque íntimamente relacionada con la inspiración del Espíritu, no debe separarse de la iluminación general de los autores bíblicos por parte del Espíritu: no defienden una separación entre la inspiración y la iluminación, pero consideran ambas en sus discusiones sobre la escritura de las Escrituras por sus autores originales. De hecho, argumentan una triple distinción entre inspiración, iluminación y revelación, las tres relacionadas con el caso de la autoría bíblica. Así, Zanchius define la revelación y la inspiración como los modos básicos de la comunicación divina desde el principio: «la iglesia, desde el principio del mundo, tuvo en su posesión la palabra de Dios (sin la cual la iglesia

---

[70] Heppe, *Reformed Dogmatics*, pág. 16.
[71] Heppe, *Reformed Dogmatics*, pág. 17.
[72] Heppe, *Reformed Dogmatics*, pág. 17.

no podría existir) y eso en parte por inspiración y revelación de Dios, en parte por la tradición de los padres preservada *agraphon* en la iglesia hasta Moisés».[73] Por lo tanto, los teólogos protestantes posteriores no equipararon la revelación con la inspiración como han argumentado Brunner y varios escritores neoortodoxos,[74] ni «separaron» radicalmente la revelación de la inspiración. Más bien distinguieron los conceptos como lo hizo Tomás de Aquino: «inspiración» y, a veces, «iluminación» se refieren a la elevación de la mente y el corazón del escritor que le permite recibir verdades de Dios que normalmente están fuera de su alcance; «revelación» se refiere específicamente a la impartición y recepción de verdades divinas:[75] «la primera es la condición preparatoria para la profecía, la segunda es su cumplimiento, cuando se quita el velo de oscuridad e ignorancia que oculta los misterios divinos».[76]

En la medida en que el problema de la revelación se trata con frecuencia, en los prolegómenos, separadamente del problema de la inspiración, Heppe tiene razón formalmente, pero la diferencia entre los escolásticos protestantes y los pensadores anteriores en este punto no puede establecerse de manera tan simple. Incluso en aquellos casos en los que la discusión sobre la revelación se limita virtualmente a los prolegómenos, la cuestión de la revelación se discute extensamente.[77] Los ortodoxos tampoco perdieron la conexión entre la revelación y las Escrituras: Turretin, por ejemplo, comienza su *locus de Scriptura sacra* con la pregunta: «¿Es necesaria la revelación por medio de la Palabra?» Esta cuestión debe plantearse, en primer lugar, porque solo la Palabra de Dios es el principio de la teología (*theologiae principium*). Después de hablar de las limitaciones del pensamiento humano y de la utilidad limitada de la revelación natural, Turretin concluye que la revelación por medio de la Palabra es necesaria si queremos conocer a Dios como Redentor y conocer su obra de Redención. El tema del *duplex cognitio Dei* aparece como la base de la necesidad de la Escritura.[78] De manera similar, entre los ortodoxos tardíos, Venema enfatiza la cuestión de la revelación y la relación de la revelación «inmediata» y «mediata» de Dios con las Escrituras, mientras que Stackhouse y Wyttenbach disertan extensamente sobre la necesidad, el carácter y las formas de la revelación

---

[73] Zanchius, *Praefatiuncula*, col. 353.

[74] Cf. Brunner, *Revelation and Reason*, pág. 7-11 con Otto Weber, *Foundations of Dogmatics*, trad. Darrell Guder, 2 vols. (Grand Rapids: Eerdmans, 1981-82), I, pág. 183.

[75] Wyttenbach, *Tentamen theologiae dogmaticae*, II, §140.

[76] Benoit, "Revelation et inspiration," pág. 321; y cf. la discusión anterior, 1.2 (B.2)

[77] Por ejemplo, *De Moor, Commentarius perpetuus in Joh. Marckii compendium*, I, I, 27-34.

[78] Turretin, *Inst. theol. elencticae*, II, I, 5-6; cf. II, ii.

antes de sus discusiones de las Escrituras.[79] Wyttenbach, además, relaciona y distingue cuidadosamente revelación e inspiración.[80]

Otras dos consideraciones se oponen a la aceptación de la opinión de Heppe. En primer lugar, en general, la doctrina de la inspiración estrictamente relacionada con la escritura del texto de las Escrituras no era desconocida en la época de Calvino y Ursinus. Como hemos visto, era algo común en el período patrístico y recibió considerable discusión por parte de los escolásticos medievales. En segundo lugar, con referencia específica al pensamiento de Calvino y Ursinus, la doctrina de la inspiración que está ausente en los pasajes citados por Heppe aparece claramente expuesta en otros lugares. Heppe reconoció, sin embargo, sin comprender plenamente su propio punto, que los primeros teólogos protestantes habían hecho pocos intentos de distinguir entre revelación e inspiración, mientras que los escritores posteriores hicieron la distinción.[81] La cuestión no es que los ortodoxos «cortaron» los conceptos, sino más bien que identificaron la distinción entre ellos, como lo hicieron la tradición medieval y los teólogos católicos romanos de finales del siglo XVI.

La doctrina católica romana de la inspiración verbal de los autores sagrados, típica de los teólogos católicos posteriores a Bañez, difería de la doctrina ortodoxa protestante no tanto en sustancia como en aplicación: la doctrina protestante se apegó cada vez más a los originales hebreos y griegos como representantes del idioma de los *autographa* y, debido al lenguaje del *autographa*, al texto masorético del Antiguo Testamento y a los manuscritos griegos más antiguos del Nuevo Testamento. Los argumentos católicos romanos concernientes a una inspiración verbal plenaria, por el contrario, estaban menos arraigados en los originales hebreo y griego, más dispuestos a reconocer una datación tardía de los puntos vocálicos en el texto hebreo, y profundamente comprometidos con la prioridad doctrinal e histórica de la Vulgata sobre el texto masorético.

El problema que vio Heppe no se deriva de la pérdida de la categoría básica de revelación en el *locus de Scriptura sacra*: la revelación sigue siendo una cuestión primordial; de hecho, la revelación de la voluntad salvadora de Dios proporciona la necesidad subyacente de las Escrituras. Más bien, el problema deriva de una separación y distinción escolástica de cuestiones. Mientras que la categoría de revelación se relaciona con las cuestiones del carácter de las Escrituras como Palabra de Dios y con la necesidad de las Escrituras, la categoría de inspiración se relaciona con las cuestiones de la

---

[79] Venema, *Inst. theol.*, iii (págs. 44-50); Stackhouse, *Complete Body of Divinity*, I, págs. 26-71; Wyttenbach, *Tentamen theologiae dogmaticae*, I, §94-100, 101-122.

[80] Wyttenbach, *Tentamen theologiae dogmaticae*, II, §140.

[81] Pero vea Calvino, *Commentaries on the first epistle of Peter*, 1 P. 1:11 (*CTS 1 Peter*, pág. 39).

autoridad y autenticidad como *Sagrada Escritura* de palabras escritas por la mano humana. Aun así, la revelación se refiere al contenido y la inspiración a la manera en que ese contenido ha sido transmitido por escrito. Esta separación de temas se ve claramente en la obra *Institutio* de Turretin y un poco menos obvia en el caso de la *Synopsis* de Burman.[82] Esta distinción entre revelación e inspiración también es exigida por la suposición reformada de que, «considerada esencialmente», la Escritura procede de Dios, mientras que considerada «accidentalmente», fue escrita por seres humanos.[83] Entre los ingleses, Leigh se acerca más a la descripción de Heppe, pero incluso Leigh habla de la escritura «inmediata» o de la inspiración de escritores humanos por parte de Dios como uno de los modos de revelación, y su definición, en la medida en que permanece ligada a la tradición exegética, mantiene el énfasis soteriológico que se encuentra en los *loci* bíblicos o *sedes doctrinae*, 2 Ti. 3:16 y 2 P. 1:21.[84]

B. La doctrina ortodoxa reformada de la inspiración

1. Fórmulas básicas: el significado de «inspiración».

Aunque la dogmática ortodoxa manifiesta una tendencia a objetivar la doctrina de la autoridad de las Escrituras al fundamentarla en una teoría causal del origen por inspiración o dictado, todavía encontramos una riqueza de doctrina, que se basa en el fundamento trinitario de toda teología, e indica la actividad conjunta de la Palabra y el Espíritu a medida que revelan la verdad y realizan la obra salvífica de Dios:

> Las Escrituras… son Divinas. I. En su causa eficiente y original, que es Dios Padre dictando, en su Hijo declarando y publicando, por su Espíritu Santo confirmándola y sellándola en el corazón de los fieles. Escribió el Decálogo inmediatamente con su propio dedo, y ordenó que todo el sistema, y todas las partes de las Escrituras, fueran escritas por sus Siervos los Profetas y Apóstoles, como actuarios públicos y redactores de las mismas; por lo tanto, la autoridad de las Escrituras es tan grande como la del Espíritu Santo, quien dictó tanto el asunto como las palabras.[85]

La divinidad de las Escrituras también se muestra claramente en su tema, «que es la verdad según la piedad… unida a una demostración sensible

---

[82] Turretin, *Inst. theol. elencticae*, II, i-iv, y Burman, *Synopsis theol.*, I, iii-v.
[83] Weemse, *Exercitations Divine*, pág. 63.
[84] Leigh, *Treatise*, I, ii (pág. 8).
[85] Leigh, *Body of Divinity*, I, viii (pág. 97); cf. ídem, *Treatise*, I, ii (pág. 8).

del Espíritu y la Presencia Divina».[86] A lo largo de la discusión protestante ortodoxa sobre las Escrituras, se logra un alto grado de interrelación e interpenetración temática a pesar de las claras divisiones argumentales características del método escolástico protestante. Los ortodoxos, contrariamente a la opinión de Heppe, eran bastante incapaces de discutir la revelación aparte de la Palabra o de definir la inspiración y la autoridad aisladamente del concepto de la Escritura como Palabra revelada. Todo el *locus* está unido por hilos argumentales, y las discusiones preliminares sobre la revelación, la Palabra, la causalidad divina, la inspiración y la autoridad proporcionan la justificación fundamental para toda la discusión.

El orden mismo de estos sistemas parece basar la inspiración del texto en su carácter divino y revelador como Palabra. Casi invariablemente, el carácter de las Escrituras como Palabra de Dios y como revelación sirve como base para la discusión sobre la inspiración, así como la inspiración sirve como base para la autoridad de las Escrituras. La inspiración es el medio por el cual la revelación de Dios toma forma como Escritura. Así también, en un contexto menos sistemático, Perkins podría, como Calvino, fundamentar su certeza de la divinidad de las Escrituras en el testimonio interno del Espíritu y luego argumentar la autoridad infalible del texto sobre la base de su inspiración.[87]

Dios ha establecido las Escrituras en parte por «revelación» y en parte por «canonización». La obra de revelación se realiza de tres maneras: primero, por escritura directa, como en el caso del Decálogo; segundo, por el mandato de escribir (cf. Dt. 31:19; Ap. 1:19); y tercero, por «inspiración, es decir, sugiriendo la escritura y dirigiendo infaliblemente la escritura». Parece, en este último caso, que Dios no solo inspira la sustancia, sino que también dicta las palabras: «*non solum res inspiraverit; sed etiam singula verba dictarit*»[88] La obra de canonización asume la existencia del texto inspirado y se logra cuando las Escrituras son llevadas y selladas a la iglesia como su regla de fe.[89]

La inspiración, según los escritores ortodoxos, era una cuestión tanto de sustancia como de forma, de modo que la totalidad de las Escrituras debe entenderse como inspirada. La inspiración es, por tanto, «total» o «entera» (*integra*), extendiéndose tanto al significado de las palabras como a las palabras mismas, y consiste tanto en la «revelación inmediata» como

---

[86] Leigh, *Body of Divinity*, I, viii (pág. 97); cf. ídem, *Treatise*, I, ii (pág. 8).
[87] Cf. Perkins, *Cases of Conscience*, en *Workes*, II, págs. 54-56, con ídem, *Clowd of Faithfull Witnesses*, en *Workes*, III, pág. 184, y con Breward, "The Life and Theology of William Perkins," págs. 38-41.
[88] Mastricht, *Theoretico-practica theol.*, I, ii, 13.
[89] Mastricht, *Theoretico-practica theol.*, I, ii, 13.

en la «dirección» de los autores bíblicos por parte del Espíritu.[90] El apóstol se refiere a esta inspirada *forma scripturae*, comenta Gomarus, en 2 Ti. 3:16 por el término *theopneustos*, ya que tanto «el significado (*res*) como las palabras (*voces*) fueron introducidas por Dios en la mente de aquellos santos hombres —o como se lee en 2 P. 1:21, «Porque nunca la profecía fue traída por voluntad humana, sino que los santos hombres de Dios hablaron *siendo inspirados* por el Espíritu Santo». Estos textos tampoco deben referirse solo al discurso de los profetas y de los apóstoles, al *verbum agraphon*, sino también al *verbum engraphon*, según el uso normal de las Escrituras.[91] Además, aunque los dos *dicta probantia* técnicamente se refieren al Antiguo Testamento, dada la dotación de los apóstoles con el mismo Espíritu que inspiró a los profetas, toda la Biblia debe considerarse inspirada.[92] Mayer señala, antes de que se publicara el trabajo de Grotius y, por lo tanto, probablemente en respuesta a las teorías de Lessius y Bonfrère, «Algunos libros de las Escrituras son históricos y, por lo tanto, puede que no parezcan haber sido inspirados, pero también se dice que son inspirados, porque quienes los escribieron, fueron guiados infaliblemente por el Espíritu, de modo que no podían equivocarse en nada, y en la elección de las cosas escritas por ellos, otras se omitieron».[93]

Se puede decir que esta inspiración, admitiendo que se extiende tanto a la sustancia como a la forma, indica tres actos del Espíritu, tal como los identifican los ortodoxos en varios textos del Nuevo Testamento: el Espíritu «despertó» o «excitó» a los autores humanos de las Escrituras a la tarea de escribir (2 P. 1:21); les sopló las palabras, *verba inspiravit* (2 Ti. 3:16); y «preservó» a los escritores «de todo error» (1 P. 2:2).[94] Tal inspiración, por supuesto, no se extiende a los antiguos encabezamientos, marginales y la división del texto en capítulos y versículos, todos los cuales son de invención humana.[95]

Entre los escritores de la alta ortodoxia, Mastricht ofrece una de las delineaciones más cuidadosas y precisas de la doctrina de la inspiración, incluida una declaración bastante estricta de la teoría del dictado verbal. «El origen [de las Escrituras], sobre el cual se fundamenta su autoridad», puede argumentarse ya sea «en términos de los escritores (*quantum ad Amanuenses*), a quienes Gregorio el Grande llamó "las manos del Espíritu Santo" en su prefacio a Job» o «en términos del autor (*quantum ad Auctor*), que, en

---

[90] Gomarus, *Disp. theol.*, II, xix; cf. Rollock, *Treatise of Effectual Calling*, págs. 94-95.
[91] Gomarus, *Disp theol.*, II, xx, citando Lc. 24:25, 27 y Hch. 2:31; 28:25.
[92] Mastricht, *Theoretico-practica theol.*, I, ii, 2; Boston, *Body of Divinity*, I, pág. 19.
[93] Mayer, *A Commentarie upon the New Testament*, vol. II, pág. 552; cf. Creehan, "The Bible in the Roman Catholic Church," en *CHB*, III, pág. 217-218.
[94] Rijssen, *Summa theol.*, II, xvi.
[95] Rijssen, *Summa theol.*, II, xvii.

términos generales, es Dios». Estos amanuenses pueden identificarse, con base en 2 P. 1:21, como los profetas y apóstoles, los «santos hombres de Dios». Aun así, se dice que la iglesia está edificada «sobre el fundamento de los profetas y los apóstoles» (Ef. 2:20). En cuanto a evangelistas como Marcos y Lucas, que podrían distinguirse de los profetas y apóstoles y excluirse de la definición, deberían entenderse como «profetas» o «apóstoles», otorgando la connotación más general de los términos en pasajes como 1 Co. 14:29, 32; Ro. 14:7; Fil. 2:25.[96] Como indicó Ames, sostiene Mastricht, el Espíritu ha realizado esta obra de inspiración con considerable variedad:

> De hecho, se han escrito ciertas cosas que se desconocían inmediatamente antes de ser escritas, como la historia de la creación inicial y las predicciones de eventos futuros... mientras que otras cosas se conocían antes de ser escritas, como en la historia de Cristo, escrita por los apóstoles. Además, algunas de estas cosas se entendían por conocimiento natural, otras por conocimiento sobrenatural. La inspiración divina manifestó por sí sola la totalidad de las cosas ocultas y desconocidas; mientras que avivó el celo religioso de los escritores con respecto a aquellas cosas que ya conocían o que podían ser conocidas por medios ordinarios, ayudándolos Dios para que no se equivocaran al escribir. Además, el Espíritu Santo influyó en ellos de manera apropiada y adecuada para que cada escritor pudiera usar la manera de hablar más acorde a su carácter (*persona*) y condición.[97]

La Escritura resultante se llama la «Palabra de Dios» porque Dios, su Autor, «se dice que en ella habla: [las personas] individualmente, como Dios Padre, que habló "en diversos tiempos y de diversas maneras" (He. 1:1); el Hijo, que no solo envió a los Apóstoles a enseñar, sin duda según lo exigiera la ocasión, sino que también les ordenó escribir (Ap. 1:19); y el Espíritu Santo, que ha inspirado a los que se dice que testifican y hablan en las Escrituras». La autoridad de las Escrituras descansa en la «causa principal» o autor principal, Dios, quien ha supervisado la escritura de estos libros sagrados por sus amanuenses.[98]

2. La inspiración y los escritores humanos de las Escrituras.

En reflejo directo de la tradición exegética y teológica medieval y su comprensión de la inspiración, los ortodoxos indican que estos hombres «son llamados aquí *santos*, no solo por sus vidas... sino porque eran instrumentos

---

[96] Mastricht, *Theoretico-practica theol.*, I, ii, 12.
[97] Mastricht, *Theoretico-practica theol.*, I, ii, 12.
[98] Mastricht, *Theoretico-practica theol.*, I, ii, 12.

especiales del Espíritu Santo, quien los santificó para la obra de predicar y escribir lo que él les dictaba».[99] Aun así, las palabras «Hablaron siendo inspirados» (2 P. 1:21) indican que los profetas y apóstoles fueron «elevados por encima de sus propias capacidades naturales», influenciados y asistidos por el Espíritu Santo. En concreto, «esto puede implicar la iluminación de sus mentes con el conocimiento de los misterios divinos, el don de la infalibilidad, para no equivocarse, el de profecía, para predecir lo que vendrá, y un instinto peculiar *del Espíritu Santo*, por el cual fueron impulsados a predicar o escribir».[100]

Esta inspiración de Dios, entendida en términos de iluminación y dirección espiritual, también podría describirse como triple: *antecedenter, per concomitantiam* y *subsequenter*. Así, anteriormente, Dios reveló a los Profetas «las cosas por venir... y les hizo escribir sus profecías». Pero Dios también «los inspiró a escribir las Historias y los Hechos... *per concomitantiam*: porque lo que ya estaba hecho, él les ayudó a escribirlo de tal manera; que eran capaces de discernir las relaciones que tenían con otros que eran verdaderos». Esta segunda forma de asistencia divina pertenece particularmente a la obra de Lucas y otros evangelistas «que no vieron a Cristo» pero que fueron guiados por el Espíritu en la producción de una narrativa verdadera acerca de Cristo y su enseñanza. Finalmente, Dios ayudó a los profetas y a los apóstoles a contar cosas que habían sucedido antes del tiempo en que escribieron, apoyando su memoria y aclarando lo que habían visto en visiones.[101]

La enseñanza reformada ortodoxa, como la de los doctores medievales, se parece también a la teoría patrística tardía de la inspiración, formulada en gran medida contra la teoría extática de los montanistas: si bien reconocían que el éxtasis se evidenciaba en los escritos proféticos, los ortodoxos tendían a seguir a Agustín y a los doctores medievales al definir el éxtasis como *alienatio mentis a sensibus corporibus* y al negar que este fenómeno fuera un *alienatio a mente*. La mente puede abstraerse del sentido corpóreo en el momento de la inspiración, pero no de sí misma ni de su racionalidad inherente.[102] La mente y el espíritu del profeta, argumentó Witsius, estaban ciertamente «agitados» por la voluntad de Dios y, por lo tanto, movidos

---

[99] Poole, *Commentary*, 2 P. 1:21 (III, pág. 921), y ver la discusión sobre el trasfondo medieval, arriba, 1.2 (B.2); 1.3 (A.1).

[100] Poole, *Commentary*, III, pág. 921; cf. *Annotations upon all the Books of the Old and New Testament* (1645), in. loc.: "El Espíritu de Dios, al familiarizarlos con las cosas que no sabían, los dirigió con palabras para que no se equivocaran. Dios les mostró cosas que estaban por encima de la naturaleza y les dio la voluntad de publicarlas, aunque a veces no estaban dispuestos a hacerlo"; Henry, *Exposition*, 2 P. 1:21 in loc.

[101] Weemse, *Exercitations Divine*, págs. 72-73.

[102] Cf. Augustine, *Enarrationes in Psalmos*, Sal. 68:34 (*PL* 36, col. 834), con *Ad Simplicianum*, II, q.1 (*PL* 40, cols. 129-130), y Gustav Friedrich Oehler, *Theology of the Old Testament*, trad. G. E. Day (Edinburgh: T. & T. Clark, 1873), pág. 470.

cooperativamente a considerar un objeto externo, pero esto era una «alienación de la mente» entendida como «el cese de la función externa de los sentidos» y la concentración total del profeta en el conocimiento revelado por el Espíritu.[103] Los escritores bíblicos tenían, por tanto, una libertad de ejercicio u operación (*libertas exercitii*) pero no de especificación (*libertas specificationis*): «no eran como Bloques o Piedras, pero el Señor inclinó libremente sus voluntades a escribir». Por lo tanto, los profetas y apóstoles tampoco fueron como «las Sibilas y otros Profetas del Divell, que estaban destrozados y distraídos en su ingenio cuando profetizaban».[104] Sin embargo, los profetas «no tenían *libertatem specificationis*; es decir, no podían dejar el tema que fueron llamados a escribir y escribir cualquier otra cosa como quisieran; solo se les pidió que escribieran eso, aunque lo escribieron libremente... sin ningún dolor o aflicción de su espíritu».[105] En palabras de Oehler, «los teólogos protestantes asumieron, en el caso de los profetas, tanto una completa pasividad en la recepción de la revelación como un estado continuo de conciencia racional, a lo sumo con interrupciones momentáneas», muy diferente del énfasis en la subjetividad y el interés por la experiencia plenamente extática se encuentra en las teorías de la profecía y la inspiración del siglo XVIII.[106]

Además, la negación ortodoxa protestante de una «alienación mental» se vinculó frecuentemente con una negación de la pasividad total de los escritores bíblicos al recibir las palabras del texto. Su énfasis en la inspiración de las palabras individuales, así como en la sustancia o significado doctrinal, se relaciona directamente con la suposición ortodoxa de que el texto comunica conocimiento divino y no simplemente los fundamentos y formas de piedad y observancia. Este punto de vista, sin embargo, no equivale a una negación ni de la agencia necesaria ni de la conciencia o la individualidad de los diversos «amanuenses» humanos:

> Los escritores [de la Biblia] no siempre se consideraron a sí mismos como puramente *pathetikos* o pasivos, sino también *energetikos* o efectivos, como aquellos que aplicaron tanto habilidad como actividad mental, discurso, memoria, disposición, orden y estilo propio (de ahí la diferencia en la manera de escribir entre ellos)... presididos, sin embargo, perpetuamente por el Espíritu Santo, quien de tal manera los guía y dirige, que están preservados de todo error de mente, memoria, lenguaje y pluma.[107]

---

[103] Witsius, *De prophetis et prophetia*, in *Miscellanea sacrorum*, I.iii.3 y iv.1 (págs. 16-17, 21-22).
[104] Weemse, *Exercitations Divine*, pág. 73.
[105] Weemse, *Exercitations Divine*, pág. 74.
[106] Oehler, *Theology of the Old Testament*, pág. 471.
[107] *Synopsis purioris theologiae*, III, 7.

Por lo tanto, Voetius negó enérgicamente que «los escritores del Nuevo Testamento pensaran en un idioma diferente (es decir, siríaco) del que escribieron (es decir, griego o "helenístico")». De hecho, sostiene, «Nadie produce nada correcta o racionalmente, ya sea oralmente o por escrito, a menos que primero lo haya concebido correctamente».[108]

Así, aunque los profetas y apóstoles fueron inmediatamente llamados por Dios, también fueron dotados y eruditos como seres humanos individuales: Moisés fue enseñado por los egipcios y Daniel por los caldeos. Los profetas estudiaban en las escuelas, y el conocimiento divinamente dado lo llevaban a cabo en una vida de lectura y meditación: conservaban su conocimiento general del mundo como una disposición o *habitus* de mente, pero también se les dio un don distintivo «de nueva iluminación cuando profetizaron». Esta inspiración tampoco se opuso ni eliminó la sabiduría y la prudencia individuales de los escritores bíblicos. Por lo tanto, cuando los profetas y apóstoles escribieron sobre la historia, particularmente sobre la historia de la que habían formado parte, se basaron en su propio conocimiento, no necesitando inspiración o iluminación para los meros datos, sino más bien para la certeza y verdad de su sustancia.[109]

Sin embargo, esto no significa, como sostienen los Remonstrantes, «que el Espíritu de Dios dejó a los escritores de las Sagradas Escrituras a su propia fragilidad humana al expresar cosas que pertenecían a las circunstancias de un hecho».[110] Por lo tanto, era posible que estos «secretarios del Espíritu Santo» se equivocaran «en algunos de sus propósitos y en algunas circunstancias de su llamamiento», pero no en la doctrina, ya que «no hablaban solo por sus bocas, sino también eran su boca».[111] En consecuencia, Pablo pudo escribir sobre su intención de ir a España y nunca poder ir allí, errando en «propósitos y resoluciones externos», pero no en lo que «escribió sobre Cristo y asuntos de salvación».[112]

Aun así, los ortodoxos no enfatizaron tanto la inspiración de *palabras* que perdieron de vista la enseñanza del texto o el significado doctrinal más amplio tan cuidadosamente delineado por ellos en su lenguaje sobre el «fundamento» y el «alcance» de las Escrituras. Los pensadores del siglo XVII

---

[108] Voetius, *Selectarum disputationum*, I, iii, problemata, 17 (I, pág. 44).

[109] Weemse, *Exercitations Divine*, págs. 67-68.

[110] John Edwards, *A Discourse concerning the Authority, Stile, and Perfection of the Books of the Old and New-Testament*, second edition (London: J. D. for Jonathan Robinson, 1696), pág. 37, citando a Episcopius, *Institutiones*, IV.

[111] Weemse, *Exercitations Divine*, págs. 67-68; cf. Witsius, *De prophetis et prophetia in Miscellanea sacrorum*, I.x.1-5 (págs. 75-78), e ídem, *De Apostolorum in docendo infallibilitate*, en *Miscellanea sacrorum*, I.xxii.28 (pág. 343); Boston, *Body of Divinity*, I, pág. 22.

[112] Weemse, *Exercitations Divine*, pág. 69.

hacen una distinción entre la forma «esencial» y la «accidental» o incidental de las Escrituras: «La [forma] esencial indica la totalidad de la doctrina necesaria para la salvación» antes incluso de la forma no escrita de la palabra revelada, mientras que «forma accidental» son las letras o la forma escrita del texto a diferencia de las palabras o signos hablados. Esta distinción entre sustancia (*materia*) y forma (*forma*) también señala la prioridad del texto inspirado sobre la iglesia, en la medida en que es la sustancia de las Escrituras la que es el fundamento de la iglesia.[113]

Este concepto de inspiración también se deriva de la doctrina de la divinidad de las Escrituras. El conocimiento divino contenido en las Escrituras y la verdad de la profecía bíblica solo pueden explicarse por la influencia del Espíritu Santo. Estos libros no solo exceden la comprensión humana, sino que también parecen ser una «regla perpetua de fe y práctica» que se mantiene libre de error: «es contrario a nuestra impresión de la realidad pensar que los pescadores galileos o publicanos escribieron tantas cosas excelentes sin la guía del Espíritu Santo».[114] Es más, Cristo, en las Escrituras, dice explícitamente a sus discípulos que el Espíritu Santo «los guiará a toda la verdad», y los propios apóstoles testifican que hablan por el Espíritu Santo y por la Palabra de Dios, no de hombres.[115]

3. Debate y respuesta: variedades de formulación de la alta ortodoxia.

El paso a la alta y tardía ortodoxia estuvo marcado por un creciente debate sobre la doctrina de la inspiración y una creciente necesidad de fortalecer y aclarar la doctrina misma a través de una formulación cada vez más precisa y de elevar la doctrina a un lugar más destacado en el *locus de Scriptura*. Hay que señalar que los términos básicos de la doctrina nunca cambiaron apreciablemente: desde el período patrístico hasta el siglo XVII, los teólogos asumieron la supervisión divina sobre la escritura de las palabras, no simplemente de las ideas del texto. Lo que cambió fue el detalle y la intensidad de la declaración doctrinal y, sobre todo, la importancia de la doctrina de la inspiración para la construcción del lenguaje de autoridad. Estos desarrollos del concepto de inspiración reflejaron, por lo tanto, no solo la polémica en curso con Roma, los socinianos y los arminianos, sino también una erudición bíblica reformada cada vez más preocupada por cuestiones textuales y contextuales o históricas: las variaciones que vemos en Witsius, Poole, Pictet y Venema indican una mayor receptividad a las

---

[113] Gomarus, *Disp. theol.*, II, xxiv.
[114] Pictet, *Theol. chr.*, I, vii, 2, obs. 5; cf. Edwards, *Authority, Stile, and Perfection*, págs. 35-36.
[115] Pictet, *Theol. chr.*, I, vii, 2, obs. 6, citando Jn. 16:13.

preocupaciones textuales e históricas, mientras que las observadas en Voetius y Mastricht indican oposición a varios adversarios por motivos doctrinales.

Por tanto, el movimiento del pensamiento ortodoxo reformado no fue una marcha uniforme hacia nociones cada vez más estrictas o «rígidas» de inspiración verbal. Una visión muy estricta de la inspiración que podría parecer excluir o incluso anular la acción humana se encuentra a lo largo del período de la ortodoxia en la obra de Perkins, Owen, Voetius, Mastricht y Henry. Sin embargo, otros escritores, en particular Rivetus, Cameron, Cocceius, Witsius, Pictet y pensadores ortodoxos tardíos como Venema y Stackhouse, diferían apreciablemente de esta visión estricta y avanzaron hacia una doctrina de infalibilidad inspirada sin la suposición de un dictado divino de cada palabra del texto y eventualmente sin la suposición de una inspiración uniforme de cada porción del texto.[116] Otros, como Lightfoot y Poole, reconocieron que la inspiración del texto podía mantenerse al mismo tiempo que un enfoque más crítico del texto.

Owen, tal vez debido a la polémica en la que estuvo involucrado, elaboró la doctrina de la inspiración de una manera que enfatizaba la autoría divina del texto, excluyendo la dependencia de los escritores bíblicos de su propio conocimiento o de sus propias facultades mentales. En su descripción de la revelación dada a los profetas, Owen declara que

> las leyes que dieron a conocer, las doctrinas que entregaron, las instrucciones que dieron, las historias que registraron, las promesas de Cristo, las profecías de los tiempos evangélicos que dieron y revelaron, no fueron suyas, no fueron concebidas en sus mentes, no fueron formadas por sus razonamientos, no retenidas en sus memorias por lo que oyeron, de ninguna manera comprendidas de antemano por ellos, (1 P. 1:10, 11), pero todas ellas eran inmediatamente de Dios, habiendo solo una concurrencia pasiva de sus facultades racionales en su recepción.[117]

Como para reforzar un punto que ya se ha planteado con tanta fuerza, Owen continúa:

Dios fue así con ellos, y por el Espíritu Santo habló en ellos de tal manera, en cuanto a que recibieran la Palabra de él y la transmitieran a otros hablando o escribiendo, que ellos mismos no estaban capacitados, por ninguna luz habitual, conocimiento o

---

[116] Cf. Rivetus, *Isagoge*, págs. 8-11; Cocceius, *Summa theol.*, I, iv, 41; Pictet, *Theol chr.*, I, vii, 3; Venema, *Inst. theol.*, iii (págs. 44-47); Stackhouse, *Complete Body of Divinity*, I, iv (págs. 76-78 sobre la teoría de la inspiración de Cameron, véase Laplanche, *L'Écriture*, págs. 205-208; y véase Diestel, *Geschichte des Alten Testamentes*, págs. 320-321.

[117] Owen, *Divine Original*, en *Works*, XVI, pág. 298; cf. el punto de vista casi idéntico en Perkins, *Cases of Conscience*, en *Workes*, II, pág. 54-55; y Whitaker, *Disputation*, III, iii (págs. 296-297).

convicción de la verdad, para declarar su mente y voluntad, pero solo actuó en la medida en que fueron inmediatamente movidos por él.[118]

Owen no negó que los profetas y apóstoles estudiaron diligentemente la Palabra de Dios que había sido dada a sus predecesores, y que aprendieron estas verdades a través del estudio y la iluminación del Espíritu Santo, «así como nosotros», pero insistió en que los profetas o los propios escritos de un apóstol no contenían «nada producto de estudio o meditación, de indagación o lectura», y que en la composición de los libros que les asignaba el canon eran puramente instrumentos del autor divino.[119] La motivación de Owen, al definir la doctrina de manera tan estricta, fue claramente descartar elementos de falibilidad humana en las enseñanzas de las Escrituras.[120]

A modo de contraste, Pictet y los escritores ortodoxos tardíos como Vitringa, Venema, Stackhouse y Wyttenbach podrían defender una doctrina mucho menos estricta. Así, Pictet puede afirmar que los escritores bíblicos no recibieron todo el conocimiento por el Espíritu y que no necesariamente fueron preservados libres del pecado por la pureza doctrinal de su mensaje. Tampoco debemos concluir que el Espíritu Santo reveló a los discípulos todo lo que deseaban saber, sino solo lo necesario para la fe. Venema y Stackhouse defienden el dictado estricto de palabras solo en unas pocas ocasiones en las Escrituras y una supervisión general del Espíritu, que inspira e ilumina a los escritores bíblicos a lo largo de la mayor parte de las Escrituras.[121] Pictet ofrece de manera similar un concepto de inspiración plena y autoridad plena, sin la presunción de un dictado palabra por palabra minucioso.[122] En ocasiones, los profetas y apóstoles escribieron sobre hechos o acontecimientos que ya conocían, o tocaron cuestiones personales. Así, «Moisés no recibió lo que está contenido en el Génesis por revelación inmediata, sino... de los antiguos monumentos de los patriarcas».[123] Además, el Espíritu claramente permitió a los apóstoles sacar conclusiones de las revelaciones y usar «modelos de habla puramente humanos» y al mismo tiempo los preservó de errores al escribir. En contraste con la opinión expresada por Owen, Pictet y Venema declaran que no es necesario afirmar que la revelación inmediata es la fuente de todas las verdades de las Escrituras. La inspiración de ninguna manera indica la

---

[118] Owen, *Divine Original*, en *Works*, XVI, pág. 298.

[119] Owen, *Divine Original*, en *Works*, XVI, pág. 299.

[120] Owen, *Divine Original*, en *Works*, XVI, pág. 300.

[121] Pictet, *Theol. chr.*, I, vii, 6; Venema, *Inst. theol.*, III (pág. 45); Stackhouse, *Complete Body of Divinity*, I, iv (págs. 77-78).

[122] Pictet, *Theol. chr.*, I, vii, 3.

[123] Venema, *Inst. theol.*, III (pág. 44), citando a Campegius Vitringa, *Observationes sacrae*, iv.

pérdida de las facultades racionales por parte de los escritores bíblicos, sino más bien una iluminación de sus facultades racionales con una luz celestial y su preservación del error.[124] Algunas partes del argumento de Pictet y Wyttenbach pueden reflejar la teoría de Grotius, que hacía una distinción entre asuntos esenciales y no esenciales en las Escrituras, o las de Cameron y Cocceius, que indicaban variedades de inspiración tanto en naturaleza como en extensión, dependiendo del carácter del texto, ya sea profético o histórico, aunque ni Pictet ni Wyttenbach aprueban una limitación de la inspiración como lo hicieron los defensores arminianos posteriores de la teoría, como Limborch.[125]

De acuerdo con esta suposición de que los autores bíblicos usaron sus facultades racionales, Poole podría argumentar que 1 y 2 Reyes fueron una obra compuesta extraída de varios escritos más antiguos de «profetas» y «santos hombres de Dios» por un «plumista» desconocido:

> Pero quienquiera que haya sido el escritor, que estas son parte de aquellas Sagradas Escrituras que fueron divinamente inspiradas es suficientemente evidente, en primer lugar, por el testimonio concurrente de toda la iglesia judía en todas las épocas, a quienes *fueron confiados los oráculos de Dios*... Cristo y sus apóstoles, quienes reprendieron [a los judíos] libremente por sus diversos pecados, nunca los acusaron de esta falta, de depravar las Sagradas Escrituras del Antiguo Testamento. En segundo lugar, porque esto es manifiesto respecto de diversas porciones de ellos que fueron tomados de los registros de los profetas Natán, Ahías e Iddo, 2 Cr. 9:29, y de las profecías de Isaías y Jeremías... En tercer lugar, de la aprobación de estos libros por el Nuevo Testamento, tanto en general como 2 Ti. 3:16... y particularmente, Ro. 11:2, 3, etc., donde se cita un pasaje de estos libros y se posee como parte de las Sagradas Escrituras.[126]

Por lo tanto, la inspiración y la autoría divina primaria no eliminan las facultades de los autores humanos de las Escrituras. Lightfoot puede, por ejemplo, equilibrar una visión estricta de la inspiración con un fuerte sentido de la actividad humana al escribir las Escrituras. Las narraciones anteriores de las que habló Lucas en los primeros versículos de su Evangelio carecían

---

[124] Pictet, *Theol. chr.*, I, vii, 4; cf. Venema, *Inst. theol.*, III (págs. 45-46); Wyttenbach, *Tentamen theologiae dogmaticae*, II, §141, escolio.

[125] Pictet, *Theol. chr.*, I, vii, 5; Wyttenbach, *Tentamen theologiae dogmaticae*, II, §142; cf. Cocceius, *Summa theol.*, I, iv, 41; Phillip van Limborch, *Theologia christiana ad praxin pietatis ac promotionem pacis christiana unice directa* (Amsterdam, 1735), I, iv, 10; y observe Laplanche, "Débats," en *BTT* 6, pág. 128 sobre Cappel and Morus.

[126] Poole, *Commentary*, argumento de 1 Reyes (I, pág. 645); cf. los comentarios similares en las introducciones de Poole a Josué, Jueces, Rut, 1-2 Samuel, 1-2 Crónicas y Nehemías en *Commentary*, I, págs. 408, 456, 507, 513, 774-775, 883; Stackhouse, *Complete Body of Divinity*, I, iv (pág. 79).

del Espíritu Santo como «guía de acción» y «director de [la] pluma» y no evidenciaban «ese estilo en el que el Espíritu Santo... declaraba» la verdad de Dios. Sin embargo, la supervisión divina de los escritos canónicos incluye la propia actividad crítica de Lucas: «Nuestro evangelista... se preocupa de sopesar este tipo de escritos en una balanza tal que parezca que no son rechazados por él como falsos o heréticos, ni tampoco recibidos como divinos y canónicos».[127] Poole afirma de manera similar que Lucas «se compromete (no sin la dirección del Espíritu Santo, como apareció después) a compilar una historia... para la cual fue alentado por el ejemplo de otros, o incitado por los errores de aquellos que lo habían hecho mal». Lucas tenía la ventaja, continúa Poole, de una comprensión perfecta de la historia que surgió de «su conversación con los apóstoles y otros ministros de Cristo».[128]

Por lo tanto, sería un error considerar la teoría ortodoxa de la inspiración del siglo XVII como totalmente opuesta a los resultados de una exégesis más crítica y textual o como incapaz de adaptarse a los diversos problemas de autoría y composición planteados por el enfoque crítico. Poole puede afirmar, por ejemplo, de 1-2 Samuel,

> No se sabe con certeza quién fue el autor de este Libro, o si fue escrito por una o más manos; ni es de gran importancia; porque dado que hay evidencias suficientes de que Dios fue el autor principal, no importa quién fue el instrumento. Como cuando parece que tal cosa fue realmente una ley del parlamento o de la mesa del consejo, no es considerable quién fue el secretario o cuál fue la pluma que la escribió.[129]

Y luego, haciéndose eco del enfoque más flexible de la inspiración encontrado en Cameron y Cocceius, Poole podría concluir que la falta de un autor único e identificable «es lo menos material en tales libros históricos, en los que hay poco que se refiera al fundamento de la fe y de la buena vida».[130] Como mínimo, el enfoque de Poole indica que una doctrina fuerte de la inspiración no era una perspectiva del todo frágil.

Más notable, particularmente teniendo en cuenta su estricta doctrina de la inspiración, es el análisis del texto de Josué hasta 2 Reyes ofrecido por Matthew Henry. Henry acepta la tradición de que los libros históricos fueron compuestos en gran parte por los profetas, pero supone, también, una redacción a gran escala de la historia:

---

[127] Lightfoot, *Horae hebraicae et talmudicae*, III, pág. 5-6.
[128] Poole, *Commentary*, Lc. 1:1-4 in loc. (III, pág. 185).
[129] Poole, *Commentary*, argumento de 1 Samuel (I, pág. 513).
[130] Poole, *Commentary*, argumento de 1 Samuel (I, pág. 513).

Debería parecer que, si bien la sustancia de las diversas historias fue escrita cuando los acontecimientos estaban frescos en la memoria y escritos bajo una dirección divina, sin embargo, bajo la misma dirección, fueron puestos en la forma en que los tenemos ahora, por alguna otra mano, mucho después, probablemente todos de la misma mano, o aproximadamente al mismo tiempo. Los fundamentos de la conjetura son: 1) Debido a que a menudo se hace referencia a los escritos anteriores como el Libro de Jaser, Jos. 10:13 y 2 S. 1:18, y las Crónicas de los reyes de Israel y de Judá muchas veces; y los libros de Gad, Natán e Iddo. 2) Porque de los días en que se hicieron las cosas, a veces se habla como días pasados; como 1 Sa. 9:9, *al que hoy se llama profeta, entonces se le llamaba vidente.* Y, 3) Porque a menudo leemos sobre cosas que quedan *hasta el día de hoy*, como piedras, Jos. 4:9; 7:26; 8:29; 10:27; 1 S. 6:18. Nombres de lugares, Jos. 5:9; 7:26; Jue. 1:26; 15:19; 18:12; 2 R. 14:7. Derechos y posesiones, Jue. 1:21; 1 Sa. 27:6. Costumbres y usos, 1 Sa. 5:5; 2 R. 17:41. Cláusulas que han sido agregadas desde entonces a la historia por los coleccionistas inspirados, para confirmación e ilustración de la misma a los de su propia época.[131]

Henry también ofrece una teoría para explicar la posterior recopilación y edición profética de los materiales:

Si se puede ofrecer una mera conjetura, no es improbable que los libros históricos hasta el final de los Reyes fueron compilados por el profeta Jeremías un poco antes del cautiverio, porque se dice de Siclag: 1 S. 27:6, se refiere a los *reyes de Judá* (cuyo estilo comenzó después de Salomón y terminó en el cautiverio) *hasta el día de hoy*: Y es aún más probable que los que siguen, fueron reunidos por el escriba Esdras, algún tiempo después del cautiverio. Sin embargo, aunque no sabemos nada sobre sus autores, no tenemos ninguna duda sobre su autoridad; eran parte de los oráculos de Dios, que fueron confiados a los judíos, y así fueron recibidos por nuestro Salvador y los apóstoles.[132]

---

[131] Henry, *Exposition*, introducción a Josué, in loc.; los diversos comentarios en Poole, *Comentary*, sobre 1 Sa. 9:9, señalando que estas palabras podrían ser «de algún escritor sagrado posterior, que, después de la muerte de Samuel, insertó este versículo» (I, pág. 531); sobre Jos. 4:9, «*Y han estado allí hasta hoy*: esto podría escribirse ya sea, 1. Por Josué, quien escribió este libro casi veinte años después de que esto se hizo; o, 2. Por algún otro hombre santo, divinamente inspirado y aprobado por toda la iglesia judía, que insertó este y algunos pasajes similares, tanto en este libro como en los escritos de Moisés»; en 1 S. 27:6, «*Hasta hoy*: ésta y algunas cláusulas similares parecen haber sido añadidas por algunos escritores sagrados después de que se escribió la sustancia principal de los distintos libros»; y cf. Stackhouse, *Complete Body of Divinity*, I.iv (págs. 78-80).

[132] Henry, *Exposition*, introducción a Josué, in loc.; cf. Poole, *Commentary*, 1 S. 27:6 in loc (I, pág. 579), para una observación similar, en el mismo comentario, sobre la frase «hasta el día de hoy».

Por «los que siguen», Henry indica 1 y 2 Crónicas, que asocia con la recopilación de la ley por parte de Esdras: «Es una historia infundada», escribe, «de ese escritor apócrifo, 2 Esd. 14:21, etc., que, habiendo quemado toda la ley, Esdras fue divinamente inspirado a escribirla de nuevo, lo que aún podría surgir de los libros de Crónicas, donde encontramos, aunque no se repite la misma historia, sin embargo, los nombres de todos los que fueron los sujetos de esa historia».[133] Poole igualmente acepta la autoría de Esdras, sobre la base de 2 Cr. 36:20 ss. y por los paralelos con el libro de Esdras. Agrega: «Si uno o dos pasajes parecen ser de una fecha posterior, esos fueron agregados por otros profetas, habiendo también algunos pocos pasajes adicionales en los Libros de Moisés». Poole también plantea la hipótesis de que el «escritor sagrado» que completó las historias tomó materiales de genealogías familiares y «registros públicos» de Israel.[134] De estos ejemplos, así como de muchos otros que pueden citarse de las obras exegéticas de los protestantes ortodoxos, queda bastante claro que el surgimiento de la crítica textual no puede verse como un fenómeno que tuvo lugar junto a la ortodoxia y en antagonismo con ella, o que los defensores de la teoría tradicional de la inspiración verbal fueron incapaces de abordar problemas críticos en el texto de las Escrituras.

La doctrina y las polémicas de la alta ortodoxia, por tanto, miraron en varias direcciones. Contra la afirmación de algunos polemistas católicos romanos de que no todas las Escrituras fueron escritas «por mandato expreso de Dios» sino que eran escritos «ocasionales» transmitidos dentro de la tradición de la iglesia, los ortodoxos continuaron afirmando la prioridad de la Palabra sobre la iglesia e insistiendo en el patrón de progreso desde *verbum agraphon* a *verbum engraphon* que se había argumentado desde la época de los reformadores en adelante. Rijssen podría argumentar que incluso los escritos «ocasionales» —ocasionales en la medida en que abordan acontecimientos o cuestiones históricas específicas— pueden ser ordenados por Dios y pueden tener un significado y un valor normativo continuos.[135]

Más importante que esta vieja polémica fue el debate relativamente nuevo con los socinianos y arminianos de tercera y cuarta generación que habían ido más allá del biblicismo temprano de sus movimientos hacia una perspectiva más racionalista y que sustituyeron la doctrina de la inspiración plenaria por un concepto de inspiración parcial o limitada que permitía el error de los escritores bíblicos. En esta posición, los ortodoxos reformados vieron una cuestión más profunda que la simple oposición de un texto libre de errores con la falibilidad de los autores humanos: estaban bastante

---

[133] Henry, *Exposition*, introducción a 1 Cr., in loc.
[134] Poole, *Commentary*, argumento de 1 Cr. (I, págs. 774-775).
[135] Rijssen, *Summa theol.*, II, xvii, controversia 1.

dispuestos a admitir que los escritores sagrados, considerados como seres humanos, podían equivocarse y lo hicieron. Aparte de los escritos sagrados, cualquier obra privada de los profetas y apóstoles (ninguna de las cuales, por supuesto, sobrevive) no fue inspirada ni infalible. Sin embargo, en el acto específico de plasmar las Escrituras, los profetas y los apóstoles «fueron inspirados e inspirados por el Espíritu Santo, para ser preservados del error, tanto en sustancia como en palabra, y para que sus escritos podrían ser verdaderamente auténticos y divinos».[136]

El examen de la teoría ortodoxa de la inspiración de las Escrituras, por lo tanto, no manifiesta una teoría completamente «rígida» o «mecánica», sino más bien una considerable variedad de formulación y, a menudo, una solución incompleta del problema tal como se planteó entonces: la teoría fue diseñada para permanecer dentro de los límites de la visión sostenida durante mucho tiempo de la inspiración y para apoyar la doctrina protestante de la autoridad de las Escrituras, pero no para responder en profundidad tampoco a la cuestión de la relación de las voluntades divina y humana en la experiencia religiosa subyacente a la escritura de la Biblia o para abordar el reconocimiento, que se encuentra en muchos de los prolegómenos ortodoxos, de que las declaraciones teológicas y la «certeza teológica» no funcionan de la misma manera que funcionan las declaraciones matemáticas y empíricas y la certeza matemática y empírica.[137] Este último problema se ve más claramente no en los escritos de los ortodoxos del siglo XVII, sino en el pensamiento de los escritores del siglo XVIII cuya tarea era mantener la «ortodoxia» en el contexto de una visión cada vez más empírica y matemática de la verdad: En este punto, la naturaleza redactada del texto, ya señalada por Poole y Henry, *se convirtió* en un problema que antes no se había considerado que causara grandes dificultades a la doctrina.

4. Problemas que enfrenta la doctrina ortodoxa tardía de la inspiración.

Sin embargo, hubo una serie de problemas a los que se enfrentó la teoría de la inspiración verbal tal como se enseñaba en el siglo XVII. Estos no son principalmente problemas causados por un alejamiento importante del pensamiento de períodos anteriores, incluida la Reforma; más bien son problemas causados por el encuentro de este enfoque desgastado por el tiempo de la inspiración con patrones cambiantes de hermenéutica y con un conjunto nuevos enfoques críticos del texto de las Escrituras. Así, los ortodoxos del siglo XVII percibieron el análisis crítico del origen de los

---
[136] Rijssen, *Summa theol.*, II, xvii, controversia 2.
[137] Cf. *DRPR*, I, 7.2 (B.1); 9.1 (B.1).

puntos vocálicos como un ataque a la doctrina protestante de la divinidad y autoridad de las Escrituras (como de hecho estaba en manos de los polemistas católicos romanos) y respondieron incluyendo la vocalización del texto en la obra del dictado divino. Los reformadores habían utilizado el lenguaje del dictado y los amanuenses, pero no habían encontrado una polémica crítica centrada en el origen de los puntos vocálicos. La conjunción de la vieja teoría con la nueva cuestión, en un escritor como Owen, llevó la teoría más allá de su utilidad y aplicación, y la asoció tanto con un error filológico como con una defensa polémicamente rígida tanto del texto como de la doctrina. Sin embargo, escritores ortodoxos posteriores, como Venema, Wyttenbach y Stackhouse, pudieron adaptar la teoría de la inspiración a los resultados de la crítica textual y, al mismo tiempo, conservar tanto la definición básica como la suposición de un texto infalible.

La inspiración de las Escrituras aparece en los debates del siglo XVII no solo como una cuestión doctrinal sino también hermenéutica. Un texto inspirado puede (de manera más fácil y predecible que uno no inspirado) señalar más allá de sí mismo y de su situación original. Cuando el autor humano del texto es una causa instrumental y Dios es identificado como el *auctor primarius*, la situación histórica del autor humano no puede limitar en definitiva la referencia doctrinal del texto. (Vale la pena señalar que el corolario hermenéutico de esta comprensión de las implicaciones de la inspiración es un método que, como la *quadriga* y varios patrones de interpretación tipológica, apunta consistentemente más allá de la letra histórica hacia cosas divinas, ya sean doctrinales, morales o escatológicas).

El ejemplo más importante de esta extensión del significado de un texto inspirado es seguramente la profecía, particularmente porque la profecía es una categoría de enseñanza religiosa y teológica intrínseca al texto mismo. Pero incluso aparte de la profecía, se puede argumentar que un texto inspirado señala o proporciona una indicación de una doctrina presumiblemente desconocida o histórica y culturalmente inalcanzable por un autor humano pero conocida por Dios. La naturaleza trinitaria de la Divinidad, desconocida para los israelitas y presumiblemente desconocida para Moisés excepto por una revelación especial, puede esbozarse en el capítulo 1 de Génesis, no como una profecía, sino simplemente porque el texto indica la operación creativa divina que es, por definición, trinitaria.[138] Podría decirse que Moisés no pudo haber sido responsable de colocar esta doctrina en el texto, pero el *auctor primarius*, Dios, simplemente reflejaba su propia naturaleza al hablar, a través de Moisés, de sí mismo, de su Espíritu moviéndose sobre la superficie de las aguas y de su palabra creadora. Por

---

[138] Cf. Poole, *Commentary*, Gn. 1:1-2 in loc. (I, pág. 2).

lo tanto, la capacidad de un texto inspirado de apuntar más allá de la letra histórica es claramente una cuestión relacionada con la hermenéutica, específicamente con la forma en que se supone que un texto «funciona» en relación con el cuerpo más amplio de la doctrina cristiana.

El carácter cada vez más textual, gramatical, histórico y literal de la exégesis protestante en el siglo XVII presionó contra la doctrina de la inspiración precisamente porque la doctrina, tal como se concibió originalmente, pertenecía a un contexto hermenéutico diferente. Lo que generalmente se identifica como una rigidez de la doctrina por parte de los ortodoxos se caracteriza mejor, por lo tanto, como el intento de colocar la doctrina tradicional de la inspiración en un contexto interpretativo alterado. Esta perspectiva sobre el problema de la inspiración en el siglo XVII sirve para explicar no solo el fuerte interés de los protestantes ortodoxos por los conceptos de *analogia scripturae* y *analogia fidei*, sino también para explicar por qué los exponentes de un método más crítico se vieron cada vez más presionados a redefinir la doctrina de la inspiración y a defenderse contra acusaciones de arrianismo, socinianismo y otras herejías, herejías que no habían sido su intención propugnar.

4.3 La Divinidad de las Escrituras: Autoridad, Autenticidad y Evidencias

A. Los reformadores y los primeros ortodoxos: el problema de la autoridad divina y sus evidencias

1. Evidencias de la divinidad como problema teológico.

Los argumentos doctrinales relativos a la necesidad de la revelación por la Palabra, las formas de la Palabra y la causalidad de las Escrituras, incluida la doctrina de la inspiración, llevan al protestante ortodoxo a la cuestión bastante obvia de los resultados. Debe haber alguna evidencia o huella de la obra divina de producir las Escrituras en las Escrituras mismas. Significativamente, el orden del argumento en los sistemas ortodoxos —que aún refleja el enfoque de los reformadores, aunque sea en una declaración mucho más dogmática y formalizada— es *a priori*, no *a posteriori*. Los ortodoxos no intentan pasar de los efectos a la causa y probar la divinidad de las Escrituras recurriendo a un argumento evidencialista; más bien, pasan de la causa al efecto, argumentando ante todo la divinidad de las Escrituras y luego observando cómo se evidencia la obra divina en el texto. Esto no quiere decir que los argumentos aducidos a favor de la autoridad, la autenticidad y las evidencias de la obra divina en las Escrituras sean vistos por los ortodoxos como poco convincentes, sino solo para señalar que son muy conscientes de qué tipo de argumentos son y de qué manera la utilidad de tales argumentos es y debe ser limitada. Por lo general, el carácter autoevidente de la autoridad bíblica se combina con el testimonio del Espíritu y se antepone a los diversos signos de la verdad del texto, como su majestad y sublimidad.[139]

El lugar y la importancia de tal argumentación racional sobre la divinidad de las Escrituras en la dogmática protestante ha sido un tema de debate al menos desde que Barth declaró que estas «pruebas», como argumentos racionales para la existencia de Dios, no tenían lugar alguno en las enseñanzas de los Reformadores.[140] Este debate, como el debate general sobre la continuidad o discontinuidad entre las enseñanzas de los reformadores y la doctrina de los escolásticos protestantes, surge en gran parte debido a la dificultad de hacer una comparación formal entre la teología de los reformadores y la de los ortodoxos. Es muy cierto que los reformadores no presentaron discusiones formales y extensas sobre la divinidad de las Escrituras, sus evidencias, causas y fines, pero también es cierto, en general, que no escribieron sistemas teológicos detallados. La afirmación de que argumentos que pertenecen a sistemas teológicos más elaborados no tienen lugar dentro del pensamiento de los reformadores es, en el mejor de los casos, un argumento superficial proveniente del silencio y, en el peor, una declaración de preferencia teológica personal por la forma y el género típicos de la teología en un período sobre la forma y el género típicos de la teología en otro período que se ha presentado bajo la forma de un argumento histórico.

Las opiniones de Calvino se oponen, con mucha frecuencia y de forma bastante errónea, a los reformados ortodoxos en este punto. Por un lado, los ortodoxos, típicamente, no dieron prioridad a las evidencias extrínsecas de la divinidad de las Escrituras sobre la obra interna del Espíritu, mientras que, por el otro, Calvino nunca afirmó el *testimonium internum Spiritus Sancti* como el único argumento correcto a favor de la divinidad de las Escrituras, aparte de las diversas evidencias externas. De hecho, es Calvino quien, en la segunda generación de la Reforma, formuló su doctrina de las Escrituras con un cuidadoso equilibrio entre el testimonio previo del Espíritu y la evidencia externa secundaria de la divinidad,[141] dando a la doctrina protestante de

---

[139] Cf. Wendelin, *Christianae theologiae libri duo*, pról., III, iv, con Cloppenburg, *Exercitationes super locos communes*, I.ii.1-16, e ídem., *Aphorismi theologiae christianae*, II, ii.

[140] Karl Barth, *The Word of God and the Word of Man*, trad. Douglas Horton (Boston: Pilgrim press, 1928; repr. New York: Harper & Row), págs. 242-244.

[141] Calvino, *Institutos*, I, vii-viii.

las Escrituras un carácter tanto subjetivo como objetivo y dándole también la forma que permanecería definitiva para este punto particular en la era de la ortodoxia.[142]

2. Calvino sobre las evidencias de la divinidad en las Escrituras.

Los argumentos de Calvino a favor de la divinidad y la autoridad de las Escrituras son particularmente instructivos en vista tanto de su contenido como de su carácter poco sistematizado y en vista de la relación indicada por Calvino entre la autoridad autoevidente de la Escritura y el testimonio interno del Espíritu, por un lado, y las llamadas evidencias externas de la divinidad de las Escrituras, por el otro.[143] La Escritura, sostiene Calvino, es *autopiston*, autentificada por sí misma, no sujeta a «pruebas y razonamientos» y sin autoridad más allá de su Palabra a la que los creyentes deben acudir en busca de validación. La Escritura, en la medida en que es «verdad indiscutible», proporciona en sí misma la norma para el juicio:

> está sellada en nuestros corazones a través del Espíritu. Por lo tanto, iluminados por su poder, no creemos ni por nuestro juicio ni por el de otros que la Escritura sea de Dios; pero por encima del juicio humano afirmamos con absoluta certeza (como si estuviéramos contemplando la majestad de Dios mismo) que ha fluido hasta nosotros de la misma boca de Dios por el ministerio de los hombres.[144]

Este no es un depósito estático de revelación que describe Calvino, ni una manifestación pasada de la voluntad de Dios debidamente registrada y embalsamada para la posteridad: las Escrituras, cuando se leen, se predican y se escuchan con fe, son la voz viva de Dios que habla con autoridad divina, tan claramente autorizada en sus propias palabras y por el testimonio del Espíritu en la lectura de que se autentica a sí misma. Aquí, incidentalmente, está el vínculo entre la visión de Calvino sobre la inspiración y su doctrina de la autoridad de las Escrituras: el mismo Espíritu que primero ofreció la Palabra por medio de este «ministerio de los hombres» continúa obrando en y a través de las palabras en los corazones de los lectores y oyentes. Es el mismo Espíritu que «dicta» a sus «amanuenses» quien continúa testificando

---

[142] Cf. Warfield, "Calvin's Doctrine of the Knowledge of God," págs. 82-93, 123-130. Nótese la mala interpretación en Niesel, *Theology of Calvin*, pág. 37, nota 1, donde Niesel enfatiza demasiado la limitación de Calvino de las pruebas de la divinidad de las Escrituras y concluye que «no son de gran valor» para Calvino, alegando un contraste con la visión ortodoxa, según la cual, afirma Niesel, las pruebas ya no eran «secundarias»: se equivoca en ambos puntos.

[143] Cf. Warfield, "Calvin's Doctrine of the Knowledge of God," págs. 82-93.

[144] Calvino, *Institutos*, I, vii, 5.

de la verdad de la Palabra a los creyentes.[145] Como argumentarían más tarde los ortodoxos reformados, Calvino indica que la inspiración es la base de la autoridad de las Escrituras: «para defender la autoridad de las Escrituras, [el Apóstol] declara que es divinamente inspirada; porque, si es así, está fuera de toda controversia que los hombres deben recibirla con reverencia».[146]

Calvino puede, por tanto, hablar objetivamente de la autoridad de las Escrituras, comentando las palabras del apóstol en 2 Ti. 3:16: «para afirmar su autoridad, enseña que es inspirada por Dios... dictada por el Espíritu Santo». Sin embargo, también reconoce que esta autoridad objetiva no se comprende principalmente mediante el análisis empírico del texto como objeto: «si alguien pregunta cómo se puede saber esto, mi respuesta es que es por la revelación del mismo Espíritu tanto a los estudiantes como a los maestros que Dios se da a conocer como su autor».[147]

Calvino estaba convencido de que ningún argumento o testimonio sería suficiente «para probar a los incrédulos que las Escrituras son la Palabra de Dios... porque solo por la fe se puede dar a conocer esto».[148] Aun así, «las Escrituras serán, en última instancia, suficientes para un conocimiento salvador de Dios solo cuando su certeza se base en la persuasión interna del Espíritu Santo».[149] La iglesia, por lo tanto, no puede ser garante de las Escrituras en la medida en que la iglesia solo puede argumentar y testificar de la verdad de las Escrituras de manera externa. De hecho, la iglesia misma se basa en «los escritos de los profetas y la predicación de los apóstoles», con el resultado de que la iglesia puede proclamar la Palabra, pero «el mismo Espíritu... que habló por boca de los profetas debe penetrar en nuestros corazones para persuadirnos de que proclamaron fielmente lo que ha sido divinamente ordenado».[150] Aquellos que intentan «fortalecer la fe en las Escrituras mediante la disputa», comenta Calvino, «están haciendo las cosas al revés», ya que ni siquiera la vindicación exitosa de las Escrituras a partir

---

[145] Cf. Calvino, *Institutos*, I, vii, 5, con Calvin *Commentaries on the Second Epistle to Timothy*, 2 Ti. 3:16 (*CTS*, pág. 249), y Calvino, *Commentaries on the Second Epistle of Peter*, 2 P. 1:20-21 (*CTS*, págs. 390-391); y observe la similitud con la opinión de Zwingli como se analiza en Stephens, *The Theology of Zwingli*, pág. 57.

[146] Calvino, *Commentaries on the Second Epistle to Timothy*, 2 Ti. 3:16 (*CTS*, pág. 248).

[147] Calvino, *Institutos*, I, vii, 4; cf. Calvino, *Commentaries on the Second Epistle to Timothy*, 2 Ti. 3:16 (*CTS*, pág. 249).

[148] Calvino, *Institutos*, I, viii, 13. Tenga en cuenta que esta virtual paradoja de la cognoscibilidad de las evidencias objetivas del origen divino de la Escritura sólo después y sobre la base del testimonio interno del Espíritu refleja el problema de la revelación natural y la teología natural: la revelación está objetivamente presente, pero puede ser conocida plena y verdaderamente sólo por los regenerados: cf. *DRPR*, I, 6.1; 6.3 (B.2-3).

[149] Calvino, *Institutos*, I, viii, 13.

[150] Calvino, *Institutos*, I, vii, 4.

de diversos ataques producirá piedad en los corazones de los derrotados por la discusión.[151] La verdadera convicción de la autoridad y divinidad de las Escrituras deriva de una fuente más elevada que el mero argumento humano: «el testimonio secreto del Espíritu».[152]

Sin embargo, habiendo declarado una vez que ninguna cantidad de evidencia y argumentación externas puede ser suficiente para persuadir a un incrédulo de la autoridad de las Escrituras, Calvino —casi paradójicamente— dedica más espacio a una discusión de las evidencias externas de la divinidad de las Escrituras que el que había dado a su discusión sobre por qué tales evidencias son innecesarias. Hay, señala Calvino,

> señales manifiestas de Dios hablando en las Escrituras, de las cuales parece que su enseñanza (*doctrina*) es del cielo; y un poco más adelante veremos que todos los libros de la Sagrada Escritura superan con creces a todos los demás escritos. De hecho, si volvemos hacia él ojos puros y sentidos rectos, la majestad de Dios inmediatamente se manifestará, dominará nuestro rechazo audaz y nos obligará a obedecer.[153]

La frase final de la cita no solo indica la fuerza de la valoración que Calvino hacía de las marcas de la divinidad en las Escrituras, sino que también indica un sentido casi predominante del poder de esas marcas o atributos para convencer a los dudosos, a pesar de los comentarios de Calvino en sentido contrario. Calvino intenta lograr aquí lo que la ortodoxia reformada consideraría un equilibrio cada vez más difícil entre la certeza subjetiva e interna que descansa en el Espíritu y solo en la fe y una certeza objetiva externa que descansa en la evidencia. Lo primero debe estar presente si se quiere mantener el énfasis reformado en la gracia únicamente con exclusión de las obras y en paralelo en esta coyuntura crucial, la doctrina de la autoridad autoautenticante de las Escrituras con exclusión de la prueba humana individual y del testimonio eclesiástico. Pero esto último también debe estar presente para que la convicción subjetiva se fundamente en la realidad.

Así, Calvino comienza su discusión sobre la divinidad objetiva de las Escrituras con la advertencia de que «a menos que se ponga este fundamento», es decir, el fundamento proporcionado por la obra del

---

[151] Calvino, *Institutos*, I, vii, 4.
[152] Calvino, *Institutos*, I, vii, 4; cf. III, i, 1, 3-4; ii, 15, 33-36.
[153] Calvino, *Institutos*, I, vii, 4. Cuán engañosa es la afirmación neoortodoxa de que «la preocupación de la Sagrada Escritura no es la doctrina sino la Palabra de Dios que todo lo vivifica» (Niesel, *Theology of Calvin*, pág. 37), cuando, muy específicamente, ¡Calvino identifica el poder del habla divina en las Escrituras con la presencia en ella de la *doctrina* celestial!

Espíritu, «su autoridad siempre permanecerá en duda». Sin embargo, una vez que se logra esta obra del Espíritu, Calvino no conoce límites a la utilidad y el poder de las evidencias de la divinidad presentes en las Escrituras.

> ¡Qué maravillosa confirmación se produce cuando, con un estudio más detenido, reflexionamos sobre la economía de la sabiduría divina, tan bien ordenada y dispuesta; el carácter completamente celestial de su doctrina, sin sabor a nada terrenal; el hermoso acuerdo de las partes entre sí... Pero nuestros corazones están más firmemente arraigados cuando reflexionamos que estamos cautivados por la admiración por las Escrituras más por la grandeza de los temas que por la gracia del lenguaje. Porque no fue sin la extraordinaria providencia de Dios que los sublimes misterios del Reino de los Cielos llegaron a expresarse en gran medida en palabras mezquinas y humildes... en consecuencia, es fácil ver que las Sagradas Escrituras, que hasta ahora superan todos los dones y gracias de esfuerzo humano, respiran algo divino.[154]

Al igual que los escritores ortodoxos posteriores, Calvino señala que la antigüedad de las Escrituras es también una marca externa de su divinidad: Moisés «no ideó ningún dios nuevo, sino que estableció lo que los israelitas habían aceptado acerca del Dios eterno transmitido por los patriarcas edad tras edad».[155] El registro de los milagros y del cumplimiento de la profecía es una prueba clara de la divinidad de las Escrituras.[156] Teniendo en cuenta también las vicisitudes de la historia israelita, la preservación providencial de los libros de la Escritura es también un testimonio profundo de su divinidad.[157] Aun así, la sustancia del evangelio da testimonio de la divinidad del Nuevo Testamento, particularmente dado el origen humilde de los discípulos y la humildad del estilo literario que se encuentra en sus escritos. Más allá del Nuevo Testamento, está el testimonio de la iglesia, el cual, admite Calvino, tiene su lugar en las pruebas de la divinidad de las Escrituras: porque las Escrituras han seguido siendo la norma «indiscutible» de verdad para la iglesia a pesar de los esfuerzos de Satanás y el mundo para destruirla. La firmeza de los mártires que murieron por sus verdades no puede dejar de ser un testimonio del poder divino que actúa en y a través del texto de las Escrituras.[158]

---

[154] Calvino, *Institutos*, I, viii, 1.
[155] Calvino, *Institutos*, I, viii, 3.
[156] Calvino, *Institutos*, I, viii, 5-8.
[157] Calvino, *Institutos*, I, viii, 10.
[158] Calvino, *Institutos*, I, viii, 11-13.

3. Zanchius y la visión ortodoxa temprana de la autoridad y las evidencias.

Estas perspectivas básicas sobre la inspiración y autoridad de las Escrituras, incluido el equilibrio entre la evidencia subjetiva y objetiva del testimonio, se trasladan directamente a la teología ortodoxa reformada. Uno de los principales mediadores de esta opinión fue Zanchius. Esa Escritura es verdaderamente *theopneuston*, declara, no lo sabemos ni por el testimonio humano ni por el testimonio de la iglesia, sino solo por Dios: solo el Espíritu nos permite discernir la Palabra de Dios de otras palabras.[159] Zanchius compara la relación de Dios con las Escrituras con la del sol y su luz: la luz proviene de otro, pero está objetivamente presente. El único problema es nuestra capacidad de recibir la luz. Las Escrituras, consideradas como un medio de comunicación, siguen siendo ineficaces —«no en sí mismas, sino en relación con nosotros»— sin la obra del Espíritu. Esta iluminación del Espíritu, argumenta Zanchius, por sí sola es suficiente para demostrar a la mente que las Escrituras son *theopneustos* —y, añade, basta sin el testimonio de la iglesia. Sin embargo, con la ayuda del Espíritu, la voz de Dios se puede escuchar cuando se predica la Escritura en la iglesia.[160]

Incluso las Escrituras mismas son incapaces de iluminar la mente cuando no es movida por el Espíritu: todas las pruebas racionales de la inspiración de las Escrituras, como su antigüedad, su armonía y acuerdo internos, su confirmación a través de milagros, sus revelaciones de lo contrario. verdades incognoscibles: todas ellas se quedan cortas y no logran influir en la mente. Zanchius enumera estos argumentos, pero no los elabora detalladamente: pregunta, ¿cuántos filósofos y sabios han sido atraídos a la fe por tales argumentos, y cuántos, por el bien de conocer la Palabra de Dios, se han convertido en hombres comunes y necios?[161]

Sin embargo, tanto el testimonio de la iglesia sobre la verdad de la Palabra predicada como el oír la Palabra predicada son útiles y, de hecho, necesarios. Es la Escritura misma, tal como se lee y se escucha, la que proporciona el conocimiento de Dios y no el testimonio interno del Espíritu. Aunque el testimonio de la iglesia sobre la divinidad de las Escrituras no es el principio ni la causa efectiva de nuestra aceptación de la autoridad de las Escrituras, ocurre primero en orden, en el caso de la iglesia de hoy. (En el caso de Moisés y, posiblemente también, de los profetas y apóstoles, el *verbum Dei* es tanto temporal como lógicamente anterior, en la medida en que faltaba el testimonio de la iglesia.) Zanchius acepta así la afirmación de

---

[159] Zanchius, *Praefatiuncula*, col. 332; cf. Ursinus, *Commentary*, pág. 9.
[160] Zanchius, *Praefatiuncula*, cols. 334-337.
[161] Zanchius, *Praefatiuncula*, col. 334.

Agustín de que no habría creído en el evangelio sin la iglesia en el sentido de que la iglesia es el lugar donde se predica y escucha la Palabra.[162]

Un testimonio adicional de la inspiración y, por tanto, de la autoridad de las Escrituras es la demostración, tanto dentro de las Escrituras mismas como fuera de ellas, por las «consecuencias», de su divinidad. La sustancia y la calidad de la enseñanza bíblica, la forma de la Escritura y su lenguaje, a la vez humilde y duradero, la armonía o consonancia de la Escritura consigo misma y el poder de la Escritura para regenerar la naturaleza humana constituyen una prueba interna de su divinidad.[163] Externamente, se muestra que las Escrituras están inspiradas por el cumplimiento de sus profecías, por sus milagros, por «el furor de Satanás y el Anticristo contra ella, por la conservación de su doctrina contra el poder de Satanás» y por los males que sobrevinieron a los perseguidores del evangelio.[164]

B. Definiciones ortodoxas reformadas de la autoridad de las Escrituras

1. La definición, división y organización del tema.

Siguiendo a Zanchius y los escritores de su generación, encontramos muy pocos cambios en la doctrina de la autoridad, autenticidad y evidencias de las Escrituras a medida que pasaban a la era de la ortodoxia. Sin embargo, hubo una elaboración considerable de la doctrina no solo contra el adversario romano sino también contra escépticos y ateos identificados de diversas formas. Los teólogos ortodoxos están de acuerdo en que la divinidad de las Escrituras resulta en la característica o atributo primario de la autoridad.

En resumen, la autoridad es la característica que resulta de la naturaleza del autor: en materia religiosa o teológica, la autoridad última deriva de Dios en la medida en que Dios es la fuente última o autor de todo lo religioso, mientras que la autoridad relativa y limitada deriva de los seres humanos que, como autores de documentos teológicos, solo inspiran un respeto limitado. La cuestión, aquí, es un reflejo directo del lenguaje de los prolegómenos reformados: la teología arquetípica última y, por tanto, perfecta es idéntica a la mente divina; toda otra teología es, en el mejor de los casos, un reflejo de este arquetipo, una forma de teología ectípica. La teología ectípica en el sujeto humano (¡en todos los sistemas de teología!) no

---

[162] Zanchius, *Praefatiuncula*, col. 335.

[163] Zanchius, *Praefatiuncula*, col. 338 cf. Beza, *Questions and Answeres*, pág. 1v, observando solo las pruebas intrínsecas; también Ursinus, *Commentary*, págs. 6-9.

[164] Zanchius, *Praefatiuncula*, col. 338.

solo es finita y reflexiva, sino que también está limitada por la pecaminosidad humana y por las capacidades mentales del teólogo.[165] El autor humano de teología, por tanto, tiene poca autoridad intrínseca. Si la teología ha de tener autoridad, su fuente (que no sea la mente del teólogo) debe llevar consigo autoridad. Esa fuente no puede ser el arquetipo divino, pero debe estar en una relación más directa con ese arquetipo que cualquier esfuerzo completamente humano: la doctrina de la inspiración conduce, por lo tanto, en muchos de los sistemas ortodoxos, directamente a la doctrina de la autoridad de las Escrituras.[166] esa autoridad

> No es otra cosa que el derecho y la dignidad de los libros sagrados, según los cuales son dignos de fe en lo que proponen que se crea, y de nuestra obediencia en todo lo que prescriben que se haga o se deje de hacer. Por haber demostrado ser de Dios, y no de los hombres o del diablo, la consecuencia necesaria es que tengan la máxima autoridad para nosotros. ¿Quién negaría la autenticidad de lo divino?[167]

> La Autoridad Divina de la Palabra puede definirse [como] una cierta dignidad y excelencia de la Escritura por encima de todos los demás dichos o escritos; por lo cual es perfectamente cierta en palabra y sentido; merece crédito en todos los dichos, narraciones de cosas pasadas, presentes y futuras, amenazas y promesas, y como superior se obliga a la obediencia, si prohíbe u ordena algo.[168]

El *Syntagma* de Polanus proporciona una sinopsis representativa de los diversos aspectos o divisiones de la doctrina:

> La autoridad de la Sagrada Escritura es doble: divina (*divina*) y canónica o reglamentaria (*canonica*).
>
> Esta autoridad se considera tanto absolutamente en sí misma (*absolute in se*) como con respecto a nosotros (*quoad nos*).
>
> La Sagrada Escritura se establece hoy entre nosotros como verdaderamente divina tanto en general como en particular, tanto sobre la base de testimonios y argumentos divinos (*ex testimoniis & rationibus divinis*) como criterio o norma de juicio; y sobre la base de testimonios humanos.

---

[165] Cf. *DRPR*, I, 5.2 (A; C.3); 5.5 (C); nótese también "*authoritas divina duplex*" y "*authoritas Scripturae*" s.v. en *DLGT*.

[166] Cf. por ejemplo, Mastricht, *Theoretico-practica theologia*, I, ii, 13-14; Cocceius, *Summa theol.*, I, ii, 3; Turretin, *Inst. theol. elencticae*, II, iv, 2; Pictet, *Theol. chr.*, I, viii, 2-3.

[167] Pictet, *Theol. chr.*, I, viii, 2.

[168] Leigh, *Body of Divinity*, I, ii (pág. 8), citando 1 Ti. 1:15; 2 P. 1:19; Jn. 5:39; He. 6:18; Ro. 1:5; 2 Co. 10:5-6; 13:3; 12:12; Gá. 1:1, 12-13.

Los testimonios o criterios divinos son dos: uno interno, otro externo; la primera es la Escritura misma como voz de Dios (*vocis Dei*) dando testimonio de sí misma, la segunda es verdaderamente el Espíritu Santo en nuestros corazones.

Asimismo, los testimonios humanos son dos: uno, la verdadera Iglesia; el otro, los que están fuera de la Iglesia.

Los testimonios de otros hombres fuera de la Iglesia de Dios son de los judíos, de los herejes o de los propios paganos (*Gentilium*).[169]

Siguiendo la lógica de las divisiones de Polanus, nos limitaremos en esta sección a la autoridad divina de la Escritura considerada absolutamente en sí misma y discutiremos la autoridad canónica *quoad nos* en un momento posterior.[170]

Las claras divisiones doctrinales de Polanus, representativas del modelo ramista frecuentemente utilizado por los primeros ortodoxos, proporcionan una útil visión general de la concepción escolástica protestante de la autoridad de las Escrituras. El enfoque escolástico aborda cuidadosa y lógicamente todas las formas posibles de considerar la autoridad divina de las Escrituras: la general y la particular; testimonio divino tanto interno como externo al texto; testimonio humano tanto cristiano como no cristiano. El lenguaje escolástico de la divinidad y autoridad esencial de las Escrituras surge directamente como resultado de las discusiones de *verbum agraphon* y *verbum engraphon*, *verbum internum* y *verbum externum*. Dado que la Escritura surge de la Palabra de Dios no escrita que recibe forma escrita o, más precisamente, de la Palabra interna dada a los profetas que se exterioriza como proclamación y luego se escribe, el autor principal (*author primarius*) de la Escritura es Dios, y la Escritura, por lo tanto, es en algún sentido divina (*divina*) o santa (*sacra*). En la medida en *authoritas* o *auctoritas* es un poder de dignidad que deriva del *author* o *auctor*, esta divinidad o santidad del texto se puede resumir en el término «autoridad» —cuando esa autoridad se considera *absolute in se*, ya que deriva de Dios. En su exposición de estos puntos, como en las divisiones básicas, Polanus da prioridad a la *Vox Dei* hablando en las Escrituras y al *testimonium Spiritus Sancti* en el corazón del creyente sin descuidar, sin embargo, el lenguaje más empírico de las marcas de la divinidad que son observables en el texto de la Escritura.[171] En este equilibrio, su exposición es típica de los sistemas ortodoxos, aunque podremos detectar en los escritos de la era alta ortodoxa un énfasis cada vez más apologético en las *notae divinitatis* observables o empíricas en el texto.

---

[169] Polanus, *Syntagma*, Synopsis *libri I*.
[170] Véase abajo, **5.5**.
[171] Cf. Polanus, *Syntagma theol.*, I, xvii-xxii.

Estas consideraciones llevaron a los ortodoxos a referirse a las Escrituras como el *formale obiectum fidei* en la medida en que fue la revelación escrita de Dios; la revelación misma, tanto en forma escrita como no escrita, es el objeto formal adecuado de la fe y que la Escritura, como tal, no debe identificarse como revelación de una manera reduccionista, pero, sin embargo, es la única fuente normativa de conocimiento sobre la revelación.[172]

En algunos escritores, la discusión de las evidencias parece ser algo más elaborada, pero el lector nunca tiene la impresión de que los argumentos de las evidencias, ya sean internas o externas, predominen alguna vez: el enfoque de la doctrina permanece en la presencia de la Palabra divina en las Escrituras como lo testifica el Espíritu. Se supone que las Escrituras, como inspiradas, tienen autoridad, y aunque, como los reformadores, los ortodoxos nunca dudan en llamar a las Escrituras el *verbum Dei*, ellos también, siguiendo las enseñanzas de los reformadores, continúan asumiendo la prioridad de la *materia* sobre la *forma*, la prioridad de la Palabra de doctrina salvadora mediada por el texto sobre el texto como tal. Los ortodoxos pueden declarar que la Escritura,

> es de Autoridad Divina, y por lo tanto mayor que toda excepción. Es Divina. 1. En su causa eficiente y original, que es Dios Padre dictando, en su Hijo declarando y publicando, por su Espíritu Santo confirmándola y sellándola en el corazón de los fieles... 2. En la materia, que es la verdad según a la piedad, cierta, poderosa, de venerable antigüedad, unida a una demostración sensible del Espíritu y de la presencia divina.[173]

Nótese aquí la formulación trinitaria de la causalidad de las Escrituras y el consiguiente énfasis tanto en Cristo como centro de la revelación como en el Espíritu como fuente del testimonio interno. Tenga en cuenta también que la caracterización del tema de las Escrituras está diseñada para aprovechar aquellas características ya tratadas bajo los argumentos a favor de la divinidad de las Escrituras. Hay aquí un movimiento *a posteriori*, desde los atributos de la Escritura como Palabra hacia los atributos de Dios, cuya Palabra ha sido inscrita y cuya obra reveladora refleja su naturaleza.[174]

---

[172] Cf. Robert Baron, *Disputatio theologica de formali objecto fidei* (Aberdeen, 1627): "Formale obiectum fidei generaliter & absolute consideratum est divina revelatio in tota sua amplitudine accepta, seu divinus authoritas cuiuslibet doctrinae a Deo revelata, sive ea scripta sit, sive non scripta. At formale objectum fidei illius quae creduntur ea quae in Scriptura credenda proponuntur, est ipsius Scripturae divina & canonica authoritas."

[173] Leigh, *Treatise*, I, viii (pág. 130).

[174] Heppe vio esto de una manera rudimentaria, pero no lo vio como una interpenetración sutil de *loci* sino como una burda divinización del texto: véase Heppe, *Reformed Dogmatics*, pág. 26.

2. La autoridad de las Escrituras como principal: *authentia* y *autopistia*.

Como se señaló en el capítulo introductorio, la cuestión de la autoridad es la cuestión central abordada tanto por los reformadores como por los ortodoxos protestantes: todo lo demás es en cierto sentido secundario, se trate de la doctrina de la inspiración, de la doctrina de las diversas propiedades de las Escrituras, o del argumento relativo al uso e interpretación de las Escrituras. De hecho, todas estas cuestiones secundarias se abordan en términos de la relación de la Palabra autoritativa de las Escrituras con las otras autoridades que participan en la formulación y exposición de la doctrina cristiana: la tradición, la iglesia en la actualidad, el exégeta o teólogo, la capacidad relacional del ser humano y la filosofía formalmente considerada.

Las definiciones de autoridad bíblica ofrecidas por los ortodoxos conducen directamente a una serie de conceptos relacionados que caracterizan aún más la autoridad del texto: el tipo específico de «autenticidad» que posee, lo que le confiere su estatus principal en la teología, definido y calificado aún más por su autoautenticación como «digna de fe» o creencia (*autopistos*) en sí misma. La Palabra escrita tiene autoridad si es auténticamente divina; si es auténticamente divina y, por tanto, autoritativa, puede presentarse como el *fundamentum*, el poder sustentador de la fe y la vida cristianas a través del cual obra el Espíritu, que tiene la autoridad para juzgar todas las controversias teológicas y todas las disputas sobre la moral: es la «norma auténtica» (*authentian norma*) que está por encima y dirige la fe y la vida.[175] Así Turretin: «Sobre la base del origen de la Escritura... se juzga su autoridad: puesto que en verdad proviene de Dios, no puede ser otra cosa que auténtica (*authentica*) y divina».[176]

Esta descripción de la Palabra bíblica como fundamental y auténtica hace eco de la identificación escolástica de la Escritura como *principium theologiae* —y, contrariamente a las afirmaciones de escritores modernos como Rogers, es precisamente la comprensión tradicional y aristotélica de la naturaleza de un primer principio la que impide cualquier intento de ofrecer una demostración racional y empírica de la autoridad de las Escrituras y, en última instancia, hace que todas las evidencias dependan del testimonio del Espíritu para su validación y aceptación subjetiva o personal. Leigh comenta: «Como en otras ciencias, siempre hay algunos principios *per se nota & indemonstrabilia*, de donde se prueban otras cosas, así en Divinidad todas las conclusiones en materia de creencia y práctica son probadas por la Escritura».[177]

---

[175] Mastricht, *Theoretico-practica theol.*, I, ii, 14; cf. Hommius, *LXX Disputationes*, II, ii.

[176] Turretin, *Inst. theol.*, II, iv, 1; cf. Cameron, *Soveraigne Iudge*, págs. 8-9.

[177] Leigh, *Body of Divinity*, I, ii (págs. 23-24), y cf. Rogers y McKim, *Authority and Interpretation*, págs.

De manera similar, Pictet: «debemos considerar la Escritura, que es el primer principio de la fe, como vemos los principios de otros cuerpos de conocimiento, que no derivan su autoridad de ninguna otra fuente, sino que se conocen por sí mismos y se prueban a sí mismos».[178] La *authoritas* de la Escritura también puede identificarse como *autopistia*, ya que

> las Escrituras son por sí mismas dignas de ser creídas; tienen autoridad en sí mismas (no tomada prestada de ninguna persona en el mundo) por la cual atan las conciencias de todos los hombres para recibirlas con fe y obediencia...Y así como Cristo por sí mismo pudo demostrar que él era el Mesías, así la Palabra por sí sola puede probar que es la Palabra de Dios.[179]

Esto es lógicamente necesario, además, si la Escritura ha de ser el primer principio de la teología:

> Cada principio se conoce por sí mismo. La escritura es lo *primum credendum*, lo primero en ser creído; debemos creerla por sí misma, y todas las demás cosas por su conformidad con Ella.[180]

Por extensión, este argumento también muestra por qué el orden *a priori* de la teología entre los ortodoxos no refleja una metafísica especulativa: aquí no hay deducción de principios sino solo una confianza en el *a priori* de la revelación, del mismo modo que, dada la naturaleza indemostrable del *principium*, no hay necesidad de argumentación racional sobre la cual fundamentar la autoridad de las Escrituras.[181] No obstante, dada su fuente y objetivo, la revelación traerá evidencias de divinidad.

C. Evidencias de la divinidad y autoridad de las Escrituras en la teología ortodoxa reformada

La continuidad de la posición ortodoxa con la Reforma en ningún lugar es más clara que en esta presentación de evidencias. La lista de argumentos de Calvino tiene eco en la discusión de Ursinus sobre la indicación de orígenes divinos pertenecientes a la enseñanza bíblica. Estas dos listas, a su vez, tuvieron un profundo impacto en la doctrina ortodoxa temprana de las Escrituras en documentos como el *Syntagma* de Polanus y la *Synopsis*

172-178, 187-188, 205: Rogers habla del «recurso» característico del «escolasticismo aristotélico, a evidencias externas racionalmente demostrables de la autoridad de la Biblia» (p. 205), cuando, de hecho, la identificación aristotélica y escolástica de la Escritura como *principium* tuvo precisamente el efecto contrario.

[178] Pictet, *Theol. chr.*, I, viii, 3.

[179] Leigh, *Treatise*, I, ii (págs. 25-26; cf. margin, pág. 25).

[180] Leigh, *Treatise*, pág. 26, margen.

[181] Contra Rogers y McKim, *Authority and Interpretation*, págs. 172-176, 205, et passim.

purioris theologiae. Medio siglo después, Owen declararía que «la Escritura tiene toda su autoridad de su Autor, tanto en sí misma como con respecto a nosotros», un reflejo casi palabra por palabra de la división básica del tema por parte de Polanus.[182] Esta relación con el Autor y el origen, además, «se declara a sí misma, sin ninguna otra ayuda», de modo que se reconoce que la Escritura es «autoautenticante» o confiable en sí misma, *autopistos*.[183] Este patrón de argumentación tampoco desaparece en la ortodoxia tardía: escritores como Venema, Van Til y Wyttenbach, que se habían movido más en la dirección del racionalismo que sus predecesores de la alta ortodoxia, y que habían comenzado a adaptar la doctrina de la inspiración a algunas de los resultados de la crítica textual, todavía aferrados a la delimitación de evidencias intrínsecas y extrínsecas, en el caso de Wyttenbach, con considerable extensión.[184]

1. El Espíritu y las evidencias de la divinidad: la prioridad del *testimonium internum*.

Al igual que los reformadores, los protestantes ortodoxos suponen que estas evidencias o marcas de divinidad están presentes en el texto de las Escrituras. Los ortodoxos generalmente preservan el mismo orden y/o prioridad de discusión que se encontró en los *Institutos* de Calvino: el testimonio del Espíritu sigue siendo la clave principal de la autoridad y divinidad de las Escrituras, con las evidencias como testimonio auxiliar y, más importante aún, como el resultado necesario de la obra divina realizada en la inspiración y escritura del texto.[185] Por lo tanto, muy a la manera de Calvino, Owen pudo identificar la conexión entre la obra original de inspiración y el reconocimiento posterior por parte de los creyentes de la autoridad de las Escrituras:

> Dios hablando *en* los plumistas de las Escrituras (He. 1:1), su voz para ellos fue acompañada con su propia evidencia, la cual les dio seguridad; y Dios hablando *por* ellos o sus escritos hacia nosotros, su palabra va acompañada de su propia evidencia y nos da seguridad.[186]

Quizás de manera algo más marcada que Calvino, los ortodoxos insisten en la inseparabilidad de la Palabra y el Espíritu y niegan que este testimonio sea una revelación privada de cualquier tipo: «no afirmamos», argumenta Owen,

---

[182] Owen, *Divine Original*, en *Works*, XVI, pág. 309; cf. Polanus, *Syntagma theol.*, Synopsis libri I.

[183] Owen, *Divine Original*, en *Works*, XVI, pág. 309; cf. "*autopistos*," s.v. en *DLGT*.

[184] Cf. Wyttenbach, *Tentamen theologiae dogmaticae*, II, §115-123 (págs. 99-129); Venema, *Inst. theol.*, págs. 47-62; Van Til, *Theologiae utriusque compendium ... revelatae*, IV (pág. 11).

[185] Contra Laplanche, "Débats," en *BTT* 6, pág. 120.

[186] Owen, *Divine original*, en *Works*, XVI, pág. 307.

que el Espíritu inmediatamente, por sí mismo, dice a cada creyente individual: Este libro es, o contiene, la palabra de Dios. No decimos que este Espíritu alguna vez nos habla *de* la Palabra, sino *por* la palabra.[187]

El Espíritu enseña a nuestro corazón para ayudarnos a «reconocer la voz de Dios y de Cristo mismo, que habla en las Escrituras». En esta obra, el Espíritu «no da nueva luz a las Escrituras», sino que «aclara nuestro entendimiento, para ver la luz de las Escrituras, por la misma Escritura y por la luz de las Escrituras». Así, el Espíritu utiliza dos medios para convencernos, uno externo y otro interno, siendo el interno el más importante y ofrecido en y a través de la Escritura misma: «si el Espíritu Santo, hablando en la Escritura, no inspira ante todo nuestras mentes, y abre los ojos de nuestro entendimiento... todos los demás medios no nos beneficiarán en absoluto».[188]

Este enfoque nos recuerda fuertemente la descripción que hace Calvino del testimonio del Espíritu sobre la autoridad de las Escrituras y la forma en que Calvino describe las Escrituras como *autopiston*. De este modo,

> No necesitamos simplemente ninguna otra luz, ni ninguna evidencia especial para demostrar este asunto, sino esa misma luz que está en las Escrituras. Porque la Escritura (siendo la primera e inmediata Palabra de Dios) es de autoridad suficiente en sí misma (*autopistos*), y por eso también por sí misma muy clara y evidente... Porque así como la luz del sol no es percibida ni vista por medio de cualquier otra luz, porque excede con creces a toda otra luz corporal y externa, de modo que la luz espiritual de las Escrituras no necesita en sí misma ninguna otra luz... porque de todas las luces espirituales que iluminan la mente, ésta es la más brillante y hermosa del mundo.[189]

El Espíritu cumple su obra en parte «produciendo ciertos testimonios de las Escrituras», tales como 2 Ti. 3:16, «Toda Escritura inspirada por Dios», en parte mediante sugerencia, amonestación y advertencia de que observemos los mandamientos y enseñanzas de las Escrituras. Sin embargo, dado que el hombre es tan «ciego por naturaleza» y las causas de duda acerca de las Escrituras están en nuestras mentes y no en las Sagradas Escrituras, el Espíritu puede utilizar argumentos de tipo colateral como medio para abrir los ojos a la luz de las Escrituras, para llevarnos «a contemplar la divina

---

[187] Owen, *Divine Original*, en *Works*, XVI, págs. 325-326; cf. Henry Ainsworth, *The Trying Out of the Truth: Begunn and Prosequuted in Certayn Letters or Passages between Iohn Aynsworth and Henry Aynsworth; the one pleading for, the other against the present religion of the Church of Rome* (London, 1615), pág. 59.

[188] Rollock, *Treatise of Effectual Calling*, págs. 69-70; Edwards, *Authority, Stile, and Perfection*, págs. 42-44.

[189] Rollock, *Treatise of Effectual Calling*, pág. 68.

majestad de Dios brillando y hablándonos en las Sagradas Escrituras».[190] Por lo tanto, el testimonio principal de la divinidad de las Escrituras proviene de Dios, y es doble: «primero, por el testimonio interno de su Espíritu; en segundo lugar, por su testimonio externo». El testimonio secundario se extrae de las Escrituras mismas. En un tercer nivel, la iglesia también da testimonio de la autoridad de las Escrituras y, finalmente, incluso aquellos que están fuera de la iglesia a veces ofrecen testimonio.[191]

2. El carácter de la revelación y las evidencias de la divinidad.

Como la mayoría de los ortodoxos reformados, Owen argumenta el carácter de autenticidad de las Escrituras tanto «a través del testimonio» como «a través de deducciones e inferencias», es decir, tanto intrínseca como extrínsecamente,[192] pero también proporciona un argumento significativo, una «inducción general» basada en las «tres maneras por las cuales Dios… se revela a sí mismo, sus propiedades, su mente y su voluntad a los hijos de los hombres».[193] Este argumento, además, aclara la noción de autoautenticación y demuestra una relación importante entre la doctrina de las Escrituras como regla autoritativa de fe y práctica y la concepción reformada del valor y limitación de la teología natural. Owen encuentra insostenible la noción de que las Escrituras, como Palabra de Dios, podrían no ser autoautenticantes o autoevidentes, pero encuentra igualmente insostenible la noción de que este carácter autoevidente es peculiar de la forma escritural de la revelación de Dios. De hecho, Owen cree que el carácter autoevidente de toda revelación es crucial para la enseñanza reformada de la autoridad de las Escrituras. La autoridad «surge de la relación»: no hay autoridad sin relación, no hay autoridad «en sí misma» aparte de la autoridad «con respecto a los demás» y, ciertamente, no hay autoridad «con respecto a los demás» aparte de la autoridad «en sí misma».[194] La autoridad surge de la relación, incluso si reside enteramente en una de las partes en la relación, y no necesita el testimonio de una parte externa a la relación para existir o ser conocida. La autoridad de la Palabra escrita de Dios debe ser, por tanto, una autoridad «en sí misma para con nosotros»,[195] pero tal autoridad debe necesariamente pertenecer a toda revelación divina.

---

[190] Rollock, *Treatise of Effectual Calling*, pág. 69.

[191] Weemse, *Exercitations Divine*, pág. 76.

[192] Owen, *Divine Original*, pág. 313; cf. pág. 309.

[193] Owen, *Divine Original*, pág. 309.

[194] Owen, *Divine Original*, pág. 308.

[195] Owen, *Divine Original*, pág. 309.

Hay tres maneras en que Dios se revela: en sus obras de creación y providencia, por «la luz innata (o injertada) de la naturaleza y los principios de la conciencia de los hombres», y por su Palabra preservada en las Sagradas Escrituras.[196] Pertenece a la esencia de cada una de estas tres formas de revelación el que se autentiquen por sí mismas. De este modo,

> Las obras de Dios (en cuanto a cuál es su voluntad de enseñar y revelarse a sí mismo por ellas) tienen esa expresión de Dios sobre ellas, ese sello y carácter de su poder eterno y Divinidad, esa evidencia en ellas de que son suyas, que, dondequiera que sean vistas y consideradas, innegablemente demuestran que lo son, y que lo que enseñan acerca de él, lo hacen en su nombre y autoridad. No hay necesidad de tradiciones, ni de milagros, ni de la autoridad de ninguna iglesia, para convencer a una criatura racional de que las obras de Dios son suyas y únicas; y que es eterno e infinito en poder el que las hizo. Llevan consigo su propia autoridad. Por ser *lo que* son, declaran de *quién* son.[197]

De manera similar, la voz interior de la naturaleza y la conciencia «se declara procedente de Dios por su propia luz y autoridad…: sin más evidencia ni razonamiento, sin la ventaja de ninguna consideración que no sea la que ella misma proporciona, descubre a su autor, de quien es y en nombre de quién habla».[198] *Koinai ennoiai,* o «nociones comunes», están «incrustadas en la naturaleza de las criaturas racionales por la mano de Dios, con el fin de que puedan hacer una revelación de Él…, sean capaces de alegar su propio origen divino, sin la menor contribución de fuerza o ayuda desde fuera».[199]

Esta visión del carácter de la revelación natural, reconoce Owen, la sostienen no solo los reformados sino también sus adversarios católicos romanos y racionalistas. Si se asume tal visión de la revelación natural, ¡cuánto más debería aplicarse su lógica a las Escrituras!

> Ahora bien, sería muy extraño que esos bajos, oscuros y oscuros principios y medios de la revelación de Dios y su voluntad, que hemos mencionado, pudieran demostrar que provienen de él, sin ninguna ayuda, asistencia, testimonio o autoridad externos; y que aquello que Dios mismo ha magnificado sobre ellos… debería permanecer muerto, oscuro y no tener nada en sí mismo que revele

---

[196] Owen, *Divine Original,* págs. 309-310; y cf. la discusión en *DRPR,* I, 6.2.

[197] Owen, *Divine Original,* págs. 310-311.

[198] Owen, *Divine Original,* pág. 311.

[199] Owen, *Divine Original,* pág. 311.

a su Autor, hasta que este o aquel testimonio añadido sea llamado en su ayuda.[200]

Aprovechando la comprensión entonces actual de *principia*, Owen concluye que «como principio de verdad» toda la revelación de Dios, tanto general como especial, tiene «tal impresión de su autoridad sobre ella, que innegablemente demuestra que proviene de él» y deja a todos aquellos que ignoran su testimonio «sin excusa».[201]

Definir las Escrituras como la Palabra de Dios indica también que «las Sagradas Escrituras son ese instrumento y medio Divino, por el cual se nos enseña a creer lo que debemos acerca de Dios, y de nosotros mismos, y de todas las criaturas, y cómo agradar a Dios en todas las cosas para la vida eterna».[202] Por lo tanto, la autoridad canónica de las Escrituras «es uniformemente divina» en todos los libros de las Escrituras, aunque no se puede decir que todos los libros transmitan uniformemente el contenido de la revelación: la «idea de teología» se expresa firme y plenamente «no en libros individuales o en palabras separadas (*tmemata*) de los libros, sino en la reunión integral de los libros canónicos (*in librorum Canonicorum integro syntagmate*)».[203] Como se indicó anteriormente en la discusión sobre la inspiración, a pesar de la insistencia de los reformados en que las mismas palabras del original son inspiradas, la fuerza teológica de su argumento recae en la sustancia o *res* en lugar de palabras individuales: las traducciones pueden tener autoridad *quoad res* porque la autoridad no está tanto en las palabras sino en la totalidad de la enseñanza distribuida por todo el canon.

Entonces, la Escritura, entendida amplia y canónicamente, en todas sus partes, pero principalmente en su totalidad, es divina y auténtica en sí misma y no necesita el consentimiento humano para serlo, como el sol es luz incluso si todos los hombres fueran ciegos. La cuestión que plantea la doctrina de la autoridad, sin embargo, es que la Escritura también sea reconocida divina y auténtica en la iglesia e identificada como regla de fe y obediencia: y, admitiendo la polémica de la época sobre el *locus* último de la autoridad religiosa, los ortodoxos se aferran a una serie de pruebas de la autoridad divina de las Escrituras.

---

[200] Owen, *Divine Original*, pág. 311.

[201] Owen, *Divine Original*, pág. 312; sobre *principia*, ver *DRPR*, I, 9.3; II, 3.1 (B); III, 3.2 (C.1). La idea central de toda esta sección va en contra de la opinión de Rogers y McKim, *Authority and Interpretation*, págs. 172-176, 205, 207, 219-222, 456, 459; cf. Rogers, "The Church Doctrine of Biblical Authority," págs. 27, 30-31.

[202] Leigh, *Body of Divinity*, I, ii (pág. 8).

[203] Cloppenburg, *Exercitationes super locos communes*, I, i, 10.

3. Las evidencias «intrínsecas».

Leigh y otros ortodoxos dividen las pruebas de la divinidad y autenticidad de las Escrituras en categorías internas o intrínsecas y externas o extrínsecas: las primeras pertenecen al texto de las Escrituras mismas, las segundas describen actos divinos realizados a través de las Escrituras y obras de la providencia relacionadas con las Escrituras.[204] Las evidencias o marcas de la divinidad no aparecen uniformemente a lo largo de las Escrituras: como las estrellas en el cielo, algunos libros «brillan» más que otros, de modo que los Evangelios y las Epístolas Paulinas ofrecen evidencia más completa de la divinidad que Rut o Ester, pero ningún libro carece tanto de evidencias de divinidad como para ponerlo en duda. Tampoco es necesario que cada capítulo de un libro canónico evidencie todas las marcas: es «suficiente» si todas las marcas están presentes en los «escritos divinos considerados colectivamente y en su conjunto».[205]

Las evidencias intrínsecas generalmente se colocan en primer lugar y a menudo tienen un acento claramente apologético, dirigido directamente a la afirmación romana de la autoridad de la iglesia para testificar y garantizar la verdad de las Escrituras: es impío colocar la autoridad del hombre por encima de la autoridad de Dios como si la voz falible de los eclesiásticos pudiera validar la verdad de Dios. Ningún ser humano se ha preservado infaliblemente del error desde los días de los apóstoles. La iglesia solo puede juzgar la autoridad de las Escrituras sobre la base de las Escrituras y, habiendo reconocido la verdad de la Biblia, basa toda la autoridad eclesiástica en las Escrituras. La iglesia, ya sea en su totalidad o en parte, no tiene marcas de divinidad como las Escrituras.[206]

Las listas de estas evidencias intrínsecas o marcas de divinidad varían entre los escritores reformados en orden, disposición y extensión, aunque varias de las evidencias aparecen en todas las listas, y algunas van y vienen entre las categorías intrínsecas y extrínsecas, dado que las marcas «intrínsecas» o «internas» pueden ser intrínsecas al texto mismo de las Escrituras o internas en el creyente.[207] Pictet ofrece la siguiente caracterización general de las evidencias:

La primera característica es no decir nada más que la verdad. *Segunda*, revelar misterios que no pueden surgir de la imaginación humana, pero que, no obstante, están de acuerdo con las ideas

---

[204] Leigh, *Body of Divinity*, I, ii (pág. 8); Amyraut et al., *Syntagma thesium theologicarum*, I, v, 45; vea también Edwards, *Authority, Stile, and Perfection*, pág. 4.

[205] Turretin, *Inst. theol. elencticae*, II, iv, 10-11.

[206] Pictet, *Theol. chr.*, I, viii, 4, arg. 2.

[207] Cf. Edwards, *Authority, Stile, and Perfection*, pág. 4.

naturales que Dios ha impreso en la mente. *Tercera*, dirigir nuestra adoración y nuestra mente únicamente al Dios verdadero. *Cuarta*, instruir la mente de manera que satisfaga y tranquilice el deseo más insaciable de conocimiento. *Quinta*, enseñar a los hombres mediante los santísimos preceptos a amar a Dios sobre todas las cosas y a renunciar a toda iniquidad. *Sexta*, ser siempre coherente consigo misma y no exhibir contradicción alguna. *Séptima*, enseñar aquellas cosas que calman todas las pasiones de la mente y la llenan de paz y alegría indescriptibles, sometiéndola de tal manera que se vea obligada, bajo una influencia dulce pero muy poderosa, a obedecer las leyes de Dios. *Octava*, predecir aquellas cosas que ningún ser humano podría saber de antemano y que se cumplieron según lo predicho.[208]

Se puede obtener de Ridgley una lista de cinco características internas o intrínsecas: 1) el «tema» de las Escrituras; 2) majestuosidad del estilo; 3) la pureza, santidad y verdad de las enseñanzas; 4) el «consentimiento o armonía» de todas las partes de la Escritura; 5) el «alcance y diseño del conjunto»; y en el curso de su discusión, una sexta, la autocertificación divina que se encuentra a lo largo de las Escrituras.[209] A esta lista, Leigh agrega el carácter divino y de otro modo incognoscible de muchas enseñanzas bíblicas, la verdad de las predicciones y profecías bíblicas, la absoluta justicia de los mandamientos bíblicos y la eficacia salvadora de las Escrituras, esta última a menudo aparece bajo la categoría de evidencias extrínsecas.[210] Pictet, como se indicó anteriormente, ofrece como evidencia principal la verdad de las Escrituras, discutida por la mayoría de los escritores de la época bajo la categoría de los atributos de las Escrituras.[211] Brakel enfatiza el poder inherente de las Escrituras, tanto para salvar como para iluminar, y también señala la autocertificación divina en el texto, la profundidad y majestad de las enseñanzas y el cumplimiento de la profecía.[212]

En mayor detalle, el núcleo del argumento a favor de la divinidad basado en «evidencias intrínsecas» o «marcas» es el siguiente: 1) Las Escrituras parecen ser divinas por su tema celestial, la verdad y la sublimidad de su doctrina, especialmente en comparación a la enseñanza humana,[213]

> que era imposible para cualquier hombre falsificar y fingir, y que, una vez contadas, corresponden tanto a la razón, que ningún hombre

---

[208] Pictet, *Theol. chr.*, I, vi, 3; cf. Mastricht, *Theoretico practica theologia*, I, ii, 8.

[209] Ridgley, *Body of Divinity* (1855), págs. 40-58; cf. Boston, *Body of Divinity*, I, págs. 26-31.

[210] Leigh, *Body of Divinity*, I, ii (págs. 12-14).

[211] Pictet, *Theol. chr.*, I, vi, 6; y ver más abajo, 5.2.

[212] Brakel, *Redelijke Godsdienst*, I, ii, 10.

[213] Amyraut et al., *Syntagma thesium theologicarum*, I, v, 56, 59-60.

puede ver una causa justa para ponerlas en duda; como la Doctrina de la Creación de todas las cosas en seis días; la Doctrina de la Caída de nuestros primeros Padres; la Historia de la Liberación de Israel de Egipto, de la Entrega de la Ley y los Diez Mandamientos; la Doctrina de la Encarnación de Cristo Jesús, de la Resurrección de los muertos, del Juicio final, de la vida venidera y de la Inmortalidad del Alma.[214]

Wyttenbach añade a esto —indicando las tendencias racionalistas de su enfoque ortodoxo tardío— que la divinidad de las Escrituras se ve en la congruencia de sus «verdades teóricas» con la razón correcta, incluso cuando surgen más allá de la razón y su alcance.[215] Además, la Escritura

> enseña la naturaleza y la excelencia de Dios, y las obras de Dios, más clara y distintamente que cualquier otro escrito, es más, de lo que cualquiera sin Dios podría haber ideado, a saber, que hay tres personas y un Dios, que Dios es Infinito, Omnisciente, Omnipotente, Santísimo; que él creó todas las cosas, que por una Providencia particular las gobierna todas; que él observa las acciones de todos los hombres, y les pedirá cuentas, y dará a cada uno según sus obras; que solo él debe ser adorado y que debe ser obedecido en su Palabra por encima de todas las criaturas.[216]

Las Escrituras confirman las verdades más elevadas conocidas por la luz de la naturaleza y enseñan las verdades aún más elevadas y de otro modo inaccesibles de la Trinidad y el amor, la gracia y el perdón de Dios que son necesarios para la salvación.[217] En resumen, las enseñanzas de las Escrituras son a menudo «sublimemente gloriosas» y «una excelencia tan profunda y misteriosa, que ante la primera propuesta de ellas, la naturaleza se sobresalta, se encoge y se horroriza, considerando que lo que está por encima de ella es demasiado grande y excelente para ella».[218] Una consideración más profunda de estas verdades que de otro modo serían incognoscibles permite que «los ojos de la razón» sean «un poco confirmados» y manifiesta a nuestra naturaleza que estas verdades «inescrutables» son la base sobre la cual descansan todas las demás verdades y toda nuestra relación con Dios. Así, la negación de revelaciones como las doctrinas de la Trinidad, de la encarnación del Hijo de Dios y de la resurrección de los muertos, socava toda la fe y la obediencia:

---

[214] Leigh, *Body of Divinity*, I, ii (pág. 9); cf. Weemse, *Exercitations Divine*, pág. 83; Pictet, *Theol. chr.*, I, vi, 7; Edwards, *Authority, Stile, and Perfection*, págs. 4-5.

[215] Wyttenbach, *Tentamen theologiae dogmaticae*, II, §117.

[216] Leigh, *Body of Divinity*, I.ii (pág. 9); cf. Ussher, *Body of Divinity*, pág. 9.

[217] Gürtler, *Synopsis theol.*, ii, 7-9.

[218] Owen, *Divine Original*, en *Works*, XVI, pág. 339; cf. el punto idéntico en Amyraut et al., *Syntagma thesium theologicarum*, I, v, 49.

Quitad, entonces, la doctrina de la Trinidad, y ambas desaparecerán; no puede haber ningún propósito de gracia del Padre en el Hijo, ningún pacto para poner en ejecución ese propósito: y así el alma pierde el fundamento de todos los frutos del amor y la bondad.[219]

Este argumento acerca de la importancia de doctrinas que de otro modo no estarían al alcance de la raza humana «no debe resistirse».[220] Además, sirve para derrotar a los «adversarios» que afirman que la Iglesia de los patriarcas fue anterior a las Escrituras escritas por Moisés: porque claramente la voluntad eterna de Dios e incluso la *viva vox Dei* precedió a la fundación de la Iglesia, de hecho, la creó como lo testifica 1 P. 1:23, que llama a la Iglesia «renacidos no de simiente corruptible, sino de incorruptible, por la palabra de Dios que vive y permanece para siempre».[221]

2) La pureza, santidad y justicia de la enseñanza bíblica evidencia la autoridad divina de las Escrituras tanto de manera absoluta en sí misma como en relación con otros libros. Las Escrituras no solo superan a todos los demás libros, sino que en sí mismas son divinas y autoritativas, y merecen el nombre de «Sagrada Escritura».[222] En sí misma, la Escritura se considera pura y santa en la forma en que presenta la bondad y la santidad de Dios y la ley de Dios frente a la miserable pecaminosidad de la humanidad; en su enseñanza sobre la naturaleza humana y la pérdida de la integridad original; en la forma en que revela la ira de Dios contra los pecadores impenitentes; en su relato de las vidas de pecadores individuales; y en sus advertencias sobre la angustia y el terror del castigo futuro por el pecado no redimido. En ninguna parte las Escrituras conducen al pecado o «conducen al libertinaje»; más bien, reprenden el pecado, descubren los rincones del corazón pecaminoso y conducen a la justicia en todas sus enseñanzas.[223]

La Escritura manifiesta su excelencia en sus mandamientos. Porque el requisito divino de la «bondad más exacta y perfecta» está mucho más allá de la capacidad del hombre para inventarla, pero en sus detalles confirma de tal manera la «razón correcta» que todos deben reconocerla como verdadera y necesaria, como solo Dios podría proponer. Así, la justicia de los mandamientos, la generalidad e imparcialidad de las amenazas y el carácter integral de las promesas dan testimonio de la divinidad de las Escrituras.[224]

---

[219] Owen, *Divine Original*, en *Works*, XVI, pág. 341; cf. Ussher, *Body of Divinity*, pág. 9.

[220] Owen, *Divine Original*, en *Works*, XVI, pág. 342; cf. Cappel, *Hinge of Faith*, págs. 153-154.

[221] Rollock, *Treatise of Effectual Calling*, pág. 77.

[222] Ridgley, *Body of Divinity* (1855), I, pág. 41; cf. Edwards, *Authority, Stile, and Perfection*, pág. 5-6.

[223] Ridgley, *Body of Divinity* (1855), I, pág. 41.

[224] Leigh, *Treatise*, I, ii (pág. 16); cf. Ursinus, *Explicationes catecheseos*, en *Opera*, I, col. 49 (*Commentary*, pág. 7); Amyraut et al., *Syntagma thesium theologicarum*, I.v.56; Cappel, *Hinge of Faith*, pág. 154; Pictet, *Theol. chr.*, I.vi.10.

De manera similar, las declaraciones de las Escrituras de que no debemos confiar en los hombres sino en Dios y no buscar la recompensa del mérito sino la gracia en razón de «los méritos y la intercesión de otro» están más allá de los poderes de la invención humana.[225]

Dado que, además, la Escritura que se revela como la «palabra del Dios viviente» también declara en todas partes la bondad y la gloria de Dios, sus lectores deben reconocer, sobre la base de esta coherencia y armonía de la declaración que, esta palabra es verdadera y Dios es en verdad el autor —o que esta palabra es falsa y el autor es un ser sumamente malvado, en verdad, el mismo Diablo:

> No puede caer en la comprensión de ningún hombre que esa doctrina que es tan santa y pura, que conduce tan absolutamente al máximo mejoramiento de todo lo que es bueno, justo, encomiable y digno de alabanza, tan apropiada para todos, la luz de Dios, del bien y del mal, que permanece en nosotros, podría proceder de cualquiera eternamente endurecido en el mal, y que en la búsqueda del designio más perverso que ese malvado pueda realizar, a saber, entronizarse a sí mismo y maliciosamente engañar, embaucar y arruinar las almas de los hombres; de modo que, necesariamente, la Escritura no puede reconocer a ningún autor excepto a aquel de quien es, es decir, el Dios vivo.[226]

3) El «consentimiento o armonía» de todas las partes de la Escritura, el «diseño» y la consistencia interna del todo, a pesar del número y diversidad de los autores humanos, argumenta la divinidad de la Escritura.[227] Esta consistencia, particularmente la consistencia del propósito revelado que subyace el texto indica que «todo procede de un mismo principio, y tiene el mismo autor, y éste es sabio, con discernimiento, capaz de comprender toda la extensión de lo que pretendía entregar y revelar».[228]

> El maravilloso contenido, singular armonía y acuerdo de las Escrituras muestra que no vinieron de los hombres sino de Dios, Jn. 5:46. Cada parte concuerda dulcemente consigo misma, con la otra y con el todo, Hch. 26:22, 11:17; Lc. 24:27; Jn. 5:46; Mt. 4:4. Lo predicho en el Antiguo se cumple en el Nuevo Testamento.

---

[225] Leigh, *Treatise*, I, ii (pág. 12); cf. Ursinus, *Explicationes catecheseos*, en *Opera*, I, col. 50 (*Commentary*, pág. 7); Wyttenbach, *Tentamen theologiae dogmaticae*, II, §118.

[226] Owen, *Divine Original*, en *Works*, XVI, pág. 343; cf. Ussher, *Body of Divinity*, pág. 8; Pictet, *Theol. chr.*, I, vi, 10.

[227] Owen, *Divine Original*, en *Works*, XVI, págs. 342-343; Ursinus, *Explicationes catecheseos*, en *Opera*, I, col. 49-50 (*Commentary*, pág. 7); Cappel, *Hinge of Faith*, págs. 140-141; Edwards, *Authority, Stile, and Perfection*, págs. 38-42.

[228] Owen, *Divine Original*, en *Works*, pág. 343.

Si parece haber alguna contradicción en el número de años, las circunstancias de tiempo y lugar o el punto de doctrina, la falla está en nuestra aprehensión o ignorancia, no en la cosa misma, y puede aclararse fácilmente.[229]

Este argumento se vuelve aún más convincente una vez que se reconoce que hay muy poca armonía y acuerdo en los escritos de personas «no inspiradas»: no están de acuerdo entre sí y tampoco se ajustan a la norma de la verdad de Dios. Además, el problema de la contradicción humana se exacerba cuando los escritores y los libros están separados por grandes extensiones de tiempo y lugar. Los plumistas de las Escrituras, sin embargo, a pesar de su diversidad de condición, su distancia unos de otros en tiempo y lugar, exhiben una maravillosa armonía y acuerdo, ya sea en sus relatos históricos, sus doctrinas o el alcance general de sus escritos, tales como solo puede explicarse por la inspiración divina del texto.[230]

4) El «alcance y diseño de la totalidad» de las Escrituras, el propósito más amplio o «fin» del documento, no está designado humanamente:

El fin de la Escritura es Divino, a saber, la gloria de Dios brillando en cada sílaba de ella, y la salvación del hombre, no temporal sino eterna. Estos escritos llevan al hombre totalmente fuera de sí mismo y fuera del mundo entero, desde y sobre todas las criaturas, hacia el Creador únicamente, para darle la gloria de todas las victorias: por lo tanto, provienen de él y no de ninguna criatura, porque el que sea el autor de cualquier escrito seguramente tendrá el mayor respeto hacia sí mismo en ese escrito. Las Escrituras manifiestan solo la gloria de Dios, Jer. 9:23,24.[231]

La intención de las Escrituras no es llamar la atención sobre sí misma o sobre sus autores humanos, sino llevar a los seres humanos a adorar y reverenciar solo a Dios, a resignarse a su voluntad y a dirigir todo lo que tienen y hacen para la gloria de Dios.[232]

5) La autocertificación divina que se encuentra a lo largo de las Escrituras. «La Escritura se llama divina: los Autores testifican a menudo que no hablan por sí mismos, ni por ningún instinto humano, sino por

---

[229] Leigh, *Treatise*, I, ii (pág. 18); cf. Ursinus, *Explicationes catecheseos*, en *Opera*, I, col. 49-50 (*Commentary*, pág. 7); Rollock, *Treatise of Effectual Calling*, pág. 70; Weemse, *Exercitations Divine*, pág. 81.

[230] Ridgley, *Body of Divinity* (1855), I, pág. 44; Ridgley continua extensamente (págs. 44-51) argumentando en contra de varios supuestos «errores» en el texto de las Escrituras; Turretin dedica una pregunta entera a la cuestión (*Inst. theol. elencticae*, II, v, 1-xxxvi).

[231] Leigh, *Treatise*, I, ii (pág. 13); cf. Rijssen, *Summa theol.*, II, vi, controversia, argumentum 1; Wyttenbach, *Tentamen theologiae dogmaticae*, II, §115-116.

[232] Pictet, *Theol. chr.*, I, vi, 8.

mandato de Dios y por el Espíritu que los inspira» —la Escritura también «se llama luz», Sal. 119:105, porque se descubre a sí misma; el testimonio, y el testimonio del Señor, porque da testimonio de sí mismo, mientras que tanto Pedro (2 P. 1:19, 20 y 3:15) y Pablo (2 Ti. 3:16) dan aviso de que las Escrituras son inspiradas por Dios.[233] (La autocertificación divina también puede considerarse extrínsecamente, en los milagros que ocurren a lo largo de las Escrituras y en la conversión del mundo por medio de las Escrituras).

6) El cumplimiento de las promesas y profecías en las Escrituras sirve para demostrar su divinidad, dado que solo Dios podría conocer y cumplir las cosas predichas en las Escrituras:

> Generalmente se confiesa que solo la esencia divina puede prever con certeza las cosas contingentes que vendrán muchos siglos después y que no dependen de ninguna causa necesaria en la naturaleza; por lo tanto, en los escritos que encontramos tales cosas predichas y las encontramos completa y claramente cumplidas, debemos confesar que estos escritos nacieron del Cielo y de Dios.[234]

Esto puede tomarse como un principio general, y la Escritura cumple su requisito:

> Ahora bien, en las Escrituras tenemos diversas predicciones de este tipo. Los dos principales y más claros... son 1. la conversión de los gentiles al Dios de Israel por medio de Cristo... Nuevamente [2], fue predicho que Cristo sería una piedra de ofensa para los judíos, y que ellos lo rechazarían, y así serían rechazados por Dios como pueblo; ¿No vemos que eso se realice? El cumplimiento de estas dos profecías principales, mucho antes entregadas al mundo por los escritores de las Sagradas Escrituras, muestra manifiestamente que fueron inspiradas por el Espíritu Santo.[235]

Agregue a esto la entrada de los israelitas a la tierra prometida, el cautiverio babilónico, las «cuatro monarquías, el nacimiento, la muerte, la resurrección y la ascensión de Cristo... el derramamiento del Espíritu, la destrucción de Jerusalén» y muchas otras profecías individuales.[236] Aun así, las profecías del diablo y de los paganos son «dudosas y ambiguas, pero éstas son distintas y claras»: las de los paganos «en su mayor parte falsas», las de Dios «muy verdaderas y ciertas».[237]

---

[233] Leigh, *Treatise*, I, ii (pág. 23).

[234] Leigh, *Treatise*, I, ii (pág. 14).

[235] Leigh, *Treatise*, I, ii (pág. 15); cf. Amyraut et al., *Syntagma thesium theologicarum*, I, v, 52-53; Cappel, *Hinge of Faith*, págs. 163-164; Van Til, *Theologiae utriusque compendium ... revelatae*, IV (pág. 11); Edwards, *Authority, Stile, and Perfection*, págs. 6-28 Gürtler, *Synopsis theol.*, ii, 10.

[236] Pictet, *Theol. chr.*, I, vi, 14.

[237] Leigh, *Treatise*, I, ii (pág. 15); Ussher, *Body of Divinity*, pág. 9; Amyraut et al., *Syntagma thesium*

7) La sencillez y majestuosidad del estilo de las palabras de la Escritura, su falta de truco humano de persuasión y de discursos florecientes, su claridad en la enseñanza de la verdad de Dios y su expresión invariable de la voluntad soberana y el mandato de Dios también lo denotan claramente como autor. Así también la simplicidad de estilo y la espiritualidad del contenido del Nuevo Testamento requieren el consentimiento al origen de las Escrituras en la instrucción del Espíritu.[238] Esta evidencia, en particular, no se muestra uniformemente a lo largo del texto: hay muchos lugares que evidencian una «sencillez de expresión y familiaridad de expresión adaptada a la capacidad más humilde» y que carecen de la «altitud de estilo» que se encuentra en Job, los Salmos e Isaías. Aun así, a lo largo de las Escrituras, aparecen expresiones majestuosas acerca de Dios (de hecho, palabras de Dios mismo, incapaces de ser pronunciadas por ninguna criatura) que despiertan un «temor reverencial a las perfecciones divinas».[239]

8) La eficacia de las Escrituras: también se puede argumentar que, mientras que «muchas historias» han mostrado los pecados de la humanidad y la ira de Dios, solo las Escrituras «nos muestran *morbum, medicinam, & medicum*... la enfermedad, la medicina y el Médico que cura». Solo las Escrituras enseñan lo que es necesario para la salvación y no ofrecen «nada para nuestra curiosidad»: «no son para pasar el tiempo, sino para redimirlo».[240] Las doctrinas de las Escrituras penetran eficazmente en el alma, combatiendo los restos de la impiedad; aterrorizan y consuelan la conciencia, produciendo un odio al pecado y una nueva servidumbre a la justicia.[241] Las Escrituras mismas dan testimonio de esta evidencia en la declaración de Pablo de que la Palabra de Dios «obra eficazmente» en aquellos que creen, como en la identificación de las Escrituras como un martillo, una espada de dos filos y una semilla.[242]

En conjunto, todas estas características de las Escrituras, que no se encuentran juntas en ningún otro libro, nos convencen de su divinidad y confirman su propio testimonio (2 Ti. 3:16) de que es «inspirada por Dios».[243]

---

theologicarum, I.v.55.

[238] Ussher, *Body of Divinity*, pág. 8; Amyraut et al., *Syntagma thesium theologicarum*, I, v, 48; Weemse, *Exercitations Divine*, pág. 79; Pictet, *Theol. chr.*, I, vi, 16.

[239] Ridgley, *Body of Divinity* (1855), I, págs. 40-41; cf. Pictet, *Theol. chr.*, I, vi, 15, obs. 2; Gürtler, *Synopsis theol.*, ii, 11-13.

[240] Weemse, *Exercitations Divine*, pág. 78.

[241] Amyraut et al., *Syntagma thesium theologicarum*, I, v, 62-64.

[242] Pictet, *Theol. chr.*, I, vi, 13, citando 1 Ts. 2:13; Jer. 23:39; He. 4:12; 1 P. 1:23.

[243] Pictet, *Theol. chr.*, I, vi, 16.

4. Las evidencias «extrínsecas».

En un nivel menor de importancia, pero no obstante útiles para la defensa del texto contra sus detractores, se encuentran los argumentos extrínsecos, que Leigh divide en dos categorías básicas: milagro y testimonio.[244] Turretin divide el tema en seis categorías, dos de las cuales son discutidas por otros escritores bajo la categoría de argumentos intrínsecos: 1) la antigüedad del texto; 2) su preservación providencial; 3) la «franqueza y sinceridad» de sus autores humanos; 4) la constancia y resistencia de los mártires; 5) los milagros en ambos testamentos; y 6) el testimonio tanto de los «adversarios» como de los fieles.[245] Ridgley ofrece dos argumentos extrínsecos seguidos de «otras» cinco evidencias: 1) milagros que confirman la «misión» de los profetas, Cristo y los apóstoles; y 2) el uso y eficacia de las Escrituras para «convertir a los pecadores»; más 1) el carácter y/o sinceridad de los autores humanos de las Escrituras; 2) la sublimidad de la doctrina; 3) la antigüedad y preservación providencial del texto; 4) el testimonio de la iglesia; y 5) el testimonio de las Escrituras en el corazón humano.[246] De ellos, la «sublimidad de la doctrina» y la «eficacia» salvífica del texto a menudo se entienden como intrínsecas, mientras que los demás suelen ubicarse en la categoría extrínseca.[247]

1) La antigüedad y preservación providencial del texto. Los ortodoxos también señalan con frecuencia la antigüedad de las Escrituras, tanto en su «materia» o «sustancia» como «contenida en las palabras y letras» como en su actualidad física, tanto en sustancia como en forma. En primer lugar, refiriéndose únicamente a la sustancia, la antigüedad de la Escritura es evidente, ya que es la «sustancia de aquellos oráculos divinos que no solo han hablado los patriarcas y profetas, sino que también Dios mismo pronunció; cosas que también estaban escondidas en la mente de Dios desde la eternidad», como el plan de la creación y de la salvación.[248] La antigüedad de los documentos mismos y su fidelidad al registrar la historia antigua también evidencian la supervisión divina, dado que muchos documentos más recientes, algunos dignos de mención y aptos para su preservación, se han perdido para el mundo. Este es particularmente el caso de los libros antiguos que existían solo en unas pocas copias escritas, incluidos los libros sagrados de los antiguos pueblos paganos, como los

---

[244] Leigh, *Treatise*, I, ii (págs. 19-23); cf. Ursinus, *Explicationes catecheseos*, en *Opera*, I, col. 49-50 (*Commentary*, págs. 7-8).

[245] Turretin, *Inst. theol. elencticae*, II, iv, 8.

[246] Ridgley, *Body of Divinity* (1855), págs. 40-58.

[247] Turretin, *Inst. theol. elencticae*, II, iv, 9.

[248] Rollock, *Treatise of Effectual Calling*, IX (pág. 76); cf. Weemse, *Exercitations Divine*, págs. 77-78; Wyttenbach, *Tentamen theologiae dogmaticae*, II, §122.

libros de misterios de los egipcios y los libros de ceremonias de los druidas, ambos casi completamente perdidos. Es más, Satanás habría destruido por completo las Escrituras si hubiera estado en su poder hacerlo, en la medida en que las Escrituras están dedicadas a su derrocamiento. Tal preservación providencial del texto lo identifica como un libro digno del extraordinario cuidado de Dios, en resumen, un libro divino e inspirado.[249]

2) El carácter y/o sinceridad de los autores humanos de las Escrituras. En las palabras más bien rústicas de «pastores», como Moisés y Amós, la juventud y la «inquietud» de Jeremías y los «murmullos» de Juan, tanto como en el lenguaje refinado de David e Isaías, los escritores son tan sinceros acerca de ellos mismos y sus fallas como lo son acerca de las verdades divinas que enseñan. Así, Moisés confiesa su falta de habilidad en el habla y relata la historia de la iniquidad de su propio hermano, Aarón, al adorar el becerro de oro; David admite y se arrepiente de su conspiración contra Urías; Pablo relata libremente su temprana persecución de la iglesia.[250] Cualquiera que sea su condición o rango, hablan con franqueza, no escribiendo rumores o afirmaciones personales, sino ofreciendo referencias directas a las cosas que han visto y que Dios les ha revelado. Su discurso directo, además, refleja su relación inmediata con las verdades que pronuncian: no son reporteros lejanos, sino testigos de acontecimientos como la resurrección de Cristo. No hay evidencia de falsedad o engaño en sus testimonios.[251]

La condición de estos amanuenses, cotejada con el contenido de la Escritura, da testimonio de su divinidad: pues predican «con la majestad y sublimidad de la verdad» sobre cosas como la Trinidad, el pecado original, la unión hipostática de las dos naturalezas en Cristo, la redención de la humanidad por la sangre del Hijo de Dios, y no lo hacen por inferencia como «los más sabios de los filósofos», de hecho «no de manera humana», dada la caída del hombre. La única y más segura conclusión es que «estos misterios» solo podrían conocerse si las Escrituras «fueran inspiradas por Dios».[252]

3) Los milagros en ambos Testamentos. Los milagros pueden ser milagros de «confirmación» como los realizados por Cristo y los apóstoles para manifestar la verdad de sus palabras o milagros de «preservación» como el cuidado providencial con el cual Dios preservó la Escritura de todos

---

[249] Pictet, *Theol. chr.*, I, vi, 15; cf. Ursinus, *Explicationes catecheseos*, en *Opera*, I, col. 49 (*Commentary*, pág. 7); Leigh, *Treatise*, I, ii (pág. 16); Amyraut et al., *Syntagma thesium theologicarum*, I, v, 45; y Rijssen, *Summa theol.*, II, vi, controversia, argumentum 1; Ridgley, *Body of Divinity* (1855), I, pág. 58.

[250] Leigh, *Body of Divinity*, I, ii (pág. 14); Ridgley, *Body of Divinity* (1855), I, pág. 53.

[251] Turretin, *Inst. theol. elencticae*, II, iv, 14.

[252] Mastricht, *Theoretico-practica theol.*, I, ii, 23; cf. Amyraut et al., *Syntagma thesium theologicarum*, I, v, 48; Van Til, *Theologiae utriusque compendium ... revelatae*, IV (pág. 11).

los esfuerzos de tiranos y hombres malvados «para suprimir y extinguir» la palabra.[253] Ciertamente, Dios no habría proporcionado tantos milagros para confirmar la divinidad de las enseñanzas de las Escrituras si el origen y la autoridad divinos fueran «meramente producto» de la imaginación humana: los milagros son innegablemente genuinos.[254]

4) Si bien aclaran que el uso de las Escrituras como criterio o norma de juicio en religión se basa enteramente en el origen divino y de ninguna manera surge de la práctica humana, los protestantes ortodoxos desarrollan una serie de argumentos relacionados con el testimonio humano de la divinidad de las Escrituras. Los reformados tienden a bifurcar los testimonios humanos, distinguiendo entre testimonios de quienes pertenecen a la verdadera Iglesia y testimonios de quienes están fuera de la Iglesia, ya sean herejes, judíos o paganos.[255] Los primeros conjuntos se encuentran entre las evidencias extrínsecas positivas de la divinidad, mientras que el último conjunto de argumentos es principalmente de naturaleza polémica o apologética y tiene como objetivo refutar las afirmaciones de los católicos romanos, quienes basan la autoridad de las Escrituras en el testimonio de la Iglesia; de los judíos, que niegan la validez del Nuevo Testamento; y de los paganos, que niegan la autoridad de las Escrituras o, en el caso de los mahometanos, argumentan la necesidad de una revelación adicional.

Primero, la divinidad de las Escrituras está atestiguada por «la Iglesia y los santos de Dios en todas las épocas».

> La Iglesia de los judíos profesó la doctrina y recibió los libros del Antiguo Testamento, y testificó de ellos que eran divinos; cuya constancia invencible permanece todavía en los judíos de estos días, quienes (aunque son enemigos acérrimos de la religión cristiana) mantienen y preservan rígidamente el Canon del Antiguo Testamento puro e incorrupto, incluso en aquellos lugares que evidentemente confirman la verdad de la religión cristiana.[256]

(Aquí, dicho sea de paso, vemos la razón por la que los argumentos romanos sobre la relativa corrupción del texto debido a la malicia de los judíos tuvieron poco efecto inicial en la visión reformada del Antiguo Testamento: este texto transmitido como divino por los judíos fue recibido

---

[253] Leigh, *Treatise*, I, ii (pág. 19); cf. Rollock, *Treatise of Effectual Calling*, pág. 71; Ussher, *Body of Divinity*, pág. 10; Amyraut et al., *Syntagma thesium theologicarum*, I, v, 46; Pictet, *Theol. chr.*, I, vi, 16; Van Til, *Theologiae utriusque compendium... revelatae*, IV (pág. 11); Wyttenbach, *Tentamen theologiae dogmaticae*, II, §119.

[254] Turretin, *Inst. theol. elencticae*, II, iv, 8.

[255] Polanus, *Syntagma*, Synopsis libri I.

[256] Leigh, *Treatise*, I, ii (pág. 21); cf. Ussher, *Body of Divinity*, pág. 11; Rijssen, *Summa theol.*, II, xvii, cont. III, argumenta 3 & 4.

por los apóstoles «como *depositum* y santa prenda de la voluntad Divina».[257] También vemos por qué el debate sobre los puntos vocálicos adquirió dimensiones doctrinales tan amplias).

Este testimonio es particularmente evidente en la «extraordinaria propagación de la fe cristiana por todo el mundo, por medio de hombres mezquinos e ignorantes... en oposición a las mismas puertas del infierno».[258] Si sus enseñanzas no fueran divinas, difícilmente habría sido posible que las Escrituras hubieran difundido su mensaje por todo el mundo en tan poco tiempo, en las personas de discípulos tan débiles y sin educación, dada tanto la ausencia de apoyo para sus enseñanzas en el mundo a su alrededor y la presencia de tal oposición por parte de príncipes y magistrados, las costumbres populares, las sutilezas de los filósofos y la elocuencia de los oradores paganos. A pesar de toda la oposición, príncipes, gobernantes y poblaciones enteras «abrazaron» enseñanzas bíblicas que eran «a la vez absurdas para la razón y desagradables para la carne».[259] Se puede encontrar una mayor confirmación en la voluntad de los mártires de morir por las doctrinas de las Escrituras.[260] No solo hay que considerar el número de mártires, sino también el hecho de que todos los tipos y clases de hombres y mujeres sufrieron por la fe. Seguramente su número y variedad de estaciones y condiciones superan toda acusación de orgullo o confusión. Los grandes tormentos a los que fueron sometidos y la paciencia y constancia con la que soportaron sus aflicciones también dan testimonio de la divinidad de su fe escritural.[261]

En segundo lugar, incluso los herejes, ya sean de tiempos antiguos o recientes, dan testimonio de la divinidad de las Escrituras mediante sus esfuerzos por probar sus doctrinas escrituralmente.[262] De la misma manera, los «papistas» dan testimonio de la autoridad de las Escrituras y luego intentan «demostrar que las Escrituras son la palabra de Dios» mediante «el testimonio de la Iglesia» y específicamente el testimonio de aquellos que han preservado la fe «mediante la sucesión continua desde los Apóstoles hasta nuestros tiempos», es decir, los papas. «Estos hombres tendrán a la

---

[257] Leigh, *Treatise*, I, ii (pág. 21).

[258] Pictet, *Theol. chr.*, I, vi, 15, obs. 4; cf. Ussher, *Body of Divinity*, pág. 10; Cappel, *Hinge of Faith*, págs. 155-156.

[259] Turretin, *Inst. theol. elencticae*, II, iv, 21.

[260] Cf. Ursinus, *Explicationes catecheseos*, en *Opera*, I, col. 50 (*Commentary*, pág. 8); Ussher, *Body of Divinity*, págs. 9-10; Cappel, *Hinge of Faith*, págs. 142-143.

[261] Cf. Ursinus, *Explicationes catecheseos*, en *Opera*, I, col. 50 (*Commentary*, pág. 8); Rollock, *Treatise of Effectual Calling*, pág. 71; Pictet, *Theol. chr.*, I, vi, 15, obs. 3; Amyraut et al., *Syntagma thesium theologicarum*, I, v, 47; Leigh, *Treatise*, I, ii (págs. 21-22); Ussher, *Body of Divinity*, págs. 9-10; Cappel, *Hinge of Faith*, págs. 142-143; Turretin, *Inst. theol. elencticae*, II, iv, 8.

[262] Weemse, *Exercitations Divine*, pág. 84.

Iglesia como juez e intérprete de todas las Escrituras, de cuyo juicio no será lícito a ningún hombre apartarse para apelar a otro juez». La voz de Dios en la Iglesia, según los papistas, es la voz principal de Dios y arroja luz sobre las Escrituras «no solo con respecto a nosotros, sino también con respecto a las Escrituras mismas».[263] Contra esta afirmación de la «sinagoga papista mentirosa», escribe Rollock, «la voz de la Iglesia no es más que la voz de la esclava, o la voz de un pregonero, que debe publicar y proclamar esa voz de Dios, llena de excelencia, que habla en las Escrituras». La Palabra o Escritura que se expresa «en el corazón de la Iglesia» solo puede ser un reflejo de la Palabra escrita de Dios: aun así, la verdadera iglesia depende para su existencia y su verdad de las Escrituras.[264] Como prueba de este punto, se demuestra fácilmente que ninguna de las autoridades humanas en la iglesia, ya sean los padres, los concilios o los papas, ofrece en sus enseñanzas las mismas evidencias de divinidad que las Escrituras.

Siguiendo el patrón apologético inaugurado en *De veritate religione christianae* por De Mornay, Mastricht y otros escritores ortodoxos tardíos y altos abordan el problema del Corán y de los escritos sagrados judíos posteriores, concretamente el Talmud y la Cábala, en sus *locus* sobre la verdad y las evidencias de la revelación bíblica. Como Venema plantea la cuestión,

> si la Escritura no es la Palabra de Dios, no hubo ni hay revelación de su voluntad. La razón, como ya hemos visto, sugiere la gran probabilidad de que haya alguna revelación en el mundo; y sostenemos que aquello que poseemos es lo único que puede reclamar esta distinción. Hagamos una comparación entre Ella y los sistemas de los paganos y de Mahoma, y se verá su certeza y superioridad.[265]

En respuesta a las preguntas relativas al Corán, Mastricht comenta que los Salmos frecuentemente afirman la perfección de la ley de Dios (Sal. 19:8), la condenatoria imperfección de las doctrinas humanas (Mt. 15:9) —y aunque el Corán explícitamente reconoce la verdad de las Escrituras, las niega implícitamente al contradecirlas y al enseñar doctrinas humanas, muchas de ellas falsas. Además, nada se puede añadir al Evangelio, que es el cumplimiento de todas las promesas de Dios, ni a la Biblia (específicamente a su ley) en su conjunto, como la propia Biblia atestigua; sin embargo, esto es precisamente lo que el Corán pretende hacer.[266] Más allá de esto,

---

[263] Rollock, *Treatise of Effectual Calling*, págs. 74-75.
[264] Rollock, *Treatise of Effectual Calling*, págs. 74-75.
[265] Venema, *Inst. theol.*, iv (pág. 62); cf. Mastricht, *Theoretico-practica theol.*, I, ii, 24-27.
[266] Mastricht, *Theoretico-practica theol.*, I, ii, 24, citando Dt. 4:2; 12:32.

Mahoma no fue un verdadero profeta: no reveló ningún misterio de Dios, no profetizó acontecimientos futuros ni obró milagros. Además, el modo de revelación que afirma Mahoma es completamente diferente del modo de revelación bíblica: no afirmó haber recibido inspiración alguna para escribir sino una visita del ángel Gabriel. Finalmente, la moralidad de esta revelación es sospechosa y con tanta frecuencia contradice las Escrituras que debe ser falsa.[267]

En cuanto al Talmud y la cuestión de su autoridad divina, afirma ser la tradición oral de interpretación de la ley, pero difícilmente puede ser de origen o autoridad mosaica o divina, ya que, en ambas formas, el Talmud de Jerusalén y el de Babilonia, no exhibe las características de la ley divina sino de la disputa académica. El Talmud es un registro de las enseñanzas y argumentos de los maestros y escuelas judíos: Hillel y Shammai. Los judíos tampoco afirman que los autores del Talmud o la Mishná fueran divinamente inspirados. Finalmente, el Talmud contiene muchas cosas que son «falsas, perversas y perjudiciales para Dios, el hombre y la verdad».[268] De manera similar, la Cábala, que pretende ser una ley oral universal y contener el significado místico de las Escrituras, no puede ser de autoridad divina debido a la falsedad e impiedad de sus reglas, porque incluso según los judíos, se basa en las Escrituras y no es *autopistos*.[269]

La gran controversia con el judaísmo, sin embargo, no es tanto sobre el Talmud y la Cábala como sobre el Nuevo Testamento y «si es *theopneuston*, de una verdad infalible y autoridad divina, equivalente al Antiguo Testamento».[270] La cuestión se complica, señala Mastricht, por los anabaptistas, que sostienen la derogación del Antiguo Testamento y declaran que ya no estamos bajo la ley, y por los socinianos, que desprecian el Antiguo Testamento y afirman una diferencia esencial entre su religión y la del Nuevo Testamento. Los reformados, sin embargo, declaran contra todos estos adversarios que el Antiguo y el Nuevo Testamento poseen «la misma verdad y autoridad». Esto se desprende, según Mastricht, del hecho de que los mismos argumentos utilizados por los judíos para probar la verdad del Antiguo Testamento se aplican también al Nuevo, en particular el argumento de que la exactitud de las narraciones demuestra que las Escrituras se caracterizan por *axiopistia*, dignidad para la fe. En resumen, estos adversarios del cristianismo mantienen la posición insostenible de testificar de la verdad y la autoridad de las Escrituras y luego intentar

---

[267] Mastricht, *Theoretico-practica theol.*, I, ii, 25-26.
[268] Mastricht, *Theoretico-practica theol.*, I, ii, 28.
[269] Mastricht, *Theoretico-practica theol.*, I, ii, 29.
[270] Mastricht, *Theoretico-practica theol.*, I, ii, 30.

eludirlas o mejorarlas con sus propias enseñanzas ideadas humanamente. La lógica del caso va en contra de ellos, y las Escrituras emergen como la única fuente confiable de la verdad divina.[271]

5. La limitación de argumentos basados en evidencias.

Sin embargo, al igual que Calvino, los ortodoxos reformados suponen que, a pesar de su persuasión, estos argumentos no pueden probar plenamente la divinidad de las Escrituras:

> Ninguno de estos argumentos puede, sin duda, persuadir el corazón *certitudine fidei*, que la Sagrada Escritura, o cualquier doctrina contenida en ella, es la palabra de Dios, hasta que Dios nos la enseñe, hasta que el Espíritu Santo de Dios nos haya certificado y asegurado internamente de ella. Esto se llama el Sellado del Espíritu de Dios, Ef. 1:13; por esto la Escritura queda impresa en nuestros corazones como la señal del Sello en el Camino. Otros argumentos pueden convencer, pero esto es absolutamente necesario; esto también es suficiente para persuadir, ciertamente, Mt. 11:25. El Espíritu Santo es el autor de la luz, por la cual entendemos las Escrituras, y el persuasor del corazón, por el cual creemos que lo que en ellas hay es verdaderamente divino, 1 Jn. 5:6. Es el Espíritu el que da testimonio, porque el Espíritu (es decir, metonímicamente la doctrina entregada por el Espíritu) es verdad. Así que para probar que hay un Dios, se pueden traer razones de la naturaleza y del testimonio de la Iglesia, pero ningún hombre puede creerlo de manera salvadora sino por el Espíritu Santo.[272]

Pictet, como muchos ortodoxos, resume de manera similar su lista de evidencias con el comentario:

---

[271] Mastricht, *Theoretico-practica theol.*, I, ii, 30.

[272] Leigh, *Treatise*, I, ii (págs. 23-24); cf. Ursinus, *Explicationes catecheseos*, en *Opera*, I, col. (*Commentary*, pág. 9); Turretin, *Inst. theol. elencticae*, II, vi, 6-7, 13-14; Maccovius, *Loci communes*, ii (págs. 25-26); Amyraut et al., *Syntagma thesium theologicarum*, I, ix, 1,3; Owen, *Divine Original*, en *Works*, vol. 16, págs. 325-329; Pictet, *Theol. chr.*, I, x, 1-8; De Moor, *Commentarius perpetuus in Joh. Marckii compendium*, II, xxiv (I, págs. 332-338); contra Rogers y McKim, *Authority and Interpretation*, págs. 182, 186, 188, 220-221; specifically, específicamente, señalan que Turretin «omitió la referencia al testimonio interno del Espíritu al desarrollar la autoridad de las Escrituras» (pág. 188) y sostuvo que la obra del Espíritu era principalmente permitir a las personas «llegar a una claridad intelectual sobre lo que dice la Biblia» (pág. 182): nótese que las referencias al *testimonium internum Spiritus Sancti* citadas anteriormente de Turretin se encuentran en su discusión sobre cómo se conoce la autoridad de las Escrituras y que Turretin enfatiza la eficacia del Espíritu sobre el «*corazón*» humano. Turretin se hace eco directamente de Calvino en su afirmación de que «el Espíritu que obra en los corazones de los fieles, testifica que la enseñanza dada a los evangelistas por el Espíritu es verdadera y divina»: Turretin, *Inst. theol. elencticae*, II, vim 13; cf. Calvino, *Institutos*, I, vii, 4, e ídem, *Commentaries on the Second Epistle to Timothy*, 2 Ti. 3:16 (*CTS*, pág. 249).

hemos demostrado que las Escrituras son divinas y que tienen varias marcas de divinidad y, en consecuencia, que son auténticas y que su autoridad no proviene de ninguna fuente más allá de sí misma. Sin embargo, no debemos imaginar que incluso estas marcas puedan entenderse claramente sin la ayuda de Aquel que las grabó en las Escrituras y que es el autor de las Escrituras, es decir, el Espíritu Santo.[273]

Pictet observa que las marcas de la divinidad en las Escrituras son tan seguras y su autenticidad tan segura que una persona cuyos pensamientos fueran puros aceptaría fácilmente su autoridad: nuestra pecaminosidad, sin embargo, se interpone en el camino de tal aceptación. Cita a Agustín en el sentido de que no podríamos estar convencidos del brillo del sol si nuestra vista fuera defectuosa. Aun así, la mente del hombre está tan ciega en las cuestiones espirituales que necesita la ayuda del Espíritu para volverla atenta, calmar las pasiones, iluminarnos, convencernos y convertirnos a la piedad.[274] El Espíritu puede conducir a una persona a una vida piadosa por medio de las Escrituras, convenciéndola así de su divinidad, aunque no pueda discernir todas las marcas de la divinidad allí presentes: el conocimiento, el discernimiento, el poder de expresión no son las marcas necesarias del verdadero creyente, solo asiente a la verdad divina dada en las Escrituras.[275] Este recurso final al Espíritu permanece incluso en el más racional de los últimos ortodoxos, Wyttenbach, quien concluye que las evidencias de la divinidad, a pesar de su claridad y seguridad, no pueden producir nada más que *fides humana*: para que surja *fides divina*, una fe divina y salvadora, es necesario el testimonio interior del Espíritu.[276] Por lo tanto, no nos hemos alejado mucho del punto de vista de Calvino y sus contemporáneos. Los diversos argumentos, intrínsecos y extrínsecos, a favor de la divinidad de las Escrituras han sido expuestos con mucha mayor extensión por los escolásticos que por los reformadores, pero la salvedad permanece: el argumento por sí solo no será suficiente como prueba de la divinidad y autenticidad o para el establecimiento final de autoridad.

Mientras que los ortodoxos protestantes manifiestan un amplio acuerdo en su definición y discusión de los temas de las obras intrínsecas y extrínsecas de la autoridad de las Escrituras y de la autenticidad del texto, difieren sobre el orden y la disposición de estos temas en discusión. Turretin y De Moor, por razones tanto polémicas como puramente doctrinales, adoptan un

---

[273] Pictet, *Theol. chr.*, I, x, 1; cf. Ussher, *Body of Divinity*, págs. 11-12; Amyraut et al., *Syntagma thesium theologicarum*, I, ix, 11.
[274] Pictet, *Theol. chr.*, I, x, 2.
[275] Pictet, *Theol. chr.*, I, x, 2.
[276] Wyttenbach, *Tentamen theologiae dogmaticae*, II, §130.

enfoque más objetivista al abordar primero los fundamentos de la autoridad bíblica en las indicaciones intrínsecas y extrínsecas de la autenticidad de las Escrituras y llegando, solo en segundo lugar, a la discusión de la aprehensión subjetiva de la autoridad de las Escrituras a través del testimonio del Espíritu.[277] Heidegger, sin embargo, aborda la autoridad del texto, como su inspiración, como una cuestión de consentimiento doctrinal. Declara enfáticamente que las marcas, o *indicia*, de la divinidad de las Escrituras, como la luz del sol, no sirven de nada a menos que se abran los ojos y que, en el caso de la autoridad de las Escrituras, los ojos de la fe no se abren mediante un argumento empírico sino por el Espíritu.[278]

Cada uno de estos escritores intenta equilibrar la autoridad objetiva de las Escrituras con la obra necesaria del Espíritu para convencer al oyente o lector y con la obra de la Iglesia para transmitir, preservar y proporcionar el texto para el uso de los creyentes. Turretin, por ejemplo, indica tres bases causales de la autoridad de las Escrituras: «la objetiva, la eficiente y la instrumental u orgánica». Hay, por lo tanto, un triple argumento a favor de la divinidad del texto que comienza con el argumento objetivo que ofrece la base de «por qué y según qué» se puede creer que las Escrituras son divinas. Este argumento trata de las marcas de la divinidad (*notae*) en el texto. Luego está la cuestión de la causa eficiente por la cual uno es llevado a esta creencia, y ésta es la obra del Espíritu que conduce a una persona a la fe. Finalmente, está la cuestión del instrumento o medio por el cual esta creencia se vuelve posible, que es la iglesia que lleva y entrega la Escritura a los creyentes.[279] Turretin establece así las diferentes garantías objetivas de la autoridad de las Escrituras, pero no separadas, del fundamento subjetivo para el discernimiento de esas garantías, dando a algunos escritores la impresión (falsa, incluso sobre la base de sus propias presuposiciones teológicas) de que los *indicia* o *notae* se mantienen independientemente como base de fe, como si los textos en el idioma original *quoad res et quoad verba* y las distintas versiones *quoad res* pudieran considerarse la Palabra autoritativa de Dios antes y aparte de cualquier aprehensión personal.[280] Los diversos argumentos intrínsecos y extrínsecos a favor de la autenticidad y autoridad de las Escrituras, por lo tanto, son útiles principalmente para los fieles y sirven para reforzar la fe en lugar de demostrar, apologéticamente, la autoridad de las Escrituras. No obstante, la autoridad intrínseca y extrínseca

---

[277] Cf. Turretin, *Inst. theol.*, II, iv, 3-6, con ibid., II, vi, 6-9, 15; y vea De Moor, *Commentarius perpetuus in Joh. Marckii compendium*, II, vi-xxiii (sobre la autoridad y autenticidad de las Escrituras), xxiv (sobre el testimonio interno del Espíritu.

[278] Heidegger, *Corpus theol.*, II, xii-xv.

[279] Turretin, *Inst. theol. elencticae*, II, vi, 6; cf. Burman, *Synopsis*, I, iv, 17.

[280] Cf. Rogers y McKim, *Authority and Interpretation*, págs. 175-188.

de las Escrituras es una cuestión de hecho, de efecto identificable, no simplemente de opinión. La autoridad está objetivamente fundamentada pero subjetivamente aprehendida. Además, la naturaleza de esta aprehensión subjetiva, determinada por la fe más que por la razón, crea una cierta tensión en la doctrina ortodoxa. Turretin, escribiendo en el apogeo de la ortodoxia, intenta resolver esta tensión argumentando tres tipos de certeza, matemática o metafísica, moral y teológica; la certeza teológica se basa en la fe.[281]

6. La reformulación de los argumentos en la era de la ortodoxia tardía.

En el declive de la ortodoxia, Venema parece haber abandonado la pretensión de una certeza externa distintivamente «teológica». Asume la autoridad de las Escrituras y mantiene los argumentos intrínsecos y extrínsecos con considerable extensión, pero reconoce que el tercer tipo de certeza, la teológica, no puede argumentarse a partir de las propias fuentes externas y tangibles, concediendo la naturaleza interna y espiritual de la certeza de la fe:

> La prueba que aducimos no es *matemática*, sino *moral*, que es tal que, si bien es suficiente demostrar la verdad, cuando no existe oposición o prejuicio contra la verdad, no impone al mismo tiempo la convicción en un hombre, ni lo obliga a recibir la verdad, sino que lo deja en libertad de ascender a ella o no. Este tipo de prueba es suficiente para producir convicción. No infringe la libertad del hombre, porque no le exige el consentimiento, no le obliga a perseguir la virtud en contra de su voluntad.[282]

Tales argumentos no pueden ser «admitidos al establecer la divinidad de las Escrituras»; más bien, producen «convicción» en el corazón de quien ya está dispuesto a la verdad del cristianismo. Cuando se argumenta que la divinidad de las Escrituras no puede ser probada, concluye Venema, el argumento es correcto con referencia a la prueba matemática o racional que, por su naturaleza, «obliga al asentimiento», pero no con referencia al argumento moral.[283]

Se pueden señalar tres puntos respecto del argumento de Venema. En primer lugar, percibimos aquí la relación positiva que existía entre el federalismo reformado y el pietismo. Venema ha tomado en serio el argumento reformado de que la teología no se basa en evidencia racional y lo ha fusionado con la tendencia más subjetiva del pietismo para hacer que la convicción teológica y la moral sean prácticamente indistinguibles.

---

[281] Turretin, *Inst. theol. elencticae*, II, iv, 22; cf. *DRPR*, I, 7.2 (B.2, 4).

[282] Venema, *Inst. theol.*, III (pág. 47).

[283] Venema, *Inst. theol.*, III (pág. 47).

En segundo lugar, señala, aunque indirectamente, la reducción kantiana de la teología a la ética, que a su vez tenía raíces en el pietismo alemán. Venema había permitido que la razón alcanzara el estatus de *principium cognoscendi theologiae*[284] junto con la Escritura y, a la luz de esta alianza de filosofía y teología, había dejado de lado sin discusión el concepto anterior de una certeza teológica distintiva: presumiblemente la certeza de la razón ahora reforzaba la convicción moral del texto de la Escritura. Con el ataque kantiano a la metafísica racional, solo la convicción moral quedaría en manos de la teología. En tercer lugar, la atmósfera crítica de la época, específicamente el tratamiento histórico y racional del texto de las Escrituras desde la época de Semler en adelante, había hecho que las supuestas evidencias de la divinidad de las Escrituras fueran empíricamente inciertas. El recurso de Venema no fue introducir un nuevo empirismo sino retirarse del modelo objetivador de la antigua ortodoxia. La doctrina, en su forma original, no pudo sobrevivir al gran cambio ocurrido en la hermenéutica.

Cuando se aplicó una razón escéptica o crítica a los *indicia*, estas marcas de divinidad se volvieron vulnerables y desaparecieron, como también lo reconocieron los protestantes ortodoxos. En ausencia de la fe y del Espíritu Santo, el *principium* y *testimonium internum*, los *indicia* no se aparecerían. Vemos el problema claramente ilustrado a finales del siglo XVIII en el libro *Age of Reason* de Thomas Paine. La obra de Paine es útil porque es la síntesis de un siglo de crítica, el destilado popular del ataque de la Ilustración a la ortodoxia fideísta. Lo que a principios de siglo había aparecido como una crítica vacilante y a veces velada, aparece a plena luz al final. Además, dado que el deísmo británico fue el fundamento no solo del método crítico en Inglaterra sino también en el continente,[285] el deísmo de Paine de finales del siglo XVIII es bastante representativo.

4.4 La fe y el *Principium* Escritural

A. Fundamentos del conocimiento: la relación entre la fe y las Escrituras

1. La cuestión historiográfica: «principios» materiales y formales

La declaración de la autoridad previa de las Escrituras y su corolario dogmático, la identificación de las Escrituras como *principium cognoscendi theologiae*, ocurrió en estrecha relación con la afirmación de los reformadores y los teólogos ortodoxos protestantes de la salvación solo por gracia a través

---

[284] Cf. Venema, *Inst. theol.*, prolegomena (pág. 8), con *DRPR*, I, 8.3 (A.4); 9.3 (B.2).
[285] Cf. Reventlow, *Authority of the Bible*, págs. 411-413.

de la fe. El mensaje salvador de la revelación de Dios en las Escrituras podría ser apropiado directamente por la fe, ya sea escuchando o leyendo las palabras del evangelio, sin la mediación o intervención de la iglesia y su sistema sacramental. No fue sin justicia, por lo tanto, que los teólogos e historiadores del siglo XIX hablaran de dos principios básicos de la enseñanza de la Reforma, el principio formal o Escritura, y el principio material o justificación por la fe, aunque tanto el arraigo de la formulación en la Reforma como su utilidad teológica fueron cuestionadas, sobre todo por Carl Beck y Albrecht Ritschl.[286]

El problema que vieron Beck y Ritschl fue que la formulación real relativa a un principio material y formal no podía remontarse más allá de finales del siglo XVII (hasta los sistemas escolásticos de Johann Wilhelm Baier y David Hollaz), e incluso allí la definición estaba presente solo en germen o por implicación y no en una declaración directa.[287] La formulación surgió, argumentó Ritschl, del conflicto entre el racionalismo y la ortodoxia positivista en el siglo XVIII y se convirtió más o menos en una perogrullada sobre la Reforma y sus doctrinas a principios del siglo XIX.

Como muestra una lectura atenta de la discusión de Heppe sobre los principios formales y materiales,[288] existe una relación genética íntima entre este aspecto del enfoque decimonónico de la Reforma y la ortodoxia y el desarrollo de la teoría del dogma central. Heppe, incluso antes de la aparición de *Die Protestantischen Centraldogmen* de Schweizer, Señaló que las tradiciones luterana y reformada estaban de acuerdo en su afirmación de los principios materiales y formales de la Reforma, pero que los reformados tendían a desarrollar y sistematizar los principios más que los luteranos. Por un lado, los reformados llevaron el principio formal o bíblico a una culminación confesional y dogmática como un *locus* teológico independiente antes que lo hicieran los luteranos; y por el otro, los reformados extrajeron la lógica del principio material de la justificación mediante la fe solo por gracia y la convirtieron en una estricta doctrina de predestinación, reemplazando el principio material original con su racionalización dogmática. El resultado de este desarrollo es la creación de dos dogmas centrales: el principio material original, la justificación, se convirtió en el dogma central del luteranismo,

---

[286] Cf. Heppe, *Geschichte des deutschen Protestantismus*, I, págs. 25-32; Dorner, *History*, I, págs. 220-264; Schaff, *History*, VII, págs. 16-26, añadiendo un tercer principio, el social o eclesiástico; Albrecht Ritschl, "Über die beiden Principien des Protestantismus," en *Zeitschrift für Kirchengeschichte*, 1 (1876), págs. 397-413; Karl Stange, "A Ritschls Urteil über die beiden Principien des Protestantismus," en *Theologische Studien und Kritiken* (1897), págs. 599-621; y O. Ritschl, *Dogmengeschichte*, I, págs. 42-64.

[287] Ritschl, "Über die beiden Principien des Protestantismus," pág. 600.

[288] Cf. Heppe, *Geschichte des deutschen Protestantismus*, I, págs. 25-32, con ídem, "Der Charakter der deutsch-reformirten Kirche, págs. 669-706.

y el principio material racionalizado, la predestinación, se convirtió en el dogma central de la teología reformada.

Si bien no podemos seguir a Heppe y sus contemporáneos al llegar a esta conclusión, queda claro en la dogmática del protestantismo posreformado que el *principium* escritural, entendido como un fundamento externo y objetivo de la doctrina, estaba en una relación estrecha y necesaria con un fundamento interno y subjetivo: la fe generada por la Palabra, por el *verbum internum* o *testimonium internum Spiritus Sancti*. Así, al pasar de sus prolegómenos sobre teología y Escritura a su doctrina de Dios, Mastricht consideró oportuno hacer la transición a través de una discusión sobre la fe salvadora.[289] Su enfoque es casi único entre los sistemas protestantes escolásticos del siglo XVII, aunque ciertamente tiene raíces en los modelos de sistema más catequéticos seguidos por los reformadores;[290] y refleja la división ramista del sistema teológico, también característica de la era ortodoxa temprana, en doctrinas de fe y doctrinas de obediencia. Ames en particular pasa de su definición de teología a su doctrina de Dios a través de la fe. Dios no es solo el fundamento esencial de la teología: Dios es también el objeto último de la fe.[291] El uso de un *locus de fide* como punto de transición de los prolegómenos al cuerpo doctrinal propiamente dicho también se encuentra en las conferencias de Witsius sobre el Credo donde, una vez más, el modelo catequético plantea la cuestión de la fe.[292]

Mastricht no solo mantuvo un fuerte respeto por la división ramista básica de la teología en doctrinas relativas a la fe y doctrinas relativas a la obediencia (una división que recibió de William Ames), sino que también sostuvo que el movimiento lógico de la doctrina de las Escrituras a la doctrina de Dios era imposible sin la fe salvadora. La doctrina de Dios, escribe, en dependencia directa de Ames, debe seguir el *locus de fide salvifica* ya que Dios es el *obiectum primarium* de fe, hacia quienes somos atraídos por Cristo.[293] Al interponer así la cuestión de la fe entre las discusiones sobre las Escrituras y Dios, Mastricht refuerza el énfasis subjetivo de su definición ramista o amesiana de la teología: la teología como la *scientia* de vivir bienaventurados para siempre o de vivir delante de Dios. También se hace eco, aunque

---

[289] Mastricht, *Theoretico-practica theol.*, II, i.

[290] Por ejemplo, Bullinger, *Decades*, I, iv (pág. 93).

[291] Cf. Ames, *Medulla theologica*, I, iii, con la identificación de Maccovius de Dios como la causa principal de nuestra adquisición de teología y la «meditación diligente en la Palabra divina» como la segunda o causa complementaria en *Loci communes*, I (pág. 3).

[292] Cf. Mastricht, *Theoretico-practica theol.*, II, i, 1, con Witsius, *Exercitationes*, I, ii; Este modelo ortodoxo particular, basado en su mayor parte en Mastricht y mediado por Bavinck, también se encuentra en el libro de Louis Berkhof's *Introduction to Systematic Theology* (Grand Rapids: Eerdmans, 1932; repr. Grand Rapids: Baker Book House, 1979), págs. 181-185; cf. Herman Bavinck, *Gereformeerde Dogmatiek*, 4th ed., 4 vols. (Kampen: J. H. Kok, 1928), I, págs. 531-591.

[293] Mastricht, *Theoretico-practica theol.*, II, i, 14-15.

probablemente inconscientemente, del modelo presentado tempranamente en el desarrollo de la teología reformada en la obra *Decades* de Bullinger.

2. Comprensiones fundamentales de la fe entre los reformadores.

Al pasar de un modelo catequético a uno sistemático, Bullinger había buscado una manera de conectar su discusión sobre las Escrituras como fundamento de la enseñanza cristiana con su exposición formal de esa enseñanza, comenzando con los sermones sobre el Credo y el Decálogo. Ese vínculo era la doctrina de la fe, ofrecida, en orden catequético, por el *credo* mismo: es la fe por la cual los creyentes comprenden las verdades contenidas en la Palabra de Dios y pasan de la Palabra al Dios que la pronunció. «Dios... y la palabra de Dios es el objeto o fundamento de la verdadera fe».[294]

En buena forma escolástica, Bullinger señala que hay varios significados que se pueden dar al término «fe» o «creencia». En primer lugar, el término puede significar «cualquier tipo de religión u honor hecho a Dios», como, añade Bullinger, «la fe cristiana, la fe judía, la fe turca» —la fe puede considerarse objetivamente, como la fe que se cree (*fides quae creditur*), es decir, como un conjunto de creencias. Fe, continúa Bullinger, puede significar «una opinión concebida sobre cualquier cosa que se nos diga», aunque lo que se cree no sea una base para la esperanza: «esta es esa fe de la que Santiago dice que el diablo cree y tiembla».[295] En la definición escolástica de fe, esto sería *fides historica*, fe histórica, creencia en que una cosa existe, sin aprehensión fiel de una verdad salvadora.

Finalmente, en el sentido positivo que se le da a la palabra en las Escrituras, «la fe comúnmente se entiende por una confianza segura e indudable en Dios y su palabra». La palabra hebrea para fe, comenta Bullinger, deriva de una raíz que indica «verdad, certeza y constancia asegurada». En latín, la fe indica, como había enseñado Cicerón, hacer lo que se ha dicho (*fides, quod fiat, quod dicitur*). El propio Bullinger define la fe como «una creencia indudable, más firmemente arraigada en la mente» o «una persuasión o creencia establecida e indudable que se apoya en Dios y su palabra».[296]

Bullinger cita como su primera definición de fe procedente de otras fuentes de opinión la Epístola a los Hebreos: «La fe es la sustancia de lo que se espera, la convicción de lo que no se ve». Esta sustancia, en la «hipóstasis» original es el *fundamentum* «que nos sostiene, y en el que nos apoyamos y nos acostamos sin peligro ni riesgo».[297]

---

[294] Bullinger, *Decades*, I, iv (pág. 93).

[295] Bullinger, *Decades*, I, iv (pág. 81).

[296] Bullinger, *Decades*, I, iv (págs. 81-82), citando a Cicerón, *De officiis*, I, vii.

[297] Bullinger, *Decades*, I, iv (pág. 82).

> ... en cuanto a los misterios de Dios revelados en la palabra de Dios, en sí mismos o en su propia naturaleza, no se pueden ver con los ojos corporales; y por eso se llaman cosas que no se ven. Pero esta fe, al iluminar la mente, las percibe en el corazón, tal como están expuestas en la palabra de Dios. Por tanto, la fe, según la definición de San Pablo, es en la mente una visión muy evidente, y en el corazón una percepción muy cierta de las cosas invisibles, es decir, de las cosas eternas; de Dios, digo, y todas aquellas cosas que él en su Palabra nos expone acerca de las cosas espirituales.[298]

Bullinger luego apoya su interpretación de Pablo con citas de «otro hombre piadoso y erudito» (probablemente Calvino) y luego cita a otro autor más, identificado por el editor de la edición de *Decades* de la Sociedad Parker como el reformista erasmista Johann Gropper.[299]

Estas definiciones permiten a Bullinger definir la fe aún más claramente como un *donum infusum* celestial:

> La fe es un don de Dios, derramado en el hombre desde el cielo, mediante el cual se le enseña con una persuasión indudable a apoyarse totalmente en Dios y su palabra; en cuya palabra Dios promete libremente vida y todas las cosas buenas en Cristo, y en la que se declara manifiestamente toda la verdad necesaria para creer.[300]

Bullinger aclara esta definición: indica, primero, que la «causa o comienzo de la fe» no es en el hombre, sino que es don de Dios, dado por la inspiración del Espíritu que permite al corazón ser fiel. Dios es «fuente y causa de todo bien». En varios lugares Cristo muestra a Dios como la fuente de la fe (Jn. 6:44; Mt. 16:17).[301]

> Y, sin embargo, debemos considerar aquí que Dios, al dar e inspirar fe, no usa su poder absoluto o milagros para obrar, sino ciertos medios ordinarios acordes a la capacidad del hombre: aunque de hecho puede dar fe sin esos medios, a quién, cuándo y cómo le plazca... A quienes quiere otorgar conocimiento y fe, les envía maestros, por la palabra de Dios, para que les prediquen la verdadera fe. No porque dependa del poder, la voluntad o el ministerio del hombre dar fe; ni porque la palabra exterior hablada

---

[298] Bullinger, *Decades*, I, iv (pág. 82).

[299] Bullinger, *Decades*, I, iv (pág. 83). Si la cita es realmente de las obras tempranas, reformistas, de Gropper, *Enchiridion* e *Institutio catholica*, es curioso teniendo en cuenta que, después de 1542, se volvió contra la causa de la reforma, especialmente en la universidad de Colonia y en el Concilio de Trento.

[300] Bullinger, *Decades*, I, iv (pág. 84).

[301] Bullinger, *Decades*, I, iv (pág. 84).

por la boca del hombre pueda por sí sola traer fe; pero la voz del hombre y la predicación de la palabra de Dios nos enseñan qué es la verdadera fe, o lo que Dios quiere y nos ordena que creamos. Solo Dios mismo, al enviar su Espíritu Santo a los corazones y las mentes de los hombres, abre nuestros corazones, persuade nuestras mentes y nos hace creer con todo nuestro corazón lo que por su palabra y enseñanza hemos aprendido a creer.[302]

Aunque Bullinger reconoce este patrón establecido para la obra de la fe en el hombre, se da cuenta también de que el hecho de la causalidad divina no debería disminuir nuestro celo personal por la fe:

Al escuchar la palabra de Dios, debemos orar por el don de la fe, para que el Señor abra nuestros corazones, convierta nuestras almas, quebrante y derribe la dureza de nuestra mente y aumente la medida de la fe que se nos ha concedido... la fe verdadera es el mero don de Dios, que el Espíritu Santo del cielo otorga a nuestras mentes, y que nos es declarado en la palabra de verdad por los maestros enviados por Dios, y que se obtiene mediante fervientes oraciones que no se cansan.[303]

El resultado de la fe debe ser «una persuasión indudable»: aunque «la mancha del pecado original» que hay en todos nosotros no deja de nublar la fe o traer dudas, en última instancia «la fe no cede a la tentación, ni se ahoga ni se pega en el fango del tambaleo; pero, aferrándose a la palabra de verdad prometida, se levanta luchando y es confirmada».[304] Esta fe tampoco acepta «toda cosa grande e imposible»: «Porque la fe está regida y ligada por la Palabra de Dios; por la palabra de Dios... correctamente entendida». La fe acepta solo lo que Dios verdaderamente ha revelado y prometido.[305] «Dios, por tanto, y la palabra de Dios, es el objeto o fundamento de la verdadera fe».[306]

Aunque no desarrolla una relación formal y estructural entre la fe y la Escritura en sus *Institutos*, Calvino apunta hacia una relación teológica y, de hecho, religiosa profunda entre la fe y las Escrituras. Esta relación, sostiene Calvino, es «permanente» y ya no puede disolverse «para que podamos separar los rayos del sol del que provienen».[307] La Palabra es el fundamento de la fe: si la Palabra es quitada, también la fe desaparecerá, en la medida

---

[302] Bullinger, *Decades*, I, iv (págs. 84-85).
[303] Bullinger, *Decades*, I, iv (pág. 87).
[304] Bullinger, *Decades*, I, iv (págs. 88-89).
[305] Bullinger, *Decades*, I, iv (págs. 90-91).
[306] Bullinger, *Decades*, I, iv (pág. 93).
[307] Calvino, *Institutos*, III, ii, 6.

en que Dios «siempre se representa a sí mismo a través de su Palabra ante aquellos a quienes quiere atraer hacia sí».[308] No obstante, Calvino reconoce una reciprocidad entre Palabra y fe. No toda palabra de Dios engendra fe. «La palabra de Dios a Adán… "ciertamente morirás"» no fue la causa de la fe en Adán; más bien, la fe está «fundada en la verdad de la promesa dada gratuitamente en Cristo, revelada a nuestra mente y sellada en nuestro corazón mediante la Espíritu Santo» y esta fe, considerada como «una convicción preconcebida de la verdad de Dios», recibe a su vez la revelación de las Escrituras como autoritativa.[309] Lo que Calvino identifica como el testimonio del Espíritu que autentica internamente en su exposición básica de la doctrina de las Escrituras,[310] lo une a su doctrina de la fe cuando esboza la relación de la fe con la Palabra. Calvino reconoce la necesidad de identificar no solo la autoridad objetiva de la Palabra y el testimonio del Espíritu sino también la capacidad humana de recibir la Palabra como autoritativa. Esa capacidad es la capacidad de fe dada por gracia.

En el Catecismo de Heidelberg y, por tanto, en las conferencias catequéticas de Ursinus se sigue un modelo similar al de Bullinger, aunque sin la estrecha asociación de una doctrina de las Escrituras plenamente desarrollada con los artículos del credo. El catecismo vincula las preguntas sobre el evangelio (P. 19-20) con las preguntas sobre el credo (P. 22-58) con una pregunta sobre la fe (P. 21). La lógica del catecismo es que la promesa del evangelio de salvación está disponible para todos los que son «injertados» en Cristo «y reciben todos sus beneficios mediante una fe verdadera». La respuesta a la pregunta 20 introduce así el tema de la fe, y la discusión sobre la fe indica que algunas verdades acerca de Dios deben ser conocidas y creídas. El catecismo puede entonces continuar en la pregunta 22 introduciendo el credo con las palabras: «Lo que, pues, es necesario para que un cristiano crea».

B. La fe como *Principium Internum*: perspectivas ortodoxas reformadas

1. El lugar de la fe en relación con las Escrituras.

Desde la perspectiva tanto de los reformadores como de los ortodoxos reformados, la doctrina de las Escrituras tiene una relación directa y necesaria con la fe cristiana. No solo es cierto que la doctrina reformada de las Escrituras fue diseñada para apoyar y defender los supuestos básicos

---

[308] Calvino, *Institutos*, III, ii, 6.

[309] Cf. Calvino, *Institutos*, III, ii, 6-7, con III, ii, 21.

[310] Calvino, *Institutos*, I, vii, 1, 4-5.

de la Reforma de que la Palabra de Dios debe ser predicada como inspirada y autoritativa y que la fe surge a través del oído de la Palabra, además la concepción de la autoridad de las Escrituras como autenticadora y anterior a toda autoridad humana estableció, desde el principio, un sentido de la relación fundamental de la fe y la iluminación interior con la revelación de las Escrituras.[311] Esta sensibilidad es evidente en el pensamiento de los reformadores y se traslada a la teología de los ortodoxos.

Es más, el poderoso sentido de la cuestión central de la fe como una comprensión interior y fiel de Cristo estaba claramente vinculado por los protestantes ortodoxos con su sentido de Cristo como centro y «fundamento» o «alcance» de las Escrituras. Los ortodoxos tampoco equipararon la fe con el asentimiento a las proposiciones doctrinales obtenidas del texto bíblico. Desafortunadamente, una buena cantidad de historiografía antigua, en su esfuerzo por oponer la Reforma a la ortodoxia, ha ignorado esta cuestión y distorsionado el registro. John Baillie reconoció hace mucho tiempo (al menos en el caso del teólogo puritano John Flavel) que esta concepción de la fe del siglo XVII difícilmente estaba sujeta a las censuras ejercidas por la neoortodoxia en general y por Brunner en particular: señala detalladamente la afirmación de Brunner de que el protestantismo posreformado se alejó de la concepción reformada de la fe como «confianza obediente» y la revelación como «la acción de Dios en Jesucristo» hacia un sentido excesivamente intelectualizado de la fe como aceptación de la doctrina revelada.[312] Ciertamente, los ortodoxos mantuvieron la definición fundamental de fe como confianza obediente o aprehensión fiduciaria —e, igualmente cierto, la reducción de Brunner de la revelación a «la acción de Dios en Cristo» no encuentra paralelo ni en la Reforma ni en la ortodoxia.[313]

Flavel, al igual que otros escritores reformados y puritanos de su tiempo, había planteado de manera bastante directa la cuestión de la «esencia» o centro de la fe. Señaló que «los papistas generalmente dan la esencia de la fe salvadora al... asentimiento»[314] y por lo tanto reconoció como problemático el punto mismo de la doctrina alegada por Brunner contra el protestantismo más antiguo. Y concluyó que

> aceptación, que dice: Tomo a Cristo en todos sus oficios como míos, esto encaja exactamente y pertenece a todos los verdaderos

---

[311] Cf. Segunda Confesión Helvética, I, 2, 4-7.

[312] Baillie, *Idea of Revelation in Recent Thought* (New York: Columbia University Press, 1956), págs. 88-91, 97, 99, citando a Brunner, *Offenbarung und Vernunft*, págs. 10-11 (cf. Brunner, *Revelation and Reason*, págs. 10-11).

[313] Ver arriba, 2.2 (A.2), y además, Muller, "Christ—the Revelation or the Revealer," págs. 307-319.

[314] John Flavel, *The Method of Grace*, en *The Works of John Flavel*, 6 vols. (1820; repr. Edinburgh: Banner of Truth, 1968), II, pág. 114.

creyentes, y a nadie más que a los verdaderos creyentes, y a todos los verdaderos creyentes en todo momento. Éste, por tanto, debe ser el acto de fe justificador y salvador... Por la fe salvadora, se dice que Cristo habita en nuestros corazones.[315]

El punto no solo hace eco precisamente del lenguaje de los reformadores, más notablemente el de Calvino,[316] pero, lo que Baillie no reconoció plenamente, también es bastante típico de la ortodoxia, ya sea del puritano inglés o de la variedad continental. Prácticamente en todos los escritores reformados de la era de la ortodoxia, la fe se define como consistente en el conocimiento, en el asentimiento a la verdad del conocimiento y, lo más importante, en la fiel aprehensión de la verdad. Tal fe abarca a toda la persona y es a la vez intelectual y volitiva.[317]

2. Mastricht sobre la fe en el contexto de los *principia* teológicos.

En la era alta ortodoxia, una de las exposiciones más significativas de la fe, particularmente con el fin de presentar su papel en todo el sistema de la teología, se encuentra en la obra *Theoretico-practica theologia* de Mastricht. Mastricht entendía que la fe estaba necesariamente en relación con el *principio* de la teología, dado que la disciplina objetiva debe tener una recepción subjetiva; específicamente, que el fundamento cognitivo de la teología objetivamente dado debe ser recibido por el cristiano de una manera particular, es decir, por fe.

Mastricht identificó tres significados del término «fe»: primero, el *habitus* por el cual creemos o *fides qua;* segundo, el *obiectum* en el que creemos; y tercero, el conjunto de creencias o *fides quam credimus*.[318] La fe salvadora, continúa, no es otra cosa que el *actus totius animae racionalis*, que Dios acepta como fin supremo y por el cual Cristo, como único Mediador, comunica todos sus beneficios.[319] Tomada en sus partes, la fe podría indicar *nudus assensus* o *fides historica*, pero en un sentido teológico más amplio *fides*

---

[315] Flavel, *Method of Grace*, en *Works*, II, pág. 115.

[316] Ver la discusión en Muller, *Unaccommodated Calvin*, págs. 167-173.

[317] Ames, *Marrow*, I.iii.2-4; Goodwin, *The Object and Acts of Justifying Faith*, in *The Works of Thomas Goodwin, D.D.*, 12 vols. (Edinburgh: James Nichol, 1861-1866), VIII, págs. 257-284; Owen, *The Doctrine of Justification by Faith* (1677), en *Works*, V, págs. 94-102; Turretin, *Inst. theol. elencticae*, XV.viii.2-11; Mastricht, *Theoretico-practica theologia*, II.i.7-11. Kendall pierde el significado básico de las definiciones, malinterpreta gravemente los documentos y no comprende las cuestiones del intelectualismo y el voluntarismo: cf. Kendall, *Calvin and English Calvinism*, págs. 19, 29, 34, 147-148, con mi análisis en *Unaccommodated Calvin*, págs. 159-173, y en Richard A. Muller, "The Priority of the Intellect in the Soteriology of Jacob Arminius," en *Westminster Theological Journal*, 55 (1993), págs. 55-72.

[318] Mastricht, *Theoretico-practica theol.*, II, i, 1.

[319] Mastricht, *Theoretico-practica theol.*, II, i, 3.

salvifica indica el «acto de fe que se requiere para la salvación» en el que se unen el conocimiento, el asentimiento y la fiel aprehensión de la verdad de Dios.[320] La fe es, pues, un *actus* que acepta a Dios como fin (*finis*) y a Cristo como Mediador, un acto del intelecto, la voluntad y los afectos.[321]

En el intelecto, fe significa conocimiento (*notitia*) de las promesas del Evangelio junto con el asentimiento a la verdad de estas promesas. El asentimiento, además, debe ser explícito, no implícito, y darse a «los dogmas fundamentales, especialmente a las promesas del Evangelio: sin las cuales nadie podría recibir a Dios ni a Cristo». Ante todo, se debe aceptar esta proposición: «Cristo, es el Mesías prometido desde antiguo, fuera del cual no queda esperanza de salvación». Finalmente, este asentimiento no puede ser simplemente una aceptación teórica: «ni basta un conocimiento y un asentimiento teóricos; más bien, un [conocimiento y consentimiento] práctico, que produce convicción y mueve la voluntad».[322] Así, la voluntad entra como profesión de esta fe, y los afectos se disfrutan en el amor de Dios, el deseo de participar de sus promesas, la alabanza de Dios y el odio de todas las cosas contrarias a su voluntad.[323]

Recibir a Cristo y creer el Evangelio de manera salvadora son sinónimos.[324] Por tanto, el objeto de la teología en general es el *universum Dei verbum* y específicamente Cristo, *ipse Deus & Mediator*, el *theanthropos*.[325] Este argumento, que Mastricht relaciona con el carácter pecaminoso del hombre, se basa tanto en el *duplex cognitio Dei* y sobre la visión de la teología conforme a la naturaleza de su tema que se encuentra en los prolegómenos, *theologia hominibus communicata* como en *theologia revelata in subiecto post lapsum*. Nadie viene al Padre sino por Cristo, argumenta Mastricht, citando Jn. 14:6: el primer y más elevado objeto de la fe es Dios, de donde proviene la frase que se ve tan frecuentemente en las Escrituras: *credere in Deum*. Pero el objeto subordinado y secundario es Cristo Mediador, por quien podemos creer en Dios. Por eso creemos en Dios como la meta (*qua finis*) y en Cristo como medio o mediador (*qua medium, aut Mediator*).[326]

Mastricht procede ahora brevemente a exponer el *ordo salutis*: justificación, adopción, santificación, glorificación, cuyo fin y fruto es la unión y comunión con Cristo.[327] Sigue esto describiendo los diversos niveles de fe a

---

[320] Mastricht, *Theoretico-practica theol.*, II, i, 5.
[321] Mastricht, *Theoretico-practica theol.*, II, i, 8-10.
[322] Mastricht, *Theoretico-practica theol.*, II, i, 8.
[323] Mastricht, *Theoretico-practica theol.*, II, i, 9-10.
[324] Mastricht, *Theoretico-practica theol.*, II, i, 11.
[325] Mastricht, *Theoretico-practica theol.*, II, i, 12, 14.
[326] Mastricht, *Theoretico-practica theol.*, II, i, 15.
[327] Mastricht, *Theoretico-practica theol.*, II, i, 19.

medida que avanza desde el conocimiento inicial de Cristo y el momento de la regeneración, hasta el asentimiento y la conversión, y de allí a la aceptación y sumisión a su verdad en la santificación.[328] Necesitará tratar estos temas con más detalle más adelante en su sexto libro, *de redemptionis applicatiore*, pero aquí dan una idea del propósito del sistema y de la gran dificultad que supone seleccionar un punto de partida para la discusión de la doctrina.

Como conclusión de la parte final y práctica de su *locus de fide salvifica*, Mastricht impone a sus lectores cuatro conclusiones. Primero, el estudio para aumentar la fe no es igual a la fe misma, sino que es solo un medio por el cual la fe se fortalece. El estudio pertenece a la práctica de la religión por parte de aquellos que ya están persuadidos de su verdad. En segundo lugar, la exploración de la fe no es salvadora en sí misma, sino que supone el poder de Dios que nos mantiene en la fe para salvación: Mastricht cita 1 P. 1:5, 7. En tercer lugar, debemos tener cuidado con los obstáculos a la fe, ya sean errores relacionados con la naturaleza de fe o la plenitud de nuestra persuasión, debilidades o pereza de fe, perturbaciones de conciencia por los pecados o lapsos espirituales momentáneos. Cuarto, habiendo entendido lo anterior, podemos proceder al estudio bien concebido de nuestra fe, su disposición, su conservación, aumento y apropiación.[329]

> En la fe salvadora, por la cual deseamos y recibimos a Dios, incluso como nuestro fin más elevado, es totalmente necesario que seamos persuadidos (1) de que Dios es, (2) de que es de tal clase que, por sí mismo y para nosotros es perfectamente suficiente. (3) Quien, esta su suficiencia, puede y nos comunicará, por su eficiencia u operaciones. Y que esta omnisuficiencia de Dios lleva a dos conclusiones: la primera sobre la esencia de Dios y sus perfecciones esenciales y la segunda sobre su subsistencia y personas, ya que, del amor del Padre, la gracia del Hijo y la comunión del Espíritu Santo nos redunda en todo bien, 2 Co. 13:14. Por lo tanto, todas las cosas relativas a Dios surgen de cuatro temas. 1. De la existencia y conocimiento de Dios. 2. De su esencia, nombres y atributos esenciales. 3. De su subsistencia y personas. 4. De la eficiencia y obras de Dios.[330]

Así la fe salvadora se relaciona con el cuerpo de doctrina: como texto bíblico fundamental para este *locus*, Mastricht cita He. 11:6, «porque es necesario que el que se acerca a Dios crea que le hay, y que es galardonador de los que le buscan».[331]

---

[328] Mastricht, *Theoretico-practica theol.*, II, i, 20-21.

[329] Mastricht, *Theoretico-practica theol.*, II, i, 57.

[330] Mastricht, *Theoretico-practica theol.*, II, ii, 1.

[331] Mastricht, *Theoretico-practica theol.*, II, ii, 1 —es característico del interés exegético de Mastricht

Esta presentación de una discusión principal sobre la fe —no *fides quae* sino *fides qua*— plantea una de las grandes cuestiones a las que se enfrentan los sistemas ortodoxos, aunque solo parcialmente y tal vez no de manera satisfactoria: ¿*fides* es una cuestión doctrinal que necesita ser tratada en los prolegómenos a la dogmática antes de cualquier movimiento de las Escrituras como fundamento de la teología a la teología positiva? ¿Debemos discutir la fe entre los *locus de sacra Scriptura* y el cuerpo del sistema teológico? ¿Es de hecho toda teología una *theologia regenitorum*, y cómo debería adaptarse el sistema a esta comprensión? Hay elementos de la teología de los reformadores que apuntan en esta dirección: en la estructura argumentativa de su *Decades*, Bullinger presentó la doctrina de la fe como el punto de transición necesario entre la exposición de la Palabra y la presentación amplia de las doctrinas de la iglesia.[332] La inserción de Mastricht de esta cuestión en sus prolegómenos formales mantuvo, de una forma más dogmática, la continuidad de la alta ortodoxia con el enfoque de los reformadores. En la medida en que la ortodoxia tardía excluyó este tema de los prolegómenos y la doctrina de las Escrituras y avanzó hacia un modelo que comenzó con la exposición de la teología natural y pasó a la discusión de la revelación sobrenatural y la teología basada en ella, puede considerarse que el modelo ortodoxo tardío creaba una atmósfera que, aunque difícilmente racionalista en un sentido filosófico, era más propicia para el uso de la razón filosófica de una manera cada vez más principal. Como bien vio Weber, la controversia sobre Hoffmann obligó a la ortodoxia a decidir a favor o en contra del *fideísmo*. No podemos seguir a Weber al ver la elección como el comienzo del racionalismo en teología, pero ciertamente fue el punto en el que la postura antifilosófica y *fideísta* de Lutero se hizo formalmente inaceptable.[333] En el pensamiento de Mastricht, desarrollado al final de la era de la ortodoxia, la tradición de la Reforma, con su énfasis en la autoridad objetiva de las Escrituras y la recepción subjetiva de las Escrituras en la fe, todavía se mantenía como la forma subyacente de la teología ortodoxa reformada.

---

que cada *locus* dogmático vaya precedido por una cita de las Escrituras, cuya interpretación subyace a su exposición doctrinal. En esto se hace eco del origen de los *loci communes* protestantes como manuales exegéticos de doctrina basados en la doctrina de las *sedes* escriturales.

[332] Cf. Bullinger, *Decades*, I, iv.

[333] Cf. H. E. Weber, *Reformation, Orthodoxie and Rationalismus*, I/2, págs. 268-271, 278-284 con Muller, *After Calvin*, págs. 125-126, 133-136.

Capítulo 5

La Escritura según sus propiedades

5.1 Los atributos o propiedades de las Escrituras en la tradición protestante

A. Los reformadores y los atributos de las Escrituras

Las diferencias superficiales entre la recitación de los atributos de las Escrituras que se encuentran en los sistemas ortodoxos y los patrones de exposición que se encuentran en las obras más sistemáticas de los reformadores, como los *Institutos* de Calvino, se ven superados con creces por la continuidad de la tradición exegética, que se remonta a la Reforma y la Edad Media, en la que los protestantes ortodoxos se basaron para sus formulaciones dogmáticas.[1] Ni los reformadores ni sus sucesores ortodoxos inventaron la noción de atributos de las Escrituras. Más bien, heredaron de los padres de la iglesia y de los doctores medievales la suposición de que se podían notar varios atributos o propiedades concernientes al carácter de las Escrituras en su uso normativo en la iglesia y, muy específicamente, heredaron esta suposición por medio de lo que hemos identificado como «Tradición I» en la comprensión de la iglesia de la naturaleza normativa del texto de las Escrituras en relación con las propias tradiciones de la iglesia.[2] Por lo tanto, se aferraron a la suposición tradicional de que las Escrituras deberían identificarse como «santas», *sacra Scriptura*, a diferencia de otras «escrituras» o escritos que carecían de este atributo y, también a diferencia de esos escritos, como inspirada. También pertenecía a esta

---

[1] Ver más abajo, 7.5 (B) sobre la cuestión de *dicta probantia*.

[2] Ver arriba, 1.3 (B.1).

herencia de la «Tradición I» la identificación de la Escritura como verdadera y, en particular, como que contiene verdades necesarias, a diferencia de las probables. Además, conectada a estas identificaciones de la Escritura como santa, verdadera y que encarna una cierta necesidad de doctrina, vino también la identificación del texto como suficiente y con autoridad canónica o regulativa.

Además, la elección de términos como claridad, perspicuidad, sencillez, majestad, etc., como atributos del texto refleja el movimiento y desarrollo de la teoría retórica durante los siglos XVI y XVII y el esfuerzo de los protestantes ortodoxos por situar las Escrituras y su lenguaje en el contexto de un análisis retórico del modo adecuado de comunicación para la expresión de verdades sagradas. Por lo tanto, el terreno común de la suposición teológica sobre el significado del texto, incluido en una discusión sobre el «estilo» técnicamente entendido del texto, podría, nuevamente, servir para apuntalar la búsqueda de una base autorizada para la teología y, subyacente a esa búsqueda, la demanda de certeza más allá del estatus subjetivo del exégeta individual poseedor del *testimonium internum Spiritus Sancti*.

La derivación de los atributos de las Escrituras a partir de declaraciones bíblicas relativas a la Palabra de Dios se ve tanto en la dogmática reformada como en la tradición exegética reformada desde la época de Calvino y Vermigli en adelante: «el que quisiera conocer con más detalle las propiedades de las Sagradas Escrituras», comenta Vermigli,

> déjalo leer Sal. 19: allí se describen con maravillosa brevedad y con gran elegancia. Primero, la Ley de Dios se llama *temima*, es decir, inmaculada y perfecta. En segundo lugar, se afirma que la Ley restaura el alma y que ésta no se descubre en la ciencia profana. En tercer lugar, se le llama un testimonio seguro del Señor, mientras que son cada vez más variables e inconstantes.[3]

La Ley de Dios, además, está dirigida tanto a los eruditos como a los simples: es sencilla, clara y justa, y tiene cualidades que alegran el corazón. Aun así, en sus declaraciones centrales del consejo o pacto de Dios, las Escrituras son claras para todos y deben ser recomendadas a la «gente común».[4] El mandato del Señor es «puro» y «sinceramente hecho», libre de engaño humano y ofreciendo una salvación eterna más allá de las promesas transitorias de un mundo caído: «los estatutos de Dios permanecen para siempre».[5] Es más, los elogios de la «Ley» que se encuentran en los escritos

---

[3] Vermigli, *Commonplaces*, I, vi, 4; cf. Calvino, *Commentary on the Psalms*, Sal. 19:7-8, in loc. (*CTS Psalms*, I, págs. 317-320).

[4] Calvino, *Commentary on the Psalms*, Sal. 25:14, in loc. (*CTS Psalms*, I, pág. 431).

[5] Vermigli, *Commonplaces*, I, vi, 4; cf. Calvino, *Commentary on the Psalms*, Sal. 19:9, in loc. (*CTS Psalms*, I, págs. 322-323).

del salmista «no deben entenderse como si las otras partes de las Escrituras debieran excluirse»: «al recomendar la Ley», el salmista «incluye todo el resto de la escritos inspirados» y pretende que sean «la norma de piedad» para toda religión.[6]

Calvino no solo ofreció una exégesis del Salmo 19 similar a la de Vermigli, indicó, a lo largo de sus *Institutos*, una serie de características o atributos de la norma bíblica que enmarcaron su concepción de su autoridad. Las Escrituras son la «prescripción y norma» para toda la enseñanza cristiana y, dado que sus palabras provienen del Espíritu Santo, sirven como «los oráculos de Dios» a los cuales todos los predicadores y maestros de la iglesia deben «adherirse... sin excepción».[7] Es en las Escrituras donde Dios presenta el «conocimiento verdadero» que es el único que destierra la superstición y apoya la «religión verdadera». Por lo tanto, debemos entender que las Escrituras tienen «plena autoridad», «como si hubieran brotado del cielo, como si allí se oyeran las palabras vivas de Dios». Las Escrituras contienen la verdad de Dios, habiendo sido preservadas «íntegras e intactas».[8] Además, las Escrituras son una regla completa o suficiente: no son necesarias otras revelaciones o autoridades para la salvación; ni las afirmaciones romanas de una tradición no escrita ni los debates sobre las epístolas perdidas de Pablo arrojan duda alguna sobre la autoridad de las Escrituras, en la medida en que el consejo de Dios ha determinado «el cuerpo de las Escrituras que está en nuestro poder» y ha transmitido en él la verdad que es «necesaria para la iglesia».[9]

B. Opiniones de los protestantes ortodoxos

1. Fundamentos exegéticos e intención fundamental de la doctrina.

Las opiniones de los reformadores se reflejan en los escritos de los exégetas del siglo XVII, como Dickson, Ainsworth, Diodati, los anotadores de Westminster y Poole, quienes de manera similar entienden que el Salmo 19 se refiere a «toda la Palabra de Dios» o la amplitud de la «doctrina» revelada bajo el término «Ley»,[10] y como enseñanza de la manera en que «la gloria

---

[6] Calvino, *Commentary on the Psalms*, Sal. 1:2, in loc. (*CTS Psalms*, I, pág. 4).
[7] Calvino, *Institutos*, IV, viii, 8-9.
[8] Calvino, *Institutos*, I, vii, 1-2.
[9] Calvino, *Commentary on Ephesians*, 3:4 in loc. (*CTS Ephesians*, pág. 249).
[10] Poole, *Commentary*, Sal. 19:7 in loc. (II, pág. 29), y tenga en cuenta el comentario sobre el *Sal. 1:2* en ibid., II, pág. 1; *Westminster Annotations*, Sal. *19:7* in. loc.: "V.7. *La ley del Señor* [Es decir, la palabra de Dios: porque algunos de los efectos siguientes pertenecen a la *ley* de Dios] o doctrina."; cf. Ainsworth, *The Book of Psalmes: Englished both in Prose and Metre. With Annotations*, opening the

del Señor» se «declara en su palabra y Escritura».[11] Dado que la «luz» de la Palabra de Dios «es mucho más necesaria para nuestra bienaventuranza que la luz del sol para nuestro cuerpo», el salmista elogia la Palabra por su «perfección, eficacia, infalibilidad y otras diversas propiedades». A partir de este elogio y de la identificación de estos atributos específicos, los creyentes pueden recibir consejos saludables, y Dickson continúa enumerando trece lecciones, que reflejan varias propiedades divinamente dadas del texto. Así, como enseña del Salmo 1, «el hombre bienaventurado hace de la Palabra de Dios en la Sagrada Escritura, su consejera... porque la Escritura para él, para la obediencia de la fe, es una ley, y ésta está vallada con la autoridad suprema».[12] Henry resume la interpretación del Sal. 19:7-10 con su comentario: «Aquí hay seis títulos diferentes de la Palabra de Dios, para abarcar toda la revelación divina, los preceptos y las promesas, y especialmente el evangelio».[13] Como en prácticamente cualquier otro caso de aplicación doctrinal de un texto que podría extraerse de los escritos del protestante ortodoxo, la cita de textos remite al lector del sistema teológico a obras de exégesis y, más importante aún, a una tradición de interpretación que sustentaba la conclusión teológica extraída en el sistema o «cuerpo de la divinidad».

2. Fórmulas doctrinales específicas entre los ortodoxos reformados.

La presentación dogmática de la Escritura según sus atributos o propiedades incidentales (accidentes), por lo tanto, no solo ocupa una posición central en la doctrina ortodoxa protestante de la Escritura, sino que proviene tanto de una tradición exegética como dogmática y se mantiene en continuidad tanto con la antigua tradición exegética en este punto y con los esfuerzos exegéticos del siglo XVII. Antes de analizar estos atributos, conviene analizar un poco el fundamento detrás de la presentación dogmática, particularmente en la medida en que este tipo de presentación se ha vuelto cada vez más ajena a la teología dogmática moderna y representa un punto en el que los estudios teológicos modernos de los ortodoxos protestantes frecuentemente

---

Words and Sentences, by Conference with Other Scriptures, 2nd ed. (Amsterdam: Giles Thorp, 1617), *Sal. 1:2* y *19:7* in loc. donde, como ocurre con Poole, «ley» se entiende como sinónimo de «doctrina».

[11] Dickson, *A Brief Exposition of the Psalms*, 3 vols. (London, 1653-55); reeditado como *A Commentary on the Psalms*, 2 vols. (London: Banner of Truth, 1965), *Sal. 19:7* (I, pág. 94); cf. Poole, *Commentary*, Sal. 19:7 in loc. (I, págs. 29-30).

[12] Dickson, *Commentary on the Psalms*, Sal. 1:2; 19:7-10 (I, págs. 2, 94-96).

[13] Henry, *Exposition*, Sal. 19:7-10 in loc.; cf. Poole, *Commentary*, Sal. 19:7 in loc. (II, págs. 29-30); Dickson, *Commentary on the Psalms*, Sal. 19:7 in loc. (I, págs. 94-96); Diodati, *Pious and Learned Annotations*, Sal. 19:7 in loc.; Tossanus, *Biblia*, Sal. 19:7 in loc.

argumentan una ruptura importante con la teología de los reformadores. Una definición básica de la doctrina se encuentra en el *Syntagma* de Polanus:

> La Sagrada Escritura, considerada según sus propiedades incidentales, debe ser discutida en términos de autoridad (*authoritas*), necesidad (*necessitas*), edición auténtica, traducción a lenguas vernáculas, privilegio de lectura (*lectio*), claridad (*perspicuitas*), interpretación o exposición y perfección.[14]

En un nivel muy rudimentario, la presentación de las propiedades de las Escrituras se sigue del patrón escolástico estándar de argumentación tal como se da en las preguntas, *An sit, Quid sit,* y *Qualis sit*. Nadie niega que la Escritura existe, por lo que la discusión puede proceder inmediatamente a la pregunta: ¿*Quid sit?* —¿Qué es? Esta pregunta se responde en la discusión escolástica de la Escritura según su esencia o quid, en resumen, su identidad como Palabra de Dios escrita.[15] Una vez respondida la pregunta «¿Qué?», entonces la discusión puede proceder al problema de la descripción, es decir, a la pregunta «¿*Qualis sit?*» —¿De qué clase es?— es decir, a la discusión de sus propiedades. También debe observarse que ninguna de estas preguntas, ya sea el *quid* o el *qualis*, lleva la doctrina muy lejos de la cuestión básica del uso autorizado del texto en la iglesia.

Los protestantes ortodoxos entienden estas propiedades de la Escritura tanto formal como analógicamente: la lista de propiedades indica, por un lado, las causas formales de la Escritura y, por el otro, como catálogo de causas formales, presenta las marcas del arquitecto divino de la revelación bíblica tal como se evidencian en el texto. Los escolásticos protestantes suponen, pues, una *analogia entis* comparable a la analogía del ser divino que se encuentra en el orden creado pero, como lo indica su discusión preliminar sobre la revelación natural y sobrenatural, una analogía mucho más clara y segura que, en su claridad y plenitud, proporciona una revelación salvífica que no está disponible en la naturaleza.[16] Esta analogía se basa, por supuesto, directamente en la argumentación causal y la descripción de las marcas intrínsecas y extrínsecas de la autoría divina discutidas en el capítulo anterior: los atributos de las Escrituras tienen una relación analógica con algunos de los atributos comunicables de Dios, porque Dios es el causa o autor de las Escrituras.

Esta visión de los atributos de las Escrituras ciertamente no fue parte de un intento de los ortodoxos de divinizar el texto, como tampoco la afirmación de que algunos de los atributos divinos son conocidos por analogía en

---

[14] Polanus, *Syntagma, Synopsis libri I*.

[15] Cf. arriba, 3.1; 3.3

[16] Ver *DRPR*, I, 6.2-6.3.

la naturaleza fue un intento de divinizar la naturaleza. Es cierto que el concepto de «atributos de las Escrituras» podría llevarse al extremo, hasta el punto, de hecho, de impartir un carácter docético y sobrenatural a las Escrituras y hasta el punto de eliminar de consideración todas las cualidades humanas finitas del texto. Si bien esto pudo haber sido una tendencia de algunas de las polémicas ortodoxas contra adversarios tanto romanos como racionalistas, ciertamente no fue la intención de la declaración positiva de doctrina por parte de los ortodoxos protestantes. La identificación analógica de la obra divina en los atributos de las Escrituras establece la semejanza y reconoce la diferencia de los atributos de las Escrituras con los atributos de su autor. Como los ortodoxos reconocieron explícitamente en sus prolegómenos a la teología, la Escritura es una forma de teología ectípica que refleja, pero no es idéntica al arquetipo divino.[17] Este carácter ectípico de la revelación bíblica se correlaciona con la comprensión de los atributos divinos del texto no solo como una cuestión «formal» sino también como una forma interna o inherente más que externa o exterior, capaz de verificación directa a partir del examen de cualquier texto individual: la divinidad del texto es intrínseca o interna, el vehículo es externo, con el resultado de que atributos como claridad o perspicuidad pertenecen internamente a la Escritura en su conjunto, mientras que externamente pertenecen solo a algunos textos, mientras que otros textos permanecen oscuros y aparentemente impenetrables en sí mismos.[18] En el contexto de la polémica con Roma y con los racionalistas, deístas y escépticos de la temprana modernidad, este énfasis ortodoxo protestante en los atributos del texto aparece, además, como un intento de argumentar una base positiva y objetiva para la autoridad del texto más allá de los problemas de certeza planteados por la *sola Scriptura*, el énfasis protestante en el exégeta individual y la doctrina del *testimonium internum Spiritus Sancti*.

El carácter de esta discusión de los atributos o propiedades de las Escrituras por parte de los ortodoxos protestantes, además, participa del movimiento doctrinal desde la exégesis del texto al *locus* dogmático que se encuentra en la discusión anterior de la Escritura según su esencia. Prácticamente todos los atributos de las Escrituras señalados por los ortodoxos se toman directamente de referencias bíblicas a la Palabra de Dios o a «las Escrituras» como escritos inspirados, y nunca se obtienen de manera inductiva o empírica mediante el examen del texto, ya sea en su totalidad o en parte para determinar si, sobre bases racionales o probatorias, se podría inferir que son autoritarios, necesarios, perfectos, claros, suficientes para

---

[17] Cf. *DRPR*, I, 5.2 (C.3)
[18] Roberts, *Clavis Bibliorum*, págs. 18-20.

la salvación, etc. Como veremos particularmente en la discusión sobre la claridad o claridad del texto, estas son afirmaciones dogmáticas que se basan tanto en la suposición previa de la agencia divina en la redacción de las Escrituras como en la necesidad de tal obra divina para ofrecer y efectuar salvación, supuestos ambos que se mantuvieron a lo largo de la Edad Media y la Reforma y, por lo tanto, podrían tomarse como un terreno común en la discusión con la iglesia romana.

Los sistemas ortodoxos difieren en cuanto al número y la designación de las propiedades pertenecientes a las Escrituras y necesarias para el logro de su fin divinamente ordenado. Polanus y Scharpius notaron la autoridad, la perspicuidad, la necesidad y la perfección,[19] mientras que el alto ortodoxo Rijssen se contenta con tres atributos «principales»: autoridad, perfección y perspicuidad.[20] Rijssen sigue aquí a Turretin al considerar otros posibles atributos de la Escritura (como su necesidad) por separado, sin designarlos formalmente como *proprietates* o *attributa*.[21] Burman ofrece seis *proprietates*, la necesidad, divinidad, autoridad, integridad, perfección y claridad de las Escrituras.[22] Leigh argumenta siete atributos, argumentando que la Escrituras es

> 1. De Autoridad Divina. 2. Verdadera y Cierta. 3. La regla de fe y costumbres [es decir, autoridad canónica]. 4. Necesaria. 5. Pura y Santa. 6. Suficiente y Perfecta. 7. Perspicua y sencilla.[23]

A estos siete, Mastricht añade un octavo: la efectividad o eficacia de las Escrituras.[24] A pesar de estas diferencias en enumeración y clasificación, los ortodoxos están sustancialmente de acuerdo en su doctrina, y los reformados y luteranos prácticamente duplican las discusiones de cada uno, tanto en términos generales como en detalle.[25] Las diferencias aparecen con mayor frecuencia como diferencias en la organización, con aquellos teólogos cuyos sistemas contienen listas más cortas de atributos que cubren las otras propiedades dogmáticamente identificadas de las Escrituras, ya sea como subtemas de uno de los otros atributos o como parte de la identificación general de la esencia o naturaleza de Las Escrituras como Palabra de Dios.

---

[19] Cf. Polanus, *Syntagma theol*, I, xvi, xxxv, xliv, xlvi, con Scharpius, *Cursus theologicus*, col. 8.
[20] Rijssen, *Summa*, II, viii.
[21] Cf. Turretin, *Inst. theol. elencticae*, II, ii.
[22] Burman, *Synopsis theol.*, I, iii-v, vii, viii, x.
[23] Leigh, *Treatise*, I, viii (pág. 130).
[24] Mastricht, *Theoretico-practica theol.*, I, ii, 21.
[25] Cf. Schmid, *DTEL*, págs. 50-80, con Baier-Walther, *Compendium*.

5.2 Verdad, Certeza e Infalibilidad

A. Los reformadores sobre la verdad, la certeza y la infalibilidad de las Escrituras

1. Calvino.

La doctrina reformada de la verdad, certeza e infalibilidad de las Escrituras pertenece a un complejo de declaraciones todas ellas destinadas a explicar y argumentar la autoridad del texto por encima de toda autoridad humana. La cuestión de la infalibilidad,[26] por lo tanto, representa un aspecto doctrinal secundario del problema más amplio del texto y su interpretación dentro del contexto de autoridades en competencia: texto, tradición, iglesia y testimonio interno. Aquí, nuevamente, hay una fuerte continuidad en el desarrollo de la doctrina reformada, particularmente cuando se toma en consideración la amplitud del problema. No podemos afirmar dogmáticamente, como Dowey y otros, que «no hay ningún indicio en ningún lugar de los escritos de Calvino de que el texto original contuviera algún defecto».[27] Calvino no tenía la costumbre de basar su doctrina sobre la autoridad y la verdad de las Escrituras en una distinción entre *autographa* sin errores y copias de escribas posteriores; y toma nota, escrupulosamente, de todos los errores en los puntos de hecho y de todas las posibilidades de enmienda del texto. Por otra parte, Calvino estaba seguro de que Dios había utilizado a los profetas y apóstoles como sus instrumentos y, por medio de ellos, había dado a la Iglesia una regla de fe infalible. Esta doctrina no debe verse a través del cristal de intentos ortodoxos posteriores de proteger la infalibilidad del texto original contra las referencias polémicas romanas a errores históricos y textuales. En la época de Calvino todavía no hemos llegado a ese punto de la controversia. Lo que tenemos en la doctrina de Calvino es la simple afirmación de la verdad absoluta de las Escrituras, su dictado por el Espíritu y el testimonio interno del Espíritu que garantiza la autoridad de la Palabra escrita. Una contradicción potencial, como la que existe entre Pablo y Santiago sobre la justificación, no puede ser un desacuerdo genuino, ya que

---

[26] A lo largo de este capítulo, he usado el término «infalibilidad» en lugar del término frecuentemente usado en la discusión moderna conservadora o evangélica de las Escrituras, «inerrancia», porque los reformadores y los protestantes ortodoxos típicamente usan el sustantivo *infallibilitas* como atributo de la Escritura, indicando que la Escritura no se equivoca (*non errat*). No he encontrado ningún intento por su parte de construir un sustantivo a partir del verbo *errare*. El uso en esta sección, como en todo el volumen, sigue la intención descriptiva e histórica del estudio y surge de consideraciones históricas y lingüísticas. Dejo de lado por completo toda consideración del debate moderno sobre la infalibilidad y la «inerrancia».

[27] Dowey, *Knowledge of God in Calvin's Theology*, pág. 100; cf. John Murray, *Calvin on Scripture and Divine Sovereignty* (Grand Rapids: Eerdmans, 1960), pág. 11.

«el Espíritu no puede estar en desacuerdo consigo mismo».[28] En resumen, tenemos el fundamento (un poco menos rígido, menos técnico y menos insistente en los pequeños detalles) de la doctrina posterior.

Calvino podía ver no solo las Escrituras sino también la humanidad de Cristo como un canal o medio de revelación y una limitación y adaptación del conocimiento divino a las capacidades humanas de percepción. Sostuvo muy claramente que el lenguaje y el significado de las Escrituras se acomodan a las necesidades y capacidades de los seres humanos. Sobre el texto de Is. 40:12, «Quién midió las aguas con el hueco de su mano… y pesó los montes con balanza y con pesas los collados», escribe Calvino,

> Cuando nombra «medidas» que los hombres utilizan en asuntos muy pequeños, se acomoda a nuestra ignorancia; porque así el Señor a menudo habla con nosotros y toma prestadas comparaciones de asuntos que nos son familiares, cuando habla de su majestad; para que nuestras mentes ignorantes y limitadas comprendan mejor su grandeza y excelencia.[29]

Calvino, por tanto, califica su lenguaje de la verdad, la certeza y la infalibilidad de las Escrituras con su sentido de la distancia entre Dios y los seres humanos: no es que las Escrituras sean menos verdaderas, menos seguras o menos infalibles, sino más bien su verdad, su certeza y la infalibilidad pertenecen al ámbito del conocimiento humano, más que al divino, y, por lo tanto, están calificadas por el carácter finito de las formas de revelación.[30]

2. Bullinger y Musculus.

Bullinger expresa una posición casi idéntica, basada, como la de Calvino, en la majestad de Dios. «La Sagrada Escritura enseña con palabras sencillas que la majestad de Dios supera con creces la debilidad de nuestra mente», escribe, «por lo que en esta vida la majestad de Dios no podemos expresarla con palabras ni verla con los ojos. Por lo tanto, debemos estar contentos con ese conocimiento de Dios que sus siervos nos declaran en Cristo».[31]

---

[28] Calvino, *Institutos*, III, xvii, 11.

[29] Calvino, *Commentary on Isaiah*, in loc. (*CTS Isaiah*, III, pág. 218).

[30] Cf. Martin I. Klauber and Glenn S. Sunshine, "Jean-Alphonse Turrettini on Biblical Accommodation: Calvinist or Socinian?" en *Calvin Theological Journal*, 25/1 (1990), págs. 9-12, con Ford Lewis Battles, "God Was Accommodating Himself to Human Capacity," en *Interpretation*, 31 (1977), págs. 19-38; Dirk W. Jellema, "God's 'Baby Talk': Calvin and the 'Errors' of the Bible," en *Reformed Journal*, 30 (1970), págs. 25-47; y Clinton M. Ashley, "John Calvin's Utilization of the Principle of Accommodation and its Continuing Significance for an Understanding of Biblical Language" (Ph.D. diss., Southwestern Baptist Theological Seminary, 1972).

[31] Bullinger, *Commonplaces*, II, ii (pág. 341).

«Y así como Dios es veraz en su palabra y no puede mentir, así su palabra es verdadera y no engaña a nadie. En la palabra de Dios se expresa la voluntad y la mente de Dios».[32] Por tanto, la palabra de Dios es inmutable e inamovible; ningún esfuerzo del hombre puede alterarla o dejarla de lado. Es un terreno adecuado para la fe. Todos estos puntos concernientes a la relación entre la Palabra y la fe se pueden reducir a dos principios: primero, Dios nos promete en su Palabra vida eterna por medio de Cristo, promesa que la verdadera fe recibe como su artículo principal; y segundo, «que en la Palabra de Dios está escrita toda la verdad necesaria para ser creída; y esa fe verdadera cree todo lo que se declara en las Escrituras». Esto último se desprende del hecho de que la Palabra «nos dice que Dios es; de qué manera es él; cuáles son las obras de Dios; cuáles son sus juicios, su voluntad, sus mandamientos, sus promesas y cuáles son sus amenazas».[33] Todo lo que no pueda extraerse de las Escrituras o sea contrario a las Escrituras no debe creerse, «porque la naturaleza misma de la verdadera fe es no creer lo que está en conflicto con la Palabra de Dios».[34]

Musculus escribe sobre «la verdad y el cumplimiento de las Sagradas Escrituras». La verdad de las Escrituras, sostiene, depende de la verdad de Dios.[35] Dios no puede mentir ni cambiar, y cualquiera que esté persuadido de la verdad de Dios debe estar convencido de la «certeza y verdad de los dichos de Dios».[36] De mayor importancia, entonces, en las Escrituras son las narraciones, elogios, doctrinas, profecías, promesas y amenazas «y los mandamientos y prohibiciones» que nos dicen lo que Dios ha hecho o hará y comunican su voluntad. De menos importancia, aunque no menos verdaderas, son los informes de hechos contenidos en las Escrituras: las cosas que se cuentan sobre las obras de Dios y de Cristo son de la mayor necesidad, como la bondad, el amor y la fidelidad de Dios y su designación eterna de Cristo para ser el salvador de los que creen.[37] Musculus enfatiza teológica y soteriológicamente la importancia de reconocer y aceptar las Escrituras y, específicamente, sus profecías y promesas como verdaderas:

> Quita el crédito de la verdad a estas cosas, aunque nunca son tan verdaderas en sí mismas y deben cumplirse necesariamente, sin embargo, no obran con los incrédulos sino para su destrucción. Por lo tanto, este es el punto principal de nuestra religión, que damos crédito de verdad a la Sagrada Escritura, sin ningún tipo de duda,

---

[32] Bullinger, *Decades*, I, iv (pág. 93).
[33] Bullinger, *Decades*, I, iv (pág. 96).
[34] Bullinger, *Decades*, I, iv (pág. 96).
[35] Musculus, *Commonplaces*, XXV (pág. 387, col. 2).
[36] Musculus, *Commonplaces*, XXV (pág. 388, col. 1).
[37] Musculus, *Commonplaces*, XXV (pág. 388, col. 2).

ya sea que declare, recomiende, enseñe, profetice o prometa algo a los creyentes, o amenace a los incrédulos. Sin este hecho de verdad, no hay nada en nuestra religión que pueda mantenerse.[38]

Como se indicó en los capítulos introductorios, la cuestión detrás de estas declaraciones es la cuestión de la certeza: del fundamento y la base para las declaraciones y prácticas doctrinales y religiosas autorizadas. Esta cuestión, además, permaneció en el corazón de la doctrina protestante ortodoxa de las Escrituras, y la rigidez de la formulación o el aumento del énfasis polémico que a veces puede observarse entre los escritores del siglo XVII es más bien un signo de los cambios en los fundamentos de la polémica y de las nuevas limitaciones hermenéuticas y crítica textual que una indicación de una alteración de la doctrina básica.

B. La doctrina ortodoxa reformada de la infalibilidad bíblica

1. La doctrina positiva.

La afirmación de la autoridad divina de las Escrituras implica la infalibilidad de las Escrituras en todos los asuntos de fe y práctica en la medida en que no permite una autoridad superior y, como tal, es autoautenticable e intrínsecamente digna de creencia. Leigh, por lo tanto, puede argumentar que la Escritura es,

> 1. Infalible (*Scriptura est autopiston kai axiopiston*) que expresa la mente y la voluntad de Dios, para quien la verdad es esencial y necesaria. 2. Suprema e Independiente en la que se resuelve toda fe, de la cual no es lícito apelar... Así como Dios es Jehová de sí mismo, así su Palabra tiene autoridad en sí misma, es verdadera y debe ser obedecida.[39]

Por lo tanto, «*Autoritas est divina eius eminentia, qui obligat hominem ad fidem & obedientiam*».[40] Tal autoridad infalible pertenece únicamente a las Escrituras, contrariamente a las afirmaciones de los papas que se arrogan una autoridad apostólica infalible para la interpretación de las Escrituras y la adjudicación de la tradición, como si las Escrituras no estuvieran autentificadas por el testimonio y el poder del Espíritu y la tradición juzgada por las Escrituras.[41]

---

[38] Musculus, *Commonplaces*, XXV (pág. 389, col. 1).
[39] Leigh, *Treatise*, I, viii (pág. 131).
[40] Rijssen, *Summa*, II, xi.
[41] Amyraut et al., *Syntagma thesium theologicarum*, I, v, 15-16.

Por lo tanto, las Escrituras están en perfecto acuerdo con la voluntad divina y la «verdad justa» «de la cual... [es] símbolo e imagen vivaz». La Escritura es verdadera y cierta, entonces, en sus «partes esenciales»: las «narraciones históricas» como las de la creación, la caída y la venida de Cristo a la tierra; las «amenazas», como comenta Leigh, «los tormentos eternos del infierno son seguros como si ya estuvieras en ellos»; y las promesas de las Escrituras, las predicciones y las profecías, son de cumplimiento seguro.[42] Esta certeza material de las Escrituras se basa en el hecho de que las Escrituras son «la verdad misma» en un doble sentido: primero, una verdad de afirmación en el sentido de que no contiene ningún error y, segundo, una verdad de promesa en el sentido de que «hay no hay infidelidad en ello».[43] Así, además de estas descripciones particulares de la verdad de las Escrituras, hay una verdad o certeza que tiene *generaliter*, ya que en ninguna parte o aspecto es falible.[44]

«Verdad de la afirmación» indica la verdad absoluta de «el asunto que se significa», mientras que «la verdad de la promesa... se refiere a la intención del Hablante, lo que propiamente se llama veracidad o fidelidad». Este segundo tipo de verdad aparece en el Salmo 19 en la frase «El testimonio de Jehová es fiel».[45] De este modo,

> La forma esencial de la palabra es la verdad al formar el todo y cada parte; toda la verdad divina está allí plasmada... Hay dos signos de verdad en las Escrituras: (1) su particularidad; nombra detalles en genealogías, *dolosus versatur in generalibus*. (2) Imparcialidad hacia los amigos y sus adversarios; a los hombres más santos se les describen sus faltas, dan el debido elogio a sus adversarios.[46]

De estos argumentos se puede concluir,

> La verdad de las Escrituras es. (1) Más que cualquier verdad humana de sentido o razón. (2) Por encima de toda razón natural, como doctrina de la Trinidad, encarnación de Cristo, justificación por la fe en Cristo. (3) Una verdad que se evidencia por sí misma. (4) El estándar de toda verdad; nada es verdadero en la doctrina o la adoración que no sea conforme a esto.[47]

La definición ortodoxa de la verdad de las Escrituras, al igual que las definiciones ortodoxas de infalibilidad y autoridad, recorre una línea muy

---

[42] Leigh, *Treatise*, I, viii (pág. 131, margen); cf. Mastricht, *Theoretico-practica theol.*, I, ii, 15.

[43] Leigh, *Treatise*, I, viii (pág. 132).

[44] Mastricht, *Theoretico-practica theol.*, I, ii, 15; Amyraut et al., *Syntagma thesium theologicarum*, I, vi, 3-5.

[45] Leigh, *Treatise*, I, viii (pág. 152).

[46] Leigh, *Treatise*, I, viii, margen and texto, pág. 132.

[47] Leigh, *Treatise*, I, viii (pág. 132).

estrecha. Nunca se permite que la verdad bíblica descanse en pruebas empíricas: la verdad depende de la autoría divina y puede definirse como una «verdad de la promesa» o como una fidelidad o veracidad intencional por parte de Dios como autor. La infalibilidad del texto, entonces, está ligada al concepto de inspiración y se identifica no como una conclusión extraída del examen del texto, sino como uno de los dones dados a los escritores bíblicos en su inspiración por el Espíritu Santo.[48] Así, Twisse podría declarar categóricamente que quienes dicen que «el verdadero conocimiento es demostrable» tienen razón en referencia al conocimiento natural, pero «no del conocimiento cristiano, que se fundamenta únicamente en la Palabra de Dios». Para aclarar la cuestión, añade, «nunca se supo que probar algo a partir de las Escrituras se llamara demostración».[49]

Además, si las Escrituras se definen inequívocamente como «la norma de toda verdad», el énfasis de la definición está, no obstante, en la verdad en la fe y en la práctica, en la verdad de lo que Dios intenta transmitir a los creyentes. Por otro lado, los ortodoxos también pueden hacer una poderosa declaración empírica: las Escrituras son verdaderas «en su afirmación» y en sus «detalles», y estas verdades de hecho pueden verse como evidencias de la verdad de las Escrituras. Lo que impide que la doctrina ortodoxa se vuelva completamente empírica es la prioridad de la verdad de las Escrituras como cuestión de confesión frente a cualquier argumento empírico y la clara distinción hecha, tanto en sus prolegómenos teológicos como en la doctrina misma de las Escrituras, entre la verdad infinita de Dios y la verdad soteriológica finita infaliblemente dada en las Escrituras. Por lo tanto, Turretin consideró adecuado aplicar la distinción entre conocimiento arquetípico y ectípico de Dios a la cuestión del carácter de la revelación divina en las Escrituras, declarando que, allí, Dios habla «no a sí mismo» sino «a nosotros», es decir, —claramente haciéndose eco de Calvino— «*accomodate ad captum nostrum, qui finitus est*», «acomodado a nuestra capacidad, que es finita».[50] El principio de adaptación de la verdad divina a nuestra capacidad también aparece consistentemente en los comentarios de la era ortodoxa, notablemente en la exégesis de figuras, metáforas, antropomorfismos y antropopatismos.[51] Esta visión tradicional de la acomodación contrasta

---

[48] Contra Rogers y McKim, *Authority and Interpretation*, págs. 176-179. Ver, por ejemplo, Poole, *Commentary*, 2 P. 1:21 in loc. (III, *pág.* 921), con Henry, *Exposition*, 2 Ti. 3:16; 2 P. 1:21 in loc. y compárese con la discusión anterior, 4.2.

[49] Twisse, *Scriptures Sufficiency* (1795), pág. 79.

[50] Turretin, *Inst. theol. elencticae*, II., xix, . Rogers obviamente pasó por alto esta sección del argumento de Turretin, quien comenta que «el concepto de acomodación utilizado por los primeros padres de la iglesia y por Calvino estaba completamente ausente en Turretin»: ver *Authority and Interpretation*, pág. 177 y nuevamente, pág. 186.

[51] William Attersoll, *A Commentarie upon the fourth booke of Moses, called Numbers; containing the foundation of the church and common-wealth of the Israelites, while they walked and wandered in the*

con la noción de una necesaria acomodación de la verdad misma a las convenciones del lenguaje o a contextos culturales particulares, una comprensión alternativa de la acomodación que, en manos racionalistas, apuntaba hacia el reemplazo de una norma bíblica en teología por la filosofía racionalista. El surgimiento de esta comprensión racionalista de la acomodación, además, marca la transición de la filosofía y la interpretación bíblica desde los modos tradicionales de la filosofía cristiana y los patrones afines de exégesis precrítica, todavía dominantes en los círculos protestantes durante la mayor parte del siglo XVII y era de la alta ortodoxia, a los modos de filosofía e interpretación característico de las teologías «transicionales» o latitudinarias de finales del siglo XVII y principios del XVIII, y de los modos de interpretación críticos y racionalistas dominantes en el siglo XVIII. El problema del lenguaje en sí quedó específicamente registrado en la crítica radical cartesiana y spinozista de la interpretación bíblica reformada que surgió en los Países Bajos e Inglaterra después de la publicación del libro *Philosophia S. Scripturae interpres* de Meijer.[52]

Cuando Turretin aborda la cuestión de las contradicciones en las Escrituras, excluye muy claramente de su punto doctrinal el problema de las fallas técnicas en los manuscritos existentes. De hecho, el texto existente contiene «irregularidades de ortografía y puntuación» y «lecturas variantes». Hay problemas genuinos en códices antiguos individuales: errores provocados por la negligencia de los escribas y, más recientemente, de los tipógrafos. Pero no es necesario que los textos contemporáneos sean idénticos a los autógrafos originales. La pregunta que debe abordarse es si los textos existentes de las Escrituras han perdido el «significado genuino» de los originales y si ya no poseemos el significado de los originales como nuestra «regla de fe y práctica» (*fidei et morum regula*).[53] Hay pasajes difíciles, pero no hay «falsedades universales» (*menda universalia*), ni problemas que no puedan abordarse comparando variantes o cotejando pasajes similares de todo el texto de las Escrituras.[54] Una vez más, la premisa básica es prácticamente idéntica a la de los reformadores. Lo que ha cambiado es la intensidad de los problemas y cuestiones textuales, provocados tanto por el

---

wildernesse ...Wherein the whole body of divinity is handled touching matters dogmatical ... ceremoniall ... [and] polemicall ... Heerein also the reader shall finde more then five hundred theological questions decided and determined (London: William Jaggard, 1618), 23:19 in loc (p. 951); cf. *Dutch Annotations*, Gn. 6:6 in loc.; Poole, *Commentary*, Gn. 6:6; Is. 40:12 in loc. (I, pág. 17; II, pág. 413); William Day, *An exposition of the Book of the Prophet Isaiah* (London: G.D. and S.G. for Ioshua Kirton, 1654), fol. al reverso, discutiendo específicamente la acomodación como patrón del lenguaje bíblico.

[52] Sobre las visiones cartesianas de la acomodación, véase Laurent, *La philosophie du XVIIIe siècle et le Christianisme*, págs. 228-229; sobre la crítica de Meijer, véase Israel, *Radical Enlightenment*, págs. 200-205, y abajo, 5.4 (B.5).

[53] Turretin, *Inst. theol. elencticae*, II, v.4; cf. II, v, 5.

[54] Turretin, *Inst. theol. elencticae*, II, v, 5.

avance lingüístico y crítico del texto por parte de los propios protestantes como por la polémica con varios adversarios.

2. Defensa polémica.

Contra varios intentos, especialmente por parte de los arminianos, Episcopius, Grotius, Socinus y sus seguidores, de argumentar niveles de verdad y autoridad en el texto de las Escrituras, los reformados argumentaron una autoridad uniforme del texto. Episcopius claramente sostenía que la revelación del Antiguo Testamento era inferior a la del Nuevo, y Socinus había argumentado que en cuestiones menores y puntos «sin importancia» los autores bíblicos podían equivocarse, y lo hicieron.[55] La respuesta ortodoxa estaba dirigida a la preservación del canon en su totalidad, e incluía la insistencia en que «no hay nada en la Sagrada Escritura que no tenga importancia» y que incluso en detalles relativamente menores, el Espíritu Santo había preservado sus «amanuenses» libres de error, conduciéndolos «siempre y en todas las cosas... a una verdad muy cierta, infalible y constante».[56] De hecho, tal era, afirma Hoornbeeck, la fe de las iglesias reformadas así como se enseñaba en la Segunda Confesión Helvética y la Confesión Belga.[57]

Hoornbeeck continúa, en una vena altamente polémica que se acerca más al estereotipo de la ortodoxia que sus declaraciones doctrinales positivas o sus obras exegéticas, para enumerar ocho argumentos que conducen a la conclusión de que las Escrituras no contienen «desacuerdos ni contradicciones». Primero, no puede haber errores ya que el Espíritu Santo ha inspirado a todos los escritores bíblicos de manera inmediata e infalible. En una forma silogística, Hoornbeeck puede justificar su principal proposición de que un escritor inspirado no puede equivocarse basándose en Jn. 16:13, «el espíritu de la verdad... os guiará a toda la verdad». La proposición menor, que los escritores de las Sagradas Escrituras fueron inspirados, la encuentra claramente expresada en 2 Ti. 3:16; y la calificación adicional de que fueron inspirados «siempre y en todas las cosas», la encuentra implícitamente en 2 P. 1:20, «ninguna profecía... es de interpretación privada» y Ro. 1:2, donde se dice que «el evangelio de

---

[55] Cf. Episcopius, *Institutiones theologicae*, III, v, 1; IV, 1, 1; ídem, *Disputatio de auctoritate S. Scripturae*, thesis 3, en *Opera theologica*, 2 vols. (Amsterdam, 1650), vol. I; Socinus, *De auctoritate Sacrae Scripturae*, i, en *Bibliotheca fratrum polonorum quos Unitarios vocant*, 6 vols. (Irenopolis [Amsterdam], 1656), vol. I, cols. 264-287.

[56] Hoornbeeck, *Socinianismus confutatus*, I, pág. 6.

[57] Hoornbeeck, *Socinianismus confutatus*, I, pág. 6, citando la Segunda Confesión Helvética, ii y la Confesión Belga, v.

Dios» fue «prometido antes por sus profetas».[58] En segundo lugar, «para que toda la Escritura sea pura, perfecta y divina, es necesario que esté libre de error»; pero, añade Hoornbeek, aportando la obvia proposición menor de un silogismo, la pureza de la Escritura se afirma en todo momento mediante tales textos como Sal. 12:6, «Las palabras de Jehová son palabras limpias; como plata refinada en horno de tierra, purificada siete veces».[59]

En tercer lugar, no hay nada en las Escrituras que sea «insignificante y sin importancia», como afirmó Socinus. La visión bíblica de las Escrituras se opone a tales afirmaciones: 2 Ti. 3:16 no solo afirma que «toda la Escritura es inspirada por Dios», sino que continúa indicando que toda la Escritura es «útil para enseñar, para redargüir, para corregir, para instruir en justicia»; de manera similar, Ro. 15:4 enseña que «las cosas que se escribieron antes, para nuestra enseñanza se escribieron».[60] El cuarto punto de Hoornbeeck, puramente lógico, está estrechamente relacionado con el tercero: no se pueden permitir entre los cristianos teorías que pongan en peligro toda la Escritura; pero afirmar que las Escrituras contienen errores y contradicciones pone en peligro toda la Escritura. Hoornbeek parece ser particularmente sensible a la incapacidad de los cristianos para limitar el impacto de un error: el error no socava simplemente un solo pasaje, sino toda la porción de la Escritura en la que se afirma que existe.[61]

En su quinto punto, Hoornbeeck plantea una cuestión soteriológica inmediata: «Si las Sagradas Escrituras se equivocan en algunas cosas… nuestra fe en las Escrituras no puede ser ni segura ni divina». Después de todo, el error es una característica humana, no divina. El resultado de la posición de Socinus respecto de la fe es mucho peor que la alternativa católica romana, que defendía la autoridad del Papa, la Iglesia y la tradición, pero aún así asumía que el objeto formal de la fe era la «verdad última» de la «revelación divina infalible».[62] Claramente, la cuestión subyacente a lo largo de la discusión sobre la infalibilidad es la autoridad de las Escrituras como base de certeza en asuntos relacionados con la salvación: si la lógica de la polémica de Hoornbeeck falla en su casi circularidad para probar la infalibilidad del texto, seguramente sí indica el estado de la cuestión en el siglo XVII. La certeza tenía que estar basada en alguna parte, y las opciones ofrecidas eran el exégeta individual, la iglesia y su tradición, y la Biblia. Las dos primeras opciones, representadas por el socinianismo y el catolicismo

---

[58] Hoornbeek, *Socinianismus confutatus*, I, pág. 8.

[59] Hoornbeek, *Socinianismus confutatus*, I, pág. 12, citando además Sal. 19:8, 9; 93:5; 119:140; Pr. 30:5; 1 P. 2:2; y Ap. 19:9

[60] Hoornbeek, *Socinianismus confutatus*, I, págs. 12-13.

[61] Hoornbeek, *Socinianismus confutatus*, I, págs. 14-15.

[62] Hoornbeek, *Socinianismus confutatus*, I, págs. 17-18.

romano, respectivamente, eran claramente problemáticas. El sexto punto de Hoornbeeck aclara la cuestión: Socinus y sus seguidores no han demostrado de manera convincente que las Escrituras se equivoquen, sino que solo han logrado identificar pasajes difíciles, ninguno de los cuales es imposible de explicar.[63] Como séptimo argumento, Hoornbeek señala la rareza y novedad de la visión de Socinus sobre las Escrituras: hay un «consenso de los Padres y los teólogos» de épocas posteriores sobre la infalibilidad de las Escrituras contra los diversos adversarios de la fe. Agustín, Epiphanius e incluso los jesuitas de Lovaina condenan a quienes niegan la verdad de las Escrituras y afirman que no es necesario que todas sus palabras estén inspiradas por el Espíritu. Finalmente, Hoornbeeck puede citar pasajes de Socinus y sus seguidores que hablan de la autoridad y la integridad de las Escrituras: ¡tal autocontradicción es un argumento final contra sus enseñanzas![64]

3. Algunos textos específicos.

Varios de los ortodoxos reformados agregan discusiones extensas sobre textos particulares o yuxtaposiciones de textos en las Escrituras que se alegan como errores, socavando la afirmación doctrinal de verdad y/o infalibilidad. Lo significativo de estas discusiones es que, con frecuencia, no son racionalizaciones rígidas que intentan pasar por alto o negar cuestiones textuales para presentar una afirmación puramente racional de precisión empírica; a menudo son análisis bastante cuidadosos de las dificultades textuales y de las dificultades textuales y de diversas formas de entenderlas y abordarlas. Unos pocos ejemplos tendrán que ser suficientes.

Hay, por ejemplo, una aparente discrepancia entre el registro de Gn. 46:27, donde Moisés indica que «setenta israelitas» descendieron a Egipto, y el testimonio de Hch. 7:14, donde Esteban declara el número como «setenta y cinco», un problema registrado por los escritores reformados desde la época de la Reforma hasta la era de la ortodoxia.[65] Por lo tanto, la preocupación por el texto no fue el resultado del surgimiento de la ortodoxia y de una perspectiva diferente sobre la verdad del texto. Turretin, por su parte, señala varias explicaciones posibles: como sostienen algunos exégetas, podría ser simplemente que los textos no son exactamente paralelos y que, por lo tanto, no existe una discrepancia real. Mientras que Esteban «quería mostrar cuántos José había llamado a Egipto», Moisés solo pretendía la «genealogía de Jacob», un cálculo diferente: Turretin suma las personas con

---

[63] Hoornbeeck, *Socinianismus confutatus*, I, pág. 18; cf. abajo, 6.2 (B).
[64] Hoornbeeck, *Socinianismus confutatus*, I, págs. 18-19.
[65] Cf. Calvino, *Commentary upon the Acts*, 7:14 in loc. (*CTS Acts*, I, págs. 263-264); Turretin, *Inst. theol. elencticae*, II, v, 30.

cierto detalle reconciliando no solo Gn. 46:27 y Hch. 7:14, sino también Gn. 46:26, donde se da un número de sesenta y cinco para los que «vinieron con» Jacob. Otros escritores,⁶⁶ comenta Turretin, argumentan una corrupción del texto en este punto, a saber, que «ni Esteban dijo, ni Lucas escribió πέντε, sino πάντες», haciéndose eco de las palabras de Gn. 46:27, «todas las almas», lo que produce un texto en el que Esteban se refiere a los «setenta que todos» descendieron a Egipto, en lugar de «setenta y cinco». En este caso, el texto podría modificarse basándose en la comparación con otros textos, y preservarse tanto la doctrina como la historia. Otros más suponen que Esteban simplemente siguió la Septuaginta, que da «setenta y cinco» como el número de israelitas mencionado en Gn. 27:46, y que Esteban no tomó nota del supuesto problema porque «no creía que la consideración del número era pertinente para los temas que estaba abordando». Turretin concluye: «si Esteban siguió aquí la Septuaginta, o si un error de la Septuaginta y de Lucas surgió del descuido de los copistas, ciertamente no es un error insuperable, dado que puede corregirse fácilmente a partir del texto hebreo: Escritura debería explicarse a partir de las Escrituras».⁶⁷ Calvino identificó de manera similar un error de los escribas como la fuente del problema: ninguno de los dos estaba a favor de la larga contabilidad «empírica» de diferentes números en diferentes genealogías.⁶⁸ Las *Anotaciones holandesas* observa dos posibles explicaciones: o que Esteban contó a los israelitas de manera diferente que Moisés o que «Lucas aquí siguió» la Septuaginta. Hammond sostiene el uso lucano de la Septuaginta, mientras que las *Anotaciones de Westminster* señalan que hay tres cuentas diferentes, sesenta y seis (Gn. 46:26), setenta (Gn. 46:27) y setenta y cinco (Hch. 7:14) y concluyen «una cosa en este y otros lugares similares, es necesario recordar, que no en vano el apóstol nos advirtió sobre demasiada curiosidad por las Genealogías y cuestiones infructuosas».⁶⁹

También hay una discrepancia entre la genealogía de Mt. (1:8), donde se dice que Joram engendró a Uzías y las narraciones de 1 R. 8:24 y 1 Cr. 3:11-12, que dejan claro que Joram engendró a Ocozías y que varias otras generaciones intervinieron entre él y Uzías. Turretin descarta el supuesto error en Mateo al señalar que el lenguaje de las Escrituras no es raro que identifique a los descendientes lejanos como «hijos» e «hijas»: «los judíos se llaman a sí mismos hijos de Abraham» (Jn. 8:39), Isabel es llamada niña de

---

⁶⁶ Viz., Beza, *Annotationes*, in loc.
⁶⁷ Turretin, *Inst. theol. elencticae*, II, v, 30.
⁶⁸ Calvino, *Commentary upon the Acts*, 7:14 in loc. (*CTS Acts*, I, pág. 264).
⁶⁹ Anotaciones holandesas, Hch. 7:14, in loc.; Hammond, *Paraphrase and Annotations*, in loc.; *Anotaciones de Westminster*, in loc., citando 1 Ti. 1:4 y Tit. 3:10.

las «hijas de Aarón» (Lc. 1:5), y a Cristo se le llama «hijo de David» (Mt. 22:40-46). Uzías es, entonces, hijo de Joram en este sentido amplio. Turretin continúa—

> Por qué se omiten estos tres reyes en lugar de otros no es tan obvio, ni los argumentos ofrecidos por varios escritores pueden merecer asentimiento: una mejor explicación es que esto se hizo para redondear los números, ya que Mateo pretendía resumir todas estas generaciones en un grupo de catorce, como recurso mnemotécnico; y para lograrlo omitió a algunas personas de menor importancia.[70]

De mayor importancia potencial que tales discrepancias numéricas y genealógicas son lo que parecen ser declaraciones doctrinalmente contradictorias: por un lado, las Escrituras nos ordenan amar a los padres y al prójimo; por el otro, Jesús afirma (Lc. 14:26) que nadie puede ser su discípulo a menos que odie a su padre, a su madre, a su esposa y a sus hijos. Las Escrituras nos ordenan que seamos misericordiosos (Lc. 6:36) y también afirman que no debemos tener compasión, sino exigir ojo por ojo y diente por diente (Dt. 19:21). Jesús afirma que «los pobres» están siempre con nosotros, pero que no lo tendremos para siempre (Mt. 26:11) y que él estará con nosotros siempre, hasta el fin del mundo (Mt. 28:20). Estas aparentes contradicciones se concilian interpretativamente, dado que una afirmación hecha en un contexto puede ser hecha de manera absoluta, en otro lugar relativamente; declaraciones contradictorias pueden referirse a diferentes personas o situaciones; y las declaraciones contrarias pueden ser ambas verdaderas, aunque «en diferentes aspectos». Así, en primera instancia, se nos ordena amar absolutamente a todas las criaturas divinas y particularmente a otros seres humanos según sus «varias relaciones» con nosotros, mientras que, comparativamente, el amor debido a Dios es completamente desproporcionado con el amor de las criaturas, que es el punto señalado en el mandato de Jesús de odiar a la propia familia como base para el discipulado. El segundo par de textos habla de diferentes personas o relaciones: como individuos privados estamos llamados a tener piedad, pero a los magistrados en la «ejecución pública de la justicia» se les pide imponer penas adecuadamente proporcionadas. El tercer conjunto de textos se refiere a Jesús en diferentes aspectos: en términos de su presencia corporal como ser humano, no siempre estará con su iglesia; en términos de su «poder e influencia espiritual», siempre está con su pueblo.[71]

---

[70] Turretin, *Inst. theol. elencticae*, II, v, 15; una explicación similar se encuentra en Calvino, *Harmony of the Evangelists*, Mt. 1:8 in loc. (*CTS Harmony*, I, pág. 91).

[71] Ridgley, *Body of Divinity* (1855), I, pág. 50.

5.3 Pureza, Santidad, Perfección y Suficiencia

A. De los reformadores a sus sucesores inmediatos

La identificación de la Escritura como pura, santa, suficiente y perfecta (pura, santa y suficiente en sus enseñanzas para la predicación de la salvación y perfecta o completa en la comunicación de esas enseñanzas) es un punto de doctrina que marca una importante línea de continuidad entre los escolásticos medievales, los reformadores y los ortodoxos protestantes. Este elemento particular de la doctrina de las Escrituras había sido desarrollado con considerable detalle en la baja edad media y no fue alterado en absoluto en su enunciado básico. Mientras que es bastante cierto que el concepto de pureza, santidad, suficiencia y perfección de las Escrituras no apuntaba ineluctablemente, en su contexto medieval original, hacia la Reforma, los reformadores y sus sucesores escolásticos ortodoxos pudieron colocar el concepto en el contexto de una visión diferente de la autoridad y la interpretación y utilizarlo como uno de los fundamentos de su declaración de *sola Scriptura*. De hecho, la forma radicalmente alterada de las cuestiones de interpretación y autoridad en la era posterior a la Reforma colocó a los polemistas católicos romanos en la posición poco envidiable de argumentar en contra de las declaraciones expresas de grandes doctores medievales como Tomás de Aquino y Scotus sobre la autoridad previa, la suficiencia, y perfección del texto.

Bullinger, quien ofrece una de las declaraciones más fuertes sobre este punto entre los escritores reformados anteriores, coloca la noción de pureza, santidad, suficiencia y perfección de las Escrituras en el contexto de la identidad de las Escrituras como Palabra y de la función salvífica de la Palabra escrita:

> Y con este fin se revela la Palabra de Dios a los hombres, para que les enseñe acerca de Dios y su voluntad, y cómo es Dios para con los hombres; que él los tendría para ser salvos; y eso, por la fe en Cristo: lo que Cristo es, y por qué medios viene la salvación: lo que conviene a los verdaderos adoradores de Dios... Tampoco es suficiente conocer la voluntad de Dios, a menos que hagamos la misma y seamos salvos.[72]

Aquí surgieron varias cuestiones: en primer lugar, el tipo de preguntas que plantea Bullinger, a pesar del carácter informal y homilético de las *Decades*, surge del trasfondo escolástico —*quis* y *qualis*. En segundo lugar, aquí hace la distinción típica de los reformadores entre fe histórica y

---

[72] Bullinger, *Decades*, I, ii (pág. 60).

salvadora, una distinción que se trasladaría a la ortodoxia como la que existe entre *assensus* y *fiducia*. La Palabra de Dios entregada por los profetas y apóstoles contenía todo el fundamento de la piedad (*pietatis ratioem*):[73]

> nadie puede negar que ésta es la doctrina más absoluta, por la cual un hombre se perfecciona hasta tal punto, que en este mundo puede ser tomado por un hombre justo, y en el mundo venidero ser llamado para siempre a la compañía de Dios. Pero el que cree en la Palabra de Dios… es llamado hombre justo y heredero de la vida eterna; por tanto, esa doctrina es doctrina absoluta… perfecta en todo.[74]

La Escritura, por tanto, es perfecta tanto en sí misma como en sus efectos.[75]

Después de haber dicho esto, Bullinger señala: «No soy tan ignorante, pero sé que el Señor Jesús hizo y habló muchas cosas que no fueron escritas por los apóstoles. Pero de esto no se sigue que la doctrina de la Palabra de Dios, enseñada por los apóstoles, no sea absolutamente perfecta».[76] Pues Juan, que da testimonio de este hecho, escribe inmediatamente después que lo escrito conduce a la fe y a la vida. Por tanto, no se omitió nada que pudiera haber sido necesario para la salvación y la vida santa. Además, el Señor mismo (Jn. 16:12, 13) revela que las verdades que él mismo no imparte serán dadas por el Espíritu a los apóstoles y que ellos serán guiados a «toda verdad». La continua repetición por parte de Pablo de la misma enseñanza también da testimonio de este hecho: si hubiera habido otras verdades, no se habría repetido, sino que habría enseñado más.[77]

> En cuanto a aquellos que afirman seriamente que todos los puntos de la piedad fueron enseñados por los apóstoles a la posteridad de boca en boca y no por escrito, su propósito es poner a la venta sus propias ordenanzas, es decir, las ordenanzas de los hombres en lugar de la Palabra de Dios.[78]

Cualquier cosa que se desvíe de las Escrituras, afirma Bullinger, no es de Dios, porque los apóstoles, infundidos con el Espíritu de verdad, no habrían escrito una cosa y hablado otra. «Además, debemos investigar diligentemente si esas tradiciones exponen la gloria de Dios, más bien que

---

[73] Bullinger, *Decades*, I, ii (pág. 61).

[74] Bullinger, *Decades*, I, ii (pág. 61).

[75] Bullinger, *Decades*, I, ii (págs. 61-62).

[76] Bullinger, *Decades*, I, ii (pág. 62).

[77] Bullinger, *Decades*, I, ii (págs. 62-63); cf. Calvino, *Commentaries on the Gospel of John*, Jn. 16:12-13; 21:25 (CTS, II, págs. 141-45, 299); e ídem, *Commentaries on the Second Epistle of Timothy*, 2 Ti. 3:16 (CTS, pág. 250).

[78] Bullinger, *Decades*, I, ii (pág. 64).

la de los hombres; o la seguridad de los fieles, más que el beneficio privado de los sacerdotes».[79]

Sin dudarlo, Bullinger reduce su argumento sobre la perfección de las Escrituras a un silogismo:

> [Juan] afirma por esta doctrina, que él mismo contenía por escrito (es decir, Jn. 20:30-31), que la fe se enseña plenamente y que mediante la fe Dios concede la vida eterna. Pero el fin de la doctrina absoluta es ser feliz y perfectamente bendecido. Desde entonces, lo que llega al hombre por la doctrina escrita del evangelio, sin duda esa doctrina del evangelio es absolutamente perfecta.[80]

Calvino expresa una visión similar, carente del carácter dogmático y de la plenitud del tratamiento de Bullinger, quien sostiene que la plenitud y la integridad del testimonio apostólico —concediendo que los apóstoles eran «seguros y ciertos amanuenses del Espíritu Santo»— excluye la invención de «cualquier nueva doctrina».[81] Aun así, las Escrituras son llamadas santas para distinguirlas de las «escrituras» profanas o escritos de los hombres. «Las cuestiones profanas», dice Musculus, son aquellas que se relacionan no solo con las cosas de este mundo y la conducta de los hombres, «sino también con otras supersticiones, falsas adoraciones, sacrificios inicuos y opiniones erróneas de Dios». Por lo tanto, los escritos profanos incluyen aquellos que presumen ser llamados santos, pero contienen graves errores religiosos «como el Alcorán».[82]

Vemos que estos supuestos se trasladan directamente al pensamiento de los teólogos de la próxima generación. Por lo tanto, Zanchius también mantiene como proposición básica que la Escritura contiene en sí misma todas las cosas necesarias para el conocimiento de la salvación y para la verdadera adoración a Dios, y las contiene claramente.[83] Por lo tanto, las Escrituras proporcionan la base de toda doctrina, todas las acciones y todos los preceptos de la iglesia; y la iglesia, por extensión, no puede enseñar doctrinas que no estén contenidas en las Escrituras. Y esta es la doctrina de las Escrituras.[84] Zanchius procede a refutar los argumentos contra la perfección de las Escrituras y a reclutar a los padres de la iglesia como partidarios de su elevada visión de las Escrituras y de su concepción de la relación de la iglesia con las Escrituras.[85]

---

[79] Bullinger, *Decades*, I, ii (pág. 64).
[80] Bullinger, *Decades*, I, ii (pág. 62).
[81] Calvino, *Institutos*, IV, viii, 9.
[82] Musculus, *Commonplaces* (pág. 349, col. 2—pág. 350, col. 1).
[83] Zanchius, *Praefatiuncula*, cols. 369, 409.
[84] Zanchius, *Praefatiuncula*, cols. 370-371.
[85] Zanchius, *Praefatiuncula*, cols. 376-400.

B. Los ortodoxos reformados sobre la pureza, la santidad, la perfección y la suficiencia de las Escrituras

1. Pureza y Santidad.

La doctrina ofrecida por escritores ortodoxos posteriores difiere muy poco de la expresión dada al respecto por Bullinger, Ursinus y Zanchius. La Escritura es «Pura y Santa» porque «ordena todo bien, y prohíbe, reprende y condena todo pecado e inmundicia; restringe no solo las malas palabras y acciones, sino también los pensamientos y las miradas». La Escritura se llama santa,

> 1. De su causa principal eficiente, Dios que es el lugar santísimo, la santidad misma... 2. En cuanto a la causa instrumental, sus redactores fueron hombres santos... 3. De su materia, la santa voluntad de Dios... la Escritura contiene santos y divinos misterios, santos preceptos de vida, santas promesas,... santas Historias. 4. Desde su fin o efecto, el Espíritu Santo por la lectura y meditación de la Escritura nos santifica.[86]

La Escritura también es llamada pura, «porque Dios mismo es puro» y la Escritura, como Palabra de Dios, refleja esta característica del ser divino. Específicamente, la Escritura

> es pura: 1) Formalmente en sí misma, no hay en Ella mezcla alguna de error, corrupción o infundada, Pr. 8:6, 7, 8. 2) Virtualmente para hacer puros a los demás... Engendra gracia... la preserva y aumenta... La parte asertiva es pura; 1) lo que afirma ser es; y lo que niega ser no es... 2) Lo que promete se cumplirá, y lo que amenaza se ejecutará... 3) Lo que manda es bueno, y lo que prohíbe es malo.[87]

2. Perfección en «materia» o «sustancia».

Dado su autor divino, las Escrituras también deben ser perfectas, y perfectas, como indican los ortodoxos, en varios sentidos. Por lo tanto, la Escritura es perfecta «con respecto a la materia», teniendo una perfección esencial o sustancial, y «con respecto a la forma», teniendo una perfección integral o absoluta en sí misma y una perfección relativa frente a todas las demás autoridades propuestas.[88] La relativa perfección de la Escritura

---

[86] Leigh, *Treatise*, I, viii (pág.137); de manera muy similar, Mastricht, *Theoretico-practica theol.*, I, ii, 17.

[87] Leigh, *Treatise*, I, viii (pág. 137).

[88] Ames, *Disputatio theologica de perfectione ss. Scripturae*, iii-iv.

específicamente «se opone a las tradiciones no escritas, todas que excluye por su suficiencia».[89] Estas dos perfecciones primarias, la material y la formal, pueden considerarse como una «perfección esencial» en la doctrina y como una perfección «integral o sistemática» en los propios libros, su sucesión y su inclusión en el canon.[90] Por lo tanto, así como la Escritura es perfecta en su conjunto, también tiene perfección en sus partes, tanto en cantidad como en esencia.[91] Así, la perfección de las Escrituras se refiere a

> el Sujeto, pues tiene todas las partes Esenciales, materia y forma; e integral, Ley y Evangelio, y es enteramente perfecta tanto 1. Absolutamente, por la sustancia... [y] 2. Relativamente, porque tiene perfección del todo, así de las partes en el todo; esa perfección se llama esencial, ésta cuantitativa. Porque... aunque íntegramente no tienen suficiencia del todo, sino solo de sí mismas, sin embargo, en distintos tiempos cada parte bastó para sus tiempos; pero todas las partes del todo son suficientes para nosotros.[92]

Además, la perfección de las Escrituras se refiere a la plenitud de la revelación de todas las cosas necesarias para la salvación o a la claridad o perspicuidad de su transmisión, puntos ambos negados por los papistas.[93]

Los ortodoxos desarrollan cada uno de estos aspectos de la perfección de las Escrituras con cierto detalle. Primero, en el sentido esencial o sustancial, la Escritura es perfecta:

> Respecto de la materia o de los Libros en que fue escrita la santa doctrina, todos los cuales (cuantos fueron útiles para nuestra salvación) se han mantenido inviolables en la Iglesia, de manera que de ellos salga un Canon de fe y de vida perfecto y absoluto, y esto puede llamarse la Integridad de las Escrituras.[94]

Dada esta perfección «material» o «esencial», no es necesario añadir nada ni quitarle nada a la Escritura: la Escritura es el fundamento perfecto para que todo sea creído y hecho (*credenda et facienda*) «en cuanto contiene todos los dogmas y preceptos necesarios para la salvación».[95] La materia o sustancia de las Escrituras se considera absolutamente perfecta en el sentido de que las Escrituras contienen «ya sea expresa o analógicamente toda

---

[89] Leigh, *Treatise*, I, viii (págs. 138-139).
[90] Mastricht, *Theoretico-practica theol.*, I, ii, 19.
[91] Trelcatius, *Schol. meth.*, I, ii (pág. 25).
[92] Leigh, *Treatise*, I, viii (pág. 139).
[93] Amyraut et al., *Syntagma thesium theologicarum*, I, viii, 2; cf. Hommius, *LXX Disputationes*, III, ii.
[94] Leigh, *Treatise*, I, viii (pág. 138); cf. Amyraut et al., *Syntagma thesium theologicarum*, I, viii, 1; Mastricht, *Theoretico-practica theol.*, I, ii, 16.
[95] Rijssen, *Summa theol.*, II, xii, controversia, obj. 2, resp.

aquella doctrina concerniente a la fe y las costumbres que es comunicable».⁹⁶ Claramente, en asuntos divinos, algunos conocimientos son comunicables, otros no, y afirmamos que las Escrituras contienen todo el conocimiento comunicable de Dios que puede ser conocido y es provechoso.⁹⁷

La perfección de las Escrituras también fue motivo de controversia, dada la afirmación de varios polemistas romanos, incluido Bellarmine, de que las Escrituras eran «defectuosas e imperfectas» en la plenitud de sus declaraciones doctrinales y, por lo tanto, incapaces de «ser aplicadas a la decisión de controversias».⁹⁸ Como reconoció Cameron, esta afirmación era típicamente una afirmación de que las Escrituras estaban incompletas para el pleno establecimiento de las doctrinas necesarias para la salvación. Esta supuesta falta de plenitud, responde, no se refiere a doctrinas como la Trinidad, la encarnación, la redención, «la fe en Jesucristo... la esperanza, la caridad y el arrepentimiento... la necesidad y práctica de las buenas obras... la vida eterna... El bautismo,... la predicación de la palabra, [o]... la santa cena» —«estos puntos y los que dependen de ellos se conservan sin duda en las Escrituras».⁹⁹ Más bien, las imperfecciones de las que se quejan son la falta de apoyo de las Escrituras a enseñanzas como la autoridad papal para deponer reyes y anular matrimonios, para convertir en pecado comer carne en Cuaresma, o doctrinas como el culto a imágenes, la invocación de santos, el purgatorio, obras de mérito y supererogación, y el sacrificio de Cristo en la misa. Pero, de hecho, las Escrituras juzgan estas doctrinas.¹⁰⁰

3. Perfección formal y «relativa»: la Escritura en contraste con la tradición.

Los ortodoxos, en respuesta positiva a los argumentos romanos, declaran que las Escrituras son perfectas, «con respecto a la forma, a saber, del sentido o significado de estos Libros Canónicos, o de la Verdad Divina comprendida en ellos, Libros que contienen de manera más plena y perfecta toda la verdad necesaria y suficiente para la salvación de los elegidos».¹⁰¹ La perfección formal se considera de dos maneras: «absolutamente en sí misma» y «en contraposición a las tradiciones no escritas». En sí misma, la perfección formal de la Escritura se refiere primero a su perfección regulativa

---

⁹⁶ Trelcatius, *Schol. meth.*, I, ii (pág. 25).

⁹⁷ Trelcatius, *Schol. meth.*, I, ii (pág. 25).

⁹⁸ Cameron, *Soveraigne Iudge*, pág. 13; cf. Ames, *Bellarminus enervatus*, I, vi, 1.

⁹⁹ Cameron, *Soveraigne Iudge*, pág. 17; cf. la discusión de los artículos de fe «fundamentales» en *DRPR*, I, 9.1.

¹⁰⁰ Cameron, *Soveraigne Iudge*, págs. 17-18; cf. Amyraut et al., *Syntagma thesium theologicarum*, I, viii, 7-9, 28-29.

¹⁰¹ Leigh, *Treatise*, I, viii (pág. 138).

como *principium cognoscendi* y no indica ni una comunicación perfecta del conocimiento universal ni una uniformidad absoluta de declaración a lo largo de sus muchas páginas, sino solo en la comunicación de aquellas cosas necesarias para la salvación, ya sea por declaración directa o como consecuencia necesaria de una declaración.[102] De este modo,

> porque todo principio, ya sea de cosa o de conocimiento, debe ser perfecto, ya que de lo imperfecto no se deducen demostración y conclusiones verdaderas, por lo que es necesario que la Sagrada Escritura, siendo el primer y único principio inmediato de toda doctrina verdadera, sea perfectísima.[103]

La «perfección» de los libros individuales de las Escrituras es relativa al propósito del libro y no implica que cualquier libro por sí mismo «sea suficiente para el fin común», que es la salvación de la iglesia. Por ejemplo, «Pablo habla mucho de la Justificación y la Predestinación en la Epístola a los Romanos [pero no ofrece nada] de la Eucaristía o la Resurrección».[104] Sin embargo, «aquellos escritos que por la mano divina y la providencia existían en la Iglesia, eran tan suficientes para la Iglesia en esa época, que no necesitaba Tradición, ni era lícito a ningún ser humano… agregarles o quitarles; pero cuando Dios le reveló más, lo primero por sí solo no fue suficiente sin lo segundo».[105] Por lo tanto, la relativa incompletitud tanto de los libros individuales como del canon en las diversas etapas de su composición no es una barrera para el concepto de perfección de las Escrituras, que otorga la «perfección integral» de los libros individuales mismos en y por el bien de sus diversos espacios temporales o fines históricos.[106]

Por lo tanto, se deduce que las Escrituras poseen también una «perfección relativa» frente a las tradiciones eclesiásticas. Por «tradición», Leigh indica una doctrina «no escrita por profetas ni apóstoles». Las tradiciones existen como doctrina, como ceremonias y como memoria histórica y no deben rechazarse de plano: «Si las tradiciones concuerdan con las Escrituras, ellas las confirman; si se oponen, serán refutadas».[107] Perkins define las tradiciones como «doctrinas transmitidas de mano en mano, ya sea de boca en boca o por escrito, además de la Palabra escrita de Dios».[108] Según esta definición,

---

[102] Turretin, *Inst. theol. elencticae*, II, xvi, 2, 9.

[103] Leigh, *Treatise*, I, viii (pág. 139); cf. la formulación prácticamente idéntica en Trelcatius, *Schol. meth.*, I, ii.

[104] Leigh, *Treatise*, I, viii (págs. 140-141).

[105] Leigh, *Treatise*, I, viii (pág. 141).

[106] Mastricht, *Theoretico-practica theol.*, I, ii, 19.

[107] Leigh, *Treatise*, I, viii (pág. 140).

[108] William Perkins, *A Reformed Catholike* en *Works*, I, 580, col. 2A.

> La misma Palabra de Dios ha sido transmitida por tradición. Porque primero, Dios reveló su voluntad a Adán de palabra: y la renovó a los patriarcas, no por escrito sino por palabra, por sueños y otras inspiraciones: y así la Palabra de Dios pasó de hombre a hombre, para el espacio de dos mil cuatrocientos años, hasta el tiempo de Moisés, que fue el primer escritor de la Sagrada Escritura.[109]

La profecía de Enoc es otro ejemplo más de tradiciones tempranas obtenidas por inspiración directa de Dios y escritas posteriormente.

> Y la historia del Nuevo Testamento (como dicen algunos) durante ochenta años, como piensan otros, durante veinte años y más, fue de mano en mano por tradición, hasta que fue escrita por los Apóstoles, o siendo escrita por otros, fue aprobada por ellos.[110]

También es cierto, continúa Perkins, que los profetas y los apóstoles hablaron cosas que no están registradas en las Escrituras, pero sí transmitidas por la tradición: en 2 Ti. 3:8 aprendemos los nombres de los magos que resistieron a Moisés; en He. 12:21 leemos palabras de Moisés que no están registradas en ningún otro lugar; y en Judas aprendemos que el arcángel Miguel luchó con el diablo por el cuerpo de Moisés. Estas son tradiciones, comenta Perkins, que los apóstoles aprendieron de boca en boca «o mediante algunos escritos que entonces existían entre los judíos».[111] También se cree que Isaías fue asesinado con un «garrote», que María «vivió y murió virgen». De manera similar, los escritos antiguos de la iglesia contienen dichos de los Apóstoles que no están registrados en las Escrituras. Estas últimas cosas se pueden creer si no van en contra de la Palabra escrita de Dios.[112]

> Sostenemos que la Iglesia de Dios tiene poder para prescribir ordenanzas, reglas o tradiciones, en cuanto al tiempo y lugar de adoración de Dios, y en cuanto al orden y la cortesía que deben ser usados en el mismo... Y este tipo de tradiciones, ya sean hechas por Consejos generales o Sínodos particulares, tenemos cuidado de mantener y observar: recordando estas advertencias: primero, que no prescriben nada infantil o absurdo que se debe hacer; en segundo lugar, que no se impongan como parte alguna del culto a Dios; en tercer lugar, que se separen de la superstición o de la opinión de mérito; por último, que la Iglesia de Dios no sea cargada con la multitud de ellas.[113]

---

[109] Perkins, *Reformed Catholike*, pág. 580, col. 2B.
[110] Perkins, *Reformed Catholike*, pág. 580, col. 2C.
[111] Perkins, *Reformed Catholike*, pág. 582, col. 2D.
[112] Perkins, *Reformed Catholike*, pág. 582, col. 2D.
[113] Perkins, *Reformed Catholike*, pág. 581, col. 1A-B.

Hasta ahora Perkins puede aceptar tradiciones, pero divide para siempre su doctrina de la de Roma porque

> Los papistas enseñan que, además de la Palabra escrita, existen ciertas tradiciones no escritas, que deben considerarse provechosas y necesarias para la salvación. Y estos dicen que son dobles; Apostólicas, es decir, las que fueron entregadas por los Apóstoles, y no escritas; y Eclesiásticas, las que la Iglesia decreta según se presenta la ocasión. Sostenemos que las Escrituras son sumamente perfectas y contienen en ellas todas las doctrinas necesarias para la salvación, ya sea que se refieran a la fe o a las costumbres; y, por lo tanto, no reconocemos tales tradiciones además de la Palabra escrita, que serán necesarias para la salvación: así como el que las cree no se puede salvar.[114]

Al contrario de los católicos romanos, sostiene Perkins, la única suficiencia de las Escrituras fue siempre la enseñanza de los padres: cita tanto a Tertuliano como a Vicente de Lerins en apoyo de su argumento.[115]

Rainolds va un paso más allá, argumentando que la identificación de Vicente de dos formas de evitar o refutar la herejía (primero, mediante el uso de las Escrituras y, segundo, basándose en la tradición de la iglesia) no indicaba dos fuentes de autoridad, sino que señaló a las Escrituras mismas y luego, bajo el término «tradición de la Iglesia católica», a «la exposición verdadera y correcta de las Escrituras, hecha por fieles pastores y maestros de la Iglesia».[116] Además, los papistas confunden el significado de la palabra «tradición», llamándola no escrita, mientras que tanto las Escrituras como los padres conocen tradiciones tanto escritas como no escritas.[117] La intención expresa de Vicente no era invocar tradiciones no escritas ni «añadir la tradición de la Iglesia a la autoridad de las Escrituras, como si las Escrituras por sí solas no fueran suficientes… sino mostrar que, porque los herejes tergiversan y malinterpretan las Escrituras, por lo tanto debemos aprender su correcto sentido y significado, entregado a los piadosos por el ministerio de la Iglesia».[118]

A estas autoridades, Perkins y Rainolds añaden los argumentos de la razón: así como los apóstoles nunca buscaron probar la doctrina a partir de la tradición, sino solo de las Escrituras, tampoco debería hacerlo la iglesia hoy, además, si la tradición fuera necesaria para la salvación, tendríamos

---

[114] Perkins, *Reformed Catholike*, pág. 581, col. 1C; cf. Twisse, *Scriptures Sufficiency*, págs. 133-134.

[115] Perkins, *Reformed Catholike*, pág. 581, col. 1C.

[116] Rainolds, *Summe of the Conference between Iohn Rainolds and Iohn Hart*, pág. 147.

[117] Rollock, *Treatise of Effectual Calling*, pág. 93.

[118] Rainolds, *Summe of the Conference between Iohn Rainolds and Iohn Hart*, pág. 147, citing Vincent, *Commonitorium*, ii, xli.

que ver los escritos de los antiguos padres como normativos y al nivel de las Escrituras a pesar de los muchos errores contenidos en sus libros.[119] Quienes se oponen a esta lógica afirman que la misma confianza que tenemos en las Escrituras nos la transmite la tradición, pero parece que, de hecho, el valor de las Escrituras puede ser determinado por el testimonio interno del Espíritu tanto al lector, así como por

> la materia contenida en Ella, que es la verdad más divina y absoluta, llena de piedad; la manera y forma de hablar, que está llena de majestuosidad en la sencillez de las palabras; el fin al que aspiran totalmente, que es el honor y la gloria de Dios únicamente... Así, la Escritura demuestra ser Escritura; y, sin embargo, no despreciamos el consentimiento universal o la tradición de la iglesia, que aunque no persuade la conciencia, sin embargo, es un incentivo notable para impulsarnos a reverenciar y considerar los escritos de los Profetas y Apóstoles.[120]

Contra las afirmaciones de la tradición, Rollock sostiene que las Escrituras son perfectas en la medida en que contienen el conocimiento necesario para la salvación no solo en cantidad suficiente sino en abundancia. Las Escrituras no solo testifican específicamente de este hecho, sino que la existencia de la iglesia depende de ello.

En cuanto al juicio de los adversarios en esta materia, que afirman que la Escritura es coja y mutilada, nótese principalmente Bellarmine y sus argumentos a este respecto. Enseñan que las Escrituras son defectuosas y débiles, para que podamos dar lugar a sus tradiciones y falsificaciones.[121]

No hay, entonces, ninguna tradición que deba considerarse necesaria que entre en conflicto con el registro expreso de las Escrituras, ya que ninguna de estas cosas puede atar la conciencia de los hombres de la misma manera que la Palabra de Dios ata la conciencia.[122] La doctrina «escrita por los profetas y los apóstoles» por sí sola es vinculante, mientras que las tradiciones «dogmáticas», «históricas» o «ceremoniales» de la iglesia no hacen ningún reclamo final sobre la fe y la moral. La Escritura sola y por sí misma contiene toda la doctrina necesaria para la salvación y es la única que puede obligar a la conciencia.[123]

---

[119] Perkins, *Reformed Catholike*, pág. 582, col. 1, A-B; cf. Rainolds, *Summe of the Conference between Iohn Rainolds and Iohn Hart*, pág. 149.

[120] Perkins, *Reformed Catholike*, pág. 582, col. 1D-2A.

[121] Rollock, *Treatise of Effectual Calling*, págs. 92-93.

[122] Rollock, *Treatise of Effectual Calling*, pág. 93.

[123] Trelcatius, *Schol. meth.*, I, ii (pág. 27); Leigh, *Treatise*, I, viii (pág. 139).

4. Perfección efectiva.

Y, en tercer lugar, la Escritura puede ser llamada perfecta según su efecto, «porque hace al hombre sabio para la salvación, lo instruye para toda buena obra y lo hace bienaventurado con un comienzo en esta vida y con perfección en la otra»[124] —en resumen, una perfección absoluta en el «efecto y operación» de conducir a los seres humanos hacia la meta de la salvación. Esta perfección indica una adecuación específica de la Escritura a sus *finis*, más que una adecuación universal a su *obiectum* divino: algunos de los misterios profundos de la fe, como la doctrina de Dios en la unidad y la trinidad, no están completamente explicados.[125] Esta perfección efectiva o eficaz es discutida más ampliamente por los ortodoxos reformados bajo el atributo de la «eficacia de las Escrituras».

5. La suficiencia de las Escrituras.

Después de haber expuesto con tanta extensión y en tantos detalles la perfección y la divinidad de las Escrituras, Leigh agrega una nota sobre el carácter acomodado, pero no obstante suficiente de la revelación de las Escrituras:

> La perfección de las Escrituras no es, Primero, Infinita e ilimitada; esa es una propiedad incomunicable de Dios; Todo lo que procede de otro como causa eficiente, por ello está limitado tanto por su naturaleza como por sus cualidades. En segundo lugar, no entendemos una perfección que contenga todas y cada una de las cosas singulares que en cualquier momento han sido reveladas por inspiración divina a los hombres santos, y por ellos entregadas a la Iglesia... para todos los sermones de los profetas, de Cristo y sus apóstoles, no se describen con tantas palabras como las que usaron al hablar de ellos; porque de los doce apóstoles siete no escribieron nada, pero predicaron e hicieron muchas cosas; tampoco están escritas todas las obras de Cristo y sus apóstoles... sino que nos referimos solo a una perfección relativa que, por ciertos fines, concuerda con la Escritura como un instrumento, según el cual comprende perfectamente todas las cosas que han sido, son o serán necesarias para la salvación de la Iglesia.[126]

---

[124] Trelcatius, *Schol. meth.*, I, ii (pág. 26); Ames, *Disputatio de perfectione Scripturae*, i.

[125] Leigh, *Treatise*, I, viii (pág. 139); Turretin, *Inst. theol. elencticae*, II, xvi, 34.

[126] Leigh, *Treatise*, I, viii (pág. 140); cf. Ames, *Disputatio de perfectione Scripturae*, vii-viii.

En esto coincide Mastricht, al definir la Escritura como perfecta *ad vivendum Dei* y *ad salutem creditu ac factu necessarium*.[127] Esta calificación de la noción de perfección apunta hacia el concepto de «suficiencia de las Escrituras».

La suficiencia de las Escrituras es frecuentemente definida por los ortodoxos reformados en términos del principio «que las Escrituras contienen todas las cosas necesarias para la salvación».[128] Este hecho se prueba a partir de la palabra inspirada y autorizada de las Escrituras mismas, específicamente 2 Ti. 3:15-16.

> Observamos de este [texto] que, 1. La Escritura es útil no solo para algunas cosas, sino para todas las cosas, porque *instrucción* en la verdad, *convicción* de error, *corrección* del mal, y *dirección* en lo que es bueno; 2. Se declara capaz de hacer perfecto a un hombre de Dios y completamente equipado para cada parte de su oficio; y 3. Es capaz de volver al hombre sabio para la salvación.[129]

De manera similar, como parte integral del argumento sobre la naturaleza y los límites de la perfección de las Escrituras, Leigh escribe:

> La Sagrada Escritura contiene y entrega suficientemente todas las Doctrinas que nos son necesarias para la salvación eterna, tanto en lo que respecta a la Fe como a las buenas obras, y la mayoría de ellas nos las entrega expresamente y con tantas palabras, y el resto por buena y necesaria consecuencia. El bautismo de los niños y la consustancialidad del Padre y del Hijo no se expresan en esas palabras en las Escrituras, pero la verdad de ambos se enseña claramente en las Escrituras, y mediante pruebas evidentes se puede deducir de allí; que el artículo del descenso de Cristo a los infiernos, *totidem Verbis* no está en las Escrituras, sin embargo, se puede deducir de allí, Hch. 2.[130]

Hay un fundamento polémico en la doctrina: se opone directamente a la pretensión romana de una tradición y un *magisterium* eclesiástico coiguales para la interpretación de ambos, de hecho, una tradición y un poder de juicio sin el cual la salvación sería imposible. En opinión de Du Moulin, el ataque romano al protestantismo encarnó una «degradación» de las Escrituras: Trento había reemplazado las Escrituras por el Papa como «juez de la controversia», y los polemistas romanos posteriores habían señalado la incertidumbre, la oscuridad, la imperfección y la insuficiencia de las

---

[127] Mastricht, *Theoretico-practica theol.*, I, ii, 19.
[128] Pictet, *Theol. chr.*, I, xi, 2.
[129] Pictet, *Theol. chr.*, I, xi, 2.
[130] Leigh, *Treatise*, I, viii (pág. 141); y cf. Rijssen, *Summa*, II, xii.

Escrituras. Específicamente, afirmaron la insuficiencia de las Escrituras basándose en la necesidad para la salvación de ciertas doctrinas tradicionales desconocidas para los profetas y los apóstoles, a saber, el tesoro del mérito, las indulgencias, los poderes del Papa y el purgatorio.[131]

Esta definición básica llevó a los ortodoxos a una serie de conclusiones que relacionan la suficiencia de las Escrituras con su sentido de unidad de proclamación en toda la Biblia. De ello se deduce que la salvación fue por gracia en todas las épocas de la iglesia, nunca por la ley ni de la naturaleza ni de Moisés, y que esta salvación misericordiosa fue suficientemente revelada a lo largo de todos los tiempos: la Escritura así declara acerca de sí misma: «No añadiréis a la palabra que yo os mando, ni disminuiréis nada de ella» (Dt. 4:2; 12:32). Por lo tanto, Dios en la antigüedad «deseaba que el pueblo estuviera contento con la única regla que él les había dado, sin agregarle nada ni quitarle nada, ya que era una revelación perfecta para esa época de la iglesia». Aun así, las revelaciones posteriores en las Escrituras han aumentado y cumplido las promesas de Dios por el bien de las eras sucesivas de la iglesia,[132] mientras que «la sustancia de todas las cosas necesarias para la salvación, desde la caída de Adán, ha sido y es una y la misma, como la verdadera Religión ha sido una e inmutable».[133]

Este sentido de la relación entre la suficiencia de las Escrituras y su unidad en la sustancia doctrinal última lleva a Leigh a una serie de proposiciones que se relacionan con la cuestión del alcance o fundamento de las Escrituras y con el principio interpretativo de la *analogia fidei*.[134] Dado que «el conocimiento de Dios y de Cristo es la suma de todas las cosas necesarias para la salvación» y «este conocimiento siempre fue necesario», debemos inferir la suficiencia del Antiguo Testamento en estos asuntos, aunque «los Padres ciertamente vieron a Cristo de manera más oscura y enigmáticamente, nosotros más clara, distinta y perspicuamente». Porque, en verdad, «el Pacto de gracia... es un Pacto eterno», así como Dios es «uno e inmutable, como en la naturaleza, también en la voluntad».[135] Así también, la religión enseñada por Cristo y los apóstoles no era una religión nueva, sino la única religión verdadera que Dios enseñaba «antes, bajo y después de la Ley desde la caída de Adán».[136]

---

[131] Pierre Du Moulin, *A Learned Treatise of Traditions* (London: August Mathewes, 1631), págs. 31-36, 47, 55-57, citando a Gregory de Valencia, Salmeron, Bellarmine, y Charron sobre la insuficiencia e incertidumbre de las Escrituras.

[132] Pictet, *Theol. chr.*, I, xi, 2.

[133] Leigh, *Treatise*, I, viii (págs. 141-142).

[134] Sobre el «alcance», ver las secciones 3.5; 7.4 (B.3; C.3); sobre la analogía de la fe, ver 7.4 (C.4).

[135] Leigh, *Treatise*, I, viii (pág. 142).

[136] Leigh, *Treatise*, I, viii (pág. 142).

La perfección y suficiencia de las Escrituras también pueden considerarse acumulativas, en términos de sustancia y tendencia: el conjunto apunta al Mesías y luego lo revela plenamente. «Quien también en su venida estableció ese orden en la Iglesia de Dios, el cual debía permanecer en ella para siempre». Esto aparece más claramente en que

> Cristo fue ordenado por el Padre para ser el gran Doctor de la Iglesia, un Profeta más excelente que los demás que le precedieron, tanto con respecto a su Persona, oficio, Modo de recibir su Doctrina, como a la excelencia de la Doctrina que entregó.[137]

De esto, a su vez, se desprende que

> Todas las cosas necesarias de esa manera como hemos hablado fueron enseñadas e inspiradas a los apóstoles por nuestro Salvador Cristo, y no hubo nuevas inspiraciones después de sus tiempos; ni debemos esperar más de ahora en adelante.[138]

Aun así, Cristo mismo se aseguró de no omitir nada necesario en su enseñanza; envió el Espíritu a la iglesia inmediatamente después de su exaltación a la diestra del Padre; y la edad de la profecía cesó. Las últimas tres proposiciones de Leigh simplemente continuaron este argumento, pasando de la suficiencia de las Escrituras completas y la ausencia de cualquier necesidad de revelación adicional a la conclusión de que «ninguna nueva Revelación o Tradición aparte de las inspiradas, publicadas y comprendidas en las Escrituras es necesaria para la salvación de la Iglesia».[139]

Estos argumentos se ven fortalecidos por la advertencia adicional de las Escrituras de no agregar ni quitar las palabras del libro (Ap. 22:18, 19) y la declaración similar en Pr. 30:6. Pablo también pronunció «maldición sobre aquellos... que "predicaran otro evangelio diferente del que él había predicado"» (Gá. 1:8). Los apóstoles también señalan que declararon «todo el consejo de Dios» (Hch. 20:20, 27) y que por su predicación los hombres podrían obtener la vida eterna (Jn. 20:31; 1 Jn. 5:13).

> Ahora bien, si no hubieran escrito todo lo necesario para la salvación, no habrían podido llevar a los hombres a la vida eterna. Tampoco es probable que los apóstoles omitieran cosas necesarias, ya que se comprometieron a escribir tantas cosas que no eran necesarias, y eso con el propósito de instruirnos más plenamente.

Un tercer argumento, entonces, puede expresarse de la siguiente manera: si las Escrituras fueran imperfectas, lo serían, ya sea porque

---

[137] Leigh, *Treatise*, I, viii (pág. 143).

[138] Leigh, *Treatise*, I, viii (pág. 144).

[139] Leigh, *Treatise*, I, viii (pág. 146).

Dios no quería que se escribieran todas las cosas necesarias para la salvación, o porque los apóstoles no estaban dispuestos a escribirlas, aunque Dios les había ordenado. Esta última idea nadie la afirmará; la primera no puede mantenerse; No se puede aducir ninguna razón por la que Dios debería haber deseado que solo se escribieran una parte de las cosas necesarias para la salvación y que la otra parte se consignara a la tradición incierta de los hombres.[140]

Pictet, sin embargo, es consciente de que la categoría de «cosas necesarias para la salvación» necesita explicarse más en relación con las Escrituras, su interpretación y su uso en la iglesia. En primer lugar, hay cosas que se conocen naturalmente como la existencia de Dios y la inmortalidad del alma: estas verdades no pueden ser probadas, pero son confirmadas por la Escritura para librarnos de dudas. Luego hay cosas necesarias para la salvación «no enseñadas en las Escrituras con palabras expresas» sino «deducidas mediante inferencias justas y legítimas» de las Escrituras. Tampoco es necesario que las Escrituras refuten todas las herejías: le basta con establecer la verdad sin describir explícitamente todos los errores posibles. También debemos reconocer que

> la perfección de la Escritura no siempre ha sido la misma con respecto a su grado, porque la revelación ha aumentado según las diferentes edades de la iglesia; no con respecto a la sustancia de la verdad, sino con respecto a su manifestación más clara.[141]

Finalmente, debe observarse que «una regla no es menos perfecta cuando se requiere una mano [es decir, un agente] para aplicarla»: a pesar de la perfección de las Escrituras, el «ministerio de la iglesia» y «la obra del Santo Espíritu en conversión» son partes necesarias del diseño de Dios. Además, mucho se deja a la «prudencia» general de la iglesia y sus gobernantes, aunque no en las cosas necesarias para la salvación.[142] Aun así, esta perfección o suficiencia no es, como argumentó el cardenal Perronius, una perfección «mediata» más que «inmediata» que nos remita a la iglesia, donde se suplen los defectos o carencias de las Escrituras. Rijssen comenta que toda la idea de una «suficiencia mediata» es contradictoria en sí misma, en la medida en que algo que es suficiente no puede ni quiere remitirnos a otra autoridad y, por implicación, algo que lo hace no es suficiente: la Escritura sigue siendo la Regla a la que no se le puede añadir ni quitar nada.[143]

---

[140] Pictet, *Theol. chr.*, I, xi, 2.

[141] Pictet, *Theol. chr.*, I, xi, 3.

[142] Pictet, *Theol. chr.*, I, xi, 3.

[143] Rijssen, *Summa theol.*, II, xi, controversia 1, obj. 3.

5.4 Claridad y eficacia

A. La perspectiva de los reformadores

Los reformadores afirman uniformemente la claridad de las Escrituras en todas las cosas necesarias para la salvación: entre los reformados, Zwingli planteó detalladamente este punto y luego lo reiteró casi todos los principales escritores de segunda generación.[144] Por lo tanto, como afirmó Vermigli, las Escrituras pueden recomendarse a los piadosos como «una vela encendida por Dios» y una guía hacia la verdad. Además, los piadosos han estado tan seguros de esta verdad que han estado dispuestos a morir por ella, como rara vez ocurre entre los «filósofos y matemáticos naturales».[145]

> Para los corazones fieles y piadosos no falta claridad en las Escrituras, *sapheneia* como la llaman los griegos y perspicuidad los latinos. Porque cualquier cosa que los teólogos más sensatos discutan, siempre concluyen con el testimonio de las Escrituras como la regla común conocida por los cristianos de la que nadie puede dudar correctamente.[146]

Vermigli matiza su punto señalando que esta claridad no proviene principalmente de la razón sino de la fe, y es por la fe que estamos persuadidos de la verdad de las Escrituras. La fe reconoce que esta verdad de las Escrituras descansa en la Palabra de Dios y es eterna:

> «Así dice el Señor» (*Dominus dixit*) debe considerarse como un primer principio (*primum principium*) en el que se resuelve toda verdadera teología. Esta no es, además, una evidencia derivada de la luz de los sentidos humanos o de la razón, sino de la luz de la fe, por la cual debemos estar plenamente persuadidos, y que está contenida en las Sagradas Escrituras... Cristo mismo nos enseña, como se dice en Mt. 24, «el cielo y la tierra pasarán, pero mis palabras no pasarán»: y se repite por todas partes que «la Palabra de Dios permanece para siempre».[147]

Los oponentes de una Escritura abierta se quejan de que hay tantos lugares oscuros y difíciles en el texto que los no instruidos no pueden entender. Vermigli responde que ningún lugar es tan difícil que no pueda entenderse asignándole otro pasaje. De hecho, lejos de causar grandes problemas, estas dificultades resultan de gran ayuda para los fieles que por

---

[144] Thus, Ulrich Zwingli, *Von Klarheit und Gewissheit oder Untrueglichkeit des Wortes Gottes* (1522), en inglés, *On the Clarity and Certainty of the Word*, trad. y ed. Geoffrey W. Bromiley (Philadelphia: Westminster, 1953); y ver Stephens, *Theology of Zwingli*, págs. 60-61.

[145] Vermigli, *Loci communes*, I, vi, 2.

[146] Vermigli, *Loci communes*, I, vi, 2.

[147] Vermigli, *Loci communes*, I, vi, 2.

ellas se sienten impulsados a escudriñar las Escrituras.[148] De hecho, «en las cosas que son inherentes a la salvación, las Escrituras no carecen de claridad ni perspicuidad».[149]

> Todo lo que contienen las Sagradas Escrituras debe referirse a estos dos puntos principales; Me refiero a la ley y el evangelio. Porque en todas partes, o se nos exponen los mandamientos de Dios para vivir bien; o bien, cuando nos encontramos desviándonos de ellos ya sea por debilidad o por alguna cierta malicia, se muestra el evangelio, por el cual por medio de Cristo somos perdonados de nuestras ofensas y se nos promete el poder y la fuerza del Espíritu Santo para restaurarnos nuevamente a la imagen de Cristo que hemos perdido. Estas dos cosas se pueden ver en todos los libros de Moisés, en las historias, en los profetas, en los libros de la sabiduría y en todo el Testamento, antiguo y nuevo. Seguramente no están separados unos de otros por libros y hojas; sino por el camino que ahora hemos declarado.[150]

Haciéndose eco de Vermigli, Musculus cita extensamente a Crisóstomo y Agustín como ejemplos del uso eclesiástico de las Escrituras como una regla de fe clara y segura. Frente a estos ejemplos, señala, «los adversarios claman que las Sagradas Escrituras son demasiado oscuras para que podamos extraer de ellas un juicio certero».[151] Los padres, sin embargo, no parecen haberse dejado intimidar en absoluto por las dificultades de interpretación y, de hecho, han testificado que no hay punto en las Escrituras que no esté claramente expuesto en alguna parte: «si algo se dice oscuramente en un lugar de las Escrituras, debe aclararse en aquellos lugares en los que la misma enseñanza se expresa más claramente». Este punto es particularmente cierto para aquellos pasajes del Antiguo Testamento que solo pueden entenderse en términos de su cumplimiento en el Nuevo. La claridad de las Escrituras en su conjunto, por lo tanto, apunta directamente a la analogía de las Escrituras como dispositivo interpretativo y a la insistencia en que la Escritura misma, no la tradición o la iglesia, es el intérprete principal de las Escrituras.[152] A modo de advertencia polémica a aquellos que podrían verse tentados a escuchar las advertencias de sus adversarios, Musculus añade: «si el Evangelio es oscuro, lo será para los que perecen».[153]

---

[148] Vermigli, *Commonplaces*, I, vi, 15.

[149] Vermigli, *Commonplaces*, I, vi, 16; cf. Calvino, *Institutos*, I, vii, 2; ídem, *Commentary on Isaiah*, 45:19, in loc. (*CTS Isaiah*, III, págs. 420-421).

[150] Vermigli, *Commonplaces*, I, vi, 19.

[151] Musculus, *Loci communes*, xxv (*Commonplaces*, pág. 358, cols. 1-2).

[152] Cf. la perspectiva romana en Tavard, "Tradition in Early Post-Tridentine Theology," págs. 393-396; y abajo, 7.4 (C.4) sobre la *analogia Scripturae*.

[153] Musculus, *Loci communes*, xxv (*Commonplaces*, pág. 359, col. 1).

B. El enfoque ortodoxo reformado sobre la claridad y eficacia de las Escrituras

1. Las implicaciones exegéticas y teológicas de la «claridad» de las Escrituras.

El concepto ortodoxo reformado de «sencillez», perspicuidad o claridad de las Escrituras no puede reducirse a un punto gramatical ni restringirse a uno teológico. Las cuestiones gramaticales y teológicas se mantienen juntas en el contexto del movimiento protestante que se aleja de la exégesis alegórica hacia una lectura literal-gramatical del texto. Las cuestiones doctrinales que alguna vez fueron abordadas mediante la *quadriga* ahora debían abordarse no solo sobre la base de una lectura más literal y gramatical del texto, sino también bajo el supuesto de que no había otra norma de interpretación que el texto mismo. De este modo, el significado gramatical y la claridad teológica estaban estrechamente unidos. Si no la totalidad de las Escrituras, al menos la parte crucial *loci*, tendría que ser gramaticalmente claro para que los pasajes difíciles pudieran explicarse mediante textos fácilmente comprensibles y el contenido doctrinal de las Escrituras estuviera disponible de manera amplia y general sin recurrir a la tradición o a la iglesia. Solo así las normas confesionales y doctrinales de la ortodoxia protestante podrían permanecer en su lugar subordinado bajo la *sola Scriptura*.

El argumento a favor de esa claridad de las Escrituras, tal como se desarrolló tempranamente contra la contrademanda romana, también llegó a ser utilizado cada vez más por los ortodoxos reformados en debates con diversas formas de escepticismo a principios del siglo XVII y con una filosofía racionalista cada vez más militante en la segunda mitad del siglo XVII y principios del XVIII. En el primero de estos debates filosóficos, se argumentó que la claridad de las Escrituras era una característica o atributo necesario de las Escrituras consideradas como *principium*: la verdad indemostrable del *principium cognoscendi* era, necesariamente, clara en todo lo esencial si tuviera que tener esa otra característica fundamental de un *principium*, es decir, que era evidente por sí mismo.[154] Esta comprensión principal de las Escrituras, sin embargo, fue objeto de un ataque cada vez mayor en la última parte del siglo XVII a medida que el debate cambió y la aplicación cartesiana y spinozista de la comprensión de la verdad como percepción clara y distinta se utilizó para socavar el uso normativo de las Escrituras en teología y reemplazar la norma bíblica con la razón —debido a la oscuridad del texto, la incapacidad de las religiones en guerra para llegar a una explicación final

---

[154] Cf. la discusión en *DRPR*, I, 9.3 (A.1-2; B.1); y III, 3.2 (C.1-2).

de las verdades esenciales sobre la base de un texto oscuro y la amplitud del fenómeno de la religión.[155]

Estos puntos gramaticales, doctrinales y filosóficos estaban situados, además, en un lugar en la dogmática ortodoxa anterior, tanto lógicamente como en el orden típico del sistema, a la discusión generalmente larga sobre la interpretación de las Escrituras —de modo que, al igual que en el caso de la declaración doctrinal ortodoxa de la infalibilidad de las Escrituras, el punto doctrinal no se basa en un argumento empírico o racionalmente evidencialista, como lo requieren algunas formas del estándar racionalista de claridad. La perspicuidad es una suposición doctrinal que descansa en la declaración de la inspiración, autoridad y suficiencia soteriológica de la revelación bíblica. Y, como tal, debe yuxtaponerse con el problema de la «oscuridad» de las Escrituras en muchos de sus textos individuales. La doctrina reformada de la *perspicuitas Scripturae sacrae* no representa una negación de las dificultades de interpretación: más bien, las dificultades de interpretación, incluida la oscuridad genuina y libremente reconocida de ciertos textos, se encuentran en el contexto de la presuposición de que todo lo que es necesario para la predicación de la Iglesia y la enseñanza de sus doctrinas fundamentales están expresadas clara y claramente en alguna parte. Esta doctrina se presenta como una antítesis de la afirmación romana de que las Escrituras no son claras y que el oficio docente de la iglesia es necesario para su interpretación,[156] y como contraposición a la afirmación racionalista de que el texto de la Biblia tiene un significado tan oscuro y está tan nublado por cuestiones no esenciales que solo la razón puede proporcionar un fundamento para la verdad teológica.[157]

2. La doctrina ortodoxa reformada de la perspicuidad: declaración positiva y continuidad abierta con la Reforma.

Como Trelcatius declara para la ortodoxia temprana, la sencillez o claridad de las Escrituras es necesaria en la medida en que las Escrituras son nuestro único «medio e instrumento de fe». Dado que la fe pasa del conocimiento al asentimiento y a la plena seguridad, la fe no podría sostenerse sin el conocimiento pleno y claro de Dios en las Escrituras. Tampoco podríamos estar seguros de la ley en el corazón si no fuera por la confirmación escrita de esa ley en la Palabra de Dios. Aunque existen grados de entendimiento —y aunque la Escritura tiene un significado más claro para algunos que para otros,

---

[155] Ver arriba, 2.3 (C.2) y cf. Israel, *Radical Enlightenment*, págs. 197-229.

[156] Amyraut et al., *Syntagma thesium theologicarum*, I, ix, 1-4.

[157] Wilson, *Scriptures Genuine Interpreter Asserted*, I, i-ii, xii; II, iii-vii.

de donde es que ni todas las cosas son claras y perspicuas para cada uno por igual, ni cada cosa para todos por igual; sin embargo, para todas y cada una de las personas [La Escritura es] suficientemente clara para salvación, según la medida de la fe y la iluminación divina.[158]

La continuidad entre esta temprana visión ortodoxa de la claridad de las Escrituras y la visión de los reformadores puede identificarse fácilmente en la *Disputatio* de 1610 de Whitaker. Después de citar las opiniones de numerosos escritores católicos romanos sobre la oscuridad de las Escrituras y la inconveniencia de permitir a los laicos leer las Escrituras, Whitaker presenta el «estado de la cuestión»: los oponentes romanos se esfuerzan por demostrar la oscuridad del texto mientras que en al mismo tiempo afirmando que los protestantes enseñan «que todas las cosas en las Escrituras son tan claras que pueden ser entendidas por cualquier persona ignorante y no necesitan exposición ni interpretación».[159] Esta afirmación, responde Whitaker, es falsa. Lo que enseñan los protestantes es idéntico a la visión de Lutero en su *De servo arbitrio* en respuesta a Erasmo. Whitaker parafrasea:

> En las Escrituras no hay nada abstruso, nada oscuro, sino... *todas* las cosas son claras. Y como esto puede parecer una paradoja, luego se explica así: confiesa que muchos lugares de la Escritura son oscuros, que hay muchas palabras y lugares envueltos en dificultades, pero afirma, sin embargo, que ningún dogma es oscuro; como, por ejemplo, que Dios es uno y tres, que Cristo sufrió y reinará por los siglos, etc. Todo lo cual es perfectamente cierto: porque, aunque hay mucha oscuridad en muchas palabras y pasajes, todos los artículos de fe son claros.[160]

Es muy cierto, añade Whitaker, que cualquiera que sea capaz de determinar «el sentido gramatical de las Escrituras» podrá «explicar e interpretar mejor las Escrituras».[161]

Sin embargo, el significado gramatical es a veces el más difícil de determinar. «Lutero añade además», continúa Whitaker,

> que las cosas mismas están manifiestas en las Escrituras; y que, por lo tanto, no tenemos por qué preocuparnos mucho si las palabras a veces son menos manifiestas en muchos lugares... Lutero está hablando de cosas, es decir, de la doctrina y de los artículos de la religión cristiana: de su verdad (aunque no de todos, sí de los que son necesarios para la salvación).[162]

---

[158] Trelcatius, *Schol. meth.*, I, ii; cf. Hommius, *LXX Disputationes*, IV, iv.
[159] Whitaker, *Disputation*, IV, i (pág. 361).
[160] Whitaker, *Disputation*, IV, i (págs. 361-362); Amyraut et al., *Syntagma thesium theologicarum*, I, ix, 4.
[161] Whitaker, *Disputation*, IV, i (pág. 362).
[162] Whitaker, *Disputation*, IV, i (págs. 362-363).

Observamos brevemente que la cuestión de las «cosas» (*res*) y las «palabras» (*verba*) abordadas por Whitaker es crucial para la doctrina protestante de las Escrituras y es, como muchos de los otros elementos de la doctrina protestante, un elemento tomado de la tradición medieval y arraigada en la hermenéutica de Agustín. Whitaker intenta aquí sacar a la luz una cuestión que estaba ligada en muchos sentidos a un patrón de interpretación más antiguo, fundamentalmente alegórico, y plantearla en el contexto de un enfoque más literal y gramatical del texto. Whitaker, por lo tanto, no solo acepta la posición de Lutero como normativa para la suya, sino que también continúa siguiendo la visión agustiniana del texto tal como la defendió Lutero: las palabras del texto son signos que apuntan a las «cosas» doctrinales. Esta distinción entre *signa* y *res significata*, el signo y la cosa significada, se traslada al lenguaje típico del protestantismo escolástico, de las palabras del texto y de la sustancia del texto, de la autoridad de las traducciones no estrictamente *quoad verba* pero *quoad res*, según la sustancia o significado que indica el original.[163]

La claridad de las Escrituras también recibe un tratamiento extendido y alcanzó una definición más precisa contra Bellarmine y en sistemas ortodoxos posteriores, como los de Leigh, Rijssen y Mastricht. Según Leigh, «la claridad de las Escrituras es una manifestación clara y evidente de la verdad expresada en ellas, tanto con respecto a sí mismas como a nosotros».[164] Mastricht, define de manera similar *perspicuitas* como «la manifestación clara y evidente de la verdad contenida en [las Escrituras]», mientras que Rijssen comenta que «la claridad de las Escrituras es su eminencia divina que presenta el misterio de la salvación de tal manera que [su] verdadero significado puede extraerse de sus palabras».[165]

De una manera típica de la argumentación escolástica de la época, Rijssen también puede elaborar y, en su opinión, demostrar la claridad de las Escrituras en un argumento causal. Señala cuatro motivos para asumir la claridad. En primer lugar, las Escrituras pueden demostrarse claramente a partir de su «causa eficiente», Dios, que es el «padre de la luz»: si se dice que Dios es incapaz o no quiere hablar claramente, se puede probar lo contrario a partir de su bondad y sabiduría supremas. De la misma manera, las Escrituras deben ser claras en vista de su causa final o «fin»: pretenden ser el «canon y regla de fe y moral», lo cual no podría ser a menos que fuera clara. Por sus materiales o causalidad material, es decir la Ley y el Evangelio, la Escritura también se sabe clara en la medida en que estas cosas pueden

---

[163] Ver más abajo, 6.2 (A.2).

[164] Leigh, *Treatise*, I, viii (pág. 161); cf. la misma distinción hecha contra Bellarmine, Hommius, *LXX Disputationes*, IVii.

[165] Mastricht, *Theoretico-practica theol.*, I, ii, 18; Rijssen, *Summa*, II, xiii.

ser fácilmente comprendidas por cualquiera que las examine. Por último, la forma de las Escrituras, que es un testamento o pacto publicado y decretado para la iglesia por su Señor, debe ser clara para todos.[166] Entonces, de manera eficiente, final, material y formal, la Escritura debe ser clara si, en verdad, es lo que dice ser: la Palabra de Dios. Si la lógica del argumento parece circular y, por lo tanto, carece de una demostración genuina, ese fracaso se ve mejorado en cierta medida por el hecho de que el argumento es interno y no externo al sistema teológico, y la premisa básica de que la Escritura es la Palabra de Dios. Dios, suficiente en todas las cosas necesarias para la salvación, fue sostenido por prácticamente todos los adversarios en el debate de los siglos XVI y XVII. Además, el argumento proporciona un resumen de los componentes teológicos del argumento y evidencia en una forma breve y lógica la base doctrinal y los elementos doctrinales que se incluirán en la discusión de la claridad y perspicuidad de las Escrituras y, si se queda corto en la demostración completa y lógica, todos también estuvieron de acuerdo en que los *principia* son indemostrables, además de autoevidentes y claros.

Cada una de estas definiciones implica que la claridad o perspicuidad de las Escrituras es doble: una claridad objetiva y residente que no se importa al texto ni se le impone desde fuera, y también es una claridad que relaciona directamente el texto con el lector o intérprete y tiene un aspecto subjetivo. La claridad o perspicuidad del texto puede, por lo tanto, describirse en términos de las «cosas (*rei*)» del texto o en términos de las «personas» que leen e interpretan el texto y su método para investigarlo (*modus tractandae*).[167]

«Con respecto a sí misma» (es decir, objetivamente), la Escritura es clara en las verdades que transmite y en la manera en que las transmite: porque, aunque algunos pasajes «parecen oscuros por su majestad y dignidad, sin embargo llevan la luz de la verdad ante ellos» mientras que al mismo tiempo, tanto en estilo como en gramática, las Escrituras evidencian «sencillez tanto en las palabras, ya sean propias como figuradas; y en el sentido claro y más perspicuo de la significación».[168] En todas las dificultades de las Escrituras, señala Leigh, se debe hacer una distinción: «hay dos cosas en la voluntad revelada de Dios, *verbum rei*, la palabra, y *res verbi*, el misterio». El *verbum rei*, literalmente, la palabra relativa a la cosa, es clara incluso si el pensamiento o la enseñanza que revela, la *res verbi* o «cosa» indicada por la palabra, está más allá del entendimiento humano.[169]

---

[166] Rijssen, *Summa*, II, xiii, controversia, arg. 3.

[167] Amyraut et al., *Syntagma thesium theologicarum*, I, ix, 10.

[168] Leigh, *Treatise*, I, viii (pág. 162).

[169] Leigh, *Treatise*, I, viii (pág. 162); cf. Hommius, *LXX Disputationes*, IV, ii-iii.

La cuestión de la claridad objetiva, por tanto, se divide en dos partes: la claridad de las palabras y la claridad de su sentido o significado. En el caso del primero, la falta de comprensión clara de las palabras no se resuelve recurriendo a tradiciones no escritas o al *magisterium* eclesiástico, sino a un «conocimiento práctico (*perita*)» de las lenguas originales o, en su defecto, a un conocimiento funcional de la lengua de traducciones fiables.[170] Las «cosas» o sustancia del texto, es decir, las historias y los preceptos, son innegablemente claras. Las profecías, que solo permanecen confusas hasta que se cumplen, deben distinguirse de aquellas cosas que deben ser siempre claras por el bien de la salvación, es decir, las doctrinas o dogmas, todos los cuales son lo suficientemente claros para satisfacer la conciencia, ¡aunque no la curiosidad![171]

La claridad del texto no elimina en modo alguno el misterio de lo que ha sido revelado: la Escritura sigue llena de misterios sublimes que exceden con creces la capacidad de nuestra mente para comprenderlos. Solo podemos estar seguros de que Dios ha dado a nuestras mentes la capacidad de conocer las cosas que son necesarias para la salvación, aun cuando, en último sentido, siguen siendo misteriosas para nosotros.[172] En cuanto a la oscuridad del sentido espiritual o místico del texto, ¿no fue Tomás de Aquino quien declaró que no hay nada necesario para la salvación que no se encuentre en el sentido literal de las Escrituras?[173]

En un sentido limitado y soteriológicamente funcional, la Escritura también es clara subjetivamente, «con respecto a nosotros»: este debe ser el caso, argumenta Leigh, admitiendo el propósito de las Escrituras. Lo que enseña la Escritura debe tener su aplicación subjetiva en y para los creyentes, en y para la iglesia y su teología. La lógica del punto es simple y se basa en la naturaleza de Dios y en la intención de Dios para los creyentes. Por tanto, «Dios, el Autor de las Escrituras, podía hablar claramente; porque él es la sabiduría misma; y hablaría así porque hace que se escriba la Escritura para instruirnos para nuestra salvación eterna, Ro. 15:4; y él nos manda en las Escrituras a buscar la vida eterna».[174] Esta claridad intencional del texto «con respecto a nosotros» vuelve a la cuestión de la claridad de las palabras mismas, ahora en relación con las «personas» y con el «método de investigar» o exponer el texto. La variedad de interpretaciones humanas (¡incluso entre los grandes doctores de la iglesia romana!) tampoco niega

---

[170] Amyraut et al., *Syntagma thesium theologicarum*, I, ix, 5.

[171] Amyraut et al., *Syntagma thesium theologicarum*, I, ix, 10.

[172] Rijssen, *Summa*, II, xiii, controversia.

[173] Amyraut et al., *Syntagma thesium theologicarum*, I.ix.6; ver abajo, 7.3 sobre los diversos «sentidos» de la Escritura.

[174] Leigh, *Treatise*, I, viii (pág. 162).

esta claridad del texto —las oscuridades percibidas en el texto se resuelven mediante la aplicación del método adecuado y la comprensión del estilo y significado de las palabras.[175]

El punto también puede hacerse en términos del estatus principal de las Escrituras. Las Escrituras deben ser claras «con respecto a nosotros» si queremos que funcionen como

> el principio, medio e instrumento de la fe; cada Principio debe ser por sí mismo y en su propia naturaleza conocido y sumamente inteligible, y habiendo tres grados de fe (conocimiento, asentimiento y plena seguridad) éstos no pueden subsistir sin la claridad de las Escrituras; Las promesas divinas también de escribir la Ley en nuestro corazón y las relativas a la difusión y la luz clara del Evangelio no tendrían ningún propósito si las Escrituras no fueran claras en las cosas necesarias para la salvación.[176]

Así, en multitud de lugares, la Escritura se nos declara clara y simple en su significado, «tanto con respecto a la ley como al evangelio».[177] El apóstol Pablo confirma estos textos cuando declara (Ro. 15:4) que las Escrituras fueron escritas para edificación: no podemos dudar de que Dios fracasaría en su propósito si las Escrituras no fueran claras, y esto es impensable. Si, concluye Pictet, algunos de los pasajes de las Escrituras son difíciles de interpretar y de significado oscuro, debe ser con el propósito de aumentar la diligencia de los fieles, para «controlar el orgullo» y «eliminar cualquier desdén» ¡que pudiera surgir si las Escrituras fueran demasiado simples de entender! Por supuesto, ninguno de estos difíciles pasajes es el único depósito de doctrinas necesarias para la salvación.[178]

3. Defensa de la claridad sustancial de las Escrituras en debate con Roma.

Estos argumentos sobre el concepto de «claridad» de las Escrituras son inteligibles solo en el contexto del debate sobre autoridad e interpretación. Contra la posición protestante, Bellarmine podría argumentar que la Escritura, entendida en sí misma y abordada por el intérprete individual, no era tan clara y sencilla en su significado «como para ser suficiente, sin ninguna interpretación adicional, para determinar las controversias de la fe».[179] Como Cameron resumió el punto, los adversarios ponen en duda

---

[175] Amyraut et al., *Syntagma thesium theologicarum*, I, ix, 11-17.
[176] Leigh, *Treatise*, I, viii (pág. 164).
[177] Pictet, *Theol. chr.*, I, x.
[178] Pictet, *Theol. chr.*, I, x.
[179] Bellarmine, *De verbo Dei*, III, i.

«la suficiencia del Juez... a saber, Dios hablando en las Escrituras, o por las Escrituras» —basándose en que «Dios hablando en las Escrituras es como si no hablara en absoluto, ya que la Escritura necesita por sí misma ser propuesta y aplicada por algún otro».[180] Así también un juez en asuntos de controversia debe ser «claro e inteligible» y, además, «cierto y positivo», mientras que en opinión de Roma, las Escrituras a menudo son poco claras, «ambiguas y sujetas a diversas interpretaciones».[181] La ausencia de *perspicuitas* proporcionó una refutación fundamental de la afirmación protestante de la autoridad previa y el carácter de autointerpretación de las Escrituras: si las Escrituras fueran de hecho poco claras, entonces, cualquiera que fuera su estatus divino, se requeriría la agencia de la iglesia no solo para su interpretación sino también para la declaración de su carácter autorizado sobre cualquier punto en particular.

Vale la pena señalar que la negación católica de la claridad o perspicuidad, así como la frecuentemente amarga defensa protestante de la autoridad y suficiencia del texto, surgieron de los esfuerzos de la hermenéutica en los siglos XVI y XVII. Aunque la *sola Scriptura* protestante nunca pretendió la pérdida de la tradición —ciertamente no de los resultados dogmáticos de la exégesis tradicional, como las doctrinas de la Trinidad y las dos naturalezas de Cristo— la combinación de la insistencia protestante en la Escritura como norma absoluta y las tendencias cada vez más literales y gramaticales de la exégesis y la interpretación tuvieron como resultado debilitar o, al menos cambiar permanentemente la naturaleza del vínculo hermenéutico entre texto y dogma. El resultado de este cambio fue que a los protestantes, que se aferraban a las Escrituras como norma absoluta, les resultaba difícil defender los dogmas tradicionales contra las afirmaciones socinianas y racionalistas, mientras que los católicos, mirando críticamente desde una perspectiva dogmática los resultados de la *sola Scriptura*, encontraron cada vez más necesario buscar los fundamentos del dogma en la tradición en contraposición a una Escritura que, si bien no menos clara en su significado exegéticamente derivado, era cada vez más turbia en su relación con el depósito de la fe.

El refinamiento que hizo Bellarmine de la polémica católica romana suscitó la respuesta de un número tan grande de teólogos ortodoxos tempranos que es justo decir que el temprano *locus* ortodoxo sobre las Escrituras y su tratamiento de cuestiones particulares como la claridad de las Escrituras dependió en gran medida de los esfuerzos sistematizadores de Bellarmine. Además de Whitaker, escritores como Ames, Rollock, Hommius, Trelcatius, Cameron y Scharpius dedicaron gran atención a la

---

[180] Cameron, *Soveraign Iudge*, pág. 13; y ver arriba, 3.4 (A.2; B.2) sobre la Palabra viva y la Escritura.

[181] Cameron, *Soveraign Iudge*, pág. 13; cf. Ames, *Bellarminus enervatus*, I, v, i.

refutación de Bellarmine y al desarrollo de una doctrina positiva en torno a los puntos abordados en el debate. Cameron, a modo de respuesta inicial, comenta que, si uno considera que un texto escrito es «tonto» e incapaz de un «discurso» normativo, entonces las otras autoridades primarias citadas por Roma también desaparecen: «los escritos de los Padres, los cánones de los Concilios, los decretos y decretales, los escritos, las bulas y las indulgencias», todos deben ser «propuestos y aplicados». Así, el primer motivo de la polémica romana no logra convencer «a menos que, por los mismos motivos, aniquilen la autoridad» de la tradición y el magisterio.[182]

Rollock, por ejemplo, trató de equilibrar los supuestos protestantes de claridad y de disponibilidad de las Escrituras para los laicos con el problema genuino de los pasajes oscuros y con la necesidad de algunas normas de interpretación secundarias y eclesiásticas. Así, Rollock puede insistir, por un lado, en que la Palabra debe ser clara en sí misma; de lo contrario, señala, insultamos al Espíritu. También es cierto, insiste Rollock, haciéndose eco de Calvino, que Dios, en y a través de las palabras de las Escrituras, se ha adaptado a nuestra capacidad de comprensión. Por lo tanto, incluso «los más iletrados del pueblo» pueden captar el significado de las Escrituras «porque es cierto que en las Escrituras el Señor, por así decirlo, balbucea con nosotros».[183]

Sin embargo, también ocurre que los hombres «naturales y carnales» no pueden entender las cosas de Dios, argumenta Rollock, citando 1 Co. 2:14: en lugar, entonces, de seguir a Bellarmine y acusar a las Escrituras de falta de claridad en algunos lugares, deberíamos reprendernos a nosotros mismos por nuestra «corrupción y ceguera» remanentes.[184] El comentario es, por supuesto, polémico y sirve para plantear un punto retórico contra cualquiera que afirme que las Escrituras no son tan claras en su significado básico. Lo vemos repetido en la era ortodoxa tardía: «La Escritura no solo contiene todas las cosas necesarias para la salvación», escribe Pictet, «sino que también las contiene en una forma tan clara y perspicua, que puede ser descubierta y conocida por cualquiera cuyos ojos no han sido cegados por el dios de este mundo».[185] La claridad del texto de las Escrituras, entonces, no es como la claridad de la demostración matemática: no excluye la necesidad de orar a Dios por su voz viva en la iglesia, ni la necesidad de consultar comentarios y otras ayudas para la interpretación.[186]

---

[182] Cameron, *Soveraign Iudge*, págs. 14-15.
[183] Rollock, *Treatise of Effectual Calling,* ch. 10 (pág. 78).
[184] Rollock, *Treatise of Effectual Calling,* ch 10 (pág. 81).
[185] Pictet, *Theol. chr.*, I, xiii, 1.
[186] Amyraut et al., *Syntagma thesium theologicarum*, I, ix, 19.

Por lo tanto, dado que las Escrituras son claras tanto en sí mismas como con respecto a la humanidad, Leigh puede declarar que «toda dificultad para comprender las Escrituras surge no de su oscuridad, sino de la debilidad de nuestro entendimiento, corrompido por la ignorancia natural o cegado por castigo y maldición divinos».[187] Esto no disminuye el valor de las Escrituras como regla de fe y de vida, de la misma manera que la incapacidad de un individuo para comprender a Euclides hace que sus libros dejen de ser un estándar en geometría. Por lo tanto, la sencillez fundamental y la oscuridad ocasional de las Escrituras pueden explicarse de varias maneras. Primero, las Escrituras

> son claras y fáciles de entender por todos los hombres en los Fundamentos y los puntos especiales necesarios para la salvación, como el Decálogo, el Credo de los Apóstoles, el Padrenuestro y similares; a menos que sean aquellos cuyas mentes el dios de este mundo ha cegado; si son oscuras en algunos asuntos menos principales y circunstanciales, es necesaria una interpretación para que el significado pueda desarrollarse más claramente.
>
> [En segundo lugar] se debe considerar una diferencia de personas... según sean elegidas y regeneradas, o réprobas y no regeneradas; para aquellos a quienes la Escritura es clara y perspicua, solo para quienes está destinado, y cuyas mentes el Espíritu Santo iluminará.[188]

De manera similar, las diversas condiciones y vocaciones de los hombres, su educación y su incapacidad individual para comprender también se relacionan con la facilidad o dificultad de leer la Escritura.[189]

Vale la pena señalar aquí las conexiones implícitas en la cita anterior de Edward Leigh con otras cuestiones doctrinales que se encuentran en los prolegómenos y en la doctrina de las Escrituras. Leigh, en primer lugar, registra la distinción entre las Escrituras como *principium cognoscendi theologiae* y los «principios» de doctrina derivados de las Escrituras que pueden describirse como «fundamentos» de la fe.[190] El Credo de los Apóstoles aparece aquí junto con el Decálogo, no porque los ortodoxos hayan obligado a la leyenda de su autoría apostólica o hayan confundido la tradición con las Escrituras, sino porque el Credo se identifica típicamente como un resumen del *articuli fundamentales*. La cuestión relativa a la claridad, por lo tanto, está estrechamente ligada al fundamento establecido

---

[187] Leigh, *Treatise*, I, viii (pág. 162); cf. Mastricht, *Theoretico-practica theol*, I, ii, 18: «Proinde, si quae in Scripturis, deprehenditur *obscuritas*; ea non tam a Scriptura est; quam quidem ab *intellectus* nostri *imbecillitate*».

[188] Leigh, *Treatise*, I, viii (pág. 163).

[189] Leigh, *Treatise*, I, viii (págs. 163-164).

[190] Ver más, *DRPR*, I, 9.3 (A.2).

en los prolegómenos sobre la naturaleza de la doctrina y su relación con los contenidos directa y fácilmente comprensibles de las Escrituras: las doctrinas fundamentales aparecen fácilmente al leer el texto, incluso si las sutilezas del sistema teológico no lo hacen. Los comentarios de Leigh sobre la doctrina de la elección se relacionan directamente con la cuestión de la «eficacia» de las Escrituras en el llamamiento cristiano, es decir, con la conexión entre la doctrina de las Escrituras y la enseñanza reformada sobre el *ordo salutis* y los medios de gracia.[191]

Es cierto, entonces, que algunos lugares de las Escrituras son más difíciles de entender que otros; sin embargo, estos lugares no contienen en ningún sentido exclusivo el conocimiento que es necesario para la salvación, ni resultan imposibles de interpretar por medio de la analogía de la fe y las reglas básicas de interpretación gramatical. De hecho, concluye Rollock, la iluminación del Espíritu, la comparación de las Escrituras con las Escrituras, el uso de «los lugares comunes de la divinidad» y «el testimonio de la Iglesia», el estudio de la gramática de los idiomas hebreo y griego, y un conocimiento de la lógica y la retórica ayudan al intérprete. Los comentarios y la predicación también ayudan a la comprensión, pero, por supuesto, no pueden considerarse necesarios para la interpretación del texto.[192]

Como la mayoría de los teólogos reformados de su generación y, de hecho, como la mayoría de los reformadores, la afirmación de Rollock de *sola Scriptura* y su asunción de la claridad doctrinal y soteriológica del texto funciona de manera eclesiástica y se ubica en el modelo interpretativo identificado por Oberman como «Tradición I»: *sola Scriptura* de ninguna manera niega la tradición eclesiástica de doctrina y exégesis. De hecho, los comentarios de Rollock sobre las diversas ayudas a la interpretación identifican la tradición como una guía positiva a la par de las otras herramientas hermenéuticas disponibles para el teólogo.

Aquí, nuevamente, podemos notar la continuidad de la discusión entre la Reforma, la ortodoxia temprana y la alta ortodoxia. El punto doctrinal se vuelve, quizás, más estilizado en su formulación, aunque solo sea por razón de repetición, pero sustancialmente sigue siendo el mismo. Pictet resume los puntos que hemos extraído de Whitaker, Rollock y Leigh en un argumento a favor de la claridad del texto, la necesidad de un trabajo exegético concertado para superar las dificultades y la importancia del testimonio tanto de la iglesia predicadora como del comentarista bíblico. No todas las personas, comenta Pictet, encontrarán claro el texto, sino solo aquellos que «están en posesión de su razón e imploran la luz de la gracia

---

[191] Véase más abajo en esta sección.
[192] Rollock, *Treatise of Effectual Calling*, págs. 80-81.

divina, y que no son negligentes ni perezosos, y que no están cegados por opiniones preconcebidas, ni llevados por sus pasiones, ni pervertidos por el pecado voluntario».[193]

4. La claridad de las palabras: la hermenéutica protestante de la «comparación de lugares».

Además de la claridad de la sustancia de las Escrituras, los ortodoxos reformados también argumentan la claridad y pureza de las palabras mismas. Oscuridad relativa u oscuridad *secundum quid* se supera mediante el examen de todo el texto o la comparación de pasajes.

> La Sagrada Escritura es en sí misma muy simple y clara, desprovista de toda ambigüedad y anfibología... no contiene nada dudoso en un lugar que no se exprese en otro... Porque la Palabra del Señor y su Espíritu sean siempre únicos y sinceros; tampoco Dios en cualquier momento habla para atrapar a los hombres con discursos ambiguos y dudosos, como lo hacen los demonios y los sofistas; sino para enseñar a los hombres su santa verdad.[194]

Esta sencillez y claridad de propósito está atestiguada, además, por Cristo, que usó las Escrituras para refutar a Satanás; y también por los apóstoles, sus sucesores y los padres de la iglesia para refutar a los herejes y confirmar la verdad. Contra tal ejemplo, «los adversarios» sostienen que las Escrituras tienen «nariz de cera» y son fuente de herejías.

> Pero estas blasfemias tienen fácil respuesta con lo que ya se ha mostrado. Porque esta ambigüedad y flexibilidad no debe atribuirse a la Escritura, que es dada por Dios por inspiración divina y nos sirve en lugar de la propia voz de Dios; pero debe atribuirse a la ignorancia, la malicia o la impericia de los hombres, que no pueden comprender el sentido simple y verdadero de las Escrituras, o las pervierten maliciosamente y las convierten en un sentido extraño.[195]

Aquí también, como en la polémica contra la capacidad de las Escrituras para «hablar» como juez en una controversia, la polémica romana falla en su propio texto, porque, si las Escrituras son oscuras, entonces «todas las pruebas extraídas de la palabra escrita son igualmente oscuras». y en consecuencia... la religión romana no puede deducirse de las Escrituras, sino mediante conjeturas y suposiciones».[196] Ésta, por supuesto, no es la opinión

---

[193] Pictet, *Theol. chr.*, I, xiii, 3, obs. 4.

[194] Rollock, *Treatise of Effectual Calling*, cap. 11 (pág. 82); Amyraut et al., *Syntagma thesium theologicarum*, I.ix.3.

[195] Rollock, *Treatise of Effectual Calling*, cap. 11 (pág. 83).

[196] Cameron, *Sovereign Iudge*, pág. 16.

de los grandes doctores de la Iglesia Romana, quienes consistentemente declaran que las Escrituras contienen doctrina necesaria y no simplemente probabilidades.

Además, si las Escrituras son ambiguas y están sujetas a varias interpretaciones, ¿cómo puede la Iglesia Romana reclamarlas como norma, como si textos como «Esto es mi cuerpo» respaldaran clara e inequívocamente su doctrina de la transubstanciación? Incluso los maestros de la Iglesia Romana fundamentan las exposiciones doctrinales de las Escrituras en las «circunstancias del texto mismo» o en la comparación de pasajes del texto y «no simplemente en la autoridad de la Iglesia».[197] La práctica romana, por lo tanto, desmiente las afirmaciones romanas, que solo parecen hechas cuando sus propias herejías no pueden extraerse del texto de las Escrituras.

Tampoco tiene ningún peso real la objeción adicional de que las Escrituras son ambiguas debido a «tropos, alegorías, parábolas, palabras de diversos significados, oraciones anfibológicas [y] visiones». Porque se trata de una ambigüedad superficial de palabras y no de una ambigüedad real de sustancia. Estas ambigüedades de palabras se pueden reducir a «cinco puntos principales»:

> en primer lugar, hay palabras simples o comunes de diversas acepciones; en segundo lugar, hay palabras tropológicas o figurativas; en tercer lugar, hay discursos u oraciones enteras que conllevan un significado dudoso; en cuarto lugar, hay discursos alegóricos que consisten en continuidades de tropos; en quinto lugar, también habrá palabras y frases tipológicas sobre tipos y figuras. De todos estos, digo esto en general: que en todos esos lugares el Espíritu Santo tiene un solo sentido y significado simple.[198]

Más específicamente, estos problemas pueden superarse considerando otros pasajes de las Escrituras y el sentido general de las Escrituras (¡*sensus plenior*!), o «mediante la observación de accidentalidad gramatical, acentos, puntos o comas, y cosas por el estilo».[199]

Aun así, Pictet podría argumentar que los escritos del Antiguo Testamento frecuentemente «son menos claros que los del Nuevo, porque estaba nublado con varios tipos, figuras y sombras, pero eran suficientemente claros en su significado (*in rebus*) como para que los patriarcas no los ignoraran».[200] Vale la pena señalar el paralelo entre el argumento de Pictet y el lenguaje de los reformadores y los primeros codificadores del siglo

---

[197] Cameron, *Soveraign Iudge*, pág. 16.
[198] Rollock, *Treatise of Effectual Calling*, cap. 11 (pág. 83); cf. Ames, *Bellarminus enervatus*, I, v, 1.
[199] Rollock, *Treatise of Effectual Calling*, cap. 11 (pág. 84).
[200] Pictet, *Theol. chr.*, I, xiii, 3, obs. 5.

XVI: a modo de ejemplo, Musculus había notado la oscuridad de muchos pasajes del Antiguo Testamento y concluyó que «después de Cristo, la luz había aparecido, había disipado las sombras de las figuras, había cumplido la verdad y había dado una luz tan clara a las Escrituras» que no podía haber duda sobre su significado fundamental.[201]

Así, también, las alegorías y los tipos residen en el texto y tienen un solo significado. La doctrina de la perspicuidad es, pues, fundamentalmente una cuestión teológica y hermenéutica que está ligada a los problemas de la relación de los testamentos, el método de la exégesis, el estudio de las formas retóricas en el texto y los problemas encontrados por lingüistas y críticos de textos de los siglos XVI y XVII. El concepto de perspicuidad, por lo tanto, no está aislado de los otros elementos de la doctrina ortodoxa de las Escrituras o del trabajo de exégesis en curso, y no es un punto doctrinal que deba verse como un ejemplo de formulación «rígida» enseñada frente a problemas teológicos y exegéticos.[202]

Probablemente también sea cierto que la doctrina ortodoxa de la perspicuidad se desarrolló con sensibilidad y como reacción a las dificultades cada vez más obvias que encontró la exégesis teológica en el siglo XVII. Hay menos calificaciones textuales y exegéticas registradas por los pensadores de finales del siglo XVI y principios del XVII que por los escritores de alta ortodoxia. De particular importancia es el mayor peso otorgado a la exégesis, la enseñanza eclesiástica y los comentarios de escritores posteriores, como Pictet, en sus definiciones básicas de perspicuidad:

> Argumentamos a favor de una claridad de las Escrituras que no excluya ni la atención mental ni la asistencia necesaria de Dios (por eso David ora para que sus ojos sean abiertos para comprender las maravillosas verdades de la ley) o las palabras y el ministerio de enseñanza de la iglesia, o la lectura de comentarios. La única oscuridad que explotamos es la que alejaría a la gente de las fuentes puras de las Escrituras y les obligaría a recurrir a las corrientes impuras de la tradición humana.[203]

5. En controversia con los socinianos, Remonstrantes y racionalistas: defendiendo la claridad y eficacia del *principium cognoscendi*.

Estas reflexiones finales sobre la claridad de las Escrituras se relacionan también con la controversia entre los ortodoxos protestantes y sus

---

[201] Musculus, *Loci communes*, XXV (*Commonplaces*, pág. 359, col. 1).

[202] Musculus, *Loci communes*, XXV (*Commonplaces*, pág. 359, col. 1) y ver más abajo, 7.2; 7.3.

[203] Pictet, *Theol. chr.*, I, xiii, 3, obs. 6.

adversarios socinianos y remonstrantes sobre el lugar de la razón entre los *principia theologiae* y dentro de la estructura y método de la hermenéutica bíblica. Este aspecto del debate del siglo XVII, mucho más que el debate con Roma, llevó la suposición reformada de la claridad o perspicuidad de la norma bíblica a la confrontación con los estándares racionalistas de interpretación y la afirmación racionalista de la razón humana como norma última para la teología y filosofía. De hecho, la presión sociniana y remonstrante sobre los estándares de verdad, los artículos fundamentales de la teología y el enfoque racional de la interpretación de los textos fue el precursor de un ataque cartesiano y spinozista aún más radical contra la teología tradicional y sus normas —declarado positivamente por un radical cartesiano como Meijer, negativamente por sus adversarios reformados. El modelo racionalista, siguiendo los pasos de los argumentos remonstrantes y socinianos, no solo defendió el estándar de una verdad clara y distinta de la razón, sino que también negó que cualquier iluminación interior especial distinta a la de la razón fuera necesaria para la identificación de verdad y que la regeneración personal tenía alguna relación con las capacidades interpretativas de cada uno.[204]

Rijssen, en consecuencia, definió el debate con dos preguntas: en primer lugar, «¿Es capaz una persona de entender las Escrituras sin la gracia de Dios?» y, en segundo lugar, «¿Se requiere una especial iluminación del Espíritu y una renovación del corazón para que una persona comprenda correctamente la Sagrada Escritura y, por medio de ella, tenga fe y cumpla la obediencia?»[205] Una vez más indicando las conexiones entre este y otros *loci* en el sistema, Rijssen señala que la respuesta depende —como ya implican las dos preguntas— del tipo de comprensión que se busca. «Una cosa es», argumenta,

> captar el significado de las palabras, algo que el lector atento puede comprender fácilmente en el Decálogo, en las historias y en los Evangelios. Otra cosa es recibir la verdad de una fe histórica, lo cual los no regenerados pueden hacer, como en el caso del rey Agripa, quien creyó a Pablo y a los profetas (Hch. 26:17). Otra cosa es percibir y recibir para uno mismo el bien y la salvación en las Escrituras, y [otra] entrar en la salvación por medio de las Escrituras. Para estas dos últimas cosas se requiere la obra del Espíritu iluminador y regenerador.[206]

Así, se puede afirmar que «sin la obra del Espíritu Santo, una persona no puede comprender correctamente las Escrituras ni sujetarse debidamente

---

[204] See Israel, *Radical Enlightenment*, págs. 204, 206-207.
[205] Rijssen, *Summa theol.*, II, xiv.
[206] Rijssen, *Summa theol.*, II, xiv.

a ellas». Algunos pueden objetar, continúa Rijssen, que los ojos y los oídos no necesitan renovación espiritual, pero éstos, responde, son meros instrumentos de la mente, y la mente misma necesita limpieza. Algunos también pueden objetar que esta enseñanza obstaculiza la promulgación del Evangelio, ya que no se puede esperar que los no regenerados comprendan el texto correctamente cuando se les lee y se les expone. Rijssen responde que «son capaces de comprender porque, antes de que se les anuncie y se les proponga la Escritura, Dios quiere concederles, poderosamente y por este mismo medio, la gracia de la conversión».[207]

Este contexto creyente de regeneración e iluminación era, además, necesario dada la naturaleza misma de las verdades reveladas en la Escritura: las más elevadas y salvíficamente necesarias quedan más allá del alcance de la razón humana. La perspicacia de la prueba implica «no que todas las verdades reveladas en las Escrituras sean tan bajas y comunes en su propia naturaleza como para ser obvias para el entendimiento del hombre: sino que (en cuanto a la manera de expresarlas) están tan establecidas en las Escrituras, como pueden entenderse por y a partir de las Escrituras».[208] El punto es que la Escritura, tomada en su conjunto, es una «Manifestación Perspicua» de la voluntad divina y que el todo aclara la parte. Esta suposición sobre la claridad del todo se opone a las afirmaciones radicales del «Ejercitador belga», el sobrenombre de Wilson para el famoso «L. M.», ¡quien sostiene que ningún lugar en las Escrituras es lo suficientemente claro en sí mismo como para servir como base para exponer cualquier otro lugar! El punto de Meijer era que todas las palabras y frases de las Escrituras contienen ambigüedades y dan lugar a diferentes interpretaciones, haciendo imposible el uso de cualquier texto en el patrón exegético tradicional de argumentación a partir de axiomas o *principia*. La respuesta ortodoxa señala el problema de exagerar tanto la cuestión de la ambigüedad verbal: cuando se hace esto, ninguna palabra humana puede entenderse como clara y verdadera. Si Meijer tenía la intención de afirmar que su propio libro era claro, a pesar del uso de palabras, frases, figuras y tropos, ¡debería tener la «modestia» de permitir la misma virtud a los profetas y apóstoles![209]

El argumento va en contra de su autor, dado que incluso las máximas y principios más claros e infalibles de la filosofía, según su estándar, no serían claros cuando se aplicaran al lenguaje y, como resultado, su propia «interpretación infalible» del texto sería vuelta oscura para los demás. Sus ejemplos, además, demuestran el punto contrario: no es la filosofía o la razón

---

[207] Rijssen, *Summa theol.*, II, xiv, controversia, obj. 2, 3, y resp., citando 2 Ti. 2:25-26.
[208] Wilson, *Scriptures Genuine Interpreter Asserted*, II, iii (pág. 175).
[209] Wilson, *Scriptures Genuine Interpreter Asserted*, II, iii (págs. 179-181).

pura lo que elimina la ambigüedad, sino un enfoque exegético adecuado del texto en vista de su alcance e intención más amplios. De ahí el ejemplo de Jn. 5:39, «escudriñad las Escrituras». El «Ejercitador belga» opina que se trata de un texto poco claro, potencialmente interpretado como un imperativo que exige una búsqueda de las Escrituras o como un indicativo que afirma que las Escrituras son buscadas por personas concretas. Así también, la pregunta de Pilato a Cristo: «¿Qué es la verdad?», podría ser una pregunta directa o un comentario irónico. En estos y otros casos, la Escritura misma es el criterio de interpretación, el texto interpretado en su gramática y contexto, no una filosofía racional impuesta.[210]

Una segunda afirmación del «Ejercitador» es que el estándar para identificar los pasajes claros y distintos, es decir, los pasajes que se utilizarán como índices de interpretación para otros pasajes, no es claro en sí mismo: ¿cómo se identifica un pasaje cuyo significado es evidente por sí mismo? En respuesta, Wilson sostiene que el significado de tales pasajes es claro y evidente para el «lector inteligente» que toma en consideración el significado de las palabras del pasaje en su «conexión con lo que va antes y después».[211] Este enfoque hacia la claridad tampoco se ve socavado por la respuesta de que tal exégesis deja el significado del texto al uso humano común en lugar del texto mismo, reemplazando un uso bíblico incierto por un supuestamente claro *usus loquendi* común —¡una hermenéutica desastrosa, dada la oscuridad e incluso la traición del habla común! La respuesta, nuevamente, regresa a los supuestos normativos de la interpretación bíblica protestante: el uso en un lugar concreto no se basa en un *usus loquendi* humano impuesto al texto desde fuera, sino al lenguaje y al contexto del pasaje tal como se entienden en los patrones más amplios de enseñanza que se encuentran en las Escrituras. Si bien las palabras o frases sacadas de contexto no son claras, se vuelven bastante inteligibles en comparación con usos similares y diferentes en el texto.[212] La cuestión es que existen métodos razonables de interpretación que no implican la imposición de una filosofía racionalista a un texto atomizado. Aun así, la dificultad planteada por la crítica racionalista al intérprete reformado tenía una ventaja que era diferente en implicaciones que la antigua negación romana de la claridad: mientras que el teólogo protestante podía contrarrestar la afirmación romana con las herramientas de la filología y la exégesis literal, la crítica racionalista dio por sentado el uso de tales herramientas como un ejercicio del individuo racional y luego propuso una mayor imposición de la razón para justificar la herramienta en sí. Y serían comprensiones cada vez más

---

[210] Wilson, *Scriptures Genuine Interpreter Asserted*, II, iii (págs. 181-183).

[211] Wilson, *Scriptures Genuine Interpreter Asserted*, II, iv (pág. 185); cf. abajo, 7.4 (B.4).

[212] Wilson, *Scriptures Genuine Interpreter Asserted*, II, iv (págs. 186-188).

racionalistas e historicistas del contexto y el significado las que socavarían la exégesis ortodoxa en la transición del siglo XVIII desde modelos exegéticos precríticos a modelos exegéticos más críticos.

6. Implicaciones doctrinales y prácticas de los diversos «atributos» de las Escrituras.

Estos argumentos doctrinales apuntan una vez más hacia la relación del concepto de claridad de las Escrituras con otros elementos del sistema teológico ortodoxo —en este caso, a la doctrina de la fe y al tema relacionado de la «eficacia de las Escrituras».[213] Palabra y Espíritu están, en la dogmática ortodoxa, como en las enseñanzas de los reformadores, estrechamente unidos, con el resultado de que la claridad de las Escrituras está vinculada a la obra efectiva del Espíritu y de la gracia que es mediada en y a través de la lectura y predicación de la Palabra. La doctrina ortodoxa de la eficacia o eficiencia de las Escrituras bien puede ser el ejemplo más claro en el *locus de Scriptura sacra* del equilibrio e interrelación entre formalismo y dinamismo que es característico de la era «barroca» de la teología protestante. Describir las Escrituras en términos de un conjunto de atributos es quizás el colmo del formalismo; sin embargo, la atribución formal de «eficacia» a las Escrituras representa el intento de los dogmáticos ortodoxos de enunciar doctrinalmente la experiencia dinámica de la Palabra predicada que es tan fundamental para la Reforma y al protestantismo.

En términos que hacen eco de las enseñanzas de Calvino sobre el testimonio del Espíritu, Rollock sostiene:

> Esto decimos también acerca de la Sagrada Escritura, que es la más eficaz, la más vivaz y la más vocal, dando a cada hombre una respuesta de todas las cosas necesarias para la salvación.[214]

La «vida» de las Escrituras, continúa Rollock, no es una «vida carnal» como la de los seres humanos, sino una vida espiritual: aun así, la «voz vivaz» de las Escrituras es «una voz espiritual, que no habla tanto al oído como a la mente del hombre». La forma y el fondo están, en este punto del argumento, más allá de toda controversia: la Escritura es un escrito inspirado que contiene la Palabra de Dios, una Palabra escrita que media la Palabra viva. Ni la iglesia en su conjunto ni sus pastores y maestros pueden ser llamados «la voz de Dios», porque pueden equivocarse, pero las Escrituras son preservadas del error y, por su propio testimonio (Ro. 9:17, 27), son una voz viva y presente que proporciona a la iglesia las verdades necesarias para la salvación. Aun

---

[213] Sobre la relación de la fe con la Escritura y los prolegómenos, ver arriba, 4.4.

[214] Rollock, *Treatise of Effectual Calling*, cap. 12 (pág. 85).

así, Cristo mismo, los apóstoles, la «iglesia primitiva» y los padres dirigen las preguntas relativas a la salvación a las Escrituras.[215] Leigh resume el punto:

> El Espíritu Santo por medio de esta palabra obra poderosamente, cambiando y reformando de tal manera al hombre, que por ello se encuentra transformado y renovado. 1. Domina el alma. 2. Separa el corazón de los deseos y del mundo. 3. Altera y cambia las costumbres de los hombres. 4. Mantiene el corazón bajo la culpa de los pecados, contra todo poder del diablo. Aviva a los apagados, Sal. 119:93, 107; consuela a los débiles, Ro. 15:4; da luz a los simples, Sal. 119:7; convence a los obstinados, 1 Co. 12:3, 14:24; reprende errores, reprende vicios, 2 Ti. 3:16; es un descubridor de pensamientos, 1 Co. 14:24-25; y atemoriza la conciencia, Stg. 4:12.[216]

De manera similar, al final del período de la alta ortodoxia, Mastricht podría argumentar que la autoridad, la verdad, la necesidad, la pureza, la perfección y el carácter normativo o regulador de las Escrituras apuntan, a modo de implicación, hacia la eficacia o el poder de las Escrituras. Relacionando Ro. 1:16 sobre el poder de Dios para salvación con Stg. 1:21 sobre «la palabra implantada, la cual puede salvar vuestras almas», Mastricht puede hablar de la *efficacia scripturae* como un *dynamis* o, refiriéndose a 1 Ts. 2:13, de «la palabra de Dios, la cual actúa (*energeisthai*)». Esta eficacia es un poder de la Palabra y el Espíritu trabajando juntos, no un poder físico sino un «poder moral e instrumental»: *nec in solo sermone esse, sed et in potentia et in Spiritu Sancto* (1 Ts. 1:5), *quatenus Spiritus agit per verbum*.[217] Mastricht concluye con una lista de diez efectos de la Palabra de Dios que vinculan definitivamente su doctrina de la Escritura con su *ordo salutis*:

> (1) penetra directamente al corazón [He. 4:12-13]; y (2) descubre sus misterios y sus secretos a menudo reflexionados [1 Co. 14:23-25]. Tal como lo experimentó la mujer samaritana [Jn. 4:29], (3) influye maravillosamente en las almas de los seres humanos, a veces contendiendo con ellos [Hch. 2:37], a veces aterrorizándolos [Is. 66:2]. (4) Ilumina la mente [Sal. 19:8-9; Hch. 26:17-18], (5) convierte el corazón [Stg. 1:2], (6) enciende la fe [Ro. 10:17; Gá. 3:5], (7) santifica a toda la persona [Jn. 17:17], (8) vigoriza incluso mientras derrota al mundo [1 Jn. 2:14], (9) consuela al creyente [Ro. 15:4; Sal. 119:50, 92] y (10) proporciona salvación eterna [Ro. 1:16; Stg. 1:21].[218]

---

[215] Rollock, *Treatise of Effectual Calling*, cap. 12 (pág. 85-86).

[216] Leigh, *Treatise*, I, ii (pág. 17).

[217] Mastricht, *Theoretico-practica theol.*, I, ii, 21.

[218] Mastricht, *Theoretico-practica theol.*, I, ii, 21.

La Escritura aparece así, en su claridad y eficacia, como el medio presente y necesario para el fin de la fe, la obediencia y la adoración. En las Escrituras, Dios exige nuestra devoción y proporciona la revelación de sí mismo y el poder del Espíritu necesarios para efectuar tanto el modo como la inclinación hacia la devoción. Esta eficacia de las Escrituras está atestiguada por «la franqueza y sinceridad de los hombres-pluma o amanuenses, respetando la gloria de Dios y no la suya propia», quienes en el estilo mismo de sus escritos evidencian la claridad de la Palabra y el poder de Dios obrando en ella.[219]

Estos argumentos relacionados con la claridad, perspicuidad, sencillez y eficacia, tomados en su obvia relación con el lenguaje reformado de un orden de salvación, plantean la cuestión de la predestinación como dogma central, particularmente en vista de la referencia de Leigh a la elección y la reprobación en su discusión del problema de la oscuridad del texto no solo en ciertos lugares sino en general para algunas personas. Vale la pena señalar que, del grupo de sistemas y tratados teológicos examinados en este estudio, el suyo es el único que insiste en los decretos para obtener una respuesta, e incluso Leigh no analiza extensamente los decretos bajo el tema de perspicuidad, ni resalta el punto en sus comentarios sobre la eficacia de las Escrituras. La cuestión abordada por la mayoría de los autores reformados no es la mecánica de la ejecución del decreto sino más bien el poder efectivo de la Palabra: el resultado de este énfasis, como se señala en Rollock y Mastricht en particular, es subrayar el llamado misericordioso de la Palabra en y a través de su lectura y predicación, e incluso dejar al lector con la pregunta de cómo, dada esta confesión de poder, algunos quedan incrédulos. Rollock, Rijssen, Pictet y Mastricht hablan del problema del corazón obstinado más que de una eterna decisión divina de cerrar las Escrituras a ciertas mentes y corazones. En ninguna parte estos sistemas evidencian un interés en centrar esta porción de la doctrina de las Escrituras en torno a una doctrina de los decretos eternos o en derivar su contenido de ella.

Finalmente, necesitamos agregar algunos comentarios sobre la referencia bastante consistente de los teólogos citados al estilo «sencillo» de las Escrituras. Esto no debe tomarse como una referencia al llamado estilo simple de la retórica clásica, un estilo adaptado a argumentos filosóficos sin adornos, pero no a la expresión de asombro, sublimidad, grandeza y características similares de la literatura religiosa. Los reformadores y los ortodoxos utilizan aquí «sencillez» como sinónimo de claridad y perspicuidad; y, de hecho, como ha demostrado Shuger, los escritores de finales del siglo

---

[219] Leigh, *Treatise*, I, ii (pág. 17).

XVI y del XVII tenderían a comprender el estilo retórico tanto de las Escrituras como de la teología como variante del «gran estilo» de la retórica clásica.[220]

5.5 La Escritura como regla de fe y juez de controversias: autoridad canónica o reguladora versus autoridad tradicional

A. La autoridad «canónica» o «reguladora» de las Escrituras en relación con la tradición

1. La autoridad canónica de las Escrituras —desde la autoridad *in se* a la autoridad *quoad nos*.

Volvemos ahora a la distinción señalada anteriormente entre la autoridad divina y reguladora de las Escrituras,[221] retomando la segunda rama de la distinción de Polanus entre la autoridad divina objetiva de las Escrituras y su uso autoritario o regulador, basándose en el atributo de canonicidad: «La autoridad de las Escrituras es doble: divina (*divina*) y canónica o reguladora (*canonica*)».[222] En la discusión anterior, nos ocupamos de la *authoritas scripturae* considerada como autenticidad esencial, poder y dignidad de la Palabra de Dios escrita que deriva de Dios, el *author primarius* de la Escritura. Esta discusión fue elaborada por los ortodoxos en términos de las causas y fines de las Escrituras y la *forma* inspirada de los materiales bíblicos. Estas doctrinas y definiciones, a su vez, proporcionan la base para una definición de la autoridad de las Escrituras *quoad nos*, respecto de nosotros, es decir, la autoridad de la Escritura considerada como una propiedad de la Palabra escrita según la cual la Palabra tiene una función canónica, normativa o reguladora en todos los debates sobre la doctrina cristiana, específicamente para contrarrestar el modelo de la «Tradición II» del Concilio de Trento y la posterior polémica de Bellarmine.[223] Esta autoridad de las Escrituras *quoad nos* es la cuestión central de la doctrina protestante ortodoxa de las Escrituras: tanto los reformadores como los ortodoxos la basan en la naturaleza de las Escrituras como Palabra de Dios inspirada y viva, pero también es, muy claramente, la razón del énfasis puesto en estas definiciones anteriores y la razón de la discusión de los

---

[220] Cf. Debora K. Shuger, *Sacred Rhetoric: The Christian Grand Style in the English Renaissance* (Princeton: Princeton University Press, 1988).

[221] Ver arriba, 4.3 (B.1).

[222] Polanus, *Syntagma, Synopsis Libri I*; cf. Hommius, *LXX Disputationes*, II, iii.

[223] Hommius, *LXX Disputationes*, II, iii-iv; Pierre Du Moulin, *A Defense of the Catholike Faith: Contained in the Booke of the Most Mightie, and Most Gracious King James the first … against the Answere of N. Cosseteau* (London: W. Stansby, 1610), II, iv (págs. 144-145); cf. Rohnert, *Die Inspiration der heiligen Schrift*, págs. 122-123.

atributos o propiedades de las Escrituras que se encuentran en la mayoría de los sistemas teológicos protestantes ortodoxos.[224]

La Reforma misma estaba arraigada en la cuestión de la autoridad, a la que respondió con el lenguaje de *sola Scriptura* y de la prioridad de las Escrituras como norma suprema de doctrina sobre todos los demás fundamentos de autoridad. La doctrina ortodoxa protestante de las Escrituras es una codificación de esta respuesta, y el enfoque de toda la exposición doctrinal es claramente el carácter de las Escrituras como regla o norma y la forma en que las Escrituras deben considerarse anteriores a la iglesia y sus tradiciones. Esta cuestión es la razón subyacente de la forma adoptada por la doctrina protestante de las Escrituras en su desarrollo desde la Reforma hasta la era de la ortodoxia. Hay cierta ironía, por lo tanto, en el hecho de que esta elaborada doctrina, con su énfasis teológico y hermenéutico en el texto y la exégesis, pudiera servir tan bien contra las exigencias de la autoridad eclesiástica en el siglo XVI y principios del XVII —y luego obtener tan malos resultados contra las pretensiones de la razón y del exégeta autónomo avanzaron a finales de los siglos XVII y XVIII. El gran escudo del protestantismo contra el papado se convertiría en última instancia en un lastre en la guerra contra el racionalismo.

2. Tradición y opinión: Calvino y Daillé sobre la autoridad de los padres.

Los reformadores y los ortodoxos protestantes mantuvieron la tradición en relativamente alta estima y continuaron citando a los concilios de los primeros cinco siglos y a los padres de la iglesia en general como autoridades en asuntos doctrinales —aquí consideramos a Calvino como representante de la Reforma y a Daillé como exponente de la posición ortodoxa tardía. Como ha argumentado Lane, Calvino entendió a los padres de la iglesia como «autoridades menores», subordinados a la autoridad de las Escrituras, pero capaces de ser utilizados de acuerdo con «el patrón establecido de la teología medieval» en defensa o justificación de un punto teológico.[225] En la carta a Francisco I que precede los *Institutos*, Calvino comentó contra los oponentes romanos de la Reforma que

> es una calumnia presentarnos frente a los Padres, me refiero a los escritores antiguos de una época más pura, como si los Padres fueran partidarios de su impiedad. Si la contienda fuera decidida

---

[224] Amyraut et al., *Syntagma thesium theologicarum*, I, x, 4, 7-8.

[225] A. N. S. Lane, *John Calvin: Student of the Church Fathers* (Grand Rapids: Baker Books, 1999), pág. 29; véase también Johannes van Oort, "John Calvin and the Church Fathers," en Backus (ed.), *The Reception of the Church Fathers in the West*, II, págs. 661-700.

por dicha autoridad (para hablar en los términos más moderados), la mayor parte de la victoria sería nuestra.²²⁶

Calvino asumió la catolicidad de la Reforma y, en consecuencia, la continuidad de la Reforma con las verdades cristianas enseñadas por los padres de la iglesia —y asumió, también, que las enseñanzas de los padres sobre temas como la presencia de Cristo en la Cena del Señor, la recepción de la Cena del Señor en ambas clases, la iconografía, el ayuno, el matrimonio clerical y la salvación solo por gracia estaban en contra de las prácticas contemporáneas de Roma. Aun así, los padres no pueden ser una norma final puesta a la par de las Escrituras, ya que a menudo no están de acuerdo con las enseñanzas bíblicas básicas y entre sí.²²⁷

Prácticamente los mismos sentimientos, aunque con mayor extensión, fueron expresados por el teólogo ortodoxo del siglo XVII Jean Daillé en su *De usu patrum* (1636). Daillé sostenía que la única diferencia entre las iglesias protestantes y la Iglesia de Roma se debía a una serie de supuestos artículos fundamentales de la fe no extraídos de las Escrituras: «la única parte [es decir, Roma] que pretende haber sido creída y recibida por la Iglesia de Cristo en todas las épocas según lo revelado por él: y los otros [es decir, las iglesias protestantes] sostienen lo contrario». Dada la ausencia de cualquier testimonio de tales artículos de fe en las Escrituras, los defensores de la Iglesia Romana «recurren a los escritos de los doctores de la Iglesia, que vivieron dentro de los primeros cuatro o cinco siglos después de los Apóstoles, a quienes comúnmente se les llama los Padres».²²⁸ Después de identificar los artículos fundamentales como las doctrinas básicas de los credos más el reconocimiento del Antiguo y del Nuevo Testamento como inspirados por el Espíritu Santo y como única norma final para la fe, Daillé continúa afirmando que ésta es «la sustancia de toda la creencia protestante» y que «si todos los demás cristianos se contentaran con éstas, nunca habría ningún cisma en la iglesia».²²⁹

Daillé comienza su argumento con una breve referencia al polémico ataque de la Iglesia Romana a la autoridad exclusiva de las Escrituras: si los estándares aplicados a las Escrituras por los polemistas romanos se

---

²²⁶ Calvino, *Institutos*, discurso preliminar, §4.

²²⁷ Calvino, *Institutos*, discurso preliminar, §4.

²²⁸ Siguiendo la traducción, Jean Daillé, *A Treatise of the Right Use of the Fathers in the Decision of Controversies Existing at This Day in Religion*, trad. T. Smith, editado, con prefacio de G. Jekyll, segunda edición (London: Henry Bohn, 1843), pág. xviii. También tenga en cuenta E. P. Meijering, "The Fathers in Calvinist Orthodoxy: Systematic Theology," en Irena Backus (ed.), *Reception of the Church Fathers in the West*, 2 vols. (Leiden: E. J. Brill, 1997), II, págs. 867-888; e Irena Backus, "The Fathers in Calvinist Orthodoxy: Patristic Scholarship," en ibid., II, págs. 839-866.

²²⁹ Daillé, *Treatise of the Right Use of the Fathers*, pág. xvii. Cf. *DRPR*, I, 9.2 (A.2), para una discusión de las opiniones de Daillé sobre los «artículos fundamentales».

aplicaran a los padres, declara Daillé, «sería muy fácil cuestionar, y hacer muy dudosos y sospechosos todos los escritos de los Padres».[230] Por lo tanto, la mayor parte del esfuerzo de Daillé se enmarca en dos puntos polémicos, los cuales necesitarán ser confirmados por la Iglesia de Roma si se quiere fundamentar su pretensión de una tradición patrística normativa. En primer lugar, señala que, para que los testimonios de los padres sirvan de «fundamento para ciertos artículos de fe», estos testimonios deben ser pronunciados con claridad y no estar sujetos a dudas, «de tal manera que no podemos razonablemente tener escrúpulos, ni como respecto del autor, de quien se alegan; o al sentido del lugar, ya sea que signifique lo que se pretende».[231] La verdad del testimonio de los padres está mucho menos atestiguada directamente que la de las Escrituras, argumenta, y además, sus declaraciones no son tan claras.[232]

En segundo lugar, está la cuestión de la autoridad de los propios padres: para que sus testimonios tengan la autoridad requerida, «necesariamente debemos» poder «atribuir a sus personas una autoridad muy grande... tal que pueda obligarnos a seguir su juicio en cuestiones de religión».[233] Sin embargo, como sostiene detalladamente Daillé, dado el carácter y la procedencia de los documentos conservados, es mucho más difícil fundamentar la autoría de escritos patrísticos individuales que sostener la afirmación de que los apóstoles escribieron el Nuevo Testamento. El problema es más intenso con respecto a los primeros padres: dado que el «cenit y la perfección» del cristianismo se produjeron en la época de los apóstoles, sería razonable suponer que los escritos patrísticos «más puros» y más autorizados, los menos «sujetos a sospecha de corrupción», ya sea en doctrina o en cuestiones de disciplina cristiana, serían aquellos más cercanos en el tiempo a los apóstoles y esa corrupción se habría ido infiltrando gradualmente, aunque Daillé comenta, el testimonio de Hegesipo, citado en el libro *Ecclesiastical History* de Eusebio, indica los inicios de la corrupción en la doctrina casi inmediatamente después de los apóstoles. Sin embargo, es un hecho que los restos de los tres primeros siglos son bastante escasos, con el resultado de que la Iglesia Romana tendrá que reclamar como su mejor autoridad patrística aquella época que tiene la documentación menos clara. Como se ve en los catálogos de autores y obras proporcionados por Eusebio y Jerónimo, la mayor parte de esta literatura cristiana primitiva se ha perdido y, lo que es aún más problemático para la causa romana, es el

---

[230] Daillé, *Treatise of the Right Use of the Fathers*, I, i (pág. 1).

[231] Daillé, *Treatise of the Right Use of the Fathers*, pref. (pág. xix).

[232] Daillé, *Treatise of the Right Use of the Fathers*, I, i (pág. 2).

[233] Daillé, *Treatise of the Right Use of the Fathers*, pref. (pág. xix).

hecho de que numerosos escritos patrísticos que han llegado hasta nosotros de hecho son espurios, mientras que el texto de las obras genuinas a menudo está corrupto.[234] El intento de algunos escritores católicos romanos de argumentar la preferencia de materiales patrísticos posteriores es poco más que una admisión de que hay «muy pocos escritos de los Padres de los primeros tres siglos del cristianismo para decidir nuestras diferencias».[235]

En cuanto a las enseñanzas de los documentos supervivientes, también queda claro, incluso en algunos casos por el testimonio de los propios padres, que no siempre sostuvieron las mismas doctrinas, sino que a menudo cambiaron de opinión: a diferencia de las Escrituras, los padres no «recibieron el conocimiento de las cosas Divinas por una inspiración extraordinaria». Así, a modo de ejemplo, Agustín en su vejez escribió sus *Retractiones*, en las que valoró y corrigió sus trabajos anteriores; y Jerónimo registró cómo Orígenes, en una carta escrita hacia el final de su vida, «se había arrepentido de muchas de las cosas que había enseñado o escrito». Vicente de Lerins, cuyo estándar de catolicidad y ortodoxia es tan a menudo defendido por Roma, ¡no afirmó que las declaraciones de opiniones variables entre los padres fueran normativas! Daillé también señala que estas consideraciones sobre los problemas de autoridad en la tradición patrística atrapan a los polemistas romanos del siglo XVII en contradicción: el cardenal Perron, que asume la autoridad de la tradición, primero justifica el canon tridentino de la Escritura con referencia al Tercer Concilio de Cartago y luego afirma que las dudas de Jerónimo sobre la canonicidad de los Macabeos deben entenderse como una opinión inmadura por parte de Jerónimo. Las alteraciones de opinión encontradas en los padres prueban así su inutilidad como norma última de la fe.[236] También es bastante fácil documentar que los padres a menudo se equivocan, no están de acuerdo entre sí, citan mal las Escrituras y cometen errores de hecho.[237] Finalmente, la práctica romana refuta la enseñanza romana: porque la enseñanza romana de que los padres tienen autoridad para establecer las enseñanzas necesarias de la iglesia es constantemente dejada de lado por los polemistas y teólogos romanos que no están de acuerdo con los padres y reconocen errores en los padres. El propio Concilio de Trento anatematiza varias enseñanzas que sostenían los padres, como la exclusión del Concilio de Laodicea de varios apócrifos del canon, la suposición de Ambrosio y Crisóstomo de que la Virgen María fue concebida en pecado original, el quiliasmo de numerosos

---

[234] Daillé, *Treatise of the Right Use of the Fathers*, I, i (págs. 2-5).

[235] Daillé, *Treatise of the Right Use of the Fathers*, I, i (pág. 4).

[236] Daillé, *Treatise of the Right Use of the Fathers*, I, vii (págs. 119-21).

[237] Daillé, *Treatise of the Right Use of the Fathers*, II, iv-v; cf. Du Moulin, *Defense*, II, ii-iii (págs. 134-139).

de los primeros padres, y la suposición de todos los antiguos concilios ecuménicos de que el Papa era simplemente un obispo entre otros.[238]

Daillé concluye que es la iglesia protestante, no la Iglesia de Roma, la que entiende correctamente y utiliza consistentemente las enseñanzas de los padres. Los protestantes consideran que solo las Escrituras son la norma de fe, pero aun así conceden un uso ciertamente bueno e incluso necesario a los escritos de los padres. Primero, los padres documentan la «decadencia» gradual de la iglesia en sus primeros cinco siglos y por lo tanto identifican las Escrituras como la norma suprema de fe. En segundo lugar, una lectura cuidadosa de los padres manifiesta la ausencia de muchas enseñanzas consideradas normativas por la Iglesia de Roma en los artículos de fe sostenidos por la iglesia primitiva y, a lo sumo, «pequeños hilos y cadenas-raíz» entre las enseñanzas de los padres que luego fueron torcidas y convertidas en doctrinas por Roma. Por ejemplo, la transubstanciación nunca fue un artículo de fe en la iglesia primitiva, aunque los padres a veces hacen declaraciones «a partir de las cuales... finalmente se inventó la transustanciación». De manera similar, la «supremacía del Papa» nunca fue un artículo de creencia en la iglesia primitiva, pero las declaraciones de los padres se han utilizado para construir la doctrina.[239] En tercer lugar, si es necesario, se puede citar a los padres por ofrecer un testimonio bastante consistente de la aceptación por parte de la iglesia de los «artículos positivos de la fe» recibidos por todos, a saber, «que hay un Dios, un Cristo, como salvación, un sacramento de bautismo, sacramento de la Eucaristía y verdades similares».[240]

B. Los reformadores y las confesiones reformadas sobre la autoridad de las Escrituras y la Tradición

1. Escritura y tradición: problema medieval y respuesta de la Reforma temprana.

Los argumentos fuertemente redactados de los teólogos protestantes tanto de la Reforma como de la era ortodoxa contra la idea de una autoridad coigual entre las Escrituras, la tradición y la iglesia, típicamente resumidos en la frase *sola Scriptura*, nunca deben tomarse como una condena de la tradición o una denigración de la autoridad de la iglesia como comunidad

---

[238] Daillé, *Treatise of the Right Use of the Fathers*, II, vi.

[239] Daillé, *Treatise of the Right Use of the Fathers*, II, vi (págs. 296-297); cf. Du Moulin, *Defense*, II, iii (págs. 140-142).

[240] Daillé, *Treatise of the Right Use of the Fathers*, II, vi (pág. 297).

confesante de creyentes. La Reforma tomó como punto de partida el debate medieval tardío sobre la relación de las Escrituras con la tradición y asumió que la tradición era una norma subordinada bajo la autoridad de las Escrituras y que derivaba su autoridad de las Escrituras. Esta asunción del valor fundamental y la rectitud de la fe de la iglesia en la medida en que estaba genuinamente basada en la Palabra bíblica dio lugar en la mente protestante tanto para el uso de la tradición como para el uso eclesial de confesiones y catecismos como normas de creencia.

Lo que ya hemos señalado de la doctrina de las Escrituras es igualmente válido para la doctrina de la tradición: existió en un estado parcial o casi completamente formulado dentro del cuerpo de la doctrina cristiana durante la Edad Media, pero no fue elaborada como un *locus* dogmático independiente hasta el siglo XVI. Así como la Reforma presionó a los protestantes hacia la declaración formal de una doctrina de las Escrituras, la Reforma presionó a los católicos romanos para que definieran más estrechamente sus propios principios fundacionales y, en la época del Concilio de Trento, para producir el primer tratado dogmático formal sobre la tradición, como probablemente el *De divinis, apostolicis atque ecclesiasticis tradicionalibus* (Colonia, 1549) de Martín Pérez de Ayala.[241] Como señala Congar, en referencia al proyecto *Examination of the Council of Trent* y *Loci theologici* de Chemnitz, los protestantes reconocieron una variedad de formas de tradición y reconocieron su valor en la instrucción cristiana.

> No se niega el *principio* de tradición, pero sí sus *aplicaciones* están rigurosamente sometidas al criterio soberano de la Escritura, tomada tanto en su aspecto material (el contenido) como en su aspecto formal. Una puerta permaneció abierta, o al menos entreabierta. Así permaneció incluso después del decreto tridentino, pero en una atmósfera cada vez más incómoda.[242]

Así, la transmisión por parte de la iglesia del mensaje de Cristo y los apóstoles y de las Escrituras en general, los credos antiguos, el desarrollo de dogmas a partir de las Escrituras, el consenso de los padres y las prácticas y ritos de la Iglesia primitiva fueron todos reconocidos como precedentes significativos para la enseñanza contemporánea.[243] Donde divergieron los puntos de vista protestantes y católicos romanos, particularmente después de Trento, fue en la identificación por parte del concilio de la tradición

---

[241] Cf. Congar, *Tradition and Traditions*, pág. 296, con Tavard, "Tradition in Early Post-Tridentine Theology," pág. 391.

[242] Congar, *Tradition and Traditions*, pág. 145.

[243] Cf. Musculus, *Loci communes*, xxv; Bullinger, *Decades*, págs. 12-35; con A. N. S. Lane, "Scripture, Tradition and Church: An Historical Survey," en *Vox*

como «un principio formal diferente de las Escrituras, si no autónomo»,[244] y la creciente sensibilidad de los protestantes de que los padres, lejos de ofrecer un consenso, frecuentemente habían estado en desacuerdo entre sí.

Pero el debate no fue, como lo caracteriza Congar, «entre los protestantes y los defensores de la antigua fe».[245] Tampoco podemos seguirlo en su adaptación de la tesis de Lortz: «los reformadores fueron sin duda víctimas de la mala formulación de la cuestión que prevaleció en los siglos XIV y XV, fruto en sí mismo de la exageración excesiva de la maquinaria eclesiástica y especialmente de la autoridad papal».[246] Más bien, el debate fue entre dos puntos de vista medievales tardíos sobre la relación entre las Escrituras y la tradición que, en la era de la Reforma, se asociaron tan estrictamente con el protestantismo, por un lado, y el catolicismo romano, por el otro, que ya no podían existir dentro del mismo cuerpo eclesial y confesional.[247] Para decirlo de otra manera: el debate fue entre dos grupos, ambos nutridos dentro de la iglesia católica medieval, sobre la cuestión de qué grupo y, de hecho, qué visión de la relación entre las Escrituras y la tradición, representaba la «fe antigua» y era, por tanto, verdaderamente católica. A medida que la Reforma pasó a la era de la ortodoxia confesional, la recepción positiva de la tradición por parte de los protestantes (señalada por Congar en el caso de Chemnitz, pero fácilmente documentada por muchos otros escritores) se convirtió cada vez más en la marca registrada de una teología protestante que reivindicaba la catolicidad para sí misma.[248]

Desde el comienzo mismo de la Reforma, el debate sobre la autoridad buscó precedentes en la historia temprana de la iglesia y el comentario de Agustín de que «no habría creído en el evangelio» si no hubiera sido movido por «la autoridad de la iglesia católica» se convirtió, como lo fue a finales de la Edad Media, en un foco de debate. La cita aparece, por ejemplo, en *An Answer to Sir Thomas More's Dialogue* (1530) de Tyndale, donde él intenta revertir el reclamo de una autoridad anterior de la iglesia argumentando que sus adversarios «abusan de las palabras de ese santo varón» de la misma

---

Evangelica, 9 (1975), págs. 37-55; y J. F. Peter, "The Place of Tradition in Reformed Theology," en *Scottish Journal of Theology*, 18 (1965), págs. 294-307.

[244] Congar, *Tradition and Traditions*, pág. 145.

[245] Congar, *Tradition and Traditions*, pág. 139; cf. J. N. Bakhuizen Van Den Brink, "La tradition dans l'Église primitive et au XVIe siècle," en *Revue d'histoire et de philosophie religieuses*, 36 (1956), págs. 271-281, que entiende que los reformadores regresaron a una visión de la tradición más parecida a la de la iglesia primitiva que a la visión tridentina.

[246] Congar, *Tradition and Traditions*, pág. 146.

[247] Cf. Oberman, *Harvest*, págs. 365-412, con E. Flesseman-van Leer, "The Controversy about Scripture and Tradition between Thomas More and William Tyndale," en *Nederlands Archief voor Kerkgeschiedenis*, 43 (1959), págs. 143-164; y con Lane, "Scripture, Tradition and Church: An Historical Survey," págs. 42-45.

[248] Véase Muller, *After Calvin*, págs. 125-126, 141-142, 144-145.

manera que abusan y distorsionan el significado de las Escrituras mismas.[249] Antes de convertirse al cristianismo, Agustín «era un hombre pagano... lleno de sabiduría mundana, para quien la predicación de Cristo era una locura», pero lo conmovió «el vivir diligentemente de los cristianos... y lo conmovió... a creer que no era doctrina vana; pero que debe ser necesariamente de Dios, ya que tenía tal poder en él».[250] Agustín se sintió impulsado, por tanto, no por una autoridad doctrinal previa de la iglesia, sino por el ejemplo de los cristianos, a examinar sus enseñanzas y especialmente sus Escrituras con la debida seriedad.

El argumento de Tyndale, a pesar de su tosca elocuencia vernácula inglesa, no era nuevo: ya lo hemos encontrado en el debate medieval tardío sobre las Escrituras y la tradición, en la respuesta de Gansfort a Hoeck. Tyndale también se hace eco de la interpretación que hace Lutero de la famosa máxima de Agustín en el tratado: *A Reply to the Texts Cited in Defense of the Doctrines of Men* (1522), en la medida en que Lutero entendió la *catholicae ecclesiae* de la original, no como iglesia institucional, sino como «cristiandad» (*Christenheyt*) y la *auctoritas* como una «prueba externa de fe, mediante la cual los herejes son refutados y los débiles son fortalecidos en la fe» y no como un fundamento *a priori* para creer.[251] La base fundamental de la creencia en las Escrituras es simplemente el hecho de que las Escrituras son «la palabra de Dios» y que el creyente, reconociendo esta verdad interiormente «está convencido en su corazón de que es verdad».[252]

El testimonio de la iglesia, según Tyndale, funciona de manera diferente al testimonio de las Escrituras. Es muy cierto que «los que vienen después reciben la Escritura de los que van delante», pero otra cosa es afirmar que la razón principal para aceptar las Escrituras como la Palabra de Dios es el testimonio de la iglesia. «Hay», argumenta Tyndale,

> dos tipos de fe, una fe histórica y una fe sentida. La fe histórica depende de la verdad y honestidad del narrador, o de la fama común y el consentimiento de muchos... Así que ahora, con una fe histórica, puedo creer que las Escrituras son de Dios, por la enseñanza de ellos; y así debería haberlo hecho, aunque me hubieran dicho que Robin Hood había sido la Escritura de Dios: cuya fe no es más que una opinión, y por lo tanto permanece infructuosa... Pero de una fe sentida está escrito (Jn. 6:45), «Y serán todos enseñados por Dios». Es decir, Dios lo escribirá en sus corazones con su Espíritu

---

[249] Tyndale, *Answer to More*, págs. 49-50.
[250] Tyndale, *Answer to More*, pág. 50.
[251] *WA*, 10.89; trs. in *LW*, 35, págs. 150-151.
[252] *LW*, 35, pág. 151.

Santo... Y esta fe no es opinión; sino un sentimiento seguro y, por tanto, fructífero. Ni depende de la honestidad del predicador, sino del poder de Dios.[253]

Tyndale, obviamente, no descarta por completo ni el testimonio de la iglesia ni la «honestidad del predicador», y probablemente no sería contrario a la idea de una tradición de interpretación, siempre que se reconozca a las Escrituras como la única norma autoritativa de doctrina. Su polémica no es contra el testimonio *per se* sino contra el testimonio eclesiástico elevado por encima del nivel de opinión y utilizado como fundamento de algo más que *fides historica*. Esta interpretación de las palabras de Agustín es un enfoque típico de las enseñanzas del reformador sobre la autoridad de las Escrituras y de las enseñanzas de los ortodoxos posteriores a la Reforma. El argumento se repite generación tras generación de escritores protestantes, y suena tan típicamente protestante que con demasiada facilidad pasamos por alto el hecho de que es una prueba de continuidad con el pensamiento de la Baja Edad Media.

2. La perspectiva de las confesiones reformadas.

Los primeros fundamentos confesionales reformados de la ortodoxia reformada habían dejado clara la prioridad de la Palabra sobre la autoridad de sus destinatarios. Al principio de la Reforma, las confesiones y tesis de la reforma zwingliana en la Suiza de habla alemana habían enfatizado el carácter vivo y dador de vida de la Palabra, la prioridad de la Palabra sobre el texto y la prioridad de la Palabra tal como se presenta en y por el texto sobre todo ser humano, incluidas todas las autoridades eclesiásticas.[254] La Primera Confesión Helvética (1536) identifica las Escrituras como la única norma última para la enseñanza cristiana, pero indica también, con profundo respeto por la tradición de la iglesia, que «donde los santos padres y los primeros maestros, que explicaron y expusieron claramente las Escrituras, no se han apartado de esta regla, deseamos reconocerlos y tenerlos no solo como intérpretes, sino como instrumentos elegidos a través de los cuales Dios ha hablado y obrado».[255] La Confesión Galicana identifica específicamente los libros del Antiguo y del Nuevo Testamento (sin los apócrifos) como «canónicos y la regla más segura de nuestra fe» y al mismo tiempo los distingue de los «libros eclesiásticos» que pueden ser «útiles», sin embargo, no pueden ser determinante de los artículos de la fe.[256]

---

[253] Tyndale, *Answer to More*, págs. 50-51.
[254] Cf. Zwingli, *Articuli sive conclusiones LXVII*, 1, 11, 13; *Theses Bernenses*, I; y ver arriba, 2.1 (B.2).
[255] Primera Confesión Helvética, ii, iii (en Schaff, *Creeds*, III, págs. 211-212, German text).
[256] Confesión Galicana, IV.

En la Segunda Confesión Helvética se puede ver una declaración normativa de la perspectiva reformada, claramente en continuidad con el enfoque de la «Tradición I» de la Baja Edad Media:

> no despreciamos las interpretaciones de los santos padres griegos y latinos, ni rechazamos sus disputas y tratados en la medida en que concuerden con las Escrituras; pero discrepamos modestamente de ellos cuando se descubre que establecen cosas que difieren o son totalmente contrarias a las Escrituras. Tampoco pensamos que les hagamos ningún mal en este asunto; ya que todos ellos, de común acuerdo, no harán coincidir sus escritos con las Escrituras canónicas…Y en el mismo orden colocamos los decretos y cánones de los concilios.[257]

El debate fue central para la vida de la Reforma y rápidamente se volvió central no solo para las confesiones de la iglesia reformada sino también para los sistemas doctrinales de la primera generación de codificadores: Bullinger, Calvino, Musculus y Vermigli.

3. Musculus y Vermigli sobre Escritura y tradición.

Aun así, la doctrina reformada de la autoridad de las Escrituras alcanzó una codificación bastante completa en la generación de Calvino, Hyperius, Musculus y Vermigli y, por tanto, en los resúmenes teológicos escritos, en su mayor parte, entre 1550 y 1564. Es significativo que ésta sea también la época del Concilio de Trento. Los *Loci communes* de Musculus ofrecen una discusión particularmente completa y desarrollada que aborda el tema tanto formal y funcionalmente, tocando primero «la autoridad y excelencia de las Escrituras canónicas» y luego «la necesidad y uso» de esa autoridad.[258] No se puede negar, escribe Musculus, «que aquellos que ignoran las cosas piadosas» necesitan ser «instruidos en el conocimiento de Dios para su salvación». Sin embargo, admitiendo su condición, pueden resistirse o no dejarse convencer. De este modo,

> la necesidad requiere que primero sean movidos por alguna autoridad a someterse a la enseñanza (*doctrina*), cuyo espíritu y comprensión no pueden captar inmediatamente hasta que sus facultades estén preparadas para comprender las cosas en las que deben ser instruidos. Por lo tanto, la autoridad debe verse como la puerta por la que todos deben pasar para alcanzar el conocimiento de aquellas cosas que deben aprenderse.[259]

---

[257] Segunda Confesión Helvética, II, ii.

[258] Para una discusión de la enseñanza casi idéntica de Calvino, ver arriba, 2.1 (A.2).

[259] Musculus, *Loci communes*, xxv (*Commonplaces*, pág. 354, col. 2).

El punto de Musculus es que no se puede obtener conocimiento a menos que uno primero acepte la validez de ciertas verdades y, de hecho, de ciertas fuentes de verdad, con autoridad. Siendo este el caso, es aún más importante que los académicos tengan cuidado con la «falsa autoridad». Por esta razón, «los primeros gobernantes de la iglesia de Dios» dieron la máxima autoridad a las Escrituras, para que pudieran guiar las mentes de los fieles como una «regla» que los preservara del error.[260]

Debe hacerse una distinción preliminar entre «dos tipos de autoridades», las primeras «eternas y supremas», las segundas «temporales y menores». Solo la autoridad de Dios es eterna y suprema, mientras que las autoridades menores y temporales válidas son aquellas que han sido designadas por Dios, como los derechos de los padres sobre los hijos, de los magistrados sobre los ciudadanos, de los predicadores sobre las congregaciones. Estas autoridades inferiores son derivadas y deben mirar a Dios en todas las cosas como su fuente y sanción. Las autoridades inferiores también están obligadas a indicar en todas sus acciones su fundamento divino «a fin de que la autoridad de Dios permanezca inmaculada siempre y en todo lugar».[261] Observando que pasa por alto hasta un punto posterior el carácter y las formas de la dispensación de la autoridad temporal, la palabra y la obra, Musculus aborda estas categorías en Dios y la obra de Dios:

> Debemos considerar esa autoridad superior y eterna atribuida a Dios y solo a Dios, no con respecto a su manifestación en hechos sino con respecto a su dispensación en la palabra de nuestra salvación. Porque, así como se atribuye tanta autoridad a sus hechos... así también es apropiado que reconozcamos la firme autoridad de sus palabras, incluso cuando la sabiduría y la verdad de ellas no se comprenden de inmediato.[262]

Las Escrituras tienen esta autoridad superior y eterna en la medida en que «no fueron creadas por voluntad y sabiduría humanas, sino que fueron dadas por Dios para nuestra salvación y no contienen palabra de hombres sino de Dios».[263] La relación entre este punto y la doctrina protestante de la inspiración debería ser obvia: solo sobre la base de una fuerte doctrina de la inspiración se puede oponer la autoridad divina de las Escrituras a la autoridad humana de la iglesia y la tradición. El Espíritu Santo obró para comunicar y enseñar esta sabiduría celestial y para llevar a una vida piadosa a aquellos «hombres en quienes presentó [esta sabiduría] como intérpretes de los oráculos de Dios». De esta relación del Espíritu con la

---

[260] Musculus, *Loci communes*, xxv (*Commonplaces*, pág. 355, col. 1).

[261] Musculus, *Loci communes*, xxv.

[262] Musculus, *Loci communes*, I, xxv (*Commonplaces*, pág. 356, col. 1).

[263] Musculus, *Loci communes*, xxv (*Commonplaces*, pág. 356, col. 1).

Palabra escrita, parece que las «Sagradas Escrituras son de Dios y tienen autoridad suficiente en la iglesia de Dios». Aun así, los apóstoles Pedro y Pablo han escrito que las Escrituras son «inspiradas por Dios» o, como Cristo mismo dijo a sus discípulos, «no sois vosotros los que habláis, sino el Espíritu de vuestro Padre que habla a través de vosotros» (Mt. 10:20). Así también los profetas anuncian la Palabra de Dios y testifican que las palabras no son suyas sino la Palabra del Señor que habla en ellos. Así, los apóstoles y todos los que oyeron sus palabras,

> Creía que Dios es el autor de la Sagrada Escritura, que la Escritura viene por inspiración del Espíritu Santo, que supera la sabiduría del mundo, que excede la capacidad de la razón humana y que contiene una enseñanza perfecta.[264]

En su propia época, continúa Musculus, «han surgido dudas en la iglesia de Cristo sobre muchos asuntos» y es necesario un canon o regla de fe clara. A modo de ejemplo, señala que algunos defienden la autoridad de «la sede de Roma», mientras que otros argumentan la rectitud de las ideas «extraídas de la filosofía de Platón y Aristóteles». Sin embargo, aquellos cuya preocupación es la salvación de los fieles voluntariamente dejan de lado estas otras normas y, de hecho, su propia prerrogativa de actuar como autoridades y, siguiendo el consejo del Espíritu y el ejemplo de la iglesia primitiva, miran hacia la «regla de la Sagrada Escritura».[265] De hecho, añade Musculus, los escritos de los padres no añaden nada a la Palabra bíblica y deben seguirse solo en la medida en que concuerden con el canon de las Escrituras.[266]

Musculus encuentra a continuación el argumento de que, dado que la iglesia de los apóstoles precede a la escritura de las Escrituras, la autoridad de las Escrituras depende de la iglesia. El propio Cristo, señala Musculus, nunca discutió de esta manera sobre la autoridad del Antiguo Testamento, y bien podría haberlo hecho, ya que el pueblo de Dios existía mucho antes de que Moisés escribiera los libros de la ley. Todo lo contrario, sostiene Musculus,

> En la iglesia de Cristo la cuestión no es la antigüedad sino la verdad de la doctrina: la autoridad de la doctrina cristiana no surge por una gran antigüedad sino por su verdad esencial y por su fuente en Dios.[267]

Si esto no fuera así, tendríamos que seguir a los judíos al preferir el Antiguo Testamento al Nuevo, por motivos de antigüedad. Si bien es cierto

---

[264] Musculus, *Loci communes*, I, xxv (*Commonplaces*, pág. 357, col. 1).

[265] Musculus, *Loci communes*, xxv (*Commonplaces*, pág. 357, col. 2).

[266] Musculus, *Loci communes*, I, xxv (*Commonplaces*, págs. 360-362).

[267] Musculus, *Loci communes*, I, xxv (*Commonplaces*, pág. 363, col. 2).

que los autores canónicos escribieron como miembros de la iglesia, tanto la iglesia como las Escrituras reciben su autoridad de Dios: los escritores bíblicos «no fueron impulsados a escribir por la iglesia sino por inspiración del Espíritu Santo».[268] Además, dado que la Escritura es la Palabra de Dios dada como regla a la iglesia, la autoridad de la doctrina y de la iglesia proviene de Dios solo indirectamente a través de las Escrituras. De hecho, son las Escrituras las que, como Palabra de Dios, «traen fe y autoridad a la iglesia».[269]

Musculus ofrece, a modo de elaboración del punto, un largo recorrido sobre la afirmación de Agustín: «No habría creído en el evangelio si no fuera por la iglesia», que sigue los argumentos que ya hemos encontrado en Tyndale y Lutero. Sin embargo, el debate ha progresado hasta el punto de que Musculus puede utilizar la declaración como pieza clave para ilustrar la forma precisa en la que la iglesia realmente deriva su autoridad de las Escrituras, incluso cuando la iglesia testifica de la centralidad de las Escrituras y su mensaje.[270] Calvino, de manera similar, aborda el «contexto» de las palabras de Agustín: Agustín no enseña «que la fe de los hombres piadosos está fundada en la autoridad de la iglesia», sino solo que los incrédulos, que no tienen conocimiento de las Escrituras, no se sentirán atraídos a la Palabra o «se volverían enseñables» si no fuera por el testimonio de toda la iglesia.[271] Se trata de una cuestión de persuasión y ejemplo, no de autoridad previa; para tomar prestadas las palabras de Oberman, una «autoridad práctica» más que una «prioridad metafísica».[272]

Según Vermigli, el equilibrio entre Escritura y tradición defendido por los reformadores fue enseñado tanto por Pablo como por Agustín y también tiene «el firme consentimiento y autoridad de la iglesia católica; pero no de tal manera que (como nuestros adversarios se esfuerzan por demostrar) todo el juicio de las Escrituras debería depender de ello».[273] Ni la iglesia ni el concilio de la iglesia tienen la autoridad para situarse por encima de las Escrituras como árbitro de doctrina:

> Por lo tanto, cuando interpretan la Palabra de Dios, les corresponde probar que han expuesto tales cosas, según el consentimiento y la proporción de los demás lugares de la Escritura.

Porque la iglesia no le da autoridad a las Escrituras:

---

[268] Musculus, *Loci communes*, I, xxv (*Commonplaces*, pág. 364, col. 1).

[269] Musculus, *Loci communes*, I, xxv (*Commonplaces*, pág. 367, col. 2).

[270] Musculus, *Loci communes*, I, xxv (*Commonplaces*, págs. 365, col. 1-367, col. 2).

[271] Calvino, *Institutos*, I, vii, 3.

[272] Oberman, *Forerunners*, pág. 56.

[273] Vermigli, *Commonplaces*, I, vi, 7 (pág. 42).

Cualquier estimación o autoridad que haya sucedido a la iglesia, todo eso proviene de la Palabra de Dios... Y, sin embargo, no insto tanto como si despreciara o condenara la dignidad de la iglesia. Porque le atribuyo tres funciones piadosas acerca de la Palabra de Dios. La primera es que admito que ella, como si fuera un testigo, preserva los libros sagrados... En segundo lugar, no dudamos que las iglesias parten para predicar y exponer la Palabra de Dios que les ha sido encomendada... En tercer lugar, también reconocemos que es función de la iglesia que, al estar dotada del Espíritu Santo, debe descifrar y discernir los libros verdaderos y propios de la Palabra celestial, de los que no son canónicos.[274]

En ningún caso estos deberes colocan a la iglesia por encima de las Escrituras, porque como la iglesia preserva las Escrituras, no pervierte ni altera su contenido; al predicar la Palabra, proclama fielmente lo que ha recibido y nada más; y como ella juzga el canon solo como le enseña a hacerlo el Espíritu de Cristo, su Maestro, y mediante la comparación de una Escritura con otra, así como una carta falsa se prueba al compararla con una carta genuina. La iglesia es la «guardiana de los libros de Dios», a la que se le ha ordenado hacer lo que Dios mismo ha prescrito en su Palabra.[275] Este es el verdadero significado de la afirmación de Agustín de que no habría creído en el Evangelio si no hubiera sido por la autoridad de la iglesia que lo movía: la iglesia aquí actúa como un instrumento del Espíritu y no como una autoridad en sí misma. Incluso así Agustín usa la palabra *commoveret*, que significa «moverse con la autoridad de otra cosa» y no «moverse por sí misma».[276] Además, los padres de la iglesia y la iglesia en cualquier época están sujetos a error: solo la Escritura es de Dios y pura, y por lo tanto solo la Escritura puede ser de primera autoridad.[277]

Sin embargo, ninguna tradición humana que no esté firmemente basada en las Escrituras puede ser necesaria para la salvación. Vermigli señala que el mismo Cristo, nuestro mejor maestro, le dice expresamente a la iglesia que escudriñe las Escrituras. «Además», argumenta Vermigli,

> toda facultad racional y disciplina intelectual deriva su valor del tema que trata... Por lo tanto, como nuestra *scientia* [teológica] no se trata de otra cosa que de Cristo, tanto más debe ser reconocida como el conocimiento supremo, ya que Cristo es excelentísimo sobre todas las cosas. Supongo que nadie duda de que el Nuevo Testamento habla principalmente de Cristo; pero como algunos

---
[274] Vermigli, *Commonplaces*, I, vi, 7 (pág. 42).
[275] Vermigli, *Commonplaces*, I, vi, 8 (págs. 42-43).
[276] Vermigli, *Commonplaces*, I, vi, 9.
[277] Vermigli, *Commonplaces*, I, vi, 10-11.

dudan de que el Antiguo Testamento haga lo mismo, presten atención a lo que Pablo escribe en el capítulo décimo de Romanos: «Cristo es el fin de la ley»; y en el capítulo quinto de Juan, cuando el Señor dijo… «Escudriñad las Escrituras», añadió… «y ellas son las que dan testimonio de mí»; y en el mismo capítulo se dice de Moisés: «de mí escribió él».[278]

Vermigli también cita los diversos textos del Nuevo Testamento (2 Ti. 3:16, 17 y Ro. 15:4), que hablan de la inspiración de las Escrituras y su autoridad en doctrina y moral: «las cuales, siendo dichas del Antiguo Testamento (porque mientras esto fue escrito, el Nuevo Testamento aún no se había publicado), ¿qué pensaremos ahora, que se le han añadido los monumentos tanto de los apóstoles como de los evangelistas?[279] Aun así, en 1 Ti. 4:13 el poder de salvar se atribuye a las Escrituras «por el Espíritu Santo». Agustín es un ejemplo de esto, habiendo sido convertido por la lectura de las Escrituras.

> Los decretos de la fe cristiana no pueden ser confirmados por otro medio que por la autoridad de las Sagradas Escrituras. Por tanto, como declara la historia eclesiástica: *Constantino* el grande, en el concilio de *Nicea*, exhortó a los padres de la Iglesia, que mediante los oráculos de las Sagradas Escrituras, apaciguarían las controversias surgidas en la religión.[280]

4. Bullinger y Virel sobre las Escrituras y la tradición.

El breve «argumento» que precede al Libro I de la obra *Compendium* de Bullinger es una declaración bastante representativa de la doctrina de las iglesias reformadas, que ya se encuentra en una etapa bastante temprana y refuerza la enseñanza de *sola Scriptura* con declaraciones sobre la autoría divina, la inspiración y la autoridad del texto:

> Conviene a todos y cada uno de los cristianos fieles saber que, sin contradicción alguna, deben creer las Sagradas Escrituras de la Biblia contenidas en el Antiguo y el Nuevo Testamento. Por cuanto son palabra verdadera de Dios, inspirada por Dios, y tienen de por sí autoridad y crédito, de modo que no es necesario que sean autenticadas por la Iglesia o por los hombres. Además, debemos saber que dicha Escritura fue verdadera e incorruptamente escrita y expuesta al mundo por los santos Profetas y Apóstoles, y que comprende y enseña plena y claramente todas estas cosas que son

---

[278] Vermigli, *Commonplaces*, I, vi, 1 (pág. 39).

[279] Vermigli, *Commonplaces*, I, vi, 3.

[280] Vermigli, *Commonplaces*, I, vi, 3.

necesarias para piedad y salvación; también que la Sagrada Escritura debe ser leída y oída por todos los hombres. Todas las causas y controversias de la Religión deben ser determinadas y aprobadas por las Sagradas Escrituras. Pero aquellos que no están de acuerdo con estas, o son contrarios a estas, debemos tener cuidado con ellos, ya sea que se llamen Tradiciones o Decretos de Ancianos, o cualquier otro nombre que tengan. Aunque los mismos son expuestos o recibidos por muchos de unos pocos: de eruditos o de ignorantes: aunque han sido recibidos por común consentimiento y costumbre desde siempre. Porque la Palabra de Dios debe ser preferible a todas las demás cosas, por cuanto su Autor es la verdad misma, el mismo Dios eterno y Todopoderoso.[281]

Estas consideraciones de ninguna manera se oponen al uso de credos y confesiones en la iglesia como normas derivadas o secundarias, ni indican de ninguna manera una discontinuidad percibida por parte de los reformadores entre su doctrina y la gran tradición de la ortodoxia cristiana. Así, *Decades* de Bullinger contiene una sección preliminar, anterior a la primera decena de sermones, en la que se exponen los resultados de Nicea, Constantinopla, Éfeso y Calcedonia y se proporcionan textos completos de sus credos junto con los credos de dos sínodos de Toledo, las reglas de fe *Against Heresies* de Ireneo y *On the Praescription of Heretics* de Tertuliano, el credo de Atanasio, el credo de Damasus obispo de Roma (ca. 376), y el decreto imperial relativo a la fe católica de la *Tripartite History*. Bullinger afirma en su prefacio que ha incluido estas obras en su resumen teológico para mostrar que la doctrina protestante es de hecho la enseñanza histórica de la Iglesia.[282] Aun así, las *Decades* de Bullinger y su relacionado *Compendium christianiae religionis*, además de los *Institutos* de Calvino y el Catecismo de Heidelberg, todos siguen la práctica catequética de basar su exposición doctrinal principal en los artículos del Credo de los Apóstoles.

De manera similar, algo más tarde en el siglo XVI, Virel pudo iniciar una discusión sobre los signos o pruebas estándar de la divinidad de las Escrituras y luego pasar a discutir lo que identificó como el efecto primario de esta obra divina, «que la iglesia siempre (como lo es en este día) ha sido reunida por la autoridad de las Santas Escrituras» y que su adoración procede según las líneas instituidas por Dios y Cristo en las Escrituras.[283] Los efectos especiales o personales de las Escrituras son la reverencia que infunde en el corazón y el deseo de la vida celestial y superior, así como el desprecio por el mundo. Aun así, se deduce que la iglesia depende de

---

[281] Bullinger, *Commonplaces*, Bk. I, argument, pág. 1 r-v.

[282] Bullinger, *Decades*, págs. 12-35; cf. pág. 12, nota 1.

[283] Virel, *Treatise*, I, i (págs. 3-4).

las Escrituras y no la autoridad de las Escrituras basada en el testimonio de la iglesia. El testimonio de la iglesia bien puede impulsar a la gente a abrazar las Escrituras, pero la fe es generada por el Espíritu, de modo que el testimonio mismo de la iglesia depende de la doctrina originalmente testificada por el Espíritu en las Escrituras y por el Espíritu que mueve a la iglesia a la fe.[284]

Por lo tanto, los primeros teólogos reformados argumentan la prioridad de la Escritura sobre la tradición, basándose en gran medida en los mismos fundamentos que la identificación de la Escritura como Palabra. Los reformados no solo insisten en la agencia divina en la producción de las Escrituras, sino que también relacionan esa agencia divina y el concepto resultante de autoridad con el propósito salvador detrás de toda la revelación en las Escrituras y, otorgando ese propósito salvador, con el «fundamento» o «alcance» de las Escrituras, que es Cristo mismo. Las Escrituras llevan y transmiten a Cristo de una manera que la tradición no puede: la tradición solo sabe de Cristo y del propósito salvador de Dios en Cristo debido al testimonio bíblico. En un sentido paralelo y complementario, la iglesia existe solo porque ha sido llamada por la Palabra —y la Palabra se encuentra en las Escrituras. También vale la pena señalar en este punto que la relación entre el Cristo-céntrico de las Escrituras y de la doctrina reformada de las Escrituras y el lenguaje de la causalidad divina tan evidente a lo largo de la exposición reformada de la doctrina de las Escrituras refleja el equilibrio y la relación entre el decreto divino y el enfoque cristológico que puede identificarse en las doctrinas de la predestinación y la Persona de Cristo en la teología de los teólogos reformados de principios del siglo XVI y de la era ortodoxa temprana.[285]

Es significativo que, al mismo tiempo que los primeros grandes codificadores protestantes formulaban su doctrina de la prioridad de las Escrituras sobre la tradición y la basaban en el supuesto de la suficiencia exclusiva de las Escrituras en aquellas enseñanzas necesarias para la salvación, los teólogos católicos romanos estaban en el proceso de restar importancia a la tradición patrística y medieval respecto a la suficiencia de las Escrituras: «la teología postridentina», escribe Congar, «perdió de vista esto casi por completo, ya que estaba interesada menos en el contenido, el *quod* de los dogmas, que en el aspecto formal de la verdad convertida en dogma, en el *quo*, el motivo formal, la luz o autoridad que transforma una declaración particular en *dogma* obligatorio».[286] Mientras que el lenguaje de la suficiencia de la Escritura pudo subsistir junto con un fuerte

---

[284] Virel, *Treatise*, I, i (págs. 4-5).
[285] Cf. Muller, *Christ and the Decree*, págs. 7-11, 69-75, 128-124, 171-173, 179-182; *DRPR*, I, 2.5.
[286] Congar, *Tradition and Traditions*, pág. 167.

tradicionalismo en el período medieval —debido a la ya señalada posibilidad hermenéutica de moverse con soltura, mediante la *quadriga*, de la enseñanza de las Escrituras al dogma tradicional y viceversa: en el nuevo contexto hermenéutico de principios del siglo XVI y, después de Trento, al otorgar la definición precisa del canon de las Escrituras en ambos lados del argumento, el énfasis en la suficiencia de las Escrituras tendió a convertirse en una posesión protestante, mientras que el énfasis en la igualdad de las Escrituras y la tradición y en la capacidad de la tradición de «hablar en el silencio de las Escrituras» se convirtió en una propiedad casi exclusiva del catolicismo romano. (Así como, por supuesto, el protestantismo retuvo la tradición como soporte de interpretación, de estatus secundario respecto del texto de las Escrituras, también lo hicieron varios teólogos católicos romanos de la época, en particular John Driedo en la era de Trento y Robert Bellarmine después de Trento, conservaron la doctrina de la suficiencia de la Escritura).[287]

C. La autoridad canónica de las Escrituras según la ortodoxia reformada

1. La Escritura como canon o regla de fe: la doctrina positiva.

Los ortodoxos reformados están de acuerdo con los reformadores en su afirmación de que «las Escrituras son la regla de la fe y las costumbres» o de «la fe y la vida» y, por esta razón, han sido llamadas «canónicas» desde la época de los padres.[288] La Escritura debe ser esta regla en la medida en que «la base de nuestra religión y la regla de la fe y de toda verdad salvadora es la Palabra de Dios, contenida en la Sagrada Escritura».[289] Esta suposición está en directa antítesis de la afirmación romana de la igualdad entre Escritura y tradición. En el modelo romano, las Escrituras sirven como «fundamento de la tradición», y la tradición sirve para remediar la «deficiencia» de las Escrituras, en la medida en que las Escrituras no contienen todas las verdades necesarias para la salvación. De hecho, hay tradiciones romanas que no tienen fundamento alguno en las Escrituras.[290] Es más, desde el punto de vista romano, la interpretación de la tradición pertenece al obispo de Roma: esto va directamente en contra de la enseñanza reformada y protestante, que supone que solo la Escritura es la norma de doctrina y la única fuente de revelación, «rechazando toda Tradición verbal en referencia

---

[287] Cf. J. L. Murphy, *The Notion of Tradition in John Driedo* (Milwaukee: Bruce, 1959), págs. 76, 89, 122-123, 133-135, con Congar, *Tradition and Traditions*, págs. 116-117, 167-168, citando a Driedo, *De Ecclesiast. Scripturis et Dogmat.* (Louvain, 1556), IV.6 y Bellarmine, *De verbo Dei*, IV, 11.

[288] Leigh, *Treatise*, I, viii (pág. 132); Confesión de Westminster, I, ii.

[289] Artículos Irlandeses, §1.

[290] Ames, *Disp. De perf. Script.*, x, xv-xvi; Amyraut, *Treatise of Religions*, págs. 535-536.

a las cosas necesarias para la salvación».[291] Aun así, escribe Leigh, las Escrituras son un canon «digno» o «regla de religión, fe y piedad, según la cual se puede preparar la edificación de la casa de Dios».[292]

Cloppenburg señala esta identidad de la autoridad del texto con su pretensión de fe como el primer y principal elemento de su definición: «La fe por la cual se cree la Escritura [*fides qua Scripturis creditur*] (que los papistas se complacen en llamar *auctoritatem quoad nos*) es esa convicción de la mente y de la conciencia que reconoce la autoridad divina de la Sagrada Escritura, exigiendo la obediencia de nuestro intelecto y de nuestra voluntad».[293] Esta fe, además, no surge «sin la iluminación del intelecto que tienen en sí mismos los que creen en las Escrituras por el testimonio interno del Espíritu». El contenido de esta iluminación es simplemente el testimonio de que «el Espíritu que habla en las Escrituras es la verdad».[294]

Estas definiciones sirven para aclarar varios puntos planteados anteriormente sobre el enfoque reformado de la teología y la religión. En primer lugar, los ortodoxos reformados —a pesar de su extensa discusión sobre el tema de la «religión»— no tenían ningún interés en la cuestión de la «religión en general» y del cristianismo como un caso específico o una «especie» de religión.[295] El interés de los protestantes ortodoxos por la religión es paralelo a su interés por las Escrituras como único fundamento de la religión: su énfasis está en la relación correcta entre Dios y la humanidad y en la forma en que las Escrituras y la fe en la verdad de las Escrituras ofrecen un fundamento no para religión en general, sino la religión correcta, la religión cristiana.

A modo de ejemplo adicional, el prolegómeno de las conferencias catequéticas de Ursinus[296] contiene una definición inicial de religión que parece abordar esta cuestión, pero su discusión pronto demuestra que su preocupación no es por la religión generalizada en el mundo sino por las divisiones dentro del cristianismo y por el carácter de la observancia religiosa adecuada. De manera similar, su comentario sobre las formas de pensamiento y observancia religiosa extraídas «de la naturaleza misma» pronto se olvida en presencia de una cuestión mayor, la de las interpretaciones divergentes de

---

[291] Amyraut, *Treatise of Religions*, págs. 525-526.

[292] Leigh, *Treatise*, I, viii (pág. 132).

[293] Cloppenburg, *Exercitationes super locos communes*, I, ii, 1.

[294] Cloppenburg, *Exercitationes super locos communes*, I, ii, 2.

[295] Karl Barth, *Church Dogmatics*, ed. G.W. Bromiley y T. F. Torrance, 4 vols. (Edinburgh: T. & T. Clark, 1936-1969), I/2, págs. 284-291; cf. *DRPR*, I, 3.4 (A, B.1).

[296] Extraído en gran parte de su *Loci theologici*, en *Opera*, I, cols. 426-455 e incorporado en las primeras ediciones y traducciones de las conferencias catequéticas: por ejemplo, Zacharias Ursinus, *Doctrinae christianae compendium* (Oxford, 1585), traducido como *The Summe of Christian Religion* (Oxford, 1587; 1591).

la revelación de Dios y de la falsedad de aquellas doctrinas que no se basan en el depósito escritural de la revelación.[297] En lugar de hacer una distinción entre religión en general y religión en casos específicos o entre religión natural y revelada, Ursinus simplemente hace una distinción entre religión verdadera y falsa que sirve como una transición y una introducción a su tema central, el fundamento escritural de la religión cristiana, la verdadera religión y su teología.

Al argumentar con una circularidad intencional (es decir, al no ver ninguna razón para salirse del círculo de la iglesia para defender la verdad del cristianismo o la relativa falsedad de otras religiones), Ursinus pasa de la identificación del cristianismo con *religio vera* a la identificación de las Escrituras únicamente como autoritativas: «De donde puede parecer que solo esta religión, que está contenida en las Escrituras, fue entregada por Dios».[298] Desde la creación del mundo —y en las declaraciones explícitas de los profetas de la antigüedad— Dios ha prohibido que cualquiera de sus palabras sea cuestionada o desobedecida.

> Por lo tanto, dado que parece que los libros del Antiguo y Nuevo Testamento son las Palabras de Dios, no hay lugar a dudas sobre si la religión y la doctrina contenidas en ellos son verdaderas. Pero si estos libros fueron escritos por inspiración divina, y por qué pruebas y testimonios estamos seguros de un asunto tan importante... es una consideración digna de aquellos que desean la Palabra de Dios y buscan consuelo seguro.[299]

Los argumentos y pruebas de la autoridad de las Escrituras, por tanto, contienen un elemento de piedad. El conocimiento de la Palabra y el consuelo en ella se hacen disponibles en y a través de la discusión de los fundamentos de la autoridad del texto.

Habiendo declarado estos principios, Ursinus establece un patrón para muchas de las teologías ortodoxas al recurrir al argumento romano de que la autoridad de las Escrituras se basa en el testimonio de la iglesia. Esto haría que «la autoridad de la Palabra de Dios» dependiera del «Testimonio del hombre» y, al hacerlo, haría que «la voz del hombre... sea mayor que la voz de Dios», todo lo cual es argumento «indigno de la majestad de Dios», de hecho, una blasfemia. Además, este argumento, en efecto, reduce las Escrituras a un documento de valor incierto en vista de la «ignorancia, el error y la vanidad» de la humanidad.[300]

---

[297] Ursinus, *Loci theologici*, en *Opera*, I, col. 428-429.
[298] Ursinus, *Loci theologici*, en *Opera*, I, col. 433 (*Summe* [1591], pág. 11).
[299] Ursinus, *Loci theologici*, en *Opera*, I, col. 433 (*Summe*, pág. 12).
[300] Ursinus, *Loci theologici*, en *Opera*, I, col. 433 (*Summe*, págs. 11-13).

El único medio, por tanto, de determinar definitivamente la verdad de la religión es mostrar no que tiene la aprobación de los hombres, sino que su origen está en Dios. La Escritura misma da testimonio de esto y refuta la teoría romana de la ratificación eclesiástica de la autoridad de las Escrituras. El mismo Cristo en el evangelio de Juan da testimonio del origen divino de su palabra y Pablo, en 1 Co. 2, basa su predicación en el poder de Dios más que en la sabiduría de los hombres.[301] La iglesia está edificada sobre el fundamento de los profetas y apóstoles, como está escrito en Ef. 2: Por tanto «la certeza de la Escritura no puede depender del testimonio de la iglesia». Aun así, la solidez y la incorruptibilidad del texto no descansan en el testimonio de la iglesia sino en el propio testimonio de Dios «tanto en las Escrituras como en los corazones de sus santos». La canonicidad de los libros de las Escrituras está igualmente garantizada no por la iglesia sino por el testimonio de los propios profetas y apóstoles: ya sea por la identidad del autor como hombre inspirado por Dios o por la forma de hablar del libro.[302]

La Palabra de Dios es tanto temporal como regulativamente anterior a la iglesia: incluso si la iglesia existía cuando se escribió cualquier libro de Escritura en particular, sin embargo «la suma de la Ley y el Evangelio era la misma para siempre» y precede a la iglesia como «la semilla inmortal de la cual nació la iglesia». Puesto que «la palabra de Dios es la sabiduría eterna de Dios mismo»,[303] el *magisterium* de la iglesia romana no puede tener ningún valor frente a la autoridad de las Escrituras. El argumento aquí ha avanzado un poco en las varias décadas desde que Musculus lo expresó: aquí el énfasis recae no simplemente en la prioridad de la Palabra como norma sino en la identidad esencial de la eterna Palabra de verdad, la suma de la Ley y el Evangelio, con la revelación bíblica. El argumento excluye ahora el enfoque postridentino del *De locis theologicis* escrito por Cano, que había reconocido la Escritura como «fundamento de las sagradas letras» pero también había inferido, de la prioridad temporal de iglesia sobre las Escrituras, que «la fe y la religión» podrían mantenerse «sin las Escrituras», como de hecho lo hicieron alguna vez, al descansar en una tradición no escrita.[304] La respuesta de Ursinus se centra en la Palabra reveladora de Dios y sigue la distinción

---

[301] Ursinus, *Loci theologici*, en *Opera*, I, col. 433-434 (*Summe*, pág. 13).

[302] Ursinus, *Loci theologici*, en *Opera*, I, col. 434 (*Summe*, págs. 14-15).

[303] Ursinus, *Loci theologici*, en *Opera*, I, col. 434 (*Summe*, pág. 15).

[304] Cano, *De locis theologicis*, III, 3 (cols. 502-503, 243); cf. Tavard, "Tradition in Early Post-Tridentine Theology," págs. 380.381; ver también Albert Lang, *Die Loci theologici des Melchior Cano und die Methode des dogmatischen Beweises. Ein Beitrag zur theologischen Methodik und ihrer Geschichte* (Munich: Kösel & Pustet, 1925). Cano argumentó una autoridad fundamental y necesaria de las Escrituras divinamente inspiradas y «dictadas» y de una tradición apostólica no escrita en la iglesia, seguida de una jerarquía de autoridades cuidadosamente argumentada: la iglesia católica, los concilios, la iglesia romana, la tradición de los padres de los primeros siglos, y la enseñanza de los doctores de la iglesia y los canonistas.

histórica entre Palabra escrita y no escrita, oponiéndose al argumento de Cano de que las tradiciones no escritas continúan paralelas a las escritas, pero con un contenido diferente.[305]

Las Escrituras mismas establecen la regla de que no se deben agregar ni quitar palabras a la verdadera doctrina. Por lo tanto, ninguna criatura puede determinar lo que debemos pensar de Dios y de la voluntad de Dios. Aun así, la fe se basa únicamente en la Palabra y debe estarlo para que la doctrina y la adoración sean ciertas: las doctrinas que se sostienen por la fe no pueden ser de origen humano.[306] Nada que sea ajeno a la Palabra de las Escrituras puede ser vinculante para la adoración o la creencia. Por lo tanto, todos los maestros de la iglesia están subordinados a los maestros preeminentes, los profetas y los apóstoles, quienes nos comunican la Palabra de Dios. Es más, declara Ursinus, toda la iglesia antigua se sometió a la autoridad de las Escrituras a pesar de la grandeza de muchos de sus maestros, y reconoció que su tarea era la exposición de las Escrituras. Contra este múltiple testimonio, «los adversarios de la verdad» afirman, además de las Escrituras, ciertos decretos de la iglesia como necesarios para la salvación. Argumentan que la Escritura está incompleta por su propio testimonio: menciona libros del antiguo pueblo de Israel y epístolas paulinas que ya no poseemos. La falta, concluyen, debe ser suplida por la iglesia. Sin embargo, parece claro por las Escrituras mismas y por la bondad de Dios que lo que es necesario para la salvación nos ha sido preservado.[307]

Cloppenburg, con notable ira, escribe sobre la «doble impiedad, a causa de la hipocresía» que reside en los cánones de Trento y en los escritos de Bellarmine cuando distinguen entre tradiciones divinas, apostólicas y eclesiásticas, escritas y no escritas.[308] Esta división es un gran misterio con sus tres clases de tradiciones escritas y no escritas, cada una con su propio nivel de autoridad; ¡un misterio tal que requiere un diagrama para poder entenderse! La autoridad suprema, afirman, pertenece a las tradiciones divinas, escritas y no escritas; una autoridad mediadora para las tradiciones apostólicas, escritas y no escritas; y una autoridad inferior a las tradiciones eclesiásticas, escritas y no escritas. Toda la disputa sobre estas tradiciones, sostiene Cloppenburg, tiene que ver con la autoridad y el oficio de la iglesia *circa Scripturam Sacram* y si la tradición, tanto escrita como no escrita, es

---

[305] Cano, *De locis theologicis*, III, 3 (cols. 245-246, 252-253); cf. Tavard, "Tradition in Early Post-Tridentine Theology," pág. 382.

[306] Ursinus, *Loci theologici*, en *Opera*, I, col. 445-446, (*Summe*, pág. 32), citando Dt. 4:2; Ap. 22:18-19.

[307] Ursinus, *Loci theologici*, en *Opera*, I, col. 446-47, (*Summe*, págs. 31-33).

[308] Cloppenburg, *Exercitationes super locos communes*, I, iii, 1, citando los cánones y decretos de Trento, sesión 4; y Bellarmine, *De verbo Dei*, IV, 2; cf. Tavard, "Tradition in Early Post-Tridentine Theology," pág. 382.

necesaria en vista de la supuesta incertidumbre y oscuridad del significado del texto de las Escrituras.[309]

Rollock sostiene de manera similar que «el conocimiento de la verdad que está en el corazón de la iglesia por medio de las Escrituras, no es tan perfecto ni tan absoluto como lo es la Sagrada Escritura». La iglesia está «iluminada y renovada, pero en parte» y puede equivocarse en los asuntos más importantes. De hecho, la iglesia puede equivocarse y lo hace «tan a menudo como abandona el canon y la regla de la Sagrada Escritura».[310] Incluso la voz de la verdadera iglesia —excluyendo a «esa iglesia ramera de Roma»— no alcanza la verdad de las Escrituras y es un «testimonio del hombre», tal como lo fue el testimonio de Juan el Bautista a Cristo. Sin embargo, las Escrituras han sido preservadas del error ya que sus autores, aunque humanos, eran «instrumentos» de Dios. La Escritura es un testimonio humano en el sentido de que sus autores fueron humanos, pero es la Palabra de Dios en términos de la «materia» contenida en ella.[311] Rollock también parece enfatizar aquí nuevamente la cualidad dinámica de las Escrituras, ya que admite que la escritura real de las Escrituras por parte de los profetas y apóstoles no debe ser «comparada con la viva voz de Dios», pero insiste en que «la voz de Las Escrituras son la propia voz de Dios».[312] Rollock, como los primeros protestantes y como Owen en el siglo siguiente, demuestra la perpetuación de la teología reformada inglesa en el período ortodoxo y, a pesar del énfasis en la doctrina de la inspiración, un fuerte sentido de las Escrituras como Palabra de Dios porque allí habla Dios —para que se enfatice no tanto el proceso de inscribir la Palabra sino la presencia de la Palabra en poder. Esta presencia de la voz divina en el texto autoritativo elimina la necesidad de cualquier otra autoridad en materia de doctrina, específicamente la necesidad de un delegado divino o «vicario» —si los cristianos reconocen «por ambas partes», es decir, protestante y romano, que cualquier cosa «contenida» en las Escrituras «es la Palabra de Dios *que es poderosa para hacernos sabios para la salvación y enteramente preparados para toda buena obra*», ¿por qué debería haber necesidad de un vicario, «un sustituto, ya que tenemos el decreto [de Dios] y reconocemos que él lo ha pronunciado?».[313] Dado que las objeciones romanas a la suficiencia de la Palabra escrita no pueden sostenerse, la Escritura es el juez soberano en todas las controversias relativas a la religión.

---

[309] Cloppenburg, *Exercitationes super locos communes*, I.iii.1-2.

[310] Rollock, *Treatise of Effectual Calling*, pág. 66.

[311] Rollock, *Treatise of Effectual Calling*, pág. 67.

[312] Rollock, *Treatise of Effectual Calling*, pág. 68.

[313] Cameron, *Sovereign Iudge*, pág. 9.

2. Correlaciones: autoridad conforme a los atributos del texto.

Este carácter vinculante de las Escrituras como regla de doctrina se correlaciona con varias propiedades de las Escrituras previamente argumentadas por los ortodoxos, particularmente con los atributos de suficiencia y sencillez. De hecho, Pictet podría argumentar que la identificación de las Escrituras como «la única y verdadera regla de fe y práctica» seguía como una conclusión lógica de la divinidad, inspiración, autoridad y claridad de las Escrituras.[314] Leigh señala de manera similar que:

> Todo lo que es necesario creer o hacer para agradar a Dios y salvar nuestras almas se encuentra aquí; todo lo que no se encuentra aquí, no es necesario creerlo ni practicarlo para alcanzar la felicidad... Los principios del Credo y el Decálogo están claramente establecidos en las Escrituras... Cuando decimos que todos los asuntos de doctrina y fe están contenidos en las Escrituras, entendemos como lo hicieron los Padres Antiguos, no que todas las cosas, literal y verbalmente, estén contenidas en las Escrituras, sino que todas estén expresadas en ellas o, por consecuencia necesaria, puedan extraerse de ellas.[315]

Por lo tanto, todas las controversias religiosas y teológicas deben decidirse con referencia primaria a las Escrituras.

Esta visión de las Escrituras como, en palabras de Mastricht, «la regla perfecta para vivir ante Dios», también puede confirmarse mediante una derivación racional del carácter de la adoración y la vida recta. En primer lugar, sostiene Mastricht, puesto que reconocemos a Dios como el *ens primum* y *ultimus finis* de todas las cosas, como Aquel que está sobre todas las cosas y contiene todas las cosas, también debemos reconocer que debe ser adorado. Reconocemos, además, «que este culto a Dios no es una obra de la naturaleza como ver, oír o caminar, ninguna de las cuales requiere reglas, sino una especie de ocupación o habilidad (*artificium*) regida por ciertas reglas».[316] La regla de la religión no puede extraerse de la «razón corrupta», ya que ésta nunca podría funcionar como una «medida de rectitud» última. Tampoco puede ser sabiduría humana (*sapientia*) porque, al basarse en la razón, tampoco debe alcanzar la autoridad absoluta. Así también, comenta Mastricht, los escritos de los padres de la iglesia se quedan cortos, admitiendo que son falibles y, de hecho, a veces falsos en sus ideas. El «Talmud judío», identificado como una tradición religiosa transmitida en forma no escrita desde Moisés hasta el judaísmo posterior, también es, comenta Mastricht, «de valor incierto» y está lleno de fábulas y falsedades.

---

[314] Pictet, *Theol. chr.*, I, xiv, 1.
[315] Leigh, *Treatise*, I, viii (págs. 133-134).
[316] Mastricht, *Theoretico-practica theol.*, I, ii, 4.

Mucho menos podría el «Corán Mahometano» ser una regla de fe, como se manifiesta en sus «bagatelas seniles y difamatorias», que equivalen a cuentos de viejas. Solo las Escrituras satisfacen las condiciones requeridas de una regla de vida y adoración ante el Dios Todopoderoso.[317]

Claramente, continúa Mastricht, esta afirmación puede confirmarse comparando la naturaleza y los requisitos de tal regla con la Escritura misma. Una regla de vida ante Dios debería prescribir la obediencia solo a Dios. Por lo tanto, las Escrituras no solo exigen obediencia únicamente a Dios (Dt. 12:32; Mt. 15:9), sino que también condenan claramente otras lealtades y son las únicas designadas por Dios como regla (2 Ti. 3:16; 2 P. 1:21). Por extensión, con referencia a los atributos o propiedades de las Escrituras, los ortodoxos pueden declarar que las Escrituras no son una «regla parcial o insuficiente, como la hacen los papistas; dado que Dios es un Dios perfecto, también su Palabra es una palabra perfecta» o, como argumentó Whitaker, «*Regula fidei debet esse adaequata fidei, aut regula non erit*».[318] Además, para que la Escritura sea una regla adecuada, debe reunir las «propiedades» básicas reconocidas como pertenecientes a todas las reglas apropiadas. Leigh extrae su lista de estas propiedades de Suárez: una regla debe, primero, «ser conocida y fácil», segundo, «primera en su tipo y, por tanto, la medida de todas las demás», tercera, «inflexible» y cuarta, «universal». Mastricht indica de manera similar que la Escritura tiene todas las *notae* requeridas para que sea una regla perfecta: clara y perspicua, constante y firme, siempre y en todas partes autoconsistente, indivisible y capaz de no aumentar ni disminuir.[319] Pictet también señala que reconocemos fácilmente como regla lo que es «perfecto en todas sus partes, sin necesidad de adición ni disminución... cierto e inmutable... Porque la Escritura es tal que su verdad proviene del Dios inmutable y no puede mentir».[320] Como propiedad final, Mastricht añade que una regla de fe y vida debe ser pública y debe ser recibida por todos como algo que está más allá de toda controversia.[321] Dado que las Escrituras reúnen todas estas propiedades (todas las cuales, hasta cierto punto, reflejan los atributos que los ortodoxos defienden de las Escrituras) deben ser reconocidas como «una regla perfecta de fe y obediencia», que «dirige nuestra fe y conducta en de tal manera que la más mínima desviación nos hace culpables de error».[322]

---

[317] Mastricht, *Theoretico-practica theol.*, I, ii, 4.

[318] Leigh, *Treatise*, I, viii (pág. 134).

[319] Mastricht, *Theoretico-practica theol.*, I, ii, 5.

[320] Pictet, *Theol. chr.*, I, xiv, 2.

[321] Mastricht, *Theoretico-practica theol.*, I, ii, 5.

[322] Leigh, *Treatise*, I, viii (pág. 132); cf. Pictet, *Theol. chr.*, I, xiv, 2.

Los profetas, los apóstoles y Cristo mismo apelan a las Escrituras como tal regla, y las Escrituras se refieren a sí mismas como una «regla» en Gá. 6:16.

Este punto, como en el caso de otros aspectos de la doctrina ortodoxa de las Escrituras que hemos examinado, es algo circular: se declara que las Escrituras tienen ciertos atributos tales como claridad, perspicuidad, perfección, etc., con base en su origen divino y las doctrinas divinas contenidas en ella —y, posteriormente, se declara que es una regla perfecta, porque obliga a este conjunto de características sustraídas de ella mediante argumentos dogmáticos y racionales. Sea o no aceptable en última instancia la estructura del argumento, la cuestión dogmática y la intención subyacente al punto es claramente la identificación formal de la Escritura, a través de sus atributos, como conforme al carácter de una regla última que ninguna otra regla —particularmente candidatas como la tradición de la iglesia primitiva y el *magisterium*— puede considerarse necesaria o deseable. Es más, la cuestión fundamental que subyace a toda la doctrina ortodoxa de las Escrituras es, una vez más, claramente la cuestión de la autoridad y, de hecho, todo el curso del argumento que va desde la discusión de la divinidad esencial de las Escrituras hasta los atributos que se supone pertenecen a tal libro divinamente inspirado y providencialmente preservado, se dirige y concluye en la discusión de las Escrituras como regla canónica de doctrina y en la discusión de los atributos propios de tal regla.

La lógica interna de la doctrina ortodoxa de las Escrituras está, en todo momento, dirigida hacia la afirmación dogmática y lógica de *sola Scriptura* y, en particular, de la identidad de la Escritura como *principium unicum cognoscendi theologiae*. La discusión sobre la autoridad divina de las Escrituras pretendía ser la base objetiva para una declaración de autoridad canónica. De este modo,

> De lo Divino fluye la autoridad canónica de las Escrituras. Los libros de las Escrituras se llaman libros canónicos (digamos algunos) por la palabra *kanon*... porque fueron incluidos en este Canon por la Iglesia Universal y reconocidos como divinamente inspirados por ella, y también son un Canon perfecto o regla de toda doctrina relacionada con la religión, *credendorum & agendorum*, de fe y costumbres, de todas las cosas que se deben creer o hacer para la salvación.[323]

Aun así, la Escritura es una «regla universal y perpetua tanto en cuanto a tiempo como a persona; desde que existen las Escrituras, ha sido la única

---

[323] Leigh, *Treatise*, I, iii (págs. 42-43); cf. casi idénticamente, Rijssen, *Summa theol.*, II, xv: «*Ex his attributis Scripturae* [es decir, *authoritas, perfectio, perspicuitas*] *sequitur, eam nobis esse canonem & normam credendorum & agendorum*».

regla».[324] La objeción de que las Escrituras no pueden ser la «regla de la fe», en la medida en que la fe existió antes de las Escrituras, lleva a los ortodoxos nuevamente a la distinción entre *verbum agraphon* y *verbum engraphon*: «La palabra de Dios es doble: 1. Revelada, que precedió a la fe; 2. Escrita, que no la precedió".[325] Dado que la Escritura es la forma actual de la Palabra de Dios, la única forma presente, puede y debe ser la regla de fe: «La oración, la predicación, el conocimiento de lenguas y el ministerio de la Iglesia, estos son los medios para usar la regla y subordinados a ella».[326]

3. La canonicidad del Antiguo Testamento: debates del siglo XVII.

Del contexto de estos comentarios, se puede inferir fácilmente que toda la Escritura, y no solo ciertas secciones, funciona como nuestra regla:

> No solo las Escrituras del Nuevo Testamento, sino también las del Antiguo Testamento, son la regla de nuestra fe y práctica, aunque ya no estemos bajo la antigua dispensación, que ha sido abrogada. «Porque todo lo que se escribió antes», dice Pablo (Ro. 15:4), fue escrito para nuestra enseñanza, a fin de que, mediante la paciencia y el consuelo de las Escrituras, tengamos esperanza. Ambos testamentos contienen la misma sustancia doctrinal; proponen los mismos objetos de fe (*credenda*), y mandan la misma vida moral (*agenda*), y cada Testamento pertenece al fundamento de la iglesia (*Ecclesiae fundamentum*).[327]

El problema de la relación entre los dos Testamentos, asociado en los debates reformados del siglo XVII con problemas de hermenéutica cocceiana o federal y con polémicas contra los anabaptistas y socinianos, también afectó la comprensión reformada del canon y, específicamente, de la autoridad del Antiguo Testamento. El federalismo de Cocceius y sus seguidores planteó un problema hermenéutico peculiar: los ortodoxos habían afirmado consistentemente la autoridad de toda la Escritura y, como Calvino, habían extraído su teología tanto del Antiguo como del Nuevo Testamento. En la hermenéutica federalista, sin embargo, el Antiguo Testamento estaba más claramente subordinado al Nuevo a causa del desarrollo histórico de la verdad revelada, la abrogación gradual del pacto de obras y la inauguración gradual del pacto de gracia, y el carácter tipológico de la revelación del Antiguo Testamento, hasta el punto de que muchos de los ortodoxos reformados temían que la teología cocceiana representara el

---

[324] Leigh, *Treatise*, I, viii (pág. 134).
[325] Leigh, *Treatise*, I, viii (pág. 135).
[326] Leigh, *Treatise*, I, viii (pág. 135).
[327] Pictet, *Theol. chr.*, I, xiv, 4.

Antiguo Testamento como una fuente de doctrina poco adecuada e incluso coquetearon con el rechazo sociniano de su autoridad.[328] Cocceius había enfatizado tanto la *historiam sequentium temporum* en los libros bíblicos, la abrogación gradual del pacto de obras a lo largo del Antiguo Testamento y la presencia en el Evangelio de una revelación completa de lo que había sido presagiado «en las palabras de Moisés y de los profetas»,[329] que consideraba muchos aspectos de la revelación del Antiguo Testamento como vagos, presentados en forma de figuras y tipos, y superados por el Nuevo.[330] El enfoque de Cocceius sobre la distinción de los Testamentos se convirtió en objeto de controversia cuando argumentó que el Decálogo no podía usarse como base para ordenar el culto sabático, admitiendo que el Decálogo aquí era parte del pacto de obras.[331]

Este problema, además, se trasladó al pensamiento de los teólogos federales más estrictamente ortodoxos. Witsius, por ejemplo, comenta sobre los «defectos» en el modo de revelación del Antiguo Testamento. En primer lugar, los padres del Antiguo Testamento no tenían presente la causa de su salvación: en lugar de la plenitud de Cristo, solo tenían «la figura de Cristo en diversas apariciones, preludios de la encarnación venidera».[332] En segundo lugar, la revelación bajo la dispensación del Antiguo Testamento estaba revestida de oscuridad y caracterizada por un rigor y severidad legalistas. Por lo tanto, las promesas de gracia son poco frecuentes y oscuras a lo largo de la mayor parte del Antiguo Testamento.[333] Es más, el Antiguo Testamento estaba sujeto a los *elementa mundi*, como los llama Pablo (Gá. 4:3, 9) con referencia específica a la ley ceremonial, y por lo tanto es reemplazado por el Nuevo Testamento como las «sombras de la noche» lo son por el amanecer de un nuevo día. A diferencia de Cocceius, que había considerado incluso el Decálogo, particularmente en su «ley del sábado», como adaptado a las circunstancias de Israel, Witsius excluyó completamente de esta generalización la ley moral inmutable revelada en el Antiguo Testamento.[334]

Los reformados afrontaron un problema similar en su polémica contra los anabaptistas y socinianos, hecho que ciertamente agudizó

---

[328] Cf. Diestel, "Studien zur Föderaltheologie," págs. 237, 239-244 con Gass, *Geschichte der protestantischen Dogmatik*, II, págs. 297-298.

[329] Cocceius, *Ultima Mosis*, en *Opera*, III, pág. 3.

[330] Cocceius, *Summa theol.*, I, ii, §388.

[331] Cf. Cocceius, *Indagatio naturae Sabbati et quietis Novi Testamenti*, vi-x (en Opera, VII) con la discusión en Van der Flier, *De Johanne Coccejo anti-scholastico*, págs. 154-161.

[332] Witsius, *De oeconomia foederum*, IV, xiii, 2.

[333] Witsius, *De oeconomia foederum*, IV, xiii, 5, 9.

[334] Cf. Witsius, *De oeconomia foederum*, IV, xiii, 10; xiv-xv, con Cocceius, *Summa de foed.*, XI, §338.

la preocupación por la hermenéutica cocceiana. La dificultad para los reformados era mantener, en su uso teológico y aplicación de las Escrituras, su insistencia en la unidad e integridad de todo el canon y al mismo tiempo permitir diferentes administraciones del pacto y diferentes formas de expresión. Así, encontramos a varios escritores ortodoxos defendiendo la canonicidad y autoridad del Antiguo Testamento contra la concentración tanto sociniana como anabaptista en el Nuevo Testamento y su insistencia en una diferencia en «sustancia» en lugar de simplemente en «dispensación».[335] La dispensación o economía del Antiguo Testamento queda superada, declara Rijssen, pero no la enseñanza (*doctrina*). Aun así, como aprendemos de Lc. 16:29 y 2 P. 1:19-21, Cristo y los apóstoles recomendaron el Antiguo Testamento a los fieles. Pablo declaró específicamente que «la iglesia del Nuevo Testamento fue edificada sobre el fundamento de los Profetas y Apóstoles, Ef. 2:20» y la «escritura» a la que Pablo se refería (Ro. 15:4) era claramente el Antiguo Testamento. De hecho, Rijssen y otros ortodoxos estaban bastante dispuestos a reconocer que, históricamente, en ausencia de un canon completo del Nuevo Testamento, el texto de prueba estándar para la inspiración y autoridad de las Escrituras, 2 Ti. 3:15-16, era una referencia a la suficiencia de la revelación del Antiguo Testamento en cuestiones de fe y moral.[336]

En sus dos argumentos finales a favor de la igualdad doctrinal de los Testamentos, Rijssen señala la continuidad de la promesa divina y específicamente a la identidad de Cristo como el Mesías prometido: si el Antiguo Testamento no tuviera autoridad para la iglesia, los cristianos serían incapaces de argumentar contra los judíos que Cristo era en verdad el Mesías. De hecho, se borraría la base histórica del cristianismo.[337] Así, cuando la Escritura dice que la Ley y los Profetas llegaron a su fin con Juan (Lc. 16:16), no significa el fin de la autoridad de los libros del Antiguo Testamento, sino el fin de la *oeconomia* del Antiguo Testamento. Y, aunque la ley fue dada por Moisés, sigue teniendo un lugar bajo el evangelio, «pues Moisés no se opone a Cristo, sino que está subordinado, como siervo de su Señor».[338]

Leigh concluye sus argumentos con una floritura retórica: si, señala, a los seres humanos se les permite declarar que las Escrituras son una «regla parcial», entonces los seres humanos «están obligados a ser sabios por encima

---

[335] Rijssen, *Summa theol.*, II, xv, controversia; Turretin, *Inst. theol. elencticae*, II, viii; Mastricht, *Theoretico-practica theol.*, I, ii, 35-36; Van Til, *Theologiae utriusque compendium ... revelatae*, apéndice, págs. 216, 220-221.

[336] Rijssen, *Summa theol.*, II, xv, argumentos 1-4; Maccovius, *Loci communes*, II (pág. 18); Mastricht, *Theoretico-practica theol.*, I, ii, 35; Turretin, *Inst. theol. elencticae*, II, viii, 6-8.

[337] Rijssen, *Summa theol.*, II, xv, argumentos 5-6.

[338] Rijssen, *Summa theol.*, II, xv, obj. 1.

de lo que está escrito, es decir, por encima de la Ley y el Evangelio».[339] Tampoco es cierto que la técnica de sacar conclusiones de la Escritura coloque la razón humana por encima del texto: debe hacerse una distinción entre *scientia* y *fides*, entre las «conclusiones teológicas» extraídas de la regla y la fe en la regla misma. Sin embargo, tales conclusiones, cuando se extraen correctamente, contienen la eficacia y excelencia de la Palabra de Dios y, por lo tanto, deben considerarse como la Palabra de Dios.[340]

D. La autoridad del canon y de la iglesia según la ortodoxia reformada

1. La autoridad de la iglesia en relación con las Escrituras.

En sus polémicas, los primeros teólogos reformados ortodoxos se apresuraron a señalar que había diferencias importantes entre los teólogos católicos romanos sobre la autoridad de las Escrituras. En su debate con Hart, Rainolds se había burlado de su oponente católico al señalar que

la flor de tus cardenales, el cardenal *Caitan*, comenzando a exponer las Escrituras, establece como principio que *Dios no ha ligado la exposición de las Escrituras a los sentidos de los padres*. Por lo tanto, si cae sobre *un nuevo sentido agradable al texto, aunque va en contra de la corriente de los Padres:* aconseja al lector que no le desagrade.[341]

Y a la refutación de Hart de que «la flor de nuestros obispos, el obispo Melchior Canus» había reprendido a Cayetano por su temeridad, Rainolds pudo citar al eminente exégeta católico romano Andradius, quien había notado que los padres frecuentemente no interpretan las Escrituras literalmente y que en tales casos, «podemos dejar sus alegorías y exponerlas literalmente»; e incluso cuando los padres han buscado los «sentidos literales… no siempre los encuentran, sino que dan diversos sentidos, unos diferentes entre sí».[342]

Los sistemas de la alta ortodoxia reconocen que las definiciones de la autoridad de las Escrituras plantean inmediatamente la cuestión de la necesidad del testimonio eclesial de la autoridad de las Escrituras y, por implicación directa, de la relación de la autoridad de la iglesia con la autoridad de la Biblia: Cabe preguntarse, por tanto, «si la Sagrada Escritura tiene la autoridad o el poder de imponer obligación religiosa (*vim obligandi*)

---

[339] Leigh, *Treatise*, I, viii (pág. 135).

[340] Rijssen, *Summa theol.*, II, xii, controversia.

[341] Rainolds, *Summe of the Conference between Iohn Rainolds and Iohn Hart*, pág. 38, citando a Cayetano, *Comment. in libros Mosis*, pref.

[342] Rainolds, *Summe of the Conference between Iohn Rainolds and Iohn Hart*, pág. 38.

a la Iglesia, es decir, si debe ser recibida como canónica en la medida en que la Iglesia así lo declara, y si ninguno puede ni debe ser recibido a menos que la iglesia así lo ordene».[343] ¿Es la autoridad de las Escrituras simplemente *in se* (como reconocen tanto los escritores protestantes como los romanos), ¿o es también *quoad nos*, sin ninguna garantía del magisterio de la Iglesia? La pretensión romana de una autoridad *in se* que debe estar garantizada *quoad nos* es, en efecto, la afirmación de que, en lo que a ellos respecta, ¡las Escrituras tienen autoridad *de jure* pero no *de facto*![344]

La Iglesia Romana afirma que, sin el *testimonium Ecclesiae*, la Escritura no tendría más autoridad que las fábulas de Esopo. Los católicos, por supuesto, no niegan «que la Escritura sea auténtica absolutamente y en sí misma», sino solo que, por sí misma, es capaz de ser reconocida como teniendo autoridad «en relación y en lo que a nosotros respecta». Rijssen responde que, ciertamente, debe entenderse que la iglesia tiene una serie de «deberes» concernientes o «entorno» a las Escrituras (*officia circa Scripturam*): sirve como «custodio, guía, defensora, heraldo, intérprete». Sin embargo, la autoridad de la Escritura no depende de estos deberes que la rodean (*circa*), sino de varios *notae* y *criteria* colocados en (*insita*) el texto. Puesto que, además, «la autoridad de la iglesia está fundada en la Escritura, Ef. 2:20, y toda su autoridad deriva de las Escrituras», la iglesia «no es capaz de confirmar la autoridad de las Escrituras ni en sí misma ni en relación con nosotros».[345]

De hecho, hay ocho deberes legítimos de la iglesia *circa Scripturam*: «1) aprobar y recibir las Escrituras; 2) recomendar públicamente las Escrituras aprobadas y recibidas; 3) elaborar un catálogo de los libros canónicos, rechazando los escritos apócrifos; 4) preservar los códices auténticos de la Sagrada Escritura; 5) proporcionar traducciones fieles a las Escrituras; 6) escribir credos, catecismos y resúmenes de doctrina basados en las Escrituras; 7) interpretar y explicar los pasajes oscuros y difíciles de las Escrituras; 8) juzgar controversias en la fe y la moral sobre la base de las Escrituras».[346] Los «papistas», sin embargo, «prevarican» sobre el oficio de la iglesia en igual medida que los «libertinos y entusiastas» al alegar la incertidumbre del texto y renunciar al concepto de que las Escrituras son autoautenticantes (*autopistos*).[347]

---

[343] Rijssen, *Summa theol.*, II, ix, controversia.

[344] Cf. Polanus, *Syntagma, Synopsis libri I* with Amyraut et al., *Syntagma thesium theologicarum*, I, v, 2-4, 6, 8.

[345] Rijssen, *Summa theol.*, II.ix, controversia, arg. 1.

[346] Cloppenburg, *Exercitationes super locos communes*, I, iii, 3.

[347] Cloppenburg, *Exercitationes super locos communes*, I, iii, 5.

También es inadmisible, continúa Rijssen, discutir en círculo como lo hace la Iglesia de Roma cuando afirma que la autoridad de la Iglesia se prueba en las Escrituras y la autoridad de las Escrituras se basa en la Iglesia. Una de estas autoridades debe ser anterior.[348] Además, señala, estos argumentos circulares no ofrecen una comprensión clara del significado de «iglesia»: ¿el término indica la iglesia actual o la iglesia antigua, la iglesia colectiva o representativamente? Y cualquiera que sea la forma de iglesia indicada por el término, el hecho es que el testimonio de la iglesia es humano y, en consecuencia, falible.[349]

2. La prioridad de las Escrituras sobre la iglesia.

La iglesia es un «objeto» más que un «principio» de la teología. El debate sobre la autoridad relativa de la Iglesia y las Escrituras, por lo tanto, en última instancia, devuelve a los ortodoxos a la cuestión de *principia*: solo Dios y la revelación de Dios tienen derecho a ser identificados como *principia*; la iglesia es un cuerpo definido doctrinalmente por las Escrituras y, por lo tanto, un objeto de discusión teológica y no uno de los fundamentos de la discusión. «La iglesia», comenta Leigh, «debe estar sujeta a Cristo, Ef. 5:24«, y «la Escritura es la Palabra de Cristo, Col. 3:16».[350] Aun así, las Escrituras, como Palabra de Dios, siempre dicen la verdad, mientras que la iglesia puede equivocarse y, de hecho, en ocasiones se ha equivocado y ha hablado falsamente. La fe debe buscar siempre «un fundamento divino, porque todo testimonio humano es incierto».[351] Al igual que Rijssen, Leigh sostiene que Roma argumenta contra sí misma al argumentar la autoridad de la iglesia a partir del texto de las Escrituras:

> La autoridad de la prueba es mayor, más cierta y más conocida que la conclusión probada por la misma. *Authoritas probans* es mayor que *probata*. Los papistas, para probar la autoridad de la Iglesia, recurren a las Escrituras.[352]

Tampoco se puede admitir la objeción romana de que la iglesia es más antigua que las Escrituras, comenta Leigh, haciéndose eco de la doctrina reformada de la Palabra escrita y no escrita, ya que esta prioridad solo es cierta *quoad formale externum*. *Quoad formale internum*, según «la materia y el

---

[348] Rijssen, *Summa theol.*, II, ix, controversia, arg. 3; cf. Cloppenburg, *Exercitationes super locos communes*, I, iii, 8.

[349] Rijssen, *Summa theol.*, II, ix, controversia, arg. 4-5.

[350] Leigh, *Treatise*, I, ii (pág. 26).

[351] Leigh, *Treatise*, I, ii (pág. 26); cf. Rainolds, *Sex theses de sacra scriptura et ecclesia*, III, xi, como es citado por Leigh: «Spiritus sanctus Spiritus veritatis, loquitur semper in Scriptura; in Ecclesia vero quandoque spiritus humanus, spiritus erroris».

[352] Leigh, *Treatise*, I, ii (pág. 27).

sentido o significado... la Escritura era más antigua que la Iglesia, porque la Iglesia está reunida y gobernada por ella». La «cosa misma, el ser y sustancia de la palabra» precedió a la iglesia con solo la «circunstancia» externa de la forma escrita siguiendo la constitución histórica de la comunidad creyente.[353] De manera similar, el argumento de que el fundamento sobre el cual se prueba algo debe ser probado por otro fundamento o principio superior —de modo que la Escritura como fundamento de la doctrina aún necesita más pruebas— falla en la medida en que la Escritura es el primer principio más allá del cual no es necesaria ninguna regresión o, de hecho, posible en esta vida.[354]

Los ortodoxos también se sitúan en la tradición de Lutero, Tyndale, Vermigli, Calvino, Musculus y, explícitamente, Whitaker al plantear la cuestión de la autoridad en términos del debate sobre las famosas palabras de Agustín (citadas aquí por Leigh), «*Non crederem Evangelio, nisi me commoveret Ecclesiae Catholicae authoritas*»:

> Estas palabras (dice Whitaker) son tan bien conocidas por los papistas que difícilmente se pueden intercambiar tres palabras con ellas, pero las producirán. Es cierto que al principio podemos sentirnos muy conmovidos a recibir y escuchar las Escrituras, porque la Iglesia da testimonio de ellas... Cuando [Agustín] era maniqueo, la autoridad de la Iglesia lo impulsó por primera vez a creer el Evangelio. Lo que quiere decir es que nunca habría creído en el Evangelio, si la autoridad de la Iglesia no hubiera sido una introducción para él, no que su fe se basara en ella como una estancia final, sino que le hizo respetar hasta ahora la palabra del Evangelio para escucharlo... No negamos el ministerio de la Iglesia como medio externo para movernos a abrazar la Palabra de Dios, pero negamos la autoridad de la Iglesia como medio principal.[355]

Al igual que Rijssen y Cloppenburg, Leigh ofrece una máxima que define la relación de la iglesia con las Escrituras como «alrededor» y no «arriba», en relación con el «ministerio» o «servicio» más que con la «dirección» o el cargo de enseñanza: «*Ecclesia non habet magisterium supra scripturas, sed ministerium circa scripturas*».[356] Por lo tanto, a pesar de esta calificación y definición de su autoridad, la iglesia conserva un oficio con respecto a las Escrituras y

---

[353] Cf. Leigh, *Treatise*, I, ii (pág. 28), con Rijssen, *Summa theol.*, I, ix, controversia, obj. 5: «[Ecclesia] est antiquior *formaliter*, quoad modum scriptionis, non *materialiter*, quoad substantiam Doctrinae».

[354] Rijssen, *Summa theol.*, I, ix, controversia, obj. 6; cf. Cloppenburg, *Exercitationes super locos communes*, I, iii, 14.

[355] Leigh, *Treatise*, I, ii (pág. 28); cf. Pierre Du Moulin, *The Buckler of the Faith, or, A Defence of the Confession of Faith of the Reformed Churches in France: against the obiections of M. Arnoux the Iesuite*, third edition (London: Iohn Beale, 1631), pág. 21.

[356] Leigh, *Treatise*, I, ii (pág. 28); cf. Cloppenburg, *Exercitationes super locos communes*, I, iii, 6.

una grave responsabilidad de preservar el canon de las Escrituras, «ser un fiel guardián de los libros inspirados por Dios, como un notario guarda los escritos públicos», «publicar, declarar y enseñar la verdad» de las Escrituras, e «interpretar las Escrituras por las Escrituras» por el bien de los creyentes.[357]

Que este punto de la prioridad de las Escrituras en asuntos de controversia no es solo un punto hermenéutico relacionado con el carácter autentificante del texto y con la necesidad de un recurso eclesial a la *analogia scripturae*, pero también un punto relacionado con la identificación más «existencial» de las Escrituras como Palabra, queda claro a partir de los comentarios de Rollock sobre la autoridad canónica de las Escrituras. Señala que «los adversarios» afirman, contra la evidencia interna y los testimonios antiguos, que

> la Sagrada Escritura no es más que letra muerta, muda, e incapaz de dar respuesta a ningún hombre, incapaz de decidir cuestiones y controversias en religión: y, al contrario, se glorían de que la voz de la iglesia, que procede de la Escritura (como hablan), que está grabada por el propio Espíritu de Dios en los corazones de los hombres; Se jactan, digo, de que esto es vocal y capaz de responder a todos los que demandan todas las preguntas relacionadas con la salvación.[358]

Cuando las Escrituras no logran decidir una controversia, responde Rollock, esto no se debe a ningún defecto del texto sino a la perversidad de los hombres que no escuchan «las Escrituras hablando y respondiendo, sí, clamando en sus oídos»: contra sus propias conciencias, estos adversarios «distorsionan la voz de las Escrituras a otro sentido, ¡y eso para su propia perdición!»[359] La Escritura permanece inmutable. Su verdad no puede ser alterada. Por lo tanto, el estudio cuidadoso, acompañado de la obra eficaz del Espíritu que abre corazones y mentes, es suficiente para responder a toda controversia y, de hecho, es el fundamento de la iglesia y de la palabra de la iglesia.[360]

El enfoque ortodoxo de estos puntos doctrinales implicó, además de los argumentos básicos que acabamos de revisar, una discusión de los diversos pasajes de las Escrituras utilizados por la Iglesia Romana para respaldar sus afirmaciones. De 1 Ti. 3:15, «... la casa de Dios, que es la iglesia del Dios viviente, columna y baluarte de la verdad», los teólogos católicos romanos argumentaron que, dado que la iglesia era la «columna»

---

[357] Leigh, *Treatise*, I, ii (pág. 29).

[358] Rollock, *Treatise of Effectual Calling*, pág. 87.

[359] Rollock, *Treatise of Effectual Calling*, pág. 87.

[360] Rollock, *Treatise of Effectual Calling*, págs. 87-88.

o «soporte» de la verdad entendido de manera general, también debe ser el pilar y soporte de la verdad de las Escrituras. La pregunta, señala Rijssen en refutación, admitiendo que las Escrituras son verdaderas y que la iglesia debe ser reconocida como un pilar de la verdad, se refiere al tipo de pilar indicado por el texto. No debemos entender la iglesia como un pilar «*in sensu architectonico*», como si fuera un pilar que sostiene un edificio, sino más bien «*in sensu forensi*», como los magistrados, a quienes a menudo se les llama «los pilares de la ley» en la medida en que así lo establezcan. La iglesia, en lo que respecta a este texto de las Escrituras, es «un pilar en razón de la promulgación y salvaguardia (*custodia*)» del texto y mensaje de las Escrituras.[361] En la época de Rijssen, este punto se podía extraer fácilmente de la tradición exegética protestante: «La iglesia sostiene la Escritura y la doctrina de Cristo, como columna sobre la que se fija una proclamación, sostiene la proclamación».[362] El recurso romano, para propósitos similares, a Mt. 16:18 es circular (y falaz): afirman que el Papa tiene autoridad porque Cristo le dijo a Pedro que él era la roca sobre la cual se construiría la iglesia, pero basan su interpretación autorizada del texto, no en el texto mismo, sino en ¡La autoridad del Papa para determinar el significado del texto![363]

Si los protestantes fueron capaces de identificar la circularidad del recurso romano a las Escrituras como fundamento de la autoridad previa de la iglesia sobre el texto, también fueron capaces de ver el problema de la circularidad potencial de sus propios argumentos y de intentar defenderse contra él. ¿Han argumentado los reformados, de manera circular, que la Escritura es divina por el Espíritu y que el testimonio del Espíritu se entiende a partir de la Escritura? Rijssen responde que, de hecho, hay tres aspectos separados en la afirmación reformada de la autoridad de las Escrituras como regla de fe, en lugar de un argumento único y potencialmente circular.[364]

Primero, está «la prueba (*argumentum*) a causa de la cual (*propter quod*) creo»; segundo, «el fundamento (*principium*), o causa eficiente por el cual (*a qua*) creo»; y tercero, «los medios e instrumentos a través de los cuales (*per quod*) creo». En el primer caso, la Escritura misma demuestra por sus marcas o cualidades, «como la luz y el esplendor», que es digna de fe; en el segundo, es el Espíritu quien, como se señala en Lc. 24:45, «abrió» el entendimiento de los discípulos y quien, por implicación, abre el entendimiento de los creyentes a la verdad de las Escrituras; en el tercero, es la iglesia, utilizada por Dios en la preservación y comunicación de las

---

[361] Rijssen, *Summa theol.*, I, ix, controversia, obj. 1.

[362] Henry, *Exposition*, 1 Ti. 3:15 in loc.; cf. Du Moulin, *Buckler*, pág. 21.

[363] Amyraut et al., *Syntagma thesium theologicarum*, I, v, 28.

[364] Rijssen, *Summa theol.*, I, ix, controversia, obj. 3.

verdades de las Escrituras.³⁶⁵ Por lo tanto, si se dice que la Escritura es digna de ser creída por el Espíritu, la declaración se refiere al Espíritu como la causa eficiente de la fe. Sin embargo, si preguntamos por qué creemos que el Espíritu que testifica dentro de nosotros es el Espíritu Santo, la respuesta es que lo sabemos por las marcas del Espíritu reveladas en las Escrituras. En cuanto a la autoridad objetiva de las Escrituras, debe basarse en las Escrituras mismas, entendidas como autoautenticantes.³⁶⁶ Tampoco, comenta Rijssen, va en contra del argumento protestante afirmar que la iglesia es la autoridad que indica cuáles libros son canónicos y cuáles no —porque Juan el Bautista indicó la identidad del Mesías, pero ¡la autoridad del Mesías seguramente no descansaba sobre Juan el Bautista!— «Una cosa es discernir y declarar el canon, y otra muy distinta constituirlo y hacerlo auténtico».³⁶⁷

Esta afirmación católica romana de que solo la iglesia puede tener la autoridad final para determinar el canon fue hecha y respondida con considerable detalle: es imposible, señalaron, probar a partir de las Escrituras mismas que el Evangelio de Mateo es de Mateo, pero el Evangelio de Tomás no es de Tomás. Siendo este el caso, la Escritura no puede ser suficiente en sí misma y no contiene todas las cosas necesarias para la salvación. El antecedente del argumento no es estrictamente cierto, responde Wendelin: de hecho, es posible probar a partir de la Escritura que el Evangelio de Tomás no es obra del apóstol Tomás, en la medida en que disiente de la verdad ofrecida en las Escrituras canónicas conocidas. En cuanto a la consecuencia, es simplemente falsa —no es necesario para la salvación probar que el Evangelio de Mateo es realmente obra de Mateo, ni interfiere con el estatus canónico y divino de la historia del evangelio si la identidad del autor no está absolutamente establecida, admitiendo que hay muchos libros en el canon de autoría desconocida.³⁶⁸ Los papistas también impugnan el canon y argumentan la autoridad previa de la iglesia basándose en que los libros se han perdido, pero debe quedar claro que el canon tal como existe ahora contiene todo lo que es necesario para la salvación.³⁶⁹

---

[365] Rijssen, *Summa theol.*, I, ix, controversia, obj. 3.
[366] Rijssen, *Summa theol.*, I, ix, controversia, obj. 3.
[367] Rijssen, *Summa theol.*, I, ix, controversia, obj. 4.
[368] Wendelin, *Christianae theologiae libri duo*, teól., III, vii, 2.
[369] Wendelin, *Christianae theologiae libri duo*, teól., I, iii, 7, y ver más abajo, 6.1 (C.4).

CAPÍTULO 6

EL CANON DE LAS ESCRITURAS Y SU INTEGRIDAD

6.1 El problema del canon en las épocas de la Reforma y la posreforma

A. El contexto interpretativo: continuidades y discontinuidades en el enfoque protestante del texto de las Escrituras

El problema del canon de las Escrituras en los siglos XVI y XVII fue un tema central del debate entre los reformadores y Roma: después de todo, el Concilio de Trento fue el que definió por primera vez el canon como un texto homogéneamente autorizado, que incluía los Apócrifos del Antiguo Testamento, en la Vulgata. Desde una perspectiva textual, la diferencia principal entre el Antiguo Testamento hebreo y los apócrifos ni siquiera se manifiesta en la Vulgata: más que un contraste entre el texto hebreo o, estrictamente, hebreo-arameo del Antiguo Testamento y la Septuaginta griega del Apócrifos, el conjunto tenía la apariencia de homogeneidad en el latín de la Vulgata. El problema de los apócrifos fue un problema que surgió específicamente en el contexto del regreso de los exégetas formados en el humanismo del Renacimiento y la Reforma a los textos en el idioma original de la Biblia. El énfasis en las Escrituras únicamente como norma suprema de doctrina, junto con el énfasis en la interpretación de las Escrituras en sus idiomas originales, generó la forma específica del problema del canon que ocupó el centro del escenario en los debates del siglo XVI.

La ortodoxia protestante, como la Reforma misma, fue una fenómeno bíblico, exegético y homilético tanto como dogmático y confesional. Una gran cantidad, si no toda, de su energía dogmática se dirigió hacia el establecimiento y protección de una predicación bíblica de salvación en y para la iglesia. A pesar de toda su formalización y, de hecho, definición confesional y dogmática del protestantismo, la ortodoxia escolástica rara vez perdió de vista el sentido que tenían los reformadores de la vida y el poder de la Palabra viva de Dios. Incluso las definiciones dogmáticas de las Escrituras más estrictamente definidas que se encuentran en el período ortodoxo manifiestan este interés en el carácter dinámico de la Palabra de Dios y, por lo tanto, dan testimonio del hecho de que la definición dogmática tenía como objetivo proteger el testimonio bíblico y mantenerlo seguro para uso de la iglesia.[1] Además, un gran número de dogmáticos ortodoxos, siguiendo el patrón establecido en la Edad Media y modificado considerablemente bajo el impacto del énfasis humanista de la Reforma y el Renacimiento en las lenguas, comenzaron sus carreras como exégetas y teólogos bíblicos. Sus carreras comenzaron al servicio del texto, y sus escritos dogmáticos se basaron en ese fundamento bíblico y exegético. También debemos señalar que la mayoría de los teólogos ortodoxos estuvieron involucrados en la vida de la iglesia como pastores y predicadores durante los años de su mandato como profesores.

Sin embargo, la situación de los protestantes ortodoxos difería de la de los reformadores en el carácter de la crítica que experimentaron cuando intentaron defender su doctrina de la Palabra bíblica contra sus adversarios. Mientras que los reformadores experimentaron el humanismo y su énfasis en las fuentes en sus idiomas originales como un fuerte aliado en el debate tanto con Roma como con los radicales y anabaptistas, los ortodoxos comenzaron a sentir el aguijón de la crítica textual practicada por los herederos del humanismo renacentista del siglo XVII, los lingüistas técnicos y los orientalistas —muchos de los cuales pertenecían a las iglesias ortodoxas o confesionales. La doctrina alta ortodoxa de las Escrituras se enmarcó en el debate sobre el enfoque crítico del texto y el canon de las Escrituras, con el resultado de que la discusión sobre el canon, el texto, las diversas ediciones «auténticas», las traducciones antiguas y las versiones vernáculas modernas, e incluso la historia de la exégesis, se convirtieron en parte integral de la doctrina ortodoxa de las Escrituras. Mucho más que sus predecesores, los altos ortodoxos se enfrentaron al problema de mantener la doctrina de la Reforma y su codificación ortodoxa frente a una visión nueva y crítica del texto: una percepción del texto y de la interpretación muy diferente de las percepciones que originalmente había fomentado la visión protestante de las Escrituras. Este problema explica, en gran medida, las diferencias de énfasis y las discontinuidades entre las enseñanzas de los reformadores

---

[1] Cf. Beardslee, *Reformed Dogmatics*, pág. 9-10, 14; y tenga en cuenta los comentarios de Beardslee en Turretin, *Scripture*, págs. 11-13.

y los pronunciamientos dogmáticos del último de los escritores de la alta ortodoxia.

Además, interviniendo entre la Reforma temprana y la era de la alta ortodoxia, durante la segunda fase confesional de la Reforma, cuando el liderazgo teológico del protestantismo pasó de las manos de los primeros codificadores de la generación de Calvino, Bullinger, Vermigli y Musculus a las manos de sus primeros sucesores ortodoxos en la generación de Beza, Ursinus, Zanchius y Olevianus, ocurrió un evento importante que cambió para siempre el enfoque de la iglesia hacia las Escrituras. A partir de la cuarta sesión del Concilio de Trento en 1546 y continuando a través de la era de las Confesiones Galicana, Belga y los Treinta y nueve Artículos —por primera vez en la historia de la iglesia— el canon de las Escrituras recibió no solo identificación y enumeración pero también definición confesional y dogmática.

B. El Canon en la Reforma: la solidificación de las perspectivas confesionales

1. El canon de las Escrituras en las primeras confesiones de la Reforma.

La identificación protestante de la Escritura como Palabra inspirada, verdadera, cierta, infalible, pura, santa, suficiente, eficaz, como *principium cognoscendi theologiae* y única regla final de fe y práctica, se aplicó solo a los libros canónicos del Antiguo y Nuevo Testamento, y no se aplicó meramente dogmáticamente, sino como un supuesto confesional fundamental de la Reforma desde sus inicios. Esta identificación tan estricta del canon, que se encuentra en varias de las principales confesiones reformadas del siglo XVI y en los sistemas teológicos escolásticos reformados de las épocas temprana y alta ortodoxa, fue claramente el producto de una nueva confluencia de cuestiones doctrinales y crítica textual. Aunque la iglesia primitiva había desarrollado un sentido relativamente claro del canon del Nuevo Testamento contra Marción y los gnósticos, no había proporcionado ni una lista definitiva de los libros doctrinalmente normativos de la Biblia ni una regla absolutamente firme para excluir libros pertenecientes a la tradición ortodoxa de la iglesia, pero no al canon hebreo del Antiguo Testamento ni a la lista confirmada de escritos «apostólicos». Específicamente, la diferencia entre el Antiguo Testamento hebreo y la Septuaginta no fue un tema que preocupara mucho a la iglesia antes del siglo XVI —muy pronto la iglesia perdió su contacto con el hebreo y aceptó la lista más amplia de la Septuaginta como estándar, a pesar de algunas reservas continuas sobre aquellos libros que carecen por completo de originales hebreos.[2]

Así, las primeras confesiones reformadas y al menos un documento confesional luterano escrito antes de la era *Fórmula de la Concordia* enuncian de manera general el principio del canon y su autoridad sin ofrecer, sin embargo, ni una definición dogmática ni una enumeración de los libros del canon.[3] Los Sesenta y siete artículos de Zwingli (1523) no ofrecen un artículo específico sobre las Escrituras, pero invocan consistentemente las Escrituras como la única norma para la doctrina cristiana, como tampoco lo hacen sus otros dos ensayos en forma confesional, el *Fidei ratio* (1530) y *Christianae fidei expositio* (1531), contienen un artículo formal sobre las Escrituras.[4] El primer movimiento hacia la articulación confesional reformada del principio canónico ocurre en las Diez Tesis de Berna (1528) y la Primera Confesión de Basilea (1534): el primer documento comienza con una declaración de la prioridad de la Palabra de Dios sobre la iglesia y el último documento cierra con una declaración de la prioridad de la Palabra de Dios sobre la iglesia y con una sumisión de la confesión a la autoridad previa de las Escrituras. Para la declaración real de la autoridad canónica de las Escrituras, debemos buscar la Confesión de Bohemia (1535) y la Segunda Confesión de Basilea o Primera Confesión Helvética (1536). El primero de estos documentos declara que «las Sagradas Escrituras que están contenidas en la Biblia y que los Padres recibieron y otorgaron autoridad canónica, deben considerarse inquebrantables, verdaderas y muy ciertas».[5] El segundo declara simple y contundentemente, «las Escrituras canónicas, la Palabra de Dios transmitida por el Espíritu Santo y expuesta al mundo por los profetas y apóstoles, contienen la filosofía y la piedad más perfectas y antiguas, y la única regla perfecta (*ratio*) de vida».[6]

---

[2] Sobre la historia del canon, véase Edward Reuss, *History of the Canon of the Holy Scriptures in the Christian Church*, trad. David Hunter (Edinburgh: R. W. Hunter, 1891); ídem, *History of the Sacred Scriptures of the New Testament*, 5th ed., trad. E. L. Houghton (Edinburgh: T. and T. Clark, 1884); y Brooke Foss Westcott, *A General Survey of the History of the Canon of the New Testament*, sexta edición (1889; repr. Grand Rapids: Baker Book House, 1980).

[3] A saber, the *Confessio Würtembergica*, cap. 30, en Heppe, *Die Bekenntnisschriften der altprotestantischen Kirche Deutschlands*, pág. 540.

[4] Cf. *Articuli sive Conclusiones LXVII*, especialmente los artículos I, V, XV, XVI sobre la prioridad y carácter salvífico del Evangelio, y artículos LVII, LXII, donde se utiliza la norma escritural para argumentar contra el purgatorio y los ancianos o sacerdotes no investidos de la predicación de la Palabra, en Niemeyer, *Collectio*, parte I, págs. 3, 5, 13; con el *Fidei ratio*, en Niemeyer, *Collectio*, parte I, págs. 16-35; y la *Christianae fidei brevis et clara expositio*, en Niemeyer, *Collectio*, parte I, págs. 36-64.

[5] *Confessio Bohoemica*, I, en Niemeyer, *Collectio*, parte II, pág. 787.

[6] *Conf. Helv. prior*, I (Schaff, *Creeds*, III, pág. 211).

2. Musculus y el debate sobre el canon: transición a la doctrina reformada posterior.

El contraste entre las opiniones de Lutero y las de otros pensadores de principios del siglo XVI, ya sean católicos romanos o protestantes, por un lado, y protestantes posteriores, por el otro, también apunta a un problema en el desarrollo de la doctrina protestante de las Escrituras y a una diferencia entre las enseñanzas de los primeros reformadores y las de los dogmáticos ortodoxos. Como se señaló anteriormente,[7] el famoso y altamente hiperbólico rechazo de Lutero de la Epístola de Santiago como una epístola de «paja» puede fácilmente situarse en un contexto temprano de la Reforma en el que la distinción patrística entre *homologoumena* y *antilegomena* en el Nuevo Testamento todavía funcionaba. Esta sensación de relativa fluidez del canon rápidamente dio paso en el siglo XVI a una sensación más estricta del valor igualmente normativo de todos los libros del Nuevo Testamento, de hecho, de la Biblia en su conjunto. Los *Loci communes* de Musculus, publicado en 1560, más de una década después del comienzo del Concilio de Trento, ofrece una excepción parcial. No solo es razonablemente seguro que este particular *locus* tuvo sus inicios considerablemente antes que el texto recopilado del *loci communes*, también se da el caso de que Musculus era uno de los miembros más antiguos del grupo vagamente llamado reformadores de segunda generación. Nacido en 1497, era doce años mayor que Calvino y, al menos en este punto, se formó más por la experiencia de los primeros años de la Reforma que de los últimos años, con el resultado de que el rechazo postridentino de los apócrifos se yuxtapone en el *loci communes* con un sentido de los problemas de los *antilegomena* del Nuevo Testamento.

Como indica el análisis de Heppe del problema del canon en el protestantismo del siglo XVI, incluso en la forma algo truncada que ofrece en su *Reformed Dogmatics*,[8] el punto de transición en la doctrina del canon llegó con los codificadores de la segunda generación de la Reforma y el comienzo de la ortodoxia protestante temprana. Heppe señala tanto el desacuerdo entre los teólogos protestantes sobre los límites del canon como su debate con los adversarios sobre su «perfección integral». Algunos de los autores protestantes no solo permitieron *antilegomena* o libros «apócrifos» en el Nuevo Testamento, también permitieron la posibilidad de que algunos los libros canónicos se habían perdido, total o parcialmente.

---

[7] Ver arriba, 2.1 (A.1).

[8] Heppe, *Reformed Dogmatics*, págs. 12-15, 29-30; nótese la interpretación más matizada en Heppe, *Dogmatik des deutschen Protestantismus*, I, págs. 218-222, 226-229, 243-244, 246-248, 254; también tenga en cuenta su *Geschichte des deutschen Protestantismus*, I, págs. 28-31.

Como reconoció Heppe, Musculus registró este último debate en sus comentarios sobre las «profecías de Enoc» (cf. Gn. 5:22): es posible que ciertas historias y profecías antediluvianas se hayan perdido. Vermigli, de manera similar, había notado que los libros antiguos a los que se hace referencia en el Antiguo Testamento, como el «libro de las batallas de Jehová» (Nm. 21:14) o el «libro de Jaser» (2 S. 1:18), se perdieron, aunque probablemente de valor canónico. Sin embargo, tanto Musculus como Vermigli afirmaron que la providencia ha preservado esos libros como canon que eran necesarios para la salvación, y Musculus expresó la convicción de que la historia del Antiguo Testamento de los primeros períodos contenía la esencia de las primeras revelaciones, conservadas y presentadas en una forma adecuada a las necesidades del mundo posdiluviano.[9]

Heppe asumió incorrectamente que estas preguntas sobre el canon y el problema que evidencian en relación con la llamada perfección integral de las Escrituras indicaban una distinción entre la «Palabra de Dios» y las «Sagradas Escrituras» que no se encuentra entre los ortodoxos posteriores, pero que los ortodoxos no solo mantuvieron la distinción en la forma «histórica» señalada por Heppe, también plantearon estas y otras preguntas críticas sobre el texto, sin impugnar de ninguna manera su opinión sobre su autoridad.[10] La cuestión no es tanto la relativa rigidez de la doctrina de la inspiración como la forma en que la cuestión crítica llegó a tener un efecto cada vez más negativo y perturbador sobre esa doctrina durante las últimas décadas de la era de la alta ortodoxia.

Aun así, después de describir el contenido del canon de las Escrituras, Musculus señala que los libros apócrifos u «ocultos» pertenecen fuera del canon, en la medida en que contienen enseñanzas que surgen del «espíritu del hombre» más que del Espíritu de Dios —y también incluyen «algunos puntos que no están totalmente de acuerdo con las Escrituras canónicas». Su comentario está dirigido a los apócrifos del Antiguo Testamento, pero rápidamente agrega que el antiguo canon del Concilio de Laodicea no incluía 2 Pedro, 2 y 3 Juan, Judas, Hebreos o el Apocalipsis de Juan. Algunos autores recientes, continúa, en una probable referencia a Lutero, también excluirían la Epístola de Santiago. Él concluye:

> No me corresponde a mí pronunciar juicio sobre [estos libros] si pertenecen o no a aquellos bajo cuyos nombres se encuentran. El juicio de los ancianos, sin embargo, me hace menos obligado a éstas

---

[9] Musculus, *Loci communes*, xxv (*Commonplaces*, págs. 350, col. 2-351, col. 1; cf. pág. 352, col. 2); Vermigli, *Loci communes*, citado en Heppe, *Reformed Dogmatics*, pág. 29.

[10] Cf. Heppe, *Reformed Dogmatics*, págs. 14-15 con la discusión en el capítulo 2, pág. 135.

que a las otras Escrituras, aunque no creo que todo lo que se puede leer en ellas deba ser condenado de plano.[11]

El cierre absoluto del canon y su perfección integral fueron cuestiones que adquirieron importancia doctrinal solo cuando los límites del canon y su relación con la tradición autoritativa y el *magisterium* de la iglesia se convirtieron en una cuestión de fe —una cuestión confesional o de credo. Las declaraciones de Musculus reflejan varias cuestiones —la solidificación de la concepción reformada del canon después de la declaración de Trento sobre los apócrifos, la percepción más antigua de los teólogos y exégetas, ya sean reformadores o romanos, sobre los *antilegomena* del Nuevo Testamento y la vacilación de un solo teólogo y exégeta a la hora de convertirse en árbitro del propio canon.

3. Los Decretos Tridentinos: un punto de inflexión en la definición del canon.

El punto central del debate sobre el canon para los teólogos de la segunda generación de la Reforma y de la ortodoxia protestante temprana fue la enseñanza del Concilio de Trento expuesta en la cuarta sesión del concilio el 8 de abril de 1546. El concilio declaró primero que recibía y veneraba

> con igual afecto de piedad y reverencia, todos los libros tanto del Antiguo como del Nuevo Testamento —siendo un solo Dios el autor de ambos— como también las dichas tradiciones, así como las que pertenecen a la fe como a las costumbres, como habiendo sido dictadas (*dictatas*) ya sea por la propia boca a boca de Cristo, o por el Espíritu Santo, y preservadas en la Iglesia Católica por una sucesión continua.[12]

Adjunto a esta declaración, «para que nadie pueda dudar cuáles son [los libros] que este Sínodo recibe» como canónicos, hay una lista del canon del Antiguo y del Nuevo Testamento, incluidos aquellos señalados como apócrifos o deuterocanónicos por los protestantes: Tobías, Judit, Sabiduría, Eclesiástico, Baruc y 1 y 2 Macabeos.[13] El decreto concluye que quien se niegue a recibir la lista completa como «sagrada y canónica» o quien se niegue a recibir todos los libros «enteros (*integros*) con todas sus partes», como lo establece la Vulgata Latina, es anatema.[14]

---

[11] Musculus, *Loci communes*, xxi (*Commonplaces*, xxv, pág. 353, col. 1-2).

[12] *Canones et decreta dogmatica concilii Tridentini*, IV, en Schaff, *Creeds*, II, pág. 80.

[13] *Canones et decreta dogmatica concilii Tridentini*, IV, en Schaff, *Creeds*, II, pág. 81.

[14] *Canones et decreta dogmatica concilii Tridentini*, IV, en Schaff, *Creeds*, II, pág. 82.

El lenguaje del decreto implicaba que no solo los siete libros en disputa mencionados explícitamente (Tobías, Judit, Sabiduría, Eclesiástico, Baruc y 1 y 2 Macabeos) sino también ciertas partes en disputa o adiciones a los libros eran canónicas: el Himno, o Canción de los Tres Niños, y las historias de Susana y Bel y el Dragón (tres adiciones a Daniel), y las adiciones al libro de Ester, todos las cuales (como los otros libros deuterocanónicos) están ausentes en el Antiguo Testamento hebreo, pero presentes en la Septuaginta y, por tanto, en la Vulgata. Los escritores católicos romanos reservaron el término «apócrifos» para obras como 3 y 4 de Esdras, 3 y 4 de Macabeos, la Oración de Manasés y el Salmo 151.[15] Trento ofreció, por primera vez en la historia de la iglesia, un canon absolutamente claro y determinado, y lo ofreció sobre la autoridad de la iglesia como cuestión de fe.

4. Calvino, Bullinger y la solidificación de la concepción reformada del canon.

Calvino, al igual que Lutero, argumentó la canonicidad sobre bases teológicas más que históricas, pero, a diferencia de Lutero, no estaba dispuesto a reconocer libros dudosos o *antilegomena* en el Nuevo Testamento. Así, Calvino sostiene con bastante firmeza, tanto sobre bases textuales como históricas, que Pablo no fue el autor de Hebreos y expresa profundas dudas sobre la autoría de Santiago y 2 Pedro. Sin embargo, defendió la canonicidad de Hebreos, Santiago y 2 Pedro sobre la base de su contenido doctrinal y lo que él creía que era la concordancia entre la enseñanza de estos libros y el mensaje del resto del Nuevo Testamento.[16] Calvino puede afirmar que Pablo no sino «otro apóstol» escribió Hebreos[17] y que 2 Pedro probablemente fue escrita por un discípulo de Pedro.[18] Esta última conclusión parece haber llevado a Calvino a colocar las epístolas de Juan y a Santiago entre 1 y 2 de Pedro.[19]

Los *Institutos* no contienen una discusión completa del canon de las Escrituras ni siquiera en la edición de 1559, pero sí da a los lectores de Calvino una idea clara del estatus no normativo al que habían sido relegados los apócrifos. En su discusión sobre el libre albedrío, Calvino señala el uso de un pasaje de Eclesiástico para revertir su posición: aquí, comenta, hay «un escritor cuya autoridad se sabe que está en duda». Calvino retoma el

---

[15] Cf. *Canones et decreta*, en Schaff, *Creeds*, II, pág. 82, con *Synopsis purioris theol.*, III, 36-37; Turretin, *Inst. theol. elencticae*, II, ix, 2.

[16] Cf. Calvino, *Commentary on Hebrews*, págs. xxvi-xxvii (*CTS*); con Calvino, *Commentary on James*, págs. 276-277 (*CTS*); and Calvino, *Commentary on 2 Peter*, págs. 363-364 (*CTS*).

[17] Calvino, *Institutos*, II, xvi, 6; cf. Calvino, *Commentary on Hebrews*, pág. xxvii (*CTS*).

[18] Calvino, *Commentary on 2 Peter*, pág. 363 (*CTS*).

[19] Cf. Reuss, *History of the Canon*, pág. 318.

argumento, aunque señala su «perfecto derecho» simplemente a rechazar la opinión de Eclesiástico, para argumentar contra este escritor «quienquiera que sea».[20] En cuanto al uso de 2 Macabeos 12:43 Para apoyar la doctrina del purgatorio, Calvino escribe: «lo que presentan... lo considero indigno de respuesta, no sea que parezca incluir esa obra entre el canon de los libros sagrados».[21]

Calvino, sin embargo, identifica muy claramente la cuestión teológica que subyace a la cuestión del canon planteada en el siglo XVI: sus oponentes católicos romanos dan a la iglesia el derecho de determinar «qué reverencia se debe a las Escrituras y qué libros deben contarse dentro de su canon».[22] Calvino argumenta específicamente en contra de una tradición eclesiástica normativa sobre la delimitación del canon:

> Si la autoridad de las Escrituras se basa en la aprobación de la iglesia, ¿el decreto de qué concilio citarán sobre este punto? No tienen ninguno. Creo... Presentan como evidencia una lista antigua, llamada «canon», que dicen que surgió del juicio de la iglesia. Pero pregunto una vez más: ¿en qué concilio se promulgó ese canon? Aquí deben permanecer mudos. Sin embargo, me gustaría saber además qué tipo de canon creen que es. Porque veo que hubo poco acuerdo entre los escritores antiguos. Y si lo que dice Jerónimo debe tener peso, los libros de Macabeos, Tobías, Eclesiástico y similares deben incluirse en el rango de apócrifos. Los romanistas no pueden soportar hacer esto.[23]

Esto no significa que Calvino siempre despreciara los apócrifos. Podía citar con total acuerdo «las palabras muy verdaderas y santas» escritas por un «autor desconocido» y «atribuidas» a Baruc sobre el tema de la oración.[24] Podía citar a Tobías de pasada para encontrar el nombre del ángel Rafael, aunque, hay que admitirlo, el punto tenía poco valor para él.[25] El cuadro que Calvino pinta de la paz del reino de Dios en su famosa «Meditación sobre la vida futura» contiene una cita positiva de Eclesiástico,[26] y Calvino puede incluso referirse al autor de Eclesiástico como Salomón en sus discusiones sobre el engendramiento eterno o pretemporal de la Palabra divina o Sabiduría.[27] Como mínimo, Calvino asumió que los apócrifos

---

[20] Calvino, *Institutos*, II, v, 18.
[21] Calvino, *Institutos*, III, v, 8.
[22] Calvino, *Institutos*, I, vii, 1.
[23] Calvino, *Institutos*, IV, ix, 14.
[24] Calvino, *Institutos*, III, xx, 8.
[25] Calvino, *Institutos*, I, xiv, 8.
[26] Calvino, *Institutos*, III, ix, 6.
[27] Calvino, *Institutos*, I, xiii, 7; II, xiv, 8.

podrían leerse para edificación y, en ocasiones, pudo haber estado dispuesto a respaldar conclusiones doctrinales con textos particulares de los apócrifos. Como reconoció Reuss, el testimonio del Espíritu y la convicción obtenida exegéticamente de la validez o, de hecho, la apostolicidad del mensaje del libro, más que la determinación de la autoría profética o apostólica, fue el criterio principal de Calvino para la canonicidad y la rigidez del canon hasta la virtual exclusión de la referencia a los apócrifos, no siempre se reflejó en el uso de Calvino, aunque tuvo un claro eco en sus polémicas.[28]

Así, en su respuesta a Trento, Calvino ofrece una demarcación del canon mucho más clara que la que está disponible en los *Institutos* y proporciona evidencia del profundo impacto de la *Cánones y Decretos* sobre las concepciones protestantes de las Escrituras. Roma, sostiene Calvino, simplemente se proporciona a sí misma un nuevo apoyo para sus errores y abusos doctrinales al otorgar «plena autoridad» a los apócrifos.

> Del segundo de los Macabeos resultarán el Purgatorio y el culto de los santos; de satisfacciones de Tobías, exorcismos y demás. De Eclesiástico tomarán prestado no poco. ¿De dónde podrían sacar mejor sus heces? Sin embargo, no soy de los que desaprobarían por completo la lectura de esos libros; pero al darles *una autoridad que nunca antes habían poseído,* ¿qué fin se buscaba sino simplemente utilizar pintura espuria para colorear sus errores?[29]

Después de todo, Jerónimo y Rufino consideraban que los apócrifos eran de dudosa autoridad. Agustín siguió el Concilio de Cartago al aceptar los libros apócrifos, pero notó desacuerdos sobre el tema en su época. No solo los padres, continúa Calvino, sino que los propios documentos dan testimonio de su propia falta de autoridad:

> Por no hablar de otras cosas, quienquiera que haya escrito la historia de los Macabeos expresó al final el deseo de haber escrito bien y congruentemente; pero si no, pide perdón. ¡Cuán extraño es este reconocimiento de la majestad del Espíritu Santo![30]

Calvino no solo argumenta contra los apócrifos, sino que demuestra el fundamento teológico de su argumento: el testimonio del Espíritu está ausente en los apócrifos y —presumiblemente relacionado con este problema subyacente— los apócrifos enseñan doctrinas inaceptables como el purgatorio y las satisfacciones, es decir, una doctrina de penitencia. El argumento histórico es claramente secundario.

---

[28] Reuss, *History of the Canon,* pág. 317.

[29] Calvino, *Antidote,* en *Selected Works,* III, pág. 68.

[30] Calvino, *Antidote,* en *Selected Works,* III, págs. 70-71.

Para Calvino, como para Lutero, la cuestión del canon era una cuestión de autoridad y, dada la autoridad previa de las Escrituras, la cuestión debía responderse teológicamente más que eclesialmente. Estaba perfectamente dispuesto a utilizar la tradición de la Iglesia de forma negativa, citando su desacuerdo sobre la identidad de los libros canónicos y, sin saberlo, preparando el camino para una polémica mucho más detallada con sus consultas sobre listas y concilios antiguos. Calvino evita, sin embargo, el criterio cristológico de canonicidad de Lutero y busca tanto una armonía más amplia de la enseñanza bíblica como el criterio del testimonio del Espíritu y el concepto unido al carácter autoautenticante de las Escrituras.[31] Con esto, señala el camino tanto hacia las confesiones reformadas como hacia la perspectiva de la ortodoxia temprana.

Bullinger ofrece la doctrina protestante plenamente desarrollada del canon, definida teológicamente en su perfección integral, en las *Decades* siguiendo una enumeración de los libros canónicos que, por implicación, excluye los apócrifos:

> Por lo tanto, en estos pocos y razonables, no inconmensurables, estos libros claros y sencillos, no oscuros y toscos, está contenida toda la doctrina de la piedad, que es la palabra misma del Dios verdadero, vivo y eterno.
>
> Además, los libros de Moisés y los profetas se conservaron sanos e incorruptos a través de tantas edades, peligros y cautiverios, hasta la época de Cristo y los apóstoles. Porque el Señor y los apóstoles usaron estos libros como verdaderos y auténticos. Sin duda, esto no lo habrían hecho si [los libros de Moisés y los profetas] hubieran sido corrompidos o hubieran perecido por completo. También los libros que añadieron los apóstoles de Cristo, que son uno con la ley y los profetas, durante todas las persecuciones se conservaron seguros e incorruptos en la iglesia, y han llegado sanos e incorruptos a nuestras manos, sobre quienes recaen el fin de los siglos (*in quos fines saeculorum inciderunt*). Porque por el cuidado vigilante y la bondad inefable de Dios nuestro Padre, es posible que a ninguna época le haya faltado ni le faltará tan grande tesoro.[32]

5. Definiciones confesionales del canon bíblico después de Trento.

Los decretos tridentinos alteraron la forma de las declaraciones confesionales protestantes con la misma seguridad que condujeron a declaraciones más detalladas y definidas sobre el canon de las Escrituras por parte de muchos

---

[31] Calvino, *Institutos*, I, vii y ver arriba, 4.3 (C.1) y 5.5 (A-B).
[32] Bullinger, *Decades*, I, i (pág. 55).

de los reformadores de la segunda generación. La *Confessio Würtembergica* o *Confessio piae doctrinae* (1551) de Johannes Brenz, escrita en la década posterior a la promulgación en Trento del canon que contenía los libros apócrifos, declara que «Identificamos (*vocamus*) como Sagrada Escritura aquellos libros canónicos del Antiguo y Nuevo Testamento cuya autoridad nunca ha sido puesta en duda en la iglesia».[33] Aunque los libros bíblicos no están enumerados, el punto antitridentino habría sido claro para todos los lectores del documento: los apócrifos fueron, históricamente, puestos en duda en la iglesia. La confesión de Brenz, como la de Melanchthon *Confessio doctrinae saxonicarum ecclesiarum* del mismo año, fue escrita en respuesta a la invitación de Carlos V a los príncipes protestantes de Alemania para enviar delegados al Concilio de Trento.[34] Melanchthon había declarado, tal vez con la esperanza de entablar un diálogo, que «la voz de la verdadera doctrina» se escuchaba en «los escritos proféticos y apostólicos y los credos (*symbola*)».[35] Brenz, seguramente en respuesta a las decisiones de la cuarta sesión de Trento sobre normas y autoridades doctrinales, había reiterado deliberadamente la *sola Scriptura*, ahora en la forma de una identificación claramente protestante del canon.

El fundamento teológico de la canonicidad —en clara oposición al argumento presentado en los Cánones y Decretos del Concilio de Trento— se resume en la Confesión Galicana de 1559:

> Sabemos que estos libros son canónicos y la regla absolutamente cierta de nuestra fe, no tanto por el acuerdo y consentimiento universal de la iglesia como por el testimonio y la persuasión interna del Espíritu Santo, quien nos permite discernirlos de otros. Libros eclesiásticos en los que, por muy útiles que sean, no podemos fundar ni un solo artículo de fe.[36]

Una declaración prácticamente idéntica aparece en la Confesión belga, mientras que la Segunda Confesión Helvética vincula explícitamente la canonicidad con el discurso de la Palabra viva de Dios en y a través del texto.[37] Así también, comentó Bullinger en la Segunda Confesión Helvética, «no negamos que ciertos libros del Antiguo Testamento fueran llamados por los autores antiguos *Apócrifos*... tales como los que tendrían que ser leídos en las iglesias, pero sin que supuestamente afirmen o confirmen la

---

[33] *Confessio Würtembergica*, cap. 30, en Heppe, *Die Bekenntnisschriften der altprotestantischen Kirche Deutschlands*, pág. 540.

[34] Ver Schaff, *Creeds*, I, págs. 341-344.

[35] Citado en Heppe, *DDP*, I, págs. 233-234.

[36] Confesión Galicana, iv.

[37] Confesión Belga, v; Segunda Confesión Helvética, I, i.

autoridad de la fe por parte de ellos».³⁸ Tanto la confesión Galicana como la Belga enumeran los libros de las Escrituras canónicas, un patrón seguido también por los Treinta y nueve Artículos; la Confesión belga y los Treinta y nueve Artículos, además, enumeran los apócrifos y los declaran edificantes, particularmente por «ejemplo de vida e instrucción de modales», pero los excluye deliberadamente de la regla de la fe.³⁹

La cuestión básica, desde el punto de vista de las confesiones reformadas, es la importancia religiosa o teológica de los libros garantizada por la presencia de la Palabra y el Espíritu; las cuestiones de autoría y uso histórico son secundarias, al igual que la autoridad divina de las Escrituras es anterior a toda argumentación colateral proveniente de evidencias internas y externas.⁴⁰ El argumento siempre procede del principio teológico a las pruebas lógicas y empíricas. Ni los propios reformadores, ni las confesiones reformadas, ni los protestantes ortodoxos estaban dispuestos a revertir el patrón de argumentación y presentar pruebas históricas o racionales como fundamento de un punto doctrinal, ya fuera el punto básico de la autoridad anterior de las Escrituras o el punto relacionado de la limitación e identificación del canon de las Escrituras.

C. La doctrina ortodoxa reformada del canon

1. La cuestión teológica con Roma sobre el canon.

La doctrina ortodoxa reformada de las Escrituras siguió de cerca el modelo establecido por los codificadores de mediados del siglo XVI y por las grandes confesiones reformadas del mismo período al incluir una discusión doctrinal del canon de las Escrituras dentro del *locus de Scriptura sacra* teológico y formal. Admitiendo tanto las cuestiones planteadas por el Concilio de Trento como la respuesta confesional protestante de mediados del siglo XVI, los sistemas ortodoxos no evidencian nada de la flexibilidad de los documentos de la Reforma temprana en su definición del canon. Los apócrifos del Antiguo Testamento están claramente excluidos del canon normativo, y los *antilegomena* del Nuevo Testamento, típicamente, se incorporan al canon a la par de los libros incuestionables sin mucha discusión. Los escritores de alta ortodoxia, en particular, consideraban que la discusión del canon ocupaba un lugar de importancia fundamental en el *locus de Scriptura sacra*. Allí vemos las polémicas de los reformadores y de los

---

[38] Segunda Confesión Helvética, I.9 en CC, III, págs. 238, 833.

[39] Cf. Confesión Galicana, IV; Confesión Belga, VI; Treinta y nueve artículos, VI, en Schaff, *Creeds*, III, págs. 361-362, 387, 490-491.

[40] Ver arriba, 4.1-4.3.

primeros ortodoxos reunidas y codificadas, con el problema de la autoridad ocupando un lugar explícito y destacado en la discusión y el problema de la hermenéutica flotando implícitamente en el trasfondo del argumento. Por supuesto, los teólogos y exégetas protestantes continuaron refiriéndose a los apócrifos «para edificación» e incluso los citaron ocasionalmente en sus escritos teológicos,[41] y los comentaristas continuaron notando preguntas sobre la autoría de los *antilegomena*, pero la postura doctrinal asumió un canon estrictamente definido y generalmente condujo a la aceptación de la autoría apostólica.[42]

Un mayor desarrollo y solidificación de la posición protestante se produjo bajo el impacto de la polémica. Los teólogos católicos romanos se apresuraron a señalar que los herejes en todas las épocas de la Iglesia habían negado el estatus normativo de libros enteros de las Escrituras o habían intentado eliminar porciones de libros con el fin de respaldar sus errores doctrinales. Gregory Martín notó que ésta había sido la práctica de Ebion, que dejó de lado todas las epístolas paulinas; de los maniqueos, que repudiaron los Hechos; de los Alogoi, que atacaron el Evangelio de Juan; de Marción, que eliminó partes del Evangelio de Lucas —y en tiempos recientes de Lutero, quien había llamado la obra de Santiago «una epístola de paja» indigna del espíritu de los apóstoles.[43] Sin más autoridad que la que tuvo Lutero en su ataque a Santiago, los protestantes en general rechazan a Tobías, Eclesiástico y los libros de los Macabeos. Los calvinistas, señala Martin, en referencia al problema de los *antilegomena* del Nuevo Testamento, aceptan a Santiago y rechazan el resto, por la única razón de que a Calvino le agradó hacerlo —a pesar de que Tobías, Eclesiástico y los libros de los Macabeos «fueron permitidos y recibidos como canónicos por la misma autoridad que la epístola de Santiago fue aceptada».[44]

La respuesta protestante ortodoxa llegó con todo lujo de detalles. Se examinaron y distinguieron los diversos ataques heréticos al canon de las Escrituras de la posición protestante. La afirmación general de Trento y los teólogos católicos romanos de que su canon del Antiguo y Nuevo Testamento era el canon autoritativo y aceptado por los concilios ecuménicos de toda la iglesia y, por lo tanto, el verdadero canon de las Escrituras, se examina punto por punto y se refuta. Y, finalmente, se examina cada uno

---

[41] Cf. Keckermann, *Praecognitorum philosophicorum*, col. 69H, citando Sirácida.

[42] Por ejemplo, el extenso discurso de Owen sobre la probabilidad de que fuera Paulina la autoría de Hebreos en *An Exposition of the Epistle to the Hebrews* [originally 5 vols. London, 1668-1684], ed. William H. Goold, 7 vols. (London and Edinburgh: Johnstone and Hunter, 1855), I, págs. 65-92.

[43] Martin, *Discourse*, citado en Fulke, *Defense*, págs. 7, 14.

[44] Fulke, *Defense*, pág. 18.

de los libros en disputa y se dan las razones de su exclusión del canon.[45] En respuesta al comentario de que Lutero había cuestionado ciertos libros del Nuevo Testamento y por lo tanto difería de declaraciones protestantes posteriores, Whitaker pudo notar su propio desacuerdo con Lutero y luego ubicar fácilmente a Lutero en el contexto de las distinciones patrísticas y medievales tardías entre *homologoumena* y *antilegomena* y, de hecho, en compañía de Cayetano.[46]

El debate protestante ortodoxo sobre el canon de las Escrituras vuelve continuamente a la cuestión de ciertos escritos normativos para las enseñanzas de la iglesia tanto para la fe como para la vida. La cuestión del canon implica cuestiones de lenguaje, autoría, inspiración, etc., pero principalmente es una cuestión de estatus doctrinalmente normativo: el canon es la *regula fidei*. Así Whitaker comienza su discusión sobre el canon de las Escrituras:

> Los libros de las Escrituras se llaman *canónicos*, porque contienen la norma y regla de nuestra fe y moral. Porque la Escritura es en la Iglesia lo que la ley en el estado, como Aristóteles en su *Politics* llama canon o regla. Así como todos los ciudadanos están obligados a vivir y comportarse de acuerdo con las leyes públicas, los cristianos deben ajustar su fe y su conducta a la regla y la ley de las Escrituras. Así, en Eusebio, los santos padres acusan a Pablo de Samosata de apartarse de esta regla y de convertirse en autor de una opinión herética.[47]

Whitaker continúa citando una serie de otras fuentes patrísticas —Tertuliano, Cipriano, Crisóstomo, Agustín, Basilio y Rufino— en apoyo de su posición. Añade también una cita de las conferencias de Tomás de Aquino sobre 1 Timoteo para respaldar su argumento.[48] La iglesia está de acuerdo en que existe un canon bíblico de fe y moral. El debate «entre nosotros y los papistas es qué libros deben considerarse canónicos y testamentarios».[49]

2. La norma canónica, el *principium* y el pacto: relaciones doctrinales en la teología ortodoxa reformada.

La centralidad de las preocupaciones doctrinales en la definición del canon se ve claramente en el resumen doctrinal de Trelcatius: señala que en la medida en que la «causa material» de las Escrituras son «las materias divinas

---

[45] Cf. Cloppenburg, *Exercitationes super locos communes*, I, iv-v.

[46] Whitaker, *Disputation*, I, xvi (pág. 105).

[47] Whitaker, *Disputation*, I, ii (pág. 27), citando a Eusebius, *Hist. eccl.*, VII, 30 (que, muy probablemente, es una referencia al credo como *regula fidei* y no al canon de las Escrituras).

[48] Whitaker, *Disputation*, I, ii (págs. 27-28).

[49] Whitaker, *Disputation*, I, ii (págs. 28-29).

reveladas para nuestra salvación, según nuestra capacidad, y registradas en el canon», el canon debe, a su vez, definirse por la doctrina que contiene, es decir, añade Trelcatius, por «la verdad inmutable de Dios».[50] La verdad de Dios es la «forma interna», mientras que la Escritura misma, tal como se encuentra en el canon, es la «forma externa» y el «símbolo absoluto» de la verdad de Dios. Dios ha utilizado las Escrituras como índice o guía del «canon esencial» o regla de su verdad y ha proporcionado la forma canónica externa como «una medida íntegra y perfecta» de la «fe y la vida» cristiana. Este canon escritural funciona en la iglesia del mismo modo que las leyes de una república funcionan como un «canon» o regla por la cual se gobiernan sus ciudadanos. En la iglesia, este canon escritural tiene dos funciones básicas: primero, es la regla de toda enseñanza verdadera y, segundo, es la norma por la cual deben decidirse todas las controversias en religión.[51]

La definición de canon de Gomarus reitera conscientemente la doctrina declarada en los prolegómenos desde una perspectiva dogmática *a priori* (la Escritura es el fundamento cognitivo de la teología), pero ahora puede presentar el argumento en una forma *a posteriori*, como una conclusión extraída de sus definiciones del canon:

> Todo el Canon, por su objeto, la Iglesia o reunión de cristianos tanto judíos como gentiles, se llama Canon de los cristianos (*Canon Christianorum*): y, después del tiempo de los apóstoles, concediendo la ausencia de una revelación inmediata de la doctrina salvadora, es el fundamento cognitivo autoevidente, orgánico o instrumental de la teología cristiana (*cognitionis theologia Christianae principium organicum autopiston*), del que surge por primera vez la doctrina y en el que finalmente se reconcilia. A su autor, Dios, sea la gloria.[52]

Muy parecidas a las definiciones de Trelcatius y Gomarus son las definiciones básicas de canon ofrecidas más tarde en el siglo XVII por Leigh y Rijssen. Leigh, por ejemplo, mantiene tanto el sentido del canon como un reflejo ectípico de la verdad divina observado en el pensamiento de Trelcatius como la idea relacionada que citamos anteriormente de Polanus de una doble autoridad, divina y canónica, perteneciente a las Escrituras. Así, su definición:

> De la [autoridad] Divina fluye la autoridad canónica de las Escrituras. Los libros de las Escrituras se llaman libros canónicos (digamos algunos) por la palabra *kanon*... porque fueron incluidos en el Canon por la Iglesia Universal y reconocidos como divinamente

---

[50] Trelcatius, *Schol. meth.*, I. i.
[51] Trelcatius, *Schol. meth.*, I, ii; Scharpius, *Cursus theol.*, I.i (cols. 8-9).
[52] Gomarus, *Disp. theol.*, II, xl.

inspirados por ella, y también son un Canon perfecto o regla de toda doctrina relativa a la religión, *credendorum et agendorum*, de la fe y de las costumbres, de todo lo que se debe creer o hacer para la salvación.[53]

Este canon impone dos condiciones fundamentales para tal regla: primero, contiene la imagen de la verdad de la mente divina; y segundo, es «encomendado santificado y confirmado por autoridad divina» como regla a la iglesia.[54] Rijssen entiende de manera similar la autoridad canónica como una deducción, no directamente de la divinidad o de la autoridad divina, sino de varios de los «atributos» de las Escrituras: «De estos atributos de las Escrituras [autoridad, perfección y claridad] se sigue que es un canon y una norma de las cosas que debemos creer y de las cosas que debemos hacer, y sobre cuya base deben resolverse todas las controversias religiosas».[55] Este canon, a pesar del uso común que divide el Antiguo Testamento en la Ley y los Profetas, los ortodoxos suelen dividirlo en dos testamentos o pactos, como comúnmente reconocen los cristianos.[56]

Robert Rollock, que escribió en la misma época, manifiesta interés en la diversidad de los materiales de las Escrituras y, como Trelcatius, hace una distinción entre la verdad esencial de Dios que subyace y garantiza las Escrituras y la forma externa o «accidental» de las Escrituras,[57] pero presta considerable atención a los accidentes o propiedades incidentales de los libros bíblicos. Señala que, en primer lugar, la Biblia contiene dos clases de libros, los canónicos y los apócrifos, y solo los primeros se presentan como «la regla o dirección que toca la fe y las costumbres».[58]

Gomarus ofrece una visión teológica similar, pero definida con mayor precisión, del canon, que contiene un motivo de pacto significativo:

El Canon, conforme a la verdad teológica y a la sabiduría de la revelación salvadora [He. 1:1; Ro. 1:2: Ef. 2:20], es uno (como se dice frecuentemente) en sustancia (*substantia*); pero doble en sus circunstancias (*circunstantiis*): el antiguo y el nuevo.[59]

La definición, en su contraste de *substantia* con *circumstantia* se hace eco clara e intencionalmente de la definición reformada básica del pacto, que se encuentra en los *Institutos* Calvino, de la gracia uno en sustancia,

---

[53] Leigh, *Treatise*, I, iii (págs. 42-43).

[54] Leigh, *Treatise*, I, iii (pág. 43).

[55] Rijssen, *Summa theol.*, II, xv.

[56] Leigh, *Treatise*, I, iii (pág.44); Maccovius, *Loci communes*, ii (págs. 16-18); Turretin, *Inst. theol. elencticae*, II, viii.

[57] Rollock, *Treatise of Effectual Calling*, cap. xvii (págs. 99-110).

[58] Rollock, *Treatise of Effectual Calling*, cap. xvii (págs. 99-110).

[59] Gomarus, *Disp. theol.*, II, xxxv.

pero diversos en la forma de su administración.⁶⁰ En este punto existe una fuerte interrelación entre la doctrina reformada de las Escrituras y la doctrina reformada de los pactos. La doctrina de las Escrituras no solo se basa en la perspectiva federal, sino que el enfoque federal se convierte de tal manera en parte de la doctrina de las Escrituras que trae consigo profundas implicaciones hermenéuticas y doctrinales.⁶¹

3. El canon considerado en general: definiciones básicas de la ortodoxia reformada.

Los sistemas ortodoxos, ya sea en la temprana o alta ortodoxia, suelen seguir el patrón confesional de enumerar los libros que pertenecen al canon. Leigh llega incluso a dedicar la mayor parte de dos capítulos (uno sobre el Antiguo Testamento y otro sobre el Nuevo) a una discusión no solo de los libros de las Escrituras sino también de los mejores comentarios sobre ellos.⁶² También es en este punto que las cuestiones relativas a la autoría de los libros bíblicos generalmente se planteaban y resolvían en los sistemas ortodoxos, en paralelo con las opiniones de los exégetas de la era ortodoxa en los argumentos preliminares de sus comentarios.

Los primeros escritores ortodoxos pueden señalar, a modo de introducción a la identificación del canon genuino y normativo de la Biblia, que la iglesia ha reconocido dos cánones, el «divino» y el «eclesiástico». El canon divino consiste en los libros de la Escritura que, por razón de su época de composición, se dividen en Antiguo y Nuevo Testamento. Sin embargo, una vez dicho esto, los ortodoxos reformados adoptan una variedad de descripciones del contenido del canon. Según Scharipus, en el «canon divino», los libros del Antiguo Testamento se dividen en tres clases: Ley, Profetas y hagiógrafos; Los libros del Nuevo Testamento se dividen en dos clases: los históricos y los dogmáticos. A éstos, el «canon eclesiástico» añade los apócrifos del Antiguo Testamento, que son obras edificantes no del todo sanas en su doctrina. La iglesia primitiva, por supuesto, reconoció (a diferencia de la iglesia romana) que los apócrifos tenían un estatus menor y no debían ser recibidos como divinos o autorizados.⁶³ La definición del canon como norma de fe, por tanto, tiene dos grandes divisiones o cuestiones: primero, la identificación y reivindicación del canon divino en su integridad y, segundo, la identificación y argumentación en contra de

---

⁶⁰ Cf. Calvino, *Institutos*, II, x, 2: «Patrum omnium foedus adeo substantia et re ipsa nihil a nostro differt.... Administratio tamen variat»; cf. Calvino, *Institutos*, II, xi, 1.

⁶¹ Ver arriba, 2.3 (A.1).

⁶² Cf. Leigh, *Treatise*, I, iii-iv (págs. 42-83).

⁶³ Cf. Scharpius, *Cursus theol.*, I, i (cols. 9-10); cf. Du Moulin, *Buckler*, pág. 12-14, citando a Cipriano, Eusebio, Atanasio, y Gregorio I, entre otros.

las adiciones hechas al texto en el canon eclesiástico, es decir, el canon representado, sin discriminación, en la Vulgata, dada su dependencia de la Septuaginta más que de la Biblia hebrea.

Gomarus, más simplemente, ofrece dos divisiones en cada testamento: Moisés y los Profetas, los Evangelistas y los Apóstoles.[64] Ussher ofrece un relato detallado, más sensible al género de los distintos libros y organizado en bifurcaciones agricolanas o ramistas. Sobre la base del Nuevo Testamento, escribe Ussher, el Antiguo se divide apropiadamente en «los libros de Moisés (también llamados la Ley) y los Profetas». Ussher señala, sin embargo, que los Salmos no encajan precisamente en esta división y que los Profetas están sujetos a una distinción adicional en obras «históricas y doctrinales», y las obras doctrinales en «poéticas y prosaicas». Lo poético lo define en términos generales como «aquellos escritos en métrica o poesía, que contienen principalmente oraciones sabias y santas, de donde también pueden llamarse Sentenciales» —es decir, Job, Salmos, Proverbios, Eclesiastés y Cantar de los Cantares. Los «prosaicos» son los libros estrictamente identificados como proféticos.[65] Ussher también ofrece una división, esta vez acompañada de un cuadro ramista, del canon del Nuevo Testamento. Después de una división básica en libros que se refieren a la revelación pasada y el único libro que se refiere al futuro, el Apocalipsis, distingue el Nuevo Testamento en obras históricas y doctrinales —los cuatro Evangelios y los Hechos, por un lado, y las veintiún epístolas, por el otro.[66]

Además, el canon de las Escrituras puede considerarse un artículo de fe. Weemse señala que los artículos de fe se consideran ya sea como *de fide* o como *de verbo fidei* —como perteneciente a la fe o directamente de la Palabra de fe. La identidad de Cristo como Emmanuel es a la vez *de fide* y *de verbo fidei*, ya que es un artículo de fe que se entrega en la Palabra, pero el hecho de que Pablo «dejó su manto en Troas» es *de verbo fidei* pero no *de fide*. Una tercera categoría, a la que pertenecen un gran número de doctrinas cristianas, incluye cosas que no se declaran directamente en las Escrituras (*non de verbo fidei*), pero que se extraen como conclusiones apropiadas del texto y necesarias para la fe, como la doctrina «*de que las Escrituras son la Palabra de Dios*; porque esto es evidente en toda la palabra en general, y aunque sea un principio en sí mismo, que primero debe creerse; sin embargo, en mi concepción y forma de abordarla, es una conclusión que surge de esa majestad y carácter Divino que está en la Palabra misma, o las conclusiones particulares extraídas de la Palabra».[67] En cuanto a

---

[64] Gomarus, *Disp. theol.*, II, xxxvi, xxxviii.
[65] Ussher, *Body of Divinity*, pág. 13.
[66] Ussher, *Body of Divinity*, pág. 17.
[67] Weemse, *Exercitations Divine*, págs. 62-63.

la identificación del canon o Palabra tal como está escrita, este no es un artículo de fe en el sentido más general, ya que la identidad de los libros en el canon no es, estrictamente hablando, una doctrina contenida en las Escrituras ni una doctrina deducida de Sagrada Escritura. Sin embargo, en un sentido especial o particular, los artículos de la fe son «lo que está contenido en el Credo; porque el Credo es la sustancia de lo que está contenido en las Escrituras; y entonces es un artículo de nuestra fe creer en el canon de las Escrituras».[68] La *analogia fidei* del credo, por lo tanto, busca las Escrituras en los libros canónicos al identificar un canon o regla, de modo que el resumen de la fe, a su vez, identifica el Canon de las Escrituras como un artículo primario de fe.

Habiendo ofrecido estas definiciones estrictas del canon, los ortodoxos dedican algo de espacio a la enumeración de los libros que le pertenecen. Aquí, Trelcatius presta cierta atención a la formación histórica del canon, pero la cuestión doctrinal sigue siendo lo más importante en su mente. Así, el canon del Antiguo Testamento fue «recibido de Dios por la antigua iglesia de los judíos... y entregado mano a mano a su posteridad por designación de Dios».[69] El «Nuevo Canon» que sigue al Antiguo es posesión peculiar de la Iglesia cristiana,

> cuya sustancia es la palabra pronunciada por Cristo, y las cosas que hizo: cuya historia más fiel está contenida en los cuatro evangelistas; los ejemplos en los Hechos; la exposición en veintiún epístolas; la profecía en el libro del Apocalipsis.[70]

Aunque «la forma de presentación de ambos cánones variaba según los tiempos de la iglesia y las personas» a quienes se daban las revelaciones, la «forma interna... la inmutable Palabra de Dios» ha permanecido siempre la misma. A modo de ejemplo, Trelcatius señala que Moisés proporcionó una regla para la iglesia, y aunque los libros canónicos posteriores han complementado y ayudado en la interpretación de la Ley, ninguna revelación la ha suplantado jamás.[71]

4. El Antiguo Testamento: fuentes, libros perdidos y resultado canónico.

Vemos, tanto en el pensamiento de Gomarus como en el de Rollock, por qué, desde una perspectiva canónica del problema de la autoridad, la autoría generalmente mosaica del Pentateuco fue tan celosamente guardada por la

---

[68] Weemse, *Exercitations Divine*, pág. 63.
[69] Trelcatius, *Schol. meth.*, I, ii.
[70] Trelcatius, *Schol. meth.*, I, ii.
[71] Trelcatius, *Schol. meth.*, I, ii.

ortodoxia protestante y tan acaloradamente debatida tanto por los ortodoxos tardíos por un lado y los deístas por el otro:

> Lo Antiguo es lo que, en tiempos pasados, antes de Cristo, fue para la Iglesia de los Hebreos, en hebreo, por Moisés en el Pentateuco, plenamente establecido y primero expuesto como fundamento (*plenè constitutus, ac primo propositus*); luego, expuesto más claramente (*clarius expositus*) en escritos posteriores de los Profetas... Por esa razón, [el Antiguo Testamento] se conoce como «Moisés y los profetas [Lc. 19:29], por metonimia como «los escritos de los profetas» [Mt. 26:56], «las palabras de los profetas» [Hch. 15:15], o las «palabras proféticas» [2 P. 1:19].[72]

> Este canon, por su objeto (la Iglesia de los Hebreos), se llama «Canon de los Hebreos», ya que a ellos estaban confiados los oráculos de Dios (*eloquia Dei*) [Ro. 3:2; Sal. 147:13, 19, 20]: y que por su expresión material (*à materiae modo*), se identifica económicamente como el pacto de gracia pero más plenamente como la Ley, el pacto de obras, o el antiguo testamento, y preeminentemente, en la misma Escritura, se llama por metonimia, la Ley [Pr. 6:23; Ro. 3:19]; y comúnmente, el Antiguo Testamento.[73]

La revelación mosaica, por lo tanto, proporciona un ancla para el canon: es el fundamento objetivo, firme en sí mismo, por el cual los libros posteriores se juzgan canónicos.

Rollock ofrece un argumento paralelo, aún más explícito en su visión acumulativa y evolutiva de la canonicidad. Al igual que Trelcatius, Scharpius y otros ortodoxos tempranos, no intenta excluir los libros apócrifos del «canon eclesiástico» de la Biblia, sino solo del canon normativo o «divino», argumentando, en una pauta similar a la señalado por Gomarus, pero algo más teologizada, un camino pactual o histórico-salvífica hacia la formación del canon, que descansa en la Palabra escrita primordial dada a Moisés. Rollock señala que, además de confirmar la distinción entre libros canónicos y apócrifos, existe una triple división del texto de las Escrituras; de hecho, hay tres cánones distintos e interrelacionados que conforman el canon más amplio de las Escrituras: el canon mosaico, el canon profético y el canon del Nuevo Testamento.[74] Como indican sus argumentos, el canon mosaico es fundamental para la identificación de la canonicidad del resto de las Escrituras, y los tres «cánones» tomados en conjunto son, al igual que el texto de las Escrituras en su conjunto, autoevidentes en su exclusividad y autoridad.

---

[72] Gomarus, *Disp. theol.*, II, xxxvi.
[73] Gomarus, *Disp. theol.*, II, xxxvii.
[74] Rollock, *Treatise of Effectual Calling*, pág. 100.

Así, «los libros de Moisés son el primer canon o precedente enviado por Dios, que no puede ser juzgado ni comprobado por ningún otro canon externo cualquiera».[75] El carácter absoluto y autosuficiente de este primer canon se basa en dos fundamentos: en primer lugar, no hubo libros dados por Dios antes de Moisés mediante los cuales se pudieran probar los libros de Moisés y sus enseñanzas; en segundo lugar, la «autoridad del escritor», la «evidencia del Espíritu» en la enseñanza de los libros y la «santidad de los libros» en sí son tan grandes que no pueden ser impugnadas. «Los libros de los profetas», continúa Rollock, «constituyen el segundo canon». Puesto que fueron precedidos por los libros divinamente dados de Moisés, han sido «juzgados canónicos por esa norma externa de los libros mosaicos» y también reconocidos como revelación de Dios porque «fueron, y son discernidos por aquellos que son enseñados por Dios internamente por el Espíritu Santo, por la gran evidencia del Espíritu de Dios que se manifiesta en ellos tanto en palabras como en materia».[76]

Hacia el final de la era de la alta ortodoxia, Rijssen ofreció un resumen de dos puntos del argumento a favor de la perfección integral del Antiguo Testamento, destacando conscientemente el sentido ortodoxo de continuidad con la tradición mayor y con los reformadores, señalando que sus puntos de vista se basan en los argumentos de Musculus y Whitaker, quienes, a su vez, habían extraído sus puntos de vista de Crisóstomo. En primer lugar, los libros perdidos mencionados en el Antiguo Testamento no son afirmados como canon por el Nuevo Testamento; y en segundo lugar, la perfección de la Escritura «no se mide por el número de libros, sino por la plenitud de la enseñanza».[77] Así, la integridad del Antiguo Testamento puede inferirse de las palabras del mismo Cristo (Mt. 5:18; Lc. 16:17) en el sentido de que el cielo y la tierra pueden pasar pero ni una jota ni una tilde serán quitadas de la ley. La providencia de Dios y el oficio de la iglesia, además, no permiten que a la Escritura le falte su integridad sustancial o doctrinal. De hecho, la intención de las Escrituras, argumenta Rijssen, que es ser la regla de fe y vida para la iglesia, no podría ser promovida por las Escrituras si el canon fuera imperfecto.[78]

Esta adaptación de la era ortodoxa de los puntos de vista de los reformadores sobre la integridad y perfección del canon apareció como una respuesta directa a nuevas formas de polémica sobre el uso de las Escrituras como norma y sobre el estatus «necesario» o «fundamental» de

---

[75] Rollock, *Treatise of Effectual Calling*, pág. 100.

[76] Rollock, *Treatise of Effectual Calling*, pág. 100.

[77] Rijssen, *Summa theol.*, II, xvii, controversia 4; cf. Hoornbeeck, *Summa controversiarum*, pág. 449, e ídem, *Socinianismus confutatus*, I, págs. 48-53.

[78] Rijssen, *Summa theol.*, II, xvii, controversia 2, arg. 1-4.

doctrinas cristianas clave, como la Trinidad. En particular, los problemas de los «libros perdidos» y de los apócrifos y *antilegomena* fueron utilizados en la polémica del siglo XVII para perjudicar la integridad general y, por tanto, la autoridad del canon. Los polemistas de la Iglesia Romana y varios «espiritualistas» protestantes argumentaron la necesidad de normas distintas al canon de las Escrituras; en el caso del argumento católico, una norma eclesiástica capaz de identificar y definir el canon y capaz, también, de suplir las carencias doctrinales de un canon textualmente imperfecto. Desde una perspectiva algo diferente, los socinianos y varios teólogos protestantes posteriores argumentaron que la pérdida de libros del Antiguo Testamento demostraba la imperfección de su revelación frente a la revelación del Nuevo Testamento —y luego argumentaron que doctrinas como la Trinidad podían prescindirse porque no se encuentran en el Antiguo Testamento y, por lo tanto, no cumplen con el criterio de universalidad requerido por la categoría de doctrina fundamental o necesaria.

En este clima polémico, la cuestión de los libros perdidos del Antiguo Testamento, como «el libro de las batallas de Jehová» (Nm. 21:14), o «el libro de Jaser» (Jos. 10:13; 2 S. 1:18), o «la historia de los reyes de Judá y de Israel» (1 R. 14:19; 15:23), adquirió un estatus doctrinal significativo. «Estos libros», comenta Rijssen, «no contenían enseñanza religiosa, sino que eran anales políticos en los que se registraban los asuntos públicos de los israelitas (*res gestae Israëlitarum*), o contenían registros de acontecimientos o estatutos civiles».[79] Es posible que también haya libros escritos por los profetas como escritos privados, como los libros de hierbas y plantas de los que Salomón informa (1 R. 4:33), pero tales obras no fueron escritas para «la edificación de la Iglesia».[80] En cuanto a las llamadas crónicas de Samuel, Natán y Gad (1 Cr. 29:29), las «visiones de Iddo» (2 Cr. 9:29) y las «crónicas de Semaías» (2 Cr. 12:15), estas son partes de los libros actuales de Samuel, Reyes y Crónicas, como lo habían admitido incluso eruditos católicos romanos, como Sixtus Senensis y Paulus Burgensis.[81] En conclusión, entonces, los ortodoxos insisten en que los libros que actualmente se encuentran en el canon proporcionan todas las verdades necesarias para la salvación, de modo que no se necesitan otros libros. No hay ningún libro perdido que fuera parte esencial o integral de las Escrituras.[82]

---

[79] Rijssen, *Summa theol.*, II, xvii, controversia 4, obj. 1 y resp.; cf. Weemse, *Exercitations Divine*, pág. 120. Nota: los comentarios de Rijssen sobre los registros públicos y los anales políticos del antiguo Israel reflejan un interés importante de la teología federal, que típicamente discutía estos temas en profundidad bajo el análisis histórico del Antiguo Pacto: ver, por ejemplo, Heidegger, *Corpus theol.*, locus XVI: «De lege judiciali Mosis».

[80] Weemse, *Exercitations Divine*, pág. 120.

[81] Rijssen, *Summa theol.*, II, xvii, controversia 4, obj.2 & resp; cf. Weemse, *Exercitations Divine*, pág. 121.

[82] Weemse, *Exercitations Divine*, págs. 117-118.

Esto no quiere decir que los ortodoxos ignoraran los problemas textuales o negaran que hubo manos editoras en la composición del Pentateuco y las historias posteriores. Mucho más que los reformadores, eran conscientes de la naturaleza editada del texto y del anonimato del autor de gran parte del material. Sin embargo, sí basaron el texto en las palabras reales de «Moisés y los profetas», argumentando que los signos del trabajo editorial de ninguna manera descartan la suposición de que la mayor parte del material de los libros provino de las bocas o, de hecho, las plumas de Moisés y los profetas.[83] Incluso admitiendo el enfoque postridentino más estricto del canon característico de los protestantes ortodoxos, todavía se puede notar un cierto nivel de duda sobre ciertos libros. Los exégetas ortodoxos podrían dudar de que alguna vez se conozca la autoría de la mayoría de las partes de Jueces, Rut y los libros de Samuel. Se dudó de la autoría salomónica del Cantar de los Cantares y se entendió que Proverbios era una compilación, en parte de Salomón.[84]

5. Contra Roma: el problema de los apócrifos.

Los libros apócrifos del Antiguo Testamento, declaran uniformemente los ortodoxos, son «llamados así porque la iglesia los habría mantenido ocultos, y no para ser leídos ni enseñados públicamente en las iglesias; solo se permitía la lectura privada de ellos».[85] Leigh descarta uno y plantea dos posibles razones para la designación de «apócrifos»: los libros se llaman «secretos» u «ocultos», comenta, «no porque se desconozcan los nombres de los escritores... sino porque no solían ser leídos abiertamente en la Iglesia de Dios como libros canónicos... o porque su autoridad era oscura o dudosa entre los Antiguos».[86] Los apócrifos no tienen la misma garantía histórica que los libros canónicos del Antiguo Testamento: ninguno de ellos fue escrito por primera vez en hebreo, y eran desconocidos en tiempos de Esdras: «sus autores no fueron profetas ni hombres inspirados (*viri theopneustoi*); además, fueron escritos después de Malaquías, el último de los profetas; ni estaban inscritos en lengua hebrea como los libros del Antiguo Testamento, sino en griego».[87] Los apócrifos no fueron citados como Escritura autorizada ni por Cristo ni por los apóstoles ni por la iglesia primitiva, ni estos libros contienen verdades necesarias para la salvación.[88]

---

[83] Véase la discusión sobre las opiniones de Matthew Poole y Matthew Henry arriba, 2.3 (C.1).

[84] Poole, *Commentary*, I, págs. 408, 456, 507, 513; II, págs. 213, 307-308.

[85] Rollock, *Treatise of Effectual Calling*, pág. 102; cf. Whitaker, *Disputation*, I, iv-xv; *Synopsis purioris theologiae*, III, xxxvi-xxxix; Turretin, *Inst. theol. elencticae*, II, ix, 7-9; Boston, *Body of Divinity*, I, pág. 23.

[86] Leigh, *Treatise*, I, v (pág. 85).

[87] Rijssen, *Summa theol.*, II, vii, controversia iii, arg.2; Hommius, *LXX Disputationes*, I, vi; Boston, *Body of Divinity*, I, pág. 23.

[88] Amyraut et al., *Syntagma thesium theologicarum*, I vi, 17; Hommius, *LXX Disputationes*, I, vi; Boston,

En confirmación de su ausencia en el canon clásico de las Escrituras hebreas, también se da el caso de que los apócrifos fueron rechazados por los judíos y no fueron citados como Escritura ni por Cristo ni por los apóstoles.[89] Además, muchos de los padres de la iglesia plantearon objeciones a estos libros, y Jerónimo en particular los consideraba poco canónicos.[90] Además, se reconoce fácilmente que contienen enseñanzas contrarias al contenido de los libros canónicos, como la doctrina del purgatorio (cf. 2 Mac. 12:42-45).[91] Mastricht ensaya los mismos argumentos y cita lo que considera, incluso en su época, las mejores discusiones sobre el problema de los apócrifos: el ensayo de Rainold sobre los apócrifos, el ensayo *Disputation on Sacred Scripture* de Whitaker y la *Praecognita* de Alsted, todas obras de la era de la ortodoxia temprana, lo que demuestra no solo la dependencia ortodoxa tardía del pensamiento de la ortodoxia temprana sino también la amplia naturaleza internacional de la ortodoxia reformada.[92]

Los protestantes ortodoxos también afirman que los apócrifos también carecen de las evidencias de divinidad que se encuentran en los libros canónicos; de hecho, en lugar de las marcas de divinidad características de las Escrituras autoritativas, los apócrifos abundan en características «humanas»: «El estilo y la sustancia de estos libros gritan que son humanos», escribe Rijssen:

> porque el estilo no solo no refleja la majestuosidad y sencillez del estilo divino, sino que huele a las debilidades y flaquezas de la imaginación humana, a la vanidad, la adulación, la curiosidad, la afectación de la sabiduría y la elocuencia, que no son infrecuentes en ellos; en ellos se encuentran muchas cosas frívolas, absurdas, falsas, supersticiosas y contradictorias.[93]

Por ejemplo, Rijssen señala que el libro de Tobías atribuye mentiras a un ángel: Rafael afirma (Tob. 5:15) que su nombre es Azarías, hijo de Ananías; En el sexto capítulo del mismo libro (vv. 13-17), Rafael le da a Tobías un hechizo mágico para ahuyentar a los demonios, pero el mismo Cristo nos dice, en el evangelio de Mateo (17:21), que este tipo de ser solo se desecha mediante la oración y el ayuno. Aun así, Judit elogia a Simeón (9:3), el mismo hijo que fue maldecido por su padre Jacob por su crueldad (cf. Gn. 49:5-7). ¡Se alaban el fraude y la mentira de Judith (cap. 11)![94] La identificación de

---

Body of Divinity, I, pág. 23.
[89] Leigh, *Treatise*, I, v (pág. 88); cf. Du Moulin, *Buckler*, págs. 3-5; ídem, *Defense*, II, v (págs. 147, 152).
[90] Whitaker, *Disputation*, I, vii-xv (págs. 67-105), passim; cf. Du Moulin, *Defense*, II, v (págs. 147-148).
[91] Leigh, *Treatise*, I, v (págs. 103-104).
[92] Mastricht, *Theoretico-practica theol.*, I, ii, 9.
[93] Rijssen, *Summa theol.*, II, vii, controversia, arg.2.
[94] Rijssen, *Summa theol.*, II, vii, controversia, arg.2.

Holofernes como un emisario enviado en el año decimotercero del reinado de Nabucodonosor es una fábula, como lo es la afirmación de que casi cien años de paz siguieron al encuentro de Judit con Holofernes: de hecho, ¡ninguno de los exégetas y apologistas católicos romanos es capaz de explicar el relato en relación con la cronología conocida del Antiguo Testamento!⁹⁵ El autor del llamado libro de la Sabiduría se identifica falsamente como Salomón, rey de Israel, y luego alude a juegos atléticos de los griegos que no se practicaban en la época de Salomón (4:2) y, más allá de eso, Rijssen comenta: el libro enseña una doctrina pitagórica sobre la transmigración de las almas (8:19-20).⁹⁶ Whitaker señala que el simple hecho de que el griego sea el idioma original de la Sabiduría de Salomón lo excluye del canon por ser, en palabras de Jerónimo, «pseudepigráfico»: ésta, añade Whitaker, es también la opinión de eruditos católicos romanos como John Driedo, y hay que recordar que Buenaventura dijo más o menos lo mismo y, de hecho, atribuyó la Sabiduría a Filón.⁹⁷ El libro de Baruc tiene su autor escribiendo desde Babilonia, cuando aprendemos de Jer. 40 que Baruc estaba con Jeremías en Egipto. El libro también habla de la ofrenda de sacrificios por parte de los judíos en Babilonia, ¡pero nunca hubo ni un templo ni un altar para tales propósitos en Babilonia!⁹⁸ En los libros de los Macabeos se alaba el suicidio (1 Mac. 1:16; 9:5, 28) y se ofrecen sacrificios por los muertos (2 Mac. 12:42), dando a los romanistas una base para su doctrina del purgatorio.⁹⁹ Obviamente, tales libros no pueden considerarse divinos.

Los ortodoxos argumentan además que los padres y los antiguos concilios de la iglesia (e incluso muchos de los doctores medievales) rechazaron la autoridad de los apócrifos. Solo varios concilios sospechosos afirman la canonicidad de estos libros y, como observa Rollock con un toque de polémica ironía, incluso Cayetano habló en Trento a favor de una distinción entre el canon y los antilegómenos.¹⁰⁰ Sin embargo, a pesar de la firme línea doctrinal trazada entre el canon normativo y los apócrifos, y a pesar de la presencia de puntos doctrinales problemáticos en los apócrifos, muchos de los escritores protestantes muestran respeto por esta antigua

---

⁹⁵ Cloppenburg, *Exercitationes super locos communes*, I, iv, 2; Whitaker, *Disputation*, I, xi (págs. 83-86).

⁹⁶ Rijssen, *Summa theol.*, II, vii, controversia, arg.2; Cloppenburg, *Exercitationes super locos communes*, I, iv, 3. Nota: la mayoría de los comentaristas ven la doctrina de Sabiduría 8:19-20 como una doctrina platónica de la preexistencia de las almas, pero el punto teológico, que cuestiona la canonicidad del texto por contener conceptos anacrónicos y no bíblicos, permanece sin cambios.

⁹⁷ Whitaker, *Disputation*, I, xii (págs. 87-89).

⁹⁸ Cloppenburg, *Exercitationes super locos communes*, I, iv, 5.

⁹⁹ Cloppenburg, *Exercitationes super locos communes*, I, iv, 5; cf. Amyraut et al., *Syntagma thesium theologicarum*, I, vi, 20; Du Moulin, *Buckler*, págs. 5-7.

¹⁰⁰ Whitaker, *Disputation*, I, vi (págs. 54-66); Rollock, *Treatise*, págs. 106-110.

colección de libros: Trelcatius se refirió a ellos como pertenecientes a una «Canon eclesiástico» y Leigh lo llama más que un «segundo canon».[101] Los apócrifos, comenta Leigh, no contienen «una verdad infalible de la cual puedan extraerse argumentos firmes», pero son «buenos y rentables» para estudiarlos más allá del valor de los libros escritos más recientemente.[102] Estos libros, además, fueron escritos después de la época de Malaquías, el último de los profetas, y mientras que todos los profetas escribieron en hebreo, estos libros existen solo en griego. Además, fueron rechazados por los antiguos judíos y nunca fueron elogiados por Cristo y los apóstoles; con razón, en la medida en que contienen enseñanzas contrarias al resto de las Escrituras.[103] Por lo tanto, no pueden fundamentar ni confirmar ningún artículo de fe, y para que se pueda confiar en sus enseñanzas, éstas deben estar confirmadas a partir de algún texto del canon normativo.[104]

La conclusión doctrinal extraída por los ortodoxos de su definición y delimitación del canon es la cuestión ya planteada en la discusión del enfoque de la Reforma temprana sobre los libros perdidos del Antiguo Testamento y *antilegomena* del Nuevo: la doctrina de una *perfectio integralis* del canon o del *integritas scripturae sacrae*. La afirmación dogmática se remonta a las discusiones sobre las evidencias externas de la divinidad de las Escrituras y de la perfección de las Escrituras y aplica lo que allí se había argumentado en general a la cuestión específica del canon:[105] Se puede ver, a la luz de la discusión del canon, que la divina providencia que preservó el texto de la Escritura a través de tantas vicisitudes lo preservó de la corrupción tanto en su totalidad como en cada una de sus partes.[106]

6. El canon del Nuevo Testamento: el problema de la integridad dados los *antilegomena* y la posibilidad de libros perdidos.

Al argumentar la canonicidad de los documentos del Nuevo Testamento, los ortodoxos señalan una regla que es tanto temporal como lógicamente definitiva, la culminación de la historia reveladora en la que se formó el canon:

> El Nuevo (*Novus*), que fue escrito por los Evangelistas y Apóstoles después del Antiguo, y después del último de sus autores, es

---

[101] Trelcatius, *Schol. meth.*, I, ii; Leigh, *Treatise*, I, v (pág. 84).

[102] Leigh, *Treatise*, I, v.

[103] Rijssen, *Summa theol.*, II, vii, controversia 3; Leigh, *Treatise*, I, v (págs. 88, 90-91); Mastricht, *Theoretico-practica theol.*, I, ii, 9.

[104] Du Moulin, *Defense*, II, v (págs. 145-146).

[105] Cf. arriba, 4.2 (B.3) y 5.3 (B.2-4) con Whitaker, *Disputation*, I, xvi, Pictet, *Theol. chr.*, I, x-xi; De Moor, *Commentarius perpetuus in Joh. Marckii compendium*, II, xvi (pág. 281-285).

[106] Mastricht, *Theoretico-practica theol.*, I, ii, 16; cf. Burman, *Synopsis theol.*, I, vii.

verdaderamente el último (*novissimus*) Canon y el edificio de salvación para la iglesia en todo el mundo [Ef. 2:21; Jn. 20:31].[107]

Esta reunión de autores no solo ilumina el antiguo canon de las Escrituras, sino que también lo perfecciona [de dos maneras]: primero, téticamente (*thetikos*), en los cuatro evangelistas; segundo, interpretativamente (*ekthetikos*), en el resto de sus escritos. Y por eso, por su materia o sustancia primaria, se le llama Evangelio (*Evangelium*) y Nuevo Testamento.[108]

Rollock argumenta de manera similar y, en la construcción paralela de su argumento, manifiesta que el Nuevo Testamento reúne y concluye en un sentido acumulativo los criterios de canonicidad, lo que hace que el Nuevo Testamento sea definitivo, pero, no obstante, históricamente contingente sobre los patrones de revelación precedentes:

> El tercer canon son los libros apostólicos del Nuevo Testamento, que son juzgados y aprobados como canónicos, en parte por los libros canónicos de Moisés, en parte por los libros de los Profetas, en parte por la evidencia espiritual que llevan en sí mismos.[109]

Desde un punto de vista doctrinal, el argumento de Rollock permite el desarrollo histórico del canon y excluye del proceso a la autoridad de la iglesia poscanónica. El canon, aunque identificado históricamente y formulado en la iglesia a lo largo de siglos, lleva en sí mismo los fundamentos de su autoridad. Así, el carácter autoevidente de la «autoridad divina» de las Escrituras encuentra un análogo doctrinal en el carácter autoevidente de la «autoridad canónica» que de ella se deriva.

Así también, después de enumerar los libros canónicos de ambos testamentos, Rollock y otros señalan que algunos teólogos y exégetas habían puesto en duda la autenticidad de Hebreos, Santiago, 2 Pedro, 2 y 3 Juan, Judas y el Apocalipsis, pero nunca habían sido «totalmente rechazados». Plantean, por tanto, la cuestión de los *antilegomena* y de un «canon dentro del canon», pero no dan evidencia de ninguna gran controversia sobre los libros en duda: no hacen ninguna alusión a las opiniones de Lutero, Musculus y otros pensadores protestantes anteriores que relegaron los libros a un estado secundario. También señalan que algunos de los libros del canon no tienen un autor claramente establecido o identificable, pero, nuevamente, a diferencia de los escritores anteriores que vieron cierta fluidez en el canon, comentan de manera un tanto dogmática que la ausencia de adscripción a un autor humano debería entenderse como una indicación de la autoría del

---

[107] Gomarus, *Disp. theol.*, II, xxxviii.
[108] Gomarus, *Disp. theol.*, II, xxxix.
[109] Rollock, *Treatise of Effectual Calling*, pág. 100.

Espíritu Santo y la instrumentalidad del escritor humano (quienquiera que fuera) en lugar de que un signo de la duda del libro. Estas obras, por tanto, deben considerarse canónicas y no relegadas a la categoría de apócrifas.[110] Por lo tanto, incluso en autores como Rollock y Poole, que mantuvieron en la era de la ortodoxia un lenguaje bastante «dinámico» de la Palabra viva hablada en las Escrituras, el enfoque del texto como regla o canon se ha solidificado considerablemente, y los problemas señalados con bastante amplitud a principios del siglo XVI ya no están registrados.

Los escritores reformados también plantean la hipótesis de que podrían haber existido otros escritos de los Apóstoles, pero que no se conservaron porque no estaban relacionados específicamente con la enseñanza del evangelio. Como señala De Moor, los argumentos extraídos de los padres sobre la posible existencia de una segunda epístola a los Filipenses y una tercera a los Corintios no son concluyentes y, en cualquier caso, no apuntan hacia obras destinadas al canon.[111] El único libro existente que ejemplifica este problema es la llamada *epístola a los Laodicenses*. El libro no solo existe y se atribuye a Pablo, sino que también hay una posible indicación en el texto de la Epístola a los Colosenses de que Pablo en realidad había escrito tal obra (Col. 4:16). Cloppenburg considera que este documento plantea un problema importante para la doctrina del canon, específicamente, de la integridad de los códices antiguos. El problema lo provoca, sostiene, el texto de algunos códices latinos que indica una epístola *ad Laodicenses* en lugar de traducir correctamente el griego como *ex Laodicea*. Theophylact, señala Cloppenburg, había identificado esta obra como la primera epístola a Timoteo, opinión que se confirma con la referencia en el siguiente versículo a Arquipo, a quien Pablo y Timoteo enviaron saludos en la Epístola a Filemón.[112] En confirmación de esta interpretación, Rijssen señala que algunos textos antiguos de 1 Timoteo concluyen con la inscripción: «La primera carta a Timoteo fue escrita desde Laodicea, que es la ciudad principal de Frigia Pacatiana».[113] La otra opción, tomada por Calvino y por la mayoría de los ortodoxos, es que la epístola «desde Laodicea» no era una carta de Pablo sino una epístola de un escritor ahora desconocido de la iglesia de Laodicea recomendada por Pablo a los Colosenses como edificante.[114] En cualquier caso, la escritura existente conocida como *Epístola*

---

[110] Rollock, *Treatise of Effectual Calling*, págs. 101-102; cf. Poole, *Commentary*, III, págs. 808 (Hebreos), 917 (2 Pedro), 928 (2 y 3 Juan), y 943-944 (Judas); Turretin, *Inst. theol. elencticae*, II, ix, 13.

[111] De Moor, *Commentarius perpetuus in Joh. Marckii compendium*, II, xvi (págs. 287-288).

[112] Cloppenburg, *Exercitationes super locos communes*, I, v, 5; cf. Burman, *Synopsis theologiae*, I, vii, 7.

[113] Rijssen, *Summa theol.*, II, xvii, controversia 4, obj.3, cf. la inscripción que todavía se encuentra en la KJV al final de 1 Ti.

[114] Cf. Calvino, commentary on Col. 4:16 (*CTS Colossians*, pág. 231), con Whitaker, *Disputation*, I, xvi (pág. 108); *Anotaciones de Westminster*, in loc.; y con las prolongadas discusiones en Poole,

a los laodicenses es una falsificación y no puede utilizarse como fundamento de un argumento contra la integridad del canon. Haciendo eco de Calvino, los ortodoxos sostienen que podemos estar seguros de que los libros del canon son aquellos que Dios quiso que se consagraran para el uso público de la iglesia del antiguo y del nuevo pacto.[115] Todos estos libros fueron preservados providencialmente en su integridad, e incluso aprendemos de las Escrituras que «cuando se perdía algún libro que era necesario para el uso de la Iglesia; el Señor tuvo cuidado de que aquel libro se encontrara de nuevo, como el libro de la ley encontrado por *Hilcías, 2 R. 22:8*».[116] Dejadas de lado todas las objeciones, los ortodoxos concluyen que el canon posee la integridad o perfección integral adecuada a una regla de fe.

7. La ortodoxia y el canon de las Escrituras: continuidad y cambio en los siglos XVI y XVII.

Teniendo en cuenta la relativa apertura y fluidez del canon en la Edad Media y la voluntad de los escritores, tanto protestantes como católicos romanos, de principios del siglo XVI de abrir la cuestión del canon sobre bases doctrinales y críticas, se debe proporcionar alguna explicación, a modo de conclusión de esta sección, para el enfoque dogmático cada vez más desarrollado del canon de las Escrituras que se encuentra en los escritos confesionales de los reformados y en la teología de los ortodoxos reformados. No puede aceptarse el punto adoptado por Heppe como cuestión dogmática central y también sugerido por Reuss, de que los ortodoxos dejaron de lado una distinción protestante anterior entre la Sagrada Escritura y la Palabra de Dios. La distinción, entendida correctamente en términos de la relación de la Palabra eterna de Dios tanto con la encarnación como con la revelación hablada y escrita de la sabiduría divina para los seres humanos, se mantuvo en uso durante todo el período de la ortodoxia.[117]

Los primeros reformadores fueron más capaces que sus sucesores de permitir una calidad desigual en las Escrituras —una comunicación más clara y completa de la Palabra en algunos lugares que en otros. En la medida en que los sucesores de Lutero, en particular Flacius, mantuvieron la distinción de Lutero de libros dentro del canon, así como la distinción

---

Commentary, III, págs. 729-730, y De Moor, *Commentarius perpetuus in Joh. Marckii compendium*, II, xvi (págs. 285-287).

[115] Calvino, *Commentary on Ephesians*, 3:5 (*CTS Ephesians*, pág. 249).

[116] Cf. Cloppenburg, *Exercitationes super locos communes*, I, v, 3, 6, con Weemse, *Exercitations Divine*, págs. 118-119, citando también la historia del segundo dictado de Jeremías de las Lamentaciones perdidas a Baruc (Jer. 36:32).

[117] Cf. Reuss, *History of the Canon*, págs. 354-355; Heppe, *Reformed Dogmatics*, págs. 14-16, con la discusión anterior, 3.4 y en Muller, "Christ—the Revelation or the Revealer?" págs. 311-315.

entre libros canónicos y apócrifos, y en la medida en que el luteranismo no sintió la necesidad inmediata de seguir a los reformados en la definición del canon con precisión en sus confesiones, puede ser posible argumentar el mantenimiento del concepto del canon de la Reforma temprana y, por lo tanto, una resolución sutilmente diferente de la cuestión de la autoridad en el contexto de la iglesia creyente en el lado luterano de la Reforma por más tiempo que en el lado reformado o calvinista. Aun así, ni los sistemas ortodoxos reformados ni los comentarios escritos por exégetas reformados ortodoxos evidencian una falta de voluntad para abordar los problemas de autoría y texto, incluso hasta el punto de reconocer manos editoriales trabajando en el Antiguo Testamento canónico y la imposibilidad de determinar la autoría de algunos de los libros canónicos.

Heinrich Heppe argumentó que «el calvinismo se aferró a la autoridad de la Palabra bíblica en la medida en que era para la comunidad de creyentes en la tierra precisamente lo que la Palabra de Dios eternamente pronunciada es de una vez por todas», mientras que «el protestantismo alemán confesaba la autoridad de la Palabra bíblica porque necesitaba una autoridad sobre cuya base las estructuras tradicionales del conocimiento eclesial serían confirmadas y estandarizadas (*normiert*) en su integridad».[118] Es cierto que los sistemas reformados, incluso en la era de la ortodoxia temprana, establecen la distinción entre teología arquetípica y ectípica en la discusión del canon y postulan una relación estricta entre la Palabra eterna y la temporal tal como se establece en los libros canónicos de las Escrituras. Aun así, es difícil mantener la división que hace Heppe de la fe reformada en claros campos «calvinista» y «reformado alemán» —¡y tal vez aún más difícil argumentar que para algunos las Escrituras ofrecían una verdad eterna mientras que para otros simplemente ofrecían una norma mediante la cual estandarizar las definiciones eclesiásticas!

Sería aún más imprudente seguir a Heppe en su extrapolación del sentido reformado de una relación directa entre la Palabra bíblica y la Palabra eterna a una identificación de la Palabra eterna con el *decretum absolutum* de un sistema predestinario y, por tanto, de la Palabra bíblica como una «evidencia divinamente efectuada del decreto eterno».[119] Quizás la identificación luterana del canon de las Escrituras como una norma normativa (*norma normans*) por encima de la norma confesional y estandarizada (*norma normata*) marcó un camino que era algo más abierto a los usos tradicionales y algo más respetuoso de la autoridad eclesiástica que la perspectiva reformada. Incluso cuando, en el siglo XVII, el enfoque luterano de las Escrituras se volvió prácticamente idéntico al

---

[118] Heppe, *Geschichte des deutschen Protestantismus*, I, pág. 28.

[119] Heppe, *Geschichte des deutschen Protestantismus*, I, pág. 28; y ver arriba, 3.5.

enfoque reformado de alta ortodoxia, la ortodoxia luterana conservó el equilibrio entre las Escrituras y la confesión eclesiástica y, de hecho, estaba más firmemente ligada a un modelo confesional unitario que las iglesias reformadas. (Este último punto confesional fue, por supuesto, una cuestión tanto política como doctrinal, pero no se debe subestimar su significado doctrinal debido a la realidad política). Sin embargo, a pesar (o tal vez debido a) la relación muy clara entre la doctrina ortodoxa reformada del canon de las Escrituras y las cuestiones planteadas por los reformados tanto en sus prolegómenos teológicos como en su trabajo exegético, la comprensión ortodoxa reformada de la norma bíblica de doctrina permaneció cercana en espíritu a la comprensión de los reformadores y notablemente conformada a la enseñanza confesional del siglo XVI.

6.2 Las ediciones auténticas y el texto de las Escrituras

A. La integridad de los textos hebreo y griego de las Escrituras

1. Crítica textual en las épocas de la Reforma y la Ortodoxia.

A principios del siglo XVI, los exégetas y teólogos protestantes, en alianza con la erudición clásica humanista, podían fácilmente afirmar la prioridad del Nuevo Testamento griego y del Antiguo Testamento hebreo sobre traducciones antiguas como la Septuaginta y la Vulgata —y, de hecho, encontrar un acuerdo general entre los eruditos bíblicos, tanto protestantes como católicos.[120] Sin embargo, a medida que avanzaba el siglo XVI, los defensores católicos de la Vulgata, algunos de los cuales eran eminentes exégetas y eruditos textuales, cuestionaron el uso de los textos hebreo y griego, dada la dificultad de interpretar ciertos pasajes.[121] Y a medida que amanecía el siglo XVII, el campo lingüístico se amplió considerablemente: mientras que los primeros reformadores podían aceptar fácilmente el texto masorético del Antiguo Testamento y el Nuevo Testamento griego de Erasmo como definitivos, con poco o ningún argumento, las generaciones posteriores de protestantes se familiarizaron con los problemas textuales de ambas fuentes. Las versiones antiguas, además de la Septuaginta y la Vulgata, estuvieron disponibles a medida que la pasión humanista por las lenguas clásicas pasó del latín, el griego y el hebreo al árabe, el arameo y

---

[120] Cf. Bainton, "The Bible in the Reformation," en *CHB* III, págs. 10-11, con Hall, "Biblical Scholarship: Editions and Commentaries," en *CHB* III, págs. 38-69; y John F. D'Amico, *Theory and Practice in Renaissance Textual Criticism: Beatus Rhenanus between Conjecture and History* (Berkeley: University of California Press, 1988).

[121] Cf. John Warwick Montgomery, "Sixtus of Siena and Roman Catholic Biblical Scholarship," en *Archiv für Reformationsgeschichte*, 55 (1964), pág. 227, con Creehan, "The Bible in the Roman Catholic Church," en *CHB* III, págs. 202-205.

siríaco —y el siglo XVII se convirtió en la gran era del estudio lingüístico y textual.[122] Se multiplicaron las variantes de lectura, aparecieron tradiciones textuales, se vio que los masoretas estaban divididos en al menos dos escuelas (Ben Asher y Ben Naphtali) y se argumentó que su sistema de puntuación era poscanónico en sus orígenes, de hecho, más reciente que varias de las versiones antiguas, en particular la Septuaginta y la Vulgata.[123] Estos problemas filológicos del siglo XVII son también problemas doctrinales en la medida en que podrían convertirse en barreras a la temprana afirmación dogmática del texto griego del Nuevo Testamento y del texto hebreo masorético del Antiguo Testamento como el texto auténtico y, por tanto, absolutamente autorizado de la Escritura inspirada. La ortodoxia del siglo XVII tuvo dificultades para mantener la sencilla argumentación otrora de los reformadores frente a la complejidad del problema textual.

Sin embargo, sería un gran error de interpretación histórica colocar el trabajo de la crítica textual en un lado de una división intelectual y teológica y los reformadores o sus sucesores ortodoxos en el otro. La era de la ortodoxia no solo fue una época de florecimiento de la crítica textual, sino que también fue una era en la que el establecimiento crítico del texto de la Biblia sobre la base de la recopilación y comparación de manuscritos y códices se entendió como fundamental para la tarea del exégeta y teólogo ortodoxo. Pronto llegaremos a la controversia sobre el uso de versiones antiguas como guías para la enmienda textual —pero, por el momento, la cuestión es la crítica textual misma como técnica para examinar los textos hebreos y griegos de la Biblia con el fin de establecer el mejor texto: este esfuerzo fue intrínseco al trabajo de los reformadores y permaneció así en el trabajo de los ortodoxos reformados.

---

[122] Cf. Diestel, *Geschichte des Alten Testaments*, págs. 442-450, con Peter T. van Rooden, *Theology, Biblical Scholarship and Rabbinical Studies in the Seventeenth Century: Constantijn L'Empereur (1591-1648), Professor of Hebrew and Theology at Leiden*, trad. J. C. Grayson (Leiden: Brill, 1989); Emil Kautsch, *Johannes Buxtorf der Ältere* (Basel: Detloff, 1879); G. Lloyd Jones, *The Discovery of Hebrew in Tudor England: A Third Language* (Manchester: University of Manchester Press, 1983); J. H. C. Lebram, "Hebräische Studien zwischen Ideal und Wirklichkeit an der Universität Leiden in den Jahren 1575-1619," en *Nederlands Archief voor Kerkgeschiedenis*, 56 (1975), págs. 317-357; Roger Zuber, "De Scaliger à Saumaise: Leyde et les grands 'Critiques' français," en *Bulletin de la Société de l'Histoire du Protestantisme français*, 126 (1980), págs. 461-488; Moshe Goshen-Gottstein, "The Textual Criticism of the Old Testament: Rise, Decline, Rebirth," en *Journal of Biblical Literature*, 102 (1983), págs. 365-399; e ídem, "Foundations of Biblical Philology in the Seventeenth Century: Christian and Jewish Dimensions," en *Jewish Thought in the Sevententh Century*, ed. Isadore Tweersky y Bernard Septimus (Cambridge, Mass.: Harvard University Press, 1987), págs. 77-94.

[123] El gran estudio de la Masorah en el siglo XVII fue Johannes Buxtorf (el mayor), *Tiberias sive commentarius Masorethicus triplex: historicus, didacticus, criticus*. Recognitus ... a Johanne Buxtorfio Fil. (Basel, 1665); nótese el reconocimiento de Owen de las dos tradiciones masoréticas en John Owen, *The Divine Original of Scripture*, en *Works*, 16, pág. 301; y similarmente, De Moor, *Commentarius perpetuus in Joh. Marckii compendium*, II, ix (I, pág. 194).

Además, el método de la crítica de textos del Renacimiento, la Reforma y la posreforma se hace eco de la hermenéutica protestante fundamental: la recopilación y comparación de textos. La hermenéutica estaba dirigida hacia la cuestión de la interpretación desde la perspectiva de la autoridad anterior de la Biblia: la suposición teológica era que ninguna fuente fuera de la Biblia podía dictar absolutamente la interpretación de un texto en particular —los textos difíciles debían leerse entonces a la luz de textos más claros.[124] La crítica textual siguió un patrón similar: se podían cotejar y comparar diferentes manuscritos y códices de los textos griego y hebreo para identificar la lectura adecuada —específicamente sin recurrir a tradiciones extrabíblicas o al magisterio eclesiástico y con respecto a los detalles del texto, incluida la corrección de errores evidentes de los escribas.

Este enfoque crítico de los textos, fundamental para la obra de Erasmo, fue desarrollado aún más por su magistral alumno, Beatus Rhenanus, y otros eruditos humanistas de la época. Mientras que Erasmo se había preocupado principalmente por establecer las bases para una traducción latina sólida, enmendando la Vulgata y, de hecho, retraduciendo, sobre la base del texto griego anterior,[125] Beatus se dio a la tarea de editar más con miras a establecer un texto definitivo sobre la base de la recopilación y el examen crítico de los códices antiguos. Sus esfuerzos, aunque no estaban dirigidos al texto de las Escrituras, ofrecieron un método modelo para evaluar variantes y utilizar la técnica erasmiana de enmienda conjetural, el establecimiento del texto cuando todos los ejemplos existentes parecen estar corruptos. En particular, Beatus expresó la importancia de la nota explicativa en la que se explicarían todas las enmiendas conjeturales conservando al mismo tiempo las lecturas originales. Advirtió específicamente contra la sustitución injustificada de textos antiguos por una nueva lectura.[126]

El enfoque crítico textual del Renacimiento no solo dio a los reformadores el texto griego del Nuevo Testamento, sino que también proporcionó un modelo de enfoque del texto que fue seguido, dentro de límites cuidadosamente definidos, por los editores protestantes y los publicadores de la Biblia en sus lenguas originales. Así, las diversas ediciones de Stephanus del Nuevo Testamento publicadas en Ginebra y los textos anotados ofrecidos por Beza se produjeron utilizando los textos críticamente establecidos de Erasmo y la Políglota Complutense junto con un examen de los códices disponibles, con variantes señaladas, típicamente en las anotaciones. Beza y otros editores de la Biblia con formación humanística no vieron ningún problema en establecer el texto sobre la base de una

---

[124] Ver abajo, 7.4 (C.1-2).

[125] Vea la discusión en Rabil, *Erasmus and the New Testament*, págs. 122-127.

[126] D'Amico, *Theory and Practice in Renaissance Textual Criticism*, págs. 102-109, 131-135, et passim.

comparación de códices disponibles, ni palidecieron ante el trabajo de separar las corrupciones que se habían infiltrado durante la transmisión histórica del texto —trazó la línea, sin embargo, en el punto de modificación de un idioma original del texto sobre la base de puras conjeturas, o del testimonio de una única variante del códice, o del testimonio único de versiones antiguas, no confirmadas por las lenguas originales. Utilizando un método similar al de Beatus Rhenanus, los editores protestantes del texto bíblico normalmente limitaron tales lecturas variantes a las anotaciones y las vieron como una cuestión de interpretación más que como una base para una enmienda textual.[127] Tenemos, por ejemplo, el comentario de Beza sobre la publicación de un Nuevo Testamento griego muy variante por Simón de Colines: Beza comentó que no podía «darle mucho peso» a menos que sus lecturas variantes estuvieran «apoyadas por otros códices» y criticó lo que él vio como una enmienda conjetural sin fundamento.[128] La enmienda del texto hebreo del Antiguo Testamento y del texto griego del Nuevo sobre la base de versiones antiguas se convertiría en un tema de amplia controversia en el siglo XVII.

Es necesario señalar aquí que el llamado *textus receptus* fue simplemente una parte del proceso de los siglos XVI y XVII para establecer un texto normativo o definitivo del Nuevo Testamento. La frase «*textus receptus*» o «texto recibido» proviene del Nuevo Testamento de Elzevir de 1633 —y como atestiguan el contexto de la frase misma y el uso del Nuevo Testamento griego en el siglo XVII, no hubo ninguna afirmación, en la era de la ortodoxia, de un texto sacrosanto en esta edición particular. Tampoco proporcionó, en la era de la ortodoxia, algún tipo de *terminus ad quem* para la edición del texto de la Biblia: la afirmación de que este era el «texto ahora recibido por todos» simplemente significaba que era el texto, producido por Stephanus y Beza, y ligeramente reeditado por los Elzevir, el que entonces era considerado (¡por protestantes!) como el mejor texto disponible de la Biblia: es decir, la combinación examinada críticamente del texto masorético del Antiguo Testamento y el llamado texto bizantino del Nuevo Testamento.[129] Tanto en la era de la Reforma como en la era de la ortodoxia, hubo una estrecha adhesión al texto hebreo del Antiguo Testamento heredado de la tradición rabínica occidental y al texto griego del Nuevo Testamento que había servido a la iglesia ortodoxa griega, y al texto crítico. La obra de la época pretendía principalmente ser el método para

---

[127] Metzger, *Text of the New Testament*, págs. 104-107, reconoce la práctica de discutir tales variantes en las anotaciones y lamenta no utilizarlas para enmendar el texto.

[128] Consulte la discusión ampliada en T. H. L. Parker, *Calvin's New Testament Commentaries* (Louisville: Westminster/John Knox, 1993), págs. 128-132.

[129] Kurt Aland, "The Text of the Church?" en *Trinity Journal*, 8 (1987), págs. 131-144.

establecer el genuino «original» de esa tradición textual del hebreo y el griego (un enfoque que también explica la práctica de colocar variantes extraídas de una tradición textual alternativa, como la representada por la edición del Nuevo Testamento de De Colines o como podría inferirse del Nuevo Testamento siríaco o los Targumim, en las anotaciones). Para establecer los textos hebreos y griegos autorizados de la Biblia, los ortodoxos debían cotejar los mejores manuscritos y códices hebreos y griegos existentes —mientras que las versiones antiguas no debían usarse para enmendar textos sino como guías útiles para la interpretación, dado que una traducción es, por su propia naturaleza, una forma de interpretación.

El enfoque protestante ortodoxo de la crítica textual está bien ilustrado por la práctica del anciano Buxtorf, quien declaró que el objetivo de su edición de la *Biblica Hebraica* era reproducir el texto, tanto en consonantes como en vocales, «en su sustancia y pureza más antigua y verdadera». Cualquiera que añadiera o quitara algo del texto o lo alterara de cualquier forma sería culpable de grave impiedad.[130] Sin embargo, en el caso de su trabajo sobre los Targumim, Buxtorf aplicó consistentemente principios de crítica textual, cotejando variantes textuales y modificando el texto sobre la base de lo que consideraba problemas textuales típicos como la metátesis (la transposición de letras y sílabas) o la confusión de consonantes escritas de manera similar, sin, sin embargo, hacer ningún esfuerzo (como lo habían hecho algunos de sus predecesores) por alterar los Targumim sobre la base del texto hebreo. La diferencia de enfoque puede explicarse dado el reconocimiento de Buxtorf de que los Targumim eran paráfrasis que podían contener adiciones midráshicas al texto y que, por lo tanto, ayudaban a comprender pasajes difíciles en hebreo.[131]

Cualquier intento, por así decirlo, de alterar este modelo y alterar los «originales» hebreos y griegos del Antiguo y Nuevo Testamento sobre la base de versiones antiguas fue entendido por los exégetas y teólogos ortodoxos de la época como un asalto a la integridad de las Escrituras autorizadas. Que éste era el tema central —y que el debate no se daba entre las opciones extremas de una ortodoxia que no permitía ninguna crítica textual y una tendencia liberal que abogaba por la enmienda radical del texto sobre la base de conjeturas filológicas— se puede ver en el curso de las controversias del siglo XVII, en particular la controversia sobre los métodos de Cappel.

Cappel, recordado por su papel en el debate del siglo XVII sobre el origen de los puntos vocálicos en el texto masorético del Antiguo Testamento,[132]

---

[130] Johannes Buxtorf, en la introducción a *Biblia Rabbinica*, 4 vols. (Basel: L. König, 1618-1619), como es citado en Burnett, *From Christian Hebraism to Jewish Studies*, pág. 174.

[131] Burnett, *From Christian Hebraism to Jewish Studies*, págs. 175-83.

[132] Ver abajo, 6.2 (A.3).

también estuvo, y quizás más importante, en el centro de un debate sobre los límites de la crítica textual. Cappel es quizás el ejemplo más eminente y extremo en el siglo XVII de la práctica de enmienda conjetural de texto basada en la reconstrucción gramatical y el examen de versiones antiguas o, de hecho, la construcción de posibles lecturas variantes en los idiomas originales basadas en una retraducción de versiones antiguas al original. Este fue precisamente el punto que Owen destacó en su crítica a la Políglota de Londres —ya que era un tema en el que Walton se distanció de Cappel mientras defendía la Políglota contra la diatriba de Owen.[133] Owen sostuvo que la *veritas Hebraica* era el fundamento de todas las lecturas del texto del Antiguo Testamento y que cualquier intento de enmendarlo a partir de traducciones antiguas o mediante reconstrucción conjetural basada en inferencias de las reglas gramaticales y/o versiones antiguas era una subversión de los principios de interpretación, que deberían, en todos los casos, mantener la prioridad del texto original en el idioma original.[134]

Dado el carácter increíblemente vituperante de la controversia sobre el origen de los puntos vocálicos hebreos y sobre los métodos de Cappel en general, los estudiosos han tendido a pasar por alto el hecho de que la práctica de la mayoría de los exégetas del siglo XVII se encontraba en algún punto intermedio entre la enmienda conjetural bastante radical sobre la base de versiones antiguas recomendadas por Cappel y la virtual negación de la utilidad de los esfuerzos de crítica textual que pueden derivarse del ataque de Owen a la Políglota de Londres. Como se desprende de una lectura cuidadosa de Owen y de un vistazo a la respuesta de Walton, la práctica real hablaba de manera bastante diferente: Owen, en primer lugar, había sido bastante claro en que su ataque contra la Políglota no era una andanada contra la crítica textual, sino un ataque enfocado a lo que le parecía una defensa del método de Cappel; Walton, en respuesta a Owen, negó que la Políglota hubiera abrazado la más radical de las conclusiones de Cappel. Lo más revelador de todo es el constante recurso interpretativo en el comentario de Owen sobre Hebreos a las versiones antiguas, más notablemente el texto siríaco del Nuevo Testamento, y el hecho de que, muy probablemente, extraía sus referencias directamente de la Políglota, de la cual poseía una copia.[135]

---

[133] Cf. Owen, *Integrity and Purity*, en *Works*, XVI, pág. 368, con Walton, *Considerator*, V, iii-v (págs. 78-82).

[134] Owen, *Integrity and Purity*, en *Works*, XVI, pág. 369.

[135] Cf. *Bibliotheca Oweniana* (London, 1684), catálogo de subasta de la biblioteca de Owen, pág. 1, item 15, "*Polyglotta cum Apparatu, per Epis. Waltonum edita* … 8 vol."

2. La integridad y «autenticidad» del texto canónico en hebreo y griego.

Además, la complejidad del problema textual junto con el problema de un canon clara y estrechamente definido, llevó a los ortodoxos a preocuparse más profundamente que los reformadores por la integridad del canon mismo y por la integridad de los diversos libros incluidos en el canon. Estos problemas se complicaron aún más por la polémica con los católicos romanos, quienes no solo podían defender la canonicidad de los apócrifos, sino que también podían defender el papel crucial de la tradición eclesiástica y el *magisterium* en la identificación y determinación del canon.

Como codicilo de su primer decreto —prácticamente como una glosa de la afirmación de que el canon de las Escrituras debe recibirse tal como figura en la Vulgata— la cuarta sesión de Trento se pronunció sobre el estatus normativo de la Vulgata. El decreto está redactado cuidadosamente y de ninguna manera argumenta una prioridad absoluta de la Vulgata, como traducción, sobre los textos griego y hebreo, pero sí define la autoridad de la Vulgata de tal manera que ninguna de sus interpretaciones de los idiomas originales podría ser reemplazada como norma para declaraciones teológicas por nuevas traducciones y que la Vulgata podría considerarse como la base para todas las traducciones posteriores a la lengua vernácula:[136]

> el... sagrado y santo Sínodo... ordena y declara que esta edición antigua y común (*vetus et vulgata*), que ha sido aprobada en la iglesia por el uso sostenido de tantas edades, sea considerada auténtica (*authentica*) en conferencias públicas, disputas, sermones y exposiciones, y que nadie se atreva ni pretenda rechazarla bajo ningún pretexto.[137]

Dado que, por supuesto, los apócrifos se encuentran en la Vulgata, esta definición tiene implicaciones tanto para el texto como para el canon. Sobre la base de esta decisión dogmática, escritores católicos romanos posteriores, como Bellarmine y Bañez, argumentarían que las discrepancias entre la Vulgata y los textos hebreos y griegos existentes de las Escrituras, particularmente en partes del Antiguo Testamento donde Jerónimo había seguido la Septuaginta, debían explicarse como problemas en el hebreo y el griego causados por copistas que trabajaron después de la época de Jerónimo.[138]

---

[136] Cf. Creehan, "Bible in the Roman Catholic Church," en *CHB* III, págs. 203-204.

[137] Canones et decreta dogmatica concilii Tridentini, IV, en Schaff, *Creeds,* II, pág. 82.

[138] Bellarmine, *De verbo Dei*, II, ii; cf. Creehan, "Bible in the Roman Catholic Church," en *CHB* III, pág. 205.

El problema de la «edición auténtica de las Escrituras» entra entonces en la teología reformada a través de la polémica con Roma. Al comienzo de la Reforma, los humanistas y lingüistas de ambos lados generalmente estaban unidos en su énfasis en las fuentes: en los originales hebreo y griego de las Escrituras. Sin embargo, a medida que el debate doctrinal se intensificó, la versión de las Escrituras empleada para decidir asuntos teológicos se convirtió en un asunto de creciente importancia. Al principio, Erasmo y Lutero habían mostrado fácilmente el error de la Vulgata al traducir *metanoiete* como «hacer penitencia».[139] A mediados del siglo, en respuesta a los argumentos protestantes basados en los textos griegos y hebreos, el Concilio de Trento declaró que la Vulgata era «auténtica» y definitiva para la exposición, la predicación y el debate teológico. Los polemistas católicos romanos como Cano, Lindanus y Andradius proclamaron que los puntos de teología no podían determinarse apelando de la Vulgata al hebreo y al griego.[140]

La respuesta reformada, en defensa de la autenticidad de los textos hebreo y griego, llegó en forma de multitud de folletos y tratados, cuyos argumentos finalmente se incorporaron a los sistemas dogmáticos ortodoxos plenamente desarrollados. El punto había adquirido considerable importancia dogmática en vista no solo de la continua insistencia católica romana en la autoridad de la Vulgata sino también en vista de los avances en el estudio lingüístico y textual que tuvieron lugar durante el siglo XVII. Los eruditos bíblicos no solo abordaron el problema de las diferencias entre los «originales» griegos y hebreos de las Escrituras y las traducciones ofrecidas en la Vulgata y la Septuaginta, sino que también se enfrentaron al problema de otras versiones antiguas, como la siríaca, y el uso potencial de estas versiones para resolver problemas textuales en griego y hebreo. Desde el punto de vista de una iglesia protestante fundada radicalmente en el texto de las Escrituras, el problema de las versiones antiguas se convirtió en una cuestión teológica de casi el mismo peso que el problema del canon.

Por lo tanto, es comprensible que el tema tratado por muchos de los ortodoxos reformados inmediatamente después de sus discusiones sobre el canon y los apócrifos sea el debate sobre «la edición auténtica de las Escrituras» y la «integridad» de su texto.[141] El contenido de estas disputas y *loci* teológicos, además, proporcionan evidencia de la inmersión de los

---

[139] Cf. Bainton, "Bible in the Reformation," en *CHB* III, pág. 11.

[140] Cf. Whitaker, *Disputation*, II, i (págs. 110-111).

[141] Cf. Por ejemplo, Alsted, *Theologia didactica*, I, iv, 5; Polanus, *Syntagma theol.*, I, xxxvi-xxxix; Maccovius, *Loci communes*, III; Burman, *Synopsis theologiae*, I, vii; Maresius, *Collegium theologicum*, I, xl; Heidanus, *Corpus theol.*, I (págs. 33-34); Leigh, *Treatise*, I, vi (págs. 91-119) y I, vii (págs. 119-129); Turretin, *Inst. theol. elencticae*, III, x-xii; Mastricht, *Theoretico-practica theol.*, I, ii, 10; De Moor, *Commentarius perpetuus in Joh. Marckii compendium*, II, viii (vol. I, pág. 160).

dogmáticos del siglo XVII en cuestiones textuales y exegéticas: no se trata de una dogmática divorciada de la exégesis, sino de una dogmática enmarcada por los debates exegéticos de la época. Leigh comenta extensamente sobre la «gran diversidad de ediciones de las Sagradas Escrituras» y muestra la necesidad de distinguir entre ellas.

> Hay una cuestión entre la Iglesia de Roma y las Iglesias reformadas sobre la edición auténtica de las Escrituras; dicen, que la edición de la Biblia en hebreo y griego no es auténtica, sino el latín vulgar. Sostenemos que el latín vulgar es muy corrupto y falso; que el hebreo para el Antiguo Testamento y el griego para el Nuevo es la escritura sincera y auténtica de Dios; por lo tanto, todas las demás cosas deben ser determinadas por ellos; y que las otras versiones aún deben ser aprobadas, ya que concuerdan con estas fuentes.[142]

Rijssen plantea el punto dogmático de manera sucinta, con una clara dependencia del concepto de dictado verbal del texto por el Espíritu:

> La edición auténtica [de las Escrituras] es la que merece la plena lealtad de la fe y que ha surgido de la inspiración divina inmediata. Tal autenticidad solo la tienen las ediciones hebrea y griega.[143]

También apoya el punto doctrinal con una serie de argumentos: en primer lugar, «solo las fuentes son inspiradas (*theopneustoi*) tanto según su sustancia (*quoad res*) como según sus palabras (*quoad verba*)». Este debe ser el caso, ya que «los santos hombres de Dios hablaron siendo inspirados por el Espíritu Santo, 2 P. 1:21, quien les dictó no solo la sustancia (*res*) sino también las mismas palabras (*verba*)». Por la misma razón, el hebreo y el griego son las normas y reglas mediante las cuales se examinan y evalúan las distintas versiones.[144] Esta afirmación, indica Leigh, no niega canonicidad y autenticidad a aquellas partes de Daniel y Esdras que aparecen en caldeo: parece que en estos casos «al Señor le agradó que, en ese idioma, así como en hebreo, se escribieran originalmente algunas de sus verdades divinas».[145] La cuestión, por tanto, no es la del idioma *per se* sino del idioma original del texto. De manera similar, los escritores reformados del siglo XVII eran conscientes de que los restos antiguos de Israel indicaban dos formas de las cartas del Antiguo Testamento —una forma «samaritana» anterior, llamada así porque los samaritanos la conservaron después de que los judíos adoptaran el carácter posterior o «caldeo», desarrollado en respuesta a las necesidades de Israel después del exilio y atribuido por los lingüistas del siglo XVII a Esdras.

---

[142] Leigh, *Treatise*, I, vi (pág. 92); cf. Hommius, *LXX Disputationes*, V, ii-v.

[143] Rijssen, *Summa theol.*, II, xix, controversia I.

[144] Rijssen, *Summa theol.*, II, xix, controversia 1.

[145] Leigh, *Treatise*, I, vi (pág. 93).

Este problema lingüístico del Israel exílico y postexílico también explica por qué algunas porciones de Daniel están en «caldeo» o arameo.[146] Está bastante claro, dado este y otros puntos relacionados, no que la doctrina de las Escrituras había cambiado radicalmente en la transición a la ortodoxia, sino que la polémica había alterado el enfoque y énfasis de la doctrina y había colocado una carga mayor en el lenguaje del texto y, por extensión, sobre el concepto de inspiración verbal y plenaria mediante dictado.

Siguiendo su argumento inicial de que solo el hebreo y el griego son auténticos y que «todas las demás ediciones deben ser aprobadas en la medida en que concuerden con éstas» es representativo de la posición reformada ortodoxa, Rollock ofreció un desglose típico de las cuestiones secundarias que debían abordarse: Lengua hebrea y su antigüedad; la redacción del Antiguo Testamento en hebreo; y la preservación del texto hebreo.[147] Contra las afirmaciones de la prioridad de otros textos, el joven Buxtorf siguió a escritores anteriores como Whitaker y Rollock al argumentar que el hebreo era la lengua más antigua, la lengua materna de todas las lenguas, la única lengua hablada antes de la confusión de lenguas en Babel y la única que se conservaba intacta en la Torre de Babel. De hecho, «hebreo» toma su nombre de Heber, el descendiente de Noé que vivió en la época de Babel y que transmitió la lengua original pura a sus descendientes en el linaje de Abraham. Esta enseñanza era, la nota reformada contra los polemistas romanos, la opinión de Agustín y Jerónimo. Además, el hebreo fue el idioma en el que Moisés escribió por primera vez la Palabra de Dios y, por tanto, el primer idioma escrito, y siguió siendo el idioma de todos los profetas, de modo que casi toda la Escritura se escribió en hebreo, con excepción de Daniel y Esdras, quienes también usaron «la lengua caldea», hasta la época del Nuevo Testamento. Además, las letras utilizadas por Moisés se conservaron como la forma original del idioma hebreo escrito, a pesar de diversas corrupciones en la práctica durante la época del Primer Templo, y Esdras las restauró en su pureza.[148] Entonces, según la misericordiosa providencia de Dios, todos estos libros sagrados se han conservado en su integridad a pesar de las grandes persecuciones y guerras devastadoras que tuvieron lugar en la antigüedad.[149]

---

[146] Weemse, *Exercitations Divine*, págs. 88-89.

[147] Rollock, *Treatise of Effectual Calling*, XVIII (pág. 110).

[148] Cf. *las primeras cuatro disputas en* Johannes Buxtorf (el menor), *Dissertationes philologico-theologicae. I. De linguae hebraeae origine, antiquitate et sanctitate. II. De linguae hebraeae confusione et plurium linguarum originae. III. De linguae hebraeae conservatione, propagatione et duratione. IV. De litterarum hebraicarum genuina antiquitate. V. De nominibus Dei hebraicis. VI. De Decalogo. VII. De primae coena Dominicae ritibus et forma* (Basel, 1645); con Whitaker, *Disputation*, II, ii (págs. 112-114); Rollock, *Treatise of Effectual Calling*, XVIII (págs. 110-111); Lightfoot, *Horae hebraicae et talmudicae*, II, págs. 104-05; De Moor, *Commentarius perpetuus in Joh. Marckii compendium*, II, viii (vol. I, págs. 162-163).

[149] Cf. Calvino, *Institutos*, I, viii, 10; Rollock, *Treatise of Effectual Calling*, XVIII (pág. 111); Leigh,

Contra los polemistas católicos romanos como Stapleton, Lindanus, Cano, Coton y Morin, los ortodoxos protestantes podrían citar a muchos hebraístas católicos romanos que habiendo aceptado el veredicto de Agustín y Jerónimo, habían asumido o defendido la pureza de los textos hebreo y griego, en particular, Sixtus Senensis, Andradius, Driedo, Arias Montanus, Bonfrerius y Simon de Muis.[150] Whitaker se tomó el tiempo para refutar la opinión de pensadores medievales como Isidoro y Rabanus Maurus de que las Escrituras perecieron o sufrieron mucho daño en el cautiverio babilónico y solo «restauraron su integridad por Esdras, instruido e inspirado... por la acción directa de Dios», aunque admitió la posibilidad de que Esdras corrigiera errores en el texto y, como creía Jerónimo, inventó formas más simples de las letras, superiores a las utilizadas por los samaritanos.[151] Rollock también señala que algunos escritores de la iglesia han creído que el Antiguo Testamento se perdió en la destrucción de Jerusalén y el exilio de Israel, y que Esdras fue llamado especialmente con el propósito de reescribir las Escrituras según lo dictado por Dios. Esta, observa, es una historia basada en el libro apócrifo de Esdras y debe ser rechazada. El libro canónico de Nehemías testifica que Esdras «sacó» y leyó la ley de Moisés —no que leyó lo que él mismo había escrito. Al parecer, Esdras «revisó los libros de Moisés y los profetas» y «los digirió en un solo volumen y los colocó en este orden determinado».[152]

> Debemos sostener, por lo tanto, que ahora tenemos esas escrituras muy antiguas que Moisés y los otros profetas publicaron, aunque tal vez no tengamos exactamente las mismas formas y figuras de las letras.[153]

Aquí, sin ninguna referencia a los puntos vocálicos, que ya eran un tema de debate en la época de Whitaker, está el fundamento de la doctrina ortodoxa temprana de la autoridad de las Escrituras, doctrina que muy pronto se pensaría que se mantendría o caería con la integridad de las vocales. los puntos vocálicos.

Habiendo argumentado satisfactoriamente que el hebreo es el idioma original del texto, los teólogos reformados pasaron al problema de la posible corrupción en el texto y a la afirmación romana de que, debido

---

Treatise, I, ii (pág. 19); Turretin, *Inst. theol. elencticae*, II, iv, 8; Pictet, *Theol. chr.*, I, vi, 15, obs. 4.

[150] De Moor, *Commentarius perpetuus in Joh. Marckii compendium*, II, ix (vol. I, pág. 182); cf. los comentarios similares en Mastricht, *Theoretico-practica theol.*, I, ii, 40.

[151] Whitaker, *Disputation*, II, ii (págs. 115-116); cf. Owen, *The Divine Original of Scripture*, en *Works*, 16, pág. 297; Wyttenbach, *Tentamen theologiae dogmaticae*, XI, §1378, escolio 1.

[152] Rollock, *Treatise of Effectual Calling*, XVIII (págs. 112-113).

[153] Whitaker, *Disputation*, II, ii (pág. 117).

a la corrupción del hebreo, la Vulgata debe considerarse anterior al texto hebreo.[154] Su adversario es a menudo específicamente Bellarmine, quien, a diferencia de sus predecesores más polémicos, solo cita cinco lugares donde el hebreo es incierto, y los cita con la polémica ventaja de que nada menos que Calvino aprobó la Vulgata o una lectura similar en estos casos. Rollock muestra en detalle que las variaciones ofrecen pocos o ningún cambio de significado, y en un caso que el texto variante ya era conocido, en hebreo, por los masoretas. Concluye que los argumentos de Bellarmine no constituyen una prueba de la corrupción del texto.[155] Seguramente no existía tal corrupción antes de la época de Cristo, o él no habría enfatizado la necesidad de que los creyentes escudriñaran las Escrituras y, como lo muestran los argumentos contra Bellarmine, tal corrupción no ha tenido lugar desde entonces.[156]

En cuanto al texto griego del Nuevo Testamento, los reformados podrían argumentar que el griego era a la vez el idioma común de la época de Cristo y el lenguaje fundamental de la filosofía y, por lo tanto, obviamente un vehículo adecuado para la revelación divina:

> Las copias griegas del Nuevo Testamento también son de Dios inmediatamente, el mismo dialecto en el que estaban estos Prototipos, que escribieron las plumas de los evangelistas y apóstoles.[157]

La vieja cuestión de los originales siríacos, latinos y hebreos del Evangelio de Mateo, el Evangelio de Lucas y la Epístola a los Hebreos adquirió una dimensión dogmática: si el griego no fuera el idioma original de estos escritos, entonces bien podría haber una razón para dudar de la autoridad y autenticidad del Nuevo Testamento griego. Rollock cita a Atanasio, Ireneo, Nacianceno y Jerónimo en el sentido de que Mateo escribió en hebreo y este último en el sentido de que había visto una copia del hebreo original de Mateo. Atanasio creía que el apóstol Santiago hizo la traducción, mientras que los demás asumieron que Mateo tradujo la obra él mismo. Los protestantes ortodoxos generalmente descartan estas tradiciones y señalan que, en cualquier caso, el hebreo de Mateo, si alguna vez existió, no existe. En cuanto a la Epístola a los Hebreos, Jerónimo pensaba que el original estaba en hebreo, pero esta teoría parece ser aún más incierta que

---

[154] Rollock, *Treatise of Effectual Calling*, XVIII (pág. 114).

[155] Rollock, *Treatise of Effectual Calling*, XVIII (págs. 115-118); para ejemplos del uso y, por implicación, aprecio de Calvino por la Vulgata, véase Richard A. Muller, "Calvin, Beza and the Exegetical History of Romans 13," en *Proceedings of the Calvin Studies Society* (1991), y cf. T. H. L. Parker, *Calvin's New Testament Commentaries* (London: SCM/Grand Rapids: Eerdmans, 1971), págs. 93-151.

[156] Rollock, *Treatise of Effectual Calling*, XVIII (pág. 118-119).

[157] Leigh, *Treatise*, I, vi (pág. 93).

la anterior, admitiendo el carácter idiomático del griego de la Epístola. Y hay una absoluta falta de evidencia de un original latino de Lucas.[158]

3. El debate sobre los puntos vocálicos.

El problema de los puntos vocálicos, señalado tangencialmente en varios de los ejemplos de debate sobre la pureza y perfección del texto del Antiguo Testamento ofrecidos anteriormente, ocupó a los protestantes ortodoxos durante todo el siglo XVII. Este debate no solo fue de enormes proporciones, sino que también fue característico de los problemas textuales y hermenéuticos que enfrentó la doctrina protestante de las Escrituras al pasar a su fase ortodoxa o escolástica. Además, desde los inicios del problema en los escritos de los reformadores hasta finales del siglo XVII, hebraístas y exégetas estuvieron en desacuerdo tanto en cuanto a su significado como a su solución.[159] Tanto Lutero como Zwingli, por ejemplo, asumieron que los puntos eran de origen comparativamente tardío (después de la época de la traducción de la Vulgata por parte de Jerónimo) y eran ayudas para la interpretación más que una parte integral del texto. En una fecha algo posterior, Calvino pudo argumentar diferencias entre el hebreo y la Septuaginta basándose en la suposición de posibles lecturas diferentes antes de la puntuación del texto.[160]

En este contexto, los hallazgos del estudio erudito de Elías Levita sobre la Masorah (1538) difícilmente habrían ofrecido dificultades para la visión protestante de las Escrituras. Ciertamente, hay cierta ironía en el hecho de que los lingüistas de ambos lados del debate, tanto protestantes como católicos romanos, reconocieran que los puntos vocálicos no eran necesarios para la comprensión del texto, y que eminentes teólogos y apologistas protestantes como John Jewel habían sostenido que la fecha del origen de los puntos no tenía relación con la autoridad del texto en cuestiones teológicas.[161]

---

[158] Rollock, *Treatise of Effectual Calling*, XIX (págs. 119-122); Cf. Voetius, *Disputationes selectae*, V, págs. 28-31; Leigh, *Treatise*, I, vi (pág. 94); Glassius, *Philologia sacra*, I, iv, 2; y la discusión sobre el idioma de los hebreos en Owen, *Exercitations on the Epistle to the Hebrews*, en *Works*, 18, págs. 102-105.

[159] Cf. Muller, *After Calvin*, 146-155, con Diestel, *Geschichte*, págs. 334-341, para relatos del progreso histórico del debate; Diestel ofrece una discusión sobre el lado luterano del debate. También véase John Bowman, "A Forgotten Controversy," en *Evangelical Quarterly*, 20 (1948), págs. 46-68.

[160] Cf. Martin Luther, *Enarratio in Genesin*, en WA, 44, 683 (comentando 47:31), con Zwingli en *CR*, 101, págs. 98-101; y Calvino en *CO*, 44, cols. 305-306, e ídem, *Ad Hebraeos*, en *CO*, vol. 55, col. 159.

[161] Cf. Por ejemplo, Gilbertus Genebrardus, *EISAGOGE: Ad Legenda et intelligenda Hebraeae et orientalium sine punctis scripta* (Paris, 1587); y del lado protestante, nótese a John Jewel, *A Replie Unto M. Harding's Answer*, en *Works*, II, págs. 678-679.

Fue la polémica entre protestantes y católicos que siguió al Concilio de Trento, particularmente tal como se desarrolló en la segunda mitad del siglo XVI, junto con una alteración o incluso una rigidez del enfoque del lenguaje y la interpretación por parte de algunos de los principales protestantes y católicos. Pensadores católicos romanos, que alteraron la reacción protestante ante el problema de los puntos vocálicos y convirtió un tema textual en un tema doctrinal altamente cargado.[162] Los exégetas y polemistas católicos romanos señalaron que la datación tardía del origen del sistema de puntos vocálicos en los siglos VII y VIII D.C y mucho después de la redacción de las Escrituras canónicas, refutaba la afirmación protestante de la divinidad de las Escrituras y justificaba la afirmación católica romana de un estatus normativo para la Vulgata, que había sido traducida antes de que surgiera el problema de los puntos vocálicos. Como argumentaron Bellarmine, Lindanus y Cano, las lecturas ofrecidas por la Vulgata podrían, por tanto, ser preferibles a las interpretaciones posteriores ofrecidas por los masoretas.[163]

Además, en la segunda mitad del siglo XVI, las suposiciones básicas sobre la necesidad de los puntos vocálicos fueron alteradas en la polémica. En lugar de argumentar, como lo había hecho Jewel, que el texto era inteligible sin los puntos y que el problema de su origen era teológicamente intrascendente, los teólogos protestantes comenzaron a seguir el enfoque de Johannes Isaac, un converso del judaísmo al catolicismo romano y profesor de hebreo en Colonia, quien sostuvo que los puntos vocálicos eran necesarios para la comprensión del texto. En manos de exégetas y teólogos protestantes como Junius, Polanus, Chevalier (Cevallerius) y Buxtorf el viejo, el argumento de Isaac se convirtió en la piedra angular en la defensa de la antigüedad de los puntos vocálicos y su codificación por parte de los «hombres de la gran sinagoga» en tiempos de Esdras. A mediados del siglo siguiente, Owen todavía consideraba definitivos los argumentos de estos pensadores:

> Junius, al final de sus animadversiones sobre Bell[armine], *De Verbo Dei*, lib. ii, cap. ii, elogia el dicho de Johannes Isaac contra Lindanus: «El que lee las Escrituras sin puntos es como un hombre que monta a caballo *achalinos*, sin brida; puede ser llevado no sabe adónde». Radulphus Cevallerius va más allá: *Rudiment. Ling. Heb.* cap. iv., «En cuanto a la antigüedad de las vocales y los acentos, soy de la opinión de quienes mantienen que el idioma hebreo, como modelo

---

[162] Cf. Faulenbach, *Die Struktur der Theologie des Amandus Polanus*, págs. 106-110 con Preus, *Theology of Post-Reformation Lutheranism*, I, pág. 308, y Burnett, "The Christian Hebraism of Johann Buxtorf," págs. 246-249.

[163] Cf. Bellarmine, *De verbo Dei*, ii; Cano, *De locis theol.*, II, xiii, *De locis theologicis* (1564), en J.-P. Migne, ed., *Theologiae cursus completus*, 10 vols. (Paris: Vives, 1837), vol. 1.

exacto de todos los demás, se escribió claramente con ellos desde el principio; ya que aquellos que piensan de otra manera no solo ponen en duda la autoridad de las Escrituras, sino que, a mi juicio, las arrancan completamente de raíz, porque sin las vocales y notas de distinción no tienen nada firme y seguro».[164]

Los teólogos y polemistas protestantes apenas estaban acostumbrados a esta respuesta al argumento católico romano contra la autenticidad y autoridad de los textos hebreo y griego cuando un destacado exégeta y crítico de textos protestante, Louis Cappel, defendió extensamente y con gran detalle las opiniones de Levita contra las opiniones de Johann Buxtorf el viejo, el hebraísta protestante más destacado y el gran erudito masorético y talmúdico de la época.[165] Como ha argumentado hábilmente Burnett, una característica más reveladora del debate sobre la obra de Cappel es que no surgió de repente. El anciano Buxtorf no estuvo a la altura de las circunstancias con una refutación de Cappel, ni consideró oportuno responder a otros eruditos que (con el debido respeto a su dominio de la Masora) habían disentido de sus conclusiones sobre los puntos vocálicos y varias cuestiones de crítica textual. De hecho, aunque reunió materiales para una refutación, permaneció inmerso en otros proyectos e incluso mantuvo una relación cordial con Cappel, quien, después de todo, lo había consultado antes de la publicación y nunca lo había atacado abiertamente.[166] Es más, *Arcanum punctationis revelatum* (1623) de Cappel tenía el claro propósito teológico de devolver el debate sobre los puntos vocálicos al lugar en el que Jewel y otros apologistas protestantes anteriores lo habían dejado, aunque a través de una hermenéutica diferente: la datación tardía de los puntos vocales, argumentó, no indicaba ningún problema para el uso teológico del texto, que siempre había sido y sigue siendo claro en su significado en su forma puramente consonántica.[167]

Mientras que las propuestas hermenéuticas más radicales de Cappel encontraron pocos partidarios protestantes incluso entre hebraístas y orientalistas,[168] su argumento sobre el origen de los puntos vocálicos fue aceptado por muchos. Thomas Erpenius, que escribió la introducción, lo elogió mucho. Rivetus, al principio preocupado por los efectos de los

---

[164] Owen, *The Integrity and Purity of the Hebrew and Greek Text*, en *Works*, XVI, pág. 371; cf. Polanus, *Syntagma theol.*, I, xxxvii.

[165] Cf. Muller, *After Calvin*, págs. 149-151 con una extensa discusión sobre la obra de Cappel y su recepción en Laplanche, *L'Écriture, le sacré. et l'historie*, págs. 212-214.

[166] Burnett, "The Christian Hebraism of Johann Buxtorf," págs. 271-283.

[167] Cf. Cappel, *Arcanum punctationis revelatum*, II, xxii, detalladamente; con los argumentos posteriores, similares, de Cappel en su *Critica sacra*, VI, v, 11.

[168] Cf. Walton, *Considerator Considered*, VI, x-xiii (págs. 101-7).

argumentos de Levita, finalmente se mostró positivo. El hebraísta inglés John Weemse también cambió de opinión y a lo largo de una década llegó a defender la posición de Cappel.[169] Varios colegas eruditos importantes pidieron al anciano Buxtorf que respondiera, pero otros proyectos provocaron un aplazamiento de su respuesta y, en 1629, intervino la muerte. La tarea de reunir y organizar la refutación de Cappel recayó en su hijo, el joven Johann Buxtorf, cuya refutación masiva incluyó una serie de disertaciones sobre la lengua hebrea y su antigüedad publicadas en 1645, una refutación del *Arcanum punctationis* en 1648, y una refutación de la *Critica Sacra* de Cappel en 1653.[170]

La siguiente fase del debate del siglo XVII comenzó el mismo año en que el joven Buxtorf publicó su refutación de la *Critica Sacra* de Cappel: a partir de 1653, los volúmenes de la gran Biblia políglota de Londres recopilaron todos los textos, variantes y versiones disponibles entonces conocidos y ofrecieron la mejor sabiduría de la época sobre el uso de versiones antiguas y sobre el desarrollo histórico del alfabeto hebreo, incluyendo los puntos vocálicos. Brian Walton, en su *Prolegomena* a la Políglota, defendió el origen post-exílico del alfabeto hebreo moderno y la invención masorética del sistema moderno de puntuación. En opinión de Walton, aunque los puntos vocálicos en sí mismos eran de autoridad humana, no dejaban de ser una representación auténtica de la tradición oral de pronunciación, una guía válida para el significado del texto y, por tanto, no representaban ninguna amenaza a la inspiración y autoridad de la Biblia.[171] La oposición a la defensa de Walton de las teorías de Levita y Cappel fue casi inmediata. El gran filólogo John Lightfoot, que había participado en la edición del Pentateuco Samaritano para la Políglota de Londres, señaló su oposición a la teoría de un origen tardío de los puntos,[172] mientras que John Owen,

---

[169] Cf. Laplanche, *L'Écriture*, págs. 220-221; Muller, *After Calvin*, págs. 151-152. Sobre el pensamiento de Weemse y su uso de fuentes continentales, en particular las obras de Buxtorf, véase Jai Sung Shim, *Biblical Hermeneutics and Hebraism in the Early Seventeenth-Century as Reflected in the Work of John Weemse (1579-1636)*, (Ph. D. diss.: Calvin Theological Seminary, 1998); y D. M. G. Stalker, "John Weemse of Lathocker, One of Scotland's Early Hebraists," en *Scottish Church History Society Records*, 5 (1944), págs. 151-166.

[170] Johannes Buxtorf, II. *Dissertationes philologico-theologicae. I. De linguae hebraeae origine, antiquitate et sanctitate. II. De linguae hebraeae confusione et plurium linguarum originae. III. De linguae hebraeae conservatione, propagatione et duratione. IV. De litterarum hebraicarum genuina antiquitate. V. De nominibus Dei hebraicis. VI. De Decalogo. VII. De primae coena Dominicae ritibus et forma* (Basel, 1645); *Tractatus de punctorum vocalium, et accentum, in libris Veteris Testamenti hebraicis, origine, antiquitate, et authoritate: oppositus arcano punctationis revelato Ludovici Cappeli* (Basel, 1648); *Anticritica seu vindiciae veritatis hebraica adversus Ludovici Cappeli criticam quam vocat sacram eiusque defensionem* (Basel, 1653).

[171] *Prolegomena*, en *Biblia sacra polyglotta, complectentia textus originales Hebraicum, cum Pentateucho Samaritano, Chaldaicum, Graecum*, 6 vols. (London, 1653-1657), I: ver en particular, iii, 8 and iii, 42.

[172] John Lightfoot, *Horae hebraicae et talmudicae: impensae, I. in chorographiam aliquam terrae israeliticae. II. in evangelium S. Matthei*, (Cambridge, 1658), parte 1, cap. lxxxi.

que no era precisamente hebraísta, se opuso especialmente a la confianza de Walton en las teorías de Cappel, considerando este aspecto de la obra de la Políglota como un asalto a la autoridad de las Escrituras.[173]

Sobre este último punto en particular, Owen extendió demasiado su polémica. La defensa del origen tardío de los puntos vocálicos no estaba necesariamente relacionada con una visión inferior del texto. Weemse, por ejemplo, argumentó que «cada letra en hebreo tiene [su] propio valor naturalmente», de modo que el trabajo real de señalar era simplemente una declaración del sonido ya implícito en la letra. Esto, señala, puede demostrarse a partir de otras lenguas del mundo antiguo: ni el árabe, ni el siríaco, ni el caldeo originalmente tenían puntos vocálicos y, continúa, hasta el día de hoy, ni el etíope ni el persa tienen vocales. Estos idiomas son fácilmente comprendidos por quienes están formados en ellos, y las vocales solo proporcionan una guía para aquellos menos educados. Para Weemse, el examen del texto para señalar correctamente, admitiendo los errores ocasionales y las variantes encontradas en la Masora, se convirtió en parte del trabajo del exégeta.[174]

En una polémica que igualaba en acritud a la de Owen, Walton defendió a la Políglota y sus *Prolegomena*, defendió su caso a favor del desarrollo histórico del alfabeto hebreo, defendió su visión de los puntos vocálicos y la autoridad de las Escrituras, e insistió en el uso de versiones antiguas como herramientas interpretativas en el establecimiento del texto. Como argumentó Walton, había dos enfoques protestantes distintos de la controversia. Los autores católicos romanos habían retomado los argumentos de Levita sobre los puntos vocálicos y habían argumentado que la vocalización fue desarrollada por los masoretas y que, por lo tanto, el texto hebreo era corrupto, potencialmente inferior a la Vulgata y sujeto a la interpretación magistral de la iglesia dado que «el Texto sin los puntos podía tomarse en diversos sentidos, y que ninguno de ellos estaba ligado a la lectura de los rabinos; y por lo tanto... que la Escritura es ambigua».[175] En respuesta, algunos eruditos protestantes habían optado (erróneamente, en lo que a Walton concernía) defender el origen mosaico del sistema de puntuación para afirmar la autoridad del texto hebreo. Otros, señala Walton, habían reconocido el trabajo de los masoretas, pero habían «negado las consecuencias, manteniendo, no obstante, que la lectura y el sentido del

---

[173] *Of the Divine Original, Authority, Selfevidencing Light, and Power of the Scriptures: with an answer to that inquiry, how we know the scriptures to he the Word of God. Also, A Vindication of the Purity and Integrity of the Hebrew and Greek Texts of the Old and New Testament; in some considerations an the Prolegomena and Appendix to the late Biblia Polyglotta* (Oxford, 1659).

[174] Weemse, *Christian Synagogue*, págs. 49-50; cf. Weemse, *Exercitations Divine*, págs. 124-130.

[175] Walton, *Considerator Considered*, X, xii (pág. 230).

texto podían ser ciertos sin puntuación, y que por lo tanto la Escritura no dependía en absoluto de la autoridad de la Iglesia».[176]

A los Buxtorf, sin embargo, no les faltaron defensores tanto entre los hebraístas como entre los dogmáticos, y debe señalarse que la mayoría de los eruditos judíos y, a principios del siglo XVII, un buen número de exégetas protestantes respetados asumieron una datación temprana de los puntos, al menos dentro del período canónico de las Escrituras.[177] Algunos dogmáticos se contentaron con suponer que el argumento a favor de un origen tardío de las vocales era una estratagema de la polémica católica romana y que el debate podía terminar con una referencia a las palabras de Cristo relativas a la indefectibilidad incluso de las jotas y tildes de la Ley;[178] otros como Voetius y Owen continuaron argumentando extensamente a favor de una codificación y finalización de los puntos dentro del período canónico de las Escrituras por parte de Esdras y los «hombres de la gran sinagoga». Siguiendo al anciano Buxtorf, argumentaron que el canon del Antiguo Testamento había sido recopilado y editado, frecuentemente a partir de los *autographa* supervivientes, por Esdras y sus asociados, quienes luego proporcionaron una división básica del texto en sus capítulos y quienes, inspirados por el Espíritu Santo, determinaron la vocalización correcta y proporcionaron al texto el sistema de puntuación. Entendían que el texto masorético del Antiguo Testamento tenía sus raíces en la obra de Esdras, muy anterior a los esfuerzos editoriales de los masoretas tibetanos.[179]

El debate filológico sobre los puntos vocálicos, que enfrentó a lingüistas del calibre de Walton y Lightfoot, no se resolvió en la era de la ortodoxia.[180]

---

[176] Walton, *Considerator Considered*, X, xii (pág. 231), señalando (pág. 232) que esta fue la opinión de «Luther, Zuingius, Calvin, Beza, Musculus, Brentius, Pellican, Oecolampadius, Mercer, Piscator, P. Fagius, Drusius, Schindler, Martinius, Scaliger, De Dieu, Cauaubon, Erpenius, Sixt. Amama, Jac. and Ludov. Cappellus, Grotius &c. And among ourselves, Archbishop Ussher, Bishop Prideaux, Mr. Meade, Mr. Selden, and innumerable others».

[177] Por ejemplo, Junius, *Theses theologicae*, en *Opera*, I, col. 1592ff.; Polanus, *Syntagma theol.*, I, xxxvii (págs. 74-75); Flacius Illyricus, *Clavis Scripturae Sacrae*, vi; Broughton, *Daniel his Chaldie Visions and His Ebrew* (London, 1596), folio k2recto- k4verso; Weemse, *Christian Synagogue* (1623), pág. 38; Owen, *A Vindication of the Purity and Integrity of the Hebrew and Greek Texts*, en *Works*, 16, págs. 370-401; cf. Schnedermann, *Die controverse mit Ludovicus Cappellus*, págs. 28-32; sobre la erudición judía, véase Burnett, "Christian Hebraism of Johann Buxtorf," págs. 246-248, 253, 256-257.

[178] Ussher, *Body of Divinity*, pág. 13; Maresius, *Collegium theologicum*, I, xl.

[179] Voetius, *Disputationes*, vol. I, iv (págs. 52-63, passim); Owen, *The Integrity and Purity of the Hebrew and Greek Text*, en *Works*, XVI, págs. 358, 371, 391; y cf. Burnett, "Christian Hebraism of Johannes Buxtorf," págs. 265-269.

[180] En la primera mitad del siglo XVIII, Schultens y Michaelis todavía podían sostener la opinión de que algunos de los puntos eran anteriores a los masoretas e incluso a la gran sinagoga. Eichhorn situó el origen de los puntos después de Esdras, pero antes del Talmud, Jerónimo y los masoretas, y atribuyó a estos últimos sólo la finalización y codificación. Parece que les correspondió a Gesenius y Hupfeld—aún en 1830—resolver finalmente el argumento a favor de un origen masorético de los puntos vocálicos: véase Diestel, *Geschichte des Alten Testamentes*, págs. 595-596.

La conclusión teológica del debate, la efímera *Formula Consensus Helvetica* de 1675,[181] desaprobó los argumentos de Cappel y, por implicación, favoreció el origen mosaico de los puntos vocálicos. Sin embargo, su lenguaje fue eminentemente cauteloso, argumentando la autoridad del texto hebreo «tanto en sus consonantes como en sus vocales» y luego calificando la referencia a las «vocales» con la frase, «o los puntos mismos, o al menos el poder de los puntos (*punctorum saltem potestatem*)» —si no los puntos vocálicos reales, entonces seguramente los sonidos implicados en los puntos, y por lo tanto las palabras como tales, son a la vez definidos y antiguos. Lo que no se suele notar acerca de esta formulación es que no refleja en absoluto la insistencia en un origen mosaico de los puntos vocálicos, como defendió Owen en su denuncia de Walton; más bien afirma el punto principal de Walton sobre el idioma hebreo: «tampoco afirmamos que las vocales y los acentos fueron inventados por los masoretas, sino que la lengua hebrea siempre estuvo compuesta de vocales y consonantes» y luego asume como una comprensión legítima (y teológicamente aceptable) del sistema de puntuación, el resto de la afirmación de Walton: «ni que estos puntos, que ahora se usan para vocales y acentos, fueran invención arbitraria de los masoretas, sino que señalaron el texto hebreo según el significado verdadero y recibido».[182]

Después de la *Formula*, el debate teológico disminuyó considerablemente y la mayoría de los teólogos estaban dispuestos a dejar el tema a los filólogos. De hecho, incluso los autores de la *Formula Consensus Helvética*, Turretin y Heidegger, habían ido mucho más allá de la furiosa denuncia de Owen contra los masoretas y habían llegado a una apreciación positiva de su trabajo en la preservación de los *apographa*.[183] A principios del siglo siguiente, Bentley pudo observar, en su defensa del cristianismo contra el librepensamiento,

> ¿Qué alboroto hubo una vez allí, como si todo estuviera arruinado y deshecho, cuando *Cappellus* escribió un Libro contra la Antigüedad de los *puntos hebreos*, y otro para *Various Lections* en el texto hebreo mismo? Y, sin embargo, el tiempo y la experiencia los han curado de esos miedos imaginarios.[184]

También debe observarse que quienes contrastan los puntos de vista de los reformadores sobre los puntos vocálicos con los puntos de vista de escritores de la alta ortodoxia como Owen, Turretin y Heidegger para

---

[181] Ver Martin I. Klauber, "The Helvetic Consensus Formula (1675): An Introduction and Translation," en *Trinity Journal*, 11 (Spring 1990), págs. 103-123.

[182] Walton, *Considerator Considered*, X, iii (pág. 210).

[183] Cf. Muller, *After Calvin*, págs. 153-154, con Turretin, *Inst. theol. elencticae*, II, xi, 11-13; Marckius, *Compendium theologiae*, II, viii; Heidegger, *Corpus theologiae*, II, xliii-xlvi.

[184] Bentley, *Remarks upon a late Discourse*, pág. 63.

argumentar que la ortodoxia protestante se desvió de la Reforma y produjo una visión más rígida de la inspiración y la infalibilidad normalmente no han examinado el debate histórico, su diversidad, su curso y su resultado.[185] Los altos ortodoxos, que hasta la época de la *Formula* defendían el origen de los puntos vocálicos dentro del período canónico, no solo se encontraban en lo que parecía ser un terreno filológico razonablemente sólido, sino que lo hacían con el fin de mantener la hermenéutica de los reformadores de la *analogia scripturae* contra una hermenéutica alternativa que dejaba de lado la analogía de la Escritura en favor de la enmienda conjetural de un pasaje por parte del exégeta o del crítico del texto.[186]

Además, no solo la trayectoria del argumento ortodoxo sobre el tema había alcanzado cierto grado de resolución en la Formula de Consenso Helvético, sino que el debate en sí, a pesar de su rencor, no había destrozado el amplio modelo de ortodoxia confesional. Los exégetas y filólogos que defendieron el origen masorético de los puntos vocálicos rara vez, o nunca, estuvieron más allá de los límites de la ortodoxia en su doctrina general de las Escrituras. Ya hemos señalado que el *Arcanum punctationis* de Cappel tenía, como parte de su propósito, la defensa de la doctrina reformada de las Escrituras contra el ataque católico romano. Más allá de esto, bastantes escritores reformados de la época (ninguno de cuya ortodoxia fue impugnada jamás) asumieron la invención masorética del sistema final de puntuación de vocales, en particular, Drusius, Ussher, John Prideaux, Weemse y Rivetus. También se da el caso de que Walton, cuyas opiniones sobre el origen tardío de los puntos vocálicos fueron tan furiosamente cuestionadas por Owen en nombre de la doctrina de las Escrituras, fuera él mismo un defensor de una elevada doctrina de inspiración y autoridad escritural: «los Textos Originales», escribió, «no están corruptos... tienen autoridad suprema en todos los asuntos» y «las copias que tenemos ahora son las transcripciones verdaderas de los primeros *autographa* escritos por los sagrados hombres-pluma».[187]

Los escritores ortodoxos de la era posterior a la Fórmula pudieron superar el problema filológico y, como Marckius, Venema, De Moor y Vitringa, ofrecer afirmaciones claras de la autoridad y la infalibilidad de las Escrituras que hacían eco de las opiniones de Calvino y Jewel, y asumieron el origen premasorético de algunos puntos vocálicos y el origen masorético del sistema de signos completamente desarrollado.[188] A la inspiración de

---

[185] Por ejemplo, Rogers y McKim, *Authority and Interpretation*, págs. 180-181.

[186] Cf. Muller, *After Calvin*, págs. 154-155, contra Rogers y McKim, *Authority and Interpretation*, pág. 183-187, 223.

[187] Walton, *Considerator Considered*, I, viii (pág. 14).

[188] Cf. Marckius, *Compendium theologiae*, II, viii; ídem, *Exercitationes text*, V, xxviii; Venema, *Institutes of*

los puntos vocálicos tampoco le faltaron defensores en la era ortodoxa tardía: ¡el inconformista inglés Samuel Clarke defendió no solo la autoridad de los puntos, sino también la inspiración de las divisiones de versos![189] En su ensayo de 1767 sobre el problema de la «antigüedad de la lengua hebrea», Gill pudo declarar, mientras se preparaba para abordar la cuestión de los puntos vocálicos: «Acerca de la antigüedad de éstos ha habido una controversia desde hace uno o dos siglos, y que aún no está decidida; ni espero que lo sea por este ensayo mío; todo lo que propongo es probar hasta dónde o hasta qué punto, en términos de antigüedad, se pueden rastrear y transportar estas cosas».[190]

4. *Autographa* y *apographa*: identificar el texto «original y auténtico» de las Escrituras.

Por texto «original y auténtico», los ortodoxos protestantes no se refieren a los *autographa* que nadie puede poseer excepto los *apographa* en la lengua original que son la fuente de todas las versiones. Los judíos a lo largo de la historia y la iglesia en la época de Cristo consideraron auténtico el hebreo del Antiguo Testamento y durante casi seis siglos después de Cristo, el griego del Nuevo Testamento fue considerado auténtico sin lugar a dudas.[191] Es importante señalar que la insistencia ortodoxa reformada en la identificación de los textos hebreo y griego como los únicos auténticos no exige una referencia directa a los *autographa* en esos idiomas; el «texto original y auténtico» de las Escrituras significa, más allá de las copias autógrafas, la tradición legítima de los *apographa* hebreos y griegos. El argumento a favor de las Escrituras como una regla infalible de fe y práctica y los argumentos separados a favor de un texto recibido libre de errores importantes (es decir, no escritos) se basan en un examen de los *apographa* y no busca el regreso infinito de los perdidos *autographa* como apoyo a la infalibilidad textual.[192]

Theology, págs. 37-39; Vitringa, *Doctrina christianae religionis*, I, ii, 51 (vol. I, pág. 93); con el extenso resumen del debate, con citas de Marckius y Schultens en De Moor, *Commentarius perpetuus in Joh. Marckii compendium*, I, II, viii (págs. 163-169).

[189] Samuel Clarke, *The Divine Authority of the Scriptures Asserted* (1699). Este autor no tenía relación con el famoso (anglicano) Samuel Clarke, quien pronunció las Conferencias Boyle en 1704-1705.

[190] John Gill, *A Dissertation Concerning the Antiquity of the Hebrew-language, Letters, Vowel-points, and Accents* (London: G. Keith, 1767; reissued, Paris, Ark.: Baptist Standard Bearer, 2001), pág. 71.

[191] Leigh, *Treatise*, I, vi (pág. 102); cf. Owen, *The Divine Original*, en *Works*, vol. 16, págs. 300-301.

[192] Cf. Turretin, *Inst. theol.*, II, xi, 3-4, with Mastricht, *Theoretico-practica theol.*, I, ii, 10. Por lo tanto, debe establecerse un contraste bastante marcado entre los argumentos ortodoxos protestantes sobre el *autographa* y las opiniones de Archibald Alexander Hodge y Benjamin Breckinridge Warfield. Esta cuestión debe plantearse debido a la tendencia que existe en muchos ensayos recientes a confundir ambos puntos de vista. Como prácticamente todos los exégetas y teólogos anteriores y posteriores a ellos, reconocieron que el texto de las Escrituras tal como lo tenemos ahora contiene declaraciones contradictorias e históricamente problemáticas. También reconocieron la inutilidad de

La cuestión central para los ortodoxos era el establecimiento de un texto auténtico y exacto de los originales hebreo y griego, a pesar de la pérdida de los *autographa*:

> Nosotros... recibimos las Escrituras únicamente en estos idiomas [es decir, hebreo y griego] como canónicas y auténticas. Y es más, no solo los *Autographa*, que por muchas razones pertenecientes al sabio consejo de la divina providencia, se les permitió perecer: sino en los *apographa* también.[193]

La discusión ortodoxa sobre *autographa* y *apographa* fue diseñada, por lo tanto, para señalar una continuidad de la tradición textual entre los autores originales y los textos actuales. La teoría funcionó principalmente como una palanca hermenéutica diseñada para afirmar la prioridad del hebreo y el griego sobre las versiones antiguas y para proporcionar una base metodológica para la recopilación y comparación crítica de los textos en sus lenguas originales. Después de todo, los ortodoxos del siglo XVII no tenían esperanzas arqueológicas para el descubrimiento de manuscritos cada vez más antiguos. Para ellos, los *autographa* no fueron un punto concreto de regreso para el futuro examen crítico del texto, sino más bien una piedra de toque empleada para obtener una perspectiva adecuada de los problemas textuales actuales. Frente a las propuestas más radicales de Louis Cappel relativas a la alteración crítica del texto del Antiguo Testamento a la luz de las versiones antiguas, los ortodoxos se consolaron con el hecho de que el hebreo, no el siríaco o el griego, era el idioma real de los profetas y que las lecturas variantes del texto rara vez, o nunca, causaban problemas a la sustancia de la doctrina cristiana.[194] Las versiones nunca podrían ser más que versiones y nunca podrían representar los pensamientos de los profetas *quoad verba*. Los ortodoxos tendían a abordar la cuestión de la infalibilidad de las Escrituras en cuestiones de fe y práctica desde una perspectiva completamente diferente.

---

armonizar el texto, pero insistieron en que todos esos pasajes difíciles o erróneos debían entenderse como resultado de errores de los escribas. Quienes alegan un texto erróneo, en contra del consenso ortodoxo en sentido contrario, deben probar su caso. Para reclamar errores en las copias escritas, el *apographa*, no es una prueba: se debe demostrar que la afirmación es cierta en relación con el *autographa*. El punto planteado por Hodge y Warfield es una trampa lógica, una floritura retórica, un enigma diseñado para confundir a los críticos —que solo pueden probar sus argumentos a favor de la auténtica errancia recurriendo a un texto que no tienen (y seguramente no pueden tener). Ver Archibald A. Hodge y Benjamin B. Warfield, *Inspiration* (1881; repr. Grand Rapids: Baker Book House, 1979), págs. 33-36.

[193] Mastricht, *Theoretica-practica theologia*, I, ii, 10; cf. Marckius, *Compendium*, II, ix: según Marckius, «*Apographa in eadem lingua proximè ad Autographa accedant*», dicho que se encuentra en la base de la insistencia ortodoxa en la exégesis crítica y en la base, también, de la famosa teoría de Princeton sobre el *autographa* sostenida por los Hodges y llevada a cabo por Warfield.

[194] Owen, *Divine Original*, en *Works*, XVI, pág. 301; cf. Buxtorf, *Anticritica*, ii.14.

Además, los ortodoxos tienden a no abordar el problema del error en las Escrituras como una faceta de su argumento sobre la autoridad, la inspiración o la infalibilidad, sino más bien en su discusión sobre la «pureza» de los textos hebreo y griego o en su análisis de la «perfección» de las Escrituras. Sus conclusiones, por lo tanto, están en el nivel hermenéutico y expresadas en términos del fracaso de las «corrupciones» para socavar la superioridad y precisión generales de los textos en el idioma original, o en el nivel dogmático y expresadas en términos de la preservación de las Escrituras en su integridad doctrinal. La perfección de las Escrituras no es infinita e ilimitada, como la perfección divina, sino relativa al fin de transmitir aquellas cosas necesarias para la salvación.

Aun así, Turretin y otros escritores ortodoxos altos y tardíos argumentaron que la autenticidad y la infalibilidad de las Escrituras deben identificarse en y de los *apographa*, no en y los *autographa* perdidos. Los *autographa* figuran en el argumento de Turretin solo en la medida en que fueron escritos en hebreo y griego y, por lo tanto, están mejor representados *quoad verba* y *quoad res* en los *apographa* hebreos y griegos existentes. La cuestión planteada por la discusión escolástica protestante sobre la relación de *autographa* y *apographa* es una de continuidad lingüística más que de inerrancia verbal.[195] Los ortodoxos, por supuesto, asumen que el texto está libre de errores sustanciales y, típicamente, ven los problemas textuales como de origen escribano,[196] pero presentan su argumento a favor de la autenticidad y la infalibilidad sin recurrir a un recurso lógico como el empleado por Hodge y Warfield.

Como regla general, resumiendo el argumento a favor de la pureza de los textos hebreo y griego como la Palabra «original y auténtica» de la Escritura, Leigh podría afirmar:

> Si cae la autoridad de las copias auténticas en hebreo, caldeo y griego, entonces no hay Escritura pura en la Iglesia de Dios, no hay un tribunal superior de apelación donde las controversias (que surjan de la diversidad de traducciones o de otro tipo) puedan ser resueltas. Las exhortaciones de recurrir a la *Ley y a los Profetas*, y de nuestro Salvador Cristo preguntando *cómo está escrito* y *cómo lees*, ahora no tienen ningún efecto o no son suficientes.[197]

Esta es, por supuesto, precisamente la afirmación de Roma: que las

---

[195] Cf. Turretin, *Inst. theol.*, II, xi, 3-4; xii, 10-12; Marckius, *Compendium theologiae*, II, ix; Mastricht, *Theoretico-practica theol.*, I, ii, 10; De Moor, *Commentarius perpetuus in Joh. Marckii compendium*, II, viii (págs. 161-162); Wyttenbach, *Tentamen theologiae dogmaticae*, II, §145-148.

[196] Cf. Turretin, *Inst. theol. elencticae*, II, v; Burman, *Synopsis theologiae*, I, vii, 13; Marckius, *Compendium theologiae*, II, xxiii-xxiv.

[197] Leigh, *Treatise*, I, vi (págs. 102-103).

Escrituras, aunque verdaderamente son la Palabra de Dios y contribuyen a la regla de fe y práctica de la Iglesia, no pueden tener autoridad fuera del *magisterium* de la Iglesia.[198]

Varios ortodoxos citan en confirmación de este argumento la regla de interpretación de Agustín (*De doctrina christiana*, II, 11; XV, 3) y los comentarios similares de Jerónimo en su *Contra Helvidium*. Rijssen y Leigh también señalan, con cierto entusiasmo, que

> El propio Bellarmine, *De Verbo Dei*, II, xi, confiesa que en determinados casos hay que volver a las fuentes: a. Cuando se nota un error de los copistas en los códices latinos; b. Cuando hay diferentes lecturas; c. Cuando hay algo ambiguo o incierto; d. Cuando el significado de una palabra parece no haber sido expresado satisfactoriamente.[199]

Todas estas declaraciones indican, a pesar de las protestas de Bellarmine en sentido contrario, una distinción entre autenticidad y autoría *quoad verba*, que pertenece únicamente a los originales hebreo y griego, y autenticidad y autoridad *quoad res*, que es inherente a las traducciones válidas.[200] De hecho, Bellarmine adoptó una actitud más positiva hacia los originales hebreos y griegos que muchos otros escritores romanos de la época. En su opinión, los originales generalmente no estaban corruptos, pero, en vista de su impureza parcial, no podían usarse como regla necesaria para corregir variantes en versiones antiguas como la Septuaginta y la Vulgata.[201]

Más duro que el juicio de Bellarmine fue el de Melchior Cano en su innovador estudio del método teológico, *De locis theologicis*. Junto con Lindanus, Cano argumentó que los judíos, por odio a la Iglesia cristiana, habían corrompido el texto.[202] Casi todos los hebraístas protestantes de renombre —Buxtorf, Rivetus, Erpenius, Walton— se opusieron a esta opinión, todos los cuales notaron el cuidado de los masoretas en preservar el texto con precisión, incluso cuando diferían sobre el origen de los puntos vocálicos.[203] Cano y Lindanus son fácilmente rebatibles: si los judíos corrompieron el texto del Antiguo Testamento, deben haberlo hecho antes o después de Cristo. No podrían haberlo hecho antes de Cristo, ya que

---

[198] Cf. Bellarmine, *De verbo Dei*, I, i.

[199] Rijssen, *Summa theol.*, II, xix, arg. 1-3; cf. Leigh, *Treatise*, I, vi (pág. 102): «*Bellarmine* concede que a veces debemos recurrir a fuentes hebreas y griegas, 1. Cuando en la edición latina haya errores del escriba. 2. Cuando existan lecturas diversas. 3. Cuando haya algo dudoso en las palabras o en la frase. 4. Para comprender la fuerza y Energía de la palabra, porque todas las cosas son más enfáticas en el original».

[200] Marckius, *Compendium*, II, viii.

[201] Bellarmine, *De verbo Dei*, II, vii.

[202] Cano, *De locis theologicis*, I, ii.

[203] Cf. Muller, *After Calvin*, págs. 149-153.

Cristo mismo da testimonio de la autenticidad de las Escrituras. Es muy poco probable que los judíos hicieran esto después de Cristo, ya que todos los testimonios citados por Cristo y los Apóstoles permanecen en el texto al igual que muchas profecías especiales del Mesías. De hecho, añade Rijssen, si los judíos habían cometido tales actos contra el texto que habían guardado tan diligentemente, ¿por qué Orígenes y Jerónimo, ambos «muy hábiles en las lenguas sagradas, absuelven a los judíos de este crimen»? Hay más de doscientos argumentos, comenta Leigh, que muestran que Cristo es el Mesías «más evidentes y explícitos en el texto hebreo del Antiguo Testamento que en la traducción latina».[204]

B. El problema de la corrupción en el texto

1. Abordando las corrupciones en el texto: una cuestión polémica y exegética.

Los teólogos reformados del siglo XVII dedicaron mucho espacio en comentarios, en los tratados sobre el texto y el lenguaje de las Escrituras y en los tratados dogmáticos a la refutación no solo de los argumentos generales de los polemistas y lingüistas católicos romanos y socinianos contra la pureza y autenticidad del hebreo y el griego, sino también a sus reclamos contra textos particulares:

> Porque aunque algunos de ellos, los más eruditos, como Bellarmine, no dicen que la edición griega del Nuevo Testamento sea del todo corrupta, como algunos de ellos han blasfemado, sin embargo, dicen que no es tan pura como para poder conceder que sea auténtica, porque en algunos lugares es corrupta.[205]

Contra tales afirmaciones, los ortodoxos reformados insistieron en la preservación providencial de las Escrituras en su integridad y el cuidado constante que tuvo la iglesia a lo largo de la historia para cuidar el texto. Esta suposición de integridad se refiere, además, no a las versiones sino a las fuentes hebreas y griegas en las que deben basarse todas las versiones. En cuanto al texto en sí, no está exento de problemas textuales y de corrupciones menores de ciertos textos en algunos códices: pero cabe preguntarse si la corrupción se encuentra en todos los códices o solo en algunos, ya sea en los más antiguos y mejores o en los más recientes y comunes, si las corrupciones son resultado de negligencia, ignorancia o malicia y, finalmente, si dichas

---

[204] Leigh, *Treatise*, I, vi (pág. 104); Rijssen, *Summa theol.*, II, xvii, controversia III, arg. 6.

[205] Rollock, *Treatise of Effectual Calling*, XIX (pág. 123); cf. la caracterización casi idéntica de los argumentos socinianos en Hoornbeeck, *Socinianismus confutatus*, I, pág. 28-29, citando a Socinus, *De auctoritate Scripturae*, i, y Volkelius, *De religione*, V, v.

corrupciones son corregibles o incorregibles, y si son corregibles, si las correcciones pueden hacerse sobre la base del texto mismo o solo con base en suposiciones.[206]

Los polemistas como Hoornbeeck típicamente ofrecían argumentos lógicos y teológicos (tales como los que han dado a la ortodoxia protestante su reputación de biblicismo rígido y textual) y dejaban los argumentos exegéticos técnicos a los exégetas. Así, Hoornbeeck comienza su defensa de la integridad del texto citando a Mt. 5:18 («Hasta que pasen el cielo y la tierra, ni una jota ni una tilde pasará de la ley») y 1 P 1:25 («La palabra del Señor permanece para siempre»), textos que podrían usarse tan fácilmente para argumentar el origen mosaico de los puntos vocálicos como la integridad general del texto. De manera similar, añade, la providencia de Dios misma, que incluso sus adversarios socinianos reconocen que actúa en la preservación de las Escrituras, evitaría que se produzca tal corrupción —y si la providencia actúa en la preservación de ciertos textos, ¿por qué no todos los textos?[207] La preservación del texto en su integridad es también un corolario necesario de su estatus como canon o regla de fe y práctica, y sigue siendo cierto que algunas corrupciones en algunos de los códices no perjudican de ninguna manera el uso autoritativo y normativo de Escritura en su conjunto.[208]

Los ortodoxos también abordaron la cuestión de las corrupciones textual y exegéticamente con gran detalle: de hecho, una gran preocupación por los textos problemáticos y las posibles corrupciones se encuentra no solo en las obras de los dogmáticos, sino también en las de los exégetas y lingüistas protestantes. El destacado hebraísta protestante Solomon Glassius, por ejemplo, argumentó en su libro la exactitud de setenta y dos textos en disputa del Antiguo y veinte del Nuevo Testamento en su *Philologia Sacra*. La *Isagoge* de Rivetus, de manera similar, dedica muchas páginas al tema, mientras que Lightfoot y Owen revisaron la mayoría de los problemas textuales relacionados con las indicaciones del Antiguo Testamento hebreo en sus respuestas al aparato crítico de la gran Biblia Políglota de Londres de Walton.[209] Debemos contentarnos aquí con algunos de los problemas textuales más comunes citados en los debates durante el siglo XVII.

---

[206] Hoornbeeck, *Socinianismus confutatus*, I, pág. 32.

[207] Hoornbeeck, *Socinianismus confutatus*, I, págs. 32-33.

[208] Hoornbeeck, *Socinianismus confutatus*, I, págs. 34-35, 39.

[209] Así también, John Rainolds, *The Summe of the Conference between Iohn Rainolds and Iohn Hart: Touching the Head and Faith of the Church. Wherein are handled sundry points, of the sufficiency and right expounding of the Scriptures, the ministrie of the church* (London, 1598); Edward Kellet, *Miscellanies of Divinitie*, (Cambridge, 1635), II, viii; Voetius, *Selectarum disputationum theologicarum*, I, iv (págs. 47-63).

2. Ejemplos específicos de corrupción de texto.

Primero, la lectura cristiana tradicional del Sal. 22:16, «Horadaron mis manos y mis pies», se basa en la lectura: *karu*, «perforar», y en la Septuaginta, que suponía *karu* cuando tradujo el hebreo como *oryxan* —mientras que la mayoría de los textos hebreos existentes, particularmente los que se encuentran en las Biblias judías de los siglos XVI y XVII, tenían *ka ari*, «como un león». ¿Fue esto una corrupción o un error en el texto? La disputa entre cristianos y judíos sobre el significado mesiánico del texto casi palideció ante el debate entre protestantes y católicos sobre la cuestión de la pureza textual. Este, según la nota ortodoxa, es el único lugar que puede considerarse una corrupción válida, pero incluso puede explicarse como un simple error de escriba. Los masoretas notan la variante *karu* —de modo que el supuesto error no es más que un ejemplo de *kethibh* (error no corregido en el texto) y *kere* (corrección marginal).[210] Varios escritores señalan que la paráfrasis caldea une las lecturas de esta manera: «Han cavado o perforado mis manos y mis pies como suele cavar un león con sus dientes».[211]

Segundo, el hebreo del Sal. 19:4 dice: «Su linaje ha salido por toda la tierra», mientras que la Septuaginta dice «su sonido» o «su voz». Pablo (Ro. 10:18) cita la Septuaginta, certificando así que la Septuaginta es correcta y mostrando, según varios autores católicos romanos, que el hebreo es un error. En respuesta, Leigh se hace eco de la tradición exegética, argumentando que tanto la Septuaginta como la cita del texto que hace Pablo representan una interpretación del hebreo para manifestar la extensión final del «linaje» de la promesa por la «palabra» del Evangelio. Esta es una interpretación legítima en la medida en que el Salmo (v. 7) muestra cómo los judíos fueron instruidos por las obras de Dios:

> El Apóstol alude a este Salmo para probar que los judíos podrían llegar a conocer a Dios por su palabra, y así tener fe en Cristo Jesús; Por lo tanto, el sentido no es solo la delineación y constitución de las cosas creadas, sino también la palabra de Dios y la doctrina del Evangelio, propuesta desde hace mucho tiempo a los judíos, y tan propuesta que no pudieron dejar de escuchar, porque fue publicada abiertamente a todo el mundo por el ministerio de los santos Apóstoles a partir de las predicciones de los Profetas.[212]

---

[210] Cf. Calvino, *Commentary on the Psalms*, in loc. (*CTS Psalms* I, págs. 373-374); Whitaker, *Disputation*, ix (pág. 159); Henry Ainsworth, *The Book of Psalmes: Englished both in Prose and Metre. With Annotations, opening the Words and Sentences, by Conference with Other Scriptures* (Amsterdam: Giles Thorp, 1612; second edition, 1617), pág. 64; Owen, *Integrity and Purity*, págs. 361-362; y Cloppenburg, *Exercitationes super locos communes*, I.v.8.

[211] Leigh, *Treatise*, I, vi (pág. 108); cf. Whitaker, *Disputation*, ix (pág. 159); Voetius, *Selectarum disputationum theologicarum*, I, iv (págs. 52-53).

[212] Leigh, *Treatise*, I, vi (págs. 108-109); cf. Calvino, *Commentary on the Psalms*, in loc. (CTS, I, págs.

Como tercer ejemplo de la corrupción del texto hebreo del Antiguo Testamento, podemos observar la cuestión planteada por Bellarmine, entre otros, de que los textos hebreos existentes carecen de una frase completa en Ex. 2:22: «Él también engendró a otro, y llamó su nombre Eliezer, diciendo: "El Dios de mi padre me ha ayudado, y me ha librado de la mano de Faraón"». Aquí, responde Whitaker, el problema no es una corrupción del hebreo sino la adición de una línea al latín, sin fundamento en textos antiguos, como han reconocido incluso los exégetas católicos romanos, como Cayetano. Ainsworth y Willet, más precisamente, notan la presencia de la variante en la Septuaginta y la Vulgata y plantean la hipótesis de que es un aumento del texto basado en Ex. 18:4.[213] Willet comenta que «tampoco se cree que aquí falte el hebreo, expresando solo a uno de los hijos de Moisés, ya que el otro está provisto, cap. 18:2», y señaló que, de manera similar, en Ex. 6:19, «el latín y la Septuaginta ponen a *Moisés y Aarón María*, que no está en hebreo; más bien, esto muestra gran audacia por parte de estos traductores, al agregar lo que el Espíritu de Dios pasa por alto en silencio».[214]

Un cuarto ejemplo: también alegado contra la pureza y perfección del Antiguo Testamento es Mt. 2:23, «habría de ser llamado nazareno». Dado que el texto se refiere a una profecía del Antiguo Testamento, pero no existe tal texto en el Antiguo Testamento, el original hebreo debe estar corrupto. Por supuesto, este argumento pesa igualmente en contra de las versiones antiguas, ninguna de las cuales contiene la referencia. Se proponen varias soluciones: Maldonatus, Junius, Piscator, Taylor y Dod sintieron que «nazareno» es una referencia a «Netzer», «un renuevo» y, por lo tanto, una cita de Is. 11:1.[215] Bucer, Calvino, Marlorat, Beza, Scultetus y Perkins ven el texto como una referencia a Jue. 15:5, donde Sansón es, como Redentor, un tipo de Cristo. Por eso Mateo se refiere al libro de Jueces como compuesto por profetas.[216]

Quinto, en Mt. 27:9, el evangelista cita un pasaje del Antiguo Testamento, afirmando que es una cita de Jeremías —mientras que claramente está tomado de Zacarías. Se ofrece una serie bastante larga de explicaciones: la cita de Zacarías se combina con Jer. 18:1-3; la cita es de un libro perdido de Jeremías; un copista se equivocó y sustituyó «Jeremías» por el «Zacarías» del

---

312-315); Ainsworth, *Book of Psalmes*, pág. 54.

[213] Whitaker, *Disputation*, ix (pág. 160), citando a Cayetano, *In Pentateuchum* (Roma, 1531), pág. 82, col. 2; cf. Ainsworth, *Annotations upon ... Exodus*, in loc.; Willet, *Hexapla in Exodum*, pág. 14.

[214] Willet, *Hexapla in Exodum*, pág. 24.

[215] Leigh, *Treatise*, I, vi (págs. 109-110).

[216] Leigh, *Treatise*, I, vi (págs. 109-110); cf. *Anotaciones de Westminster*, in loc., que ofrece ambas explicaciones.

original; el texto dice «hablado» por Jeremías, no escrito —y aquí Zacarías simplemente entrega a sus lectores una tradición que recibió de Jeremías; o, finalmente, Zacarías tenía en realidad dos nombres y a veces se le llamaba Jeremías, del mismo modo que Salomón se llamaba Jedidías, Joaquín se llamaba Jeconías y Conías, Simón se llamaba Pedro y Cefas, Mateo se llamaba Leví. Esta última hipótesis está respaldada por el hecho de que los nombres tienen un significado similar: Jeremías significa «la alabanza de Dios» y Zacarías «la exaltación de Dios».[217] Otra posibilidad es que Mateo no nombró al profeta y que el nombre fue insertado incorrectamente por un escriba, ya que, como señalan algunos comentaristas ortodoxos, el nombre del profeta no aparece en la antigua versión siríaca.[218] La sugerencia de Erasmo de que Mateo sufrió un lapsus de memoria se rechaza porque ignora el hecho de que la autoría del Espíritu Santo subyace a la de Mateo.[219]

Sexto, a menudo se dice que Ro. 12:11 es corrupto, ya que el texto griego da *kairo* en vez de *kyrio* —«sirviendo *al tiempo*» en lugar de «servir *al Señor*». En respuesta, Leigh indica claramente la estrecha interrelación del argumento dogmático con los estudios exegéticos y textuales de la época:

> Muchas de las antiguas copias y escolios griegos también tienen *kyrio*, como confiesa Salmerond el jesuita, «sirviendo al Señor», y aparece en la traducción siríaca: y quién no ve que podría ser más bien un descuido del escritor al tomar una palabra por otra, en lugar de una falla en el texto; y la causa del error (dice Beza) fue la breve escritura de la palabra, *ko*, que fue tomada por algunos como *kairo* mientras que deberían haberla tomado como *kurio*. Si admitimos la otra lectura, no debemos entender al Apóstol como si quisiera que seamos *contemporizadores*, o aplicarnos a las costumbres y modales corruptos de la época, sino mantener el tiempo en todas nuestras acciones y realizarlas en el momento más adecuado, como Col. 4:5; Ef. 5:16.[220]

Séptimo y último, la doxología al final de la versión mateana del Padrenuestro, «porque tuyo es el reino, y el poder, y la gloria, por todos los siglos» (Mt. 6:13), no aparece ni en la Vulgata ni en la en las exposiciones de la oración de Tertuliano, Cipriano, Ambrosio, Jerónimo y Agustín. Beza se refirió a ello como *magnificam illam quidam & santificam* pero también

---

[217] Cf. Leigh, *Treatise*, I, vi (págs. 110-111), con Voetius, *Selectarum disputationum theologicarum*, I, iv (págs. 59-60).

[218] *Anotaciones de Westminster, in loc.*

[219] Leigh, *Treatise*, I, vi (pág. 110).

[220] Leigh, *Treatise*, I, vi (pág. 112); Grotius, *Annotationes in Novum Testamentum*, en *Opera*, 2, pág. 748, simplemente acepta *kyrio* como correcto sin comentarios.

tuvo que admitir que el texto no aparecía en los códices antiguos que había examinado. ¿Es esto una corrupción del texto? Cartwright, en su respuesta al prefacio y las glosas de la traducción de Reims, argumentó que las palabras difícilmente eran una corrupción no bíblica sino una cita, ligeramente abreviada y peculiar de Mateo, de 1 Cr. 29:11, que hace que la oración sea más adecuada para el culto público.[221] Lightfoot había argumentado de manera similar, basándose en fuentes talmúdicas, dos formas de oración, una pública y otra privada, y explicó la versión lucana más corta de la oración como resultado de una segunda solicitud por parte de los discípulos. Las fuentes rabínicas indicaron el uso de doxologías, como «porque tuyo es el reino, el poder y la gloria por los siglos de los siglos», y un «Amén» final en el culto público.[222] La resolución dogmática de Leigh refleja los argumentos exegéticos de la época. La adición de Mateo no puede ser una corrupción o una glosa superflua en la medida en que

> no puede ser superflua sin la cual no habríamos tenido una forma perfecta de Oración; porque dado que la oración sirve tanto para alabar a Dios y dar gracias, como para hacerle peticiones y peticiones; es evidente que, si hubiera faltado esta conclusión, habría faltado una forma de esa Oración que consiste en alabanza y acción de gracias.[223]

Además, además de varias de las copias griegas, el siríaco también tiene esta doxología, al igual que las exposiciones de la oración de Crisóstomo, Theophyilact y Euthemius. También es cierto que Mateo contiene muchas palabras y frases que no están en Lucas.[224]

3. Debates textuales con implicaciones doctrinales.

Finalmente, señalemos dos problemas textuales algo diferentes que asolaron al protestantismo ortodoxo a finales del siglo XVII, nuevamente, no porque no se hubieran notado previamente, y no porque la doctrina de la inspiración y autoridad de las Escrituras hubiera cambiado apreciablemente desde finales de la Edad Media o desde la Reforma, sino porque el contexto del debate había cambiado considerablemente, y el estudio textual crítico, que alguna

---

[221] Thomas Cartwright, *An Answere to the Preface of the Rhemish Testament* (London, 1602), págs. 153-154.

[222] Lightfoot, *Horae hebraicae et talmudicae*, II, vi, 13; pero cf. Grotius, *Annotationes in Novum Testamentum*, en *Opera*, 2, pág. 81, donde se señala que la doxología está ausente del grego y se explica como un añadido litúrgico posterior —y el «amén», en particular, no se señala como una de las palabras de Cristo.

[223] Leigh, *Treatise*, I, vi (pág. 115).

[224] Leigh, *Treatise*, I, vi (pág. 116).

vez fue el arma de los protestantes contra los excesos y abusos de la doctrina y la práctica, se había convertido en el arma de los socinianos, deístas, racionalistas y semiarrianos contra los dogmas primarios de la iglesia.

Muchas de las Biblias impresas en los siglos XVI y XVII, ya sea en los idiomas originales, en latín o en una traducción vernácula, daban la siguiente lectura como texto de 1 Jn. 5:5-8:

> 5. ¿Quién es el que vence al mundo, sino el que cree que Jesús es el Hijo de Dios?
>
> 6. Éste es el que vino por agua y sangre, Jesucristo; no solo con agua, sino con agua y sangre. Y es que el Espíritu da testimonio, porque el Espíritu es verdad.
>
> 7. Porque tres son los que dan testimonio en el cielo: el Padre, el Verbo y el Espíritu Santo: y estos tres son uno.
>
> 8. Y son tres los que dan testimonio en la tierra, el espíritu, el agua y la sangre: y estos tres convienen en uno.

La frase en cuestión, el versículo 7, la llamada «coma» joánica, es ciertamente el texto trinitario más claro y convincente de toda la Escritura y sería de considerable utilidad en el debate con los antitrinitarios. El problema, sin embargo, fue la mala certificación del verso, notada por los eruditos del Renacimiento y la Reforma temprana prácticamente tan pronto como traspasaron los límites de la Vulgata. En consecuencia, de las ediciones de principios del siglo XVI del texto griego del Nuevo Testamento, la Políglota Complutense (1504-1514) incluye la frase, mientras que la primera y segunda ediciones de Erasmo (1516, 1519) las omiten al igual que la edición preparada por Aldus Manutius (1518). Sobre la base de un único códice encontrado en Dublín y muy probablemente con la esperanza de silenciar algunos de sus críticos «quejosos e incultos», Erasmo restauró la frase en su traducción (1521) y en su tercera edición del texto griego (1522). Las ediciones posteriores (1527 y 1536) también incluyen la «Coma». A la tercera edición de Erasmo le siguieron en este punto Stephanus (1546, 1549, 1550) y Beza (1565; con anotaciones, 1582), y el texto de Beza preparó el escenario para un acalorado debate en el siglo XVII, al menos entre los reformados.

Los primeros comentarios luteranos sobre la epístola reflejan un debate sobre los cambios en el texto de Erasmo: Lutero y Bugenhagen habían argumentado que la frase era espuria, mientras que sus asociados, en particular Agricola, Melanchthon, explicaron el texto sin comentarios sobre su autenticidad.[225] Aunque Lutero nunca incluyó la «Coma» en las

---

[225] Véase Franz Posset, "John Bugenhagen and the *Comma Johanneum*," en *Concordia Theological Quarterly*, 49 (1985), págs. 245-51; y Henk de Jonge, "Erasmus and the *Comma Johanneum*," en

ediciones de su traducción del Nuevo Testamento que él supervisó, algunas de las Biblias vernáculas suizas de mediados del siglo XVI, basadas en Lutero, incluyen la frase a menudo en letra pequeña o entre paréntesis, mientras que las Biblias de finales del siglo XVI y XVII tienden a incluir la «coma». Los exégetas del siglo XVII, seguramente debido a la intensidad de la polémica con los antitrinitarios, suelen defender la «Coma» como genuina.

Los teólogos reformados, siguiendo la línea de Erasmo, Esteban y Beza, tendieron a aceptar el texto como genuino y, de hecho, a utilizarlo como parte integral de su teología trinitaria. Así, Calvino argumentó la relación inseparable entre la obra de Cristo y la obra del Espíritu al señalar el paralelismo de la «Coma», «porque, como se nombran tres testigos en el cielo —el Padre, el Verbo y el Espíritu— así hay tres en la tierra: el agua, la sangre y el espíritu». Por lo tanto, el Espíritu no solo es conocido como testigo de Cristo sino que, como divino, «es el vínculo por el cual Cristo se une efectivamente a nosotros».[226]

En las obras teológicas de los ortodoxos del siglo XVII —siguiendo el modelo proporcionado por Calvino y Beza— la «coma joánica» aparece con frecuencia, sin preguntas ni comentarios, como un texto joánico entre otros citados en una cadena de textos del Evangelio, el Apocalipsis y las epístolas como fundamento de la doctrina de la Trinidad.[227] A menudo la frase se cita simplemente sin comentario como texto de apoyo, mientras que algunos de los escritores de la alta ortodoxia señalan que fue citado por Cipriano, refutando así, implícitamente, los argumentos relacionados con su fecha extremadamente tardía. Pictet llega incluso a argumentar, casi refutando la doctrina ortodoxa de la preservación providencial del texto, que los herejes habían logrado durante mucho tiempo eliminar el pasaje pero que, gracias a la cita de Cipriano, los ortodoxos habían recibido autorización para reinsertarlo.[228] De hecho, Cipriano afirma: «*Dicit Dominus: "Ego et Pater unum sumus". Et iterum de Patre et Filio et Spiritu Sancto scriptum est: "Et tres unum sunt"*».[229] Turretin señaló que el texto se encontraba en los «manuscritos más antiguos y aprobados», que Erasmo había localizado el pasaje en el «Códice Británico más antiguo» y que las «ediciones más loables, la Complutense, la de Amberes, la de Arias Montanus, R. Stephanus y

---

Ephemerides theologiae lovaniensis, 56 (1980), págs. 381-388. Tenga en cuenta que ahora se reconoce que el segundo comentario de 1 Juan atribuido a Lutero en la edición de Walch (en el que la «coma» se cita como auténtica) es de Agrícola.

[226] Calvino, *Institutos*, III, i, 1. Ver más, *DRPR*, IV, 4.2 (C.3).

[227] Maccovius, *Loci communes*, xxx (pág. 245); cf. *Synopsis purioris theologiae*, VII, 49; Mastricht, *Theoretico-practica theol.*, II, xxiv, 9, 17; Rijssen, *Summa theol.*, III, iii, controversia 1.

[228] Pictet, *Theol. chr.*, II, xiii, v.

[229] Cipriano, *De unitate ecclesiae*, vi (PL, 4, cols. 503-504).

Walton, que han utilizado los mejores códices, tienen la frase».[230] (Omite mencionar que la «Coma» fue cuestionada por Grotius).[231] Cloppenburg sostiene que la crítica de Jn. 5:7 como no perteneciente al griego original ha surgido en gran medida como resultado de los esfuerzos de los herejes antitrinitarios. De hecho, comenta, la omisión del texto por parte de Lutero en la primera edición de su comentario llevó a los jesuitas a acusarlo de tendencias arrianas.[232] Los teólogos del siglo XVII estaban razonablemente seguros en el uso de la «Coma», reconociendo a los ilustres proponentes que había encontrado tanto durante la Reforma como en la era de la ortodoxia temprana y concediendo la polémica asociada con el examen crítico del texto.

Para que el texto se volviera genuinamente problemático y un foco de polémica masiva, fue necesario que los principales eruditos textuales que no eran partidarios de puntos de vista antitrinitarios lo descartaran como una adición espuria a la epístola —el caso es bastante análogo al revuelo causado por los trabajos de Cappel sobre el origen tardío de los puntos vocálicos. Como lo señalaron Richard Simon y los eruditos críticos, así como muchos teólogos posteriores a él, como Thomas Emlyn, Samuel Clarke, Richard Bentley, J. J. Wetstein, C. B. Michaelis y J. S. Semler, solo tres códices griegos, todos ellos muy tardíos, dan fe de la frase, y dos de los tres omiten las palabras «y estos tres son uno». Ni los padres griegos ni los latinos hasta Agustín citan la frase, aunque todos la habrían encontrado extremadamente útil al debatir con los arrianos. El primer uso conocido de la «Coma» ocurre en los escritos de los padres latinos de los siglos V y VI, lo que lleva a suponer que los pocos códices griegos en los que aparece la frase fueron ampliados sobre la base de textos latinos medievales. La polémica contra la crítica textual de Simón y los demás sobre este punto se volvió intensa: negar el texto por cualquier motivo parecía apoyar la afirmación sociniana, cuando lo que en realidad había sucedido era otra ruptura del resultado teológico tradicional (logrado por modelos más antiguos de exégesis, anteriores al auge de la crítica textual y la gran revolución hermenéutica de los siglos XVI y XVII) a partir de la práctica exegética.

Se puede hacer una observación similar con referencia a 1 Ti. 3:16. A lo largo de la era de la Reforma y la ortodoxia, este texto fue debatido: la Vulgata decía *quod manifestatum est in carne*, no *Deus manifestatus est in carne*, que se había convertido en la lectura favorita entre los protestantes, basada en textos griegos existentes. Erasmo, sin embargo, había adoptado una lectura en su Nuevo Testamento griego que era paralela a la Vulgata,

---

[230] Turretin, *Inst. theol. elencticae*, III, xxv, 9.

[231] Grotius, *Annotationes in Novum Testamentum*, 1 Jn. 5:7,8, in loc.

[232] Cloppenburg, *Exercitationes super locos communes*, I.v.8.

para gran irritación de Calvino, quien desestimó la enmienda de Erasmo con la observación de que «todas las copias griegas» tenían la frase como «Dios manifestado en la carne».[233] El texto fue debatido, sin embargo, por varios antitrinitarios y por varios críticos de textos de la época, incluido Grotius, y provocó la defensa de los dogmáticos y comentaristas ortodoxos reformados.[234] La ortodoxia tardía tuvo que enfrentarse a un desarrollo crítico adicional: en un viaje a Cambridge en 1715 para visitar a Richard Bentley, J. J, Wetstein examinó el Códice alejandrino y concluyó, después de haber examinado el texto de 1 Ti. 3:16 con lupa, que el *Theos* en la frase «Dios fue manifestado en carne» era una interpretación errónea y que el texto en realidad tenía «OC», «quién», y que la frase debería decir «quién fue manifestado en la carne».[235] Inmediatamente después de los argumentos de Bentley contra la «Coma» joánica, las opiniones de Wetstein sobre 1 Ti. 3:16 fueron vistos como profundamente antitrinitarios y, de hecho, argumentaron en contra de uno de los textos favorecidos por la ortodoxia como prueba de la divinidad de Cristo.

Los ortodoxos reformados, por lo tanto, se involucran en un esfuerzo textual concertado para mantener su doctrina de la pureza y perfección del texto de las Escrituras. Sin embargo, no dan por sentado que la doctrina de la autoridad de las Escrituras pueda probarse con tales argumentos: solo defenderse. Además, y lo que es más importante, muchos de estos argumentos deben considerarse como evidencias y elementos de la enorme lucha hermenéutica del siglo XVII, provocada por los avances en la crítica textual y por un desarrollo nuevo y detallado del aparato crítico basado en la recopilación no solo de numerosos manuscritos de los textos hebreos y griegos, sino también de las versiones antiguas. Si el siglo XVI fue la era del retorno humanista a las fuentes, el siglo XVII fue seguramente la gran era de la lingüística «oriental» protestante y del estudio textual comparativo. Es muy difícil, dado el contexto histórico de este florecimiento del estudio lingüístico junto con la relativa estabilidad de la ortodoxia doctrinal y sus formas de expresión, etiquetar a los ortodoxos protestantes como rígidos y oscurantistas.

Todos los argumentos que hemos examinado evidencian un uso cuidadoso de herramientas lingüísticas, un estudio de las opiniones de comentaristas y críticos, y un deseo de abordar los problemas textuales

---

[233] Calvino, *Commentary on 1 Timothy*, 3:16, in loc. (*CTS 1 Timothy*, pág. 92).

[234] Cf. Grotius, *Annotationes in Novum Testamentum*, 1 Ti. 3:16, in loc., con la discusión en *DRPR*, IV, 4.2 (C.2).

[235] El problema es bastante comprensible, dada la abreviatura estándar de *theos* en los manuscritos unciales como una *theta* y una *sigma* —lectura ΘϹ en vez de ΟϹ: ver Metzger, *Text of the New Testament*, pág. 187.

con precisión —otorgando la suposición totalmente legítima, tanto histórica y doctrinal, de la prioridad de los textos hebreos y griegos como reflejo de la lengua de los autores originales de las Escrituras. Además, los ortodoxos difícilmente fueron incapaces de reconocer problemas en el texto y diferencias de detalle entre relatos paralelos, como las diferencias entre los cuatro evangelistas. Su conclusión fue simplemente que tales problemas y diferencias rara vez afectan a cuestiones doctrinales. En los pocos casos, como la Coma joánica y 1 Ti 3:16, donde los debates tuvieron implicaciones doctrinales, la dificultad de la resolución textual a menudo estuvo ligada al paralelo entre los resultados de los críticos del texto y las polémicas doctrinales de los socinianos.

6.3 Traducciones vernáculas y su importancia

A. Debate sobre las traducciones

1. La cuestión teológica postridentina.

Frente a la polémica católica romana contra las traducciones protestantes y dado el énfasis masivo puesto por la ortodoxia protestante en la autoridad de los originales hebreos y griegos frente a traducciones como la Septuaginta, la Vulgata y esfuerzos contemporáneos como la versión de Rheims-Douay, los teólogos ortodoxos se vieron presionados por sus propios argumentos a abordar la cuestión de la legitimidad de la traducción y, otorgando esa legitimidad, el valor de la traducción. Wendelin en realidad presenta como una tesis teológica la definición de «versión vernácula» como «una traducción de las Sagradas Escrituras a un idioma comúnmente conocido y autóctono de una nación» y luego procede a «probar» con varios argumentos que las Sagradas Escrituras deben traducirse al lenguas comunes.[236] En primer lugar, los propios profetas y apóstoles hablaron y escribieron en lengua vernácula para que sus oyentes pudieran entender: la traducción permite así que las Escrituras sean leídas por todos, como los propios profetas y apóstoles pretendían. En segundo lugar, las Escrituras son las «armas de los fieles» para la defensa «contra Satanás y los herejes». Aun así, en tercer lugar, a todos los creyentes se les ordena leer y estudiar las Escrituras (Jn. 5:39; Dt. 31:11), como, de hecho, el apóstol elogió a los de Berea (Hch. 17:11).[237] Más allá de esto, el mandato de predicar a todas las naciones implica la necesidad de traducir las Escrituras, al igual que el gran esfuerzo de la iglesia primitiva para producir traducciones en todos los idiomas de

---

[236] Wendelin, *Christianae theologiae libri duo*, pról., III, iii.

[237] Wendelin, *Christianae theologiae libri duo*, pról., III, iii.

los creyentes, como el siríaco, la paráfrasis caldea, la Septuaginta, la muchas versiones latinas, e incluso la Hexapla de Orígenes.[238]

Los «papistas», escribe Wendelin, afirman lo contrario: que las Escrituras no deberían traducirse a lenguas vernáculas y que no se debería permitir a la gente común leer el texto, basándose en que el acceso a las Escrituras es peligroso para la fe. La gente común malinterpretará el significado del texto y creará nuevas herejías. La respuesta a estos argumentos es simple, escribe Wendelin: el abuso de una cosa buena y necesaria no proporciona ningún argumento contra su uso adecuado. De hecho, a pesar del abuso, los profetas y los apóstoles expresaron sus verdades en lengua vernácula. Es más, el propio clero puede confundir, y de hecho lo hace, el significado del texto, ¡y los «papistas» no tienen la intención de impedir que el clero lea! Y, finalmente, las supuestas interpretaciones erróneas, como la identificación de Dios como el autor del pecado, pueden superarse fácilmente con una lectura cuidadosa.[239] La traducción, por lo tanto, es buena, necesaria y, de hecho, es un mandato de las Escrituras mismas. Los problemas de oscuridades en el texto y de la interpretación correcta persisten, pero los ortodoxos también los abordarán en el lugar que les corresponde.

2. Las versiones antiguas en perspectiva hermenéutica: la mirada desde la era de la ortodoxia.

Las ediciones auténticas de las Escrituras son, por tanto, los textos hebreo y griego, que representan la lengua de los autores originales. En esta afirmación, junto con el reconocimiento de que la iglesia no poseía copias originales del texto, la ortodoxia manifestó la necesidad de una crítica textual y, de hecho, fomentó el análisis técnico detallado del texto antiguo y las versiones que producirían obras como la gran Biblia Políglota de Londres, editada por Brian Walton.[240] Sin embargo, en este proceso de establecimiento crítico del texto, la ortodoxia no podía —por razones teológicas obvias— dar prioridad a las versiones antiguas. Ainsworth, por tanto, argumenta con bastante cuidado la importancia del uso de versiones antiguas en el trabajo de traducción e interpretación: las versiones, en particular la paráfrasis caldea y la Septuaginta, ofrecen interpretaciones significativas de textos difíciles. A finales del siglo XVII, el eminente orientalista Pocock

---

[238] Rijssen, *Summa theol.*, II, xviii, controversia 2.

[239] Wendelin, *Christianae theologiae libri duo*, prol., III, iii; cf. la discusión del problema de las biblias vernáculas en R. E. McNally, "The Council of Trent and Vernacular Bibles," en *Theological Studies*, 27 (1966), págs. 226-227.

[240] Brian Walton, ed., *Biblia Sacra Polyglotta*, 6 vols. (London, 1657); y *Biblicus apparatus, chronologico-topographico-philologicus: prout ille tomo praeliminari operis eximii polyglotti* (London, 1658).

pudo comentar de manera similar que el texto hebreo fue iluminado por la investigación «de otras lenguas de estrecha afinidad con él, en las que se usan las mismas palabras, como el siríaco y el árabe». Sin embargo, el texto hebreo sigue siendo anterior.[241] Su uso aparentemente autoritario por parte de Cappel, por lo tanto, generó una controversia sobre su uso dentro de las filas del protestantismo, particularmente en vista de la polémica contra Roma: después de todo, los «papistas» no se oponían a la idea de los originales hebreos y griegos; simplemente sostienen que los textos hebreos y griegos existentes eran corrupciones del original y, por lo tanto, no eran auténticos. Además, si la Septuaginta y la Vulgata fueron traducidas antes de la entrada de estas corrupciones (como, por ejemplo, las corrupciones causadas por el trabajo de los masoretas en los siglos V y VI), tienen autoridad. Las iglesias reformadas cuestionan todas estas afirmaciones relativas a la autoridad y, en el caso de la Septuaginta, la inspiración de las traducciones antiguas.[242]

Aun así, la hermenéutica ortodoxa protestante identificó incluso la Septuaginta, que fue citada por los apóstoles, como un texto poco auténtico y autorizado. La Septuaginta, comentan los ortodoxos, fue un esfuerzo loable y tiene el valor de una gran antigüedad, pero como fue concebida y realizada únicamente mediante el estudio y el trabajo de los hombres, no puede merecer el título *theopneustos*, ni sus autores pueden considerarse inspirados. Este hecho lo prueba el relato de Aristeas, que registra disputas y conferencias entre los traductores: donde hay inspiración y obra del Espíritu, no hay desacuerdo. Además, la Septuaginta, a pesar de su valor, difiere con frecuencia del hebreo; tanto, de hecho, que Whitaker se vio inducido a argumentar que la versión original de los «Setenta», según Aristeas se ajustaba al hebreo, se había perdido o corrompido mucho en su transmisión.[243] ¡Ni siquiera Jerónimo la consideraba pura y autoritativa! No obstante, la Septuaginta, al igual que otras versiones y paráfrasis antiguas, puede ser útil para el intérprete a la hora de determinar el significado de pasajes hebreos difíciles.[244] Al argumento de que su autenticidad se demuestra por el uso apostólico, Rijssen responde que tal uso difícilmente indica la inspiración de los «Setenta», sino solo que algunas de sus palabras han sido santificadas por su uso en el Nuevo Testamento —ciertos textos de la Septuaginta, por lo tanto, tienen autoridad según sus palabras, además

---

[241] Ainsworth, *Psalmes*, fol. 2 verso; Edward Pocock, *Commentary on the Prophecy of Hosea* (Oxford, 1685).

[242] Leigh, *Treatise*, I, vi (págs. 100-101).

[243] Whitaker, *Disputation*, II, iii (pág. 121); cf. Maccovius, *Loci communes*, III (pág. 21).

[244] Rijssen, *Summa theol.*, II, xx, controversia I, argumenta; cf. los comentarios positivos sobre el uso de la Septuaginta y la paráfrasis caldea en el trabajo de traducción e interpretación en Ainsworth, *Psalmes*, prefacio, fol. 2 verso; Wyttenbach, *Tentamen theologiae dogmaticae*, II, §165, escolio 1.

de tener autoridad según la sustancia, pero esa autoridad no es *per se* sino más bien *per accidens*.[245]

Aún más enérgicas son las objeciones formuladas contra la Vulgata, que había sido declarada texto auténtico y dogmáticamente normativo por el Concilio de Trento. Muchos de los reformados estaban bastante dispuestos a admitir la calidad del trabajo de Jerónimo, el valor de las correcciones posteriores hechas en la Vulgata y la utilidad general de esta traducción latina particular a lo largo de muchos siglos de la historia de la iglesia, e incluso que «los puntos fundamentales de la fe se conservan intactos en esta edición latina, si no en todas partes, al menos en muchísimos lugares», pero negaron su autenticidad como regla de fe.[246] Ni Jerónimo ni los editores posteriores, ni Sixto V ni Clemente VIII, fueron inspiraron, como lo demuestra su trabajo editorial. Además, muchos eruditos de la iglesia romana han sugerido enmiendas sobre la base de los originales hebreos y griegos: Erasmo, Valla, Paginus, Cayetano, Sixto Senensis, Bellarmine, Cano y los editores de la Vulgata en Lovaina, lo que parecería socavar el caso católico a favor de la autenticidad de la Vulgata y, de hecho, contradice el mandato del Concilio de Trento.[247]

Por lo tanto, se pueden utilizar traducciones, pero con la reserva de que solo el Antiguo Testamento hebreo y el Nuevo Testamento griego son las normas auténticas de doctrina y la regla por la cual se debe decidir la controversia doctrinal:

> Las versiones que son congruentes con las fuentes son de hecho auténticas según el fondo (*quoad res*); porque la Palabra de Dios [puede ser] traducida a otros idiomas: la Palabra de Dios no debe ser limitada, ya que sea pensada, hablada o escrita, sigue siendo la Palabra de Dios. Sin embargo, no son auténticos según el idioma o la palabra, ya que las palabras han sido explicadas en francés u holandés.[248]

Por lo tanto, en relación con todas las traducciones, los textos hebreo y griego se presentan como *antiquissimus*, *originalis* y *archetypos*.[249] Así, las traducciones son la Palabra de Dios en la medida en que permiten que la Palabra de Dios se dirija al lector o al oyente: porque la Escritura es ciertamente la Palabra de Dios en las cosas que enseña y en la medida en

---

[245] Rijssen, *Summa theol.*, II, xx, controversia I, objectio & resp.

[246] Whitaker, *Disputation*, II, vii (pág. 136); cf. Rijssen, *Summa theol.*, II, xx, controversia II.

[247] Rijssen, *Summa theol.*, II, xx, controversia II, argumenta; cf. Whitaker, *Disputation*, II, ix (págs. 146-155).

[248] Rijssen, *Summa theol.*, II, xix.

[249] Marckius, *Compendium*, II, viii; Amyraut et al., *Syntagma thesium theologicarum*, I, vii, 13, 15.

que en y por medio de ella el poder de Dios toca la conciencia. Aun así, tanto en las traducciones como en el original, el testimonio del Espíritu Santo demuestra la gracia de Dios hacia nosotros.[250]

Todas las traducciones tienen autoridad divina en la medida en que traducen correctamente el original: «la lengua y el dialecto no son más que un accidente, y como si fuera un argumento de la verdad divina, que permanece uno y el mismo en todos los idiomas».[251] En cuanto al caldeo, no es una traducción sino una paráfrasis y es de gran utilidad como exposición del hebreo.[252] El griego de los «Setenta y dos intérpretes», comenta Leigh, tenía gran autoridad entre los judíos helenísticos y fue utilizado por los evangelistas, «cuando podían hacerlo sin desviarse del sentido de los profetas».[253] Las versiones siríaca y árabe del Nuevo Testamento son antiguas y «muy útiles para entender el griego».[254] Leigh finalmente recurre a las traducciones latinas y comenta que la versión de Tremellius y Junius es la mejor para el Antiguo Testamento, mientras que Erasmo y Beza son los preferidos para el Nuevo.[255]

B. La autoridad y el uso legítimo de las traducciones

El debate de finales del siglo XVI sobre el carácter y la calidad de las traducciones vernáculas se centró en dos frentes: el problema de la relación de las versiones antiguas, principalmente la Septuaginta, el Pentateuco samaritano, la paráfrasis caldea y la Vulgata, con el hebreo y en el caso del Nuevo Testamento, los originales griegos, se refería a la integridad del texto mismo y al carácter del fundamento bíblico sobre el cual se establecería la teología; considerando que el problema de las versiones modernas, ya sea la de Lutero o varias otras traducciones alemanas, la francesa de Olivetan o las diversas versiones inglesas, era más una cuestión del grado en que la sustancia real (*res*) o el significado del texto podían comunicarse en palabras distintas de las del autor original y, por lo tanto, del grado en que cualquier traducción podría funcionar como base autorizada para la teología contemporánea.

---

[250] Rijssen, *Summa theol.*, II, xxi; Amyraut et al., *Syntagma thesium theologicarum*, I, vii, 51.

[251] Leigh, *Treatise*, I, vi (pág. 94); cf. Mastricht, *Theoretico-practica theologia*, I, ii, 11, citando a Ames, *Medulla*, I.XXXIV, 32-33.

[252] Ainsworth, *Psalmes*, prefacio, fol. *2 recto; Leigh, *Treatise*, I, vi (pág. 95); y ver Muller, *After Calvin*, cap. 10, "Henry Ainsworth and the Development of Protestant Exegesis in the Early Seventeenth Century."

[253] Leigh, *Treatise*, I, vi (pág. 97).

[254] Leigh, *Treatise*, I, vi (pág. 98).

[255] Leigh, *Treatise*, I, vi (pág. 99).

1. El problema de la Vulgata.

La controversia de los siglos XVI y XVII sobre la Vulgata y varias traducciones contemporáneas de las Escrituras fue considerablemente más sutil que una discusión sobre la legitimidad de las traducciones. A lo largo de la Baja Edad Media se habían prohibido las traducciones vernáculas. Las constituciones de principios del siglo XV promulgadas en Inglaterra generalmente abordaban problemas específicos, como el problema de las traducciones wycliffitas o lolardas nominalmente heréticas, y no el trabajo de traducción en general:

> Por lo tanto, resolvemos y ordenamos que nadie en adelante, por su propia autoridad, traduzca ningún texto de la Sagrada Escritura al inglés o a cualquier otro idioma por medio de un libro, folleto o tratado, y que ningún libro, folleto o tratado de este tipo, ya sea recientemente compuesto en la época de dicho Joh Wyclif o desde entonces, o que se componga en el futuro, podrá leerse en parte o en su totalidad, en público o en privado, bajo pena de excomunión mayor, hasta la traducción sea aprobada por el diocesano del lugar, o en su caso por un consejo provincial.[256]

La cuestión abordada por las prohibiciones no era la traducción *per se*: la cuestión era la autoridad eclesial en cuestiones de doctrina. Una perspectiva similar se refleja en las opiniones de los censores del siglo XV en Alemania —mientras que en Italia las Biblias vernáculas eran utilizadas y patrocinadas por las órdenes dominicana y franciscana.[257]

El problema, entonces, se refería al uso normativo de las conclusiones teológicas expresadas sobre el significado del texto por las propias traducciones y la tradición de la asociación de la *sacra pagina* latina con la esencia misma de la *sacra theologia* tal como está formulada en latín. Del lado católico romano, había preocupación por conservar el estatus normativo de la Vulgata e indicar el peligro de los esfuerzos protestantes por utilizar los originales hebreo y griego como base para versiones nuevas y potencialmente heréticas de la Biblia. Del lado protestante, había —precisamente debido a la estructura y la importancia de la polémica católica romana— un profundo interés en afirmar que los originales hebreo y griego de la Biblia eran el único fundamento para una doctrina correcta y que las mejores traducciones, de hecho, las únicas traducciones que pudieran servir como normas doctrinales se basarían necesariamente en estos originales.

En el Concilio de Trento estuvieron representadas prácticamente todas las posiciones sobre la conveniencia y el uso de las traducciones. El concilio

---

[256] Citado en *Cambridge History of the Bible*, II, págs. 393-94.

[257] Cf. Stephen Runciman, *The Medieval Manichee: A Study of the Christian Duanlist Heresy* (Cambridge: Cambridge University Press, 1947; reeditado en 1982), págs. 83-87, 167-168.

reconoció la necesidad de impulsar reformas en cuatro áreas relacionadas con las Escrituras: *circa editionem, circa interpretationem, circa impressionem,* y *circa praedicationem*: era necesario eliminar las corrupciones del texto básico de las Escrituras; había que identificar y eliminar las interpretaciones falsas; solo se deben poseer y leer Biblias incorruptas; y la predicación debería reformarse siguiendo lineamientos genuinamente bíblicos y eclesiásticos.[258] En el centro de este deseo de reformar el texto y la práctica se encontraba el problema de las Biblias vernáculas. Algunos de los obispos sostuvieron que la lectura y la interpretación deberían reservarse al clero debido al peligro de las Biblias vernáculas —mientras que el cardenal Madruzzo, príncipe-obispo de Trento, defendió elocuentemente la necesidad de que la Biblia estuviera disponible en todos los idiomas para el progreso del Evangelio. La decisión final del concilio fue abstenerse de hablar directamente sobre el problema de las Biblias vernáculas y al mismo tiempo identificar la Vulgata como la traducción auténtica y autorizada. El Concilio tampoco menospreció los originales griegos y hebreos; solo argumentó la autoridad de la Vulgata en cuestiones doctrinales. Solo después de la asunción del Papa Pablo IV se prohibieron las Biblias vernáculas que carecían de la autorización de la Inquisición Romana.[259]

Una característica de los esfuerzos de traducción católicos romanos postridentinos fue un movimiento interpretativo desde las lenguas originales a través de la Vulgata hasta la lengua vernácula contemporánea, como se evidencia en la versión de Rheims-Douay. Del lado protestante, como lo demuestra de manera preeminente la Biblia de Ginebra (1560), el poder teológicamente interpretativo del traductor y anotador convirtió el texto mismo de la Escritura en un arma contra Roma. Las negaciones tridentinas y postridentinas del derecho de traducción y de lectura laica deben entenderse en este contexto.[260]

El argumento sobre el carácter normativo de la Vulgata no fue, por supuesto, complicado por ningún uso canónico de las lecturas de Jerónimo, pero se hizo difícil para los protestantes durante el debate sobre el origen de los puntos vocálicos en el texto masorético del Antiguo Testamento: si, como varios eruditos habían afirmado en el siglo XVI y principios del XVII,

---

[258] McNally, "Council of Trent and Vernacular Bibles," págs. 208-209; sobre el reconocimiento de los reformadores tridentinos de que el estudio de las Escrituras debería ser la base de la teología, véase Louis B. Pascoe, "The Council of Trent and Bible Study: Humanism and Scripture," en *Catholic Historical Review*, 52 (1966-67), págs. 18-38.

[259] McNally, "Council of Trent and Vernacular Bibles," págs. 211-216, 225-226; cf. Creehan, "The Bible in the Roman Catholic Church," en *CHB* III, pág. 204.

[260] El ataque más famoso fue quizás el de Pierre Coton contra las Biblias vernáculas francesas, *Geneue plagiaire ou verification des deprauations de la Parole de Dieu qui trouuent és Bibles de Geneue* (Paris, 1618), respondido por Benedict Turretin, *Defense de la fidelité des traductions de la s. Bible faites à Geneve: opposee au livre de P. Coton* (Geneva, 1619).

los puntos vocálicos no solo fueron usados y estandarizados sino también inventados por los masoretas, entonces Jerónimo habría usado un hebreo premasorético sin puntos, y las lecturas variantes de Jerónimo podrían ser superiorres al texto hebreo masorético existente. Así, señala Wendelin, los «*Pontificii*» argumentan la autoridad de la Vulgata sobre la base de que es el texto más antiguo utilizado por la iglesia —pero, por supuesto, «la antigüedad en sí misma no hace que una edición sea auténtica»— y, de hecho, los originales hebreos y griegos son mucho más antiguos y auténticos por derecho propio porque están en los idiomas originales.[261] Tampoco es el caso, como afirman algunos de los papistas, que así como el uso del Nuevo Testamento indica que la autoridad del griego de la Septuaginta reemplazó al texto hebreo del Antiguo Testamento, así también el uso eclesial indica la sustitución de los textos griegos por los latinos.[262] De hecho, como señala Voetius, tampoco es en absoluto legítimo suponer que el Nuevo Testamento fue escrito en otro idioma —Hebreo o Arameo— antes de que apareciera en griego.[263]

Aparte del problema de los puntos vocálicos, los teólogos protestantes tenían, entonces, una tarea relativamente fácil de refutar las afirmaciones de autoridad de la Vulgata. Leigh comenta,

> No fue divinamente inspirada con respecto a la materia, la forma o el habla, como lo fueron el hebreo del Antiguo Testamento y el griego del Nuevo, sino que fue traducida por el esfuerzo humano y, por lo tanto, va en contra tanto de la religión como de la razón decir que es auténtica; una obra del hombre no puede ser en perfección igual a una obra de Dios; porque como dice Jerónimo, *aliud est esse vatum, aliud est esse Interpretem*.

> Es oficio de un intérprete es traducir la Escritura auténtica, no hacer que su traducción sea auténtica; porque tanto Jerónimo como cualquier otro intérprete podría equivocarse, no así los profetas y apóstoles; el Concilio de Trento decretó por primera vez que esta traducción debería ser auténtica, [mientras que] antes muchos papistas eruditos rechazaron esa traducción, como *Paulus Brugensis, Valla, Engubinus, Isidorus Clarius, Iohannes Isaacus, Cayetano, Erasmo, Iacobus Faber, Ludovicus Vives* y otros.[264]

Contra la afirmación romana de que el hebreo y el griego eran a veces inferiores a las versiones antiguas, particularmente a la Vulgata, los

---

[261] Wendelin, *Christianae theologiae libri duo,* pról., III, ii, 3.

[262] Wendelin, *Christianae theologiae libri duo,* pról., III, ii, 3.

[263] Voetius, *Selectarum disputationum theologicarum*, V, págs. 28-31.

[264] Leigh, *Treatise*, I, vii (pág. 122).

ortodoxos protestantes llegaron a una determinación basada tanto en la lógica de la doctrina como en los resultados de la exégesis y del estudio histórico. En el nivel doctrinal, Rijssen podría declarar, «la providencia de Dios prueba irresistiblemente que las fuentes (*fontes*) no son corruptas, ya que es inconsecuente que él hubiera querido que se escribieran libros para la salvación de la humanidad, sabiendo así que eran falsos e incapaces de lograr este fin».[265] Basándose en la historia, podría señalar la diligencia de los judíos en general y de los masoretas en particular a la hora de preservar el texto; estos últimos llegaron incluso a «contar no solo las palabras y las letras, sino también los puntos».[266] Solo los códices hebreo y griego ofrecen la *Dei verba* y la «verdad misma» —y es sumamente falso (*falsissima*) afirmar que los originales han sido corrompidos por los judíos y herejes o, de hecho, que la Vulgata proporciona un texto más verdadero.[267] Ni Orígenes ni Jerónimo nunca llegaron a la conclusión, sobre la base de discrepancias entre el texto hebreo y la Septuaginta, de que el hebreo fuera corrupto; ¡mucho menos se debería sacar tal conclusión de las discrepancias entre el texto hebreo y la Vulgata![268] (En el contexto de tales discusiones sobre la relación del texto con las versiones antiguas, así como la disputa sobre la divinidad de las Escrituras y su autoridad en relación con la de la iglesia, el debate sobre los puntos vocálicos adquirió un significado considerablemente mayor que un mero debate histórico y filológico).

2. La Septuaginta.

Muchos de los escritores protestantes de finales del siglo XVI y XVII dedicaron un espacio considerable a la refutación de las afirmaciones hechas por los teólogos y polemistas romanos sobre la inspiración de la Septuaginta, dado tanto su uso generalizado en el mundo antiguo como por los escritores del Nuevo Testamento y su congruencia con el texto y canon de la Vulgata.[269] La afirmación de que la Septuaginta fue inspirada se basa, según los ortodoxos, en dos argumentos: en primer lugar, está la fábula del acuerdo milagroso de los setenta y dos traductores que trabajaron por separado pero que llegaron exactamente a las mismas conclusiones con respecto al significado del texto. Bellarmine había argumentado que el Espíritu Santo había ayudado de

---

[265] Rijssen, *Summa theol.*, II, xvii, controversia III, arg. 1.

[266] Rijssen, *Summa theol.*, II, xvii, controversia III, arg. 3-4.

[267] Amyraut et al., *Syntagma thesium theologicarum*, I, vii, 38-40, a pesar de la probable negación de la autoría mosaica de los puntos vocálicos por parte del disputante.

[268] Amyraut et al., *Syntagma thesium theologicarum*, I, vii, 42.

[269] Cf. Leigh, *Treatise*, I, vii (págs. 119-128) con Turretin, *Inst. theol. elencticae*, II, xiv; Mastricht, *Theoretico-practica theol.*, I, ii, 40; Pictet, *Theol. chr.*, I, xvii, 3-6.

tal manera a los «Setenta» que debían ser «considerados como profetas, no como intérpretes».[270]

La respuesta protestante señaló que el propio Jerónimo contrarrestó el punto llamando a los «setenta» «intérpretes» y no «profetas» y llamando la atención sobre las corrupciones y errores en la traducción. Leigh comenta, con cierto sarcasmo, que si el original de la Septuaginta no hubiera tenido errores, seguramente habría pertenecido a la providencia de Dios preservarlo tan bien como se había preservado el original hebreo,[271] y señala que Sixtus Amama, Spanheim y Heinsius conjeturaron que la historia del milagroso acuerdo de los antiguos traductores fue adaptada de la historia de los setenta ancianos de Israel en Ex. 24. Walton había notado que los «Setenta» habían consultado con uno otro sobre la traducción, que en sí misma era una indicación de que no fueron inspirados, mientras que De Moor comentó sobre la suposición rabínica de la conclusión de la profecía con Malaquías y la ausencia de profecía entre el cierre del canon del Antiguo Testamento y el comienzo de la revelación del Nuevo Testamento.[272] En cualquier caso, la Septuaginta solo puede considerarse digna de fe cuando ofrece un reflejo literal del original hebreo: cualquier autenticidad que posea, argumentan los protestantes ortodoxos, no se basa en el carácter de los setenta *per se* sino en su capacidad de transmitir el significado del original —como debe ser el caso con todas las traducciones.[273]

El segundo problema, más profundo, relacionado con la Septuaginta que encontraron los exégetas y teólogos protestantes fue el uso normativo de la Septuaginta, en lugar del texto hebreo del Antiguo Testamento, por parte de los escritores del Nuevo Testamento, a pesar de las frecuentes diferencias de significado entre la Septuaginta y el hebreo. ¿Cómo podían los ortodoxos protestantes reclamar la superioridad del hebreo cuando esta versión antigua en particular había sido utilizada —aparentemente en lugar del hebreo— por los autores inspirados e infalibles del Nuevo Testamento? ¿Acaso el uso de la Septuaginta por autores inspirados no indicaba su inspiración? ¿Y también la infalibilidad? ¿O el uso apostólico de la Septuaginta, como el uso de la Vulgata por parte de los padres latinos y los doctores medievales, simplemente indica la autoridad de la iglesia para determinar el texto teológicamente normativo de las Escrituras? Estos

---

[270] Bellarmine, *De verbo Dei*, vi.

[271] De Moor, *Commentarius perpetuus in Joh. Marckii compendium*, II, xi (vol. I, pág. 207); Leigh, Treatise, I, vii.

[272] Leigh, *Body of Divinity*, I, vii (pág. 89), citando a Spanheim, *Dub. Evangel.*, I.23; Sixtus Amama, *Antibarbarus*, ii, y Heinsius, *Aristarchus*; Vossius, *De septuaginta interpretibus eorumque translatione et chronologia dissertationes* (London, 1665); De Moor, *Commentarius perpetuus in Joh. Marckii compendium*, II, xi (vol. I, pág. 209).

[273] Cf. Leigh, *Treatise*, I, viii (pág. 122).

argumentos son utilizados de manera bastante directa por los anotadores del Nuevo Testamento de Reims en sus comentarios sobre el recurso protestante al hebreo y sobre las enmiendas del texto.[274]

Un ejemplo particularmente significativo del debate sobre la Septuaginta se centró en la interpretación de la Epístola a los Hebreos. Por un lado, un buen número de los primeros padres de la iglesia, incluido Jerónimo, habían asumido que el original de la epístola estaba en hebreo o arameo y que el texto griego superviviente era una traducción. Si este fuera el caso, la coincidencia de las numerosas citas del Antiguo Testamento en la epístola con la Septuaginta podría haberse explicado precisamente como eso, una coincidencia generada por el trabajo de uno de los primeros traductores que quizás estaba familiarizado con la Septuaginta. Pero la presencia de una traducción en el Nuevo Testamento en lugar de un texto moderno que correspondiera tanto en sustancia como en palabras al autógrafo original habría ofrecido, por decir lo mínimo, una barrera a la insistencia protestante en la importancia de leer el texto en sus idiomas originales e, igualmente, a la visión protestante de la preservación providencial del texto autorizado. Por lo tanto, fue un interés tanto textual como teológico lo que presionó a Owen a argumentar, de manera concluyente, que el idioma original de la epístola era el griego.[275]

Esta conclusión sobre el lenguaje de la epístola sirvió al argumento protestante básico sobre el carácter autorizado del texto bíblico en sus idiomas originales, pero lo socavó desde la perspectiva de las citas del Antiguo Testamento, que ahora parecían tomadas directamente o mediante paráfrasis de la Septuaginta, que presenta el problema de un texto inspirado y autorizado que contiene citas de una versión poco autorizada y sin inspiración de la Biblia. «No hay nada en esta Epístola», escribió Owen, «que sea abordado con más dificultad que la cita de los testimonios del Antiguo Testamento que se utilizan en ella».[276] Owen basó su caso en las numerosas diferencias entre las palabras griegas utilizadas por el apóstol al traducir varios versículos del Antiguo Testamento y el texto de la Septuaginta, y en la correspondencia posiblemente frecuente del griego de la Epístola con el hebreo, particularmente en lugares donde la Septuaginta no sigue precisamente el hebreo.[277] Después de analizar las diversas citas del Antiguo Testamento en hebreo, griego y siríaco, Owen concluyó en términos generales para el Nuevo Testamento:

---

[274] *The Nevv Testament of Iesus Christ*, traducido fielmente al inglés, del latín auténtico... en el English College of Rhemes... (Rheims, 1582), anotación en He. 11:21 (pág. 633).

[275] Owen, *Exposition of the Epistle to the Hebrews*, I, págs. 103-105.

[276] Owen, *Exposition of the Epistle to the Hebrews*, I, pág. 106.

[277] Owen, *Exposition of the Epistle to the Hebrews*, I, págs. 107-117 et passim.

1) Que los escritores del Nuevo Testamento no *se obligan a esa traducción [es decir, la LXX]*, sino que en muchos lugares traducen con precisión las palabras del texto original, cuando la traducción difiere de él. 2) Que a menudo *expresan* el sentido del testimonio que citan *en palabras propias*, sin estar de acuerdo con esa traducción ni responder exactamente al hebreo original. 3) que *diversos pasajes han sido sacados incuestionablemente del Nuevo Testamento e insertados en esa traducción*; lo cual he demostrado en otra parte con ejemplos innegables.[278]

El argumento de Owen resolvió la cuestión textual en una dirección favorable a sus preocupaciones teológicas: el texto en el idioma original de la epístola se había conservado, y las citas del Antiguo Testamento en la epístola eran traducciones del original hebreo inspirado o paráfrasis apostólicas inspiradas.

3. Uso protestante de las versiones antiguas.

Estas consideraciones conducen directamente a la cuestión del uso hermenéutico y exegético de las versiones antiguas por parte de los protestantes ortodoxos. Como lo han indicado secciones anteriores de este capítulo, los ortodoxos fueron muy críticos con cualquier intento de exaltar las versiones antiguas a un nivel de autoridad sobre los «originales» hebreos y griegos, incluso en cuestiones de interpretación de versículos individuales. Esto no significa, sin embargo, que se negaran a utilizar las versiones en la exégesis y la interpretación: lo que se excluyó categóricamente en la elaboración del texto se incluyó con gusto en el trabajo de interpretación. Como se desprende de las *Annotationes* de Beza, éste consideró cuidadosa y consistentemente la Vulgata, las variantes encontradas en los padres de la iglesia y el Nuevo Testamento siríaco de Tremellius, aunque solo utilizó los códices griegos existentes para establecer su texto.[279]

Ainsworth y otros señalaron el valor de los Targumim o «Paráfrasis caldea» precisamente porque era una paráfrasis del hebreo en un idioma afín. Ainsworth señaló que «comparo las versiones griega y caldea, estando la primera de ellas en el mundo antes de la venida de Cristo en carne; la otra, poco después: ambas de gran autoridad».[280] Ainsworth consideró que los Targumim eran de particular importancia para el establecimiento

---

[278] Owen, *Exposition of the Epistle to the Hebrews*, VI, pág. 458.

[279] Véase, por ejemplo, Beza, *Annotationes*, Mt. 5:3, 22; 6:11, 13; 7:21; He. 2:9; 11:21 (Siríaco); Vulgata y padres de la iglesia, consistentemente en todas partes.

[280] Ainsworth, *Annotations upon the First Booke of Moses, called Genesis* (London: Miles Flesher, 1626), prefacio, fol. 2verso.

del «significado de algunos lugares», dada la capacidad de la paráfrasis del idioma afín para explicar las «propiedades» de las palabras y frases en hebreo.[281] Owen, recordado por su amargo ataque al Políglota de Londres sobre la cuestión de los puntos vocálicos y el uso de versiones antiguas en la crítica textual, se sirvió constantemente de versiones antiguas para establecer el significado del texto, específicamente como ayuda en el trabajo de traducción. El comentario de Owen sobre la Epístola a los Hebreos abunda en referencias a las traducciones antiguas, particularmente al siríaco.[282]

Aun así, hubo diferencias entre los exégetas sobre el uso de versiones antiguas. La propuesta más radical fue sin duda la de Cappel, quien había argumentado que se debería elegir una lectura conjetural, basada en las versiones, en lugar del texto hebreo o griego cuando tuviera mejor sentido y coherencia del significado. En contraposición a esto, Ussher y Walton argumentaron que un texto oscuro o difícil podía enmendarse cuando «lecturas variantes» producían un mejor sentido del pasaje, específicamente un mejor sentido en términos de las palabras anteriores y siguientes del texto.[283] El punto planteado por Walton fue que las lecturas variantes inferidas de las traducciones «podrían tomarse en consideración cuando surja una pregunta sobre la lectura de algún lugar en los Textos Originales»: el debate no se centró tanto en si esta técnica era o no un recurso interpretativo legítimo, sino en hasta qué punto se podría llevar la lectura conjetural como una comprensión normativa de las palabras del original.[284] Desde la perspectiva ortodoxa, la versión antigua nunca podría colocarse en el mismo nivel de autoridad que el original hebreo o griego.[285]

C. Problemas textuales, hermenéuticos y teológicos en la obra de traducción: algunos ejemplos

Los problemas hermenéuticos que enfrentaron los constructores de una ortodoxia específicamente protestante al amanecer de la era posterior a la Reforma son más evidentes que en el trabajo de traducción bíblica. Aquí, la erudición lingüística y textual más sofisticada, junto con un énfasis cada vez mayor en el significado literal y gramatical del texto, entendido de una manera cada vez más histórica, plantearon cuestiones doctrinales de una

---

[281] Ainsworth, *Psalmes*, prefacio, *2verso.

[282] Owen, *Exposition of the Epistle to the Hebrews*, por ejepmlo, los análisis textuales en 1:4, 5, 6; 2:2, 3, 5, 7 etc. (III, págs. 123, 137, 149, 271, 320-321).

[283] Walton, *Considerator Considered*, V.x (págs. 101-102), citando a Ussher, *Epist. ad Cappellum*, pág. 22.

[284] Walton, *Considerator Considered*, V.xi (pág. 102).

[285] Turretin, *Inst. theol. elencticae.*, II, xii, 9; cf. ibid., II, xiii, 13-14.

manera mucho más aguda y apremiante que nunca antes en la historia de doctrina. Los textos que tradicionalmente habían sido portadores de significados dogmáticos específicos, cuando se traducían a la luz de nuevos conocimientos sobre el texto y las implicaciones de los lenguajes bíblicos y sus afines, podrían dejar de ofrecer apoyo a supuestos doctrinales preciados.

1. Traducción de «sheol»: Beza y Hch. 2:27.

Beza, por ejemplo, se preocupaba textual y lingüísticamente por el problema de la cita del Sal. 16:8-11. en Hch. 2:25-28. Específicamente, el versículo 10 del Salmo (Hch. 2:27) había sido utilizado en la iglesia como uno de los fundamentos bíblicos para la doctrina del descenso de Cristo a los infiernos. Dado que el significado de la frase fue muy debatido durante el siglo XVI, particularmente entre los reformados y los luteranos, como una cuestión cristológica importante perteneciente al problema de los dos estados de Cristo,[286] la nueva traducción del pasaje hecha por Beza tenía un significado doctrinal considerable. Beza planteó la cuestión de si el original hebreo del Salmo debería o no determinar el significado del griego en Hechos: porque, si el hebreo influyera en el texto, entonces *psyche*, alma, en la frase «no abandonarás mi alma en el Hades», era una interpretación de *nepesh* y Hades de *Sheol*. Beza era muy consciente de que *nepesh* no indicaba exactamente una forma inmortal, intelectiva, separable del cuerpo y que *sheol* no indicaba el infierno final del castigo eterno. Por lo tanto, rechazó las equivalencias tradicionales de *anima* para *psyche* (*nepesh*) e *infiernus* para *hades* (*sheol*), traduciendo la frase como «no dejarás mi cuerpo (*cadaver*) en la tumba (*sepulchrum*)» —para consternación de sus colegas reformados que necesitaban *anima* en el texto para interpretar el credo «descenso a los infiernos» en su forma habitual, y para gran polémica de los católicos romanos, que entendían *infiernus* en Hch. 2:27 con referencia a 1 P. 3:19-20 como referencia al *limbus patrum*.[287]

Posteriormente Beza modificó su uso y restableció *anima* a la traducción de Hch. 2:27, pero no antes de que polemistas católicos romanos como Gregory Martin se hubieran dado cuenta del problema. Contra Beza

---

[286] Cf. Bente, *Historical Introductions to the Book of Concord*, págs. 192-195, con Schaff, *Creeds*, I, págs. 296-298, y Muller, *Christ and the Decree*, págs. 103-104, 139, 148. Era típico de los teólogos luteranos comprender el *descensus* como el primer acto del Cristo exaltado, inmediatamente antes de la resurrección, cuando Cristo, como Dios-hombre, en cuerpo y alma descendió al mismo infierno para anunciar su victoria a Satanás y destruir los poderes de las tinieblas. Johannes Aepinus generó una controversia dentro del luteranismo al enseñar que el *descensus* fue el sufrimiento del alma de Cristo en la separación del cuerpo y que el descenso fue, por tanto, el acto final del estado de humillación de Cristo. Las opiniones de Aepinus, atacadas en su época (1544-1554) y finalmente dejadas de lado en la Fórmula de la Concordia, eran prácticamente idénticas a la posición reformada.

[287] Beza, *Annotationes in N.T.*

reclamaron no solo el estatus normativo de la traducción Vulgata del Nuevo Testamento griego, sino también la inspiración de la Septuaginta, donde *nepesh* ya se había traducido como *psyche* mucho antes de la redacción de Hechos. Para Martin, el tratamiento que dio Beza al texto no fue más que un ejemplo más de la «obstinación» herética de la exégesis protestante.[288] Los exégetas protestantes también observaron la lectura que hacía Beza de *hades* tan «grave» como fundamentalmente incorrecta y bastante problemática.[289]

Aun así, la lectura que hace Beza de *hades* como la tumba dejó su impacto: a mediados del siglo XVII, Poole comentó sobre la Versión Autorizada, «no dejarás mi alma en el infierno», y señaló que la palabra inglesa «hell» traducía el griego ᾅδης, que, en opinión de Poole, podría indicar «la tumba» como «el lugar de los condenados». Dado que el texto trata de la resurrección de Cristo de entre los muertos y dado que el alma de Cristo estaba, con el ladrón arrepentido, en el paraíso, el texto debe referirse al hecho de que la tumba «no pudo contener el cuerpo de nuestro bendito Salvador tanto tiempo como para corromperlo».[290] Diodati, sucesor de Beza en la Academia de Ginebra, también indica que la palabra griega significa «la tumba y el estado de los muertos».[291] Trapp, de manera similar, comenta: «*Mi alma en el infierno*, es decir, mi cuerpo en la tumba».[292] Por lo tanto, los comentaristas reformados posteriores difieren de la traducción estándar y sugieren «tumba» como el significado correcto; en efecto, volviendo a Beza.

2. Adam en Os. 6:7: ¿genérico o específico?

Un ejemplo de un orden diferente es la exégesis de Os. 6:7, donde la tradición medieval se había basado incuestionablemente en la traducción de la Vulgata, «*ipsi autem sicut Adam transgressi sunt pactum*». El texto indicaba, como concluyeron prácticamente todos los comentaristas patrísticos y medievales, un pacto prelapsario hecho por Dios con Adán y roto en la caída. Para los exégetas posteriores a la Reforma, la tradición interpretativa se resumió con bastante nitidez en el extenso comentario del erudito jesuita de principios del siglo XVII, Cornelius à Lapide. Lapide glosa primero el texto: «*ipsi autem sicut Adam* (primus parens in paradisio

---

[288] Martin, *Discourse*, citado en Fulke, *Defense*, pág. 81.

[289] Por ejemplo, Hugh Broughton, *An Explication of the Article of Christs Descent to Hell*, especially section 12, *Help from Greek Authors for right expounding Hades*, en *The Works of the Great Albionian Divine ... Mr. Hugh Broughton* (London: Nathan Ekins, 1662), págs. 770-771,

[290] Poole, *Commentary*, Hch. 2:27, in loc. (III, pág. 389).

[291] Jean Diodati, *Pious and Learned Annotations upon the Holy Bible, plainly Expounding the Most Difficult Places Thereof*, 3rd ed. (London: James Flesher, 1651), Hch. 2:27, in loc.

[292] John Trapp, *A Commentary on the Old and New Testaments*, 5 vols. (London: Richard Dickinson, 1856-68), Hch. 2:27, in loc. (V, pág. 425).

violans pactum cum Deo, eiusque conditionem et legem de non comedendo pomo vetito) *transgressi sunt pactum*», y luego cita a modo de confirmación a Jerónimo, Cirilo, Ruperto de Deutz, Hugo de San Víctor y Nicholas de Lyra.[293] La Septuaginta, añade, entendió *adam* como un nombre universal más que propio y fue seguida en esto por Vatable y Clarius, como indicación de un pacto general con la humanidad. Lapide traduce la Septuaginta como «Ipsi vero sunt sicut homo praevaricans testamentum, *vel foedus*» y señala la variante de Teodoreto, «Ipsi autem transgressi sunt foedus meum sicut hominis».[294]

Muchos exégetas protestantes de los siglos XVI y XVII siguieron la tradición exegética, mientras que otros entendieron cada vez más que la interpretación alternativa del hebreo como «sicut homo» era la lectura preferible. Es una increíble simplificación excesiva de un complejo problema hermenéutico suponer, como lo ha hecho un estudio reciente, que el hecho de que la traducción de la Vulgata no se trasladara a la Biblia King James de 1611 indica que «la tradición protestante no consideraba este versículo como referencia alguna a un pacto prelapsario con Adán».[295] ¡Como si la Biblia King James fuera el árbitro de la teología protestante antes y después de 1611!

Si Zacarías Ursinus, por ejemplo, hubiera utilizado una Biblia vernácula durante sus estudios en Wittenberg o durante su estancia en el Palatinado Renano, seguramente habría examinado la versión de Lutero (1522-1534; revisada, 1539-1541), en la que Os. 6:7 se tradujo, «Aber sie übertreten den Bund, wie Adam; darin verachten sie mich». Las Biblias vernáculas protestantes de la primera mitad del siglo XVI se hicieron eco de la Vulgata y de Lutero, conservando la referencia a Adán y traduciendo *berith* no como un «pacto» o «testamento», sino como un «pacto» o *foedus*, un cambio de importancia para la teología federal. Así, Coverdale (1535), evidencia, como en muchos otros lugares, su confianza en Lutero: «Pero así como murió Adán, así han roto mi pacto y me han despreciado».[296] La Biblia de Zúrich de 1524-1529 (en la que los libros proféticos eran independientes

---

[293] Cornelius à Lapide, *Commentaria in Scripturam Sacram R. P. Cornelii a Lapide, e Societate Jesu ... accurate recognovit*, 27 vols. (Paris: Vives, 1866), Hosea 6:7, in. loc.

[294] Lapide, *Commentarius*, Oseas 6:7, in loc.

[295] David A. Weir, *The Origins of the Federal Theology in Sixteenth-Century Reformation Thought* (Oxford: Clarendon Press, 1990), págs. 14-15. Weir, habiendo consultado muy pocas Biblias antiguas e igualmente pocos comentaristas de los siglos XVI y XVII, parece suponer que el texto nunca estuvo asociado con la doctrina del pacto de obras hasta que la edición estadounidense del siglo XIX de la Confesión de Westminster añadió Os. 6:7 a los textos de prueba de la confesión.

[296] Sobre la relación entre Coverdale y Lutero, véase Heinz Bluhm, "Martin Luther and the English Bible: Tyndale and Coverdale," en *The Martin Luther Quincentennial*, ed. Gerhard Dünnhaupt (Detroit: Wayne State University Press, 1985), págs. 116-125.

del alemán de Lutero) ofrece: «Sy aber habend minen pundt gebrochen wie der Adam und mich übersehen».[297]

Para aclarar el papel de Os. 6:7 en el desarrollo de la teología del pacto también son importantes las ediciones de la traducción de la Biblia de Lutero, preparadas con prefacios y glosas reformadas por David Paraeus y Paulus Tossanus —el primero estudiante de Ursinus y Olevianus, el segundo hijo de uno de sus colegas. El comentario de Tossanus utiliza la traducción de Lutero («Aber sie übertreten den Bund, wie Adam») y señala ambos posibles significados: que Adán, quien fue primero bendecido en la presencia de Dios, cayó y comió del fruto prohibido; o que Israel transgredió su pacto con Dios como la gente a menudo transgrede un pacto humano (*eines menschen bund*).[298]

Resultados similares acompañan al examen de otras interpretaciones continentales del texto. El holandés del *Statenvertaling*, encargado por el Sínodo de Dort, dice: «Maar zij hebben het verbond overtreden als Adam». Brakel hizo todo lo posible para argumentar la validez de esta lectura sobre bases textuales, mientras que otros teólogos reformados citaron el texto de manera bastante consistente para mostrar la abrogación del pacto de obras.[299] Asimismo, la anotación de Grotius sobre el pasaje acepta la lectura principal del texto como una referencia a Adán, señala la comprensión genérica indicada por la paráfrasis caldea, pero finalmente parafrasea el versículo como «Así como Adán, que violó mi pacto, fue expulsado de Edén, así también tú serás expulsado de tu tierra».[300] Aun así, las lecturas latinas posteriores del texto evidencian un alejamiento de la Vulgata («Sicut Adam transgressi sunt pactum, ibi praevaricati sunt in me») hacia un lenguaje más conforme al de la tradición federal reformada, específicamente de una interpretación de *berith* como *pactum* a su traducción como *foedus* —como en el caso de Cocceius, «Et illi, ut Adam, transgressi sunt foedus; ibi perfidè egerunt mecum».[301]

Como deja claro una lectura atenta de discusiones más extensas sobre el pacto de obras, en particular las de Cocceius, Os. 6:7 no fue visto como crucial para el establecimiento de la doctrina básica de un pacto prelapsario,

---

[297] *Das Alt Testament dütsch der ursprünglichen Ebreischen waarheytnach uff das aller trüwlichest verdütschet* (Zürich: Froschauer, 1524-29), in loc.

[298] Tossanus, *Biblia*, vol. 3, in. loc.: «Der ob er wol reichlich von mir begabt und gesegnet gewesen dannoch von mir abgefallen und von der verbottenen frucht gessen hat. Vergl. Iob. 31.33 und Eas. 43.27. And. gebens: Sie übertreten den bund (den ich mit ihnen gemacht hab) wie eines menschen bund».

[299] Brakel, *Redelijke Godsdienst*, I, xii, 12; cf. Cocceius, *Summa theol.*, VIII, xxxi, 1; Witsius, *De oeconomia foederum*, I, viii, 1.

[300] Grotius, *Annotationes ad Vetus Testamentum*, en *Opera*, 1, pág. 493.

[301] Cocceius, *Summa theol.*, VIII, xxxi, 1.

pero sin embargo fue citado casi invariablemente como una indicación de que la caída en pecado era la derogación de un pacto primordial.[302] Dado que, además, los exégetas protestantes entendieron que el texto podía traducirse bien sea «como el hombre» o «como Adán», se negaron a verlo como una prueba absoluta o única del pacto prelapsario: que encontraron en el lenguaje paulino Adán/Cristo, primer Adán/segundo Adán y en el problema de la ley y el evangelio. No obstante, muchos de los reformados miraron a Os. 6:7 como parte de la base bíblica para un pacto con Adán.[303] Además, la historia de la traducción y exégesis del texto refleja el desarrollo del vocabulario de la teología del pacto; y el texto, si no es el fundamento exegéticamente seguro del edificio federal, ciertamente funcionó como portador de significado y de vocabulario para la tradición federal.

A modo de contraste, la tradición de la Biblia de Ginebra (1560), a medida que avanzaba hacia la versión King James, estuvo de acuerdo con Calvino en que el texto no era una referencia a Adán, y probablemente sirvió para disminuir la importancia del texto en la tradición federal reformada inglesa: la Biblia de Ginebra ofrece: «But they like men have transgressed the covenant: there have they trespassed against me»; y la versión King James: «But they like men have transgressed the covenant: there have they dealt treacherously with me». Este enfoque, que identificaba al hebreo *adam* como referencia genérica a la humanidad en general, también se encuentra en la traducción latina del Antiguo Testamento de Tremellius.[304] Una interpretación similar aparece en la Biblia Políglota de Londres, donde todas las traducciones latinas de las diversas versiones antiguas apuntan hacia una comprensión genérica.[305] No obstante, este peso de la traducción no abolió por completo el interés de los reformados ingleses en el texto de Os. 6:7 como elemento en la formulación de la doctrina del *foedus operum* o *foedus naturae*.

Los exégetas y teólogos reformados del siglo XVII —incluidos los exégetas ingleses como Poole y Henry, que basaron su texto vernáculo en la versión King James— eran conscientes de la antigua tradición de traducción y de los patrones de interpretación que se encontraban en las obras de sus contemporáneos continentales, y por tanto de la posibilidad de leer Os. 6:7 como «ellos, como Adán, han transgredido el pacto». Poole simplemente señala las posibles lecturas: «*Como hombres;* o, como Adán: algunos lo toman

---

[302] Cf. Cocceius, *Summa theol.*, VII, xxxi, 1, con Burman, *Synopsis theologiae*, II, ii, vi, y Marckius, *Compendium*, XIV, xiv.

[303] Cocceius, *Summa theol.*, VII, xxxi, 1 con Burman, *Synopsis theologiae*, II, ii, vi, y Marckius, *Compendium*, XIV, xiv.

[304] *Testamentis Veteris Biblia Sacra sive libri canonici priscae Iudaeorum Ecclesiae a Deo traditi, Latini recens ex Hebraeo facti ... ab Immanuele Tremellio & Francisco Iunio* (London, 1585), in loc.

[305] Cf. *Biblia Sacra Polyglotta*, in loc.

como un nombre propio, y así lo refieren al primer hombre y su ruptura del pacto; y, por lo que veo, bien puede referirse a él, que olvidó o despreció la amenaza».[306] Poole, sin embargo, no hace referencia directa aquí al texto de Gn. 2-3, ni tampoco, en su exposición de Gn. 2-3 discute el pacto de obras.[307] De manera similar, en su comentario sobre Job 31:33 («Si cubrí mis transgresiones como Adán»), Poole señala dos lecturas posibles:

> *Como Adam;* ya sea, 1. Como lo hizo Adán en el Paraíso; cuya historia es registrada por Moisés en Gn. 3:7 &c., y sin duda fue impartido a los piadosos patriarcas a sus hijos antes de la época de Moisés. O, 2. *Como un hombre,* o a la manera de los hombres en su estado corrupto. Comparar con Os. 6:7.[308]

Muy similar es el comentario en las *Anotaciones* de los divinos de Westminster:

> v.7. *como hombres]* Heb. *como Adán,* el primer pecador de todos, que rompió el primer Pacto de Dios con la humanidad, de donde siguió la maldición general sobre todos los hombres. Ver Job 31:33, Is. 43:27. O, como si hubiera sido el Pacto de algún hombre malvado.[309]

Diodati, por el contrario, lee solo «como Adán» y comenta, «el primer pecador de todos, que rompió el primer pacto de Dios con la humanidad: de donde siguió la maldición general sobre todos los hombres».[310] Este uso del texto, con algunas reservas, en la teología del pacto inglesa de mediados del siglo XVII puede indicar la relación actual del inglés con la teología reformada holandesa y alemana, donde la tradición de traducción había favorecido durante mucho tiempo la traducción «como Adán»; y puede ofrecer evidencia de la influencia de las *Anotaciones holandesas sobre toda la Biblia,* publicadas en la época de la Asamblea de Westminster, en las que se ofrecía como lectura principal «como Adán».[311]

Un enfoque algo diferente de Os. 6:7 se encuentra en el comentario de Matthew Henry, donde las tendencias tipológicas y alegóricas de la

---

[306] Poole, *Commentary,* Os. 6:7 in. loc. (II, pág. 865); cf. Trapp, *Commentary,* Os. 6:7 in loc. (IV, págs. 77-78), para una discusión extensa sobre posibles lecturas, la primera de las cuales, «como Adán», señala Trapp como la hebrea literal.

[307] Cf. Poole, *Commentary,* Gn. 2-3 (I, págs. 7-12).

[308] Poole, *Commentary,* Job 31:33 in loc. (I, pág. 1000).

[309] *Westminster Annotations,* Os. 6:7 in. loc.

[310] Diodati, *Pious and Learned Annotations,* Os. 6:7 in loc.

[311] *Anotaciones Holandesas,* in loc.: «7. *Pero ellos han transgredido el Pacto,* [Que hice con ellos y ellos conmigo, los sacrificios que se interponen...] *como Adán:* [siguiendo los pasos de su primer antepasado, quien, a pesar de haber sido tan abundantemente dotado y bendecido por mí, transgredió mi orden y se rebeló contra mí. Cf. *Job.* 31.33 e *Is.* 43.27... otros, *como hombres, es decir,* como los hombres vanos acostumbran a hacer, o *como hombre, a saber,* pacto, *es decir,* como si tuvieran que ver con un simple hombre, no conmigo, el Dios Todopoderoso y justo».

escuela federal permiten al exégeta ofrecer una doble interpretación del texto. Primero escribe sobre la desobediencia de Israel en el contexto de la revelación de Oseas de que Dios «deseaba misericordia, no sacrificio». Pero luego elabora el punto:

> siguieron los pasos de nuestros primeros padres; ellos *como* Adán, han transgredido el pacto (así podría muy bien leerse); así como él transgredió el pacto de inocencia, así ellos transgredieron el pacto de gracia; tan traicioneramente, tan tontamente; *allá* en el paraíso violó sus compromisos con Dios, y allí en Canaán, otro paraíso, violaron sus compromisos. Y por su *trato traicionero* ellos, como Adán, se han arruinado a sí mismos y a los suyos. Tenga en cuenta que el pecado es tanto peor cuanto más hay en él *semejanza con la transgresión de Adán*.[312]

Aun así, Henry destaca un tema del pacto en su análisis de Gn. 2 y entiende Job 31:33 como una referencia a Adán sin ninguna calificación como la que se encuentra en Poole.[313]

El enfoque generalmente cauteloso de los exégetas hacia el texto se refleja en las obras de los dogmáticos ortodoxos superiores y tardíos, quienes reconocen que el texto de Os. 6:7 es de interés en la formulación de una doctrina del *foedus naturae* o *foedus operum*, pero tampoco es necesario para su formulación ni definitiva como texto de prueba. Así, Pictet podría afirmar que la creación del hombre según la imagen de Dios indicaba claramente una relación de pacto aunque esto no estuviera declarado expresamente en las Escrituras, «a menos que queramos referirnos al *locus* Os. 6:7, donde se dice de los israelitas, "ipsos sicut Adam violasse foedus," pero la frase se puede interpretar de manera diferente».[314] Van Til toma nota del texto y simplemente afirma que debe cotejarse con Job 31:33, «Si encubrí mis transgresiones como Adán».[315] Wyttenbach, escribiendo en 1747, continuó usando el texto como testimonio básico del pacto prelapsario, aunque con considerable precaución: Os. 6:7 «debe entenderse de Adán, pero no de manera apelativa, ni debe interpretarse para leer "han transgredido mi pacto como pacto humano (*ut foedus hominis*)"», sino más bien en vista de Job 31:33 e Isaías 43:27. «Adam» no indica al primer ser humano en sentido restrictivo ni genérico puro; más bien indica a Adán como cabeza federal de la humanidad y habla de una alianza hecha con él y, en él, con toda su posteridad. El paralelo entre el pacto de Dios y «un pacto humano» negado por Wyttenbach puede indicar una diferencia de opinión exegética con el

---

[312] Henry, *Exposition*, Os. 6:7 in loc.

[313] Henry, *Exposition*, Gn. 2:16-17 in loc.

[314] Pictet, *Theol. chr.*, IV, vii, 1.

[315] Van Til, *Theologiae utriusque compendium ... revelatae*, II, ii (pág. 81).

comentario de Tossanus —*foedus hominis* como traducción de *menschen bund*.[316]

Podrían fácilmente citarse más ejemplos. Además, cuando se examinan desde la perspectiva de la formulación dogmática, las dificultades causadas por la erudición textual y lingüística cada vez más sofisticada del siglo XVII sirven para identificar más claramente el gran problema de la ortodoxia protestante en su esfuerzo por producir una ortodoxia eclesiástica en continuidad con las ideas de los reformadores: los ortodoxos protestantes se esforzaron por apoyar los dogmas tradicionales, incluidos y en particular aquellos dogmas sostenidos firmemente por los reformadores, incluso cuando los fundamentos exegéticos tradicionales de los dogmas se perdieron ante la investigación textual crítica y la lectura literal de los textos. No fue un gran paso —como señalaron consistentemente los polemistas católicos romanos— desde las enmiendas textuales de Beza o Grotius a las lecturas heréticas de los antitrinitarios.

---

[316] Wyttenbach, *Tentamen theologiae*, VII, §792; cf. Tossanus, *Biblia*, in loc.; *Anotaciones Holandesas*, in loc.

Capítulo 7

La interpretación de las Escrituras

7.1 Interpretación bíblica protestante en los siglos XVI y XVII: el movimiento de la exégesis a la *Doctrina*

A. La exégesis en la era de la ortodoxia: una visión general

1. La doctrina ortodoxa protestante y el problema de la interpretación bíblica.

Si la cuestión de la autoridad de las Escrituras fue el principal foco dogmático de la doctrina de las Escrituras de la Reforma y la posreforma, el gran problema que enfrentaba el protestantismo y sus Escrituras autoritativas y autentificadas por sí mismas era el problema de la interpretación. Como habían reconocido los doctores medievales de los siglos XIII y XIV, era necesario hacer una distinción entre *sacra pagina* y *sacra theologia*, particularmente cuando esta última era definida como una *scientia* o *sapientia*. Esta distinción no solo identificó el ámbito de la teología escolástica —ya fuera polémica, didáctica o constructiva— sino que también anunció la dificultad de la tarea teológica. La lectura y exposición de las Escrituras no es teología, no en el sentido técnico doctrinal o dogmático del término. Las doctrinas y los dogmas, presentados en construcciones sistemáticas positivas, polémicas, didácticas o a gran escala, son un gran paso más allá de la exposición. En su trabajo de interpretación, específicamente, la interpretación de las Escrituras que parte de *sacra pagina* a *sacra theologia*, los doctores medievales tenían una amplia gama de herramientas a su disposición: tenían la tradición de interpretación doctrinal de la iglesia, tenían la filosofía en una alianza un tanto incómoda con la teología, tenían el oficio docente de la iglesia y, lo más importante como medio para cerrar la brecha entre el texto y el lenguaje doctrinal del presente, tenían la *quadriga* o patrón cuádruple de exégesis, vagamente llamado «método alegórico».[1]

Los avances en la hermenéutica durante el Renacimiento y la Reforma, junto con el aumento de la polémica entre protestantes y católicos sobre la naturaleza de la interpretación bíblica y su relación con las doctrinas de la iglesia, privaron a los protestantes ortodoxos de la *quadriga* como un camino desde *sacra pagina* a *sacra theologia*. El significado doctrinal de las Escrituras ahora tendría que encontrarse en el sentido literal del texto. Aun así, la autoridad del texto para la fe y la vida, previamente distribuida en el espectro de los sentidos literal, alegórico, tropológico y anagógico o en el espectro similar de modelos tardomedievales como la hermenéutica doble literal-espiritual o la triple *caput-corpus-membra*, ahora se centraba en el significado literal de las Escrituras tal como lo discernía el estudio gramatical del texto y lo lograba el exégeta cristiano individual.

Por supuesto, este enfoque más filológico, con su concentración en la letra, no debe entenderse como un cambio repentino de marcha hacia el modo de interpretación moderno, histórico-crítico. El «sentido literal» del texto todavía era entendido por el exégeta de la Reforma como el significado dado por la comprensión gramatical de la narración: en otras palabras, el resultado del *sensus literalis* permaneció casi idéntico a la *historia* del antiguo modelo cuádruple y no fue en absoluto entendido como un significado que el exégeta debía reconstruir críticamente.[2] Además, el exégeta precrítico de las épocas de la Reforma y posreforma, aunque actúa como un erudito individual aparte de un *magisterium* eclesiástico autoritario, sin embargo, comprendió que el *locus* espiritual de su exégesis era la iglesia, con la consecuencia de que su resultado exegético estuvo consistentemente dirigido hacia la exposición de la doctrina sagrada para la edificación de la comunidad viva de creyentes.

Desde la perspectiva de este modelo exegético precrítico en desarrollo, el alejamiento de la *quadriga* hacia un acceso cada vez más crítico al significado literal del texto en sus idiomas originales sirvió como un arma

---

[1] Sobre el cual, ver: Ceslaus Spicq, *Esquisse d'une histoire de l'exégèse latine au moyen âge* (Paris: J. Vrin, 1944); Henri De Lubac, *Exégèse mediaevale: les quatre sens de l'Ecriture*, 4 vols. (Paris: Aubier, 1959-1964); Beryl Smalley, *The Study of the Bible in the Middle Ages* (Notre Dame: University of Notre Dame Press, 1964); y Richard A. Muller, "Bibilical Interpretation in the Era of the Reformation: The View from the Middle Ages," en Richard A. Muller y John L. Thompson, eds., *Biblical Interpretation in the Era of the Reformation* (Grand Rapids: Eerdmans, 1996), págs. 3-22.

[2] Ver Brevard S. Childs, "The *Sensus Literalis* of Scripture: An Ancient and Modern Problem," en *Beiträge zur alttestamentlichen Theologie*, ed. Donner, Hanhart and Smend (Göttingen: Vandenhoeck & Ruprecht, 1977), págs. 80-93.

admirable en la polémica de la Reforma contra los abusos eclesiásticos y las adiciones o excesos doctrinales; resultó ser un gran desafío para el protestantismo cuando amaneció la era de la ortodoxia. Los reformadores, operando al menos inicialmente en el contexto del catolicismo tradicional, pudieron ajustar y revisar ciertos puntos doctrinales clave —como las doctrinas de la justificación y los sacramentos— recurriendo a la exégesis, mientras que al mismo tiempo asumían la estabilidad eclesiástica del cuerpo doctrinal más amplio. (Una de las funciones de la Reforma radical, tal vez con mayor fuerza en sus momentos antitrinitarios, fue poner a prueba este supuesto y demostrar la imposibilidad de aferrarse al cuerpo más amplio de formulaciones dogmáticas tradicionales cuando la tradición en su conjunto era dejada de lado). A los protestantes ortodoxos, sin embargo, les quedó la tarea de reconstruir una dogmática regida eclesial y confesionalmente en el contexto de una revolución hermenéutica. Doctrinas como la Trinidad, la Persona de Cristo, la caída y el pecado original, que se habían desarrollado a lo largo de siglos y con la ayuda de una fácil mezcla de tradiciones teológicas y exegéticas y de un método exegético diseñado para encontrar en un texto más de lo que se daba directamente mediante una lectura gramatical, ahora tendría que ser expuesto y justificado exegéticamente —todo frente a una polémica católica romana contra la autoridad exclusiva de las Escrituras, tal como las definieron los reformadores, frente a la tradición y el *magisterium* eclesiástico, una polémica aún más reveladora por la presencia de las enseñanzas de los radicales.

2. El comentarista ortodoxo reformado.[3]

Si la doctrina ortodoxa reformada de las Escrituras ofrece la impresión de una uniformidad casi ininterrumpida de perspectiva desde la época de la ortodoxia temprana hasta el final de la era del protestantismo ortodoxo o escolástico, la aplicación de esa perspectiva doctrinal en el trabajo real de exégesis manifiesta una considerable diversidad tanto de método como de resultado específico. Aunque el examen exegético del texto de las Escrituras tuvo lugar dentro de un contexto confesional y las implicaciones doctrinales más amplias de la exégesis rara vez se desviaron más allá de los límites del sistema teológico ortodoxo, la diversidad de enfoque, resultados en el examen y uso de textos individuales fue bastante notable. Ciertamente, es una simplificación excesiva de la evidencia argumentar básicamente dos géneros de comentario de finales del siglo XVI y XVII, el comentario teológico académico y la anotación filológica, uno que se deriva de la facultad de

---

[3] Cf. la lista de comentaristas y sus obras principales en Richard A. Muller, "Biblical Interpretation in the Sixteenth and Seventeenth Centuries" s.v. en *Historical Handbook of Major Biblical Interpreters*, ed. Donald K. McKim (Downers Grove: InterVarsity Press, 1998), págs. 123-152.

teología de la universidad y refleja la necesidad de la dogmática de *dicta probantia*, el otro derivado del estudio lingüístico de eruditos que no eran principalmente teólogos.[4] Si bien es cierto que el género de anotación fue favorecido por los filólogos de la época, los teólogos también lo utilizaron con gran efecto con fines teológicos. El comentario a gran escala tampoco estuvo exento de dimensiones filológicas. Existieron también otros géneros, destacando el comentario homilético. Es más, los comentarios también se escribieron en lo que podría llamarse géneros mixtos, combinando intencionalmente comentarios o anotaciones teológicas y filológicas.

La exégesis de la era ortodoxa puede ser altamente textual y gramatical, inmersa en los idiomas originales, o puede proporcionar una lectura bíblico-teológica del texto, con referencia a traducciones existentes;[5] puede favorecer un enfoque lingüístico comparativo que implique el uso crítico del texto de versiones antiguas,[6] o puede insistir en el uso del texto masorético del Antiguo Testamento y el texto griego recibido del Nuevo;[7] puede manifestar interés en la relación entre la erudición talmúdica y la exégesis bíblica o ignorar totalmente las interpretaciones judías del texto;[8] puede utilizar lecturas tipológicas de temas bíblicos o rechazar tales lecturas de

---

[4] Esta es la opinion de H. J. de Jonge, como sostiene en su *De Bestudering van het Nieuwe Testament aan de Noordnederlandse Universiteiten en het Remonstrants Seminarie van 1575 tot 1700* (Amsterdam, 1980); "Hugo Grotius: exégète du Nouveau Testament," en *The World of Hugo Grotius (1583-1645)*, págs. 97-115; y "The Study of the New Testament," en T. H. Scheurleer and G. H. M. Posthumus Meyjes (ed.), *Leiden University in the Seventeenth Century: An Exchange of Learning* (Leiden: E. J. Brill, 1975), págs. 64-109. Ver también Peter T. van Rooden, *Theology, Biblical Scholarship and Rabbinical Studies in the Seventeenth Century: Constantijn L'Empereur (1591-1648), Professor of Hebrew and Theology at Leiden*, trad. J. C. Grayson (Leiden: E. J. Brill, 1989), págs. 132-135.

[5] Cf. William Perkins, *A Clowd of Faithfull Witnesses ... a Commentarie Upon the Eleventh Chapter to the Hebrews* [and] *A Commentarie Upon Part of the Twelfth Chapter to the Hebrews, en Workes*, vol. III, para un comentario bíblico-teológico que es muy literal, pero que se basa principalmente en traducciones existentes; y nótese el trabajo altamente técnico de traducción comparada y exégesis en Andrew Willet, *Hexapla in Genesin* (Cambridge, 1605; second ed., enlarged, 1608) y John Mayer, *A Commentary upon all the Prophets both Great and Small: wherein the divers Translations and Expositions both Literal and Mystical of all the most famous Commentators both Ancient and Modern are propounded* (London, 1652).

[6] Así, Louis Cappel, *Arcanum punctationis revelatum, sive de punctorum vocalium et accentum apud Hebraeos vera et germanae antiquitate, libri duo* (Leiden: J. Maire, 1624); ídem, *Commentarii et notae criticae in Vetus Testamentum* (Amsterdam: P. & J. Blaeu, 1689); *Critica sacra, sive de variis quae in sacris veteri Testamenti libris occurunt lectionibus, libri sex* (Paris, 1650).

[7] Por ejemplo, Johannes Buxtorf II, *Anticritica seu vindiciae veritatis hebraica adversus Ludovici Cappelli criticam quam vocat sacram eiusque defensionem* (Basel, 1653); idem, *Dissertationes philologico-theologicae. I. De linguae hebraeae origine, antiquitate et sanctitate. II. De linguae hebraeae confusione et plurium linguarum originae. III. De linguae hebraeae conservatione, propagatione et duratione. IV. De litterarum hebraicarum genuina antiquitate. V. De nominibus Dei hebraicis. VI. De Decalogo. VII. De primae coena Dominicae ritibus et forma* (Basel, 1645).

[8] John Owen, *An Exposition of the Epistle to the Hebrews*, editado por William H. Goold, 7 vols. (London and Edinburgh: Johnstone and Hunter, 1855) manifiesta el interés talmúdico, al igual que Henry Ainsworth, *Annotations upon the Five Books of Moses, the Book of Psalms, and the Song of Songs*, 7 vols. (London: Miles Flesher, 1626-27).

plano;[9] puede favorecer un enfoque gramatical, histórico, o puede enfatizar los debates teológicos en torno a un texto; puede enfatizar problemas de interpretación y traducción con referencia a la historia de la exégesis desde Erasmo y Reuchlin en adelante, o puede buscar principalmente desarrollar *loci* doctrinales y homiléticos a partir del texto.

En el aspecto técnico y textual de este esfuerzo se encontraban obras como las *Annotationes in Novum Testamentum* de Beza, la Traducción latina original de Tremellius basada en un estudio de códices hebreos y siríacos, la Políglota de Stephanus de 1569, la muy erudita aunque polémica *Confutation of the Rhemists* de Thomas Cartwright, y varias obras críticas de De Dieu recopiladas póstumamente bajo el título *Critica sacra*, en la que las dotes del autor como orientalista se pusieron en juego en el texto.[10] Las *Annotationes* de Beza, en particular, proporcionaron a los protestantes de finales del siglo XVI y del XVII una recopilación detallada de códices y una comparación cuidadosa de las traducciones del Nuevo Testamento, combinando enfoques filológicos y teológicos. Y aunque Beza estaba mucho menos interesado que Calvino en los problemas de autoría de libros como Hebreos, 2 Pedro y 2 Juan, su obra textual alcanzó un alto nivel crítico.[11] Más allá de las obras estrictamente «reformadas», pero muy significativas en las discusiones exegéticas y doctrinales de la época, están *Paraphrase y Annotations* de Hammond sobre el Nuevo Testamento y las anotaciones de Grotius sobre el Antiguo y el Nuevo Testamento, las cuales evidencian una combinación similar de anotaciones textuales y temáticas.[12]

Comentarios como las anotaciones de Ainsworth sobre el Pentateuco y los Salmos y la serie de «hexapla» de Willet sobre Génesis, Éxodo, Levítico, Daniel y Romanos ofrecieron un enfoque minucioso al trabajo de traducción y comentario a través de la comparación de textos y la recopilación de

---

[9] Johannes Piscator, *Commentarii in omnes libros Novi Testamenti* (Herborn, 1613; anr. edition, 1658) favorece la tipología.

[10] Thomas Cartwright, *A Confutation of the Rhemists Translation, Glosses, and Annotations on the New Testament* (Leiden, 1618); Ludovicus de Dieu, *Critica sacra sive animadversiones in loca quaedam difficiliora Veteris et Novi Testamenti* (Amsterdam, 1693): las anotaciones sobre el Antiguo Testamento se publicaron originalmente en 1636, las del Nuevo Testamento en 1648.

[11] Theodore Beza, *Jesu Christi Nostri Novum Testamentum, sine Novum Foedus, cuius Graeco contextui respondent interpretationes duae.... Eiusdem Theod. Bezae Annotationes* (Cambridge, 1642); la primera edición se publicó en 1556, una segunda en 1565, una tercera edición completamente revisada en 1580 y 1589, y una cuarta edición en 1598, esta última reimpresa como edición de Cambridge en 1642; cf. los comentarios algo despectivos sobre las discusiones de Beza sobre la autoría en Berger, *La Bible au seizième siècle*, págs. 133-135.

[12] Henry Hammond, *A Paraphrase and Annotations upon all of the Books of the New Testament*, quinta edición, corregida (London: J. Macock and M. Flesher, 1681); Hugo Grotius, *Annotationes ad Vetus Testamentum*, en *Opera*, vol. 1; *Annotationes in quatuor Evangelia & Acta Apostolorum*, en *Opera*, vol. 2, part 1; y *Annotationes in epistolas Apostolicas & Apocalypsin*, en *Opera*, vol. 2, part 2: ver su *Opera omnia theologica*, 3 vols. (Amsterdam, 1679).

versiones antiguas. Ainsworth combinó su interés en la Judaica y la filología con comentarios teológicos, mientras que Willet ofreció su propia y única concatenación de comentarios textuales, filológicos, teológicos, polémicos y homiléticos.[13] En el lado más popular se encuentran obras como la *Pious and Learned Annotations upon the Holy Bible* de Diodati y la *Biblia... mit... ausgegangenen Glossen und Auslegungen* de Tossanus.[14] La continuidad con la obra de épocas anteriores se puede notar de manera formal en la obra de Tossanus, que sigue tipográficamente el patrón de las glosas medievales y de las impresiones del siglo XVI de la *Glossa ordinaria* con la *Postilla* de Lyra.

Los métodos exegéticos del período temprano y de la alta ortodoxia son tan variados como los de la Reforma: van desde breves anotaciones teológicas y lingüísticas como en las obras de Beza, Ainsworth, Tossanus, Diodati, los escritores del *Anotaciones holandesas*,[15] Gataker y los demás compiladores de las *Anotaciones* de Westminster, Christopher Cartwright y los autores recogidos en los famosos *Critici Sacri* de 1660;[16] hasta comentarios teológicos extensos, a menudo inmersos en la tradición de exégesis e interpretación, evidenciados por escritores como Daneau, Perkins, Piscator, Marlorat, Davenant, Mayer y Downame;[17] a comentarios que

---

[13] Henry Ainsworth, *Annotations upon the Five Books of Moses, the Book of Psalms, and the Song of Songs*, 7 vols. (London, 1626-1627); también, ídem, *The Book of Psalmes: Englished both in Prose and Metre. With Annotations, opening the Words and Sentences, by Conference with Other Scriptures* (Amsterdam, 1612); Andrew Willet, *Hexapla in Genesin; Hexapla in Exodum* (London, 1608); *Hexapla in Leviticum* (London, 1631); *Hexapla in Danielem* (Cambridge, 1610); *Hexapla: That is, a Six Fold Commentarie upon the Epistle to the Romans* (Cambridge, 1620).

[14] Jean Diodati, *Pious and Learned Annotations upon the Holy Bible, plainly Expounding the Most Difficult Places Thereof*, segunda edición (London, 1648); Paulus Tossanus, *Biblia, das ist die gantze Heilige Schrifft durch D. Martin Luther verteutscht: mit D. Pauli Tossani hiebevor ausgegangenen Glossen und Auslegungen*, 4 vols. (Frankfurt, 1668).

[15] Una obra recopilada por orden del Sínodo de Dort: *The Dutch Annotations upon the Whole Bible: Or, All the holy canonical Scriptures of the Old and New Testament ... as ... appointed by the Synod of Dort, 1618, and published by authority, 1637*, trad. Theodore Haak, 2 vols. (London, 1657).

[16] Cf. Anotaciones de Gataker sobre Isaías, Jeremías y Lamentaciones en *Annotations upon all the Books of the Old and New Testament, wherein the Text is Explained, Doubts Resolved, Scriptures Parallelled, and Various Readings observed*. Por el trabajo de ciertos teólogos eruditos (London, 1645); Christopher Cartwright, *Electa thargumico-rabbinica; sive Annotationes in Genesin* (London, 1648); y *Electa thargumico-rabbinica; sive Annotationes in Exodum* (London, 1658); *Critici Sacri: sive doctissimorum virorum in SS. Biblia annotationes, & tractatus*, 9 vols. (London, 1660).

[17] Lambert Daneau, *A Fruitfull Commentarie upon the Twelve small Prophets* (Cambridge, 1594); William Perkins, *A Commentarie or Exposition upon the Five first Chapters of the Epistle to the Galatians: With the Continuation of the Commentary Upon the Sixth Chapter* (Cambridge, 1604); ídem, *An Exposition Upon Christs Sermon in the Mount* (Cambridge, 1608); ídem, *A Clowd of Faithfull Witnesses* (Cambridge, 1607); Johannes Piscator, *Commentarii in omnes libros Novi Testamenti* (Herborn, 1613; 1658); Augustin Marlorat, *A Catholike and Ecclesiasticall Exposition of the Holy Gospell after S. Matthew* (London, 1570); ídem, *A Catholike and Ecclesiasticall Exposition of the Holy Gospell after S. Iohn* (London, 1575); ídem, *A Catholike and Ecclesiasticall Exposition of St. Marke and Luke* (London, 1583); ídem, *A Catholike Exposition upon the Revelation of Sainct Iohn* (London, 1574); John Davenant, *Expositio epistolae ad Colossenses* (Cambridge, 1627); John Mayer, *A Commentary upon*

combinan intereses textuales, gramaticales y teológicos como se evidencia en las obras de Willet; a análisis lógicos de libros bíblicos, como los producidos por Piscator, Temple y Diodati.[18] El método *locus* de reformadores como Melanchthon y Bullinger continuó en los comentarios de Zanchius, quien combinó un análisis verso por verso del texto con una discusión del alcance del pasaje, seguido de la extracción y breve discusión de los temas doctrinales que surgían en conexión con las perícopas.[19]

Entre los exégetas británicos, la costumbre de extraer temas del texto aparece de dos formas básicas. Por un lado, la enorme obra de James Durham sobre el libro del Apocalipsis se hizo eco del patrón de movimiento desde el comentario continuo sobre el texto hasta la exposición temática en ciertos momentos clave que se puede encontrar en la era de la Reforma en la exégesis de Bucer y Bullinger. A modo de ejemplo, entre las veinticinco discusiones de actualidad insertadas en su comentario, Durham ofreció un *excursus* o *locus* «Sobre la Santísima Trinidad y el objeto de adoración» inmediatamente después de su exposición de Ap. 1:1-4; a un *locus* «Concerniente a la naturaleza de la muerte de Cristo; o, si es propiamente una satisfacción», siguiendo la exposición de Ap. 5:8-14; y un *locus* «Acerca de la profecía», siguiendo la exposición de Ap. 10:1-11.[20] Otra aplicación del método, similar a la identificación de preguntas y objeciones que hace Musculus tras su exposición de cada sección del texto o al modelo adoptado por Zanchius en su comentario a Efesios, donde a la exégesis de cada capítulo le sigue una lista de los temas doctrinales relacionados con el capítulo, se encuentra en el comentario de George Hutcheson sobre el Evangelio de Juan: Hutcheson examinará una unidad de texto, señalando puntos para que el lector aprenda como una cuestión de piedad personal y luego ofrecerá una serie de «doctrinas» encontradas en el texto. A modo

---

    all the Prophets both Great and Small (London, 1652); ídem, *A Commentarie upon the New Testament. Representing the divers expositions thereof, out of the workes of the most learned, both ancient Fathers, and moderne Writers*, 3 vols. (London, 1631); John Downame, *Lectures upon the Foure First Chapters of Hosea* (London, 1608).

[18] Johannes Piscator, *Analysis logica evangelii secundum Lucam* (London, 1596); ídem, *Analysis logica evangelii secundum Marcum* (London, 1595); ídem, *Analysis logica evangelii secundum Mattheum* (London, 1594); ídem, *Analysis logica epistolarum Pauli* (London, 1591); ídem, *Analysis logica libri S. Lucae qui inscribitur Acta Apostolorum* (London, 1597); ídem, *Analysis logica septem epistolarum apostolicarum* (London, 1593); William Temple, *A Logicall Analysis of Twentie Select Psalms* (London, 1605; Latin edition, 1611).

[19] Cf. Girolamo Zanchius, *Commentarius in Hoseam Prophetam*, en *Opera*, vol. 5; *Commentarios in Epistolas Apostolicas* [Ephesians, Philippians, Colossians, 1-2 Thessalonians, 1 John], en *Opera*, vol. 6; y tenga en cuenta la edición moderna, *Commentarius in epistolam sancti Pauli ad Ephesios*, A. H. de Hartog (Amsterdam: Wormser, 1888-1889).

[20] James Durham, *A Commentarie Upon the Book of Revelation. Wherein the Test is explained ... together with some practical Observations, and several Digressions necessary for vindicating, clearing, and confirming weighty and important Truths* (London: Company of Stationers, 1658), in loc.

de ejemplo, después de su comentario sobre Jn. 1:1, ofrece una serie de cinco declaraciones doctrinales relacionadas con la identidad de Cristo como Verbo, con la doctrina de la persona, naturalezas y oficios de Cristo, con la Deidad de Cristo, con la distinción de Cristo como Hijo del Padre, y con la Trinidad.[21] Entre los exégetas continentales se encuentran patrones similares de desarrollo de *loci* siguiendo la exégesis de textos individuales. Hellenbroeck, por ejemplo, ofrece conclusiones doctrinales y morales después de cada perícopa importante en sus comentarios, similares al enfoque de Hutcheson, aunque con mucho mayor detalle.[22]

Estos enfoques interpretativos de la ortodoxia tampoco desaparecieron por completo con el declive de la ortodoxia y el surgimiento de la exégesis racionalista en el siglo XVIII. Los comentarios de Hellenbroeck continuaron el modelo del comentario más espiritual o piadoso, aunque no sin el característico interés ortodoxo tanto en los lenguajes del texto como en las implicaciones doctrinales.[23] Un interés principalmente homilético y doctrinal a gran escala se ve en la obra de Matthew Henry,[24] mientras que el interés ortodoxo por la exégesis rabínica continuó, ligado a intereses textuales y doctrinales en los comentarios de John Gill.[25] La vinculación ortodoxa del interés lingüístico con el doctrinal, junto con el énfasis en el alcance del texto, la lectura tipológica del Antiguo Testamento y una crítica informada de la exégesis crítica racionalista de la época, pueden verse ya a finales del siglo XVIII en la obra de Klinkenberg.[26]

Esta variedad en el método de exposición estuvo acompañada de variedad en el énfasis interpretativo. Aunque los exégetas reformados, como grupo, aceptaron reglas o pautas de interpretación que se describen

---

[21] George Hutcheson, *An Exposition of the Gospel of Jesus Christ, according to John* (London: Ralph Smith, 1657), in loc.

[22] Por ejemplo, Abraham Hellenbroeck, *Het Hooglied van Salomo verklaart en vergeestelyk*, 2 vols. (Amsterdam: Hendrik Burgers, 1718), sobre 1:3, «tu nombre es un aceite derramado», dada la identificación del sujeto como Cristo, Hellenbroeck concluye con observaciones sobre la eficacia del nombre de Jesús contra el pecado, la ley, Satanás, condenación y muerte.

[23] Nótese también Abraham Hellenbroeck, *De Evangelische Jesaya, ofte deszelfs voorname Evangelische prophetiën*, 4 vols. (Amsterdam: Hendrik Burgers, 1702).

[24] Matthew Henry, *An Exposition of the Old and New Testament: wherein each chapter is summed up in its contents: the sacred text inserted at large, in distinct paragraphs; each paragraph reduced to its proper heads: the sense given, and largely illustrated; with practical remarks and observations*, new edition, revised and corrected, 6 vols. (London: James Nisbet, n.d.)

[25] John Gill, *An Exposition of the New Testament*, 3 vols. (London, 1746-1748); ídem, *An Exposition of the Old Testament*, 6 vols. (London, 1748-1763). Nótese también Gill's *A Dissertation Concerning the Antiquity of the Hebrew-language, Letters, Vowel-points, and Accents* (London: G. Keith, 1767).

[26] Jacob van Nuys Klinkenberg y Ger. Joh. Nahyus, *De Bijbel, door beknopte Uitbreidingen, en ophelderende Aenmerkingen, verklaerd*, 27 vols. (Amsterdam: Johannes Allart, 1780-1790).

a continuación,[27] y se aferraron —contra la alegorización excesiva y la *quadriga* medieval— a lo que consideraban una lectura literal del texto, la diversidad y amplitud de la letra, posible gracias a la exégesis tipológica y figurativa y al interés en los significados proféticos y mesiánicos de los pasajes, produjeron diversas interpretaciones e intereses. Así, por ejemplo, la tendencia de Calvino a restar importancia a las lecturas cristológicas del Antiguo Testamento fue seguida por exégetas como Willet, Rivetus, Ainsworth, Diodati y Poole, por no hablar de los anotadores filológicos como los autores de *Critici Sacri*. Por otro lado, el enfoque más alegórico y tipológico de un exégeta de la era de la Reforma como Vermigli también fue llevado a la era de la ortodoxia: exégetas como Piscator, Cocceius, Vitringa y varios otros teólogos federalistas, Dickson, Beverley, Brightman, Hellenbroeck, Henry y Klinkenberg tendieron hacia una lectura altamente tipológica y profética del Antiguo Testamento y, específicamente, hacia una lectura cristológica del Salterio y una lectura cristológica o escatológica del Cantar de los Cantares.[28] Estas tendencias tipológicas y proféticas, reflejadas ya en los comentarios en forma de sermón de Bullinger sobre Daniel y el Apocalipsis,[29] continuaron en el influyente comentario de Junius,[30] y posteriormente se desarrolló en el siglo XVII hasta convertirse en un enorme interés interpretativo en las últimas cosas como se predice en Ezequiel, Daniel y el libro del Apocalipsis —a modo de ejemplo, los comentarios de Piscator, Mede y Brightman sobre el Apocalipsis,[31] el estudio de Alsted sobre el milenio,[32] y la exégesis de Cocceius sobre Ezequiel y su ensayo sobre el cautiverio babilónico de la Iglesia.[33]

---

[27] Véase abajo, 7.4.

[28] Sobre las tendencias exegéticas de la Escuela Federal, véase Diestel, *Geschichte des Alten Testamentes*, págs. 527-534; y Gass, *Geschichte der Protestantischen Dogmatik*, II, págs. 289-290.

[29] Heinrich Bullinger, *Daniel ... Expositvs Homilijs LXVI. Epitome Temporvm* (Zürich: Froschauer, 1565); ídem, *Cent Sermons svr l'Apocalypse* (Geneva: Jean Crespin, 1558).

[30] Franciscus Junius, *The Apoclayps, or Revelation of S. John with a Brief Exposition* (Cambridge: John Legat, 1596).

[31] Johannes Piscator, *In Apocalypsin commentarius* (Herborn, 1613); Joseph Mede, *Clavis apocalyptica: ex innatis & insitis visionum characteribus eruta & demonstrata: una cum commentario in Apocalypsin: quibus accessit hac tertia editione conjectura de Gogo & Magogo, ab eodem autore* (Cambridge: Thomas Buck, 1632); ídem, *The Key of the Revelation, searched and demonstrated out of the naturall and proper characters of the visions*, trad. Richard More, con un prefacio por Dr. Twisse (London: Philip Stephens, 1643); Thomas Brightman, *The Revelation of St. John, illustrated with analysis and scholions: wherein the fence is opened by the scripture, and the events of things foretold, shewed by histories* (Amsterdam: Thomas Stafford, 1644).

[32] Johann Heinrich Alsted, *Diatribe de mille annis apocalypticis* (Frankfurt: Conrad Eifrid, 1627).

[33] Johannes Cocceius, *De prophetie van Exechiël met de uitleggingen van Johannes Coccejus* (Amsterdam, 1691); ídem, *Ondersoek van der aert ende natuyre van der Kerk en Babylon*, trad. Abraham van Poot (Amsterdam: J. van Someren, 1691).

No solo hay variedad y, en la variedad, ninguna tendencia claramente identificable hacia la «exégesis dogmática» con la que se asocia típicamente la época, sino que también hay, en aquellos comentarios que enfatizaron cuestiones filológicas y lingüísticas, una preocupación por el lenguaje, la crítica, y el establecimiento de un texto que tenga en cuenta las preocupaciones de los exégetas del Renacimiento como Reuchlin, Valla y Erasmo tanto como la obra de los reformadores. El enfoque de Ainsworth respecto de la traducción y la anotación, por ejemplo, se basa más en lo que Schwarz ha llamado la «visión filológica» de Reuchlin que en la «visión inspiradora» de Lutero —aunque en sus aspectos doctrinales, Ainsworth fusiona lo filológico con preocupaciones tradicionales, particularmente rabínicas.[34] Además, las habilidades lingüísticas de los comentaristas han ido, en muchos casos, mucho más allá de las de los primeros humanistas: mientras que el hebreo era inicialmente una lengua en la que era difícil obtener instrucción, los exégetas de la era ortodoxa temprana asumieron su disponibilidad y pasaron al arameo, siríaco, árabe y el persa.[35]

Incluso un examen superficial de estos y otros comentarios en su variedad metodológica y sustancial es suficiente para refutar la parodia de la historia de la interpretación del siglo XVII ofrecida por Farrar —quien caracterizó a los ortodoxos por leer «la Biblia bajo el resplandor antinatural del odio teológico», por reducir la «ciencia a la impotencia» y por hacer de la analogía de la fe y la analogía de la Escritura «el pretexto para considerar la Biblia como una especie de lecho de cuarzo, en el que se encontraba ocasionalmente el oro de un texto de prueba».[36] Desafortunadamente, tales declaraciones reflejan una lectura de los polémicos sistemas teológicos del siglo XVII y poco o ningún examen de las obras exegéticas reales —y, quizás lo más problemático, tales declaraciones también reflejan una falta de voluntad fundamental para reconocer las diferencias entre el método y el enfoque exegético en las épocas de la Reforma y la ortodoxia y los métodos y enfoques exegéticos de la era moderna. Los métodos de interpretación de los siglos XVI y XVII estuvieron guiados no solo por el sentido bastante refinado de las dimensiones del significado literal que acabamos de señalar, sino también por una serie de suposiciones y reglas para leer y utilizar el texto.

---

[34] Cf. Schwarz, *Principles and Problems of Biblical Interpretation*, págs. *71-76, 169-172.*

[35] Cf. Ainsworth, *Psalmes*, prefacio, fol. 2 verso sobre el uso de la paráfrasis caldea; y N. B. Johannes Buxtorf, *Manuale Hebraicum et Chaldaicum* (Basel, 1602); ídem, *Lexicon Hebraicae et Chaldaicae* (Basel, 1607); e ídem., *Biblic Hebraica cum paraphr. Chaldaicum et commentarius rabbinorum*, 4 vols. (Basel, 1618-1619); Jacob Golius, *Lexicon Arabico-Latinum contextum ex probatioribus orientis lexicographis* (Leiden, 1653); Ludovicus de Dieu, *Rudimenta linguae persicae* (Leiden, 1639); cf. Diestel, *Geschichte des Alten Testamentes*, págs. 443-450.

[36] Farrar, *History of Interpretation*, págs. 363-365.

B. Cuestiones interpretativas y las eras de la ortodoxia

1. Ortodoxia temprana.

El desarrollo de la doctrina ortodoxa protestante de la interpretación de la Escritura se puede dividir en tres fases, cada una con su propia lucha hermenéutica, correspondiente a los tres períodos básicos de la ortodoxia protestante. En el período ortodoxo temprano (ca. 1565-1640), los teólogos protestantes enfrentaron problemas importantes para desarrollar un sistema de doctrinas fundamentado bíblicamente y exegéticamente, principalmente mediante la compleción y disposición de *loci* doctrinales en sistemas dogmáticos a gran escala.[37] En muchos casos, sobre todo en los sistemas teológicos de Musculus y Vermigli, estos *loci* eran originalmente exposiciones doctrinales escritas como partes de comentarios sobre las Escrituras. Una técnica similar, aunque en escala mucho mayor, se encuentra en los tratados dogmáticos de Zanchius. A nivel hermenéutico, el principal problema al que se enfrentaron estos escritores fue la explicación del «sentido literal» del texto de tal manera que facilitara el paso del texto de las Escrituras a una dogmática tradicional y, por tanto, ortodoxa. Las obras exegéticas de escritores como Andrew Willet y John Mayer manifiestan una amplia comprensión y uso de la tradición exegética: Mayer citó y analizó explícitamente «diversas exposiciones» del texto «de las obras de los más eruditos, tanto de los Padres antiguos como de los escritores modernos» para abordar el significado del texto.[38]

Los primeros ortodoxos de las últimas décadas del siglo XVI y comienzos del XVII también estaban decididos a argumentar las sutilezas del sentido literal de las Escrituras de manera positiva, dado el fuerte interés reformado en la unidad del pacto y la similitud y diferencia de los dos testamentos, ya que estas cuestiones se relacionaban con temas doctrinales como el pacto, pero también con las doctrinas de la Trinidad, la Persona de Cristo y sus fundamentos en la totalidad de las Escrituras —y polémicamente, dado el recurso católico romano a la alegorización al argumentar el arraigo bíblico de varias doctrinas en disputa, como la transustanciación y el purgatorio. La época produjo, por tanto, una serie de importantes manuales interpretativos, como los de Whitaker, Rivetus, Glasius y Weemse,[39] además

---

[37] Cf. *DRPR*, I, 4.1 (A) sobre el método *locus* con la discusión en Robert Kolb, "Teaching the Text: the Commonplace Method in Sixteenth Century Lutheran Biblical Commentary," en *Bibliothèque d'Humanisme et Renaissance* XLIX (1987), págs. 571-585.

[38] Cf. Mayer, *A Commentarie upon the New Testament*, and idem, *Commentary upon all the Prophets both Great and Small* con Andrew Willet, *Hexapla in Genesin;* e ídem, *Hexapla in Exodum* (London, 1608).

[39] William Whitaker, *A Disputation on Holy Scripture, against the Papists, especially Bellarmine and Stapleton* (1599), trad. y ed. por William Fitzgerald (Cambridge: Cambridge University Press, 1849); Andreas Rivetus, *Isagoge, seu introductio generalis ad Scripturam Sacram Veteris et Novi Testamenti, in*

de una considerable serie de trabajos sobre la correcta lectura de los tipos y figuras del texto, particularmente desde la perspectiva de la relación de los testamentos, como los de Taylor y Guild.[40] En el caso de Weemse, como también en la obra de Ainsworth, Broughton, Christopher Cartwright y figuras continentales tan eminentes como Buxtorf y L'Empereur, la era ortodoxa temprana fue también una época de creciente interés por lo judaico, específicamente, por el uso de los Targumim, la Mishná, el Talmud y, posteriormente, la exégesis judía en la interpretación de la Biblia en su conjunto.[41]

Gran parte del trabajo de los exégetas y teólogos de la era ortodoxa temprana fue el establecimiento de un método en el que la *sola Scriptura* de los reformadores se identificó claramente como la declaración de las Escrituras como norma previa de la teología en el contexto de una tradición de interpretación eclesiástica. Su éxito en este trabajo puede medirse en términos de la amplia proliferación de sistemas teológicos defendibles construidos bíblicamente y exegéticamente a partir de una floreciente tradición protestante de comentarios, documentos confesionales fundamentados bíblicamente y sistemas teológicos fundamentados exegéticamente.

2. Alta ortodoxia.

Una segunda era en el desarrollo de la hermenéutica ortodoxa protestante coincide aproximadamente con la era de la alta ortodoxia (ca. 1640-1725). Durante estos años, la erudición protestante hizo grandes avances no solo en el estudio de las lenguas bíblicas básicas, hebreo y griego, sino también en el estudio de lenguas afines al hebreo —en particular, el siríaco y el árabe— y en el examen minucioso de textos griegos variantes de tanto el Antiguo como el Nuevo Testamento. Las piezas centrales de este avance

---

qua, eius natura, existentia, necessitas, puritas, versionem et interpretationem rationes et modi indagnatur, en *Opera theologia*, 3 vols. (Rotterdam, 1651-1660), vol. II.; Salomon Glasius, *Philologiae Sacrae, qua totius sacrosanctae Veteris et Novi Testamenti scripturae* (Jena, 1623); John Weemse, *The Christian Synagogue, wherein is contained the diverse reading, the right poynting, translation and collation of Scripture with Scripture* (London, 1623); ídem, *Exercitations Divine. Containing diverse Questions and Solutions for the right understanding of the Scriptures. Proving the necessitie, majestie, integritie, perspicuitie, and sense thereof* (London, 1632).

[40] Thomas Taylor, *Christ Revealed: or, The Old Testament Explained. A Treatise of the Types and shadows of our Saviour contained throughout the whole Scripture: all Opened and Made Usefull for the benefit of Gods Church* (London, 1635); William Guild, *Moses Unveiled: or, those Figures which served unto the Pattern and Shadow of Heavenly Things, pointing out the Messiah Christ Jesus* (London, 1626).

[41] Tenga en cuenta los estudios de Stephen G. Burnett, *From Christian Hebraism to Jewish Studies: Johannes Buxtorf (1564-1629) and Hebrew Learning in the Seventeenth Century* (Leiden: E. J. Brill, 1996); y Jai Sung Shim, *Biblical Hermeneutics and Hebraism in the Early Seventeenth Century as Reflected in the Work of John Weemse (1579-1636)*, (Ph. D. diss.: Calvin Theological Seminary, 1998); también van Rooden, *Theology, Biblical Scholarship and Rabbinical Studies in the Seventeenth Century*.

son seguramente los estudios realizados sobre el texto masorético por los Buxtorf y Cappel, la gran Biblia políglota de Londres, editada por Brian Walton, y los estudios filológicos de John Lightfoot. En los casos de Cappel y la Políglota de Londres, el estudio filológico técnico no solo condujo a un mayor conocimiento de la historia del texto de las Escrituras, sino que también ejerció presión sobre la hermenéutica protestante ortodoxa y, por extensión, sobre la dogmática ortodoxa, como lo atestigua la controversia sobre la datación de los «puntos vocálicos».[42]

Desde principios del siglo XVII en adelante, particularmente en la era de la alta ortodoxia, el sistema bíblico-confesional de la ortodoxia protestante estuvo sujeto, por tanto, a una tensión provocada por el desarrollo tardío del Renacimiento o principios de la modernidad de los estudios «orientales» en relación con a la crítica textual de las Escrituras y a un creciente sentido de la distancia cultural e histórica entre el texto en sus idiomas originales y el teólogo dogmático. El siglo XVII, siguiendo la línea del interés renacentista por las lenguas originales, dio por sentado el dominio del hebreo, el griego y el latín y pasó al estudio del arameo, el siríaco y el árabe, junto con un interés más amplio por el desarrollo del hebreo que dirigió a los protestantes exégetas hacia los estudios talmúdicos y un interés en la Judaica como proveedor de un contexto cultural y habitual de interpretación tanto para el Antiguo como para el Nuevo Testamento. Este último avance está correctamente asociado con el trabajo de Lightfoot.[43]

Paralelamente a estos desarrollos de la crítica textual y teniendo en común con ellos al menos una preocupación fundamental por la identificación del significado literal del texto sobre la base del estudio lingüístico, se encuentran los numerosos manuales de finales del siglo XVII que continúan la discusión interpretativa protestante de la relación de los Testamentos y la naturaleza de las figuras, tropos y tipos que se encuentran en el texto. El impulso literal se evidencia aquí en la insistencia en establecer reglas para la correcta identificación y comprensión de los tipos y figuras, a diferencia de la imposición de una tipología al texto. Esta forma de ejercicio interpretativo también fue útil en la defensa de una lectura doctrinal protestante del texto contra la tendencia de la crítica textual de finales del siglo XVII a atomizar las perícopas bíblicas, así como contra el recurso restante de los católicos romanos a lo que los protestantes consideraban

---

[42] Ver arriba, 6.2 (A.3).

[43] Por ejemplo, John Lightfoot, *The Temple Service as it Stood in the Days of Our Saviour, described out of the Scriptures and the eminentest Antiquities of the Jews* (London, 1649); ídem, *Horae hebraicae et talmudicae*, in vol. 2 of Lightfoot's *Works* (London, 1684), traducido como *A Commentary on the New Testament from the Talmud and Hebraica: Matthew—I Corinthians*, 4 vols. (Oxford: Oxford University Press, 1859; repr., Grand Rapids: Baker Book House, 1979).

alegorización desenfrenada, que recuerda a la *quadriga*. Aquí ciertamente contamos las obras de Keach,[44] Lukin y Mather.[45]

El trabajo crítico textual de esta generación de exégetas y orientalistas protestantes —como lo demuestra el intenso debate filológico y doctrinal sobre el origen de los puntos vocálicos en el texto hebreo— creó una enorme presión sobre la comprensión todavía precrítica del «sentido literal» defendido por la ortodoxia temprana y sobre el uso de herramientas dogmáticas eclesiásticas como la analogía de las Escrituras y la analogía de la fe en la interpretación de las Escrituras.[46] Hacia el final de la era de la alta ortodoxia, la comprensión histórica del texto, defendida por escritores como Benedict de Spinoza y Richard Simon, creó más dificultades para la comprensión dogmática del texto y presagió los acontecimientos críticos del siglo siguiente y su desastroso impacto en la dogmática tradicional.[47]

3. Ortodoxia tardía.

El tercer período corresponde a la ortodoxia tardía (ca. 1725-1790) y es testigo del surgimiento del enfoque histórico-crítico del texto, así como de la desaparición de la ortodoxia protestante como patrón teológico dominante y movimiento intelectual genuinamente productivo. Durante esta época, la dogmática tradicional y la exégesis dogmática ejercieron presión sobre la

---

[44] Benjamin Keach, *Tropologia, or, A key to open Scripture metaphors: the first book containing sacred philology, or the tropes in Scripture, reduc'd under their proper heads, with a brief explication of each partly translated and partly compil'd from the works of the learned by T[homas] D[eLaune]. The second and third books containing a practical improvement (parallel-wise) of several of the most frequent and useful metaphors, allegories, and express similitudes of the Old and New Testament by B.K* (London: John Richardson and John Darby, 1681); ídem, *Troposchemalogia, tropes and figures, or, A treatise of the metaphors, allegories, and express similitudes, &c., contained in the Bible of the Old and New Testament: to which is prefixed, divers arguments to prove the divine authority of the Holy Scriptures: wherein also 'tis largely evinced, that by the great whore, (mystery Babylon) is meant the Papal hierarchy, or present state and church of Rome: Philologia sacra, the second part: wherein the schemes, or figures in scripture, are reduced under their proper heads, with a brief explication of each: together with a treatise of types, parables, &c, with an improvement of them parallel-wise* (London: John Darby, 1682); nótese también la reedición de estas obras en el siglo XIX como *Tropologia; A Key to Open Scripture Metaphors, in Four Books. To which are prefixed, Arguments to Prove the Divine Authority of the Holy Bible. Together with Types of the Old Testament* (London: City Press, 1856), que contiene el texto de los dos títulos anteriores, con el *Troposchemalogia* puesto en primer lugar, la *Tropologia* de segundo. He citado la edición del siglo XIX.

[45] Henry Lukin, *An Introduction to the Holy Scripture, containing the several Tropes, Fighres, Properties of Speech used therein: with other Observations, necessary for the right Understanding thereof* (London, 1669); Samuel Mather, *The Figures or Types of the Old Testament, by which Christ and the Heavenly Things of the Gospel were Preached and Shadowed unto the People of God of Old* (Dublin, 1683; repr. New York: Johnson Reprints, 1969).

[46] Cf. Gerald T. Sheppard, "Between Reformation and Modern Commentary: The Perception of the Scope of Biblical Books," en William Perkins, *A Commentary on Galatians*, ed. Sheppard (New York: Pilgrim Press, 1989), págs. 44-45, 54-57.

[47] Cf. *CHB*, III, págs. 218-221, 239, con Kümmel, *New Testament*, págs. 40-47, y Farrar, *History of Interpretation*, págs. 383-384, 397-398.

ortodoxia no solo por parte de los críticos socinianos, racionalistas y deístas de la ortodoxia, sino también por los exégetas nominalmente ortodoxos o al menos formados en ortodoxia, como Bentley, Wetstein y Semler, cuyos trabajos no tenían como intención fundamental la destrucción de la dogmática ortodoxa, pero cuya aplicación de métodos textuales e histórico-críticos dio como resultado conclusiones sobre el significado del texto que eran incompatibles con los resultados más antiguos de la exégesis gramatical y teológica, ya sea de los reformadores o los ortodoxos.

El dilema de la teología durante y, especialmente, al final de la era ortodoxa tardía está bien resumido en la famosa distinción de Gabler entre teología bíblica y dogmática: la primera describe la teología del antiguo Israel o del cristianismo primitivo de una manera puramente histórica, sin prejuicios de la tradición de la doctrina cristiana o del sistema teológico contemporáneo; la última habla a la iglesia del presente. La teología bíblica, según este punto de vista, es un ejercicio puramente histórico destinado a descubrir la religión y la teología del pasado. Toda su empresa se perdería si categorías dogmáticas se inmiscuyeran en el trabajo del exégeta.[48]

En cierto nivel, por supuesto, Gabler se encontraba en un terreno exegético firme y protestante sólido. El significado de las Escrituras debe identificarse sin prejuicios de las teologizaciones potencialmente erróneas de generación tras generación de clérigos, en particular reconociendo la diferencia entre los métodos de interpretación desarrollados en los siglos XVI, XVII y XVIII y los métodos utilizados durante los catorce siglos precedentes de la vida de la iglesia. Por otro lado, la separación de la teología bíblica y la dogmática puso en peligro las mismas doctrinas que la ortodoxia consideraba el núcleo del mensaje bíblico —como la Trinidad y la cristología— ya que todas estas doctrinas se habían desarrollado a lo largo de los siglos sobre la base, al menos inicialmente, de métodos exegéticos que ya no se adoptaban. Además, esta separación de las disciplinas, generalmente discutida desde la perspectiva de su importancia para el desarrollo de la interpretación y la teología bíblicas, también tuvo un efecto en el desarrollo de la teología sistemática o dogmática que no fue tan positivo. Mientras que la distinción de Gabler abrió el camino para una teología bíblica independiente mucho menos prejuiciosa por los dogmas posbíblicos de la iglesia, también sirvió para socavar la alianza entre exégesis y dogmática y para abrir el camino para una teología dogmática cada vez más independiente y mucho menos influenciada por los resultados de la exégesis, aun cuando reforzó el alejamiento de la exégesis del patrón teológico de la tradición exegética

---

[48] Véase Sandys-Wunsch y Eldredge, "J. P. Gabler and the Distinction between Biblical and Dogmatic Theology," pág. 137; y cf. Rudolf Smend, "Johann Gablers Begründung der biblischen Theology," en *Evangelische Theologie*, 22 (1962), págs. 345-357, con Kümmel, *New Testament*, págs. 98-101.

de los padres, los doctores medievales y los intérpretes de las eras de la Reforma y posteriores a la Reforma. Este último punto es de particular importancia, teniendo en cuenta que la pérdida de impacto de la tradición exegética más antigua en la práctica de la exégesis ha llevado a la impresión, creciente pero errónea, de que la dogmática más antigua no se basaba en una exégesis cuidadosa y que con frecuencia leía textos fuera de su contexto bíblico.

La historia de la interpretación en el siglo XVII y principios del XVIII está, por tanto, ligada al problema histórico de la ortodoxia protestante. La dificultad que han tenido tanto historiadores como teólogos en los siglos XIX y XX para abordar el fenómeno de la ortodoxia protestante ha surgido, en no pequeña medida, debido a la barrera hermenéutica y exegética que se levanta entre esa época y la nuestra —y por las tenues similitudes que pueden esbozarse entre los pronunciamientos más existenciales de los reformadores y los patrones interpretativos de la era moderna. Además, una comprensión acrítica de las exigencias de los reformadores de una exégesis literal ha dejado a menudo a historiadores y teólogos con la impresión de que la Reforma fue un preludio a la exégesis y la hermenéutica modernas.[49] Así como el desarrollo de la crítica textual y del método histórico causó dificultades crecientes para la exégesis de la ortodoxia protestante, también la separación gradual de la teología dogmática de la bíblica causó un distanciamiento del sistema teológico ortodoxo de los resultados de la exégesis.

7.2 La interpretación de las Escrituras en la Reforma y la Ortodoxia: desarrollo y codificación

La distinción entre Palabra escrita y no escrita, crucial para el argumento de los reformadores y los teólogos ortodoxos contra la visión católica romana de la prioridad de la iglesia sobre las Escrituras, también sirvió para apuntalar el argumento protestante a favor del actual derecho de los cristianos a interpretar las Escrituras y, si es necesario, hacer que los resultados contemporáneos de la exégesis influyan críticamente y, de hecho, negativamente, en las interpretaciones tradicionales. Como argumentó Bullinger en sus *Decades*, Dios se propuso no solo enseñar a los padres mediante la «voz viva» de los apóstoles, sino también proporcionar, en los escritos de los apóstoles, los medios para enseñar a las generaciones futuras —para preservarlas en la verdad de su Palabra y salvarlas de las seductoras,

---

[49] Cf. Farrar, *History of Interpretation*, págs. 307-348, passim; Hans Joachim Kraus, "Calvin's Exegetical Principles," en *Interpretation* 31 (1977), págs. 329-341; y nótese el importante correctivo a esta opinión en Brevard S. Childs, "The *Sensus Literalis* of Scripture," págs. 80-93; ver también Muller, "Hermeneutic of Promise and Fulfillment," págs. 75-76, 81-82.

pero falsas tradiciones de los hombres. Se debe prestar atención a la Palabra para aprovecharla y poder protegernos de las plagas de la falsedad.⁵⁰ Por todo esto, persisten peligros incluso para aquellos que intentan escuchar la Palabra de Dios: porque en el mundo abundan los falsos intérpretes.

> Porque hay algunos que suponen que las Escrituras, es decir, la misma Palabra de Dios, es en sí misma tan oscura, que no puede leerse con ningún beneficio. Y nuevamente algunos otros afirman que la Palabra claramente transmitida por Dios a la humanidad no necesita exposición. Y por eso dicen que las Escrituras deben ser leídas por todos los hombres, pero de modo que cada uno pueda inventar y elegir legítimamente el sentido que cada uno esté persuadido de que es el más conveniente.⁵¹

A. El carácter y las «divisiones» de la correcta interpretación

1. Opiniones de los reformadores.⁵²

La interpretación correcta de las Escrituras, había argumentado Bullinger, necesariamente se convierte en un problema una vez que se establece lo apropiado de predicar y escuchar la Palabra. Dios quiere que su Palabra se entienda para que los lectores y oyentes puedan aprovecharla: los profetas y los apóstoles no hablaban en un lenguaje extraño o difícil, sino en un lenguaje inteligible para el hombre común. Las dificultades que existen en las Escrituras pueden superarse fácilmente mediante «el estudio, la diligencia, la fe y los medios de intérpretes hábiles». Por lo tanto, el conocimiento de los idiomas originales es necesario para el ministro o maestro.⁵³ Los lugares inciertos y dudosos son interpretados por los más ciertos y evidentes: en conjunto, «las Escrituras son evidentes, sencillas y absolutamente ciertas».⁵⁴ Aun así, las Escrituras necesitan exposición y explicación, como el propio Moisés explicó detalladamente la ley a Israel y como lo hizo Esdras después

---

⁵⁰ Bullinger, *Decades*, I, ii (pág. 69).

⁵¹ Bullinger, *Decades*, I, iii (pág. 70).

⁵² Para una perspectiva amplia sobre la interpretación bíblica en el siglo XVI, véanse los ensayos en Muller y Thompson, *Biblical Interpretation in the Era of the Reformation*; sobre los métodos de Calvino (no discutidos en esta sección), ver: David C. Steinmetz, *Calvin in Context* (New York: Oxford University Press, 1995); Muller, "Hermeneutic of Promise and Fulfillment," págs. 68-82; sobre Bullinger, ver Joel E. Kok, "Heinrich Bullinger's Exegetical Method: The Model for Calvin?" en Muller y Thompson, eds., *Biblical Interpretation in the Era of the Reformation*, págs. 241-254; sobre Musculus, ver Craig S. Farmer, *The Gospel of John in the Sixteenth Century: the Johannine Exegesis of Wolfgang Musculus* (New York: Oxford University Press, 1997).

⁵³ Bullinger, *Decades*, I, iii (pág. 71).

⁵⁴ Bullinger, *Decades*, I, iii (pág. 72); cf. los sentimientos casi idénticos de Calvino, *Institutos*, I.vii.5, y *Commentary on Isaiah*, 45:19, in loc. (*CTS Isaiah*, III, págs. 420-421).

del exilio.⁵⁵ El Señor mismo leyó y explicó las Escrituras en las sinagogas, y los apóstoles en todas partes siguieron su ejemplo.⁵⁶ Aquellos que no quisieran que se interpretaran las Escrituras subvertirían la ordenanza de Dios.

Si las Escrituras deben interpretarse, también deben interpretarse apropiadamente de tal manera que su significado no sea «corrompido con exposiciones extrañas». Algunos que afirman interpretar las Escrituras siguen «sus propios afectos», exponiendo «sus propias invenciones y no la palabra de Dios».⁵⁷ En la antigüedad, en tiempos de Ezequiel, este pecado ya estaba presente y el Señor lo castigó «con la mayor dureza»:

> Por lo tanto, nosotros, los intérpretes de la santa palabra de Dios y fieles ministros de la iglesia de Cristo, debemos tener una consideración diligente para mantener las Escrituras sanas y perfectas, y para enseñar al pueblo de Cristo la Palabra de Dios con sinceridad; clara, quiero decir, y no corrompida ni oscurecida por exposiciones tontas y equivocadas de nuestra propia invención.⁵⁸

La manera más segura de lograr esta meta es mirar primero aquellos lugares de las Escrituras que declaran la palabra de Dios «tan claramente... que no necesitan interpretación», y reconocer que aquí se revela la mente de Dios: «El verdadero y propio sentido de la Palabra de Dios debe extraerse de las Escrituras mismas, y no imponerse a la fuerza sobre las Escrituras, como nosotros mismos quisiéramos que fuera». Bullinger cita aquí 2 P. 1:20: «Ninguna profecía de las Escrituras es de interpretación privada».⁵⁹ El punto se traslada de forma prácticamente idéntica a la era de la ortodoxia: «ningún hombre o grupo de hombres, ninguna iglesia ni funcionarios públicos, deben interpretar las Escrituras por sí mismos, según sus propias mentes, de modo que sus asuntos privados sean el sentido de la Escritura, sino que deben buscar la comprensión de Ella en Dios, quien les muestra el significado de la Palabra en la Palabra misma».⁶⁰

Bullinger establece a continuación varias reglas para garantizar la interpretación correcta del texto:

> Primero, dado que el apóstol Pablo quería que la exposición de las Escrituras concordara adecuadamente y en cada punto proporcionalmente con nuestra fe; como se ve en el capítulo

---

[55] Bullinger, *Decades*, I, iii (págs. 72-73).
[56] Bullinger, *Decades*, I, iii (págs. 73-74).
[57] Bullinger, *Decades*, I, iii (pág. 74).
[58] Bullinger, *Decades*, I, iii (págs. 74-75).
[59] Bullinger, *Decades*, I, iii (pág. 75).
[60] Poole, *Commentary*, 2 P. 1:20 in loc. (III, pág. 921); cf. Hottinger, *Cursus theologicus*, II, iii. canon B; Wyttenbach, *Tentamen theologiae dogmaticae*, II, §157.

duodécimo a los romanos (v. 6)... por lo tanto, se debe considerar como un punto de la religión católica el no introducir ni admitir en nuestras exposiciones nada que otros hayan alegado contra los artículos recibidos de nuestra fe, contenidos en el Credo de los Apóstoles y otras confesiones de los antiguos padres. Porque dice el apóstol: «En defensa de la verdad podemos decir algo, pero contra la verdad no podemos decir nada».[61]

Como ejemplos de este patrón de interpretación, Bullinger sostiene que no debemos interpretar las palabras «este es mi cuerpo» para que entren en conflicto con la realidad del cuerpo del Señor ascendido al cielo y sentado a la diestra de Dios; ni deberíamos tomar un versículo como «La carne y la sangre no pueden heredar el reino de Dios» para negar la afirmación del credo: «Creo en la resurrección de la carne».[62]

A continuación, debemos tomar en serio el resumen que hizo nuestro Señor de toda la ley y los profetas en los dos grandes mandamientos y reconocer que ninguna interpretación de las Escrituras puede «ser repugnante al amor de Dios y de nuestro prójimo». Así, señala Bullinger, Agustín lo había argumentado en su *De doctrina Christiana*: cualquier lectura de la Escritura que no obre la caridad hacia Dios y el prójimo es necesariamente una lectura imperfecta.[63] Tercero,

Es necesario al exponer las Escrituras y buscar el verdadero sentido de la Palabra de Dios, que observemos en qué ocasión se dice cada cosa, qué va antes, qué sigue después, en qué época, en qué orden y de qué persona se habla cada cosa.[64]

Aun así, se deben comparar pasajes similares para lograr un esclarecimiento mutuo; los pasajes difíciles y oscuros deben ser interpretados por los simples y claros.[65]

Y finalmente, la regla más eficaz de todas para exponer la Palabra de Dios es un corazón que ama a Dios y su gloria, no hinchado de orgullo, no deseoso de vanagloria, no corrompido por herejías y malos afectos; pero que ora continuamente a Dios por su Espíritu Santo, para que, así como por Él la Escritura fue revelada e inspirada, así también por el mismo Espíritu sea expuesta para gloria de Dios y salvaguardia de los fieles.[66]

---

[61] Bullinger, *Decades*, I, iii (págs. 75-76).
[62] Bullinger, *Decades*, I, iii (pág. 76).
[63] Cf. Augustine, *De doctrina christiana*, I, 36.
[64] Bullinger, *Decades*, I, iii (págs. 77-78).
[65] Bullinger, *Decades*, I, iii (pág. 78).
[66] Bullinger, *Decades*, I, iii (pág. 79).

La discusión de Vermigli sobre el «sentido» de las Escrituras es paralela a la de Bullinger con su concentración en la necesidad de un contexto eclesiástico y creyente para la interpretación y su énfasis en la prioridad de las Escrituras sobre todas las demás normas de interpretación, como se argumenta bajo la doctrina de la autoautenticación y autoevidencia del texto. En lo que concierne a este asunto, señala, hay dos cuestiones que deben notarse «mediante las cuales se puede percibir la verdad de la divina Escritura; es decir, el Espíritu Santo y la Palabra de Dios misma».[67] Como dijo Cristo (Jn. 8:42-43): «Si tenéis a Dios por Padre, ¿por qué no reconocéis mi palabra?» Tenemos a Dios como Padre por la obra del Espíritu en nosotros, y así también por el Espíritu discernimos la Palabra de Dios. Pablo también testifica de esto (1 Co. 2:14-15): «El hombre natural no percibe las cosas que son del Espíritu de Dios, porque para él son locura, y no las puede entender, porque se ha de discernir espiritualmente. En cambio el espiritual juzga todas las cosas; pero él no es juzgado de nadie».[68] Todos los cristianos tienen el Espíritu en tal porción que pueden «reunir y juzgar de las Santas Escrituras las cosas necesarias para la salvación».[69] Aun así, al leer e intentar interpretar las Escrituras, el cristiano no debe acudir a ellas con «una opinión endurecida y prejuiciosa», sino que debe «dejar de lado toda afectación, y que [su] venida sea enteramente para aprender» a fin de que «del lenguaje sencillo y sin pulir de las Sagradas Escrituras, salga a la luz el conocimiento más sincero y manifiesto de la verdad».[70]

> La segunda nota, y señal segura, mediante la cual podemos buscar a fondo la verdad de las Sagradas Escrituras, son las mismas Escrituras. Porque es necesario que determinemos esa parte de la Escritura que es dura y oscura, por otra parte que sea más clara y fácil. Cristo ha dado a su Iglesia el Antiguo Testamento; cuya autoridad (que los maniqueos, los marcionitas y otras herejías pestilentes nunca se preocupen tanto por ello) es sumamente estable y segura: en la medida en que por ella también los cristianos antiguos han juzgado el Nuevo Testamento. Está escrito en el capítulo 17 de los Hechos, que habiendo oído los Tesalonicenses *Pablo*, recurrió a las Escrituras para ver si las cosas eran como Pablo declaró o no. Y Agustín en *De doctrina christiana*, enseñando qué clase de hombre debe ser un predicador, le ordena conferenciar los lugares de las Escrituras

---

[67] Vermigli, *Commonplaces*, I, vi, 5. Sobre la exegesis de Vermigli, ver John L. Thompson, "The Survival of Allegorical Argumentation in Peter Martyr Vermigli's Old Testament Exegesis," en Muller y Thompson (eds.), *Biblical Interpretation in the Era of the Reformation*, págs. 255-271.

[68] Vermigli, *Commonplaces*, I, vi, 5.

[69] Vermigli, *Commonplaces*, I, vi, 5.

[70] Vermigli, *Commonplaces*, I, vi, 12.

juntos, y no lo envía a buscar las opiniones de los padres, ni a buscar las determinaciones de la Iglesia, o la cánones o tradiciones de los hombres.[71]

No debemos subestimar la importancia y la interrelación de estos recursos tradicionales ni la dificultad causada al sistema teológico cuando estas herramientas fueron cuestionadas, subordinadas o, en ocasiones, completamente dejadas de lado por los reformadores. Melanchthon, en las primeras ediciones de su *Loci*, podría, por motivos exegéticos y «evangélicos», excluir la discusión no solo de las pruebas de la existencia de Dios y del lenguaje de la esencia y los atributos divinos sino también (y de manera bastante polémica) de las doctrinas de la Trinidad y la encarnación tal como se discuten en la dogmática tradicional.[72] Ninguno de los términos (persona, naturaleza, esencia, coinherencia, etc.) era bíblico, ni la exégesis del Nuevo Testamento resultó directa o inmediatamente en situaciones y problemas teológicos que requirieran el uso de tales términos para su solución. Y si la Escritura sola fuera la norma de la doctrina, tal vez se podría prescindir de tales términos.[73] Aun así, Ursinus, al igual que Melanchthon, Bucer y Calvino en la generación de pensadores que lo precedieron y muy diferente de los ortodoxos posteriores, todavía pregunta, después de una discusión sobre los términos «esencia», «persona» y «Trinidad», la pregunta teológica crucial generada por la *sola Scriptura*, «si estos términos debería usarse», aunque, como Calvino, Ursinus asume que los términos son necesarios para expresar y preservar el significado de las Escrituras contra los herejes.[74]

2. Los ortodoxos reformados.

El problema de interpretación que enfrentó la ortodoxia protestante, por lo tanto, no fue simplemente el problema de pasar del texto a la predicación contemporánea, sino también el problema de pasar del texto a la declaración doctrinal e incluso al sistema teológico sin la batería de herramientas fácilmente disponibles para los doctores medievales. Este es un punto fundamental de divergencia entre el escolasticismo protestante medieval y el posterior a la Reforma, y también es la problemática fundamental del sistema teológico escolástico protestante. Como hemos visto anteriormente,

---

[71] Vermigli, *Commonplaces*, I, vi, 6 (entero).

[72] Melanchthon, *Loci communes* (1521), en *CR*, 21, cols. 84-85.

[73] Melanchthon, *Loci communes* (1521), en *CR*, 21, col. 85; pero tenga en cuenta el retorno no especulativo y altamente bíblico de la doctrina de la Trinidad en *Loci communes* (1535), *CR*, 21 cols. 258-269 y *Loci communes* (1543), *CR*, 21, cols. 613-637, donde los textos utilizados son en gran parte del Nuevo Testamento, y los Salmos y los profetas, particularmente Isaías, se utilizan para argumentar la divinidad de Cristo.

[74] Ursinus, *Explicationes catecheseos*, en *Opera*, I, col. 118-119.

el éxito de la Reforma —su institucionalización tanto confesional como eclesial— exigió una ortodoxia, una enseñanza católica o eclesial correcta y, por tanto, el desarrollo de un sistema teológico. La doctrina de la interpretación de las Escrituras tenía como objetivo, en gran parte, hacer posible ese sistema, fundamentarlo en las Escrituras a pesar del cambio en la relación del protestantismo con las herramientas tradicionales de interpretación.

La tarea se vio aligerada hasta cierto punto por el hecho de que los principales oponentes de la ortodoxia reformada, ya fueran católicos romanos o luteranos, estaban bastante dispuestos a aceptar que el lenguaje tradicional de la Trinidad y la cristología, por no mencionar la esencia y los atributos divinos, era eminentemente bíblico. Al principio, solo los socinianos se negaron a reconocer este punto. La tarea también estuvo determinada por la modificación gradual del método exegético. Como se señaló en el capítulo introductorio, la cuádruple exégesis ya fue cuestionada en el siglo xv por varios patrones alternativos. La Baja Edad Media y el Renacimiento trajeron nuevos énfasis en el significado literal y gramatical del texto y en enfoques más simples o más elegantes del sentido espiritual de las Escrituras. Además, el énfasis histórico literal de la Reforma no era el método histórico-crítico moderno. Los reformadores y, de hecho, los protestantes ortodoxos asumieron que la Palabra viva se dirigía a la iglesia directamente en y desde el texto. Abogaban por una exégesis espiritual y eclesial que participaba de la misma dinámica que la exégesis patrística y medieval. Por tanto, no se descartaba por razones hermenéuticas el paso de la exposición al dogma eclesiástico. (Este grado de continuidad hermenéutica entre la Edad Media y la Reforma no solo hizo posible la empresa dogmática de la ortodoxia protestante a finales del siglo xvi, sino que también hizo que esa empresa fuera sospechosa a medida que los patrones de interpretación continuaron cambiando y se adoptó un método histórico-crítico, bajo el impacto del racionalismo y el deísmo, en el siglo XVIII).

Whitaker resume bien tanto el contenido como el tono o implicación del *status quaestionis* durante la era de la ortodoxia temprana:

> Está escrito, Jn. 5:39, «Escudriñad las Escrituras». Cristo nuestro Salvador dijo esto para excitar a los judíos, y también a todos nosotros, a investigar el verdadero sentido de las Escrituras. Porque la Escritura no consiste en simples palabras, sino en el sentido, interpretación y significado de las palabras. Esto queda claro en Basilio, en su segundo libro contra Eunomius, donde dice que «la piedad no está en el sonido del aire, sino en la fuerza y el significado de lo que se denota». Lo mismo se desprende también del comentario de Jerónimo al primer capítulo del Génesis, donde

escribe así: «No pensemos que el Evangelio está en las palabras de la Escritura, sino en el sentido; no en la superficie, sino en la médula; no en las hojas de la palabra (*sermonum foliis*), sino en la raíz de la razón (*radice rationis*)». Por lo tanto, dado que la Escritura no se ocupa simplemente de las palabras, sino del verdadero sentido de las palabras, que con razón podemos llamar la vida y el alma misma de las Escrituras; está claro que este precepto de Cristo, en el que nos ordena «escudriñar las Escrituras», debe entenderse en el sentido y significado de las Escrituras, y no solo en las simples palabras. De ahí surge esta pregunta, sobre la cual discutimos con los papistas: ¿De dónde debe buscarse la verdadera interpretación de las Escrituras?[75]

Aquí, como en la discusión dogmática de la Palabra, los ortodoxos entienden una distinción, pero no una separación estricta, entre la Palabra viva dirigida a la iglesia y las palabras del texto. Así como en la discusión dogmática las palabras del texto se identifican como Palabra porque llevan el significado ofrecido por la revelación de la eterna Palabra y Sabiduría de Dios, así también aquí la intención del exégeta es penetrar la superficie de las palabras para encontrar su significado teológico. Este carácter de las Escrituras lo aclaran los ortodoxos, además, en los temas recurrentes de la analogía de las Escrituras y la analogía de la fe.

Una vez que se plantea esta cuestión de la importancia teológica, la controversia sobre la interpretación queda clara, admitiendo que existen diferencias entre protestantes y romanistas sobre la determinación y los determinantes de la significación contemporánea. El Concilio de Trento, continúa Whitaker, decretó que «nadie se atreverá a interpretar las Sagradas Escrituras en contra del sentido que la santa madre Iglesia ha sostenido y sostiene, a quien (como dicen) corresponde juzgar el verdadero sentido e interpretación de las Escrituras».[76] El verdadero sentido, por lo tanto, estaría de acuerdo tanto con la iglesia en su oficio docente actual como con el consenso de los padres. Esta decisión, sostiene Whitaker, no resuelve nada «Porque investigamos más a fondo qué es esta iglesia; ¿Y quiénes son estos padres?»,[77] admitiendo este problema adicional, el «verdadero estado de la cuestión» solo puede identificarse consultando a los «papistas», en particular a Bellarmine y Stapleton.[78]

Por supuesto, hay ciertas oscuridades en el texto, pero éstas deben superarse mediante el estudio del texto, no recurriendo a la tradición o

---

[75] Whitaker, *Disputation*, V, i (pág. 402).
[76] Whitaker, *Disputation*, V, i (pág. 403).
[77] Whitaker, *Disputation*, V, i (pág. 403).
[78] Whitaker, *Disputation*, V, i (pág. 403).

al *magisterium*. Leigh señala la oscuridad de la profecía, que solo puede interpretarse mediante la identificación del evento predicho, y la oscuridad de los ritos y costumbres antiguos, que pueden superarse mediante un estudio más profundo de las circunstancias históricas del texto.[79] Estos problemas de ninguna manera restan valor a la claridad de las Escrituras, sino que conducen al análisis general de los métodos de interpretación del texto.[80]

> La interpretación de las Escrituras es necesaria en la Iglesia de Dios. 1. Porque es mandada por Cristo, Jn. 5:39; 1 Co. 4:1, 39. 2. Es encomendada a los fieles por el Espíritu Santo, 1 Ts. 5:19, 20. 3. Contribuye mucho a la edificación de la Iglesia, 1 Co. 14:3. 4. Fue usada por Cristo y sus Apóstoles, Lc. 4:16 y 24:27, Mr. 4:34.[81]

«La interpretación», escribe Wendelin, «es la explicación genuina de temas en controversia, de acuerdo con el estándar del Espíritu Santo que habla en las Escrituras».[82] Después de todo, las Escrituras son «la voz del juez supremo y universal», Dios mismo; solo el Espíritu crea la fe y enseña la verdad absoluta; Cristo mismo identifica las Escrituras como el juez de las controversias (Jn. 12:48) y usó las Escrituras en sus propios debates; y las Escrituras, como Dt. 5:32 testifica, no se desvía ni a derecha ni a izquierda del camino de la verdad.[83] Tanto este sentido de la importancia de la interpretación correcta como la visión básica del carácter y lugar de la interpretación correcta se transmitieron con notable continuidad desde la Reforma hasta la era de la ortodoxia.

> Esta cuestión [de la interpretación de las Escrituras] se divide en tres partes.
>
> Primero, en cuanto a los diversos sentidos de las Escrituras.
>
> En segundo lugar, a quién está confiada la principal autoridad para exponer las Escrituras.
>
> En tercer lugar, qué medios deben usarse en la interpretación de las Escrituras.[84]

Maccovius ofrece un conjunto similar de distinciones relativas a la interpretación: su justificación, contexto correcto, sus causas y medios:

---

[79] Leigh, *Treatise*, I, viii (pág. 165).
[80] Leigh, *Treatise*, I, ix (págs. 171-192); cf. Rijssen, *Summa*, II, xiii, controversia, obj. 4; sobre la claridad de las Escrituras, ver arriba, 5.4.
[81] Leigh, *Treatise*, I, ix (pág. 171, margen).
[82] Wendelin, *Christianae theologiae libri duo*, pról., III, vi.
[83] Wendelin, *Christianae theologiae libri duo*, pról., III, vi.
[84] Leigh, *Treatise*, I, ix (pág. 171).

El vehículo o medio (*medium*) de la claridad de la Sagrada Escritura, en lo que a nosotros respecta, es su interpretación. La interpretación de las Escrituras es verbal, cuando las Escrituras se traducen de un idioma a otro; o real, que es la explicación correcta de los lugares difíciles del texto, su sentido e implicación genuinos, en términos claros, expuestos para la gloria de Dios y para la edificación de la Iglesia, Neh. 8:9; Lc. 4:17ss; 24:27; 1 Co. 14:3-5; 26:31.

La interpretación debe considerarse según sus causas o sus medios (*media*). La causa [de interpretación] es principal o instrumental: la causa principal es el Espíritu Santo mismo hablando en las Escrituras; la causa instrumental es 1) la iglesia, 2) cualquiera de los fieles (*quilibet fidelis*), quien siempre puede sopesar la verdadera interpretación con la norma de las Escrituras, en la medida en que la iglesia es capaz de error...

Reconocemos, además, que hay medios [de interpretación]: estos son externos o internos. Los externos son una oración ardiente a Dios para que él, por su Espíritu, pueda iluminar y enseñar el verdadero significado de las Escrituras. Los internos son tanto lenguajes como cosas o conceptos (*res*). En cuanto a las palabras mismas, debemos considerar cuáles deben tomarse propiamente, cuáles en sentido figurado, cuáles son más oscuras y cuáles más claras: la analogía de la fe (*analogia fidei*) y el contexto del pasaje (*contextus*) rigen a su vez estas cuestiones de interpretación.[85]

Estas divisiones resumidas del tema tomadas de los *Loci communes* de Maccovius, aunque han sido objeto de considerable elaboración en su contexto original, ya nos proporcionan una percepción clara de la visión ortodoxa reformada de la interpretación y de la relación entre la tarea de interpretación y su doctrina de las Escrituras. En primer lugar, el comentario que hicimos antes[86] en el sentido de que los atributos o propiedades de la Escritura denotados por los ortodoxos no deben verse ni como resultados empíricos de un proceso inductivo ni como categorías dogmáticas estáticas sin relación con las afirmaciones de la teología de ser una *praxis*, encuentra una ilustración directa en el lenguaje causal del argumento de Maccovius. La *perspicuitas sacrae Scripturae* se presenta aquí como una categoría dogmática que debe ser elaborada y presentada en los esfuerzos del intérprete eclesiástico: en la medida en que la Escritura se declara *a priori* clara o perspicua en materia de fe, esa claridad dogmáticamente declarada puede considerarse causalmente como la base para una interpretación

---

[85] Maccovius, *Loci communes*, vii (págs. 45-48).
[86] Cf. arriba, 2.2 (B.3); 5.1 (A-B).

clara. Además, la cuestión de las causas y los medios, tan ajena al exégeta moderno, sitúa la tarea de interpretación sólidamente dentro de la obra del Espíritu Santo y, además, argumenta el contexto eclesiástico del esfuerzo humano y el carácter fiel del exégeta.

B. La necesidad y autoridad para exponer: lectura y exposición de las Escrituras, públicas y privadas

1. Opiniones de los reformadores.

Musculus había vinculado claramente la necesidad de estudiar las Escrituras en los idiomas originales y en lengua vernácula a la cuestión de la lectura pública y privada de las Escrituras, y Musculus señala una serie de razones para la lectura pública: 1) la edificación general de los cristianos; 2) el mantenimiento de «la pureza de la doctrina pública» frente a los errores causados por la ignorancia; 3) la ayuda de otros que no saben leer y que, a menos que otros lean públicamente por ellos, podrían quedar excluidos de la luz de las Escrituras; 4) preparación y apoyo a la predicación piadosa; y 5) el establecimiento de una regla básica para la mente y el corazón más útil en un solo verso que un «sermón completo de un Doctor [que] pretende demostrar su saber y elocuencia más que instruir a la gente sencilla claramente en el conocimiento de Dios».[87] Musculus también recomienda la lectura privada de las Escrituras por las mismas razones: el cristiano individual necesita instrucción y apoyo constantes en la regulación de la vida y el camino de la salvación.[88] Tampoco, escribe, se debe impedir que los laicos lean las Escrituras, porque la verdad de las Escrituras con mayor seguridad los preservará de la herejía en vez de conducirlos a ella.[89] Esta lectura regular, pública y privada, de las Escrituras, afirma Musculus, es esa «lectura de las Sagradas Escrituras sin la cual toda la diligencia del Espíritu Santo dirigida a escribir la Palabra de Dios para el uso de los fieles es nula y sin propósito».[90]

Además, se obtiene un gran «beneficio» con la exposición correcta de las Escrituras. La Escritura transmite a los cristianos «la mente de Dios», en la medida en que es un registro de «los dichos de Dios» y de «las obras de la providencia de Dios», tanto en la creación como en el gobierno del mundo y en la promesa de bendiciones por venir antes del fin. De hecho, continúa Musculus, aquellos que en el pasado recibieron las revelaciones

---

[87] Musculus, *Commonplaces*, xxv (págs. 373, col. 1-374, col. 2).
[88] Musculus, *Commonplaces*, xxv (págs. 374, col. 2-375, col. 2).
[89] Musculus, *Commonplaces*, xxv (págs. 375, col. 2-379, col. 1).
[90] Musculus, *Commonplaces*, xxv (pág. 379, col. 2, margen).

de Dios y que ahora están muertos han conservado su conocimiento de las enseñanzas divinas en los escritos de las Escrituras, con el resultado de que,

> en lo que respecta a su doctrina, no están muertos ni se han apartado de nosotros, pero por medio de las Escrituras continúan hablando con nosotros tan verdadera y suficientemente... como antes hablaron con otros en la carne... escuchar sus escritos es escuchar a los escritores mismos... Por lo tanto, debemos estar agradecidos a las Sagradas Escrituras por el recuerdo continuo de las obras de Dios y por la voz eterna que nos llega con los dichos de Dios.[91]

Bullinger, en una de las transiciones entre sermones en el *Decades*, de manera muy similar evidencia una preocupación por vincular la historia pasada de la Palabra con su uso actual:

> en el último sermón aprendiste cuál es la palabra de Dios; de donde vino; por quién fue revelada principalmente; qué aumento tuvo; y de qué dignidad y certeza es. Ahora... os declararé... a quién y con qué fin es revelada la Palabra de Dios; de qué manera debe ser escuchada; y cuál es la fuerza de la misma, o el efecto.[92]

Las Escrituras mismas nos dicen (1 Ti. 2:4) que Dios «quiere que todos los hombres sean salvos y vengan al conocimiento de la verdad». Así entendemos que la revelación de su Palabra fue para bien de toda la humanidad. De manera similar, Cristo (Mt. 28:19; Mr. 16:15) dijo a sus discípulos que enseñaran a todas las naciones y predicaran a todas las criaturas. Asimismo, a Pedro se le dio a entender (Hch. 10) que el mensaje no debía limitarse a los judíos. Bullinger concluye de estos ejemplos que «la palabra de Dios y las Sagradas Escrituras son reveladas a todos los hombres, a todas las edades, sexos, grados y estados, en todo el mundo».[93] Lo que es igualmente claro para Bullinger es que las Escrituras no deben simplemente leerse, sino que también deben exponerse e interpretarse. Esto, señala Bullinger, se desprende claramente del ejemplo de las Escrituras mismas, que no solo relata la entrega de la ley por parte de Dios a Moisés y a los israelitas, sino que también manifiesta la necesidad de la exposición de la ley en las palabras de los profetas: en sí mismo contiene la exposición de las Escrituras y deja claro, en esa exposición como en la historia de la desobediencia de Israel, la necesidad continua de exposición e interpretación.[94]

---

[91] Musculus, *Commonplaces*, xxv (pág. 380, cols. 1-2).
[92] Bullinger, *Decades*, I, ii (pág. 57).
[93] Bullinger, *Decades*, I, ii (pág. 58).
[94] Bullinger, *Decades*, I, ii (págs. 72-73, 80).

Por lo tanto, la totalidad de las Escrituras se da para la edificación de todos mediante una exposición correcta en la iglesia. De hecho, admitiendo la unidad histórica de la proclamación en la ley, los profetas y el evangelio, los cristianos deben prestar atención no solo al Nuevo Testamento sino también al Antiguo Testamento.[95] En ambos Testamentos, la Palabra de Dios exige una vida pura y obediente tanto a los ministros de la Palabra como a sus oyentes. Exige «creencia sincera» y deseo de vivir según sus preceptos; prohíbe la curiosidad excesiva, pero exige atención a «todas las cosas que son útiles para la salvación».[96] Quienes reciben la Palabra de Dios descubren que tiene

> una fuerza poderosa y un efecto maravilloso. Porque disipa la brumosa oscuridad de los errores, abre nuestros ojos, convierte e ilumina nuestras mentes y nos instruye de la manera más completa y absoluta en la verdad y la piedad.[97]

Sin embargo, no es cierto que todos los textos fueran recibidos como igualmente esclarecedores: ya hemos visto que reformadores como Lutero y Musculus hicieron distinciones dentro del canon de las Escrituras y claramente vieron ciertos libros —como 2 Pedro y Santiago— como menos que centrales en la proclamación del Evangelio. En el tratado de Bucer sobre las Escrituras y la predicación se encuentra una visión similar, en sintonía no con el problema del canon sino con la cuestión específica de la predicación y la interpretación.[98] Bucer no solo da prioridad a la predicación de los Evangelios, sino que considera la interpretación de los sinópticos como un prerrequisito necesario para la interpretación de Juan. Luego asume la prioridad de Romanos y Gálatas, pero sostiene que las epístolas más simples deben exponerse primero, a modo de introducción y preparación. La exposición de los Hechos, señala, debe seguir a la presentación de la historia del evangelio. Es significativo que omita por completo la mención de las epístolas no paulinas. Cuando aborda el Antiguo Testamento, recomienda extrema precaución al predicar sobre textos como el Cantar de los Cantares y los pasajes visionarios de Ezequiel y Zacarías.[99] Preocupaciones similares aparecen en las obras de los ortodoxos reformados a pesar de su comprensión más estricta y uniforme del canon y su autoridad.[100]

---

[95] Bullinger, *Decades*, I, ii (págs. 57-59; cf. págs. 72-73, 80).

[96] Bullinger, *Decades*, I, ii (pág. 65).

[97] Bullinger, *Decades*, I, ii (pág. 67).

[98] Martin Bucer, *Quomodo S. Literae pro Concionibus tractandae sint Instructio*, texto, con introd. y trad. por François Wendel y Pierre Scherding, en *Revue d'histoire et de philosophie religieuses*, 26 (1946), págs. 32-75; cf. la discusión de las opiniones de Lutero y Musculus sobre el canon de las Escrituras, arriba, 6.1 (B.1-2).

[99] Bucer, *Quomodo S. Literae pro Concionibus tractandae sint Instructio*, págs. 50-52.

[100] Poole, *Commentary*, arguments to the Song of Songs and Ezekiel (II, págs. 307-308, 662); Henry,

La Palabra de Dios debe ser «escuchada con gran reverencia» y con la debida atención a su contenido, «con continuas oraciones». Además, debe ser escuchada «sobriamente para nuestro beneficio, que por ello podemos llegar a ser mejores, para que Dios sea glorificado por nosotros». Esa audiencia no da a nadie licencia para buscar los consejos ocultos de Dios ni para ser «considerado hábil y experto en muchos asuntos»; más bien, una correcta escucha de la palabra, tanto por parte de los ministros como de los laicos, resulta en fe y salvación para la gloria de Dios y en una vida pura y obediente.[101]

2. Lectura y exposición: visiones de los ortodoxos reformados.

Enfoques similares al texto y la interpretación, junto con consejos sobre la relación de las Escrituras con la salvación, aparecen en todos los escritos de los protestantes ortodoxos, a pesar del cambio de género de la instrucción básica en la fe y la exposición en forma de sermón —como en los casos de las obras de Calvino y Bullinger— al sistema teológico técnico.[102] Rollock concluyó su discusión sobre las Escrituras examinando las cualidades de las traducciones antiguas y modernas y entrando en el debate sobre la lectura pública de las Escrituras y su uso por parte de los laicos: estaba a favor de traducir el texto, no consideraba ninguna traducción como un texto final autorizado, pero al mismo tiempo insistió en que la traducción, base de la lectura pública y privada, es esencial para la perpetuación de la fe cristiana y su preservación en el corazón de los creyentes.[103] Perkins enfatizó la necesidad de algún conocimiento básico de la salvación y artículos fundamentales de la fe para una interpretación correcta.[104] Mastricht podría enseñar la importancia de cultivar un «amor por la Palabra de Dios» y un patrón de meditación diaria en las Escrituras; de hecho, Mastricht analiza detalladamente la importancia de leer, escuchar, interpretar, recopilar y practicar las enseñanzas de las Escrituras.[105]

Exposition, introducción al Cantar de los Cantares y Ezequiel, in loc.; William Greenhill, *An Exposition of Ezekiel*, 5 vols. (London, 1665-67; reeditado en un solo volumen, Edinburgh: James Nichol, 1863), introducción (pág. 5) —todos señalando la prohibición judía de leer tales textos antes de los treinta años; nótese también a James Durham, *Clavis Cantici: A Key Useful for Opening up the Song*, en su *Exposition of the Song of Solomon* (London, 1669; reissued, 1840; repr. Edinburgh: Banner of Truth, 1982), en esta última edición, págs. 23-61.

[101] Bullinger, *Decades*, I, ii (pág. 64).

[102] Cf. Burman, *Synopsis theologiae*, I, iii, 10-12; Pictet, *Theol. chr.*, I, xvi, 1-3; Mastricht, *Theoretico-practica theol.*, I, ii, 45, 61-84.

[103] Rollock, *Treatise of Effectual Calling*, chs. XX-XXIII (págs. 127-160).

[104] Cf. Perkins, *The Arte of Prophecying, en Workes*, II, pág. 650, con ídem, *A Godly and Learned Exposition ... of Revelation and A Godly and Learned Exposition ... of Jude, en Workes*, III, págs. 214, 498.

[105] Mastricht, *Theoretico-practica theol.*, I, ii, 62, 69, 73.

Contra la afirmación de los «remistas» de que la traducción y lectura de las Escrituras no era necesaria y que sus esfuerzos dependían «de una consideración especial del tiempo presente» y de las necesidades de la iglesia, Cartwright había afirmado que «es absolutamente necesario que todos los hombres deberían utilizar todos los buenos medios y ayudas para conocer a Cristo más perfectamente» y que las Escrituras ciertamente pertenecían a la categoría de «medios y ayudas»: de hecho, «a esta meta de ascender al conocimiento de Cristo mediante la lectura, nuestro Santo Cristo eleva a sus oyentes, cuando quiere que escudriñen las Escrituras».[106] Aun así, el ejemplo (Hch. 17:11) de los bereanos indica la necesidad de leer las Escrituras para que los creyentes «por conferencia de las Escrituras» puedan «confirmarse en la fe en la que han entrado».[107]

Por lo tanto, es injusto que la iglesia de Roma oculte las Escrituras al pueblo y las lea públicamente solo en latín, que pocos entienden. Las Escrituras deben ser traducidas a la lengua vernácula y leídas por todos, a fin de que los mandamientos de Dios puedan ser conocidos y obedecidos. De hecho, argumenta Leigh, Dios pretendía que la gente leyera su Palabra, como lo atestigua el hecho de que estaba escrita: «las Epístolas de los Romanos, Corintios, Gálatas y Efesios fueron escritas para el pueblo, por lo tanto, para que ellas las leyeran».[108] Además, los padres de la Iglesia, a quienes los católicos romanos conceden tanta autoridad, reconocieron que la lectura de las Escrituras aporta gran provecho; de hecho, los padres, por consentimiento unánime, instan a los creyentes a estudiar cuidadosamente las Escrituras. Jerónimo, el traductor de la Vulgata, y Agustín señalaron que las Escrituras no solo deben escucharse, sino también leerse y estudiarse para consuelo y edificación.[109] Como evidencia de esta recomendación patrística de las Escrituras para todos, Leigh señala la traducción temprana de las Escrituras no solo al latín sino también al siríaco, árabe y etíope, para uso del pueblo.[110] Aun así, la mera lectura y comprensión no completan la relación o, de hecho, el deber de los cristianos hacia las Escrituras. Al leer y comprender, los cristianos deben «dar gracias a Dios por el correcto entendimiento y orarle para que imprima el verdadero conocimiento de ello en [sus] corazones». Más allá de esto, los creyentes deben meditar en el conocimiento de Dios tal como lo transmiten las Escrituras y luego, finalmente, aplicar «los preceptos y ejemplos de la Ley para instruir [su]

---

[106] Cartwright, *Confutation of the Rhemists*, fol. B2r, citando Jn. 5:39.

[107] Cartwright, *Confutation of the Rhemists*, fol. B2r.

[108] Leigh, *Treatise*, I, ii (pág. 33); cf. Cartwright, *Confutation of the Rhemists*, fol. B2r; Amyraut et al., *Syntagma thesium theologicarum*, I, ix, 34.

[109] Cartwright, *Confutation of the Rhemists*, fol. B2v, citando a Jerónimo, *In Eccles.*, x, y Agustín, *In Psalm.*, 33.2.

[110] Leigh, *Treatise*, I, ii (págs. 34-35).

vida, las promesas y consuelos del Evangelio para confirmar [su] fe».[111] Rijssen sostiene de manera similar que «las Escrituras deben leerse… 1. con atención y comprensión (Mt. 24:15); 2. en fe (He. 4:2); 3. en buen orden (Col. 2:5); 4. durante toda la vida (Dt. 17:19); 5. fervientemente (He. 2:1); y 6. con obediencia (1 Ts. 2:13)».[112]

Contra las objeciones romanas de que la lectura de las Escrituras vernáculas es perjudicial para la vida y la enseñanza de la iglesia y que dicha lectura apenas es necesaria para la salvación, los reformados responden que el problema del abuso de ninguna manera socava el mandato de Dios de leer y estudiar el Escrituras. Por supuesto, tal lectura no es necesaria para la salvación: los niños bautizados se consideran salvos, al igual que aquellos que solo oyen y no leen. Sin embargo, se ordena la lectura de las Escrituras a aquellos que pueden, con el fin de fortalecerlos en su fe y protegerlos contra los enemigos de Dios.[113] Es más, la afirmación romana de que la lectura de las Escrituras por parte de los laicos engendra herejía no da en el blanco en la medida en que la herejía no se basa en la lectura *per se*, sino en una lectura errónea, y la lectura cuidadosa, informada y reverente de las Escrituras preservar a los fieles de los errores de los herejes. En cuanto al argumento de que «las cosas santas no se dan a los perros», se desprende bastante claro del texto (Mt. 7:6) que Cristo no se refiere aquí a la lectura de las Escrituras y no tiene la intención de designar a los hijos de Dios como perros; más bien quiere decir que los símbolos de la gracia divina no deben darse a los infieles.[114]

La insistencia protestante en la disponibilidad de las Escrituras para todos no solo provocó una respuesta categórica de los católicos romanos, basándose en que el acceso de los laicos a las Escrituras en lengua vernácula era causa de herejía, sino que también creó un problema eclesiástico interno al protestantismo sobre el derecho y la autoridad de exponer las Escrituras en público para la edificación de la iglesia. Particularmente en vista de la enseñanza protestante sobre el sacerdocio de todos los creyentes y en vista de hasta qué punto esta enseñanza fue entendida como base para la acción de la Reforma Radical en su reinterpretación de la iglesia y la doctrina, tanto los propios reformadores como sus sucesores ortodoxos protestantes argumentaron una limitación del derecho y la autoridad de la exposición pública o eclesiástica incluso cuando insistieron en el derecho universal de acceso de todos los cristianos al texto de las Escrituras.

---

[111] Leigh, *Treatise*, I, ii (pág. 38).
[112] Rijssen, *Summa theol.*, II, xviii.
[113] Rijssen, *Summa theol.*, II, xvii; cf. Mastricht, *Theoretico-practica theol.*, I, ii, 45, 69-84.
[114] Rijssen, *Summa theol.*, II, xvii, controversia.

Heppe destaca, con cierta justicia, la *Synopsis purioris theologiae* como quizás la «discusión más penetrante» sobre la cuestión de la autoridad para exponer o interpretar las Escrituras.[115] Ahí está la *Synopsis* afirma, «un doble poder o autoridad (*potestas duplex*) de interpretación o juicio, ya sea público o privado: y ambos se basan en llamar (*vocatione*) y un don específico» para la tarea.[116] Ambos aspectos de esta autoridad y los dones que los sustentan están siempre subordinados «a la Palabra de Dios y al Espíritu Santo que habla en las Escrituras (*in Scriptura loquenti*)», con el resultado de que la interpretación fiel no distorsionará el significado de la Palabra bíblica, sino que formará sus juicios sobre la base y al servicio de las Escrituras.[117]

La autoridad privada para interpretar y juzgar el significado de las Escrituras en asuntos relacionados con la salvación pertenece a todos los fieles, a quienes se les dan dones de interpretación en una medida aceptable y que siguen diversos llamamientos. Tal autoridad para interpretar existe con el fin de confirmar la propia fe y para la edificación de otros en un espíritu de amor cristiano. Esta autoridad privada de interpretación, continúa la *Synopsis*, se basa en lo que el apóstol Pablo llama el derecho de juicio o discreción.[118] Sin embargo, ocurre que los fieles no reciben este don en igual medida —algunos son como adultos, otros como niños en sus capacidades: estos, al menos, deben confiar en Cristo y en la enseñanza de pastores correctamente nombrados, evitando al mismo tiempo aquellos que basan su enseñanza no en la palabra de Dios sino en el testimonio humano.[119]

«El derecho de interpretación pública de las Escrituras y de juzgar en público la verdad de la interpretación no pertenece a todos, sino solo a aquellos a quienes se les han dotado tanto los dones como el llamamiento para la tarea». El apóstol Pablo, además, identifica estos dones: el primero es el don de profecía o enseñanza, y el segundo (que, la *Synopsis* observa atentamente, está incluido en el primero) es el don de la discreción y de la prueba de espíritu.[120] Además, las Escrituras dan testimonio en muchos lugares de este llamado especial, de modo que no debemos dudar de la presencia de una interpretación sana, basada en la lectura y meditación diligentes de las Escrituras, en todas las épocas de la iglesia. Aunque sigue siendo cierto que toda enseñanza debe medirse con la Palabra bíblica misma

---

[115] Heppe, *Reformed Dogmatics*, pág. 35.

[116] *Synopsis purioris theologiae*, V, xxviii.

[117] *Synopsis purioris theologiae*, V, xxxvi.

[118] *Synopsis purioris theologiae*, V, xix-xx, citando 1 Co. 2:15.

[119] *Synopsis purioris theologiae*, V, xxxi.

[120] *Synopsis purioris theologiae*, V, xxxii-xxxiv, citando Ro. 12:6 y 1 Co. 14:3; Amyraut et al., *Syntagma thesium theologicarum*, I, ix. 39.

y el testimonio del Espíritu en y a través de las Escrituras, y que los falsos maestros que distorsionan la Palabra deben ser rechazados sobre la base del derecho cristiano de discernir y juzgar el espíritu de los maestros y sus palabras.[121] La autoridad, por tanto, siempre se mide por la veracidad de la interpretación.

7.3 Los «diversos sentidos» y la unidad de las Escrituras

A. El «sentido literal» de las Escrituras y su amplitud de significado, desde la Reforma hasta la ortodoxia

1. Los reformadores y el *sensus literalis*.

La Reforma y su aliado en algún momento, el humanismo renacentista, trajeron nuevas herramientas y nuevas actitudes al estudio del texto de las Escrituras. Los patrones cambiantes de la hermenéutica característicos de los siglos XV y XVI, la concentración en los textos hebreo y griego y el énfasis en un significado único, surgido del estudio de la gramática y la sintaxis de las lenguas originales, alimentaron los fuegos de la Reforma —particularmente su crítica de doctrinas que se basaban en una interpretación problemática de la Vulgata o en los significados alegóricos, tropológicos y anagógicos del texto. Además, la concentración en los idiomas originales del texto creó una división más pronunciada entre el Antiguo Testamento canónico y los apócrifos que la que se había experimentado cuando la Vulgata funcionaba como fundamento principal de la exégesis. Sin embargo, a medida que la Reforma progresó, de la rebelión y la crítica a la iglesia institucional y la ortodoxia confesional, sus teólogos se vieron obligados, tanto por la polémica católica romana como por el peso de la formulación teológica positiva, a abordar el problema del movimiento interpretativo desde la exégesis a la doctrina y la predicación. La exégesis medieval ya no era posible ni deseable dado el estado de la hermenéutica y de la doctrina protestante —pero la cuestión de la lectura espiritual y eclesiástica del texto de las Escrituras permaneció, de hecho, cobraba mayor importancia, en vista de la creciente distancia entre el texto, ahora en hebreo y griego en lugar del latín eclesiástico, y las complejas fórmulas doctrinales del sistema teológico tradicional. Mientras que los reformadores rechazaron la *quadriga* y muchos de los resultados de la exégesis medieval, no rechazaron recursos hermenéuticos como el movimiento desde la promesa o la sombra en el Antiguo Testamento hasta el cumplimiento o la realidad en el Nuevo

---
[121] *Synopsis purioris theologiae*, V, xxxv-vi.

Testamento, ni dejaron de lado una comprensión tipológica de la relación del Antiguo con el Nuevo Pacto.[122]

Es importante reconocer la continuidad de esta lucha con el desarrollo de la Baja Edad Media y la Reforma. A partir de Nicholas de Lyra hubo, al menos por parte de muchos exégetas, un movimiento que se alejó de la *quadriga* hacia un método más controlado gramaticalmente. Este movimiento fue lento y plagado de dificultades, entre ellas la determinación precisa de lo que era «literal». Un ejemplo de ello es la hermenéutica del humanista francés Jacques Lefèvre d'Étaples, argumentada en su *Quincuplex Psalterium* de 1509. Lefèvre definió el «sentido literal» como la representación de «la intención del profeta y del Espíritu Santo que habla en él» o como el sentido «que concuerda con el Espíritu y que el Espíritu Santo manifiesta».[123] Según esta definición, Lefèvre podría argumentar que el significado *literal* del Salterio es «Cristo el Señor», como lo deja claro la interpretación apostólica de los Salmos 1, 2, 17, 18 y 20.[124]

El problema al que se enfrentó Lefèvre (que es, en pocas palabras, el problema de encontrar el significado eclesiástico y doctrinal de un antiguo texto israelita y al mismo tiempo afirmar un significado literal único) no se limitó a la exégesis humanista y de la Baja Edad Media. Es un problema central en la exégesis de los reformadores. Como Lefèvre, Martín Lutero volvió a las lenguas originales, y también como Lefèvre, Lutero encontró a Cristo en los Salmos. De hecho, Lutero no tuvo dificultad en afirmar que el Salterio debe interpretarse en términos del cumplimiento de la profecía del Nuevo Testamento y que, por lo tanto, el discurso de Cristo en el Nuevo Testamento estableció a Cristo definitivamente como el orador del Salterio.[125] Incluso en sus últimos años, Lutero mantuvo este énfasis en una lectura cristológica del Antiguo Testamento y, además, conservó una poderosa afinidad por la lectura tropológica del texto, como se atestigua a lo largo de sus conferencias sobre el Génesis.[126]

---

[122] Cf. Muller, "Hermeneutic of Promise and Fulfillment," págs. 70-81 con Bornkamm, *Luther and the Old Testament*, págs. 89-114, y tenga en cuenta los estudios de Erwin R. Gane, "The Exegetical Methods of Some Sixteenth-Century Anglican Preachers: Latimer, Jewel, Hooker, and Andrews," en *Andrews University Seminary Studies*, 17 (1979), págs. 23-38, 169-188; "The Exegetical Methods of Some Sixteenth-Century Puritan Preachers: Hooper, Cartwright, and Perkins," en *Andrews University Seminary Studies* 19 (1981), págs. 21-36, 99-114; "The Exegetical Methods of Some Sixteenth-Century Roman Catholic Preachers: Fisher, Peryn, Bonner, and Watson," en *Andrews University Seminary Studies*, 23 (1985), págs. 161-180, 259-275.

[123] Lefèvre d'Étaples, *Quincuplex Psalterium*, prefacio, como es citado en Preus, *From Shadow to Promise*, pág. 137 y pág. 139, nota 22.

[124] Preus, *From Shadow to Promise*, pág. 141.

[125] Preus, *From Shadow to Promise*, pág. 143-144.

[126] Cf. Luther, *Lectures on Genesis*, en *LW*, vols. 1-8, y observe por ejemplo, 13:2, donde la riqueza de Abraham es un consuelo para todos los «exiliados y extranjeros» (*LW*, 2, pág. 325), seguida de conclusiones morales extraídas para los monjes (págs. 328-329); 13:8-9, donde evitar los conflictos

En las obras exegéticas de Calvino encontramos un mayor énfasis en el significado literal y gramatical e incluso en una lectura genuinamente histórica del Antiguo Testamento, al menos en términos de la falta de voluntad de Calvino para hacer una exégesis cristológica. Los exégetas luteranos de la época consideraban que las interpretaciones de Calvino del Antiguo Testamento eran «judaizantes».[127] No obstante, las interpretaciones de Calvino evidencian una dificultad continua con el «sentido literal» y con la identificación precisa de lo que de hecho es «literal».[128] Admitiendo que el Nuevo Testamento sea entendido como el cumplimiento de las promesas del Antiguo Testamento y, por tanto, como una declaración final del significado de la profecía, hay poca dificultad en aceptar las afirmaciones de Calvino de que su exégesis es literal y gramatical con referencia a sus comentarios sobre los evangelios y las epístolas. Seguramente hay mucha interpretación teológica en los comentarios de Calvino sobre el Nuevo Testamento, pero prácticamente nada que pueda considerarse alegórico. Sin embargo, en sus comentarios y conferencias sobre el Antiguo Testamento, a pesar de su renuencia a cristologizar el texto, Calvino pone lo que, desde una perspectiva moderna y «crítica», parece ser una tensión considerable en la «letra» y la gramática del texto: las profecías del Reino, por ejemplo, pueden referirse igualmente tanto al restablecimiento de Israel posexílico, como a la introducción del Reino por Cristo en la predicación del Nuevo Testamento, al establecimiento del verdadero cristianismo en Ginebra y a la consumación del reino de Dios en el juicio final.[129]

Aun así, incluso en estos ejemplos, la interpretación permanece dentro de lo que Calvino podría identificar como un sentido literal del texto. A menudo se cita a Calvino como un oponente bastante acérrimo del alegorismo medieval sobre la base de su ataque a la exégesis origenista en sus comentarios sobre Gá. 4:22:

> como el apóstol declara que estas cosas son *alegorizadas*, Orígenes, y muchos otros junto con él, han aprovechado la ocasión para torturar

---

se convierte en una amplia amonestación para los cristianos piadosos (págs. 337-339); 23:1-2, donde se identifica la vida de Sara como escrita para la edificación de los padres y las madres (*LW*, 4, págs. 189-191); y 35:1, donde el dolor de Jacob es un ejemplo de angustia y consuelo para la iglesia (*LW*, 6, págs. 221-226).

[127] Thus, Aegidius Hunnius, *Calvinus Judaizans, hoc est judaicae glossae et corruptelae, quibus J. Calvinus scriptura sacra loca, testimonia de gloriosa trinitate* (Wittenberg, 1593); sobre el literalismo de Calvino, véase David L. Puckett, *John Calvin's Exegesis of the Old Testament* (Louisville: Westminster John Knox Press, 1995).

[128] See Childs, "The *Sensus Literalis* of Scripture," págs. 80-93.

[129] Cf. Muller, "Hermeneutic of Promise and Fulfillment," págs. 68-82; y nótese la discusión sobre la hermenéutica protestante en general en Joseph Lecler, "Littéralisme biblique et typologie au XVIe siècle: l'Ancien Testament dans les controverses protestantes sur la liberté religieuse," en *Recherches de Science Religieuse*, 51 (1953), págs. 76-95.

la Escritura, de todas las maneras posibles, lejos del verdadero sentido. Concluyeron que el sentido literal es demasiado mezquino y pobre, y que, bajo la corteza exterior de la letra, se esconden misterios más profundos, que no pueden extraerse sino a golpe de alegorías. Y esto no tuvieron dificultad en lograrlo; porque las especulaciones que parecen ingeniosas siempre han sido preferidas, y siempre serán preferidas, por el mundo a la doctrina sólida.[130]

Luego, Calvino aplica indirectamente esta crítica del alegorismo a la exégesis medieval y continúa encontrando objeciones, como la afirmación de que «las Escrituras... son fértiles y, por lo tanto, producen una variedad de significados». «Lo reconozco», responde,

> que la Escritura es la fuente más rica e inagotable de toda sabiduría; pero niego que su fertilidad consista en los diversos significados que cualquier hombre, a su gusto, puede asignar. Sepamos, entonces, que el verdadero significado de las Escrituras es el significado natural y obvio; aceptémoslo y respetémoslo resueltamente.[131]

Si uno dejara de examinar el argumento de Calvino en este punto, parecería ser un firme oponente de toda alegoría y un estricto defensor de un sentido literal bastante estricto —y de hecho lo es, si se reconoce que el sentido literal de un texto puede ser en sí mismo una alegoría o incluso ¡una anagogía!

> Pero ¿qué respuesta daremos a la afirmación de Pablo de que estas cosas *son alegóricas*? Pablo ciertamente no quiere decir que Moisés escribió la historia con el propósito de convertirla en una alegoría, sino que señala de qué manera se puede hacer la historia para responder al tema presente. Esto se hace observando una representación figurativa de la Iglesia allí delineada. Y una interpretación mística de este tipo (ἀναγωγή) no era inconsistente con el significado verdadero y literal, cuando se hizo una comparación entre la Iglesia y la familia de Abraham. Como la casa de Abraham era entonces una verdadera Iglesia, no hay duda de que los acontecimientos principales y más memorables que sucedieron en ella son de muchos tipos para nosotros. Como en la circuncisión, en los sacrificios, en todo el sacerdocio levítico, había una alegoría, como hay una alegoría hoy en día en nuestros sacramentos, así también la había en la casa de Abraham; pero esto no implica una desviación del significado literal. En una palabra, Pablo aduce que la historia contiene una representación figurativa de los dos pactos en

---

[130] Calvino, *Commentary on Galatians*, 4:22, in loc. (*CTS Galatians*, pág. 135).

[131] Calvino, *Commentary on Galatians*, 4:22, in loc. (*CTS Galatians*, pág. 135).

las dos esposas de Abraham, y de las dos naciones en sus dos hijos. Y Crisóstomo, de hecho, reconoce que la palabra *alegoría* señala que la presente solicitud es (κατάχρησις) diferente del significado natural; lo cual es perfectamente cierto.[132]

Calvino encuentra alegorías e incluso ejemplos de anagogía en las Escrituras, particularmente en el Antiguo Testamento. Ciertamente también encontró un sentido moral o tropológico en el texto. Se opuso enérgicamente a la *importación* de alegorías inventadas, pero también enseñó la interpretación cuidadosa de las alegorías incrustadas en el texto como su sentido literal, un sentido literal diferente del «significado natural» de las palabras cuando no se toman como una alegoría o una anagogía.

2. El problema de la «letra» en la era de la ortodoxia.

Este reconocimiento de un cierto grado de amplitud en el sentido literal del texto se trasladó a la ortodoxia protestante —y el debate sobre la naturaleza del sentido literal siguió siendo un aspecto del movimiento de la hermenéutica desde la era del Renacimiento y la Reforma hasta los inicios de la exégesis crítica moderna en el siglo XVIII. Los protestantes ortodoxos abordaron desde el principio el problema de los diversos sentidos de las Escrituras con miras a mostrar las raíces de la sana doctrina en un sentido literal ampliamente definido y a manifestar la fuente de los abusos y errores católicos romanos en un enfoque alegórico de las Escrituras. La *Disputation* de Whitaker refleja tanto la visión protestante de la *quadriga* como fuente y justificación del error, como el continuo debate sobre la naturaleza del sentido literal. «Concedemos», escribe,

> cosas como la alegoría, la anagogía y la tropología en las Escrituras; pero mientras tanto negamos que haya muchos y diversos sentidos. Afirmamos que hay un solo sentido verdadero, propio y genuino de las Escrituras, que surge de las palabras correctamente entendidas, al que llamamos literal: y sostenemos que las alegorías, tropologías y anagogías no son varios sentidos, sino varias colecciones de un mismo sentido, o varias aplicaciones y adaptaciones de ese significado.[133]

«Varias colecciones» y «diversos sentidos» en un texto, pero solo cuando surgen directamente del significado gramatical literal del texto: hay un

---

[132] Calvino, *Commentary on Galatians*, 4:22, in loc. (*CTS Galatians*, pág. 136).

[133] Whitaker, *Disputation*, V.ii, pág. 404; cf. Hommius, *LXX Disputationes*, VI, iii; Maccovius, *Loci communes,* cap. vii (págs. 50-51); Bridge, *Scripture-Light*, págs. 48-49; y nótese Charles K. Cannon, "William Whitaker's *Disputatio de Sacra Scriptura*: A Sixteenth-Century Theory of Allegory," en *Huntington Library Quarterly*, 25 (1962), págs. 129-138; y Victor Harris, "Allegory to Analogy in the Interpretation of Scripture," en *Philological Quarterly*, 45 (1966), págs. 1-23.

sentido genuino, pero hay varias direcciones teológicas a las que apunta ese sentido, particularmente aquellas direcciones indicadas por el cumplimiento de la profecía o por figuras y tipos en el texto. Las palabras, insisten los ortodoxos, solo pueden tener un único sentido en un lugar determinado; de lo contrario, hay una ambigüedad de significado y la ambigüedad engendra errores en la interpretación.[134]

Al abordar este problema de los «diversos sentidos de las Escrituras», Leigh y otros ortodoxos argumentan una distinción básica entre el trabajo exegético primario relacionado con la traducción y el trabajo posterior de exposición: la «explicación» o «el descubrimiento del significado de cualquier lugar,… es más teológico, la otra (traducción) es más bien gramatical». Sin embargo, la explicación del significado de las Escrituras atiende de cerca a los problemas gramaticales y filológicos del texto como la única manera de obtener implicaciones teológicas:

> La Escritura tiene a menudo dos sentidos, uno de los cuales los últimos teólogos llaman literal, gramatical o histórico, y el otro místico o espiritual. El sentido de las Escrituras es el que Dios, el Autor de las Escrituras, en y por las Escrituras, da a los hombres para que conozcan y comprendan. La correcta exposición de las Escrituras consiste en dos cosas. 1. En dar el sentido correcto. 2. En una correcta aplicación del mismo, 1 Co. 14:3.[135]

Turretin rechaza de manera similar la cuádruple exégesis y afirma categóricamente que «la Sagrada Escritura tiene un solo sentido verdadero y genuino». Sin embargo, este sentido único puede ser «simple» o «compuesto», es decir, el sentido histórico del texto «que contiene la declaración de una sola cosa, ya sea un precepto, una doctrina o un acontecimiento histórico» o un «sentido mixto» como el que se encuentra en la profecía, donde parte del sentido reside en el tipo y parte en el antitipo.[136] Además, el sentido simple es doble: «propio y gramatical» o «figurado o tropológico». En el primer caso, el sentido literal lo indican las propias palabras; en el segundo reside en lo que significan las palabras. Sin embargo, en ningún caso hay más de un sentido del texto, porque estos varios niveles de significado pertenecen a la única intención del Espíritu.[137]

---

[134] Maccovius, *Loci communes,* cap. vii (págs. 50-51); cf. Pictet, *Theol. chr.*, I, xviii, 2; y observe la discusión de puntos de vista similares sobre la alegoría de Benjamin Keach en Harris, "Allegory to Analogy in the Interpretation of Scripture," pág. 11.

[135] Leigh, *Treatise,* I.ix (pág. 171), citando a Chamier, "*Literalis senus est is, quem Sp. Sanctus autor Scripturae intendit*"; cf. Pictet, *Theol. chr.*, I., xviii, 2; Maccovius, *Loci communes,* cap. vii (págs. 50-51).

[136] Turretin, *Inst. theol. elencticae,* II, xix, 2; cf. Weemse, *Christian Synagogue,* pág. 230.

[137] Turretin, *Inst. theol. elencticae,* II, xix, 2, 6; cf. cita de Glassius y la lectura bastante negativa de este material en Fullerton, *Prophecy and Authority,* págs. 173-182, y nótese, Donald R. Dickson, "The Complexities of Biblical Typology in the Seventeenth Century," en *Renaissance and Reformation /*

Es típico, por lo tanto, que los ortodoxos reformados insistan en un significado único, literal y gramatical del texto de las Escrituras y argumenten que ningún sentido alegórico, tropológico o anagógico extrapolado del texto puede jamás ser una base firme para la formulación teológica —no importa cuán edificante o espiritualmente vigorizante pueda parecer. Sin embargo, el carácter canónico de toda la Escritura y la suposición de que el canon, como tal, fue inspirado y la regla infalible de fe y práctica, condujo de nuevo al problema del significado espiritual de las Escrituras, según el cual toda la Biblia pertenecía a la iglesia para su edificación doctrinal y práctica. No se rechazaron los significados simbólicos, pero se aplicó estrictamente la antigua máxima escolástica, *theologia symbolica non est argumentativa*, incluso en la predicación:

> Que [las alegorías] se utilicen con moderación y sobriedad. Que no sean descabelladas, sino adecuadas al asunto que nos ocupa. Deben despacharse rápidamente. Deben usarse para la instrucción de la vida y no para probar ningún punto de fe.[138]

Los reformados hicieron una distinción estricta entre alegorías y figuras que eran intrínsecas al texto y por tanto a su sentido literal y alegorías impuestas desde fuera por el expositor imaginativo. Como señaló Keach, «la teología parabólica no es argumentativa: es decir, cualquier exposición o adaptación de ellas más allá de su alcance nativo, o donde la interpretación no está de acuerdo con la analogía de la fe, o donde es supersticiosamente arrebatada; esto es como "retorcerse la nariz hasta que sale sangre"».[139]

La identificación de alegorías u otras figuras como tropos o anagogías intrínsecas al texto era, por tanto, un aspecto fundamental del trabajo del exégeta. El contemporáneo ginebrino de Perkins, Jean Diodati, podría simplemente declarar que, en «el arte de exponer las Sagradas Escrituras», el primer o «definitivo» paso «da el sentido y el significado del Texto: a cuyo encabezado [los divinos] refieren el Literal, Tropológico o Moral, el Anagógico y el Alegórico».[140] Owen podría indicar que era característico del Antiguo Testamento hablar en alegorías y tipos que presagiaban el cumplimiento de las promesas de Dios en el Nuevo Testamento.[141] Keach distinguió dos tipos de alegoría en las Escrituras, la «simple» y la «alusiva», la primera basada en «cosas naturales» y moviéndose directamente de la

---

Renaissance et Réforme, n.s. 3 (1987), págs. 258-259.

[138] Perkins, *Arte of Prophesying*, en *Workes*, II, pág. 664; cf. Breward, "The Life and Theology of William Perkins," pág. 49, donde esta regla se considera erróneamente como una desviación de los modelos medievales.

[139] Keach, *Tropologia*, I.ii, Of Parables, 6 (pág. 240).

[140] Diodati, *Pious and Learned Annotations*, fol. A3, verso.

[141] John Owen, *To the Christian Reader*, en James Durham, *Exposition of the Song of Solomon*, pág. 19.

cosa al significado indicado por ella, la última basada en palabras o cosas que aluden a otras cosas o eventos y por lo tanto presionan indirectamente hacia un significado inferido. El protoevangelio de Gn. 3:15 es un ejemplo del primero, porque en sus referencias a la serpiente, la mujer, su simiente y su simiente, habla de la futura redención del mundo —en opinión de Keach, la serpiente representa al Diablo, ya sea por metonimia o metáfora; la mujer indicando, por sinécdoque, a toda la humanidad; la semilla de la serpiente que identifica, por metáfora, «toda la poderosa tropa de demonios y hombres malvados»; y la simiente de la mujer, por metonimia y «a modo de eminencia», el Mesías. Keach encuentra la alegoría alusiva en el Sal. 11:6, donde el versículo, «Sobre los impíos hará llover trampas, o brasas, fuego y azufre, y espíritu de terror», se presenta como «una descripción alegórica de la gravedad de su castigo, en alusión a la destrucción de Sodoma».[142]

Claramente, los elementos de la *quadriga* medieval no habían desaparecido por completo; en cambio, fueron reubicados por los exégetas ortodoxos reformados en el sentido literal. Después de todo, el paso del texto a la declaración contemporánea, incluso sin la dificultad casi insuperable del enfoque histórico-crítico moderno de la situación vital original de una perícopa, requirió un medio para cerrar la brecha histórica o narrativa entre los tiempos antiguos y la Europa de la época de la Reforma. El medio para cerrar esa brecha fue un acercamiento a la lectura literal del texto que reconociera dentro y en profunda relación con la letra controlada gramaticalmente los «diversos sentidos» del texto.[143] Este es un punto, no de formulación fácil o rígida, sino de lucha hermenéutica y tensión teológica en el sistema protestante ortodoxo; fue una era, no de rigidez del método sino de su desarrollo, no de tratamiento monolítico del texto sino de una diversidad de estilos, unificados por el nuevo dominio de las lenguas antiguas, el impulso hacia los textos originales y el dominio del análisis retórico, todos los cuales tenían sus raíces en el Renacimiento y la Reforma.

En estas definiciones aparecen dos elementos importantes de la hermenéutica ortodoxa. En primer lugar, esta máxima, «el sentido de las Escrituras es aquel que Dios, el Autor de las Escrituras, en y por las Escrituras, da a los hombres a conocer y comprender», es una declaración mesurada de la regla *Scriptura sui interpres* junto con su fundamento subyacente. La Escritura se interpreta a sí misma y necesariamente debe dar su propio significado, ya que allí y solo allí habla Dios, su Autor. Sin embargo, en esta declaración se deja una abertura para varios tipos y figuras, sobre la base de que fueron pensados por Dios y pueden identificarse desde el contexto más amplio de significado en la historia sagrada. La *quadriga*,

---

[142] Keach, *Tropologia*, I, I, 22 (págs. 192-193, 195).

[143] Cf. Leigh, *Treatise*, I, ix, págs. 171-175.

entendida como un modelo impuesto por el exégeta, ha desaparecido —y la letra ha triunfado, pero es la letra del sentido más amplio del texto, tal como Tomás de Aquino había indicado siglos antes. En segundo lugar, la hermenéutica ortodoxa no permite ninguna brecha entre el «sentido correcto» y la «aplicación correcta» del texto: el significado gramatical y significado *pro nobis* no pueden divorciarse, la razón es que, en el texto, no hay una voz pasada de Dios hablándole al pasado, sino la *viva vox Dei* que se dirige al presente.

La suposición de que cada texto de las Escrituras tiene un solo significado se relaciona directamente con la doctrina protestante ortodoxa de la claridad y la luz evidente del texto. Si se debe considerar que las Escrituras son evidentes y autentificadas por sí mismas (es decir, que no necesitan la autoridad de la iglesia o del Papa para garantizar su significado), entonces su significado debe ser claro y fácilmente disponible. Esto solo podría ser así si hubiera «solo un significado para cada lugar de las Escrituras».[144] Ames establece con bastante fuerza la conexión entre claridad y unidad de significado: «De lo contrario, el significado de las Escrituras no solo sería confuso e incierto, sino que no tendría significado alguno —porque cualquier cosa que no signifique algo seguramente no significa nada».[145] «El sentido literal», continúa Leigh

> es lo que lleva la letra misma o las palabras tomadas en su significado genuino. Y como el significado genuino de las palabras es aquel en que el Autor las usa, ya sea hablando propiamente o en sentido figurado, por eso el sentido literal se divide en llano y simple, y figurado que surge de las palabras traducidas de su significado natural a otro, como donde Cristo dice Jn. 10:16: *Tengo otras ovejas que no son de este redil*; con lo cual se entiende otros pueblos además de los judíos.[146]

Después de todo, el punto central de Leigh no está muy lejos de la definición de Tomás de Aquino: «el sentido literal es lo que el autor pretende, y el autor de las Escrituras es Dios».[147]

Esta definición se aplica incluso al Cantar de los Cantares, del que se puede decir que tiene un sentido literal más «mediato» que «inmediato», en la medida en que su significado surge «no inmediatamente de las palabras, sino mediatamente del alcance, es decir, de la intención del Espíritu, que

---

[144] Ames, *Marrow*, I, xxxiv, 2; cf. Maccovius, *Loci communes*, cap. vii (pág. 50).

[145] Ames, *Marrow*, I, xxxiv, 2

[146] Leigh, *Treatise*, I, ix (págs. 171-172), citando a Sixtus Amama, «*Est ille literalis sensus qui proxime per ipsa verba sive propria sive figurata sunt, significatur, vel ut Glassius, quem intendit proxime Spiritus Sanctus*».

[147] Aquinas, *Summa theologiae*, Ia, q.1, a.10; y cf. la discusión arriba, 1.2.

se expresa bajo las figuras y alegorías… [y]… se reúne a partir de todas las expresiones complejas juntas». Hay, por tanto, un «doble sentido literal de la Escritura», primero «propio e inmediato» como en la afirmación de que «Salomón se casó con la hija de Faraón»; el segundo «figurado y mediato» como en Mt. 22:2 donde el texto dice, «un rey que hizo fiesta de bodas a su hijo», donde el texto es parte de una parábola: la primera declaración se «cumple» en el mismo Salomón, la segunda en el «llamado de los judíos y gentiles a la comunión» con el Hijo de Dios.[148] Aun así, el «sentido místico o espiritual» del texto también debe estar firmemente fundamentado en la lectura literal: «El sentido místico o espiritual es aquel en el que la cosa expresada en el sentido literal significa otra cosa en un misterio, por la sombra del cual fue usado por Dios». Como ejemplo, Leigh afirma: «las aguas del Diluvio, con las que se sostuvo el arca, significaron el bautismo, por el cual la iglesia es salva bajo el Nuevo Pacto».[149] Esto lleva a la máxima: «No la letra», en el sentido del texto desnudo, entendido gramaticalmente al margen de cuestiones de alcance, «pero el sentido y significado correcto de las Escrituras es la Palabra de Dios».[150] Por extensión, entonces, la Escritura realmente tiene un solo sentido: «*Verus sensus Scripturae S. est unicus, qui cum mente Spiritus S., circumstantiis loci, & analogia fidei convenit*».[151]

B. Contra Roma: La unidad del verdadero sentido de las Escrituras en sus figuras retóricas

1. El sentido literal como, potencialmente, figura.

Las definiciones del sentido literal único del texto ofrecidas por los ortodoxos reformados, por lo tanto, se niegan a ubicar el significado literal del texto en una lectura gramatical reduccionista que no toma en cuenta las figuras retóricas en el texto mismo o que atomiza el texto en de tal manera que no se toman en consideración el contexto más amplio o las «circunstancias» del lugar, la analogía más amplia de la fe y la autoría divina. Estas definiciones llevan a los ortodoxos a una controversia con «los papistas» que insisten en restringir de tal manera el sentido literal que es necesario injertar en el texto otros significados —a saber, múltiples significados «literales» o los significados asociados con la *quadriga*. Los «papistas»

> dicen que el sentido literal es el que se desprende inmediatamente de las palabras, el espiritual que tiene otra referencia que lo que

---

[148] Durham, *Clavis Cantici*, pág. 28.

[149] Leigh, *Treatise*, I, xi (pág. 172); cf. Dickson, "Complexities of Biblical Typology," págs. 253-272.

[150] Leigh, *Treatise*, I, xi (pág. 172, margen).

[151] Rijssen, *Summa*, II, xxiii; cf. Weemse, *Christian Synagogue*, pág. 229.

las palabras propiamente significan. Este último lo dividen en Alegórico, Tropológico, Anagógico; Dicen que las Escrituras además del sentido literal, también pueden tener estos.[152]

Después de definir el triple sentido espiritual y, en algunos casos, citar la definición de rima medieval,[153] los reformados pasan a la crítica: hay tres errores en el patrón de interpretación romano: primero, en la definición del sentido literal como «aquello que las palabras presentan inmediatamente», que frecuentemente en el Antiguo Testamento ignora el significado principalmente figurativo de las palabras; segundo, en la afirmación de que puede haber varios sentidos literales de un texto; y tercero, en la «división del sentido místico en Alegórico, Tropológico y Anagógico».[154]

A la primera afirmación, que el sentido literal es el que las palabras proporcionan directa o inmediatamente por sí mismas, la respuesta ortodoxa reformada es que la definición es falsa y, de hecho, que la definición falsa se convierte en una excusa para desarrollar alegorías a partir de textos que parecen, en sí mismos, carecer de sentido o ser absurdos. Por ejemplo, la declaración profética del Sal. 91:13: «Sobre la víbora y el basilisco andarás; ¿Hollarás al león y al dragón?» o no tiene ningún sentido literal, o el sentido literal del texto es algo distinto del que las palabras proporcionan inmediatamente, en la medida en que Cristo, a quien en última instancia se refiere el texto, nunca pisoteó víboras, basiliscos, leones o dragones. O, nuevamente, el mandato de Cristo en Mt. 5:29-30, «Si tu ojo derecho te es ocasión de caer, sácalo; si tu mano derecha te es ocasión de caer, córtala», es absurdo tomado literalmente en términos del significado superficial de las palabras mismas. Sin embargo, no hay razón para alegorizar el texto para darle significado. Más bien, el exégeta debe reconocer que «el sentido literal no es el que las palabras sugieren inmediatamente... sino el que surge de las palabras mismas, ya sea que se tomen en sentido estricto o figurado».[155] En el caso del pasaje de Mateo, el significado *literal* del texto es *figurado*. Si la afirmación de Bellarmine de que el sentido literal debe ser el significado inmediato de las palabras fuera correcta (a diferencia de esta definición alternativa), entonces habría pasajes absurdos o sin sentido en las Escrituras, ¡una conclusión que ni siquiera Bellarmine permitiría![156]

---

[152] Leigh, *Treatise*, I, iv (pág. 172); también Rijssen, *Summa*, II, xxiii, controversia: «*An omni in loco sint quatuor diversi sensus; literalis, allegoricus, anagogicus, tropologicus? Neg. cont. Pontif*».

[153] Turretin, *Inst. theol. elencticae*, II, xix, 1; Leigh, *Treatise*, I, iv (pág. 172, margen): «*Litera gesta docet, quid credas allegoria; Moralis quid agas, quo tendas anagogia*». Leigh también señala la asociación de los tres sentidos espirituales con las tres virtudes cristianas: *allegoria—fides—credenda/tropologica—charitas—agenda/anagogica—spes—speranda* (cf. págs. 172-173).

[154] Leigh, *Treatise*, I, ix (pág. 173); Whitaker, *Disputation*, V, ii (págs. 403-406).

[155] Whitaker, *Disputation*, V, ii (págs. 404-405).

[156] Whitaker, *Disputation*, V, ii (pág. 404).

2. El sentido literal unitario, incluyendo figuras en el texto.

Dado que el sentido literal de un texto puede de hecho ser figurativo, también debe dejarse de lado la afirmación romana de que puede haber más de un sentido literal:

> Sostenemos que solo hay un sentido verdadero, apropiado y genuino de las Escrituras, a saber, el literal o gramatical, ya sea que surja de las palabras correctamente tomadas, o entendidas en sentido figurado, o ambas. Que haya diversos sentidos literales de un mismo lugar va en contra de la verdad, el Texto y la razón... El sentido literal puede entonces ser uno solo en un solo lugar, aunque un hombre pueda sacar diversas consecuencias, *à contrariis, à similibus*.[157]

Una vez más, el principio ofrecido en el argumento contra la alegorización se parece casi tanto a la insistencia de Tomás de Aquino en la *univocidad* del sentido literal como a la insistencia de los reformadores en la exégesis literal-gramatical.[158] Aquino había reconocido la imposibilidad de sacar conclusiones teológicas del texto si su significado era equívoco —y la escolástica protestante con su doctrina de *sola Scriptura* y su concomitante rechazo de la tradición y del *magisterium* eclesiástico como normas equivalentes de doctrina, tenían una necesidad del principio aún más que Aquino.[159] Los protestantes ortodoxos no rechazan por completo las interpretaciones alegóricas, tropológicas y anagógicas del texto: existen como aplicaciones válidas o conclusiones extraídas del sentido literal.

> Así que, concluimos que no se trata de sentidos diversos, sino de un sentido aplicado de forma diversa. El sentido literal es el único sentido del lugar, porque solo a partir de ese sentido se puede formular un argumento... Es manifiesto que siempre es el sentido del Espíritu Santo, que se extrae de las mismas palabras.[160]

Así, hay alegorías en el texto, según la intención del Espíritu, pero deben excluirse las alegorías de invención humana, traídas al texto desde fuera.[161]

Citando el dicho escolástico medieval, Leigh señala a favor del sentido literal como fundamento de todo significado, «*theologia symbolica non est argumentativa*».[162] Esta máxima, por supuesto, se aplica solo a las alegorías

---

[157] Leigh, *Treatise*, I, ix (págs. 173-174).

[158] Cf. Aquinas, *Summa theologiae*, Ia, q.1, a.10; con Van der Ploeg, "The Place of Holy Scripture in the Theology of St. Thomas," pág. 415.

[159] Aquinas, *Summa theologiae*, Ia, q.1, a.10; cf. Van der Ploeg, "The Place of Holy Scripture in the Theology of St. Thomas," págs. 416-417.

[160] Leigh, *Treatise*, I, ix (págs. 174-175); cf. Whitaker, *Disputation*, V, ii (pág. 406); Turretin, *Inst. theol. elencticae*, II, xix, 6.

[161] Turretin, *Inst. theol. elencticae*, II, xix, 7.

[162] Leigh, *Treatise*, pág. 175.

humanas y no a las implicaciones parabólicas o espirituales del texto mismo, colocado de ese modo por la mano divina.[163] Por lo tanto, el *sensus mysticus* puede servir como base de doctrina, pero solo cuando es el sentido «ofrecido por el Espíritu Santo por medio de los escritores sagrados», a diferencia del sentido agregado, no inherente al texto, «empleado por los escritores eclesiásticos ya sea para ilustrar o para el deleite de la gracia [de Dios]». Mientras que el sentido eclesiástico no tiene ningún valor absolutamente normativo, el «sentido místico», tal como lo otorga el Espíritu, es normativo en cuanto es la interpretación de las figuras puestas en el texto por Dios.[164] Este sentido místico, sin embargo, siempre puede entenderse desde el contexto más amplio de las Escrituras, y no aparece en todos los textos: así lo sabemos por Jn. 3:14 que la serpiente en el desierto prefiguró a Cristo y de 1 Co. 10:1-4 que la columna de nube y el mar rojo eran signos del bautismo y que la comida y la bebida dadas a Israel en el desierto eran espirituales, prefigurando la Cena del Señor.[165]

Pictet también establece una regla a seguir cuando un texto de las Escrituras parece presentar un doble significado y tener un aspecto tanto literal como figurativo o místico en su significado previsto:

> en la interpretación de las Escrituras, no se deben buscar alegorías en todas partes... [nosotros] no debemos apartarnos apresuradamente del sentido literal, sino solo cuando es contrario a la analogía de la fe y ofrece un significado absurdo.[166]

De la misma manera, los significados figurativos o tipológicos deben ser indicados por el propio texto, particularmente los identificados a través de la *analogia scripturae* en referencias como la serpiente de bronce o el sumo sacerdote Melquisedec.[167] Así, más precisamente, el texto tiene un sentido único, «simple», que se basa en las palabras entendidas «correcta o incorrectamente». Las declaraciones superficialmente absurdas o las declaraciones que no pueden tomarse en su valor «literal» o nominal son a menudo cifras que necesitan interpretación, pero no obstante siguen siendo «simples» en su significado.[168]

Aun así, es una regla básica de interpretación que los sujetos y los predicados deben ser adecuados entre sí. En los casos en que un texto bíblico yuxtapone un sujeto con un predicado inadecuado, el intérprete

---

[163] Rijssen, *Summa*, II, xxiv.
[164] Rijssen, *Summa*, II, xxiv.
[165] Turretin, *Inst. theol. elencticae*, II, xix, 15.
[166] Pictet, *Theol chr.* I, xviii, 3; también Rijssen, *Summa*, II, xxv.
[167] Pictet, *Theol. chr.*, I, xviii, 3.
[168] Wyttenbach, *Tentamen theologiae dogmaticae*, II, §173.

debe investigar la manera en que se ha aplicado el predicado y, al prestar atención de cerca «a la naturaleza de la cosa» o sujeto, llegar a una mejor comprensión del texto: por lo tanto, las Escrituras a menudo atribuirán «miembros humanos a Dios» (como un rostro, una boca, brazos, manos y pies), o indicarán que Dios desciende, oye, ve, etc., aunque está claro que Dios, por naturaleza, no puede tener tales atributos. Debe entenderse que tales dichos contienen antropomorfismos o antropopatismos.[169] De hecho, comenta Wyttenbach, se dio un uso «oriental» a varios tipos de predicaciones impropias (*figura*), exageraciones literarias (*hyperbole*), y la atribución de características personales a objetos inanimados (*prosopopeia*), siendo un ejemplo de este último recurso «los cielos cuentan la gloria de Dios» (Sal. 19:1).[170]

3. El sentido místico y la letra.

El sentido místico de un texto, que pertenece a la lectura literal según el alcance y la dirección de toda la Escritura, no puede dividirse en una serie de sentidos distintos: esto sería una reversión a la *quadriga*. Hasta qué punto estas fórmulas relativas al sentido único de las Escrituras «diversamente aplicado» o que permiten «varias inferencias... aplicaciones y adaptaciones» o relativas al «sentido místico» son evidencias de la misma dificultad para identificar el *sensus literalis* que había enfrentado Lefèvre y Lutero apenas un siglo antes, queda claro en el momento en que examinamos ejemplos específicos de estas inferencias, adaptaciones o ejemplos del *sensus mysticus* y la *analogia fidei*. Whitaker puede argumentar, por ejemplo, que

> el sentido literal de las palabras, «La simiente de la mujer aplastará la cabeza de la serpiente», es este, que Cristo derrotará a Satanás, y quebrará y aplastará toda su fuerza y poder; aunque el diablo ni es serpiente, ni tiene cabeza.[171]

De hecho, contra los patrones romanos de alegorización, los reformados sostienen que hay dos tipos distintos de lecturas espirituales o alegóricas de un texto. Por un lado, algunas alegorías son invenciones del intérprete, añadidas al texto y no arraigadas en él. Por otro lado,

> La tropología, la alegoría y la anagogía, si son significados reales, son literales. Ahora bien, la razón por la cual los argumentos sólidos siempre se derivan del sentido literal es ésta: porque es cierto que lo que se deriva de las palabras mismas es siempre el sentido del

---

[169] Wyttenbach, *Tentamen theologiae dogmaticae*, II, §171.
[170] Wyttenbach, *Tentamen theologiae dogmaticae*, II, §172.
[171] Whitaker, *Disputation*, V, ii (pág. 405).

Espíritu Santo; pero no estamos tan seguros de ningún sentido místico a menos que el Espíritu Santo mismo nos lo enseñe.[172]

Por lo tanto, textos como Os. 11:1, «De Egipto llamé a mi hijo», y Ex. 12:46, «No le quebrarás ni un hueso», no son confusos en su contexto histórico, pero también tienen un referente profético:

> Es suficientemente claro que el primero debe entenderse como el pueblo de Israel y el segundo como el cordero pascual. Ahora bien, ¿quién se atrevería a trasladarlos y acomodarlos a Cristo, si el Espíritu Santo no lo hubiera hecho primero y no nos hubiera declarado su mente e intención? *Hijo* en el pasaje anterior denota no solo el pueblo de Israel, sino también a Cristo; y el *hueso* en este último debe entenderse tanto de Cristo como del cordero pascual. Quienes interpretan estos lugares simplemente del pueblo de Israel o del cordero pascual, aportan solo una parte del significado, no el todo: porque el sentido completo debe entenderse del signo y de la cosa misma juntos, y consiste en la acomodación del signo y de la cosa significada. De aquí no surgen sentidos diferentes, sino un sentido completo.[173]

El exégeta ortodoxo, por lo tanto, encuentra una lectura similar al sentido doble literal de Lyra, pero sostiene que es un sentido único y amplio, un sentido que permite tanto el sentido inmediato del texto en su contexto antiguo como el significado profético extendido en relación con el cumplimiento de las promesas de Dios. Así, Poole puede hablar del sentido de Os. 11:1. como identificar «la infancia de Israel» como el tiempo de la estancia en Egipto, y la obra divina que sacó a Israel de Egipto como la identificación de los israelitas como «hijos de Dios». De hecho, Poole se opone expresamente a una lectura exclusivamente profética del texto sobre la base de Mt. 2:15: el texto se refiere tanto a Israel como a Cristo —a ambos se les debe dar su «parte apropiada» en el significado para que «la letra y la historia se verifiquen en ambos».[174] En el caso del texto de Ex. 12:46, el mandamiento original de no quebrar un hueso del cordero pascual surgió de la prisa con la que Israel salió de Egipto, al no tener tiempo suficiente para quebrar los huesos y probar la médula, pero su significado

---

[172] Whitaker, *Disputation*, V, ii (pág. 409). Tenga en cuenta que esta regla para el uso de alegorías, que distingue las que están en el texto y las que se le imponen, la extienden los exégetas del siglo XVII al análisis de tipologías, como en Keach, *Tropologia*, I, ii (págs. 231-232); Samuel Mather, *The Figures or Types of the Old Testament, by which Christ and the Heavenly Things of the Gospel were Preached and Shadowed unto the People of God of Old* (Dublin, 1683), pág. 53

[173] Whitaker, *Disputation*, V, ii (pág. 409).

[174] Poole, *Commentary*, Os. 11:1, in loc. (II, pág. 877); cf. Diodati, *Pious Annotations*, Os.11:1, in loc., donde solo se da el sentido histórico raíz.

extendido apunta hacia Cristo como el cordero pascual y el cumplimiento literal del texto del Éxodo, como se informa en Jn. 19:36.[175]

El término «sentido místico», entonces, es típicamente usado por los ortodoxos reformados para indicar una cuestión de profecía y cumplimiento de los tipos de realidades del Nuevo Testamento en el Antiguo Testamento y, en el contexto de los conceptos de analogía de las Escrituras y analogía de fe, no indica un alejamiento del *sensus literalis*, al menos tal como lo entendieron los reformadores y los ortodoxos. Otras alegorías o figuras, no indicadas directamente por el Espíritu en otro texto, como el uso de la historia de David y Goliat para indicar la victoria de Cristo sobre el diablo o para señalar la guerra en nuestros miembros y la necesidad de vencer nuestras pasiones, éstas, comenta Whitaker, son «ciertas y pueden decirse adecuadamente: pero sería absurdo decir que lo uno o lo otro era el sentido de la historia».[176] Estas lecturas figurativas son aplicaciones del texto realizadas por el intérprete.

7.4 La práctica de la exégesis: métodos y reglas de interpretación

En cuanto a la práctica real de la exégesis —el acercamiento al texto— tenemos de Whitaker una extensa declaración sobre la determinación del «verdadero sentido» del texto. Dado el carácter representativo del tratado de Whitaker y el uso de su obra como punto de referencia para la sana doctrina a lo largo del siglo XVII, la siguiente discusión lo adopta como un esquema y hace referencia a otros teólogos en el curso de la discusión, tanto completando el argumento de Whitaker a partir de otras fuentes de finales del siglo XVI y XVII, como manifestando la amplia aplicabilidad de las reglas y categorías de interpretación de Whitaker.

A. El contexto de la interpretación y del intérprete

1. Respeto al texto sagrado: devoción y oración cristiana.

Como en la breve discusión que se encuentra en el *Praefatiuncula*, la hermenéutica de los *Prolegomena* de Zanchius evidencia un fuerte énfasis en la piedad centrada en Cristo. La primera regla para leer e interpretar las Escrituras es que todos esos esfuerzos deben ir precedidos por la invocación de Cristo Jesús, quien regenera nuestras almas y nos conduce a la correcta comprensión de la Palabra de Dios. En segundo lugar, sostiene Zanchius, basándose claramente en *De doctrina christiana* de Agustín, la interpretación

---

[175] Poole, *Commentary*, Ex. 12:42, in loc. (I, pág. 143); cf. Jn. 19:36 (III, pág. 378).
[176] Whitaker, *Disputation*, V, ii (pág. 406).

debe realizarse en el temor de Dios, ya que el temor de Dios es el principio de la sabiduría. Aun así, debemos estudiar la voluntad de Dios tal como se revela en las Escrituras:[177] el estudiante de las Escrituras debe orar pidiendo sabiduría y, además, cultivar dentro de sí mismo un «espíritu de gracia» y abordar el texto con un «corazón humilde».[178] Whitaker, siguiendo la línea de los consejos patrísticos y medievales, así como de los primeros protestantes, sobre el acercamiento a las Escrituras, indica que «la oración es necesaria» para comprender; como bien había argumentado Orígenes, «no solo debemos aplicar el estudio para aprender la palabra sagrada, sino también suplicar a Dios y rogarle de noche y de día, que venga el cordero de la tribu de Judá, y, tomando él mismo el libro sellado, se digne abrirlo». Agustín y Jerónimo plantean una observación similar, continúa Whitaker.[179] Se da también el caso de que los propios escritores de la Escritura imploran a Dios el don de la iluminación: David oró a menudo por esto en los Salmos, Cristo mismo nos dice que pidamos a Dios, para que nos sean dados los dones divinos (Mt. 7:7), y Santiago escribe que «Si alguno de vosotros tiene falta de sabiduría, pídala a Dios» (Stg. 1:5).

La actitud de oración tampoco debe separarse del examen diligente del texto: los diversos elementos del estudio devocional son coherentes, como dijo Agustín: «La lectura indaga, la meditación encuentra, la oración pregunta, la contemplación saborea... La lectura está en la cáscara, la meditación en la médula, oración en la exigencia del deseo, y contemplación en el deleite de la dulzura ahora adquirida».[180] La lectura misma debe seguir un conjunto de reglas diseñadas para combinar el pensamiento cuidadoso, la atención a las técnicas básicas de interpretación y la actitud adecuada de piedad. Owen habla de la lectura como «seria, sosegada y conservadora, con respecto al fin que se persigue». Una lectura tan cuidadosa y frecuente proporcionará al estudiante de las Escrituras «un conocimiento general de la naturaleza y el diseño del libro de Dios» y un conocimiento humilde de las «cosas celestiales» que se encuentran en el texto. Así también la «eficacia de la verdad divina» en las Escrituras tendrá su impacto en el lector. Tal lectura también protegerá al estudiante de las Escrituras de interpretaciones «nocivas y corruptas» de textos difíciles a través de un conocimiento reverente del alcance más amplio de la Biblia y de otros lugares del texto que iluminan las oscuridades.[181] Zanchius había aconsejado de manera similar

---

[177] Zanchius, *In Mosen ... Prolegomena*, col. 16 (reglas 1, 2 y 3): «*Tenendus est scopus, in quem omnes scripturae tendunt: Hic est Iesus Christus.... Est igitur semper in scripturis quaerendus in primis Christus: qouniam is est substantia, ut vocant, omnium scripturarum*».

[178] Roberts, *Clavis Bibliorum*, págs. 36-39 (reglas I & III).

[179] Whitaker, *Disputation*, IX, 5 (págs. 467-468, primera regla).

[180] Whitaker, *Disputation*, IX, 5 (pág. 467), citando (Pseudo) Agustín, *De scala paradisi*, cap. 2.

[181] Owen, *Causes, Ways, and Means*, en *Works*, IV, pág. 200.

leer y escuchar frecuentemente las Escrituras con el fin de llamar la atención del lector sobre textos que declaran claramente aquellas cosas que quedan oscuras en otros lugares.¹⁸²

2. La conversación exegética: iglesia, tradición y trayectorias de comprensión.

Reconociendo los orígenes de la comprensión de la norma bíblica por parte de la Reforma en el debate medieval tardío sobre las Escrituras y la tradición, específicamente en la trayectoria de comprensión que Oberman identificó como «Tradición I», los exégetas ortodoxos reformados y de la era de la Reforma asumieron la tarea de la interpretación bíblica no como eruditos aislados que se enfrentan al texto armados únicamente con las herramientas que les proporcionó la filología de la época del Renacimiento. También asumieron la importancia de la voz de la iglesia, particularmente en la conversación interpretativa, tanto positiva como negativa, con la tradición exegética viva: se aconsejaba a los exégetas, en los manuales de interpretación, que consultaran comentarios de la tradición más antigua, no como autoridades en la sentido romanista sino como fuentes sólidas de consejos y precedentes.¹⁸³ Esta conversación aparece en las referencias a fuentes, nombradas y no nombradas, de los períodos patrístico y medieval y de comentaristas contemporáneos, en los comentarios de los reformadores y en el recurso continuo a líneas de interpretación establecidas que pueden documentarse en la tradición interpretativa protestante posterior. A modo de ejemplo, la lectura agustiniana de diversos textos, desde el Salterio hasta Romanos 7 y 9 está en el trasfondo de la Reforma y de los comentarios de la era ortodoxa sobre esos textos¹⁸⁴ —y un teólogo como Arminio montó su lectura revisionista de textos como Romanos 7 con extensas referencias a los padres, los exégetas medievales y los exégetas del siglo XVI.¹⁸⁵ También hay una referencia a la tradición medieval por parte de los exégetas protestantes, a menudo identificable solo cuando se examina un tema o, como en el caso de la exégesis de Calvino, cuando las distinciones tradicionales se identifican en el punto del texto bíblico que había servido a los intérpretes medievales

---

[182] Zanchius, *In Mosen ... Prolegomena*, cols. 16-17.

[183] Whitaker, *Disputation*, IX, 5 (pág. 473, regla octava); y tenga en cuenta la discusión de los comentaristas recomendados en Leigh, *Body of Divinity*, I, ii-iv (págs. 50-65). Cf., *por ejemplo*, A. N. S. Lane, "Did Calvin Use Lippoman's *Catena in Genesim*?" en *Calvin Theological Journal*, 31/2 (1996), págs. 404-419; ídem, "The Sources of Calvin's Citations in his Genesis Commentary," en A. N. S. Lane, ed., *Interpreting the Bible: Historical and Theological Studies in Honour of David F.Wright* (Leicester: Apollos, 1997), págs. 47-97.

[184] Steinmetz, *Calvin in Context*, págs. 110-121, 141-142, 150-152.

[185] Cf. Jacobo Arminio, *Dissertation on the True and Genuine Sense of the Seventh Chapter of the Epistle to the Romans*, en *Works*, II, pág. 552-629.

como su fuente.[186] Corresponde al exégeta, al examinar numerosos comentarios, historias y otras ayudas a la interpretación, ser consciente de la clasificación adecuada de tales autoridades subordinadas, para que no se deje de lado la autoridad de las Escrituras.[187]

B. Abordar el texto de manera estricta: lenguaje, gramática, alcance y circunstancias

1. Dominio del lenguaje de las Escrituras.

Aparte de su polémica contra las afirmaciones de oscuridad en el mensaje básico del Evangelio, Zanchius reconoció que ciertos textos eran difíciles de interpretar y que las oscuridades resultaban del uso de figuras por parte de los escritores de las Escrituras. Por ello también ofreció, en sus *Prolegomena* a la Biblia, una discusión más extensa del método real de interpretación, seguida de un conjunto de reglas.[188] Los textos que son, en sí mismos, difíciles de interpretar deben examinarse en sus textos originales después de un estudio cuidadoso de las lenguas antiguas. Además, las dificultades léxicas e históricas exigen el uso de comentaristas fiables y el estudio de historias antiguas. Zanchius destaca las *Annotationes* de Beza como una ayuda confiable para la exégesis del Nuevo Testamento. Más allá de las simples dificultades del significado de las palabras, existen problemas de gramática y fraseología, que también pueden superarse mediante el estudio.[189]

Admitiendo que las palabras mismas del texto han sido elegidas por el Espíritu, corresponde al exégeta dominar las palabras mismas en los idiomas originales. «Debemos consultar el texto hebreo en el Antiguo Testamento, el griego en el Nuevo: debemos acercarnos a las fuentes mismas de las Escrituras, y no quedarnos al margen de las corrientes de versiones derivadas».[190] La ignorancia de los idiomas originales del texto ha sido una importante fuente de error en la interpretación y la teología: de hecho, sin recurrir a los originales, ciertos «errores» serán «inevitables». Así, Agustín «exhorta a todos los estudiantes de teología al estudio de estas lenguas» —y el «por lo demás supersticioso» Concilio de Viena de 1311 insistió en tener profesores de lenguas bíblicas en todas las universidades.[191] Los

---

[186] Ver Muller, *Unaccommodated Calvin*, págs. 54-58.

[187] Roberts, *Clavis Bibliorum*, pág. 35.

[188] Zanchius, *In Mosen ... Prolegomena*, cols. 15-18.

[189] Zanchius, *In Mosen ... Prolegomena*, col. 18.

[190] Whitaker, *Disputation*, IX, 5 (pág. 468, regla segunda); Roberts, *Clavis Bibliorum*, págs. 34-35.

[191] Whitaker, *Disputation*, IX, 5 (pág. 468).

reformadores también habían argumentado que el estudio de los idiomas originales de las Escrituras era necesario para la salvación.[192]

La cuestión de los medios adecuados para identificar el significado de las palabras de las Escrituras fue planteada repetidamente por los escritores reformados del siglo XVII, quienes produjeron una amplia variedad de herramientas léxicas y plantearon la cuestión más fundamental de la identificación del significado de la obra en su contexto textual.[193] En una de las discusiones más detalladas sobre el método ofrecidas por un exégeta del siglo XVII, Weemse argumentó que el primer paso en la exégesis era el examen de las lecturas marginales y lineales del texto, seguido de la correcta indicación del hebreo. Está particularmente preocupado por ofrecer reglas para el uso del aparato marginal masorético. Cuando una lectura marginal en un lugar aparece como la lectura de una línea en otro, sostiene Weemse, puede usarse como una lectura correcta del texto: así, en 2 S. 23:30, el texto identifica a Benaía como «un hombre vivaz», mientras que el margen tiene «un hombre fuerte» —pero en 1 Cr. 11:22, la lectura marginal se «hace una lectura de línea», lo que nos permite leer 2 S. 23:30 como «un hombre fuerte y vivaz». Así también, cuando el Espíritu Santo ha hecho de una lectura marginal del Antiguo Testamento una lectura de línea en una cita del Nuevo Testamento, la lectura marginal puede ser aceptada. En los casos en que las lecturas marginales no obligan a ninguna de estas dos reglas, pero no son contrarias a las Escrituras, «podemos usarlas como ilustración... aunque no podemos hacer de ellas lectura de líneas».[194] Cabe señalar que existen pocas diferencias importantes entre el margen y la línea, pero los marginales deben examinarse para detectar alguna diferencia esclarecedora ocasional y alguna lectura contraria ocasional.[195] «Donde», por lo tanto, añade Weemse, «las notas masoretas parecen perjudicar el crédito del Texto, no debemos seguirlas». A menudo ocurre que los masoretas

> parezcan más modestos que el Texto, y ponen al Espíritu Santo en la escuela, por así decirlo, para enseñarle a hablar. 2 R. 18:27. *Beberán su propia orina.* Pero en el marginal lo pondrán en términos más

---

[192] Musculus, *Loci communes*, XXV (*Commonplaces*, págs. 368, col. 2-372, col. 2).

[193] Por ejemplo, Andrew Symson, *Lexicon Anglo-Graeco-Latinum Novi Testamenti, or, A complete alphabetical concordance of all the words contained in the New Testament, both English, Greek, and Latine: in three distinct tables: the I. English, II. Greek, III. Latine, whereby any word may be rendred into Greek and Latine, English and Latine, Greek and English: together with the several significations, etymons, derivations, force and emphasis, and divers acceptations in Scripture of each word* (London: W. Godbid, 1658); Edmund Castell, *Lexicon heptaglotton: Hebraicum, Chaldaicum, Syriacum, Samaritanum, Aethiopicum, Arabicum, conjunctim, et Persicum, separatim* (London: Thomas Roycroft, 1669).

[194] Weemse, *Christian Synagogue*, págs. 42-43.

[195] Weemse, *Exercitations Divine*, pág. 127.

modestos, *Beberán el agua de sus propios pies:* pero, *para los limpios, todas las cosas son limpias,* Tit. 1:11.[196]

Una vez resueltas estas cuestiones, el exégeta debe ocuparse de señalar correctamente el texto —reconociendo que «los puntos en valor estaban desde el principio», pero que las siglas reales presentes en el texto fueron ideadas por los masoretas. Weemse señala, desde el Zohar, que quien lee el texto sin puntos es como un jinete sin brida. La orientación correcta debe decidirse a partir de la lectura y comparación del texto en su contexto apropiado en las Escrituras.[197]

Aun así, los errores se evitan y refutan mediante el estudio de las lenguas: Por ejemplo, en Lc. 2:14, los remistas distinguen la libertad de la voluntad de la versión latina de la Vulgata, que es esta: *Pax in terra hominibus bonae voluntatis.* Pero son fácilmente refutados por el original: porque en griego es *eudokia*, que nunca denota el libre albedrío del hombre, como lo explican absurdamente los remistas, sino la bondad gratuita de Dios hacia los hombres: y esto, de hecho, lo admiten algunos de los propios papistas.[198]

De manera similar, la Vulgata de Ef. 2:10 lee *Creati in Christo Jesu in operibus bonis,* de donde «algunos papistas» concluyen que la justificación es por o en nuestras obras —pero el griego original «*epi*» no indica «*in*» sino «*ad*», «para» o «hacia».[199] Otros ejemplos, como Whitaker atestigua detalladamente, son fáciles de citar.

2. El sentido gramatical y sintáctico de las palabras: distinguir los significados «propios» de los «figurativos» y «modificados».

También se debe tener en cuenta el significado de la palabra en su uso y contexto reales: el exégeta debe comprender si la palabra se entiende en su sentido «propio» o en un sentido «figurado y modificado».[200] Cuando el uso de una palabra contradice «la luz común de la razón», como Jn. 15:5 («Yo soy la vid, vosotros sois los pámpanos»), el lenguaje debe tomarse en sentido figurado.[201]

---

[196] Weemse, *Christian Synagogue,* pág. 46.

[197] Weemse, *Christian Synagogue,* págs. 48-49.

[198] Whitaker, *Disputation,* IX, 5 (pág. 468); cf. Calvin, *Commentary on Evangelists,* Lc. 2:14 in loc. (*CTS Harmony,* I, pág. 121); Diodati, *Pious and Learned Annotations,* in loc.; Poole, *Commentary,* in loc. (III, pág. 195): «el latín vulgar es el más corrupto cuando traduce estas palabras, *paz a los hombres de buena voluntad».*

[199] Whitaker, *Disputation,* IX, 5 (pág. 468); cf. Calvino, *Commentaries on Ephesians,* Ef. 2:10 in loc. (*CTS Ephesians,* pág. 230); Poole, *Commentary,* in loc. (III, pág. 667).

[200] Whitaker, *Disputation,* IX, 5 (pág. 470, regla tercera).

[201] Henry Ainsworth, *The Orthodox Foundation of Religion, long since collected by that judicious and elegant*

Los usos figurativos no pueden «exponerse estrictamente», pero sí deben interpretarse, dado que el sentido simple o «estricto» de un texto figurado no es en absoluto lo que pretendía el autor. Precisamente tal problema de interpretación subyace al debate entre los reformados y los «papistas» sobre las palabras de la institución de la cena del Señor: Roma entiende las palabras «este es mi cuerpo» y «esta es mi sangre del nuevo testamento» estrictamente, asumiendo la presencia del cuerpo real de Cristo en lugar del pan y su sangre real en lugar del vino, mientras que los reformados los toman en sentido figurado.[202] El carácter figurativo del lenguaje se ve claramente cuando se examina todo el texto: «tomó la copa... diciendo: "Bebed todos de ella; porque esto es mi sangre del nuevo pacto, que por muchos es derramada"». Poole observa una doble cifra en el texto:

> La *copa* aquí se pone para el vino en la copa; y el significado de estas palabras, *Esta es mi sangre del nuevo pacto*, debe ser, este vino es la señal del nuevo pacto. ¿Por qué no deberían reconocer tan fácilmente una figura en estas palabras? *Esto es mi cuerpo*, no lo puedo entender; el pronombre *esto*, en griego, está en el género neutro y es aplicable al término *copa*, o al término *sangre*; pero es muy razonable interpretarlo: Esta copa, es decir, el vino en esta copa, es la sangre del nuevo pacto, o testamento, es decir, la sangre por la cual se confirma y establece el nuevo pacto.[203]

Así como la «copa» es una figura del vino en la copa, así el vino es una figura de la «sangre del nuevo testamento».

La atención a las palabras del texto y sus diversas relaciones también incluye cuestiones como «la veracidad o falsedad», la «corrección» y la «espiritualidad» de un texto: debe examinarse de cerca cómo el texto afirma o niega una afirmación, con atención a la forma en que los lenguajes del texto forman sus argumentos. Por ejemplo, «cuando la Escritura afirma algo seriamente», usa «una doble afirmación»: «así dicen, *Amén, Amén;* Mateo tiene *alethos, verely,* Mt. 5:26 y el otro evangelista *kai, indeede,* Mr. 9:1, Lc. 9:27 esto lo hicieron para que se les creyera más».[204] O, más aún, las afirmaciones deben distinguirse de las proposiciones hipotéticas o condicionales. Así, Mt. 11:21-22, «Si los milagros que se hicieron en ti se hubieran hecho en Tiro y Sidón, hace mucho que se hubieran arrepentido», no indica «alguna

---

man Mr. Henry Ainsworth, for the benefit of his private company: and now divulged for the publike good of all that desire to know that Cornerstone Christ Jesus Crucified, ed. Samuel White (London: R. C. for M. Sparke, 1641), pág. 4.

[202] Whitaker, *Disputation*, IX, 5 (pág. 470, regla tercera).

[203] Poole, *Commentary*, Matt. 26: 27-28, in loc. (III, pág. 127).

[204] Weemse, *Christian Synagogue*, págs. 236-237.

inclinación al arrepentimiento en Tiro y Sidón».²⁰⁵ Las negativas también deben interpretarse con cuidado, ya que a menudo no son simples negativas: «los discursos proverbiales niegan algo comúnmente, pero no siempre», como en el caso de la afirmación de Mt. 10:24, «el discípulo no es superior al maestro». Después de todo, David «superó a todos sus maestros».²⁰⁶

Así también, se debe prestar mucha atención a la «propiedad» o manera de hablar en las Escrituras:

1. Cuando se pronuncia un discurso *metaphorikos*, tomando prestada una palabra de una cosa a otra. 2. Cuando habla *emphatikos*, a modo de excelencia. 3. Cuando habla *elliptikos*, suprimiendo algo. 4. Cuando habla *euschemonos*, cuando en modestas lágrimas, dice cosas poco comunes. 5. *schleuasmos, iocculariter dictum*, cuando mediante burla o mofa, vilipendia una cosa. 6. Cuando habla o pronuncia una cosa *per euphemismon,* por un tipo de discurso agradable. 7. Cuando pronuncia una cosa *per metaschematikon*, por representación de una cosa. 8. Cuando habla *pathetikos,* en pasión. 9. Cuando habla *hyperdolikos*, excesivamente. 10. *Per eutelismon,* abyectamente de una cosa.²⁰⁷

La lectura humanista de los textos en términos de formas retóricas no solo tuvo un impacto considerable en la exégesis protestante, sino que también se convirtió en uno de los caminos para la obtención de la doctrina correcta en la era de la ortodoxia. Así, el exégeta debe estar atento a los antropomorfismos y antropopatismos.²⁰⁸

3. El «alcance» limitado del libro, capítulo o versículo.

Por lo tanto, surge una pregunta interpretativa respecto de las lecturas figurativas de los textos, a diferencia de las estrictamente literales o literalistas: ¿cuál de los sentidos identificables es de hecho el sentido «literal» del texto? La resolución del problema surge a través del reconocimiento del alcance del texto, una cuestión que los ortodoxos plantean tanto con referencia al contexto literario inmediato como al contexto más amplio del libro de las Escrituras en el que se encuentra, o, de hecho, en el contexto del mensaje bíblico en su conjunto. El alcance de pasajes específicos o de los libros individuales de las Escrituras (a diferencia de Cristo o del pacto de Dios como el alcance del conjunto) debe señalarse como una ayuda para

---

²⁰⁵ Weemse, *Christian Synagogue*, pág. 237.

²⁰⁶ Weemse, *Christian Synagogue*, pág. 239.

²⁰⁷ Weemse, *Christian Synagogue*, pág. 243.

²⁰⁸ Weemse, *Christian Synagogue*, págs. 243-244.

la interpretación de los versículos dentro de los libros.[209] Era bastante típico, tanto en la Reforma como en la era de la ortodoxia, que los intérpretes bíblicos comenzaran sus comentarios con secciones identificadas como *argumenta* o como análisis del alcance o enfoque y forma argumentativa (*methodus*) de todo el libro. La intención de tales discusiones era ofrecer un contexto de significado, arraigado en la intención del autor, para porciones particulares, versos individuales e incluso frases del texto —reconociendo que las porciones más pequeñas del texto adquieren un significado claro cuando se comprende el propósito más amplio del libro.[210]

El «alcance» de un libro es su enfoque o, como lo expresa un escritor de la época, la «dirección o fin» del libro que ilumina «todo el marco, la disposición y los principales argumentos tratados en el libro»: «como el arquero fija su mirada firmemente en el blanco, cuando dispararía con precisión; así también fija tu pensamiento en la *Ocasión* y *Alcance* de cada Libro cuando quieras leerlo con entendimiento».[211] Un punto relacionado, subordinado al alcance, se refiere a la atención a las «partes principales» del libro —preparatorio para el examen de textos individuales, el exégeta debe examinar el libro analíticamente para comprender el método, la disposición y la coherencia del libro: «Los libros mirados *confusamente*, no son sino oscura y *confusamente aprehendidos*».[212] Los primeros exégetas ortodoxos, en particular, siguieron esta regla examinando cada libro en busca de su orden y forma; en los casos de Piscator y Diodati, ofrecieron análisis ramísticos de la organización, estructura temática o narrativa.[213]

4. Las «circunstancias» y contexto general del texto.

Aquí Whitaker llega a lo que debe considerarse el procedimiento literal y gramatical fundamental de la exégesis protestante: la comprensión correcta del uso real de una palabra en un texto particular proviene de la

---

[209] Zanchius, *In Mosen ... Prolegomena*, cols. 16-17; sobre la cuestión del «alcance», véase Sheppard, "Between Reformation and Modern Commentary," págs. 42-71, y Marjorie O'Rourke Boyle, *Erasmus on Language and Method in Theology* (Toronto: University of Toronto Press, 1977), págs. 72-81.

[210] Por ejemplo, Johannes Piscator, *Analysis logica omnium epistolarum Pauli ... una cum scholiis & observationibus locorum doctrinae* (London: George Bishop, 1608), comenzando cada comentario con *«argumentum seu summa, denique summae partes ... id est methodus totius epistolae»*; Greenhill, *Exposition of Ezekiel,* inicia todo su comentario con un capítulo sobre «la antigüedad, alcance y ocasión de escribir»; De manera similar, Jeremiah Burroughs, *An Exposition of the Prophecy of Hosea,* 4 vols. (London, 1643-1651; reeditado en un volumen, Edinburgh: James Nichol, 1865), págs. 3-6; cf. Whitaker, *Disputation,* IX.5 (págs. 470-471, regla cuarta).

[211] Roberts, *Clavis Bibliorum*, págs. 45-46 (regla VI.6).

[212] Roberts, *Clavis Bibliorum*, pág. 46 (regla VI.7).

[213] Cf. Piscator, *Commentarii in omnes libros Novi Testamenti, Jean Diodati, Pious and Learned Annotations upon the Holy Bible.*

consideración de «la ocasión, el alcance, el contexto anterior y siguiente, y las demás circunstancias de [el] pasaje» o, dicho de otro modo, «el alcance, el fin, la materia, las circunstancias (es decir, como dice Agustín, las personas, el lugar y el tiempo), los antecedentes y consecuentes de cada pasaje» y «la serie y conexión del texto».[214] El exégeta debe ser consciente de las cuestiones de orden, tanto de los libros de la Biblia como canon como del orden y disposición de cada libro individual —incluidos los «títulos, épocas, escritores, ocasión, alcance y partes principales» de los libros en cuestión. Dicha información proporciona una noción de la «idea y el carácter» de un libro bíblico y una «recapitulación o recuerdo de [su] objetivo principal». En concreto, el título y la época del libro ofrecen una idea del significado del todo y de sus partes, así como de su conexión o relación con la historia circundante.[215]

A modo de ejemplo, los «remistas» sostienen que 1 P. 4:8, «la caridad cubre multitud de pecados», enseña un medio de justificación ante Dios distinto del de la fe: la caridad o el amor quita el pecado. La «ocasión, alcance y... contexto» del pasaje, sin embargo, indican que el tema del discurso no es la justificación ante Dios sino el «amor fraterno que reprime muchas ocasiones de ofensa», por cuanto el apóstol habla, en el versículo inmediatamente anterior de «amor sincero los unos hacia los otros»: así, el «contexto mismo» indica que el tema del texto no es la justificación ante Dios sino «el amor con el que debemos abrazar y respetar a nuestros hermanos». Además, es cierto que las palabras de Pedro aquí reflejan Pr. 10:12, y que la conferencia de las Escrituras con las Escrituras también refuta la interpretación de los remistas.[216]

El examen de la ocasión y el contexto también llevó a los anotadores de la Biblia de Ginebra a reconocer que la declaración paulina: «Todo aquel que ora o profetiza teniendo algo sobre su cabeza, deshonra su cabeza» (1 Co. 11:4) refleja una costumbre más bien que un estándar apodíctico. La anotación dice: «Esta tradición se observaba según el tiempo y el lugar para que todas las cosas se hicieran para beneficio y edificación».[217] Una anotación similar se encuentra en el capítulo anterior con referencia al consumo de carne previamente dedicada al sacrificio: el texto se refiere a

---

[214] Whitaker, *Disputation*, IX, 5 (págs. 470-471, cuarta regla); cf. Zanchius, *In Mosen ... Prolegomena*, cols. 16-17; Maccovius, *Loci communes,* cap. vii (pág. 48); Ainsworth, *Orthodox Foundation*, págs. 4-5; y Owen, *Understanding the Mind of God*, VI, ii, 7, en *Works*, IV, pág. 201.

[215] Roberts, *Clavis Bibliorum*, pág. 43-45 (regla VI).

[216] Whitaker, *Disputation*, XI, 5 (pág. 470); cf. Calvin, *Commentary on I Peter*, 1 P. 4:8 (CTS, pág. 128-130); y Poole, *Commentary*, in loc. (III, pág. 913); Diodati, *Pious and Learned Annotations*, in loc., pág. 416 no cita Pr. 10:12, pero su explicación se ajusta al modelo protestante.

[217] *The Bible and Holy Scriptures conteyned in the Olde and Newe Testament* (Geneva, 1560), 1 Co. 11:4 in loc., citada en lo sucesivo como "*Geneva Bible* (1560)"

una práctica de la época.²¹⁸ Tampoco se olvidó la importancia del contexto histórico de estos versículos en el siglo XVII: Poole comenta sobre el problema de cubrirse la cabeza en oración y profecía indicado por 1 Co. 11:4 que «este y los siguientes versículos deben interpretarse según las costumbres de los países» y que la práctica cristiana de descubrirse la cabeza durante la oración probablemente se originó, como había argumentado Lightfoot, como una alternativa a la costumbre judía de cubrirse la cabeza. Poole también señala la variedad de costumbres en su propio tiempo e indica que, incluso en el caso de los siguientes versículos sobre cubrir la cabeza de una mujer, el texto paulino refleja de tal manera una situación histórica que no puede proporcionar una regla para la práctica contemporánea.²¹⁹ En efecto, corresponde al exégeta recurrir a las «historias humanas» para esclarecer la historia divina.²²⁰

C. Interpretación a una escala más amplia del Canon

1. La comparación de pasajes de las Escrituras con pasajes similares.

Admitiendo la necesidad de comprender la «serie y conexión» de un texto determinado, es necesario reconocer no solo el contexto inmediato sino también el contexto extendido de un pasaje y «un lugar debe compararse y cotejarse con otro; los lugares más oscuros con los más claros y menos oscuros». Por tanto, es cierto que la Epístola de Santiago afirma que Abraham fue justificado por sus obras (2:21): «el lugar», comenta Whitaker, «es oscuro y parece favorecer a los papistas».²²¹ Esta oscuridad, sin embargo, se aclara con comparación del texto con el capítulo cuarto de la Epístola de Pablo a los Romanos, donde el apóstol declara «expresamente» que Abraham no fue justificado por las obras que siguieron a su llamado. Sabemos esto por el texto por varias razones: primero, ya que Pablo dice:

> «Abraham creyó a Dios, y le fue contado por justicia»; que todo el mundo sabe que tuvo lugar después de su llamado: en segundo lugar, porque después procede al ejemplo de David, de quien todos saben que fue un hombre santo, regenerado por el Espíritu de Dios y llamado por Dios. Por lo tanto, debemos confesar que el término «justificación» se toma en diferentes sentidos, a menos

---

²¹⁸ *Geneva Bible* (1560), 1 Co. 10:25, in loc.

²¹⁹ Poole, *Commentary*, 1 Co. 11:14 in loc. (III, pág. 577); cf. Lightfoot, *Horae hebraicae et talmudicae*, in loc. (IV, págs. 229-231).

²²⁰ Roberts, *Clavis Bibliorum*, pág. 35.

²²¹ Whitaker, *Disputation*, IX, 5 (pág. 471, regla quinta).

que decidamos suponer que los apóstoles están en desacuerdo y pronunciamos declaraciones contradictorias. En Santiago, por lo tanto, *estar justificado* significa ser declarado y mostrado justo, como el propio Tomás de Aquino confiesa en ese lugar; pero, en Pablo, *estar justificado* denota lo mismo que ser absuelto de todos los pecados y considerado justo ante Dios.[222]

Esta técnica interpretativa supone, además, que el exégeta tenga un dominio del texto, particularmente un conocimiento cuidadoso y «metódico» de todo el texto de las Escrituras con el fin de comprender la «contextura y coherencia de una parte con otra».[223] Esta comparación de un «lugar» de la Escritura con otro es el método de interpretación «más seguro», dado que no aporta ninguna autoridad distinta de la Escritura para la explicación del texto.[224]

2. Comparación de pasajes «disimilares».

Esta «comparación de lugares», además, implica no solo la comparación de «pasajes similares» sino también la comparación de «pasajes diferentes».[225] Teniendo en cuenta la atención fundamental que el exégeta presta a los significados estrictos y figurativos de los textos y a la «ocasión, alcance y contexto» de los pasajes, el exégeta necesitará tener una idea de qué textos plantean cuestiones similares y cuáles tratan temas diferentes: la comparación o «conferencia» de textos es una parte integral de la lógica de este método exegético, a veces descansando en una similitud o diferencia descubierta por el análisis del texto y la gramática, determinando a veces si un texto debe leerse en sentido estricto o figurado sobre la base de claras similitudes o diferencias.

Los teólogos y exégetas del siglo XVII también reconocieron los peligros y dificultades del método. Los textos de las Escrituras que parecen decir cosas opuestas o diferentes pueden, por supuesto, ser bastante opuestos

---

[222] Whitaker, *Disputation*, IX, 5 (págs. 471-472); cf. Poole, *Commentary*, Stg. 2:21 in loc. (III, pág. 887) para una exégesis del texto utilizando el método señalado por Whitaker. Poole concluye, como Whitaker, «que la justificación de Abraham aquí no fue la absolución de un pecador, sino la aprobación solemne de un creyente; no es justificarlo como impío, sino alabado por su piedad», es decir, no es una contradicción con Pablo en Romanos 4. Note también a Calvino, *Commentary on James*, in loc. (*CTS*, págs. 309-313), y cf. Calvino, *Institutos*, III, xvii, 11-12 y los márgenes en *Geneva Bible* (1560), en Stg. 2:14.

[223] Roberts, *Clavis Bibliorum*, pág. 39 (regla IV).

[224] Cf. Henry Ainsworth, *The Orthodox Foundation of Religion, long since collected by that judicious and elegant man Mr. Henry Ainsworth, for the benefit of his private company: and now divulged for the publike good of all that desire to know that Cornerstone Christ Jesus Crucified*, ed. Samuel White (London: R. C. for M. Sparke, 1641), pág. 5.

[225] Whitaker, *Disputation*, IX, 5 (pág. 472, regla sexta).

entre sí —pero también pueden simplemente referirse a diferentes temas de manera similar y no ser opuestos en absoluto, o pueden referirse a diferentes aspectos del mismo tema. Así, 2 R. 2:11 cuenta que Elías fue arrebatado en un torbellino, y Mal. 4:5 habla de Dios enviando a Elías antes del Día del Señor: estos textos parecen opuestos, pero difieren en la referencia real, el primero se refiere al profeta Elías del Antiguo Testamento, el segundo al Elías del Nuevo Testamento, Juan el Bautista.[226]

Así también, en un uso correcto de analogía o colación, Jn. 6:53 y Jn. 4:14 son pasajes verbalmente algo diferentes, pero teológicamente similares: el primero, «Si no coméis la carne del Hijo del Hombre, y bebéis su sangre, no tenéis vida en vosotros», y el segundo, «el que bebiere del agua que yo le daré, no tendrá sed jamás», uno habla de carne y sangre, el otro de agua, pero ambos hablan del alimento espiritual de los creyentes por parte de Cristo. En lugar de leer el texto anterior de manera carnal, el intérprete debería prestar atención a un pasaje diferente, como el sexto precepto del Decálogo: «No matarás». Whitaker comenta: «porque si es un crimen, sí, una enormidad, matar a un hombre, ciertamente es un crimen mucho más profundo comer y devorar a un hombre; de ahí que Agustín concluya, *de doct. christ.* Lib. III. cap.16, que estas palabras deben entenderse y explicarse en sentido figurado, porque de lo contrario cometerían un delito flagrante».[227]

En un tema relacionado, Weemse advierte contra permitir que las lecturas y referencias marginales gobiernen las lecturas de líneas del texto y advierte que «a partir de una analogía o comparación incorrecta de las Escrituras con las Escrituras, se recopila una doctrina incorrecta». A modo de ejemplo, una comparación tradicional judía de 1 R. 4:30, «Salomón era más sabio que todos los de Oriente», con Is. 2:6, «estás lleno de costumbres de Oriente», llevó a la interpretación errónea suposición de que Salomón era un mago.[228]

3. El «alcance» más amplio del texto.

A mayor escala, los ortodoxos insisten en encontrar «la naturaleza y el diseño» de todo el «libro de Dios».[229] En este sentido, identifican frecuentemente a Cristo como el *scopus* hacia el cual tienden todas las Escrituras: Cristo es la sustancia de toda la Escritura. De manera similar, haciéndonos eco de Agustín, debemos mirar hacia el fin de toda la doctrina enseñada

---

[226] Roberts, *Clavis Bibliorum*, págs. 51-52 (regla VII.1-2).

[227] Whitaker, *Disputation*, IX, 5 (pág. 472).

[228] Weemse, *Christian Synagogue*, pág. 269.

[229] Owen, *Causes, Ways, and Means*, en *Works*, IV, pág. 200; cf. arriba, 3.5 (A-B).

en las Escrituras, que es el amor de Dios al que están unidas la fe y la esperanza.²³⁰ De manera similar, el Nuevo Testamento puede entenderse como el intérprete del Antiguo. En la amplia escala de toda la Escritura, la identificación de Cristo o el pacto como el alcance del texto estaba de acuerdo con el enfoque reformado del problema de los dos Testamentos. Desde la época de Melanchthon y Calvino hasta el siglo XVII, hay una referencia constante en la interpretación bíblica reformada a la unidad y distinción de los Testamentos, es decir, que son uno en sustancia o promesa y distintos o diversos en administración y en la manera específica de revelación.²³¹ Así, algunas cosas se revelan parcialmente, en forma de promesas, figuras o tipos en el Antiguo Testamento que se revelan en forma de cumplimiento, realidad o antitipo en el Nuevo Testamento. Esta distinción entre los Testamentos explica las diferencias en la vida del pueblo de Dios, la ley ceremonial y su derogación, la revelación gradual de la manera de la salvación en Cristo a pesar de la fundamentación de todo el pacto de gracia en él desde el principio, la revelación más completa del amor de Dios por todos los hombres en el Nuevo Testamento, la revelación parcial de la Trinidad en el Antiguo Testamento y su revelación completa en el Nuevo, y la revelación más clara de las últimas cosas en el Apocalipsis en comparación con la revelación de los últimos tiempos en los profetas del Antiguo Testamento. La unidad del todo, en y a través de su diversidad, se vuelve clara, por lo tanto, con atención al alcance, y la relación del alcance con todas las partes en su diversidad se manifiesta a través de la atención a las figuras, los tipos y la relación de los testamentos.²³²

4. La analogía de la fe y la analogía de la Escritura.

Este tipo de comparación o conferencia de textos se basa, lógica y hermenéuticamente, en una suposición de armonía general de significado y mensaje: más allá de esta «analogía de la Escritura» estrictamente definida está la analogía de la fe, según la cual los artículos fundamentales de fe enunciados en los temas catequéticos básicos del Credo, el Padrenuestro y el Decálogo operan como salvaguardias interpretativas ante la interpretación de textos particularmente difíciles. El uso interpretativo negativo del Decálogo como clave para entender Jn. 6:53, por lo tanto, también representa un

---

[230] Zanchius, *In Mosen ... Prolegomena*, col. 16: «*Tenendus est scopus, in quem omnes scripturae tendunt: Hic est Iesus Christus.... Est igitur semper in scripturis quaerendus in primis Christus: qouniam is est substantia, ut vocant, omnium scripturarum*».

[231] Melanchius, *Loci communes* (1543), x-xi; Calvino, *Institutos*, II, x-xi; cf. Witsius, *De oeconomia foederum*, III, ii-iii; John Ball, *A Treatise of the Covenant of Grace* (London, 1645), II, i.

[232] Ball, *Treatise of the Covenant of Grace*, II, i (especialmente págs. 200-202); con referencia a la doctrina de la Trinidad, ver *DRPR*, IV, 4.1 (A); 4.2 (A-B).

elemento integral del método —un paso lógico que otorga el carácter de la *analogia fidei*.[233]

En opinión de Zanchius, como preparación para toda interpretación, el lector debe conocer y comprender todos los principios doctrinales expuestos en el Decálogo, el Padrenuestro y el Credo de los Apóstoles. Los Credos Niceno y Atanasiano también son importantes para la interpretación. Si todo lo demás falla, entonces se deben consultar los «testimonios e interpretaciones» de los mejores comentaristas, particularmente los de la «Iglesia antigua y más pura». Esto no quiere decir que un intérprete deba recurrir de manera simplista al consenso de los antiguos padres. No hay nada en las Escrituras que no pueda entenderse ni por medio de estos símbolos ni mediante un uso diligente de la *analogia fidei*.[234] Zanchius también señala las implicaciones más amplias de la *analogia fidei*: La Escritura no contradice la Escritura. Por lo tanto, si queremos saber si Jacob o Abraham fueron justificados por las obras, debemos mirar no solo el libro del Génesis y el contexto del pasaje, sino también las declaraciones de Pablo sobre este tema. Por lo tanto, a modo de resumen, «las Escrituras se explican con las Escrituras, los lugares oscuros con los claros». Todos los lugares difíciles se explican en pasajes claros, con el resultado de que nada relacionado con nuestra salvación queda oscuro en las Escrituras.[235]

En el nivel más fundamental, la analogía de la fe y el uso de un sentido más amplio de las verdades de la teología sirven como regla para superar las dificultades causadas para la interpretación por las figuras del texto: la analogía de la fe identifica las cosas significadas por la figura. El Antiguo Testamento, por ejemplo, habla muchas veces de Dios de forma antropomórfica, pero reconocemos las figuras porque sabemos como verdad fundamental que Dios es espíritu. Si una palabra o frase habla de un acto vergonzoso o una acción malvada, como enseña Agustín, es figurativa si parece no tener uso o beneficio, no figurativa si, como se dice, tiene un uso o beneficio. Algunas de las figuras del Antiguo Testamento apuntan al advenimiento de Cristo y deben interpretarse como esbozos de la doctrina cristiana: por tanto, la circuncisión debe entenderse como literal y no figurativa en su propio tiempo y contexto en el Antiguo Testamento, pero como figurada en y para el tiempo del Nuevo Testamento, concediendo que se le dio un nuevo significado en Cristo.[236]

---

[233] Zanchius, *In Mosen ... Prolegomena*, col. 18; cf. Whitaker, *Disputation*, IX, 5 (págs. 472-473, regla séptima).

[234] Zanchius, *In Mosen ... Prolegomena*, col. 18; cf. Amyraut et al., *Syntagma thesium theologicarum*, I, ix, 41; Roberts, *Clavis Bibliorum*, págs. 40-43.

[235] Zanchius, *In Mosen ... Prolegomena*, cols. 17-18 (regla 12).

[236] Zanchius, *In Mosen ... Prolegomena*, col. 119, citando a Agustín, *De doctrina christiana*, III, 10, 16, 18.

La analogía de la fe, además, fue justificada y salvaguardada hermenéuticamente por el reconocimiento dogmático por parte de los ortodoxos protestantes de que las marcas y atributos objetivos de la divinidad de las Escrituras, por más que pudieran ser expuestos racionalmente, no podían ser probados racional o empíricamente. La seguridad de la autoridad divina de las Escrituras estaba dada por la fe, y la fe, considerada doctrinalmente, proporcionó el puente entre las discusiones preliminares en el sistema teológico (prolegómenos y la doctrina de las Escrituras) y la doctrina de Dios.[237] La analogía de la fe es, por tanto, el paralelo hermenéutico del análisis de la fe como *principium cognoscendi internum*.

Esta visión del papel de la fe —no solo *fides qua* pero también *fides quae creditur*— prepara el terreno para la réplica católica romana de que la tradición debe ser normativa. Perkins notó el problema en su *Reformed Catholike* y ofreció la solución ortodoxa en la que la analogía de la fe está limitada por definición a un sentido amplio de las Escrituras en su conjunto, pero aún corresponde aproximadamente con la teología de la iglesia, al menos en sus llamados artículos fundamentales:[238]

> Diversos lugares de las Escrituras son dudosos, y cada religión tiene sus diversas exposiciones de ellos, como los papistas tienen las suyas y los protestantes las suyas. Ahora bien, como solo puede haber una verdad, cuando se trata de la interpretación de las Escrituras, se debe recurrir a la tradición de la Iglesia, para que se determine el verdadero sentido y se ponga fin a la cuestión.[239]

Perkins responde:

> No es así, sino que en lugares dudosos la Escritura misma es suficiente para declarar su propio significado: primero, por la analogía de la fe, que es la suma de la religión reunida en los lugares más claros de la Escritura; segundo, por las circunstancias del lugar, la naturaleza y el significado de las palabras: en tercer lugar, por la conferencia de lugar con lugar... La Escritura misma es el texto y la mejor glosa. Y la Escritura está falsamente desgarrada en materia de contienda, no siendo así por sí misma, sino por el abuso de los hombres.[240]

En esta definición, la analogía de la fe indica no la interpretación de las Escrituras por medio de la tradición de la doctrina cristiana, sino una analogía ampliada de las Escrituras. Es importante señalar esto, dada la tendencia de

---

[237] Cf. Mastricht, *Theoretico-practica theol.*, II, I, 1.

[238] Sobre artículos fundamentales *DRPR*, I, 9.1-9.2.

[239] William Perkins, *A Reformed Catholike*, en *Workes*, I, pág. 583, col. 1D.

[240] Perkins, *Reformed Catholike*, en *Workes*, I, pág. 583, col. 1D-2A.

los escritores modernos a identificar la *analogia fidei* como una cuadrícula de credos colocada sobre el texto. Pero la analogía se hace del texto en cuestión con el significado teológico más amplio de toda la Escritura: funciona de manera similar al significado más amplio de *scopus* señalado anteriormente.[241] Los ortodoxos protestantes estaban seguros de la unidad y coherencia del mensaje bíblico, así como de la relación íntima entre las diversas formas y niveles de la teología, desde la exégesis básica de la página sagrada pasando por la exposición de sus artículos fundamentales en catequesis, hasta las formas más elaboradas de teología positiva, polémica y escolástica.[242] La analogía de la fe está conectada, explícitamente, con la identificación de los artículos fundamentales de la fe y, por tanto, también con las verdades doctrinales identificadas para toda la iglesia en la catequesis básica:

> Ahora bien, la analogía de la fe no es otra cosa que el sentido constante del tenor general de las Escrituras en esos claros pasajes de las Escrituras, donde el significado no se encuentra bajo ninguna oscuridad; tales como los artículos de fe en el Credo, el contenido del Padrenuestro, el Decálogo y todo el Catecismo: porque cada parte del Catecismo puede ser confirmada por pasajes claros de las Escrituras.[243]

Este «tenor general» de las Escrituras puede, por supuesto, estar sujeto a una aplicación bastante extensa y, como muestra la exégesis ortodoxa reformada, incluye no solo enseñanzas obtenidas directamente del texto mediante la exégesis, sino también doctrinas extraídas como conclusiones lógicas del texto, con el resultado de que los argumentos basados en la analogía de la fe pueden parecer algo racionalizadores.

Así, Whitaker puede ofrecer como ejemplo principal del uso de la analogía de la fe una refutación de las doctrinas católica romana y luterana de la presencia sacramental:

> los papistas obtienen la transubstanciación de las palabras «Este es mi cuerpo», haciendo que el significado de ellas sea este: Este pan se transforma en mi cuerpo. Los luteranos adoptan otra interpretación, a saber: El cuerpo de Cristo está debajo de este pan; y de ahí inferir su doctrina de la consustanciación. Ambas exposiciones están en desacuerdo con la analogía de la fe.[244]

La analogía de la fe, en este caso, comienza señalando conclusiones legítimamente extraídas del conjunto más amplio de escritos del Nuevo

---

[241] Cf. arriba, 3.5.
[242] Cf. *DRPR*, I, 4.2 (B.2).
[243] Whitaker, *Disputation*, IX, 5 (pág. 472).
[244] Whitaker, *Disputation*, IX, 5 (págs. 472-473).

Testamento. Hay tres conclusiones que pesan en contra de los puntos de vista católicos romanos y luteranos:

> En primer lugar, la analogía de la fe enseña que Cristo tiene un cuerpo semejante al nuestro: ahora bien, tal cuerpo no puede esconderse bajo los accidentes del pan ni estar junto con el pan. En segundo lugar, la analogía de la fe enseña que Cristo está en el cielo; por tanto, no está en el pan ni con el pan. En tercer lugar, la analogía de la fe enseña que Cristo vendrá al juicio desde el cielo, no desde la píxide.[245]

La lógica del argumento bíblico, aquí, sigue el principio frecuentemente enunciado en los prolegómenos reformados de que los silogismos mixtos que utilizan principios racionales o verdades racionalmente conocidas en la versión mayor y el texto bíblico en la menor son legítimos en teología: en resumen, el cuerpo de Cristo debe ser como los demás cuerpos humanos. Pero la forma del argumento también añade un matiz, porque ninguna parte del argumento está formulada por una verdad puramente racional. Más bien, todas las partes del argumento provienen del texto de las Escrituras y la conclusión resulta de la recopilación del texto.[246]

El significado teológico de las palabras, sin embargo, aparece plenamente solo a partir de la analogía de la Escritura, específicamente, de la conferencia del texto con otros textos similares, y del examen posterior de las formas lingüísticas en el texto —las estructuras gramaticales y las figuras— por los motivos proporcionados por la analogía. En primer lugar, 1 Co. 11:26 ofrece la exposición que hace el apóstol Pablo de las palabras de Cristo: «Esto es mi cuerpo» y «ésta es mi sangre del nuevo pacto, que por muchos es derramada para remisión de los pecados», como indicación de un acto de memoria «que muestra *la muerte del Señor hasta que él venga*». Aplicando la analogía y examinando la gramática y la figura, Poole puede argumentar:

> El hecho de que Cristo tomara la copa y diera gracias fueron acciones de la misma naturaleza que las que utilizó en relación con el pan... Que los papistas y los luteranos digan lo que puedan, aquí debe haber dos figuras reconocidas en estas palabras. La *copa* se pone aquí para el vino en la copa; y el significado de estas palabras, *Esta es mi sangre del nuevo pacto*, debe ser, este vino es la señal del nuevo pacto. ¿Por qué no deberían reconocer tan fácilmente una figura en esas palabras? *Esto es mi cuerpo*, no lo puedo entender; el pronombre *esto*, en griego, está en el género neutro y es aplicable al término *copa*, o al término *sangre*; pero es muy razonable interpretarlo: Esta

---

[245] Whitaker, *Disputations*, IX, 5 (pág. 473).
[246] Cf. *DRPR*, I, 8.3 (B.2).

copa, es decir, el vino en esta copa, es la sangre del nuevo pacto, o testamento, es decir, la sangre por la cual se confirma y establece el nuevo pacto. Así, *la sangre del nuevo pacto* se significa en varios textos, Ex. 24:8; Zac. 9:11; He. 9:20; 10:29.[247]

La analogía de la Escritura, entendida en su sentido más amplio y leída en el contexto de una hermenéutica de la promesa y el cumplimiento, es evidente en la exégesis de Poole de los otros textos señalados en la cita anterior: a modo de ejemplo, la exégesis de Zac. 9:11, «Y tú también por la sangre de tu pacto serás salva; yo he sacado a tus presos de la cisterna en que no hay agua». Estas palabras, comenta Poole, son «las palabras de Cristo» a la «iglesia judía». Por supuesto, históricamente se da el caso de que el edicto de Ciro había «enviado a los judíos a casa, pero en esto él era siervo de Cristo, y Cristo tenía presente el pacto, y para cumplirlo los sacó *de la cisterna en que no hay agua*; Babilonia, comparada con un pozo en el que no había agua, donde los judíos debieron haber perecido, si la misericordia de Cristo no los hubiera visitado».[248]

El otro texto del Antiguo Testamento citado en la exposición de las palabras de institución, Ex. 24:8, «Entonces Moisés tomó la sangre y roció sobre el pueblo, y dijo: He aquí la sangre del pacto que Jehová ha hecho con vosotros sobre todas estas cosas», sirve como ejemplo de la manera en que, bajo el principio de analogía y otorgando modelos de profecía y cumplimiento, tipo y antitipo, apoyándose en la unidad y distinción del Testamentos, el texto interpretado literalmente todavía puede apuntar en varias direcciones. Poole señala que esta aspersión de sangre sobre el pueblo indicaba tanto «su ratificación del pacto por su parte, como su voluntad secreta de derramar su propia sangre si no lo guardaban» y «su aspersión de sus conciencias con la sangre de Cristo, y su obtención de redención, justificación y acceso a Dios solo a través de él», este último significado se confirma con referencia a He. 9:20, 22; 13:20 y Lc. 22:20.[249]

5. Lógica e interpretación: la extracción de conclusiones buenas y necesarias.

En la era de la ortodoxia, la cuestión de sacar conclusiones del texto de las Escrituras para establecer puntos doctrinales fue debatida por los reformados contra los arminianos y socinianos en particular quienes, en opinión de los

---

[247] Poole, *Commentary*, 1 Co. 11:26 in loc. (III, pág. 12).

[248] Poole, *Commentary*, Zac. 9:11 in loc. (II, pág. 1006); cf. *Annotaciones de Westminster*, in loc. (Zac. 9:9-11), y *Anotaciones Holandesas*, in loc.

[249] Poole, *Commentary*, Ex. 24:28 in loc. (I, pág. 171); cf. Willet, *Hexapla in Exodum*, págs. 466-467; *Annotaciones de Westminster*, in loc.

reformados, se negaron a permitir el pleno uso de este recurso interpretativo en gran medida porque podría establecer la ortodoxia en contra de sus enseñanzas. El uso adecuado de las consecuencias supone que,

> Las consecuencias necesarias de la Palabra escrita de Dios prueban suficiente y firmemente que el consecuente o conclusión, si es teórica, es una cierta verdad divina que debe creerse y, si es práctica, es un deber necesario que estamos obligados por *jure divino*.[250]

Aun así, tal argumentación debe proceder con cautela, de modo que el principio «no sea... tan ampliado como para comprender razonamientos y consecuencias erróneos de las Escrituras... [ni] tan contraído y forzado como lo quisieran los arminianos, que no admiten pruebas de las Escrituras, sino textos explícitos o consecuencias... ya que ni son ni pueden ser controvertidos por ningún hombre que sea *rationis compos*».[251] Tal limitación conduciría a la exclusión de diversas doctrinas planteadas contra los arrianos, arminianos, socinianos y papistas.

El método en sí, más allá de la yuxtaposición de un pasaje con otro o de un pasaje bíblico con una verdad conocida, supone que los textos individuales de las Escrituras pueden examinarse en términos de las «causas... efectos, complementos, comparaciones [y] contrarios» de las cosas que se enseñan en el pasaje. Así, He. 1:8, 10, «del Hijo dice... Tú, oh Señor, en el principio fundaste la tierra, y los cielos son obra de tus manos», lleva, mediante el examen de la cuestión de las causas y los efectos, a la conclusión de que Cristo es verdaderamente Dios.[252]

Citando a Cameron, Gillespie señala que este enfoque no exalta la razón humana, dado que no es la mera fuerza de la razón la que fundamenta la aceptación de la consecuencia: la aceptación se basa en la identificación de la consecuencia como la verdad de Dios. Además, la cuestión no es que la razón natural, argumentando sobre la base de los sentidos o la experiencia, haya producido una verdad: más bien es una «razón renovada y rectificada... cautivada y sometida a la obediencia de Cristo, juzgando las cosas divinas, no por las humanas, sino por reglas divinas y respetando los principios bíblicos» que ha dado testimonio de verdaderas consecuencias doctrinales.[253]

Rijssen ofrece una serie de argumentos para demostrar que es legítimo el uso de la lógica para extraer consecuencias doctrinales en materia de fe. Primero, señala que tal procedimiento lógico se ajusta a los objetivos

---

[250] George Gillespie, *A Treatise of Miscellany Questions*, XX, en *The Works of Mr. George Gillespie*, 2 vols. (Edinburgh: Ogle, Oliver, and Boyd, 1846), II, pág. 100; cf. Boston, *Body of Divinity*, I, págs. 31-32.

[251] Gillespie, *Treatise of Miscellany Questions*, XX (pág. 100).

[252] Ainsworth, *Orthodox Foundation*, pág. 5.

[253] Gillespie, *Treatise of Miscellany Questions*, XX (pág. 101).

conocidos de las Escrituras mismas: «la meta de las Escrituras (*finis scripturae*) es instrucción, debate, corrección, entrenamiento y perfección en justicia, 2 Ti. 3:16» mientras que Ro. 15:4, donde los corresponsales de Pablo son identificados como «llenos de toda ciencia y capaces de instruirse unos a otros» ciertamente implica la importancia de sacar conclusiones basadas en la instrucción fundamental ofrecida en el Texto.[254] Además, no es la naturaleza de los seres humanos ser tontos irracionales; lo suyo es el deseo y la capacidad de «penetrar hasta la médula y el sentido de las palabras».[255] También se da el caso de que la sabiduría de Dios es tal que Dios comprende plenamente las consecuencias de todo lo que dice y, a diferencia de los seres humanos, seguramente debe desear que la gente entienda su palabra para incluir todo lo que puede extraerse legítimamente de sus pronunciamientos. Ésta es, además, la única manera de comprobar y refutar las consecuencias que herejes y papistas extraen erróneamente del texto.[256] Si se necesitan más pruebas de la legitimidad de esta práctica, basta mirar el ejemplo de Cristo y los apóstoles: Cristo, después de todo, refutó a los saduceos al probar la doctrina de la resurrección de los muertos como consecuencia de la doctrina del pacto, los apóstoles consistentemente argumentan que Jesús debe ser el Mesías sacando conclusiones del Antiguo Testamento, y Pablo también argumentó la resurrección de Cristo a partir del texto de un Salmo.[257]

Esta extracción de conclusiones lógicas, al igual que la comparación y cotejo de textos, implica pruebas tanto positivas como negativas, ya que algunos artículos de doctrina son positivos y contienen dogmas que deben creerse, y otros son negativos y contienen rechazos del error: «los primeros, que son los objetos propios de la fe, deben demostrarse clara y ciertamente a partir de las Escrituras; en cuanto a estos últimos, fácilmente se puede demostrar que son falsos porque no se mencionan en las Escrituras».[258] La carga de la prueba recae sobre aquellos que afirman que un artículo teológico es bíblico y verdadero. Por lo tanto, «los adversarios» deben probar sus doctrinas de la Misa y el purgatorio a partir del texto de las Escrituras.[259]

El enfoque y la aplicación limitados del uso de la razón para sacar conclusiones se ve en la objeción que señala Rijssen: el hecho de que los

---

[254] Rijssen, *Summa theol.*, II, xii, controversia, arg. 1.

[255] Rijssen, *Summa theol.*, II, xii, controversia, art. 2: «*Natura hominis, qui non est truncus, sed creatura rationalis; adeo debet ad medullam & sensum verborum penetrare*».

[256] Rijssen, *Summa theol.*, II, xii, controversia, arg. 3-5.

[257] Gillespie, *Treatise of Miscellany Questions*, XX (pág. 101), citando Mt. 22:31-2; Lc. 10:34-6; Hch. 13:33-34; Rijssen, *Summa theol.*, II, xii, controversia, arg. 6; cf. Boston, *Body of Divinity*, I, pág. 32.

[258] Rijssen, *Summa theol.*, II, xvii, controversia.

[259] Rijssen, *Summa theol.*, II, xvii, controversia.

discípulos fueran incapaces de «soportar» la totalidad de la enseñanza del Señor (Jn. 16:12) no impide utilizar la doctrina que poseemos ni obstaculiza la extracción de conclusiones lógicas a partir de ella. Seguramente el Señor no quiso decir que en el futuro se revelarían nuevos dogmas, diferentes en sustancia de los que había enseñado previamente, sino solo que una declaración más completa y una persuasión más segura acerca de las mismas doctrinas serían posibles a través de la obra del Espíritu.[260] Tampoco es aceptable suponer que hay muchas doctrinas que no están contenidas en las Escrituras ni pueden extraerse de ellas, admitiendo que las propuestas de los «papistas», como la virginidad perpetua de María, el descenso local de Cristo a los infiernos, el purgatorio y la Misa, son innecesarias o falsas.[261]

Como dejan claro los diversos ejemplos de la técnica, estamos tratando aquí con una cuestión con matices bastante diferentes al problema del uso de la filosofía y la razón tratado en los prolegómenos a la teología.[262] La cuestión no es cómo equilibrar las verdades de la revelación y las verdades de la razón en un argumento de tal manera que la verdad de la revelación determine el resultado del argumento; más bien, la cuestión es la recopilación y comparación de textos bíblicos en aras de determinar el significado de uno de ellos o de establecer una conclusión a partir del propio cotejo y comparación. Esta técnica interpretativa no importa nuevos conceptos al Texto, sino que saca conclusiones racionales basadas enteramente en una serie de textos bíblicos. En resumen, es un ejercicio de analogía de las Escrituras, que avanza hacia la clarificación de los lineamientos de la analogía de la fe.

Tampoco se sostiene la objeción de que tales procedimientos lógicos hagan que la fe sea inaccesible a los simples: «se debe admitir que un teólogo tenga un conocimiento más perfecto de las consecuencias [de la aplicación de la lógica]; sin embargo, no hay razón para que la más ignorante de las personas, totalmente carente de conocimientos de lógica y metafísica, no posea, según su capacidad, suficiente luz de razón y lógica natural para captar las consecuencias naturales».[263] La razón e incluso algún raciocinio desempeñan un papel necesario en la fe, aunque la razón sea capaz de cometer error: la fe, después de todo, implica algún conocimiento por parte del creyente, y la fe misma es característica solo de los seres racionales. «La razón no yerra siempre y en todas las cosas; y si ocasionalmente cae en error, la fe no tiene nada que ver con esto —ni se elimina del mundo todo

---

[260] Rijssen, *Summa theol.*, I, xi, controversia 1, obj. 1.
[261] Rijssen, *Summa theol.*, I, xi, controversia 1, obj. 2.
[262] Cf. *DRPR*, I, 8.3.
[263] Rijssen, *Summa theol.*, II, xii, controversia, obj.1 & resp.

conocimiento y certeza y se introduce el pirronismo».[264] Como en el caso de la apologética ortodoxa protestante y el uso ortodoxo de las pruebas de la existencia de Dios, el contexto de la observación es crucial para la comprensión de su contenido: desde finales del siglo XVI hasta finales del XVII, el escepticismo filosófico, como se evidencia por un resurgimiento del interés por el pensamiento de Sexto Empírico y, en cierta medida, por la búsqueda de Descartes de un nuevo método a través de la duda, llevaron a la teología protestante a la afirmación de la validez del juicio racional, dentro de límites.[265] Si la afirmación de Rijssen de que la razón «ocasionalmente cae en errores», hecha en la transición entre la alta ortodoxia y el siglo XVIII, evidencia una mayor confianza en la función instrumental de la razón que la que se puede encontrar entre los reformadores, éstos no habían encontrado el uso del escepticismo pirrónico de Charron y otros como herramienta para forzar el reconocimiento de la autoridad magisterial de la Iglesia frente al enfoque protestante, bíblico-exegético, de la fe y la certeza. Tales declaraciones deberían, como mínimo, situarse en el contexto de la delimitación del uso de la razón en su prolegómeno.[266]

6. Evaluación final.

El método exegético aquí descrito no es medieval ni moderno: ha restado importancia y desalentado el uso frecuente de los diversos enfoques alegóricos y espirituales del texto, y ha concentrado el significado en la comprensión gramatical, literal, textual y contextual de un pasaje determinado, pero no ha avanzado hacia un modelo primariamente «histórico» en el sentido moderno del término. Al igual que los modelos medievales, conserva un fuerte sentido del carácter eclesiástico de la exégesis —y su énfasis en la ocasión, el alcance y el contexto del pasaje se dirige, en consecuencia, hacia la ocasión específicamente *teológica*, el alcance *dogmático* y el contexto *doctrinal*. El enfoque o centro de gravedad del método, tal como lo representan estas preocupaciones textuales-teológicas, está claramente en el significado literal, y generalmente en una comprensión «estricta» o no figurativa de «literal», a menos que la ocasión, alcance o contexto de un pasaje parezcan exigir una construcción figurativa. Sin embargo, a diferencia de la exégesis moderna y en continuidad con los diversos métodos patrísticos y medievales, esta

---

[264] Rijssen, *Summa theol.*, II, xii, controversia, obj. 1 & resp.

[265] Cf. Richard H. Popkin, *The History of Scepticism from Erasmus to Spinoza*, 2nd ed. (Berkeley: University of California Press, 1979), págs. 17-43, 175-184. Este tema será discutido con cierta extensión en el volumen tres bajo el tema de las pruebas de la existencia de Dios.

[266] Cf. Rijssen, *Summa theol.*, I.vii; con la discusión en *DRPR*, I, 2.6 (C); III, 2.2 (B.3); 3.2 (C.1); nótese también Henry G. Van Leeuwen, *The Problem of Certainty in English Thought, 1630-1690* (The Hague: Nijhoff, 1963); y Richard H. Popkin and Arjo Vanderjagt, *Scepticism and Irreligion in the Seventeenth and Eighteenth Centuries* (Leiden: E. J. Brill, 1993).

exégesis protestante no solo no se centra en la situación histórica original del texto como su principal *locus* del significado, también supone que la alteración del contexto histórico entre el momento de la escritura del texto y el momento del exégeta —incluso cuando esa alteración se observa como parte del ejercicio interpretativo— de ninguna manera representa una barrera para la dirección de la Palabra en el texto a los lectores, intérpretes y oyentes de esa Palabra en la iglesia.

No hemos llegado muy lejos, en la era de la exégesis ortodoxa reformada, del encabezado marginal de la Segunda Confesión Helvética, «la predicación de la Palabra de Dios es la Palabra de Dios». Esta famosa frase no solo implicaba una definición estricta de las Escrituras como Palabra y una teoría tradicional de inspiración verbal detallada, sino que también suponía, en continuidad con la exégesis medieval y reformada posterior, que (para tomar prestada y abusar de una frase de la hermenéutica moderna) los «dos horizontes», el horizonte de significado del texto y el horizonte de significado del exégeta, eran potencialmente uno y el mismo.[267] El objetivo de la exégesis no era ofrecer un horizonte histórico de significado totalmente nuevo, sino ofrecer una visión más amplia, más clara y más precisa del horizonte bíblico-eclesiástico de la única comunidad de fe. O, para decirlo en un lenguaje más antiguo, la cuestión, tanto para el protestante ortodoxo como para el doctor medieval y el reformador del siglo XVI, sigue siendo la elucidación de *sacra pagina* en aras de la declaración de *doctrina* y la formulación de *sacra theologia*. Además, la distinción entre página y teología no se entiende tanto en términos históricos y formales, como el paso de la Palabra dada a las diversas formas aceptadas de su proclamación y declaración.

Esta comprensión del tenor subyacente de la exégesis ortodoxa protestante manifiesta, también, la conexión íntima entre el trabajo más textual y gramatical realizado por el exégeta protestante, el elemento de la interpretación bíblica protestante más antigua a veces vista como «moderna», y el trabajo doctrinal y lógico del exégeta ortodoxo típicamente visto como problemático y no genuinamente relacionado con la interpretación textual en las historias de exégesis.[268] Por el contrario, sacar conclusiones lógicas del texto es una parte integral del método que sirve a la intención básica del método —la intención de extraer *sacra doctrina* y *sacra theologia* de *sacra pagina*. De hecho, la extracción de conclusiones lógicas aparece como uno de los pasos hermenéuticos finales del método, estrechamente relacionado con la aplicación de la *analogia Scripturae* y la *analogia fidei*. (Vale la pena

---

[267] Cf. Anthony C. Thiselton, *The Two Horizons: New Testament Hermeneutics and Philosophical Description* (Grand Rapids: Eerdmans, 1980).

[268] Cf. Farrar, *History of Interpretation*, págs. 357-379; Hayes and Prussner, *Old Testament Theology*, págs. 6-19.

señalar que estos procedimientos comparten elementos con el enfoque precrítico identificado en la caracterización que hace Congar del biblicismo medieval, donde las preguntas relativas a una «formulación doctrinal no bíblica» podían responderse con una «referencia bíblica que fuera al menos equivalente o indirecta»: se utilizan herramientas de fe, lógica, retórica y filosofía para ofrecer una conclusión bíblica a una pregunta que el texto no aborda específicamente).[269]

Al igual que en los prolegómenos, también en la doctrina de las Escrituras la ortodoxia protestante pisaba la estrecha línea entre el fideísmo y el racionalismo. Era difícil trazar la línea divisoria y, en el siglo XVII, el equilibrio era cada vez más difícil de mantener, más difícil al menos de lo que había sido para los escolásticos medievales, debido a la relativa independencia del exégeta de la tradición y del *magisterium* eclesiástico —y más difícil también de lo que había sido para los reformadores, debido a la creciente tensión causada a la teología doctrinal por los diversos resultados de la exégesis, particularmente la realizada por los exégetas socinianos y deístas, y debido a las tensiones y presiones ejercidas al sistema teológico protestante por el avance de la crítica textual. Sin embargo, la prominencia de la fe como elemento en la doctrina de las Escrituras y de la *analogia fidei* en la discusión sobre la interpretación surgió un modelo confesional y eclesiástico para la exégesis y mantuvo la lectura espiritual y eclesial del texto necesaria para la existencia del sistema dogmático ortodoxo. Fe, tanto *fides qua* como *fides quae*, más que la razón, siguió siendo la norma de interpretación, incluso reconociendo el poderoso y necesario papel desempeñado por la racionalidad del exégeta protestante individual.

El octavo medio de interpretación de Whitaker, siguiendo la analogía de la fe y subordinado a ella, es la consulta con otros exégetas, concretamente mediante la lectura de comentarios. Todas estas obras deben usarse con cuidado, por supuesto, ya que no tienen autoridad última en sí mismas, sino que descansan en la autoridad de las Escrituras y el ejercicio de la razón.[270] Por lo tanto, la tradición exegética específicamente protestante, en la medida en que se base en las Escrituras y el correcto uso de la razón, tendrá el mismo peso que las «autoridades» del pasado. (Es significativo que el único elemento de la *quaestio* medieval que casi desaparece del uso protestante de ese método de exposición es el «*sed contra*», donde el doctor medieval ofrecería una refutación inicial de una «autoridad» antes de expresar su propia opinión: el método exegético protestante permite, de hecho, aconseja, recurrir a la tradición teológica, pero se niega a concederle el mismo estatus de autoridad que tenía en la escolástica más antigua).

---

[269] Congar, *Tradition and Traditions*, pág. 87.
[270] Whitaker, *Disputation*, IX, 5 (pág. 473).

7.5 De la exposición a la declaración doctrinal

A. Patrones de interpretación: la identificación y obtención de *Doctrina*

La exégesis, el marco más amplio de interpretación que conduce a la exposición y los métodos dogmáticos defendidos por la ortodoxia reformada estaban profunda y orgánicamente interrelacionados. La suposición de los ortodoxos, al igual que la de los reformadores, era que la exégesis funcionaba no como un fin disciplinario en sí mismo sino como la base y el fundamento de un camino —un *methodus*— que conduce a la formulación teológica sobre todas las cuestiones de doctrina y práctica. Esta formulación, por otra parte, podría tomar la forma de predicación, de catequesis o de teología didáctica, escolástica o polémica.

1. Premisas básicas: instrucción en la fe, interpretación bíblica y catolicidad.

Trelcatius ofrece una declaración sucinta del enfoque ortodoxo temprano de la interpretación de las Escrituras que distingue entre la importancia de un conocimiento básico de las verdades de las Escrituras y el estudio exegético y teológico del texto: el primero es «instrucción», el segundo, estrictamente hablando, «interpretación». Tanto la instrucción como la interpretación son necesarias. La instrucción debe tener lugar con el fin de comunicar e inculcar los preceptos contenidos en las Escrituras y con el fin de ofrecer a los creyentes las verdades necesarias para la salvación. Proporciona una edificación general en las reglas de vida y doctrina. La interpretación sigue la instrucción, comenzando con el Espíritu Santo guiando al lector en toda verdad hacia la caridad cristiana.[271] Es digno de mención que el enfoque protestante ortodoxo de la interpretación asume el testimonio del Espíritu en y a través del texto y reconoce, como lo hicieron los reformadores, la necesidad de que la interpretación tenga lugar en el contexto de la creencia y la salvación y, de hecho, de que la interpretación surja de la propia obra de salvación. surgen de la obra misma de la salvación. El argumento de Trelcatius, haciéndose eco de Zanchius, no difiere del planteado por Agustín en su *De doctrina christiana* que la interpretación de la Escritura procede del temor inicial de Dios, a través de la meditación del texto, a la fe y la esperanza y, finalmente, al amor genuino de Dios.[272] El *De doctrina cristiana* siguió constituyendo un importante punto de referencia para la exégesis protestante durante toda la era de la ortodoxia.

---

[271] Trelcatius, *Schol. meth.*, I, ii.
[272] Agustín, *De doctrina Christiana*, I.22-36; II, 6-7, en *PL* 34, cols. 26-34, 38-40.

De hecho, discernimos en el enfoque ortodoxo temprano de la interpretación doctrinal y teológica de las Escrituras una continuidad de intención que vincula el método no solo al trabajo de los reformadores sino también a la tradición exegética más antigua. De hecho, si hay que hacer una distinción entre la hermenéutica de un Zanchius o un Trelcatius y la de Calvino, tiene menos que ver con una rigidez escolástica de la doctrina o un principio predestinario que con una catolicidad de enfoque más amplia, vínculos más claros con la tradición, y dados esos vínculos, un énfasis más fuerte en la interpretación como ejercicio espiritual. En consecuencia, hay dos aspectos del método que causarían una tensión creciente sobre la forma y el significado de la doctrina de las Escrituras durante el siglo XVII: el enfoque textual y gramatical de la exégesis y el enfoque eclesiástico, católico o tradicional de las doctrinas que se suponía que se basaban en el texto. Así, Trelcatius sostiene que la interpretación de las Escrituras consiste en el «cotejo de las Escrituras con las Escrituras; la consideración de los puntos esenciales de un lugar (*locus*), tanto según la intención del hablante como según la naturaleza de la palabra dicha».[273] Además de esta exégesis básica, el intérprete debe ser consciente de «la analogía de la fe» y exponer toda la Escritura de acuerdo con la verdad de sus principios básicos e intención. Y, en segundo lugar, el intérprete debe conocer la «práctica de la iglesia, los decretos de los más sanos concilios y las exposiciones de los padres», siempre y cuando «consientan con las Escrituras y con la analogía de la fe».[274]

El último punto planteado por Trelcatius es, claramente, el punto de énfasis en el modelo de interpretación protestante: la ortodoxia, siguiendo las opiniones de los reformadores y las grandes confesiones protestantes del siglo XVI, se encontraba conscientemente en la tradición central de la iglesia latina en su asunción de la rectitud de las decisiones teológicas patrísticas, no solo los puntos de vista trinitarios y cristológicos de los concilios, sino también una miríada de puntos teológicos menores pertenecientes a la tradición exegética de la iglesia. Junto con la analogía básica de las Escrituras, una extendida analogía de la fe colocada en un marco de aplicación de la lógica y extracción de conclusiones del texto es lo que permitió a los teólogos protestantes ortodoxos probar fórmulas doctrinales tradicionales y argumentar exegéticamente sobre sus propias fórmulas cuando una doctrina no era totalmente derivable de declaraciones únicas y explícitas de las Escrituras, como resulta evidente al examinar la doctrina de la Trinidad.[275] La *analogia fidei* permitió a los ortodoxos acercarse a las

---

[273] Trelcatius, *Schol. meth.*, I, ii.

[274] Trelactius, *Schol. meth.*, I, ii.

[275] Cf. Dudley Fenner, *The Arts of Logic and Rhetoric ... for ... the Resolution or Opening of certain Parts of Scripture* (Middelburg, 1584) con la discusión en *DRPR*, I, 8.2-8.3; IV, 4.2 (B-C); 5.1 (A); 6.2

Escrituras desde los credos y confesionalmente bajo el supuesto de que los credos y las confesiones habían surgido de una meditación eclesiástica sobre las Escrituras y, por lo tanto, debían entenderse como normas bíblicamente estandarizadas (*norma normata*).

La lucha hermenéutica entre la hermenéutica ortodoxa que coteja Escritura con Escritura con el fin de sacar conclusiones y la creciente exégesis crítica (y, a finales del siglo XVII o principios del XVIII, históricocrítica) es una lucha entre un método que encuentra y/o provoca *doctrina* de las Escrituras para la iglesia y un método que no lo hace. Como se verá más claramente en la discusión de la doctrina reformada de Dios, la exégesis reformada tradicional y la interpretación por comparación, con atención al significado de libros completos de la Biblia y al sentido más amplio de toda la Escritura, se interpone en el camino de leer los pocos textos que, por ejemplo, parecen atribuir ignorancia a Dios como literalmente verdaderos, dada la preponderancia de textos que indican que Dios sabe todo lo que ha hecho, incluidos los pensamientos y motivaciones de los seres humanos. El enfoque histórico-crítico atomiza el texto y separa las declaraciones individuales de las Escrituras de las preocupaciones teológicas más amplias generadas por el alcance de toda la Biblia.[276]

2. Reglas y métodos para la comprensión de textos.

Ursinus esboza la regla interpretativa estándar de la ortodoxia posterior tal como se presenta, por ejemplo, en la Confesión de Westminster. En la cuarta división de su prolegómeno escribe:

> Creemos y confesamos que ninguna doctrina puede enseñarse en la iglesia que sea repugnante a la Sagrada Escritura o que no esté contenida en ella. Y todo lo que no se expresa mediante el testimonio expreso de las Sagradas Escrituras, o no se deriva de una correcta comprensión de las palabras de las Escrituras, puede creerse o no creerse, modificarse, abrogarse u omitirse sin violación de conciencia… Por tanto, no rechazamos la doctrina y labores de otros en la Iglesia; pero damos el lugar que les corresponde, estamos sujetos al gobierno de la Palabra de Dios.[277]

Ursinus plantea aquí la cuestión fundamental de la hermenéutica reformada: conceder que la Escritura misma debe usarse y justificarse como autointerpretada en algún sentido, tanto en sus declaraciones doctrinales directas como en las conclusiones extraídas del texto.

(B-C); 7.2 (B), et passim.
[276] Ver más, *DRPR*, III, 5.3 (C) sobre la omnisciencia; igualmente, 6.3 sobre los afectos divinos.
[277] Ursinus, *Loci theologici*, col. 445.

De manera similar, la discusión de Zanchius sobre el método de interpretación bíblica indica la íntima relación establecida por la Reforma y continuada por la ortodoxia entre el patrón de interpretación y la formulación de la doctrina cristiana. Hay, comenta, dos métodos de enseñanza, el sintético y el analítico. Siguiendo el modelo enseñado en Padua por Zabarella, Zanchius señala que el método sintético o compositivo se utiliza adecuadamente en la recogida y enseñanza de *loci communes*, mientras que el método analítico o resolutivo se aplica propiamente a la explicación del texto de la Escritura. El estudio analítico del texto exige, primero, una demostración del «alcance» del argumento del autor en el lugar particular que se examina, luego una presentación de los argumentos que surgen del alcance del pasaje y, finalmente, la formulación de preguntas o proposiciones que surgen del contexto de la discusión. Finalmente, el método requiere la formulación de *loci communes* de las cuestiones doctrinales expuestas en las preguntas y proposiciones. El enfoque cuidadosamente definido de Zanchius, heredado de Bucer, Hyperius y Musculus, entre otros, fue diseñado para producir resultados teológicos —de hecho, para crear metodológicamente el vínculo entre la interpretación gramatical del texto y la formulación de doctrinas con el fin de proclamarlas y sistematizarlas.

Zanchius distingue además entre la doctrina o descripción doctrinal de las Escrituras y la exposición de reglas interpretativas. Primero revisa el caso de la prioridad de los textos hebreo y griego de la Biblia sobre las versiones antiguas,[278] luego argumenta la necesidad de traducciones vernáculas, y luego señala la claridad general de las Escrituras que permite su uso por parte del pueblo.[279] Estos comentarios extensos y básicamente doctrinales proporcionan el contexto para la extensa discusión de Zanchius sobre la interpretación. Sostiene que las aparentes oscuridades en el Evangelio son en realidad oscuridades que no pertenecen al Evangelio mismo sino a las mentes nubladas de los no regenerados y a los engaños de la filosofía carnal. Por tanto, la regla de interpretar la Escritura consiste en renunciar a la sabiduría y a la razón humanas y, como niños, someternos a la enseñanza de Dios en la Escritura y distinguir los pensamientos sujetos a Cristo.[280]

Otra causa de la aparente oscuridad de las Escrituras son varias ideas preconcebidas o «prejuicios» que tiene el lector, como los que tienen los impíos y caracterizan los escritos de «papistas y otros herejes» o, de hecho, de personas por lo demás piadosas cuyos pensamientos han sido torcido por las «alucinaciones» doctrinales de la época. Por lo tanto, el estudio de las Escrituras debe emprenderse sin preconceptos, sin presunciones

---

[278] Zanchius, *Praefatiuncula*, cols. 400-404.

[279] Zanchius, *Praefatiuncula*, cols. 404-415.

[280] Zanchius, *Praefatiuncula*, col. 416.

doctrinales y con una mente pura y abierta.[281] Como corolario de este punto, Zanchius sostiene que el intérprete de las Escrituras debe convertirse a Dios, detestar su pecaminosidad anterior y ser competente en piedad. El estudio de las Escrituras, por tanto, debe estar de acuerdo con el fin o meta de las Escrituras, que no es nuestra sabiduría sino nuestra creencia en Cristo y, a partir de ahí, la santificación de nuestras vidas.[282]

3. Exégesis y exposición: del estudio textual al desarrollo homilético.

Blench ha distinguido tres formas de estilos de construcción de los sermones protestantes en el siglo XVI, y aunque su estudio se basó principalmente en fuentes británicas, su modelo también sirve para describir bastante bien las fuentes protestantes continentales. Señala una forma «antigua» de exposición exhortatoria simple, característica de los primeros protestantes ingleses como Richard Taverner, Roger Edgeworth y Thomas Becon. Los sermones suelen ser breves y tienden a enfatizar las aplicaciones morales del texto,[283] un enfoque esencialmente tropológico de la Escritura. Cuando son de extensión considerable, tienden a organizarse en secciones temáticas, cada una con un mensaje exhortativo distinto. En segundo lugar, está lo que Blench llama «el nuevo método reformado», que se encuentra en los sermones del obispo Hooper, mediado por el estilo exegético de teólogos continentales como Musculus, y descrito como el método aprobado por Perkins en su *Arte of Prophecying*.[284] En tercer lugar, está lo que Blench identifica como el «estilo moderno», concebido como basado en formas clásicas y aliado a los modelos renacentistas y humanistas. Este estilo fue enseñado por Reuchlin y Erasmo, y fue el estilo enseñado en los influyentes manuales de Andreas Hyperius de Marburg.[285] Estas dos últimas formas tienden a dominar la exposición reformada y exigen comentarios extensos.

El enfoque de Hyperius argumentaba la necesidad de identificar el «argumento» o «alcance» de los libros bíblicos. Es necesario comprender adecuadamente las dificultades del lenguaje, particularmente para traducir las palabras de una lengua antigua en términos contemporáneos, los

---

[281] Zanchius, *Praefatiuncula*, col. 417.

[282] Zanchius, *Praefatiuncula*, cols. 417-418.

[283] J. W. Blench, *Preaching in England in the Late Fifteenth and Sixteenth Centuries. A Study of English Sermons, 1450-c.1600* (Oxford: Basil Blackwell, 1964), págs. 74, 100.

[284] William Perkins, *The Arte of Prophecying, a Treatise Concerning the Sacred and Onely True Manner and Methode of Preaching* (London, 1607), también en *Workes*, II, págs. 643-673; cf. Blench, *Preaching in England*, pág. 101.

[285] Andreas Gerardus Hyperius, *De theologo seu de ratione studii theologici* (Basel, 1559); e ídem, *The Practis of Preaching* (London, 1577), traducido del libro del autor *De formandis concionibus sacris* (1553); cf. Blench, *Preaching in England*, pág. 102.

múltiples significados de palabras, tropos y figuras, y la adaptación del habla a lugares y personas particulares.[286] El intérprete también debe respetar la «mente del escritor», los diversos recursos dialécticos o retóricos utilizados en un texto particular, sus antecedentes y consecuencias, y sus «circunstancias» —su entorno físico, intelectual y textual, identificado por Hyperius en términos de «persona, tiempo, manera (*modus*), causa, lugar y equipo (*instrumenta*)».[287] A modo de ejemplo: ¿un profeta habla en o por su propia «persona» o por otro —por Dios, por otro ser humano y, en este último caso, ¿por un ser humano piadoso o impío? O también, el «equipo» o los «instrumentos» usados por una persona pueden tener significado para la interpretación del texto: el equipo de Sansón y David —la quijada de un asno para matar a mil filisteos y una honda para derribar a un gigante— señalan la sabiduría de Dios que al mundo le parece necia.[288] Este método encontraría eco en la obra *Disputatio de sacra scriptura* de Whitaker y en la obra de muchos de los exégetas ortodoxos protestantes del siglo XVII.

El «nuevo método reformado» es de particular importancia teológica ya que se basa en el método *locus* de exposición de las Escrituras y, por lo tanto, fue paralelo y contribuyó a la redacción de tratados y sistemas teológicos en la era de la ortodoxia protestante. Su popularidad, particularmente en Inglaterra, demuestra la estrecha interrelación entre el desarrollo de la hermenéutica protestante, la exégesis de las Escrituras, la construcción del sistema teológico y la práctica diaria de la piedad cristiana, centrada en el sermón. En el modelo de Perkins, el sermón debía dividirse en cuatro partes. En primer lugar, el predicador es llamado a «leer el Texto claramente a partir de las Escrituras Canónicas» y luego, en segundo lugar, a ofrecer una exposición: «dar el sentido y la comprensión de lo que se lee, por la Escritura misma».[289] Perkins insiste en que «el medio supremo y absoluto de interpretación es la Escritura misma».[290] El sermón obedece al canon normativo doctrinalmente identificado: no puede basarse en los apócrifos ni en ningún otro texto. Y el modelo de interpretación, la clarificación de la Escritura con la Escritura, obliga a la *sola Scriptura* de la Reforma al aceptar solo los contenidos claramente establecidos del canon como regla para interpretar los pasajes difíciles. De manera similar, en tercer lugar, Perkins supone un movimiento desde el sentido gramatical y literal básico del texto hacia la doctrina cristiana: el predicador debe «recopilar pocos y útiles

---

[286] Hyperius, *De theologo*, II, viii (págs. 91, 110-120).

[287] Hyperius, *De theologo*, II, xi (págs. 146, 148, 151-153); cf. Whitaker, *Disputation*, V, ix (págs. 470-472); y Bridge, *Scripture-Light*, pág. 50.

[288] Hyperius, *De theologo*, II, xi (págs. 153, 161-162).

[289] Perkins, *Arte of Prophecying*, en *Workes*, II, pág. 673; y cf. sobre el método exegético de Perkins, Muller, "William Perkins and the Protestant Exegetical Tradition," págs. 71-94.

[290] Perkins, *Arte of Prophecying*, en *Workes*, II, pág. 651.

puntos de doctrina a partir del sentido natural» del texto. Se desaconsejan la alegoría, el tropo y la anagogía, mientras que el uso de la analogía de la fe, un análisis detallado de las «circunstancias» de un texto en particular y la comparación de varios textos se presentan como los mejores medios para aclarar pasajes difíciles.[291] Sobre el segundo punto, el análisis de las circunstancias, Perkins señala con cierta extensión que la identidad del autor, el tiempo, el lugar, el propósito, el contexto histórico y la ocasión inmediata del escrito, la persona o personas a quienes se dirige, deben ser considerados como base para la explicación. Finalmente, debe quedar clara la utilidad de la enseñanza de las Escrituras: el predicador recibe instrucciones de «aplicar (si tiene el don) estas doctrinas… a la vida y las costumbres de los hombres en un discurso sencillo y claro».[292]

Esta aproximación al texto es poco más que un desarrollo del método *locus* de exégesis —que ya estaba orientado a una declaración del texto, un examen exegético del texto de acuerdo con principios como los enunciados por Perkins y una discusión temática de las doctrinas presentadas o implícitas en el texto. Lo que agregaron los predicadores reformados fue una sección exhortativa final, que describía el «uso» o «usos» de las doctrinas bíblicas. En muchos casos, particularmente durante el siglo XVII, los predicadores puritanos forzaron aún más el método escolástico de su teología añadiendo a sus (¡ya increíblemente largos!) sermones doctrinales secciones, ya sea después de la exposición doctrinal o intercaladas entre los usos, en las que se planteaban y cuestionaban objeciones a puntos homiléticos, haciéndose eco de la *quaestio* escolástica. Este último estilo escolástico ampliado se evidencia, a modo de ejemplo, en los sermones de John Owen, Stephen Charnock, John Flavel y Thomas Manton —en su forma publicada, esfuerzos literarios y teológicos difícilmente distinguibles de la teología dogmática.

4. Ramismo y exégesis.

El impacto del ramismo en los métodos de interpretación también es de considerable importancia para el desarrollo de la exégesis reformada ortodoxa temprana, particularmente en su relación con la formulación de la doctrina cristiana. El método ramista de definición de las partes componentes de un tema y del progreso de un argumento por bifurcación fue utilizado por muchos teólogos reformados a finales del siglo XVI y principios del XVII no solo como recurso estructural en sistemas y tratados

---

[291] Perkins, *Arte of Prophecying*, en *Workes*, II, págs. 652, 673; cf. Breward, "Life and Theology of William Perkins," pág. 52.

[292] Perkins, *Arte of Prophecying*, en *Workes*, II, pág. 652, 673.

teológicos;²⁹³ también se empleó en diversos grados como herramienta lógica para la exposición de las Escrituras. Así, Daneau, Junius y Perkins utilizaron bifurcaciones ramistas o, en el caso de Daneau, agricolanas en varios puntos de su argumento y ocasionalmente introdujeron gráficos ramistas en sus comentarios.²⁹⁴ Temple, Turnbull y Piscator introdujeron lo que solo puede considerarse una aplicación extrema —la reducción de libros enteros de la Biblia a una serie de divisiones analíticas.²⁹⁵ Hall utilizó la lógica ramista como una forma de organizar y exponer por temas la literatura sapiencial.²⁹⁶

Quizás el uso más significativo de los gráficos ramistas en la práctica de la exégesis se encuentre en el libro *Annotationes* de Diodati. Diodati ofreció un cuadro ramista como segundo elemento de su interpretación de cada libro de la Biblia: así, primero, Diodati ofreció el *argumentum* estándar o declaración del propósito o alcance básico y del flujo del discurso en el libro; en segundo lugar, el «análisis» en forma de un extenso cuadro ramista, que abarca, por ejemplo, en el caso del Génesis, diecisiete páginas en folio; y tercero, las anotaciones mismas, como una presentación adicional, versículo por versículo, del significado de los pasajes más difíciles. Lo significativo de los cuadros de Diodati, entre otras cosas, es que varían en estructura según el género literario del libro, de modo que los libros históricos se dividen en la secuencia de la narración, con temas y subtemas identificados de acuerdo con el orden del el texto en sí, mientras que los escritos, en particular Salmos y Proverbios, se analizan por tópicos, con los temas suscitados por Diodati formando la estructura más amplia de la tabla y los capítulos y versículos de los libros identificados, no en el orden del libro, sino bajo los temas requeridos. A modo de ejemplo, Diodati entiende Proverbios como una serie de epigramas, cada uno de los cuales se expresa a menudo sin relación discursiva con los versos anteriores y siguientes: no es una narración continua, declara, sino una serie de «pilares pulidos», cada uno

---

²⁹³ Por ejemplo, Ames, *Medulla theologica*; Polanus, *Syntagma theol.*, synopsis; ídem, *Partitiones theologicae*; William Perkins, *A Golden Chaine*, en *Workes*, I.

²⁹⁴ Daneau, *Fruitfull Commentarie upon the Twelve Small Prophets*, pág. 270; Junius, *Apoclayps, or Revelation of S. John*, pág. 26; Perkins, *Clowd of Faithfull Witnesses*, en *Workes*, III, págs. 1, 14; and note the Ramist charts in Perkins, *Exposition upon the whole Epistle of Jude*, en *Workes*, III, pág. 479; cf. Donald K. McKim, "William Perkins' Use of Ramism as an Exegetical Tool," en William Perkins, *A Cloud of Faithful Witnesses: Commentary on Hebrews 11*, editado por Gerald T. Sheppard, Pilgrim Classic Commentaries, vol. 3 (New York: Pilgrim Press, 1990), págs. 32-45.

²⁹⁵ Temple, *Logicall analysis of Twentie Select Psalms*; Richard Turnbull, *An Exposition Upon the Canonicall Epistle of Saint James* (London, 1591); Piscator, *Analysis logica evangelii secundum Lucam; Analysis logica evangelii secundum Marcum; Analysis logica evangelii secundum Mattheum; Analysis logica in epistolarum Pauli; Analysis logica libri S. Lucae qui inscribitur Acta Apostolorum; Analysis logica septem epistolarum apostolicarum*.

²⁹⁶ Joseph Hall, *Solomon's Divine Arts*, editado por Gerald T. Sheppard; Pilgrim Classic Commentaries, vol. 4 (Cleveland: Pilgrim Press, 1991), págs. 1, 2, 5, etc; cf. Muller, "Joseph Hall as Rhetor, Theologian, and Exegete," en ibid., págs. 17-18.

de los cuales sostiene la «Casa majestuosa» de la Sabiduría. Por lo tanto, comienza dividiendo el texto en los temas de «Ética», «Política» y «Economía» o, como él las define, «reglas de vida y conversación», «reglas de gobierno de los reinos» y «reglas de gobierno de las familias».[297] No se trata de un escaneo arbitrario del texto sino, típicamente, de un análisis retórico del flujo del texto o de un análisis temático de su contenido: el primer patrón sigue el primer paso de la interpretación bíblica identificado por el modelo de interpretación humanista de Melanchthon, el segundo patrón da forma tabular al paso final, la obtención de *loci* desde el texto.

B. *Dicta probantia* y la tradición exegética protestante

1. Textos de prueba en contexto: hacia un reexamen de los métodos precríticos.

Se necesita aquí algún comentario sobre el uso escolástico de pruebas bíblicas y la ausencia de exposición de textos dentro de los propios sistemas escolásticos. Con frecuencia, esta técnica ha sido etiquetada como prueba de texto, pero es algo muy diferente a la cita clasificada de textos independientemente de su contexto y de cualquier consideración de los resultados de la exégesis que típicamente se identifica como «textos de prueba». Preus dice de los luteranos que «poseían una confianza ingenua y encantadora en la claridad de las Escrituras y en el poder de *nuda Scriptura* para convencer».[298] Esto es cierto, pero no es una explicación completa de la técnica de citación en los sistemas escolásticos: los sistemas surgieron de un contexto de exégesis normativa y establecida. Con frecuencia los teólogos dogmáticos habían pasado largas partes de sus carreras como exégetas y habían considerado el estudio del Antiguo o del Nuevo Testamento como la preparación adecuada para el dogmático.

La obra de Johannes Marckius constituye un excelente ejemplo de este movimiento. Marckius no solo comenzó su carrera docente como exégeta y luego pasó al campo de la dogmática, sino que también dejó tras de sí un gran corpus de obras exegéticas junto con dos sistemas teológicos —un *compendium* bastante extenso y una *medulla* más corta— los cuales tienen la apariencia de «textos de prueba» de rango, en la medida en que Marckius ofrece definiciones breves y proposicionales de doctrina seguidas de una serie de citas de las Escrituras por capítulo y versículo, acompañadas de ninguna garantía exegética. Sin embargo, teniendo en cuenta el progreso de la carrera de Marckius, parece fácil que sus citas de textos se remontan

---

[297] Diodati, *Pious and Learned Annotations*, Proverbs, *ad init.* (fol. Zz2 verso).

[298] Preus, *Theology of Post-Reformation Lutheranism*, I, pág. 42.

a la obra de una tradición exegética en la que fue participante activo.[299] Los teólogos federalistas Cocceius y Burman produjeron numerosos estudios filológicos y exegéticos más allá de sus ensayos dogmáticos o doctrinales.[300] Se pueden hacer observaciones similares de teólogos como Polanus, que fue primero profesor del Antiguo Testamento y que produjo numerosos comentarios sobre los profetas; Gomarus, cuyos escritos son en gran medida exegéticos; Leigh, quien escribió sobre filología del Nuevo Testamento antes de abordar su obra teológica más amplia.[301]

En los casos en que los escritores del sistema no eran ellos mismos exégetas y comentaristas, en el siglo XVII existía una tradición de exégesis protestante a la que recurrir. El sistema no presenta exégesis sino un resultado dogmático: acusar el resultado de los textos de prueba es ignorar la división del trabajo y no respetar la distinción cuidadosa del tema, siendo esta última una característica de la ortodoxia. La lista de Leigh, por libro bíblico, de comentaristas recomendados manifiesta el trasfondo de la exégesis establecida. Otros escolásticos, como Turretin, citan con frecuencia las obras de importantes exégetas y filólogos. De hecho, podría decirse que la continuidad entre la teología de los reformadores y la de los protestantes ortodoxos se mide mejor según la tradición exegética que según el patrón del sistema teológico: se puede argumentar que la mayor influencia de Calvino fue la exégesis normativa —sus comentarios de las Escrituras— y no sus *Institutos* que, como sistema arraigado en el estilo y la polémica de su época, pronto quedó obsoleto.

Cuando entramos en el mundo de la era de la Reforma y de la exégesis protestante ortodoxa, entramos en un mundo de patrones hermenéuticos y resultados exegéticos que es bastante diferente del mundo de los teólogos y

---

[299] N.B., Johannes Marckius, *Analysis exegetica capitis LIII. Jesaiae in qua alia complura vaticina de Messia illustrantur; accedit Mantissa observationum textualium* (Groningen, 1687); ídem, *In apocalypsin Johannis commentarius seu analysis exegetica* (Amsterdam, 1689); ídem, *In canticum Salomonis commentarius, seu analysis exegetica ... annexa est etiam analysis exegetica Psalmi XLV* (Amsterdam, 1703); ídem, *In Haggaeum, Zecharjam, & Malachiam commentarius seu analysis exegetica*, 2 vols. (Amsterdam, 1701); ídem, *Sylloge dissertationum philologico-theologicarum, ad selectos quosdam textus Veteris Testamenti* (Leiden, 1717); *Scripturariae exercitationes ad quinque & viginti selecta loca Novi Testamenti* (Amsterdam, 1742).

[300] Por ejemplo, Johannes Cocceius, *Epistola sancti Pauli apostoli ad Timotheus prior* (1667); ídem, *De prophetie van Exechiël met de uitleggingen van Johannes Coccejus* (Amsterdam, 1691); ídem, *Lexicon et commentarius sermonis Hebraici et Chaldaici* (Amsterdam: Johannes à Sommern, 1669; Frankfurt am Main: Balthasar Wustius, 1689); Franz Burman, *De Rigteren Israels* (Urecht: C. Noenaart, 1675); ídem, *Samuel* (Utrecht: C. Noenaart, 1678); ídem, *De Kooningen Israels* (Amsterdam: J. van Someren, 1682).

[301] Cf. por ejemplo, Amandus Polanus, *Analysis libelli peophetae Malachiae* (Basel, 1597); ídem, *In Danielem Prophetam visionum amplitudine difficillimum ... commentarius* (Basel, 1599); ídem, *Analysis libri Hoseae prophetae* (Basel, 1601); ídem, *In librum Prophetiarum Ezechielis commentarii* (Basel, 1608); Franciscus Gomarus, *Opera omnia*, 2 vols. (Amsterdam, 1644); y Edward Leigh, *Critica sacra: or Philologicall Observations upon all the Greek Words of the New Testament* (London, 1639).

exégetas «poscríticos» del siglo XX. Entramos en un mundo en el que existía una íntima conexión entre exégesis y teología, particularmente en vista de la lectura que durante siglos se hizo de ciertos *loci classici* o *sedes doctrinae* como fuentes para perspectivas doctrinales particulares. Incluso las cuestiones más filosóficas abordadas en la doctrina de la esencia divina a menudo estaban directamente relacionadas con la exégesis de ciertos textos de las Escrituras.

La literatura exegética y controvertida de la era ortodoxa temprana ocupó una posición importante tanto en la construcción histórica real de la dogmática escolástica protestante como en el análisis moderno del fenómeno de la teología protestante escolástica u ortodoxa. Tanto las obras exegéticas como las controvertidas de los teólogos protestantes proporcionaron materiales y argumentos que fueron incorporados a los sistemas teológicos —a menudo directamente, por los autores de los comentarios y tratados polémicos mientras buscaban codificar sus argumentos en obras dogmáticas a gran escala. El método *locus* de argumentación teológica en los comentarios se prestó directamente al desarrollo de *loci communes* dogmáticos, la forma típica de sistema escolástico protestante. De manera similar, el enfoque temático de las polémicas no solo fue capaz de adaptarse fácilmente a declaraciones dogmáticas —como ha sido el caso a lo largo de la historia de la iglesia— sino que también condujo al desarrollo y aumento de temas dogmáticos ya existentes. Más allá de este impacto general, además, la literatura exegética y controvertida contiene una riqueza de argumentación detallada y sustancial, que frecuentemente se basa en un examen de problemas textuales y sintácticos en los idiomas originales de las Escrituras, que proporciona una justificación subyacente para la dirección tomada en la dogmática protestante. Un texto meramente citado en los sistemas dogmáticos puede indicar una labor exegética masiva en comentarios y tratados polémicos.

Los capítulos tercero y cuarto de *Treatise of Divinity* (1646) de Edward Leigh, por ejemplo, ofrecen, como parte de un sistema teológico, una descripción exhaustiva, libro por libro, del Canon del Antiguo y del Nuevo Testamento, dando los nombres de los mejores comentaristas de cada libro.[302] No necesitamos revisar en detalle el catálogo de las Escrituras de Leigh, sino solo señalar que su conocimiento de los comentaristas, al igual que su uso de los teólogos, muestra un vasto conocimiento del pensamiento continental y que la presencia de tal catálogo en un sistema teológico (además del exhortaciones al estudio cuidadoso de las Escrituras que ya hemos señalado) demuestran el estrecho vínculo, incluso en el período de la ortodoxia, entre la teología sistemática y la exégesis. Por lo tanto, debemos

---

[302] Leigh, *Treatise*, I, iii-iv (págs. 42-83); cap. v (págs. 83-91) sobre los apócrifos también trata la cuestión del canon.

tener cuidado de no ver la cita persistente de capítulos y versículos de las Escrituras en estos sistemas como simples «textos de prueba»: más bien es una señal de que la lectura de las Escrituras ha contribuido al sistema y se recomienda a los lectores del sistema.

El fracaso de gran parte del debate contemporáneo sobre la teología y la exégesis de finales del siglo XVI y XVII en ninguna parte es más evidente que en Hayes y Prussner, *Old Testament Theology: Its History and Development*. Comentando específicamente la metodología del *Collegium biblicum* de Sebastian Schmid, pero también intentando claramente caracterizar la ortodoxia protestante en general, Hayes sostiene que «los defectos de este método claman por todos lados» y se evidencian en «su superficialidad y su visión totalmente inadecuada del significado de la Biblia».[303] En lugar de abordar el texto de las Escrituras en sus propios términos, Schmid recopiló una serie de *dicta probantia* o *dicta classica* de sus contextos originales y los organizó de acuerdo con los temas del sistema teológico protestante ortodoxo, no con el fin de proporcionar lo que, en opinión de Hayes, era una interpretación exegética genuina de los textos, sino con el fin de apuntalar un sistema particular de doctrina. La división del libro en secciones que tratan del Antiguo y el Nuevo Testamento «fue en realidad una cuestión de conveniencia y no basada en ningún reconocimiento de diferencias profundamente arraigadas entre los dos testamentos». El resultado de tales esfuerzos dogmáticos —según Hayes— fue el fracaso en hacer «justicia a todas las ideas religiosas del Antiguo Testamento», una «exégesis frecuentemente falaz» y una «lectura ingenua y superficial de la teología bíblica basada en una teología doctrinal extraña».[304]

La ortodoxia, sin duda, consideraba las Escrituras como infalibles o inerrantes y tendía a asumir una armonía fundamental del mensaje bíblico. También asumió que sus propios sistemas teológicos podían desarrollarse directamente sobre la base de las Escrituras y, a la inversa (para tomar prestadas las palabras del antiguo voto de ordenación presbiteriana), que sus confesiones y, por extensión, sus sistemas confesionalmente fundamentados, contenían la doctrina enseñada en las Escrituras. La identificación medieval de las enseñanzas de las Escrituras como *principia theologiae* siguió siendo un elemento importante en la formulación protestante de la doctrina, específicamente en el supuesto de que las doctrinas podían formularse como conclusiones extraídas de argumentos basados en el texto. Sin embargo, en sus afirmaciones específicas, la discusión de Hayes es extremadamente errónea, particularmente porque se niega a cumplir con sus propias precauciones internas y juzga la totalidad de una época pasada sobre la base

---

[303] Hayes and Prussner, *Old Testament Theology*, pág. 19.

[304] Hayes and Prussner, *Old Testament Theology*, págs. 6, 19.

de consideraciones hermenéuticas e incluso de distinciones terminológicas tomadas del presente. Hayes supone, sin ningún examen de los planes de estudio o de discusiones sobre comentarios útiles, como los proporcionados en el libro *Systeme o Body of Divinity* de Leigh e *Isagoge* de Buddaeus, que mientras que en el siglo XVI los estudios bíblicos ocupaban el primer lugar en el plan de estudios teológicos, este énfasis fue reemplazado, en el siglo XVII, por el estudio de las «doctrinas» tal como se exponen en los libros confesionales y los sistemas teológicos. Hayes concluye que entonces la Biblia era vista como un todo infalible y armonioso, sin ningún elemento de «desarrollo histórico, de acomodación divina en la revelación o de progresión en la revelación».[305] Por supuesto, los exégetas del siglo XVII apenas comenzaban a comprender el problema del contexto y el desarrollo histórico, pero reconocían plenamente la naturaleza acomodada del texto y el progreso de la revelación: la naturaleza de la acomodación era un tema de extenso debate, y la hermenéutica de la mayor parte de la teología protestante ortodoxa asumió un movimiento de la promesa al cumplimiento.

Teniendo en cuenta el contexto polémico de la época y la necesidad de defender el protestantismo contra la Contrarreforma, el subjetivismo anabaptista y el racionalismo sociniano, así como contra la crítica de la nueva filosofía y la nueva ciencia, la postura protestante ortodoxa es históricamente comprensible. El resultado de esta polémica fue, según Hayes, la subordinación de la Escritura a la ortodoxia doctrinal y confesional y la relegación de la llamada teología bíblica a la tarea de recopilar textos de prueba, *dicta probantia*.[306] Sin embargo, al hacer esta afirmación, Hayes ignora por completo el fuerte énfasis de la ortodoxia en la exégesis y el comentario y, de manera bastante significativa, ignora la mayor parte del trabajo del propio Schmid, que, como nos recuerdan Diestel y Jacob, fue la exégesis literal-gramatical del texto del Antiguo Testamento, con especial atención a su significado religioso, tanto para la formulación de la doctrina como, según atestigua el aprecio de Spener por Schmid, para la formación de la piedad. Schmid escribió anotaciones sobre Génesis, Josué 1-7, Rut y Reyes y produjo comentarios sobre Jueces, Samuel, Job, Eclesiastés, Jeremías, Oseas, Isaías, Romanos 1-6, Gálatas, 1-2 Corintios, Colosenses y Hebreos y paráfrasis de los Salmos proféticos, Tito y Judas.[307] Además, Schmid tradujo todo la Biblia al latín, evidenciando lo que Jacob llama un «literalismo» y una «fidelidad escrupulosa al texto hebreo y griego» —tan

---

[305] Hayes and Prussner, *Old Testament Theology*, págs. 8, 14.

[306] Hayes and Prussner, *Old Testament Theology*, pág. 14.

[307] Diestel, *Geschichte*, págs. 400-401, 410; Edmond Jacob, "L'Oeuvre exégétique d'un théologien strasbourgeois du 17e sièlce: Sébastien Schmid," en *Revue d'histoire et de philosophie religieuses*, 66 (1986), págs. 71-78.

decidido, en ocasiones, a traducir los plurales como plurales y demás que podría decirse que incluso podría «rozar el error», pero en resumen un avance considerable con respecto a las traducciones latinas anteriores.[308] El comentario de Hayes de que el «*Collegium biblicum* y obras similares de Schmid fueron diseñadas esencialmente para exponer doctrinas cristianas en lugar del pensamiento religioso del Antiguo Testamento o la Biblia»,[309] simplemente no reconoce la relación entre el *Collegium* y la mayor parte del trabajo de Schmid —y la forma en que el *Collegium* y las otras obras similares no solo apuntan hacia el sistema teológico, sino que también apuntan desde el sistema teológico a la exégesis que se había hecho, en otros lugares, con gran extensión y con un conocimiento considerable del lenguaje y contenido de la Biblia.

Como hemos señalado en otros lugares del presente ensayo, la gran división en la historia de la exégesis y la hermenéutica no fue la Reforma sino el siglo XVIII, específicamente el período comprendido entre Semler y Gabler, en el que el método histórico influyó en la exégesis del texto. Esto en sí mismo no es una afirmación radical en el contexto de los diversos estudios existentes sobre la historia de la interpretación y de la historia de la teología del Antiguo y Nuevo Testamento.[310] Sin embargo, es un punto que rara vez ha cruzado la línea disciplinaria hacia el estudio moderno del protestantismo y la historia de su teología —y es un punto que típicamente ha pasado desapercibido para los escritores que han intentado yuxtaponer la teología de los reformadores con la de sus sucesores ortodoxos. Antes de los albores de este método radicalmente histórico, las principales preocupaciones del exégeta eran la gramática y el significado teológico, no el contexto histórico (incluso cuando el contexto histórico era señalado como un elemento en la comprensión del texto), y el supuesto subyacente de la hermenéutica era la vivaz dirección de la Palabra inscrita a la vida actual de la iglesia, no el problema de una «verdad» religiosa alojada en la cultura extraña y las extrañas formas de pensamiento de pueblos extintos hace mucho tiempo.

2. *Collegia y loci communes:* el punto intermedio entre la exégesis y la teología.

El *Collegium Biblicum* de Schmid y obras similares, a pesar de toda su división del tema en Antiguo y Nuevo Testamento, no eran «teologías bíblicas» en el

---

[308] Jacob, "L'Oeuvre exégétique ... Sébastien Schmid," pág. 74.

[309] Hayes and Prussner, *Old Testament Theology*, pág. 18.

[310] Cf. Diestel, *Geschichte*, págs. 555-563, 601-612, 708-713; Kümmel, *New Testament*, págs. 62-107; Hayes y Prussner, *Old Testament Theology*, págs. 60-66.

sentido moderno del término.[311] De hecho, la idea de una «teología bíblica» que reconstruyera históricamente la religión de los israelitas muertos hace mucho tiempo, sin ninguna referencia a la vida de la comunidad religiosa actual, habría parecido tan absurda e incongruente a Sebastian Schmid y sus contemporáneos como el *Collegium Biblicum* y sus *dicta probantia* parecen a los teólogos bíblicos modernos. El título completo de la obra de Schmid, *Collegium biblicum prius, in quo dicta V.T., et collegium biblicum posterius, in quo dicta N.T. iuxta seriem locorum communium theologicarum explicantur*, cuando se entiende adecuadamente, explica su propósito —un propósito bastante diferente al de las «teologías bíblicas» del Antiguo y el Nuevo Testamento: «Una primera reunión bíblica, en la que se explican dichos del Antiguo Testamento, y una segunda reunión bíblica en la que se explican dichos del Nuevo Testamento en relación con la serie de lugares comunes teológicos».

Conviene un poco de exégesis. Un *collegium* es un cuerpo o reunión —generalmente de personas, pero, por extensión de cualquier serie, un conjunto de objetos similares, incluso textos bíblicos. La elección del término por parte de Schmid puede hacer eco del título frecuentemente dado a los sistemas de teología en los siglos XVI y XVII, *corpus doctrinae*, un «cuerpo de doctrina». El *collegium* Schmid también es un «cuerpo», pero no tan completamente integrado como un típico *corpus* teológico. De hecho, el *collegium*, como indica la última parte del título, es una preparación o un paso básico hacia un *corpus doctrinae*. Otro título, y aún más habitual, del sistema teológico en los siglos XVI y XVII fue *loci communes theologiae*, lugares comunes o, mejor, temas universales de teología. La «recopilación» de textos que hace Schmid tiene como objetivo situarlos *iuxta*, cercano o en relación inmediata con la serie de lugares comunes o temas universales de la teología.

Aun así, las diversas obras del siglo XVII tituladas *Theologia bíblica* o alguna variante de las mismas no son evidencia (como dirían algunos de los escritores sobre el tema) de dogmatizar a los predecesores de las teologías bíblicas de finales del siglo XVIII y del XIX.[312] Más bien, estas obras son reuniones de textos, generalmente ordenados por tema teológico y a menudo acompañados de comentarios exegéticos. Son, en definitiva, obras pensadas como puente entre el método *locus* de interpretación bíblica y teología dogmática. Tales obras extraen los *loci* teológicos, junto con alguna interpretación, con el fin de fundamentar la dogmática. Este ejercicio, además, era hermenéuticamente justificable en el siglo XVII, dados los patrones de exégesis y la larga historia de entender los textos como portadores de un significado teológico particular.

---

[311] Cf. Jacob, "L'Oeuvre exégétique ... Sébastien Schmid," págs. 74, 78.

[312] Por ejemplo, Gerhard Ebeling, *Word and Faith*, trad. J. Leitch (London: SCM, 1963), págs. 85-86, así como Hayes y Prussner, *Old Testament Theology*, págs. 17-19.

Por el contrario, los propios temas universales del sistema teológico estaban en relación con la práctica exegética de muchos de los reformadores y de los protestantes ortodoxos. Lejos de representar la imposición de una cuadrícula dogmática al texto, los diversos *loci* dogmáticos se presentan como temas extraídos, en primera instancia, del texto y solo posteriormente ordenados en forma de un sistema teológico. A partir de la obra exegética de Martin Bucer, Felipe Melanchthon, Heinrich Bullinger y Wolfgang Musculus, los protestantes se habían hecho eco sistemáticamente del método medieval de desarrollar *scholia* sobre textos clave de las Escrituras —*loci theologici* o *sedes doctrinae*— y habían elaborado temas doctrinales, *loci*, dentro de la estructura del comentario. La relación entre texto, examen exegético, discusión teológica y sistema doctrinal no solo se estableció fácilmente, sino que también se asumió como un principio subyacente de la interpretación misma. Incluso aquellos exégetas que, como Calvino, no incluyeron *loci* en sus comentarios, todavía asumían que la exégesis correcta de un texto produciría temas doctrinales y que esos temas podrían desarrollarse en un cuerpo coherente de doctrina cristiana.[313] Como ya hemos visto, el surgimiento del sistema teológico protestante estuvo íntimamente ligado con el método *locus* de exégesis y con la extracción de estos *loci* doctrinales del comentario. En un sentido íntimo y técnico, los sistemas teológicos de los ortodoxos se basaban directamente en la tarea exegética tal como la entendían muchos de los reformadores y sus sucesores.[314]

Como se indicó anteriormente, el método *locus* no desapareció en el siglo XVII ni se practicó excluyendo el estudio textual y exegético. Esta interpenetración de enfoques exegéticos y teológicos, con su interés fundamental en pasar de un examen crítico y establecimiento del texto a través de la exégesis a declaraciones doctrinales y homiléticas útiles en la iglesia, aparece claramente también en el trabajo pentateuco de Andrew Willet. El método de Willet se distinguió por su enfoque «séxtuple» del texto, un patrón que siguió prácticamente en todos sus comentarios.[315] El método requería una discusión introductoria identificada por Willet como «Análisis», «Método» o «resolución lógica», correspondiente al «argumento» colocado por muchos comentaristas de la época al comienzo de comentarios y capítulos.

---

[313] Ver Muller, *Unaccommodated Calvin*, págs. 101-117, 140-158.

[314] Los ejemplos que siguen podrían multiplicarse indefinidamente; para otros ejemplos de la continuidad de la tradición exegética ver arriba, 5.1 (sobre las propiedades o atributos de las Escrituras), 6.3, C (sobre la lectura de Os. 6:7 como base para el pacto de obras); Además de los ejemplos aducidos en este volumen, la doctrina ortodoxa de Dios en el volumen III seguirá un patrón similar de examen de la historia de la exégesis.

[315] Por ejemplo, Andrew Willet, *Hexapla in Genesin*; *Hexapla in Exodum* (London, 1608); *Hexapla in Leviticum* (London, 1631); *Hexapla in Danielem* (Cambridge, 1610); y *Hexapla: That is, a Six Fold Commentarie upon the Epistle to the Romans* (Cambridge, 1620).

A esto seguía «el génesis o construcción gramatical donde las traducciones difieren». Aquí Willet ofrece muy brevemente una sinopsis verso por verso de las diferencias entre las traducciones, señalando todas las variantes de interpretación del hebreo junto con las adiciones que se encuentran en la Septuaginta y la paráfrasis caldea. «La exégesis, o explicación teológica de cuestiones dudosas y lugares oscuros», la tercera sección de Willet, está construida como una serie de preguntas y respuestas, a veces bastante largas, como las treinta y cinco preguntas y respuestas del primer capítulo del Génesis. Aquí, Willet normalmente regresa a las cuestiones planteadas por el texto, las variantes y diversas traducciones para ofrecer explicaciones de problemas y resoluciones basadas, típicamente, en comparaciones con otros textos bíblicos y citas de los padres de la iglesia, comentaristas rabínicos y varios otros traductores y eruditos. La cuarta sección, «la didáctica» o «lugares de doctrina observados fuera [del] capítulo», sigue el método «locus» de exégesis que se encuentra en las obras de exégetas reformados anteriores como Bucer, Musculus y Zanchius al ofrecer una declaración teológica positiva. Así, en la discusión de Génesis 1, Willet ofrece «lugares» sobre la Trinidad, sobre la doctrina de la creación de la nada, sobre la eternidad del Verbo, etc., tal como los plantea la tradición exegética. La quinta sección, «lugares de refutación», aborda puntos de debate teológico que se relacionan con los *loci* doctrinales extraídos del capítulo. «Los lugares de exhortación y consuelo» ofrecen meditaciones morales y espirituales, uno se siente tentado a decir, tropológicas, sobre el texto: por ejemplo, comentando el texto de Génesis 1, Willet puede notar que «como Dios ordenó que la luz brillara fuera de oscuridad, por eso debemos orar a Dios para que ilumine nuestra mente con el conocimiento de Cristo, 2 Co. 4:6.»[316]

3. Texto, doctrina y uso de *dicta probantia*: algunos ejemplos.

Un excelente ejemplo del uso protestante ortodoxo de las Escrituras —al que volveremos en el tercer volumen para su argumentación doctrinal— es el libro *Discourses Upon the Existence and Attributes of God* (1682) de Stephen Charnock, presentado por primera vez como sermones en el año de la muerte de Charnock, 1680. Cada discurso establece un único punto doctrinal perteneciente al *locus* dogmático «Dios»: la mayor parte de los discursos se centran en un atributo identificado por un texto de la Biblia. Para su discurso sobre la bondad de Dios, Charnock seleccionó, con sólidas bases en la tradición exegética, el texto de Mr. 10:18. («Y Jesús le dijo: ¿Por qué me llamas bueno? Ninguno hay bueno, sino sólo uno, Dios»).[317]

---

[316] Willet, *Hexapla in Genesin*, págs. 16, 18.

[317] Stephen Charnock, *Discourses Upon the Existence and Attributes of God* (1682; reeditado, New York:

En lugar de simplemente abstraer del texto la idea de la bondad de Dios, ratificada por un dicho dominical, Charnock examina el texto, observando diferencias entre las versiones de Mateo y Lucas, y analiza las opiniones de varios comentaristas sobre la implicación de la respuesta de Jesús al interrogador, antes de su aplicación al problema doctrinal en cuestión.

Así, Charnock nota la mayor especificidad de la identificación que Lucas hace del interrogador: «cierto hombre» en Marcos, «cierto principal», según Lucas, uno, señala Charnock, «de autoridad entre los judíos». Este hombre imaginó «que la felicidad eterna se compraría con las obras de la ley» y exigió que se le aclararan sus deberes. Él «no parecía tener ninguna intención mala o hipócrita al dirigirse a Cristo», sino que «arece venir con un deseo ardiente de ser satisfecho en su demanda». De hecho, añade Charnock, se dice que Cristo «ama» a su interlocutor, una afirmación muy improbable si el hombre hubiera sido un hipócrita.[318]

Lo que estaba en juego en la interpretación del texto, como indican los comentarios y referencias de Charnock, era el significado preciso de la «primera respuesta» de Jesús, la respuesta, basada no en la pregunta del hombre, sino en su saludo: «Maestro Bueno». Algunos escritores de la época, incluido el gran erudito talmúdico John Lightfoot, suponen que la respuesta: «¿Por qué me llamas bueno?» tiene como objetivo atraer al hombre hacia una confesión de la divinidad de Cristo, admitiendo que solo Dios puede ser llamado correctamente bueno: «Si me tomas por un hombre común», parafrasea Charnock, «con qué conciencia puedes saludarme de una manera propia de Dios». Esta interpretación está respaldada, en el argumento de Lightfoot, por el hecho de que el título «Maestro Bueno», «*Rabbi bone*», no aparece en el Talmud y parece ser un título único. Por otro lado, Charnock señala que los «arrianos» usan el texto en apoyo de su visión de Cristo, argumentando que sus palabras equivalen a una negación, por parte de Cristo, de que merece que se le dirija una palabra que debería aplicarse solo a Dios.[319] Sin embargo, como había señalado Erasmo, la lectura arriana no sigue, ya que Jesús reprendió al hombre por llamarlo bueno «cuando aún no había confesado que era más que un hombre». Si hubiera querido excluirse de la bondad divina, Jesús habría dicho: «no hay nadie "bueno" sino el Padre».[320]

Otros comentaristas, en particular Calvino, no ven en el texto «ninguna intención» por parte de Cristo de generar «un reconocimiento de su

---

Carter, 1853), vol. II, págs. 209-355.

[318] Charnock, *Discourses*, II, pág. 209; cf. Poole, *Commentary*, Mt. 19:16-17 in loc. (III, pág. 90).

[319] Charnock, *Discourses*, pág. 209; cf. Lightfoot, *Commentary on the New Testament*, III, pág. 189 (Lc. 18:19).

[320] Charnock, *Discourses*, pág. 210.

Deidad», sino solo afirmar «su autoridad divina o misión de Dios» Esto, señala Charnock, ha llevado a Maldonatus a llamar a Calvino arriano. Desde este punto de vista, el texto se puede parafrasear: «No haces caso, dame el título de "bueno", a menos que creas que tengo una comisión divina por lo que declaro y actúo».[321] Charnock duda de la justificación de una interpretación que afirmaría que incluso los apóstoles no conocían aún la divinidad de Cristo en el momento de este incidente, ya que Pedro aún no había pronunciado su confesión: después de todo, tanto un diablo (Lc. 4:34) como Juan el Bautista (Jn. 1:32, 34) lo había declarado previamente. No obstante, Charnock acepta la lectura básica de Calvino y Paraeus de que el texto no es un argumento a favor de la divinidad de Cristo:

> ¿Por qué me llamas «bueno» y te atreves a ponerle un título tan grande a alguien en quien no tienes pensamientos más elevados que un simple hombre? Cristo aprovecha de aquí la ocasión para afirmar que Dios es única y soberanamente «bueno»: «no hay nadie bueno sino Dios». Solo Dios tiene el honor de la bondad absoluta, y nadie excepto Dios merece el nombre de "bueno"... Él es «bueno» de una manera más excelente que cualquier criatura que pueda denominarse «buena».[322]

Charnock luego procede a ofrecer cuatro declaraciones, cada una con una exposición, que definen la bondad divina, que, comenta, es el «alcance principal de las palabras»:

1. Dios solo es originalmente bueno, bueno por sí mismo....

2. Solo Dios es infinitamente bueno....

3. Dios solo es perfectamente bueno, porque solo infinitamente bueno...

4. Solo Dios es inmutablemente bueno.[323]

La referencia aquí al «alcance» es significativa. El término indica no tanto una preocupación doctrinal o dogmática sino hermenéutica.[324] Charnock, al igual que los reformadores y varios de los primeros exégetas ortodoxos, supuso que la cuestión fundamental que debía abordarse al identificar el significado de un pasaje bíblico era el foco, centro o «alcance» del pasaje, definido tanto por su contexto más amplio en un capítulo o perícopa y por su propia gramática y sintaxis. Exegética, hermenéutica y teológicamente, Charnock estaba trabajando en el contexto de una tradición de interpretación —una tradición a la que hizo referencia estrechamente

---

[321] Charnock, *Discourses*, pág. 210.
[322] Charnock, *Discourses*, pág. 210.
[323] Charnock, *Discourses*, págs. 210-212.
[324] Ver Sheppard, "Between Reformation and Modern Commentary," págs. 42-71.

en su esfuerzo por captar el significado del texto de Mr. 10:18 y pasar del texto a la formulación teológica. Por lo tanto, cuando un breve compendio de doctrina, como la *Medulla* de Marckius, cita Mt. 19:17, sin más detalles, como uno de varios textos que prueban la *bonitas* divina,[325] no se debe dar por sentado que el texto ha sido arrancado de su contexto o que se ha ignorado la tradición y trayectoria de la exégesis protestante.

Otros ejemplos de esta íntima relación entre el uso dogmático de *dicta probantia* y la tradición de la exégesis protestante puede identificarse fácilmente. A modo de ejemplo, el uso que hace Rijssen de 1 Ti. 3:15, «la casa de Dios, que es la iglesia del Dios viviente, columna y baluarte de la verdad», parece, en la superficie, ser un caso flagrante de «textos de prueba», particularmente porque se involucra en una disputa más bien técnica sobre la forma en que se debe interpretar «columna», en lugar de un examen del texto y su lenguaje como podría haberlos entendido el autor de 1 Timoteo. Frente a la Iglesia romana, que utiliza el texto para identificarse como pilar y, por tanto, fundamento de la verdad, Rijssen sostiene que el texto no habla de un fundamento o pilar arquitectónico, sino de un pilar en el sentido del magistrado, que es un «pilar o verdad», es decir, un servidor y guardián, no la norma de la verdad.[326] El texto parece haber sido arrancado de su contexto tanto por católicos como por protestantes y puesto al servicio dogmático, casi a pesar de las intenciones del autor apostólico, como base de una discusión sobre la autoridad relativa de las Escrituras y la Iglesia.

Sin embargo, es bastante fácil demostrar que Rijssen se basaba en una larga tradición exegética que, a lo largo de su historia, había trabajado muy cuidadosamente con el texto griego de la epístola —ciertamente sobre la base de una hermenéutica bastante diferente en sus supuestos e intenciones desde el método histórico-crítico moderno. La cuestión aquí, sin embargo, es que el llamado *dicta probantia* no surgió de un procedimiento «eisegético» arbitrario, sino de los métodos exegéticos y teológicos aceptados de la época y, de hecho, la frase «columna y baluarte» (*tylos kai edrayoma*) fue examinada cuidadosamente en la exégesis griega de las épocas de la Reforma y posteriores a la Reforma.

El argumento de Rijssen mantiene una relación profunda y estrecha con la tradición exegética reformada que se remonta a Calvino, Musculus y Beza. Calvino había comentado extensamente sobre 1 Ti. 3:15, no solo observando cómo el apóstol «adorna a la iglesia con un título tan magnífico» sino también cómo el texto indica tanto la «grandeza» del oficio pastoral como la «espantosa... venganza que espera» a aquellos que permiten que

---

[325] Marckius, *Christianae theologiae medulla*, iv.41.
[326] Cf. arriba, 5.5 (D.2).

«la luz del mundo y la salvación de los hombres» sean oscurecidas: ¡así «los papistas» aplican el texto a la iglesia de Roma incluso mientras pisotean la verdad! La iglesia es llamada «columna de la verdad» no porque sea un árbitro infalible, sino porque está encargada de defender y difundir la verdad del evangelio. «El oficio de administrar la doctrina, que Dios ha puesto en sus manos, es el único instrumento para preservar la verdad, para que no desaparezca de la memoria de los hombres».[327] Musculus incluyó comentarios similares sobre 1 Ti. 3:15 en sus *Loci communes*.[328]

Beza señala que la iglesia se llama *columna et stabilimentum veritatis*, rechazando la traducción de Jerónimo como *columna et firmamentum*, para que nadie suponga que la iglesia, como Cristo, pueda ser identificada como la «piedra angular» (*fundamentum*) de la fe; después de todo, comenta, ¡ha habido supersticiones, tinieblas, mentiras y errores, así como la correcta predicación de la palabra y el ejemplo de buenas obras en la iglesia! Y más allá de esto, la iglesia, aquí llamada «columna», descansa sobre un fundamento, que es solo Cristo. Aun así, señala Beza, quienes tomarían este texto como una afirmación de la iglesia como norma final de la verdad están en un error y son culpables de poner las tradiciones humanas por encima de la Palabra de Dios.[329]

Con un evidente eco de la parte positiva del comentario de Calvino, Diodati sostiene brevemente que el apóstol «adorna» a la iglesia «con dos títulos gloriosos, verbigracia, *1. La casa de Dios… 2. La Columna y fundamento de la Verdad*».[330] Este último título indica que la iglesia es la institución «por cuyo Ministerio la autoridad, la dignidad, el conocimiento, la virtud y el uso de la verdad del Evangelio deben preservarse en el mundo y mantenerse contra todo error».[331] No hay polémica contra Roma, pero la iglesia está claramente identificada como portadora y preservadora más que como árbitro y regla última de la verdad.

Poole comenta que al inglés le falta una palabra adecuada para traducir *edraioma* y que la ausencia de un verdadero equivalente ha sido motivo de controversia. El sustantivo griego deriva, comenta, de *edra*, que puede significar «asiento» o incluso, según algunos, «el lugar… en el que se colocaba el ídolo en los templos paganos». De hecho, el significado es muy parecido al de *tylos* —«la base firme sobre la cual una cosa se sostiene o se apoya». Así, la iglesia es una columna o fundamento en el sentido de fundamento o base; pero, añade Poole, «las columnas también eran de uso antiguo para

---

[327] Calvino, *Commentaries on 1 Timothy*, 3:15 (CTS Timothy, Titus, Philemon, págs. 90-91).

[328] Musculus, *Loci communes*, xxi.

[329] Beza, *Annotationes in Novum Testamentum*, 1 Ti. 3:15 (pág. 632, col. 1-2).

[330] Diodati, *Pious and Learned Annotations*, 1 Ti. 3:14-15, análisis (pág. 317).

[331] Diodati, *Pious and Learned Annotations*, 1 Ti. 3:15, anotaciones (pág. 325, col. 1).

sujetar sobre ellas cualquier edicto público... de ahí que la iglesia se llame, *el pilar* y base, o sello, *de verdad*, porque en ella se publican, sostienen y defienden las verdades de Dios».[332] Así, contrariamente a lo que afirman los «romanistas», «la iglesia descubre y recomienda la verdad, pero el testimonio que da no es el fundamento de su credibilidad».[333] Poole ofrece argumentos casi idénticos en la *Synopsis criticorum*, en el sentido de que solo Cristo es el fundamento último, mientras que la iglesia es como una columna que expone y sostiene la fe.[334]

Esta íntima relación entre el método exegético y el sistema teológico tuvo su paralelo en el frecuente movimiento de los teólogos protestantes en los siglos XVI y XVII entre los diversos campos de la actividad teológica: no era norma que un teólogo comenzara su carrera como dogmático. Normalmente —como en los casos de Musculus, Polanus y Marckius— un teólogo protestante comenzaba su carrera como exégeta y, después de años de trabajo como comentarista, se convertía en profesor de teología dogmática. En muchos casos, gran parte de las obras dogmáticas de estos escritores fueron extraídas de los *loci* teológicos que pertenecía a su trabajo como comentaristas —y los *dicta probantia* que emplearon fueron argumentados exegéticamente ya sea en sus propios comentarios o en las obras de varios exégetas que conocían. La relación entre los *dicta probantia* y la tradición exegética evidencia una técnica opuesta y basada en el movimiento de la exégesis al *locus theologicus* y al sistema teológico.

Los *dicta probantia* reunidos señalan desde el tema teológico hasta el texto del cual se obtuvo el tema teológico y, de hecho, completan un círculo hermenéutico que vincula el texto con la práctica de formular el sistema teológico. El vínculo metodológico entre texto y sistema, tanto en la formulación inicial del *locus* a partir de la exégesis del texto como en la recopilación de *dicta* con el fin de orientar el sistema teológico hacia el texto y fundamentarlo en la autoridad de las Escrituras, fue la técnica mencionada anteriormente de sacar conclusiones lógicas del texto después de que se había completado el trabajo exegético básico. La suposición del exégeta protestante era que la conclusión debidamente extraída llevaba consigo la misma autoridad que el texto mismo. Si bien, en el sentido general, la Escritura era el *principium cognoscendi theologiae*, en el sentido más específico y próximo, los *dicta*, *loci*, o *sedes doctrinae* individuales proporcionaban los principios fundamentales de la teología en el sentido más antiguo de la identificación de la teología como *scientia*: conjunto de conocimientos que consiste en principios fundamentales y las conclusiones que pueden

---

[332] Poole, *Commentary*, 1 Ti. 3:15 in loc. (III, pág. 781).

[333] Poole, *Commentary*, 1 Ti. 3:15 in loc. (III, pág. 781).

[334] Poole, *Synopsis criticorum*, 1 Ti. 3:15 in loc. (col. 1045-1046).

extraerse de ellos. Admitiendo esta premisa, los *dicta* se convierten en fundamento para la argumentación lógica, tanto para establecer fórmulas positivas como para demostrar las falacias de diversas formas de heterodoxia. Así, Owen podría declarar, «que cuando las Escrituras revelan que el Padre, el Hijo y el Espíritu Santo son un solo Dios, al ver que de ahí se sigue necesaria e inevitablemente que son uno en esencia (donde es lo único posible que puedan ser tres) —esto no es menos revelación divina que el primer principio del que se derivan estas cosas».[335]

7.6 Epílogo

Si este estudio no ha demostrado nada más, ha demostrado que la doctrina de la Escritura enseñada en la era de la ortodoxia protestante tenía una continuidad sustancial con las opiniones de aquellos doctores medievales que pertenecían a lo que se ha denominado «Tradición I» y en una continuidad particularmente fuerte con las opiniones de los reformadores. Además, al igual que la enseñanza de los doctores medievales y los reformadores, vagamente identificada como exégesis «precrítica», se caracterizó por una intencionalidad doctrinal fundamental diferente no solo en general de la exégesis y la teología bíblica modernas, sino también diferente en sus implicaciones hermenéuticas específicas. Más allá de esta continuidad doctrinal básica, el estudio también había indicado una continuidad a gran escala en el desarrollo de la interpretación bíblica en la tradición exegética occidental: no es, como algunos han sugerido, que los escolásticos protestantes regresaran a los métodos medievales de alegoría o que no entendieron el terreno ganado por la Reforma para la interpretación literal y gramatical.[336] Más bien, las discusiones ortodoxas protestantes sobre los «diversos sentidos» de las Escrituras, dado su énfasis fundamental en el carácter unitario del sentido literal, el reconocimiento de significados alegóricos o tropológicos solo cuando pertenecen a la intención literal del pasaje mismo, y el control de tipología por medio de una hermenéutica de la promesa y el cumplimiento, lejos de apartarse de los reformadores, debe verse como la codificación completa, en forma protestante, del énfasis en la letra como fuente de significado que comenzó con exégetas como Andrés de San Víctor y Tomás de Aquino y alcanzó la madurez en el siglo XVI en manos de los reformadores.

El problema de la doctrina ortodoxa protestante de las Escrituras no es que evidencia una discontinuidad radical con la doctrina de los reformadores, sino que expresa en una forma estrictamente argumentada

---

[335] Owen, *Brief ... Doctrine of the Trinity,"* en *Works*, II, pág. 379.
[336] Cf. Fullerton, *Prophecy and Authority*, págs. 180-185; Farrar, *History of Interpretation*, págs. 357-371.

y escolástica una visión de las Escrituras que, como la visión expresada por los reformadores, no obliga a seguir los criterios históricos y hermenéuticos del estudio bíblico a partir del siglo XVIII. Demasiado debate sobre los métodos de los reformadores ha intentado convertirlos en precursores del método crítico moderno, cuando, de hecho, los desarrollos de la exégesis y la hermenéutica en los siglos XVI y XVII preceden y frecuentemente entran en conflicto con (y ocasionalmente presagian) los métodos de la era moderna. La doctrina y la exégesis de los protestantes ortodoxos estaban respaldadas por un aparato teológico, lingüístico y lógico que, aunque más intrincado y más técnico que el de los reformadores, era sin embargo el resultado del desarrollo continuo de métodos de enseñanza y estudio lingüístico característicos del Renacimiento y la Reforma del siglo XVI.

En cuanto a la doctrina de la inspiración, que ha recibido tanta atención en estudios anteriores, nuestro examen de los exégetas y teólogos ortodoxos reformados ha ofrecido un cuadro variado más que una presencia monolítica. Sin duda, un gran grupo de pensadores protestantes ortodoxos promulgó una teología de dictado muy estricta —pero también está claro que las diversas sutilezas de la doctrina anterior no se perdieron en el siglo XVII y que, tanto antes como después de debates importantes como el de los puntos vocálicos, una visión menos rígida de la inspiración capaz de relacionarse con avances críticos también fue característica de muchos de los escritores ortodoxos. E incluso la teoría de la inspiración más rígida, tal como la expusieron Voetius y Owen, tenía como objetivo respaldar la autoridad de las Escrituras tal como las enseñaron los reformadores.

Además, este estudio ha argumentado una relación consistente e íntima entre la teología de la ortodoxia protestante y los mejores resultados exegéticos de la época. Frente a lo que solo puede llamarse «la interpretación Whig» de la historia de la exégesis, no hemos señalado los momentos y las ideas de la historia de la exégesis de los siglos XVI y XVII que más parecen asemejarse a la exégesis crítica de la actualidad y, luego hemos planteado estos momentos y reflexiones frente a la exégesis ortodoxa o escolástica. Debemos rechazar esa táctica histórica, aunque solo sea porque, como en el caso de John Lightfoot, el exégeta con visión de futuro es también uno de los defensores de la «ortodoxia escolástica» —o en el caso de Louis Cappel, el rebelde hermenéutico había pretendido que su obra fuera una contribución a la polémica ortodoxa contra el catolicismo romano. Más importante aún, hemos detectado una interrelación entre los resultados exegéticos de la época y los contenidos del sistema teológico: las ideas críticas alimentaron la polémica teológica y la tradición exegética siguió teniendo extrema importancia para la formulación dogmática, incluso cuando ésta ejerció

una presión cada vez mayor sobre fórmulas dogmáticas desgastadas por el tiempo.

Gran parte de la discusión existente sobre la doctrina ortodoxa protestante de las Escrituras, en lugar de intentar entrar en la conceptualidad de los escritores de los siglos XVI y XVII y exponer sin prejuicios *su* intención teológica o doctrinal, ha pretendido encontrar dificultades en el enfoque ortodoxo protestante del texto, no sobre la base de cuestiones y problemas de los siglos XVI y XVII, sino sobre el supuesto de que la Reforma y la enseñanza escolástica protestante deberían de alguna manera obligar a los criterios y satisfacer las necesidades teológicas del presente. Como ha comentado Steinmetz sobre la exégesis «precrítica», «su principal valor... es que no es una exégesis moderna».[337] La importancia, si no el valor, de la doctrina ortodoxa protestante de las Escrituras reside precisamente en la diferencia entre ella y los diversos enfoques modernos de las Escrituras. En particular, a diferencia de los conceptos modernos sobre la naturaleza y el carácter de las Escrituras, la doctrina ortodoxa protestante, a pesar de todas sus diferencias formales y ocasionalmente sustanciales con la doctrina de los reformadores, estaba, al igual que la visión reformada de las Escrituras, dirigida hacia la exposición del texto en y para la iglesia como regla fundamental de fe y práctica. A pesar de todas las dificultades causadas a la dogmática por el cambio de métodos hermenéuticos y críticos en el siglo XVII, la conexión entre exégesis y dogmática continuó siendo fundamental para la tarea teológica de la ortodoxia.

En retrospectiva, debemos afirmar lo que varios historiadores recientes de la exégesis y la interpretación han sostenido desde un punto de vista bastante diferente. La gran división en la historia de la teología moderna temprana puede identificarse en el surgimiento de la exégesis histórico-crítica a finales del siglo XVII como una alternativa al modelo eclesiástico, llamado precrítico, y en su descendiente y heredero directo, el movimiento que lidera hasta la distinción de J. P. Gabler entre teología bíblica y dogmática. Como resultado, contrariamente a la perspectiva de Ebeling y Hayes, se nos ha vuelto imposible entender los compendios bíblicos de la era ortodoxa como ancestros pobres e incomprensivos de la «teología bíblica» posterior. Más bien, son reuniones de exégesis tradicional que asumieron la conexión entre exégesis y dogmática tal como había sido establecida por el método *locus* de interpretación en el siglo XVI y por la creación de sistemas dogmáticos mediante la recopilación de *loci* teológicos a partir de los textos de los comentarios. Todas estas obras, como el método *locus* en el que se basaban, suponían una relación positiva y necesaria entre texto y dogma, a

---

[337] Steinmetz, "John Calvin on Isaiah 6," en *Calvin in Context*, pág. 107.

pesar de la creciente dificultad causada a quienes establecían la conexión mediante un método de exégesis más literal y gramatical.

Uno de los problemas importantes provocados por la Reforma, imprevisto por los propios reformadores, pero experimentado con toda su fuerza por sus sucesores ortodoxos a finales del siglo XVI y XVII, fue la dificultad de mantener las doctrinas eclesiásticas en el contexto de una hermenéutica alterada. La alteración del enfoque del texto provocada por la combinación del dominio de las lenguas antiguas por parte del Renacimiento y la Reforma con la pérdida, a lo largo de muchos siglos, de la *quadriga* y patrones «alegóricos» de exégesis relacionados, presionó fuertemente contra las doctrinas recibidas, no solo contra la inspiración y autoridad de las Escrituras, sino también contra doctrinas tales como la esencia y los atributos divinos, la Trinidad y la Persona y obra de Cristo. Después de todo, las percepciones y comprensiones eclesiásticas de la inspiración y autoridad del Texto estaban ligadas a un conjunto particular de dogmas —y esos dogmas a menudo se habían obtenido del texto mediante el uso de métodos alegóricos y se habían enseñado con considerable facilidad cuando el idioma del texto, el latín y el idioma de la teología eran idénticos. La pérdida de elementos de la hermenéutica más antigua y la pérdida de un lenguaje primario único de las Escrituras, la exégesis y el discurso teológico crearon una nueva carga para la formulación doctrinal.

Una característica de los ortodoxos reformados a lo largo del siglo XVII fue la declaración de la Escritura únicamente como norma primaria de doctrina y la confesión eclesiástica continua de los dogmas tradicionales. Este modelo fue apoyado por la exégesis tanto de los reformadores como de sus sucesores ortodoxos: a pesar de las diversas alteraciones en la interpretación y el enfoque que ocurrieron en el siglo XVI y principios del XVII, el protestantismo permaneció en diálogo con la larga tradición de interpretación bíblica patrística y medieval. Esta relación con la tradición continuó en el contexto de nuevos desarrollos de la crítica textual relacionados con el estudio de versiones antiguas y en el contexto de la creciente dificultad de leer e interpretar el texto provocada por un mayor conocimiento de las lenguas bíblicas y afines y de la cultura del antiguo Oriente cercano —pero, a medida que avanzaba el siglo XVII, encontró una creciente oposición por parte de una variedad de fuentes. El problema de la oscuridad del texto (en oposición a la suposición protestante de su claridad y carácter autointerpretativo) había sido insinuado desde el principio por los polemistas católicos romanos en su declaración de que la Escritura por sí sola, sin el testimonio de la iglesia, era a la vez confusa y, en ese sentido, insuficiente para la salvación de los creyentes. De la misma manera, fue insinuado por el surgimiento del socinianismo y de otras formas de antitrinitarismo y, hasta cierto punto también, por el encuentro cada vez más racionalizador de los dogmáticos ortodoxos protestantes con los problemas causados por el texto de los dogmas tradicionales. La crisis final, sin embargo, llegó cuando los problemas exegéticos y hermenéuticos que enfrentaron los reformadores y los ortodoxos se unieron a la nueva filosofía racionalista para defender un criterio de percepción clara y distinta de la verdad de los resultados exegéticos: los polemistas católicos romanos, siguiendo la estela de Simon, ahora podría argumentar que las dificultades impuestas por las variaciones de la tradición textual, la datación tardía de los puntos vocálicos y la plétora de versiones antiguas que potencialmente atestiguan variantes textuales, hicieron que el Texto completo en última instancia fuera confuso o fuera del alcance de cualquiera que no fuera extremadamente erudito que no podía entenderse ni como autointerpretado según la analogía de la Escritura ni, incluso, como norma previa a la verdad doctrinal.[338]

Los ortodoxos reformados, armados con un método de interpretación bíblica textualmente sofisticado, pero todavía técnicamente «precrítico», fueron capaces de mantener e incluso desarrollar una dogmática eclesiástica a lo largo del siglo XVII. Como evidencia del desarrollo dogmático, podemos señalar la incorporación de discusiones a gran escala sobre el pacto en los sistemas teológicos. La continuidad de la doctrina de las Escrituras y la continuidad de la tradición exegética eclesiástica, a pesar de los cambios efectuados por el Renacimiento y la Reforma, apuntan definitivamente hacia las continuidades teológicas subyacentes entre la teología de los reformadores y la de los siglos anteriores y entre la teología de los Reformadores y sus sucesores a finales del siglo XVI y XVII. La gran división en la comprensión de las Escrituras y, por lo tanto, en la forma en que se concibió la formulación de la doctrina y, de hecho, la construcción del sistema teológico, no puede ubicarse entre la Reforma y la era de la ortodoxia, y no tiene nada que ver con la adaptación del método escolástico por parte de los protestantes ortodoxos. Más bien, como se identifica en el surgimiento de la alta crítica y en el discurso de Gabler sobre la distinción entre teología bíblica y dogmática, la gran división surgió como resultado de la dimensión histórica que a finales del siglo XVII y principios del XVIII agregaron a la dimensión crítica de la exégesis de la Reforma y posreforma.

---

[338] Cf. Popkin, "Cartesianism and Biblical Criticism," *págs*. 67-9, 71-4.

DISPONIBLE TAMBIÉN

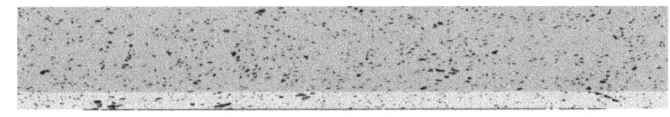

VOLUMEN I
PROLEGÓMENOS A LA TEOLOGÍA

DOGMÁTICA REFORMADA POSTERIOR A LA REFORMA

Surgimiento y desarrollo de la ortodoxia reformada, ca. 1520 a ca. 1725

RICHARD A. MULLER

SEGUNDA EDICIÓN

DOGMÁTICA REFORMADA POSTERIOR A LA REFORMA

VOLUMEN I
PROLEGÓMENOS A LA TEOLOGÍA

Conoce *más* sobre
TEOLOGÍA BÍBLICA

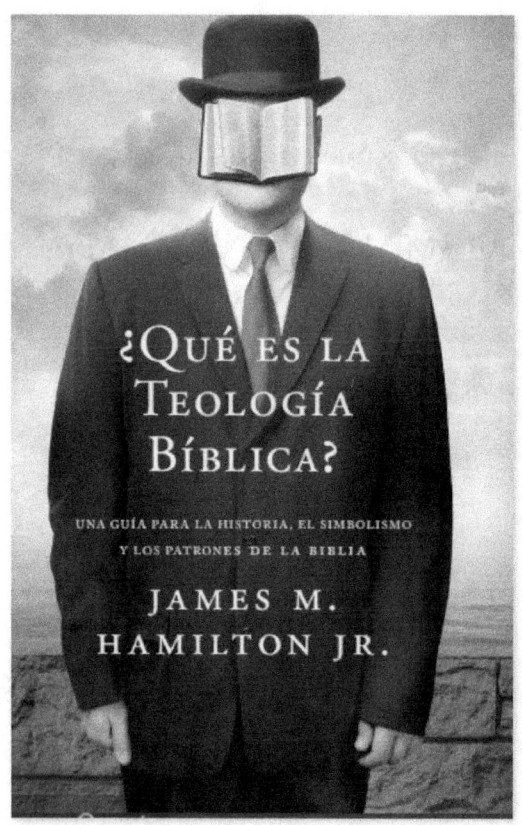

La Biblia relata una sola historia: una que comenzó en la creación, que abarca nuestra vida actual y que continuará hasta el regreso de Cristo y más allá. En *¿Qué es la teología bíblica?*, Jim Hamilton nos ayudará a entender el mensaje unificado de las Escrituras y a encontrar su lugar en la gran historia de la redención.

Próximamente la mejor obra *de*
HERMAN BAVINCK

La Dogmática Reformada de Herman Bavinck, **en cuatro volúmenes**, es una de las obras teológicas más importantes del siglo XX. Estos cuatros volumes completos presenta la mejor teología reformada holandesa jamás escrita.

Una joya
TEOLÓGICA

Herman Bavinck

Pastor y teólogo reformado de la Iglesia Holandesa. Sus escritos son de gran influencia en el pensamiento reformado.

Herman Bavinck (1854-1921) sucedió a Abraham Kuyper como profesor de Dogmática en la Universidad Libre de Ámsterdam en 1902, Su Dogmática Reformada es un texto estándar para la teología reformada moderna.

En un sentido amplio, podemos decir que Dios es el bien supremo para todas las criaturas, porque Él es el Creador y sustentador de todas las cosas, la fuente de todo ser y vida, la fuente abundante de todo bien.

DESCARGA GRATUITA

WWW.MONTEALTO.COM

Conoce *más* sobre
CALVINISMO

Este es sin duda un fenómeno impresionante, a saber, que el Calvinismo sea restaurado en cierto grado, a su anterior estado de prosperidad, lo cual ha llevado a muchos a preguntarse si es que el Calvinismo tiene un futuro. En verdad, hay muy pocos, en este día tardío, que acreditarán alguna clase de vitalidad al Calvinismo.

Nuestra meta es equipar a cada creyente con literatura de un *sólido* contenido bíblico que le permita profundizar en la Palabra de Dios y crecer en la madurez cristiana.

Síguenos en redes sociales
como **@montealtoes**

Puedes *adquirir* nuestros libros en:
www.montealtoeditorial.com

www.ingramcontent.com/pod-product-compliance
Lightning Source LLC
LaVergne TN
LVHW060136080526
838202LV00049B/3999